中财传媒版 2023 年注册会计师全国统一考试辅导系列丛书 · 注定会赢®

U1012449

经济法高频考点精讲

注册会计师考试编写组　编

中国财经出版传媒集团
中国财政经济出版社

图书在版编目（CIP）数据

经济法高频考点精讲／注册会计师考试编写组编
. --北京：中国财政经济出版社，2023.2
（中财传媒版2023年注册会计师全国统一考试辅导系
列丛书．注定会赢）
ISBN 978-7-5223-1961-2

Ⅰ.①经… Ⅱ.①注… Ⅲ.①经济法-中国-资格考
试-自学参考资料 Ⅳ.①D922.290.4

中国国家版本馆CIP数据核字（2023）第020055号

责任编辑：黎子民　　　　责任校对：刘　娅　孙　晨
封面设计：孙俪铭　　　　责任印制：党　辉

经济法高频考点精讲
JINGJIFA GAOPIN KAODIAN JINGJIANG

中国财政经济出版社 出版
URL：http：//www.cfeph.cn
E-mail：cfeph@cfeph.cn

社址：北京市海淀区阜成路甲28号　邮政编码：100142
营销中心电话：010-88191522
天猫网店：中国财政经济出版社旗舰店
网址：https：//zgczjjcbs.tmall.com
北京鑫海金澳胶印有限公司印刷　各地新华书店经销
成品尺寸：185mm×260mm　16开　30.5印张　760 000字
2023年2月第1版　2023年2月北京第1次印刷
定价：90.00元
ISBN 978-7-5223-1961-2
（图书出现印装问题，本社负责调换，电话：010-88190548）
本社图书质量投诉电话：010-88190744
打击盗版举报热线：010-88191661　QQ：2242791300

前言

中国注册会计师制度自恢复至今已经走过四十多个春秋，四十多年的风雨历程见证了注册会计师事业的辉煌，而注册会计师考试是其很重要的组成部分。注册会计师考试科目多、章节内容广、知识点覆盖庞杂，考生常常反映考试难度大，甚至有的考生在备考过程中就选择了放弃。其实，考生如果能够掌握正确的复习方法和应试技巧，顺利通过考试并没有想象中那么难。复习时，首先应当按考试大纲规定的范围和相应的辅导教材进行全面、系统的学习；其次抓住考试中高频出现的重点章节和重点内容强化知识储备；最后有针对性地多做练习，以掌握答题思路和技巧，并加深对高频考点的理解和把握，方法得当，教辅应手，往往事半功倍！

注册会计师考试编写组通过对注册会计师考试辅导教材和历年注会考试真题的详细解读与针对性研究，深度梳理与分析了教材中的知识点和考试中的高频考点。在本系列丛书中，我们将教会考生如何备考、如何抓住高频考点以及如何理解以前年度真题。通过对本系列丛书的学习，考生可以更加深入地了解历年考试的重点，更好地把握2023年教材的新变化，书中还附有针对高频考点的练习题，帮助考生巩固所学知识、顺利通过考试。

注册会计师考试编写组以注册会计师考试教材为起点，认真剖析知识点与考试的关系，精准把握考试定位，方便考生理解和记忆，书中主要包含以下三部分：

第一部分：命题规律及本科目学习指导

本部分总结了历年来本科目注册会计师考试命题的规律，具体分析了题型与分值分布及主客观题的主要考点等，分析了注册会计师考试命题中题型与能力考核的对应关系，提醒考生在复习中不仅应关注知识点，更应注重各方面能力的培养。同时，本部分还为考生提供了本科目的学习指导，以使考生掌握科学的学习方法，按部就班、循序渐进地进行本科目学习，提高学习效率与效果。

第二部分：高频考点精讲及进阶练习

一是2023年教材各章内容的主要变化。这一部分主要是解读新教材的变化，帮助考生了解2023年教材与以往的不同之处，把握教材新动向。

二是各章近五年考试高频考点分布。这一部分主要是对每一章节近五年的考试分值分布与考点分布进行了统计，帮助考生了解重点所在，使考生复习时有的放矢。

三是各章的高频考点精讲。这一部分是对教材知识点进行深度解析，为了考生使用方便，我们对每个考点标有不同的星级，以此来对其重要程度进行区分，且后面设有包括真题的经典例题讲解，以求更好地帮助考生理解和掌握考试知识点。

四是进阶练习。这一部分旨在帮助考生巩固所学知识点，掌握答题的思路和技巧。

五是进阶练习答案及解析。

第三部分：跨章节综合题演练

本部分内容包括跨章节综合练习题和跨章节综合练习题答案及解析。这部分以对历年考试真题的详尽分析为基础，全面、系统、综合地将跨章节的考点加以涵盖，有助于考生通过练习掌握知识链，提高应试的综合能力和水平。

本系列丛书的撰写倾注了编写团队大量的心血和情感，团队成员经验丰富、熟悉专业、了解考生的需求。我们的最终目标就是希望能真正帮助考生攻克每一个难关，提高考生的应试能力，让考生轻松通过考试，顺利拿下证书。

预祝各位考生取得好成绩！

目录

第一部分 命题规律及本科目学习指导

第二部分 高频考点精讲及进阶练习

第三部分 跨章节综合题演练

本书高频考点索引

第四章 合同法律制度

第五章 合伙企业法律制度

第六章 公司法律制度

第七章　证券法律制度

第八章　企业破产法律制度

第九章 票据与支付结算法律制度

第十章 企业国有资产法律制度

第十一章 反垄断法律制度

第十二章 涉外经济法律制度

第一部分

命题规律
及本科目学习指导

一、命题规律与答题技巧

（一）客观题——考点全面，面广点细

从历年考试真题来看，注会《经济法》客观题的考查既涵盖传统的高频考点，又涉及生僻的知识点，甚至会有个别超纲内容的考核，可以说覆盖面非常广泛，几乎覆盖所有教材章节且分布均衡，注重对基础概念和基本原理的考核，但整体难度不大，很少考查跨章节、跨知识点的综合性题目，多是单一知识点的简单考查，因此客观题是主要得分来源，要求考生务必在短时间内尽快作答，一道选择题往往在数秒钟或数十秒钟内就应作出正确选择，在此类题型中不应占用过多时间。

（二）主观题——重者恒重，重点突出

主观题的命题范围趋向稳定，且依旧重点突出。历年案例分析题考点重复率较高，其特点为阅读量大、信息量大，因此提示考生备考时要训练自己提炼重要信息的能力，提升自己归纳总结的能力以及培养自己使用法言法语的能力。命题方向依旧是民法典物权编、民法典合同编、公司法、证券法、破产法、票据法等，这些法律制度可以相互结合呈现为跨章节综合题，也可以单独命题。案例分析题作答时，建议考生先仔细阅读问题内容，准确理解题意和答题要求，确定考题涉及的知识点和相关法律规定，从而在读题过程中筛选重要信息，归纳已知条件，获取答题要点。

二、备考指南与教材使用

（一）明确备考科目的复习目标

考生在着手复习之前一定要明确这样一点：备考《经济法》的目标只是为了通过考试取得注册会计师证书，绝不是进行法学理论的研究工作，所以切忌迷失学习方向，把大量的时间和精力耗费在非考试要求的内容上，尽量对知识点进行精准的掌握，如果能做到只要看到考题，就能反应出该题考查哪个知识点，并在头脑中将有关该题的知识点过一遍，相信你离成功就不远了，所以一定要合理安排投入与产出的比例关系，抓住高频考点准确复习备考。

（二）正视学习道路上的困境

由于经济法的学习涉及大量法律条文以及包含大量需要强化记忆的法理性内容，所以考生必然会感到纷繁复杂且困难重重，这是很正常的现象，提示考生切不可丧失信心，怀疑自己、否定自己，在理解的基础上对知识点进行记忆，尤其需要对知识点的“关键词”进行反复记忆，在复习时迎难而上，所有成功的人无不是一路披荆斩棘方取得卓越成就的。

（三）战胜学习过程中的遗忘

《经济法》备考过程中最大的敌人就是“遗忘”，考生的自信心往往因此而备受打击，其实这是一种正常的大脑生理现象，没有人能违背遗忘曲线的客观规律，况且学习本就是一个循环往复、渐进式提升的过程，对知识点的记忆也必然是达到量的积累后才会有质的飞跃。

（四）重视教材与教辅的配合使用

《经济法》教材必须全文通读一至两遍，特别是基础薄弱的考生，全面了解教材才能搭建完整的知识体系，奠定扎实的理论基础，然后以教辅为辅助工具，重点把握经典考点，特别是真题中考查的知识点，从而可以把握历年考试的难度、命题规律及解题思路。同时教辅能够帮助考生总结当年教材中的新变化，其中新增内容在考试中的地位不容忽视，此时考生可以再次比对教材做好备考准备。

三、复习计划与备考方法

在《经济法》的备考中，一定要制定合理的阶段式复习计划，采用适合自己的学习方法，推荐考生分三个阶段进行高效复习：

第一阶段是基础阶段，主要是精读教材每个章节，最好是跟听视频授课资料，全面复习，圈划重点，对常规的、高频的考点加深记忆，并兼顾好复习速度与掌握深度，既不能为了盲目求快导致基础没有打牢，也不能反复在某一章节上浪费时间影响后续复习进度。

第二阶段是强化阶段，根据遗忘规律，前期记忆的许多内容已经忘得差不多了，所以强化的作用就是"捞干货、过遍数、唤醒记忆、加深理解"。该阶段要重理解运用，轻死记硬背，法律源于生活，法律理论终究是用来解决实际问题的，所以提示考生要多运用，多输出，多做题，多总结，在理解的基础上融会贯通。

第三阶段是冲刺阶段，以历年真题为主，以模拟试题为辅，亲自动笔答题后与参考答案和评分标准进行对比，避免"一看就会，一写就错"的眼高手低的毛病。同时，该阶段需要再次回归教材，加强对重点章节的理解和掌握。

四、考情分析与本年预测

（一）近三年考题概况

题型	2022 年		2021 年		2020 年	
	题量	分值	题量	分值	题量	分值
单项选择题	26	26	24	24	24	24
多项选择题	16	24	14	21	14	21
案例分析题	4	50	4	55	4	55
合计		100		100		100

（二）2022 年考情分析与 2023 年考情预测

从 2022 年的考题来看，题型、题量基本与之前保持一致，考试难度与去年相比相对简单，而考查重点依旧不变。客观题的考查特点是注重基础，考查细致，各章节题量均衡，涉及的是常规知识点，个别章节多频次考查。主观题的考查特点是重点突出，基础性章节占据重要地位，主要考查证券法、企业破产法、票据法以及民法典物权编和合同编的综合题。

所以，2023 年的注会《经济法》考试难度应当与近几年考试基本持平，体现出一如既往的"重者恒重"的特点，客观题全面覆盖，筛选高频考点理解性记忆，主观题围绕六大核心章节综合性把握，另外特别提醒考生关注本年度发生变动的相关法律制度。

第二部分

高频考点精讲及进阶练习

第一章　法律基本原理

2023 年教材内容主要变化

本章教材内容除个别词语调整外，基本无变化，对知识点的复习几乎无影响。

本章近五年考试高频考点分布

高频考点内容	年度及题型分布
法律渊源	2020 年多选题、2018 年多选题
法律规范	2021 年单选题、2018 年单选题
法律关系	2022 年单选题、2021 年单选题、2020 年单选题、2019 年单选题、2018 年单选题
全民依法治国基本方略	2022 年单选题、2021 年单选题、2019 年单选题

高频考点精讲

本章内容为法律的基本原理，属于基础章节，主要包括法律渊源、法律规范、法律关系、法律事实以及习近平法治思想引领、全面依法治国基本方略等内容。

高频考点 1：法的概念与特征★★★

1. 法的概念

法是反映由一定物质生活条件所决定的统治阶级意志的，由国家制定或认可并得到国家强制力保证的，赋予社会关系参加者权利与义务的社会规范的总称。

2. 法的特征

（1）法是由一定物质生活条件所决定的统治阶级意志的体现；

（2）法是由国家制定或认可的行为规范；

（3）法是由国家强制力保证实施的行为规范；

（4）法是调整人的行为和社会关系的行为规范；

（5）法是确定社会关系参加者的权利和义务的规范。

经典例题

【真题·单选题】(2020)“君主们在任何时候都不得不服从经济条件，并且从来不能向经济条件发号施令。”马克思的这句名言所体现的法的特征是（　　）。

A. 法是统治阶级意志的体现

B. 法受物质生活条件的制约

C. 法是国家意志的体现

D. 法是由国家强制力保障实施的行为规范

【答案】B

【解析】法的特征之一为法是由一定物质生活条件所决定的统治阶级意志的体现。按照马克思主义“经济基础决定上层建筑”的基本原理，作为上层建筑重要组成部分的法，是由具体的经济基础即特定物质生活条件所决定的，因此，统治阶级不可能任意立法。马克思所说的“君主们在任何时候都不得不服从经济条件，并且从来不能向经济条件发号施令”，即表明统治阶级的意志必须服从于社会的物质生活条件。

【真题·多选题】(2020)下列关于法律与道德的关系的表述中，正确的有（　　）。

A. 法律规范和道德规范的调整范围相互交叉

B. 法律属于社会制度，道德属于社会意识形态

C. 法律规定的是权利，道德强调的是义务

D. 法律由国家强制力保障实施，道德主要靠舆论、内心信仰和宣传教育等手段实现

【答案】ABD

【解析】从法律与道德之间的关系看，一方面，法律意识与道德观念紧密联系、相互重叠，法律规范与道德规范的调整范围相互交叉、相互包容。通常，法律所禁止和制裁的行为，也是道德所禁止和谴责的行为；法律所要求和鼓励的行为，也是道德所培养和倡导的行为。另一方面，法律与道德也存在区别。法律属于社会制度的范畴，道德属于社会意识形态的范畴；法律规范的主要内容是权利与义务，并且强调两者之间的平衡，道德则强调对他人、对社会集体履行义务、承担责任；法律规范是由国家强制力保证实施的，而道德规范则主要依靠社会舆论、人的内心信念以及宣传教育等手段来实现。

高频考点2：法律体系★★

根据全国人大常委会的有关文件规定，我国社会主义法律体系包含以下七个法律部门：

（1）宪法及宪法相关法；

（2）刑法；

（3）行政法；

（4）民商法；

（5）经济法；

（6）社会法；

（7）诉讼与非诉讼程序法。

高频考点3：法律渊源★★★

法律渊源即法的表现形式，它表明法的效力来源。我国是成文法国家，法律渊源主要有：

（1）宪法：具有最高法律效力，一切法律、行政法规、地方性法规、自治条例和单行条例、规章都不得同宪法相抵触。宪法由全国人民代表大会制定。广义的宪法不仅包括《中华人民共和国宪法》，还包括其他附属性宪法性文件，如《中华人民共和国选举法》《香港特别行政区基本法》。

（2）法律：效力仅次于宪法，高于行政法规、地方性法规、规章。其中，基本法律由全国人民代表大会制定和修改，这些法律基本都是调整国家和社会生活中带有普遍性的社会关系的规范性法律文件，如《中华人民共和国刑法》（以下简称《刑法》）、《中华人民共和国民法典》（以下简称《民法典》）；一般法律由全国人民代表大会常务委员会制定和修改，这些法律基本都是调整国家和社会生活中某一方面社会关系的规范性法律文件，如《中华人民共和国合伙企业法》（以下简称《合伙企业

法》)、《中华人民共和国公司法》(以下简称《公司法》)。在全国人民代表大会闭会期间，全国人民代表大会常务委员会可以对基本法律进行补充和修改，但不得同该法律的基本原则相抵触。另外，法律解释权归属于全国人大常委会，其作出的法律解释与法律具有同等效力。

(3)法规：法规包括行政法规和地方性法规。行政法规由国务院制定，其地位和效力仅次于宪法和法律。地方性法规由有地方立法权的地方人民代表大会及其常务委员会制定，且只在本辖区内适用。

(4)规章：部门规章是由国务院各部、委员会、中国人民银行、审计署和具有行政管理职能的直属机构制定，没有法律或者国务院的行政法规、决定、命令的依据，部门规章不得设定减损公民、法人和其他组织权利或者增设其义务的规范，不得增加本部门的权力或者减少本部门的法定职责。地方政府规章由有地方立法权的地方人民政府制定，没有法律、行政法规、地方性法规的依据，地方政府规章不得设定减损公民、法人和其他组织权利或者增加其义务的规范。

(5)司法解释：由最高人民法院和最高人民检察院制定，当最高人民法院和最高人民检察院的解释出现原则性分歧时，须报请全国人民代表大会常务委员会解释或决定。

小贴士 法律解释权归属于全国人民代表大会常务委员会；而司法解释权归属于最高人民法院和最高人民检察院。

(6)国际条约和协定：我国作为国际法主体同其他国家或地区缔结的双边、多边协议和其他具有条约、协定性质的文件。

经典例题

【例题·单选题】下列关于法律渊源的表述中，正确的是(　　)。

A. 全国人大常委会有权部分修改由全国人大制定的基本法

B. 部门规章可以设定减损公民、法人和其他组织权利或者增加其义务的规范

C. 地方性法规是指地方人民政府对地方性事务制定的规范性法律文件的总称

D. 除最高人民法院外，其他国家机关无权解释法律

【答案】A

【解析】选项B，没有法律或者国务院的行政法规、决定、命令的依据，部门规章不得设定减损公民、法人和其他组织权利或者增加其义务的规范；选项C，地方性法规由地方人民代表大会及其常务委员会制定，而不是地方人民政府；选项D，法律解释权归全国人民代表大会常务委员会，司法解释权归最高人民法院和最高人民检察院。

【例题·多选题】下列各项中，属于我国法律渊源的有(　　)。

A.《中华人民共和国选举法》

B. 某公立大学的章程

C.《最高人民法院公报》公布的案例

D. 中国证监会发布的《上市公司收购管理办法》

【答案】AD

【解析】选项A，属于广义的宪法；选项B，属于法人组织的内部性文件，不属于法律渊源范畴；选项C，最高人民法院的判决书不属于我国的法律渊源；选项D，属于"部门规章"的范畴。

【例题·单选题】下列规范性文件中，属于行政法规的是(　　)。

A. 全国人大制定的《中华人民共和国民事诉讼法》

B. 国务院制定的《中华人民共和国外汇管理条例》

C. 吉林省人大制定的《吉林省地方立法条例》

D. 中国人民银行制定的《中国人民银行货币政策委员会条例》

【答案】B

【解析】行政法规的制定主体必须是我国最高行政机关国务院。故选项A，全国人大制

定的是法律，不是行政法规；选项C，地方人大及常委会制定的是地方性法规，不是行政法规；选项D，中国人民银行制定的是部门规章，不是行政法规。

高频考点4：法律规范★★

1. 法律规范的概念

法律规范是由国家制定或者认可的，具体规定主体权利、义务及法律后果的行为准则。

2. 法律规范与法律条文的关系

法律规范不同于法律条文。法律条文是法律规范的文字表述形式；法律规范是法律条文的内容，但法律条文的内容还可能包含其他法律因素，如法律原则。同时，法律规范与法律条文不是一一对应的，一项法律规范的内容可以表现在不同的法律条文中。

3. 法律规范与规范性法律文件的关系

规范性法律文件是以规范化的成文形式表现出来的各种法的形式的总称，是有权制定法律规范的国家机构制定或发布的，具有普遍约束力的法律文件，是法律规范的载体。

4. 法律规范的种类

（1）根据法律规范为主体提供行为模式的不同方式，可分为授权性规范和义务性规范，后者又细化为命令性规范和禁止性规范。

①授权性规范是规定人们可以作出一定行为或者可以要求别人作出一定行为的法律规范。

②义务性规范是规定人们应当或者必须作出一定积极行为的规范。

③禁止性规范是禁止人们作出一定行为的规范。

（2）根据法律规范是否允许当事人进行自主调整，及按照自己的意愿设定权利和义务，可分为强制性规范和任意性规范。

①强制性规范是指所规定义务具有确定的性质，不允许任意变动和伸缩。

②任意性规范是指在法定范围内允许行为人自行确定其权利义务的具体内容。

（3）根据法律规范内容的确定性程度，可分为确定性规范和非确定性规范，后者又细化为委任性规范和准用性规范。

①确定性规范是指内容已经完备明确，无须再援引或参照其他规范来确定其内容的法律规范。

②委任性规范是指只规定某种概括性指示，具体内容则由有关国家机关通过相应途径或程序加以确定的法律规范。

经典例题

【真题·单选题】（2021）属于法律构成的基本单位，并具体体现法律属性，实现法律功能的是（　　）。

A. 法律制度　　B. 法律文件

C. 法律规范　　D. 法律条文

【答案】C

【解析】本题考核法律规范的概念。法律规范是法律构成的基本单位，具体体现法律的属性，实现法律的功能。

【例题·单选题】下列关于法律规范与法律条文关系的表述中，正确的是（　　）。

A. 法律规范是法律条文的表现形式

B. 法律规范等同于法律条文

C. 法律规范与法律条文一一对应

D. 法律条文的内容除法律规范外，还包括法律原则等法律要素

【答案】D

【解析】选项A，法律条文是法律规范的文字表述形式；选项B，法律规范不同于法律条文；选项C，法律规范与法律条文不是一一对应的，一项法律规范的内容可以表现在不同的法律条文中。

高频考点5：法律关系★★★

1. 法律关系的概念

法律关系是根据法律规范产生的，以主体之间的权利与义务为内容的特殊的社会关系（如合同关系）。

小贴士 虽然法律关系是社会关系，但并非所有的社会关系均属于法律关系，如同学关系、邻里关系，因不存在相应的法律规范，

也就不存在相应的法律关系。

2. 法律关系的种类

（1）根据法律关系的主体是单方还是双方可以分为绝对法律关系和相对法律关系。

①绝对法律关系的特点是法律关系中的权利主体是确定的，另一方主体是除了权利主体以外的所有人，如物权法律关系。

②相对法律关系的特点是法律关系中的双方主体都是确定的，如债权法律关系。

（2）根据法律关系产生的依据是合法行为还是违法行为、是否适用法律制裁，可以分为调整性法律关系和保护性法律关系。

①调整性法律关系是不需要法律制裁就能实现主体权利的法律关系。

②保护性法律关系是通过法律制裁方式实现主体权利和义务过程中产生的法律关系，如刑事法律关系。

3. 法律关系的构成要素

（1）主体。

①主体的分类。

法律关系的主体分为自然人、法人和非法人组织及国家。

自然人既可以是本国公民，也可以是居住在一国境内或者在境外活动的外国公民和无国籍人。

法人又分为营利法人（如有限责任公司）、非营利法人（如基金会）、特别法人（如基层群众性自治组织法人）。

非法人组织是不具有法人资格但能以自己的名义从事民事活动的组织（如个人独资企业、合伙企业等）。

国家在特定情况下可以作为一个整体成为法律关系的主体。如国家作为主权者是国际公法关系的主体，可以成为对外经济贸易关系中的债权人或债务人。

②主体的权利能力和行为能力。

自然人的民事权利能力一律平等，均始于出生，终于死亡。

自然人的民事行为能力分为三种：

第一，完全民事行为能力：18 周岁以上的自然人属于完全民事行为能力人，可以独立实施民事法律行为。另外，16 周岁以上的未成年人，如果以自己的劳动收入为主要生活来源的，视为完全民事行为能力人。

第二，限制民事行为能力人：8 周岁以上的未成年人、不能完全辨认自己行为的成年人属于限制民事行为能力人，实施民事法律行为由其法定代理人代理或者经法定代理人同意、追认，但是前者可以独立实施纯获利益的民事法律行为或者与其年龄、智力相适应的民事法律行为。

第三，无民事行为能力人：不满 8 周岁的未成年人、不能辨认自己行为的成年人属于无民事行为能力人，由其法定代理人代理实施民事法律行为。

社会组织也应当具有权利能力和行为能力，但均不同于自然人。如法人的权利能力始于法人成立，行为能力同时产生；终于法人终止，行为能力同时消灭。法人的行为能力只能通过法定代表人或其代理人来实现。

（2）客体。

法律关系的客体，是指法律关系主体间权利义务所指向的对象。通常包括物、行为、人格利益、智力成果。

①物：物可以是自然物（如森林、土地），也可以是劳动创造物（如建筑物），还可以是财产的一般表现形式（如各种有价证券）。

②行为：行为可以是作为（如旅客运输合同的客体是运送旅客的行为），还可以是不作为（如竞业禁止合同的客体是不得从事相同或者相似的经营活动）。

③人格利益：人格利益包括公民或组织的姓名或名称、公民的肖像、名誉、尊严，公民的人身、人格和身份等。

④智力成果：智力成果包括科学著作、文学艺术作品、专利、商标等。智力成果通常是知识产权法律关系的客体。

（3）内容。

即法律关系主体享有的权利和承担的义务。权利是法律允许权利人为了满足自己的利益可以作为或者不作为，或者要求他人为一定行为或不为一定行为，并由他人的法律义务作为保证的资格。义务是法律规定的义务人应当按照权利人的要求为一定行为或不为一定行为，以满足权利人的利益的约束。

经典例题

【真题·单选题】（2022）在法律关系主体的分类中，个人独资企业是（　　）。

A. 自然人　　B. 营利法人

C. 非法人组织　　D. 非营利法人

【答案】C

【解析】法律关系的主体分为自然人、法人和非法人组织及国家。非法人组织是不具有法人资格但能以自己的名义从事民事活动的组织（如个人独资企业、合伙企业等）。

【真题·单选题】（2021）某国际高中生现年17周岁，根据我国相关法律规定，该学生是（　　）。

A. 视为完全行为能力人

B. 完全民事行为能力人

C. 限制民事行为能力人

D. 无民事行为能力人

【答案】C

【解析】本题考核民事法律关系的主体的行为能力。18周岁以上的自然人属于完全民事行为能力人，可以独立实施民事法律行为。另外，16周岁以上的未成年人，如果以自己的劳动收入为主要生活来源的，视为完全民事行为能力人。本题中17周岁高中生并未以自己的劳动收入作为主要生活来源，因此不视为完全民事行为能力人，仍属于限制民事行为能力人。

命题点拨

自然人的民事行为能力是高频考点，提示考生可以从年龄和精神状况两个角度进行强化记忆，其中特别注意年满16周岁未满18周岁的未成年人群体。

【真题·单选题】（2020）下列关于法人权利能力与行为能力的表述中，正确的是（　　）。

A. 法人先取得权利能力，后取得行为能力

B. 法人终止时，权利能力和行为能力同时消灭

C. 所有法人都有权利能力，但并非所有法人都有行为能力

D. 法人的行为能力只能通过其法定代表人实现

【答案】B

【解析】作为民事法律关系主体的法人，其权利能力从法人成立时产生，其行为能力伴随着权利能力的产生而同时产生；法人终止时，其权利能力和行为能力同时消灭。自然人的行为能力一般通过自身实现，而法人的行为能力则通过法定代表人或其他代理人来实现。

【真题·单选题】（2019）根据民事法律制度的规定，下列各项中，属于无民事权利能力的是（　　）。

A. 刚出生的婴儿

B. 病理性醉酒的病人

C. 智能机器人

D. 植物人

【答案】C

【解析】自然人从出生到死亡均具有民事权利能力，依法享有民事权利，承担民事义务。机器人不是自然人，没有民事权利能力。

【例题·多选题】下列各项中，属于法人的有（　　）。

A. 有限责任公司

B. 中华人民共和国最高人民法院

C. 中国平安人寿保险股份有限公司

D. 中国注册会计师协会

【答案】ABCD

【解析】选项A、C，有限责任公司与股份有限公司为营利法人；选项B，最高人民法院是特定的机关法人，为特别法人；选项D，中国注册会计师协会是社会服务机构，为非营利法人。

【例题·多选题】下列各项中，属于法律关系客体的有（　　）。

A. 建筑物

B. 自然人的不作为

C. 有价证券

D. 人格利益

【答案】ABCD

【解析】法律关系的客体包括物、行为（作为和不作为）、人格利益、智力成果。

【例题·多选题】甲、乙均为完全民事行为能力人。甲、乙之间的下列约定中，能够产生法律上的权利义务的有（　　）。

A. 甲将房屋出租给乙

B. 二人此生不离不弃

C. 二人共进晚餐

D. 甲送给乙一部手机

【答案】AD

【解析】选项A、D，民法典明确规定了租赁合同与赠与合同中当事人的权利和义务；选项B、C，因不存在相应的法律规范，也就不存在相应的法律关系，无法产生法律上的权利和义务。

高频考点6：法律事实★★★

法律事实是指法律规范所规定的，能够引起法律关系产生、变更或者消灭的客观现象。根据是否以权利主体的意志为转移可分为行为和事件。

1. 行为

行为是指以权利主体的意志为转移，能够引起法律后果的法律事实。其又细化为法律行为和事实行为。

（1）法律行为，是指以行为人的意思表示为要素的行为，如订立合同。

（2）事实行为，是指与表达法律效果、特定精神内容无关的行为，如创作行为。

2. 事件

事件是指与当事人意志无关，但能够引起法律关系发生、变更和消灭的客观情况，如人的出生与死亡、自然灾害与意外事件、时间的经过。

名师解惑

法律行为、事实行为、事件不易进行准确区分，考生可以通过以下分析来把握：

（1）法律行为是有意识的活动，以人的意思表示为核心要素，往往人们在实施行为之前都要进行思考，有意识、有目的地实施。

（2）事实行为没有意思表示，人们在实施行为之前没有经过事先思考，但行为实施过后却产生了法律效果。如某人拾得一部手机，就与失主之间构成了返还财产的法律关系。常见的事实行为有侵权行为、无因管理、不当得利、拾得遗失物、发现埋藏物、先占、创作等。

（3）事件是完全不受意志支配的一种客观情况，与人的意思表示无关。具体包括自然事件和人为事件。前者如打雷、刮风、下雨、地震、海啸等；后者如战争、罢工、动乱等。

经典例题

【真题·多选题】（2020）根据民事法律制度的规定，下列各项中属于法律事实中的事件的有（　　）。

A. 人的死亡　　B. 侵权行为

C. 自然灾害　　D. 时间的经过

【答案】ACD

【解析】法律事实包括事件和行为。事件是指与当事人意志无关，但能够引起法律关系发生、变更和消灭的客观情况。行为是指以权利主体的意志为转移，能够引起法律后果的法律事实。选项B属于行为。

【例题·多选题】下列各项中，能导致一定法律关系产生、变更或者消灭的有（　　）。

A. 人的死亡

B. 时间的经过

C. 买卖合同的订立

D. 文艺作品的创作

【答案】ABCD

【解析】选项A、B，属于法律事实中的

事件，与当事人意志无关；选项 C、D，属于法律事实中的行为，前者以行为人的意思表示为要素，后者与意思表示无关。

高频考点 7：习近平法治思想引领全面依法治国基本方略★

1. 全面依法治国新理念新思想新战略

全面依法治国是习近平新时代中国特色社会主义思想的重要组成部分。依法治国，是指依照法律治理国家的原则和方法。全面依法治国，是深刻总结我国社会主义法治建设成功经验和深刻教训作出的重大抉择。

贯彻落实全面依法治国各项工作，必须以科学理论为指导。2020 年 11 月召开的中央全面依法治国工作会议，首次明确习近平法治思想为全面依法治国的指导思想。

2021 年 11 月，党的十九届六中全会通过《中共中央关于党的百年奋斗重大成就和历史经验的决议》。在中国共产党成立百年之际总结党的百年奋斗重大成就和历史经验，《决议》指出："党中央强调，法治兴则国家兴，法治衰则国家乱；全面依法治国是中国特色社会主义的本质要求和重要保障，是国家治理的一场深刻革命；坚持依法治国首先要坚持依宪治国，坚持依法执政首先要坚持依宪执政。必须坚持中国特色社会主义法治道路，贯彻中国特色社会主义法治理论，坚持依法治国、依法执政、依法行政共同推进，坚持法治国家、法治政府、法治社会一体建设，全面增强全社会尊法学法守法用法意识和能力。"

全面推进依法治国的总目标是建设中国特色社会主义法治体系、建设社会主义法治国家。这个总目标既明确了全面推进依法治国的性质和方向，又突出了全面推进依法治国的工作重点和总抓手，对全面推进依法治国具有纲举目张的意义。

2. 习近平法治思想核心要义

第一，坚持党对全面依法治国的领导。党的领导是推进全面依法治国的根本保证。

第二，坚持以人民为中心。

必须把体现人民利益、反映人民愿望、维护人民权益、增进人民福祉落实到全面依法治国各领域全过程，保障和促进社会公平正义，努力让人民群众在每一项法律制度、每一个执法决定、每一宗司法案件中都感受到公平正义。

第三，坚持中国特色社会主义法治道路。

第四，坚持依宪治国、依宪执政。

党领导人民制定宪法法律，领导人民实施宪法法律，领导健全保证宪法全面实施的体制机制，确立宪法宣誓制度。

第五，坚持在法治轨道上推进国家治理体系和治理能力现代化。

第六，坚持建设中国特色社会主义法治体系。

第七，坚持依法治国、依法执政、依法行政共同推进，法治国家、法治政府、法治社会一体建设。

第八，坚持全面推进科学立法、严格执法、公正司法、全民守法。

第九，坚持统筹推进国内法治和涉外法治。

第十，坚持建设德才兼备的高素质法治工作队伍。

第十一，坚持抓住领导干部这个"关键少数"。

3. 全面推进依法治国的基本原则

为实现全面推进依法治国的总目标，应坚持以下基本原则：

第一，坚持中国共产党的领导；

第二，坚持人民主体地位；

第三，坚持法律面前人人平等；

第四，坚持依法治国和以德治国相结合；

第五，坚持从中国实际出发。

4. 建设中国特色社会主义法治体系

加快建设中国特色社会主义法治体系，就要加快形成完备的法律法规体系、高效的法治实施体系、严密的法治监督体系、有力的法治保障体系，形成完善的党内法规体系。

第一，要完善以宪法为核心的中国特色社会主义法律体系。

主要标准包括：

（1）法的部门要齐全；

（2）不同法律部门内部基本的、主要的法律规范要齐备；

（3）不同法律部门之间、不同的法律规范之间、不同层级的法律规范之间，要做到逻辑严谨、结构合理、和谐统一。

第二，建立高效的法治实施体系。

第三，建立严密的法治监督体系。

第四，健全法治保障体系。

第五，加强党内法规制度建设。

经典例题

【真题·单选题】（2022）全面推进依法治国的总目标是（　　）。

A. 依法保障人民权益

B. 坚持中国特色社会主义法治道路

C. 坚持依宪治国、依宪执政

D. 建设中国特色社会主义法治体系、建设社会主义法治国家

【答案】D

【解析】全面推进依法治国的总目标是建设中国特色社会主义法治体系、建设社会主义法治国家。这个总目标既明确了全面推进依法治国的性质和方向，又突出了全面推进依法治国的工作重点和总抓手，对全面推进依法治国具有纲举目张的意义。

【真题·单选题】（2021）推进全面依法治国的根本目的是（　　）。

A. 坚持中国特色社会主义道路

B. 建设中国特色社会主义法律体系

C. 推进我国治理能力和治理体系现代化

D. 依法保障人民权益

【答案】D

【解析】本题考核习近平法治思想。全面推进依法治国，根本目的是依法保障人民权益。

【真题·单选题】（2020）2018 年，中共中央下发《深化党和国家机构改革》，设立中央全面依法治国委员会，该委员会办公室位于（　　）。

A. 中共中央办公厅

B. 司法部

C. 国家监察委

D. 最高人民法院

【答案】B

【解析】本题考核全民依法治国基本方略。中央全面依法治国委员会办公室设在司法部。

【例题·多选题】根据 2021 年《中共中央关于党的百年奋斗重大成就和历史经验的决议》内容，下列表述正确的有（　　）。

A. 全面依法治国是中国特色社会主义的本质要求和重要保障，是国家治理的一场深刻革命

B. 坚持依法治国首先要坚持依宪治国，坚持依法执政首先要坚持依宪执政

C. 坚持依法治国、依法执政、依法行政共同推进

D. 坚持法治国家、法治政府、法治社会、法治公民一体建设

【答案】ABC

【解析】选项 D 表述不正确，应为坚持法治国家、法治政府、法治社会一体建设。

进阶练习

（一）单选题

1. 下列关于我国法律渊源的表述中，错误的是（　　）。

A. 宪法由全国人民代表大会制定

B. 法律由全国人民代表大会及其常委会制定

C. 行政法规由国务院制定

D. 地方性法规由地方各级人民政府制定

2. 下列表述中，属于授权性法律规范的是（　　）。

A. 夫妻双方都有参加生产、工作、学习和社会活动的自由，一方不得对他方加以限制

或干涉

B. 票据的签发、取得和转让，应当遵循诚实信用的原则，具有真实的交易关系和债权债务关系

C. 未经证券交易所许可，任何单位和个人不得发布证券交易即时行情

D. 子女不履行赡养义务时，无劳动能力的或生活困难的父母，有要求子女付给赡养费的权利

3. 小刚今年9岁，智力正常，但患有小儿先天麻痹。下列关于其民事权利能力和民事行为能力的表述中，正确的是（　　）。

A. 小刚无民事权利能力，属于无民事行为能力人

B. 小刚无民事权利能力，属于限制民事行为能力人

C. 小刚有民事权利能力，属于无民事行为能力人

D. 小刚有民事权利能力，属于限制民事行为能力人

4. 下列关于法律关系主体的表述中，正确的是（　　）。

A. 法律关系主体一定是同时具有民事权利能力和民事行为能力

B. 具有民事权利能力不一定具有完全民事行为能力

C. 法律关系主体不包括无国籍人

D. 法律关系主体不包括外国人

5. 下列行为中，属于法律行为的是（　　）。

A. 2022年11月3日，台风“尼格”登陆我国广东省

B. 2022年10月30日，自然人王某因病去世

C. 2022年9月21日，自然人吴某与赵某发生肢体碰撞后，吴某将赵某打成轻微伤

D. 2022年8月16日，自然人李某购买了一个名牌包

（二）多选题

1. 我国《民法典》第一千零五十七条规定：“夫妻双方都有参加生产、工作、学习和社会活动的自由，一方不得对他方加以限制或干涉。”该法律规范属于（　　）。

A. 禁止性法律规范

B. 义务性法律规范

C. 授权性法律规范

D. 任意性法律规范

2. 下列选项中，不属于相对法律关系的有（　　）。

A. 物权法律关系

B. 债权法律关系

C. 人格权法律关系

D. 专利权法律关系

3. 下列选项中，可以成为法律关系主体的有（　　）。

A. 股份有限公司

B. 有限责任公司

C. 普通合伙企业

D. 基层群众性自治组织

4. 下列选项中，可以成为民事法律关系客体的有（　　）。

A. 公民的尊严

B. 散文集《朝花夕拾》

C. 运输行为

D. 电动玩具

5. 下列对法律渊源的表述中，正确的有（　　）。

A. 全国人民代表大会制定和修改的是基本法律

B. 全国人民代表大会常务委员会制定和修改的是一般法律

C. 最高人民法院和最高人民检察院制定的是司法解释

D. 我国的法律渊源中不包括判例法

6. 习近平法治思想核心要义包括（　　）。

A. 坚持依宪治国、依宪执政

B. 坚持建设中国特色社会主义法治体系

C. 坚持全面推进科学立法、严格执法、公正司法、全民守法

D. 坚持统筹推进国内法治和涉外法治

进阶练习答案及解析

（一）单选题

1. 【答案】D

【解析】地方性法规由有地方立法权的地方人民代表大会及其常务委员会制定，而不是由地方各级人民政府制定。

2. 【答案】D

【解析】选项A、C，属于禁止性规范；选项B属于命令性规范；禁止性规范与命令性规范都属于义务性规范。

3. 【答案】D

【解析】自然人自出生时就具有民事权利能力；8周岁以上的未成年人为限制民事行为能力人。

4. 【答案】B

【解析】自然人自出生就具有民事权利能力，但根据年龄区分为无民事行为能力、限制民事行为能力和完全民事行为能力；法律关系主体既包括本国公民，也包括居住在一国境内或者在境内活动的外国公民和无国籍人。

5. 【答案】C

【解析】选项A、B，不属于法律行为，属于事件，因与当事人意志无关，但能引起法律关系发生、变更和消灭；选项C，侵权行为属于事实行为；选项D，李某购买名牌包属于法律行为。

（二）多选题

1. 【答案】AB

【解析】禁止性法律规范又称义务性法律规范。

2. 【答案】ACD

【解析】债权法律关系属于相对法律关系，其他均属于绝对法律关系。

3. 【答案】ABCD

【解析】民事法律主体包括自然人、法人、非法人组织和国家。其中，公司属于营利法人，普通合伙企业属于非法人组织，基层群众性自治组织属于特别法人。

4. 【答案】ABCD

【解析】法律关系的客体，是指法律关系主体间权利义务所指向的对象，包括物、行为、人格利益以及智力成果。选项A，为人格利益；选项B，为智力成果；选项C，为行为；选项D，为物。

5. 【答案】ABCD

【解析】选项A，全国人大制定和修改的是调整国家和社会生活中带有普遍性的社会关系的规范性法律文件，属于基本法律；选项B，全国人大常委会制定和修改的是调整国家和社会生活中某一方面社会关系的规范性法律文件，属于一般法律；选项C，司法解释是最高人民法院、最高人民检察院发布的指导性文件和法律解释的总称；选项D，我国是成文法国家，法律渊源主要表现为制定法，不包括判例法。

6. 【答案】ABCD

【解析】习近平法治思想核心要义包括坚持建设中国特色社会主义法治体系，坚持依宪治国、依宪执政，坚持全面推进科学立法、严格执法、公正司法、全民守法，坚持统筹推进国内法治和涉外法治等十一条内容。

第二章　基本民事法律制度

2023 年教材内容主要变化

本章教材内容对民事法律行为部分进行了一定的修改，主要集中在可撤销民事法律行为的种类以及附条件民事法律行为部分，诉讼时效制度中也有个别语句和词语的调整，表达更为精准；其他部分无变化。

本章近五年考试高频考点分布

高频考点内容	年度及题型分布
民事法律行为	2022 年单选题、2022 年多选题 2020 年单选题 2019 年多选题 2018 年单选题
负担行为与处分行为	2021 年多选题、2020 年单选题、2018 年单选题
意思表示	2019 年单选题、2018 年多选题
可撤销的民事法律行为	2018 年单选题
效力待定的民事法律行为	2021 年单选题
委托代理中的代理权	2018 年案例分析题
诉讼时效的中止与诉讼时效的中断	2019 年多选题

高频考点精讲

本章内容为民事法律基本制度，属于基础章节，主要包括民事法律行为制度、代理制度、诉讼时效制度等基础理论知识。

高频考点 1：民事法律行为的分类

★★★

民事法律行为可以从不同角度作不同分类。

1. 单方民事法律行为、双方民事法律行为和多方民事法律行为

(1) 民事法律行为可以基于双方或者多方的意思表示一致成立，也可以基于单方的意思表示成立。

(2) 单方民事法律行为，是指根据一方当事人的意思表示而成立的民事法律行为，如撤销权的行使、解除权的行使、效力待定行为的追认、债务的免除等。

(3) 双方民事法律行为，是指两个当事人之间意思表示一致而成立的民事法律行为，合同是最常见的双方民事法律行为。

(4) 多方民事法律行为，是指三个以上（含三个）的当事人意思表示一致而成立的民事法律行为，决议是典型的多方民事法律行为。

2. 有偿民事法律行为和无偿民事法律行为

有偿民事法律行为，是指当事人互为给付一定代价（包括金钱、财产、劳务）的民事法律行为，如买卖合同的买方为获得对方的货物而支付价款、承揽合同的承揽人为获得对方的报酬而提供劳务等。

无偿民事法律行为，是指一方当事人承担给付一定代价的义务，而他方当事人不承担相应给付义务的民事法律行为，如赠与行为、无偿委托、无偿消费借贷等。

3. 负担行为与处分行为（根据法律行为效果的不同）

负担行为是使一方相对于他方承担一定给付义务的法律行为。这种给付义务既可以是作为，也可以是不作为。因此，负担行为产生的是债法上的法律效果，其中负有给付义务的主体是债务人。

处分行为是直接导致权利发生变动的法律行为。这种变动既可以是权利的产生，也可以是权利的变更或者消灭。物权变动就是典型的处分行为。

4. 要式民事法律行为和不要式民事法律行为

要式民事法律行为是指法律规定必须采取一定的形式或者履行一定的程序才能成立的民事法律行为，如票据行为就是法定要式民事法律行为。

不要式民事法律行为是指法律不要求采取特定形式，当事人自由选择形式即可成立的民事法律行为。该类民事法律行为的形式可由当事人协商确定。

5. 主民事法律行为和从民事法律行为

主民事法律行为是指不需要有其他民事法律行为的存在就可以独立成立的民事法律行为。从民事法律行为是指从属于其他民事法律行为而存在的民事法律行为。如当事人之间订立一项借贷合同，为保证该合同的履行，又订立一项担保合同，其中，借贷合同是主合同，担保合同为从合同。

从民事法律行为的效力依附于主民事法律行为：主民事法律行为不成立，从民事法律行为则不能成立；主民事法律行为无效，则从民事法律行为也当然不能生效。但是，主民事法律行为履行完毕，并不必然导致从民事法律行为效力的丧失。

经典例题

【真题·单选题】（2022）根据基本民事法律制度的规定，下列关于民事法律行为的表述中，正确的是（　　）。

A. 解除权的行使属于双方民事法律行为

B. 负担行为产生的是债法上的法律效果

C. 不要式民事法律行为的当事人不可以自由选择民事法律行为的形式

D. 主民事法律行为无效，不影响从民事法律行为的有效性

【答案】 B

【解析】 负担行为是使一方相对于他方承担一定给付义务的法律行为。这种给付义务既可以是作为，也可以是不作为。因此，负担行为产生的是债法上的法律效果，其中负有给付义务的主体是债务人。

【真题·多选题】（2021）根据《民法典》的规定，下列关于负担行为与处分行为的表述中，不正确的有（　　）。

A. 处分行为中的权利人享有履行请求权

B. 负担行为产生的是债法上的法律效果

C. 民事主体根据负担行为所负担的义务不包括不作为义务

D. 负担行为直接导致既有权利的变动

【答案】ACD

【解析】选项A，负担行为中的权利人享有履行请求权；选项C，民事主体根据负担行为所负担的给付义务既可以是作为的，也可以是不作为的；选项D，处分行为直接导致既有权利的变动。

【真题·单选题】（2020）根据民事法律制度的规定，下列关于民事法律行为概念的表述中，正确的是（　　）。

A. 民事法律行为以意思表示为要素

B. 民事法律行为包括事实行为

C. 民事法律行为包括侵权行为

D. 民事法律行为的目的是指行为人实施行为的动机

【答案】A

【解析】选项B，意思表示是民事法律行为的核心，也是民事法律行为与非表意行为，如事实行为等相区别的重要标志；选项C、D，民事法律行为是有目的的行为，是当事人欲达到一定法律效果的行为。此处的“目的”仅指当事人实施民事法律行为所追求的法律后果，不包括行为人实施行为的动机。这一特征使得民事法律行为区别于其他法律事实，如侵权行为。侵权行为虽然也产生一定的法律后果，但这个法律后果并非由当事人自己主张，而是由法律规定的。

【真题·多选题】（2019）根据民事法律制度的规定，下列各项中，属于单方民事法律行为的有（　　）。

A. 赠与　　B. 追认

C. 撤销　　D. 借贷

【答案】BC

【解析】单方民事法律行为是根据一方当事人的意思表示而成立的民事法律行为。追认与撤销都是一方当事人意思表示即可成立，是单方民事法律行为。赠与和借贷都是合同行为，双方当事人意思表示一致才能成立，是双方民事法律行为。

【真题·单选题】（2018）根据民事法律制度的规定，下列各项中，属于民事法律行为中的处分行为的是（　　）。

A. 租赁合同

B. 所有权转让

C. 买卖合同

D. 拆除房屋

【答案】B

【解析】选项A、C，属于负担行为；选项B，属于处分行为；选项D，属于事实行为（而非民事法律行为）。

高频考点2：意思表示★★★

（1）民事法律行为以意思表示为核心，意思表示可以分为无相对人的意思表示和有相对人的意思表示。

（2）无相对人的意思表示不存在所针对的相对人。法律另有规定的，依照其规定。但值得注意的是，如遗嘱行为、抛弃动产等单方民事法律行为。并非所有单方民事法律行为都是无相对人的意思表示，如撤销权的行使、法定代理人的追认等为单方民事法律行为，同时也是有相对人的意思表示。

（3）有相对人的意思表示分为对话的意思表示和非对话的意思表示。

①以对话方式作出的意思表示，相对人知道其内容时生效。

②以非对话方式作出的意思表示，到达相对人时生效。如订立合同过程中的要约和承诺、债务免除、授予代理权、合同解除等意思表示，均采取到达主义。

③以非对话方式作出的采用数据电文形式的意思表示，相对人指定特定系统接收数据电

文的，该数据电文进入该特定系统时生效；未指定特定系统的，相对人知道或者应当知道该数据电文进入其系统时生效。当事人对采用数据电文形式的意思表示的生效时间另有约定，按照其约定。

④以公告方式作出的意思表示，公告发布时生效。

（4）行为人可以明示或者默示作出意思表示。沉默只有在有法律规定、当事人约定或者符合当事人之间的交易习惯时，才可以视为意思表示。

小贴士 如《民法典》第一千一百二十四条规定，继承开始后，继承人放弃继承的，应当在遗产处理前，以书面形式作出放弃继承的表示；没有表示的，视为接受继承。此处"没有表示的"就属于法定沉默，也能产生意思表示的效果，即"接受继承"。

（5）行为人可以撤回意思表示。撤回意思表示的通知应当在意思表示到达相对人前或者与意思表示同时到达相对人。

（6）对意思表示的解释。

①有相对人的意思表示的解释，应当按照所使用的词句，结合相关条款、行为的性质和目的、习惯以及诚信原则，确定意思表示的含义。

②无相对人的意思表示的解释，不能完全拘泥于所使用的词句，而应当结合相关条款、行为的性质和目的、习惯以及诚信原则，确定行为人的真实意思。

经典例题

【真题·单选题】（2019）根据民事法律制度的规定，下列关于意思表示的表述中正确的是（　　）。

A. 要约不属于意思表示

B. 以公告方式发出的意思表示，公告发布时生效

C. 非对话的意思表示属于无相对人的意思表示

D. 继承开始后，继承人没有作出意思表示的，视为放弃继承

【答案】B

【解析】选项A，要约属于意思表示。选项C，有相对人的意思表示分为对话的意思表示和非对话的意思表示。选项D，继承开始后，继承人放弃继承的，应当作出明确的放弃的意思表示；没有表示的，视为接受继承。

【真题·多选题】（2018）根据民事法律制度的规定，下列各项中，属于无相对人的意思表示的有（　　）。

A. 抛弃动产

B. 授予代理权

C. 设立遗嘱

D. 行使解除权

【答案】AC

【解析】选项B、D，属于有相对人的意思表示。

【真题·多选题】（2018）根据民事法律制度的规定，下列情形中，沉默可以视为行为人的意思表示的有（　　）。

A. 当事人有约定

B. 法律有明文规定

C. 符合当事人之间的交易习惯

D. 当事人纯获利益

【答案】ABC

【解析】沉默只有在有法律规定、当事人约定或者符合当事人之间的交易习惯时，才可以视为意思表示。

高频考点3：民事法律行为的效力

★★★

1. 民事法律行为的成立

民事法律行为的成立应当符合民事法律行为的构成要素，即必须具有当事人、意思表示、标的三个要素。

2. 民事法律行为的生效

民事法律行为的生效，是指已经成立的民事法律行为因为符合法律规定的有效要件而取得法律认可的效力。民事法律行为的成立和生

效是两个不同的概念。民事法律行为的成立是民事法律行为生效的前提；民事法律行为未成立，当然也谈不上生效。在大多数情况下，民事法律行为成立和生效是一致的，即在民事法律行为成立时即具有法律效力。

民事法律行为生效，应当具备一定的条件，即民事法律行为的有效要件。民事法律行为的有效要件包括实质要件和形式要件。

（1）实质有效要件。

①行为人具有相应的民事行为能力：

民事法律行为的行为人必须具有预见其行为性质和后果的相应的民事行为能力。就自然人而言，完全民事行为能力人可以以自己的行为取得民事权利，履行民事义务；限制民事行为能力人只能从事与其年龄和智力程度相当的民事法律行为，其他民事法律行为由其法定代理人代理，或者征得法定代理人同意下独立实施；无民事行为能力人不能独立实施民事法律行为，必须由其法定代理人代理。法人的民事行为能力是由法人核准登记的经营范围所决定的。但从维护相对人的利益和促进交易的角度出发，原则上认定法人超越经营范围从事的民事法律行为有效。

②行为人的意思表示真实：

意思表示真实包括两个方面：意思表示自愿，任何人不得强迫；行为人内在的效果意思和外在的表示一致。

③不违反法律、行政法规的强制性规定，不违背公序良俗。

名师解惑

“法律、行政法规的强制性规定”是指必须依照法律适用、不能以个人意志予以变更和排除适用的规范。

“公序”是指公共秩序，即国家社会的存在及其发展所必需的一般秩序；“良俗”是指善良风俗，即国家社会的存在及其发展所必需的一般道德。“公序良俗”指民事主体的行为应当遵守公共秩序，符合善良风俗，不得违反国家的公共秩序和社会的一般道德。

（2）形式有效要件。

形式有效要件指意思表示的形式必须符合法律的规定。民事法律行为可以采用书面形式、口头形式或者其他形式；法律、行政法规规定或者当事人约定采用特定形式的，应当采用特定形式。如果行为人进行某项特定的民事法律行为时，未采用法律规定的特定形式，则不能产生法律效力。

小贴士 这是判断民事法律行为效力的标准，请考生一定牢牢记住!!

经典例题

【真题·多选题】（2022）根据基本民事法律制度的规定，下列各项中，属于民事法律行为有效需要具备的实质要件的有（　　）。

A. 行为人具有相应的民事行为能力

B. 行为人的意思表示真实

C. 不违反法律、行政法规的强制性规定

D. 不违背公序良俗

【答案】 ABCD

【解析】 民事法律行为的实质有效要件包括三个，本题将第三点进行了拆分形成四个选项，也请考生注意这种题目陷阱，不要想当然认为三要件就是三个选项。

高频考点4：无效民事法律行为

★★★

无效民事法律行为是指因欠缺民事法律行为的有效条件，不发生当事人预期法律后果的民事法律行为。

1. 无效民事法律行为的特征

（1）自始无效。从行为开始时起就没有法律约束力。

（2）当然无效。不论当事人是否主张，是否知道，也不论是否经过人民法院或者仲裁机构确认，该民事法律行为当然无效。

（3）绝对无效。绝对不发生法律效力，不能通过当事人的行为进行补正。当事人通过一定行为消除无效原因，使之有效，这不是无效民事法律行为的补正，而是消灭旧的民事法律行为，成立新的民事法律行为。

2. 无效民事法律行为的种类

根据《民法典》的规定，无效民事法律行为包括以下种类：

（1）无民事行为能力人独立实施的民事法律行为无效。无民事行为能力人不能正确认识其行为的法律意义，依法不能进行民事活动，只能由其代理人代理。

（2）以虚假意思表示实施的民事法律行为无效。行为人与相对人以虚假的意思表示实施的民事法律行为无效。行为人如果以虚假的意思表示隐藏另一个民事法律行为，被隐藏的民事法律行为的效力，依照有关法律规定处理。

（3）恶意串通损害他人合法权益的民事法律行为无效。恶意串通损害他人合法权益的民事法律行为，指行为人故意合谋实施的损害其他自然人、法人、非法人组织的合法权益的行为。这类民事法律行为的主要特征是当事人之间互相串通、互相配合，共同实施了违法行为。在恶意串通损害他人合法权益的民事法律行为中，当事人所表达的意思是真实的，但这种意思表示是非法的，因此是无效的。

（4）违反法律、行政法规强制性规定或者违背公序良俗的民事法律行为无效。

经典例题

【例题·多选题】根据民事法律制度的规定，下列关于无效的民事法律行为特征的表述中，正确的有（　　）。

A. 不能通过当事人的行为进行补正

B. 其无须以当事人主张为前提

C. 从行为开始起就没有法律约束力

D. 其无须经人民法院或者仲裁机构确认

【答案】ABCD

【解析】选项A，无效民事法律行为不能通过当事人的行为进行补正，属于绝对无效；选项B、D，无效民事法律行为不论当事人是否主张，也不论是否经过人民法院或者仲裁机构确认，属于当然无效；选项C，无效民事法律行为从行为开始时就没有法律效力，属于自始无效。

高频考点5：可撤销的民事法律行为 ★★★

1. 可撤销的民事法律行为与无效民事法律行为的区别

可撤销民事法律行为是指依照法律规定，由于行为的意思与表示不一致或者意思表示不自由，导致非真实的意思表示，可由当事人请求人民法院或者仲裁机构予以撤销的民事法律行为。其与无效民事法律行为存在以下区别：

（1）行为成立后的效力不同。可撤销的民事法律行为在撤销前已经生效，在被撤销以前，其法律效果可以对抗除撤销权人以外的任何人。而无效的民事法律行为在法律上当然无效，从开始即不发生法律效力。

（2）主张权利的主体不同。可撤销的民事法律行为的撤销，应由撤销权人以撤销行为为之，人民法院不主动干预。无效民事法律行为在内容上具有明显的违法性，故对无效民事法律行为的确认，不以当事人的意志为转移，司法机关和仲裁机构可以在诉讼或仲裁过程中主动宣告其无效。

（3）行为效果不同。可撤销的民事法律行为的撤销权人对权利行使拥有选择权，如果撤销权人未在规定的期限内行使撤销权，可撤销民事法律行为将终局有效，不得再被撤销。可撤销的民事法律行为一经撤销，其效力溯及至行为开始，即自行为开始时无效。而无效民事法律行为的后果则为自始无效、绝对无效。

（4）行使时间不同。可撤销的民事法律行为，其撤销权的行使有时间限制。而在无效民事法律行为中，则不存在此种限制。

2. 可撤销民事法律行为的种类

（1）因重大误解而为的民事法律行为。所谓重大误解是指行为人对行为的性质、对方当事人或者标的物的品种、质量、规格和数量等产生的错误认识，按照通常理解如果不发生该错误认识，行为人就不会作出相应意思表示。所谓通常理解，是指从一个处在行为人地位的普通人立场来看，错误认识会对交易的成立产生重大影响。比如，将11.5万元误认为1.5万元，将二套房误认为首套房，将英文书误认为中文书，将铁矿石误认为铜矿石。但是，基于交易习惯不构成重大误解的除外。比如，在古玩市场上对花瓶年代、手镯材质、钱币真假等发生错误认识。

（2）受欺诈而为的民事法律行为。欺诈，指故意告知虚假情况，或者负有告知义务的人故意隐瞒真实情况，致使当事人基于错误认识作出意思表示。被欺诈的一方可以请求人民法院或者仲裁机构予以撤销。如果第三人实施欺诈行为，使一方在违背真实意思的情况下实施民事法律行为，对方知道或者应当知道该欺诈行为的，受欺诈方有权请求人民法院或者仲裁机构予以撤销。

（3）受胁迫而为的民事法律行为。受胁迫而为的民事法律行为，指以给自然人及其近亲属等的人身权利、财产权利以及其他合法权益造成损害或者以给法人、非法人组织的名誉、荣誉、财产权益等造成损害为要挟，迫使其基于恐惧心理作出意思表示。被胁迫的一方可以请求人民法院或者仲裁机构予以撤销。胁迫既可以来自民事法律行为的相对人，也可以来自第三人，其法律效果一样，均导致民事法律行为的可撤销。

（4）显失公平的民事法律行为。显失公平的民事法律行为，是指一方利用对方处于危困状态、缺乏判断能力等情形，致使民事法律行为成立时当事人间的权利义务明显违反公平原则的民事法律行为。对民事法律行为是否显失公平进行判断的时间点，应当以民事法律行为成立的时间点为标准。在民事法律行为成立以后发生的情势变化，导致双方利益显失公平的，不属于显失公平的民事法律行为，而应当按照诚实信用原则处理。

3. 撤销权

撤销权为形成权，仅依撤销权人的意思表示就能产生法律效力，无须相对人同意。但其行使必须以诉讼或仲裁的方式作出。撤销权有存续期间，该存续期间为除斥期间。根据《民法典》第一百五十二条的规定，有下列情形之一的，撤销权消灭：当事人知道或应当知道撤销事由之日起1年内、重大误解的当事人自知道或应当知道撤销事由之日起90日内没有行使撤销权；当事人受胁迫，自胁迫行为终止之日起1年内没有行使撤销权；当事人知道撤销事由后明确表示或者以自己的行为表明放弃撤销权；当事人自民事法律行为发生之日起5年内没有行使撤销权的，撤销权消灭。

4. 民事法律行为被确认无效或被撤销的法律后果

可撤销民事法律行为在成立之时具有法律效力，对当事人有约束力。如果当事人行使撤销权，该民事法律行为因撤销而归于无效。一旦被撤销，其行为效果与无效民事法律行为的效果一样。民事法律行为存在部分无效情形，如果民事法律行为部分无效，不影响其他部分效力的，其他部分仍然有效。

民事法律行为被确认为无效后和被撤销后，从行为开始时就没有法律效力，但不等于没有产生法律后果。根据《民法典》的规定，民事法律行为无效、被撤销或者确定不发生效力后，行为人因该行为取得的财产，应当予以返还；不能返还或者没有必要返还的，应当折价补偿。有过错的一方应当赔偿对方由此所受到的损失；各方都有过错的，应当各自承担相应的责任。法律另有规定的，依照其规定。民事法律行为不成立，当事人请求返还财产、折价补偿或者赔偿损失的，参照适用上述规定。另外，合同不生效、无效被撤销或者终止的，不影响其中独立存在的有关解决争议方法的条款的效力。

经典例题

【例题·单选题】王某打算低价购置李某的房屋，两人因房价问题未能达成一致。王某声称：如果李某不低价出售，将公布一段李某与一名神秘女子的通话录音，李某无奈只得低价出售。根据《民法典》的规定，该民事法律行为的效力是（　　）。

A. 有效　　B. 无效

C. 可撤销　　D. 效力待定

【答案】C

【解析】一方或者第三人以胁迫手段，使对方在违背真实意思的情况下实施的民事法律行为属于可撤销行为，受胁迫方可请求人民法院或者仲裁机构予以撤销。

高频考点6：效力待定的民事法律行为★★★

效力待定的民事法律行为是指民事法律行为成立时尚未生效，须经权利人追认才能生效的民事法律行为。追认的意思表示自到达相对人时生效。一旦追认，则民事法律行为自成立时起生效；如果权利人拒绝追认，则民事法律行为自成立时起无效。效力待定的民事法律行为主要有以下几种类型：

1. 限制民事行为能力人独立实施的民事法律行为

（1）直接有效。限制民事行为能力人实施的纯获利益的民事法律行为或者与其年龄、智力、精神健康状况相适应的民事法律行为有效。

（2）效力待定。限制民事行为能力人实施的其他民事法律行为经法定代理人同意或者追认后有效。

①相对人的催告权。相对人可以催告法定代理人自收到通知之日起30日内予以追认；法定代理人未作表示的，视为拒绝追认。

②相对人的撤销权。民事法律行为被追认前，善意相对人有撤销的权利。撤销应当以通知的方式作出。

2. 无权代理人实施的民事法律行为

狭义的无权代理：效力待定。行为人没有代理权、超越代理权或者代理权终止后，仍然实施代理行为，未经被代理人追认的，对被代理人不发生效力。

（1）相对人的催告权。相对人可以催告被代理人自收到通知之日起30日内予以追认；被代理人未作表示的，视为拒绝追认。催告在性质上属于意思通知行为，不属于形成权。一旦本人拒绝追认，无权代理行为就转化为无效民事法律行为，由各方当事人按照各自的过错程度承担法律责任。

（2）相对人的撤销权。行为人实施的行为被追认前，善意相对人有撤销的权利。撤销应当以通知的方式作出，一旦撤销，则代理人与相对人所为的代理行为无效。撤销权的行使有两个条件：第一，只有善意相对人才可以行使；第二，撤销权的行使必须在本人行使追认权之前。

经典例题

【真题·单选题】（2021）根据基本民事法律制度的规定，下列民事法律行为中，属于效力待定的是（　　）。

A. 孙某和李某订立演出合同，为了逃税，将实际金额为1亿元人民币的演出报酬记载为1千万元

B. 周某丧失代理权后，仍以原被代理人万某的名义与吴某订立钢材买卖合同

C. 郑甲将其手机赠与其15周岁的孙子郑丙

D. 7周岁的赵某从小卖部老板钱某处购买书包一个

【答案】B

【解析】选项B，属于效力待定中的无权代理人实施的民事法律行为；选项A、D，为无效民事法律行为；选项C，为有效民事法律行为。

命题点拨

无效民事法律行为、可撤销民事法律行为与效力待定民事法律行为的辨析属于高频考点，提示考生对上述民事法律行为的种类及效力要做到精准把握。

【例题·多选题】甲是乙公司采购员，已离职。丙公司是乙公司的客户，已被告知甲离职的事实，但当甲持乙公司盖章的空白合同书，以乙公司名义与丙公司洽谈买卖100吨钢筋时，丙公司仍与其签订了买卖合同。根据代理法律制度的规定，下列表述中，错误的有（　　）。

A. 甲的行为构成无权代理，合同的效力待定

B. 甲的行为构成无权代理，合同无效

C. 丙公司有权在乙公司追认合同之前，行使撤销权

D. 丙公司可以催告乙公司追认合同，如乙公司在1个月内未作表示，合同有效

【答案】BCD

【解析】选项A、B，甲的行为构成狭义的无权代理（由于丙公司已被告知甲离职的事实，谈不上表见代理的问题），该买卖合同的效力待定（而非无效合同）；选项C，只有善意相对人才享有撤销权，由于丙公司已经知道甲离职的事实，丙公司不能行使撤销权；选项D，被代理人在1个月内未作表示的，视为拒绝追认。

高频考点7：民事法律行为的附条件和附期限★

1. 附条件的民事法律行为

民事法律行为所附条件，既可以是自然现象、事件，也可以是人的行为。但它应当具备以下特征：

（1）必须是将来发生的事实。

（2）必须是将来不确定的事实。

（3）条件应当是双方当事人约定的。

（4）条件必须合法。

（5）条件是可能发生的事实。民事法律行为所附条件不可能发生，当事人约定为生效条件的，应当认定民事法律行为不发生效力。比如，当事人约定“如果黄河之水倒流，委托合同就生效”的，委托合同自始确定无效。所附条件不可能发生，当事人约定为解除条件的，应当认定未附条件，民事法律行为是否失效，依照民法典和相关法律、行政法规的规定认定。比如，当事人约定“如果地球停止自转，房屋买卖合同就解除”的，实为未附解除条件。除非发生法定或者约定的解除事由，房屋买卖合同不失效。

小贴士 民事法律行为所附条件特征的第（5）项为教材新增内容，请考生注意！

按照所附条件对民事法律行为产生的效力的不同，可以分为附延缓条件的民事法律行为和附解除条件的民事法律行为：

（1）附延缓条件的民事法律行为，自条件成就时生效。延缓条件，亦称“停止条件”或“生效条件”。即在延缓条件成就之前，民事法律行为已经成立，但是效力却处于停止状态。条件成就之后，民事法律行为发生法律效力。

（2）附解除条件的民事法律行为，自条件成就时失效。即在所附条件成就之前，民事法律行为已经发生法律效力，行为人已经开始行使权利和承担义务。当条件成就时，权利和义务则失去效力。

（3）附条件的民事法律行为，当事人为自己的利益不正当地阻止条件成就的，视为条件已成就；不正当地促进条件成就的，视为条件不成就。

2. 附期限的民事法律行为

（1）附生效期限的民事法律行为，自期限届至时生效。

（2）附终止期限的民事法律行为，自期限届满时失效。

名师解惑

附条件的民事法律行为是以未来不确定的事实作为民事法律行为效力产生或消灭的依据，所以该民事法律行为效力的产生或消灭具有不确定性；而附期限的民事法律行为是以一定期限的到来作为民事法律行为效力产生或消灭的依据，由于期限的到来是一个必然发生的事件，所以附期限的民事法律行为的效力的产生或消灭是确定的、可预知的。

经典例题

【例题·单选题】下列关于附条件民事法律行为所附条件的表述中，正确的是（　　）。

A. 既可以是将来的事实，也可以是过去的事实

B. 既可以是人的行为，也可以是自然现象

C. 既可以是确定发生的事实，也可以是不确定发生的事实

D. 所附条件可以合法，也可以不合法

【答案】B

【解析】所附条件，可以是自然现象、事件，也可以是人的行为。但应具有以下特征：必须是将来发生的事实；必须是将来不确定的事实；必须是双方约定；条件必须合法。

高频考点8：代理的概念和特征★★★

1. 代理的概念

代理是指代理人在代理权限内，以被代理人的名义与第三人实施民事法律行为，由此产生的法律后果直接由被代理人承担的一种法律制度。代理关系的主体包括代理人、被代理人（亦称本人）和第三人（亦称相对人）。

代理关系包括三种关系：一是被代理人与代理人之间的代理权关系；二是代理人与第三人之间实施民事法律行为的关系；三是被代理人与第三人之间承受代理行为法律后果的关系。

2. 代理的特征

（1）代理行为是民事法律行为。

代理人从事的行为主要包括三类：①民事法律行为；②民事诉讼行为；③某些财政、行政行为，如代理专利申请、商标注册。后面两种行为均包含意思表示要素，可准用民事法律行为的代理之规定。

并非所有的民事法律行为都可以代理。根据《民法典》的规定，依照法律规定、当事人约定或者民事法律行为的性质，应当由本人亲自实施的民事法律行为，不得代理，如立遗嘱、结婚等民事法律行为不得代理。

（2）代理人以被代理人的名义为民事法律行为。

这是代理与行纪的最大区别。

（3）代理人是在代理权限内独立向第三人为意思表示。

代理人在实施代理行为时应独立思考、自主作出意思表示。这种意思表示包括代理人向第三人作出意思表示，也包括受领第三人的意思表示。

（4）代理人所为的民事法律行为的法律效果归属于被代理人。

高频考点9：委托代理★★★

1. 委托代理的概述

委托代理是指基于被代理人授权的意思表示而发生的代理，又称意定代理。

委托授权为不要式行为，既可以采用书面形式，也可以采用口头或者其他方式授权，其中书面的委托形式是授权委托书。

2. 代理权

代理权是代理人以他人名义独立为意思表示，并使其效果归属于他人的一种法律资格。

委托代理中的授权行为是一种单方民事法律行为，仅凭被代理人一方的意思表示，即可发生授权的效果。

3. 代理权的滥用

（1）双方代理。代理人既代理本人又代理第三人为同一民事法律行为的代理。

（2）自己代理。代理本人与自己签订合同，也称“自己契约”。

（3）恶意代理。代理人与相对人恶意串通，损害被代理人利益之代理。

4. 无权代理

无权代理就是没有代理权的代理。它不是代理的一种形式，而是具备代理行为的表象但欠缺代理权的行为。一般包括三种情形：第一，没有代理权的代理行为；第二，超越代理权的代理行为；第三，代理权终止后的代理行为。

无权代理并非当然无效，属于效力待定的

民事法律行为。无权代理中当事人的权利义务主要体现为以下情况：

（1）无权代理经被代理人追认，即直接对被代理人发生法律效力，产生与有权代理相同的法律后果。被代理人的此项权利称为追认权，是法律为保护被代理人利益设定的。追认权性质上属于形成权，故仅凭权利人单方的意思表示即可决定权利人与相对人之间法律关系的变动。法律对当事人权利行使有期限的要求。《民法典》第一百七十一条规定，相对人可以催告被代理人自收到通知之日起30日内予以追认。被代理人未作表示的，视为拒绝追认。行为人实施的行为被追认前，善意相对人有撤销的权利。撤销应当以通知的方式作出。一旦本人拒绝追认，无权代理行为就确定地转化为无效民事法律行为，由各方当事人按照各自的过错程度承担法律责任。无权代理成立后，被代理人已经开始履行法律行为项下义务的，视为对无权代理行为的追认。

（2）相对人的保护。在被代理人追认前，相对人可以催告，请求被代理人对是否追认代理权作出明确的意思表示。催告在性质上属于意思通知行为，不属于形成权。善意相对人在被代理人行使追认权之前，有权撤销其对无权代理人已经作出的意思表示，此为撤销权。撤销权在性质上也属于形成权。善意相对人享有撤销权，是相对人（第三人）与被代理人权利对等的表现。撤销应当以通知方式作出，一旦撤销则代理人与相对人所为的民事法律行为即不生效。撤销权的行使有两个条件：第一，只有善意相对人才可以行使撤销权。如果相对人知道或者应当知道无权代理人无代理权，则不能行使撤销权。第二，撤销权的行使必须在本人行使追认权之前。如果被代理人已经行使了追认权，则代理行为确定有效，此时，善意相对人无撤销权。

5. 表见代理

表见代理是指无权代理人的代理行为客观上存在使相对人相信其有代理权的情况，且相对人主观上为善意，因而可以向被代理人主张代理的效力。

根据《民法典》第一百七十二条的规定，行为人没有代理权、超越代理权或者代理权终止后，仍然实施代理行为，相对人有理由相信行为人有代理权的，代理行为有效。

表见代理的构成要件：

（1）代理人实际上无代理权；

（2）相对人主观上为善意且无过失；

（3）客观上存在使相对人相信无权代理人具有代理权的情形，即存在代理权的外观；

（4）相对人基于这个客观情形而与无权代理人成立民事法律行为。

其中，相对人"有理由相信"无权代理人具有代理权的情形包括但不限于：①被代理人对相对人表示已将代理权授予无权代理人，而实际并未授权；②无权代理人持有被代理人的介绍信或者盖有印章的空白合同书，使得相对人相信其有代理权；③代理关系终止后被代理人未采取必要的措施而使相对人仍然相信行为人有代理权，并与之进行民事法律行为。

名师解惑

表见代理这种代理形式较为特殊，虽然属于广义下的无权代理，但能发生有效代理的法律后果，提示考生特别注意。

经典例题

【真题·单选题】（2020）根据民事法律制度的规定，下列选项中适用代理制度的是（　　）。

A. 缔结买卖合同

B. 整理学术资料

C. 结婚

D. 订立遗嘱

【答案】A

【解析】依照法律规定，当事人约定或者依据民事法律行为的性质，应当由本人亲自实施的民事法律行为，不得代理。如立遗嘱、结婚等民事法律行为不得代理。选项B是纯粹的事务性行为，不能代理。

【例题·多选题】乙公司有个塔吊，甲和乙公司签订了委托合同，甲代理乙公司将该塔吊出售。根据代理法律制度的规定，甲的下列行为中，属于滥用代理权的有（　）。

A. 甲以乙公司的名义将塔吊卖给自己

B. 甲以乙公司的名义将塔吊卖给自己代理的丙公司

C. 甲与丁公司恶意串通，将塔吊低价卖给丁公司，损害了乙公司的利益

D. 代理权被收回后，甲仍以乙公司的名义将塔吊卖给戊公司

【答案】ABC

【解析】选项A，属于自己代理；选项B，属于双方代理；选项C，属于恶意代理；选项D，属于无权代理。其中，自己代理、双方代理和恶意代理都是滥用代理的表现方式。

高频考点10：诉讼时效的基本理论 ★★

1. 诉讼时效的概念

诉讼时效是指请求权不行使达一定期间而失去国家强制力保护的制度。诉讼时效属于法律事实中的事件，是基于一定的事实状态在法律规定的一定期间内持续存在而当然发生不为当事人意志所决定的某种法律效果。民法上建立诉讼时效制度，目的在于维护社会经济秩序的稳定、避免时间过长导致举证困难，同时也有利于督促权利人及时行使权利。

2. 诉讼时效的特点

（1）有债权人不行使权利的事实状态存在，而且该状态持续了一段期间。

（2）诉讼时效届满不消灭债权人实体权利，只是让债务人产生抗辩权。这表明：

①诉讼时效期间的经过，不影响债权人提起诉讼，即不丧失起诉权。

②债权人起诉后，如果债务人主张诉讼时效的抗辩，法院在确认诉讼时效届满的情况下，应驳回其诉讼请求；当事人未提出诉讼时效抗辩，人民法院不应对诉讼时效问题进行释明及主动适用诉讼时效的规定进行裁判。当事人在一审期间未提出诉讼时效抗辩，在二审期间提出的，人民法院不予支持，但其基于新的证据能够证明对方当事人的请求权已过诉讼时效期间的情形除外。

③诉讼时效期间届满，当事人一方向对方当事人作出同意履行义务的意思表示或者自愿履行义务后，又以诉讼时效期间届满为由进行抗辩，人民法院不予支持。

（3）诉讼时效具有强制性。当事人对诉讼时效的预先放弃无效。诉讼时效的内容均由法律规定，当事人约定无效。

3. 诉讼时效的适用对象

根据《民法典》第一百九十六条的规定，下列请求权不适用诉讼时效的规定：

（1）请求停止侵害、排除妨碍、消除危险；

（2）不动产物权和登记的动产物权的权利人请求返还财产；

（3）请求支付抚养费、赡养费或者扶养费；

（4）依法不适用诉讼时效的其他请求权。

4. 最高人民法院《关于审理民事案件适用诉讼时效制度若干问题的规定》也规定了一些不适用诉讼时效的债权请求权

（1）支付存款本金及利息请求权；

（2）兑付国债、金融债券以及向不特定对象发行的企业债券本息请求权；

（3）基于投资关系产生的缴付出资请求权；

（4）其他依法不适用诉讼时效规定的债权请求权。

5. 诉讼时效与除斥期间

除斥期间是指法律规定某种权利预定存续的期间，债权人在此期间不行使权利，预定期间届满，便可发生该权利消灭的法律后果。例如，基于重大误解的合同，当事人自知道或者应当知道撤销事由之日起90日内没有行使撤销权的，撤销权消灭。90日即为撤销权的除斥期间。

小贴士 诉讼时效与除斥期间的区别如下：

（1）适用对象不同。

①诉讼时效适用于债权请求权；

②除斥期间一般适用于形成权（如追认权、解除权、撤销权等）也可能适用于请求权，如受遗赠权。

（2）可以援用的主体不同。

①人民法院不能主动援用诉讼时效，诉讼时效须由当事人主张后，人民法院才能审查；

②除斥期间无论当事人是否主张，人民法院均可主动审查。

（3）法律效力不同。

①诉讼时效届满只是让债务人取得抗辩权，债权人的实体权利并不消灭；

②除斥期间届满，实体权利消灭。

经典例题

【例题·单选题】下列关于除斥期间的说法中，正确的是（　　）。

A. 撤销权可适用除斥期间

B. 除斥期间为可变期间

C. 如果当事人主张除斥期间届满，人民法院不得主动审查

D. 除斥期间届满，实体权利依然存在

【答案】A

【解析】选项B，除斥期间为不变期间；选项C，无论当事人是否主张除斥期间届满，人民法院均可主动审查；选项D，除斥期间届满将导致实体权利消失。

高频考点11：诉讼时效的种类与起算

★★★

1. 诉讼时效的种类

诉讼时效有以下几种：

（1）普通诉讼时效。根据《民法典》第一百八十八条的规定，向人民法院请求保护民事权利的诉讼时效期间为3年。法律另有规定的依照其规定。普通诉讼时效从权利人知道或应当知道之时计算。

（2）长期诉讼时效。长期诉讼时效是指时效期间比普通诉讼时效的**3年**要长，但不到20年的诉讼时效。如《民法典》第五百九十四条规定，因货物买卖合同和技术进出口合同争议提起诉讼或者仲裁的时效期间为**4年**。

（3）最长诉讼时效。最长诉讼时效是指期间为**20年**的诉讼时效期间。根据《民法典》第一百八十八条的规定，权利被侵害超过20年的，人民法院不予保护。最长诉讼时效从权利被侵害时计算，但不适用诉讼时效期间的中断、中止等规定。

2. 诉讼时效期间的起算

诉讼时效期间自权利人知道或者应当知道权利受到损害以及义务人之日起计算。无民事行为能力人或者限制民事行为能力人的权利受到损害的，诉讼时效期间自其法定代理人知道或者应当知道权利受到损害以及义务人之日起计算。法律另有规定的，依照其规定。

根据我国的法律规定和司法实践，结合各类民事法律关系的不同特点，诉讼时效起算有不同的情况：

（1）附条件的或附期限的债的请求权，从条件成就或期限届满之日起算。

（2）定有履行期限的债的请求权，从清偿期届满之日起算。当事人约定同一债务分期履行的，诉讼时效期间自最后一期履行期限届满之日起计算。

（3）未约定履行期限的合同，依照《民法典》第五百一十条、第五百一十一条的规定，可以确定履行期限的，诉讼时效期间从履行期限届满之日起计算；不能确定履行期限的，诉讼时效期间从债权人要求债务人履行义务的宽限期届满之日起计算，但债务人在债权人第一次向其主张权利之时明确表示不履行义务的，诉讼时效期间从债务人明确表示不履行义务之日起计算。

（4）无民事行为能力人或者限制民事行为能力人对其法定代理人的请求权的诉讼时效期间，自该法定代理终止之日起计算。

（5）未成年人遭受性侵害的损害赔偿请求权的诉讼时效期间，自受害人年满18周岁之日起计算。

（6）请求他人不作为的债权请求权，应当

自权利人知道义务人违反不作为义务时起算。

（7）国家赔偿的诉讼时效的起算，自赔偿请求人知道或者应当知道国家机关及其工作人员行使职权时的行为侵犯其人身权、财产权之日起计算，但被羁押等限制人身自由的期间不计算在内。

经典例题

【例题·单选题】根据诉讼时效法律制度的规定，下列关于诉讼时效期间起算的表述中，正确的是（　　）。

A. 当事人约定同一债务分期履行的，从最后一期履行期限届满之日起算

B. 附条件或者附期限的合同的债权请求权，从合同成立之日起算

C. 请求他人不作为的，自义务人违反不作为义务时起算

D. 国家赔偿的，自国家机关及其工作人员实施违法行为时起算

【答案】A

【解析】选项B，附条件或者附期限的债权请求权，从条件成就或者期限届满之日起算；选项C，请求他人不作为的，应当自权利人知道义务人违反不作为义务时起算；选项D，国家赔偿的，自国家机关及其工作人员行使职权时的行为被依法确认为违法之日起算。

高频考点12：诉讼时效的中止★★★

1. 诉讼时效中止的事由

在诉讼时效期间的最后6个月内，发生以下事由，诉讼时效中止：

（1）不可抗力；

（2）无民事行为能力人或者限制民事行为能力人没有法定代理人，或者法定代理人死亡、丧失民事行为能力、丧失代理权；

（3）继承开始后未确定继承人或者遗产管理人；

（4）权利人被义务人或者其他人控制；

（5）其他导致权利人不能行使请求权的障碍。

2. 诉讼时效中止的时间

只有在诉讼时效的最后6个月内发生中止事由，才能中止诉讼时效的进行。如果在诉讼时效期间的最后6个月以前发生权利行使障碍，而到最后6个月时该障碍已经消除，则不能发生诉讼时效的中止；如果该障碍在最后6个月时尚未消除，则应从最后6个月开始时中止诉讼时效期间，直至该障碍消除。

3. 诉讼时效中止的法律效力

在时效中止原因消除后，诉讼时效始终剩下6个月，即自中止时效的原因消除之日起满6个月，诉讼时效期间届满。

小贴士 在20年的最长诉讼时效期间内，诉讼时效中止的持续时间没有限制。

经典例题

【例题·单选题】甲向乙借款5万元，借款到期后甲未偿还。根据诉讼时效法律制度的规定，在诉讼时效期间内发生的下列情形中，能够引起诉讼时效中止的是（　　）。

A. 乙在大街上碰到甲，甲主动向乙表示将在5日内先支付约定的利息

B. 乙以特快专递发送催款函件给甲，甲签收

C. 乙遇到车祸，变成了植物人，且没有法定代理人

D. 乙向人民法院提起诉讼

【答案】C

【解析】选项A，义务人作出分期履行、部分履行、提供担保、请求延期履行先支付利息等承诺或者行为，视为“义务人同意履行义务”，导致诉讼时效中断；选项B，当事人一方以发送信件或者数据电文方式主张权利，信件或者数据电文到达或者应当到达对方当事人的（甲已经签收），应当认定为“当事人一方提出要求”，导致诉讼时效中断；选项C，权利被侵害的无民事行为能力人、限制民事行为能力人没有法定代理人的，导致诉讼时效的中止（而非中断）；选项D，权利人提起诉讼属

于诉讼时效中断事由。

高频考点13：诉讼时效的中断事由

★★★

1. 诉讼时效中断情形

有下列情形之一的，诉讼时效中断，从中断、有关程序终结时起，诉讼时效期间重新计算：

（1）权利人向义务人、义务人的代理人、财产代管人或者遗产管理人等提出履行请求；

（2）义务人同意履行义务；

（3）权利人提起诉讼或者申请仲裁；

（4）与提起诉讼或者申请仲裁具有同等效力的其他情形。

2. 权利人向义务人提出履行请求

这是指权利人在诉讼程序以外作出请求履行的主张。这种主张在客观上改变了权利不行使的事实状态，导致诉讼时效中断。

具有下列情形之一的，应当认定为“当事人一方提出要求”：

（1）当事人一方直接向对方当事人送交主张权利文书，对方当事人在文书上签字、盖章或者虽未签字、盖章但能够以其他方式证明该文书到达对方当事人的。对方当事人为法人或者其他组织的，签收人可以是其法定代表人、主要负责人、负责收发信件的部门或者被授权主体；对方当事人为自然人的，签收人可以是自然人本人、同住的具有完全民事行为能力的亲属或者被授权主体。

（2）当事人一方以发送信件或者数据电文方式主张权利，信件或者数据电文到达或者应当到达对方当事人的。

（3）当事人一方为金融机构，依照法律规定或者当事人约定从对方当事人账户中扣收欠款本息的。

（4）当事人一方下落不明，对方当事人在国家级或者下落不明的当事人一方住所地的省级有影响的媒体上刊登具有主张权利内容的公告的，但法律和司法解释另有特别规定的，适用其规定。

（5）权利人对同一债权中的部分债权主张权利，诉讼时效中断的效力及于剩余债权，但权利人明确表示放弃剩余债权的情形除外。

3. 义务人同意履行义务

义务人作出愿意履行义务的意思表示，权利人信赖这种表示而不行使请求权，不能说是怠于行使权利，因此也构成诉讼时效的中断。义务人作出分期履行、部分履行、提供担保、请求延期履行、制定清偿债务计划等承诺或者行为的，均属于义务人同意履行义务的行为。

4. 提起诉讼或申请仲裁

当事人一方向人民法院提交起诉状或者口头起诉的，诉讼时效从提交起诉状或者口头起诉之日起中断。权利人向人民调解委员会以及其他依法有权解决相关民事纠纷的国家机关、事业单位、社会团体等社会组织提出保护相应民事权利的请求，诉讼时效从提出请求之日起中断。权利人向公安机关、人民检察院、人民法院报案或者控告，请求保护其民事权利的，诉讼时效从其报案或者控告之日起中断。上述机关决定不立案、撤销案件、不起诉的，诉讼时效期间从权利人知道或者应当知道不立案、撤销案件或者不起诉之日起重新计算；刑事案件进入审理阶段，诉讼时效期间从刑事裁判文书生效之日起重新计算。另外，下列事项与提起诉讼或者申请仲裁具有同等的中断效力：

（1）申请支付令；

（2）申请破产、申报破产债权；

（3）为主张权利而申请宣告义务人失踪或者死亡；

（4）申请诉前财产保全、诉前临时禁令等诉前措施；

（5）申请强制执行；

（6）申请追加当事人或者被通知参加诉讼；

（7）在诉讼中主张抵销。

5. 下列情形也会发生诉讼时效中断的效果

（1）对于连带债权人、连带债务人中的一人发生诉讼时效中断效力的事由，应当认定对其他连带债权人、连带债务人也发生诉讼时效中断的效力。

（2）债权人提起代位权诉讼的，应当认定对债权人的债权和债务人的债权均发生诉讼时效中断的效力。

（3）债权转让的，应当认定诉讼时效从债权转让通知到达债务人之日起中断。

经典例题

【真题·多选题】（2019）根据诉讼时效法律制度的规定，下列各项中，属于诉讼时效中断事由的有（　　）。

A. 债权人发送催收信件到达债务人

B. 债务人向债权人请求延期履行

C. 债务人申请诉前财产保全

D. 债务人向债权人承诺提供担保

【答案】ABCD

【解析】引起诉讼时效中断的事由有：权利人提起诉讼或申请仲裁；当事人一方向义务人提出请求履行义务的要求；当事人一方同意履行义务。

【例题·单选题】根据诉讼时效法律制度的规定，下列各项中，属于诉讼时效中止事由的是(　　)。

A. 提起诉讼

B. 权利被侵害的无民事行为能力人没有法定代理人

C. 申请宣告义务人死亡

D. 申请支付令

【答案】B

【解析】选项A、C、D，属于诉讼时效中断的事由。

命题点拨

诉讼时效中止和诉讼时效中断的类型区分是高频考点，提示考生精准掌握，其中诉讼时效中止情形较为简单，着重记忆诉讼时效中断情形即可。

进阶练习

（一）单选题

1. 根据民事法律制度的规定，下列民事法律行为中，须经双方当事人意思表示一致才能成立的是（　　）。

A. 甲免除乙对自己所负的债务

B. 甲将一串珍珠项链赠与乙

C. 甲授权乙以甲的名义购买一套住房

D. 甲立下遗嘱，将个人所有财产赠给乙

2. 2021年11月11日，甲公司从乙公司处购买了一台价值100万元的机器设备，为此向乙公司签发了一张票面金额为90万元的银行承兑汇票，约定剩余的10万元价款于货物验收合格后3日内付清，同时以丙公司现有的一间厂房设定抵押担保。后乙公司履行了合同义务，且决定免除甲公司10万元的货款。根据民事法律制度的规定，下列表述错误的是（　　）。

A. 甲公司与乙公司之间的机器设备买卖行为是有偿的民事法律行为

B. 甲公司向乙公司签发银行承兑汇票的行为是要式民事法律行为

C. 丙公司提供抵押担保的行为是从民事法律行为

D. 乙公司免除甲公司10万元货款的行为是双方民事法律行为

3. 甲与乙订立合同后，乙以行为显失公平为由向人民法院提出撤销合同的申请，人民法院依法撤销了该合同。根据民事法律制度，下列表述中，正确的是（　　）。

A. 合同自订立时无效

B. 合同自提出撤销请求时无效

C. 合同自法院受理撤销权请求时无效

D. 合同自人民法院撤销后无效

4. 根据民事法律制度，下列各项中，属于无效民事法律行为的是（　　）。

A. 因欺诈实施的民事法律行为

B. 因重大误解实施的民事法律行为

C. 限制民事行为能力人依法不能独立实施的民事法律行为

D. 无民事行为能力人独立实施的民事法律行为

5. 甲为了避免财产被法院强制执行，虚假地将房子卖给自己的同事。根据民事法律制度的规定，该民事法律行为的效力是（　　）。

A. 无效　　B. 可撤销

C. 有效　　D. 效力待定

6. 甲为了不履行对乙的清偿义务，恐吓乙：如不免除债务则绑架其家人。乙因为恐惧而免除了甲的债务。根据民事法律制度的规定，该免除债务行为的效力属于（　　）。

A. 无效　　B. 可撤销

C. 有效　　D. 效力待定

7. 2021 年 10 月，甲公司聘用乙为业务经理，委托其负责甲公司一切对外业务往来。2022 年 4 月，乙辞职，但甲公司并未收回乙所持盖有甲公司公章的空白合同书，也未对其客户进行告知。2022 年 5 月，乙以甲公司业务经理的身份，持盖有甲公司公章的空白合同书，与客户丙公司签订了一份买卖合同，后下落不明。根据民事法律制度的规定，下列关于该买卖合同效力的说法中，正确的是（　　）。

A. 合同无效

B. 合同可撤销

C. 合同效力待定

D. 合同有效

8. 王某曾是甲公司的采购员，于 2022 年 3 月从甲公司离职。乙公司是甲公司的客户，已被告知甲离职的事实，但当王某持甲公司盖章的空白合同书，以甲公司名义与乙公司买卖 100 吨棉花时，丙公司仍与其签订了买卖合同。根据民事法律制度的规定，下列表述中，正确的是（　　）。

A. 甲的行为构成无权代理，合同的效力待定

B. 甲的行为构成表见代理，合同有效

C. 乙公司有权在甲公司追认合同之前，行使撤销权

D. 乙公司可以催告甲公司追认合同，如甲公司在 1 个月内未作表示，合同有效

9. 根据诉讼时效法律制度的规定，下列情形中，导致诉讼时效中止的是（　　）。

A. 债务人主动向债权人履行义务

B. 债权人向债务人提起诉讼

C. 债务人被债权人控制

D. 债权人向债务人提出履行义务的请求

10. 根据诉讼时效法律制度的规定，下列情形中，导致诉讼时效中断的是（　　）。

A. 未成年债权人的监护人在一次车祸中遇难，尚未确定新的监护人

B. 债权人向债务人直接送交主张权利的文书，债务人在文书上签字

C. 权利被侵害的无民事行为能力人没有法定代理人

D. 因地震导致债务人无法向债权人履行债务

（二）多选题

1. 甲有一个明朝时期仿制的花瓶，价值 10 万元，其欺骗乙说是元青花，价值 2 000 万元，乙购买并交付花瓶货款后，找到专业机构进行鉴定，方知自己上当受骗。根据民事法律制度的规定，下列表述中，正确的有（　　）。

A. 乙有权请求人民法院或仲裁机构撤销自己与甲之间的买卖合同

B. 乙自知道或应当知道撤销事由之日起 1 年没有行使撤销权的，撤销权消灭

C. 乙既可以自行与甲协商撤销两人之间的买卖合同，也可以请求人民法院撤销

D. 乙知道撤销事由后，如果明确表示放弃撤销权则撤销权可以消灭

2. 根据民事法律制度的规定，下列关于无效民事法律行为和可撤销民事法律行为的表述中，正确的有（　　）

A. 两种民事法律行为均由法院主动审查

B. 两种民事法律行为均为自始无效

C. 可撤销民事法律行为的撤销权行使有时间限制，无效民事法律行为没有时间限制

D. 可撤销民事法律行为被撤销后，产生与无效民事法律行为相同的法律后果

3. 甲为乙公司业务员，负责某小区的订奶业务多年，每月月初更新订奶用户并收取下月订奶款。2022 年 5 月 1 日，甲从乙公司辞职。5 月 3 日，甲仍照常前往小区摆摊收取订奶款，订奶户不知内情，照例交款，甲也如常开出盖有乙公司公章的订奶款收据，之后甲下落不明。根据代理法律制度的规定，下列表述中，正确的有（　　）。

A. 甲的行为构成无权代理

B. 甲的行为构成表见代理

C. 应由甲和乙公司共同向订奶户承担连带责任

D. 应由乙公司向订奶户承担合同履行义务

4. 根据民事法律制度的规定，下列各项中，属于重大误解的民事法律行为的有（　　）。

A. 甲不知女友已与他人结婚而为其购买订婚戒指

B. 乙误将真画当作赝品出售

C. 丙承揽一项工程，因估算平方米数错误导致报价偏低

D. 丁误认某人是其救命恩人而赠与其 5 000 元人民币

5. 根据民事法律制度的规定，下列各项中，属于无效的民事法律行为的有（　　）。

A. 刘某与某县政府商定，将其一辆私有轿车赠送给县政府，但实际上该轿车属于付某所有，县政府明知上述事实且接受

B. 11 岁的邹某接受了从美国回来的叔叔送给他的一台电脑，价值人民币 5 万元

C. 曲某与赵某恶意串通，将曲某名下全部财产转移至赵某名下，以逃避曲某对孙某的债务清偿

D. 个体工商户蒋某用工业酒精勾兑白水冒充二锅头出售

6. 根据民事法律制度的规定，下列表述中，属于效力待定的民事法律行为的有（　　）。

A. 王某基于被胁迫与李某订立买卖合同

B. 12 岁小学生芳芳与当代商城签订了一台价值 9 000 元电脑的合同

C. 刘某以欺诈手段与马某订立橱柜加工合同

D. 无权代理人高某与善意第三人钱某订立房屋租赁合同

7. 根据民事法律制度的规定，下列表述中，属于有效的民事法律行为的有（　　）。

A. 张小三 9 岁，爷爷将一套价值 500 万元的别墅赠与给他

B. 李小四 10 岁，同学文文将一个书包赠送给他

C. 王小五 14 岁，用自己的压岁钱给妈妈购买了一个价值 5 万元的爱马仕皮包

D. 赵小六 19 岁，在大学就读期间向同学借款 2 万元用于炒股

8. 甲向乙借款 1 万元，借款到期后甲未履行债务。根据诉讼时效法律制度的规定，在诉讼时效期间内发生的下列情形中，能够引起诉讼时效中断的有（　　）。

A. 甲主动打电话向乙表示将在 3 日内先支付约定的利息

B. 乙以特快专递发送催款函件给甲，甲签收后未拆封

C. 乙向人民法院提交起诉书

D. 乙向人民法院申请支付令

9. 根据诉讼时效法律制度的规定，下列情形中，引起诉讼时效中止的事由有（　　）。

A. 权利被侵害的无民事行为能力人没有法定代理人

B. 继承开始后未确定继承人

C. 权利人被义务人控制无法主张权利

D. 权利被侵害的限制民事行为能力人的法定代理人丧失代理权

进阶练习答案及解析

（一）单选题

1.【答案】B

【解析】选项 A、C、D，属于单方民事法律行为；选项 B，属于双方民事法律行为。

2.【答案】D

【解析】债务免除行为属于单方民事法律行为，仅有一方当事人的意思表示而无需他方的同意即可发生法律效力。

3.【答案】A

【解析】被撤销的民事法律行为自始没有法律效力。

4.【答案】D

【解析】选项 A、B，属于可撤销民事法律行为；选项 C，属于效力待定的民事法律行为。

5.【答案】A

【解析】因双方当事人均无真实的意思表示，故民事法律行为无效。

6.【答案】B

【解析】该债务的免除因胁迫而作出，故属于可撤销民事法律行为。

7.【答案】D

【解析】乙的行为构成表见代理，产生有效代理的法律后果，故买卖合同有效，同时也符合合同有效的要件。

8.【答案】A

【解析】选项 A、B，王某的行为构成狭义的无权代理（由于乙公司已被告知王某离职的事实，谈不上表见代理的问题），该买卖合同的效力待定；选项 C，只有善意相对人才享有撤销权，由于乙公司已经知道王某离职的事实，乙公司不能行使撤销权；选项 D，被代理人在 1 个月内未作表示的，视为拒绝追认。

9.【答案】C

【解析】选项 A、B、D，属于诉讼时效中断的事由。

10.【答案】B

【解析】选项 A、C、D，属于诉讼时效中止的事由。

（二）多选题

1.【答案】ABD

【解析】选项 A、C，撤销权应依诉而行使，即只能通过向人民法院或仲裁机构提出申请而行使；选项 B、D，当事人自知道或者应当知道撤销事由之日起 1 年内没有行使撤销权的，撤销权消灭；当事人知道撤销事由后明确表示或者以自己的行为表明放弃撤销权的，撤销权消灭。

2.【答案】CD

【解析】选项 A，法院只能主动审查无效民事法律行为；选项 B，可撤销民事法律行为只有被法院撤销后，才会自始无效，如果当事人未向法院主张撤销权，该行为为有效民事法律行为。

3.【答案】BD

【解析】甲的行为构成表见代理，因为有客观理由使第三人相信甲具有代理权，所以产生与有权代理一样的效果，故由乙公司承担责任。

4.【答案】BCD

【解析】选项 A，重大误解属于意思表示内容的错误，而 A 属于动机错误；选项 B，属于对标的物性质的误解；选项 C，属于对标的物数量的误解；选项 D，属于对对方当事人的误解。

5.【答案】ACD

【解析】选项 A，属于以虚假意思表示的民事法律行为；选项 B，属于有效民事法律行为，即赠与；选项 C，属于恶意串通损害他人利益的民事法律行为；选项 D，属于违反法律强制性规定的民事法律行为。

6.【答案】BD

【解析】选项 A、C，以欺诈和胁迫手段实施的民事法律行为均属于可撤销的民事法律行为。

7.【答案】ABD

【解析】选项A，限制民事行为能力人接受赠与等纯获利益的行为属于有效的民事法律行为；选项B、C，限制民事行为能力人实施的与其年龄、智力、精神状况相适应的行为属于有效的民事法律行为，选项C中的行为超出该限度；选项D，完全民事行为能力人实施的行为属于有效的民事法律行为。

8.【答案】ABD

【解析】选项A，义务人作出分期履行、部分履行、提供担保、请求延期履行先支付利息等承诺或者行为，视为"义务人同意履行义务"，导致诉讼时效中断；选项B，当事人一方以发送信件或者数据电文方式主张权利，信件或者数据电文到达或者应当到达对方当事人的（甲已经签收），应当认定为"当事人一方提出要求"，导致诉讼时效中断；选项C、D，债权人提起诉讼或与提起诉讼具有同等效力的其他情形（支付令），导致诉讼时效中断。

9.【答案】ABCD

【解析】诉讼时效中止的情形可以分为两类，一是不可抗力，二是其他障碍。上述四个选项均属于第二类。

第三章　物权法律制度

2023 年教材内容主要变化

本章教材内容仅有个别语句表述上的调整，并无实质内容上的调整。

本章近五年考试高频考点分布

高频考点内容	年度及题型分布
物的种类	2022 年单选题、2022 年多选题、2019 年单选题、2018 年单选题
物权的种类	2022 年单选题、2019 年多选题
动产的买卖	2022 年案例分析题
动产物权的变动	2022 年案例分析题、2021 年单选题、2020 年多选题、2020 年案例分析题、2019 年案例分析题
无权处分	2019 年案例分析题
善意取得制度	2019 年案例分析题
遗失物	2019 年多选题
按份共有	2021 年单选题、2019 年案例分析题
建设用地使用权	2021 年单选题、2020 年单选题、2019 年单选题
抵押权的设立	2019 年案例分析题
同一财产向两个以上债权人设定抵押时的清偿顺序	2018 年案例分析题
流押条款	2019 年案例分析题
权利质押	2018 年多选题

高频考点精讲

本章内容为物权法律制度，属于比较重要的章节，特别是有案例分析题的考查，主要包括物权法律制度概述、不动产与动产的物权变动、用益物权和担保物权等相关基础理论知识。

高频考点1：物的种类★★

1. 流通物、限制流通物与禁止流通物

流通物是指可自由进入市场流通之物（如绝大多数动产）；限制流通物是指被法律限制市场流通的物（如文物、黄金、药品）；禁止流通物是指法律禁止流通的物（如法律规定专属于国家所有的不动产和动产）。

2. 动产与不动产

不动产为不可移动，或移动将损害其价值的物，包括土地、海域以及房屋、林木等地上定着物。

动产为不动产以外的物。

3. 可替代物与不可替代物

该分类仅限于动产。交易客体为可替代物（如书本）时，可以同类替代履行；不可替代物（如王羲之的字画）一旦发生毁损、灭失就只能转化为金钱赔偿。

4. 消耗物与非消耗物

该分类仅限于动产。消耗物只能一次性使用（如苹果）；非消耗物则相反（如一部手机）。以让与为目的的消耗物（如金钱）转移占有即转移所有权。

5. 可分物与不可分物

可分物是不因分割而变更其性质或减损其价值的物，如米、酒等。反之，如牛、汽车等属于不可分物。

6. 主物与从物

当一物不是他物的成分，而是作为他物发挥作用的辅助工具时，该物为从物，起主要效用的他物为主物。如房间的钥匙、汽车的备胎、机器的维修工具均是从物。

7. 原物与孳息

（1）孳息是独立于原物的物，原物、孳息属于两个物。因此，尚在母牛身体里的小牛属于母牛的组成部分，不属于孳息；尚未与苹果树相分离的苹果，也不属于孳息。

（2）孳息分为天然孳息和法定孳息（如储蓄存款的利息、出租房屋获得的租金）。

经典例题

【真题·单选题】（2022）根据物权法律制度的规定，下列各项中，属于流通物的是（　　）。

A. 文物　　B. 黄金

C. 电脑　　D. 药品

【答案】C

【解析】电脑属于流通物；文物、黄金、药品属于限制流通物。

【真题·多选题】（2022）根据物权法律制度的规定，下列各项中，构成主物与从物关系的有（　　）。

A. 书和书的封套

B. 汽车和汽车后备箱中的备用轮胎

C. 牛和牛尾巴

D. 机器和机器维修工具

【答案】ABD

【解析】主物与从物从本质上来说至少应当是两个物，而且从物为主物作用的发挥起到辅助的作用，因此选项A、B、D均为主从物关系，而选项C实为一物。

【真题·多选题】（2020）根据物权法律制度的规定，下列各项中属于主从物关系的有（　　）。

A. 房间及其钥匙　　B. 母牛及其幼崽

C. 树木及其果实　　D. 汽车及其备胎

【答案】AD

【解析】主物和从物在物理实体上都独立存在，从物不是主物的组成部分。选项B、C，如果幼崽还没有出生或者果实还在树上，都只是一个物；如果幼崽出生或者果实摘下，这是原物与孳息的关系。

【真题·单选题】（2019）根据物权法律制度的规定，下列各项中，属于物权法上的物的是（　　）。

A. 太阳　　B. 星星
C. 月亮　　D. 海域

【答案】D

【解析】选项A、B、C，因不能为人力所支配而不属于物权法上的物。

【真题·单选题】（2018）根据物权法律制度的规定，下列各项中，属于动产的是（　　）。

A. 海域　　B. 房屋
C. 林木　　D. 船舶

【答案】D

【解析】选项A、B、C属于不动产。

【例题·单选题】根据民法典物权编的规定，下列关于物的种类的表述中，正确的是（　　）。

A. 海域属于不动产
B. 文物属于禁止流通物
C. 金钱属于非消耗物
D. 牛属于可分割物

【答案】A

【解析】选项B，文物属于限制流通物；选项C，金钱属于消耗物；选项D，牛属于不可分物。

高频考点2：物权的种类★★★

1. 自物权和他物权

所有权属于自物权，即对于自己之物所享有的物权；用益物权和担保物权则属于他物权，即在他人所有之物上设定的物权。

2. 用益物权和担保物权

（1）用益物权包括国有土地使用权、宅基地使用权、农村土地承包经营权和地役权。

（2）担保物权包括抵押权、质权和留置权。

小贴士 用益物权以使用他人之物为目的，针对的是他人之物的使用价值；担保物权以担保债权实现为目的，针对的是他人之物的交换价值。

3. 动产物权与不动产物权

动产物权是设定在动产之上的物权，如动产所有权、动产质权、留置权等；不动产物权则是设定于不动产之上的物权，如不动产所有权、土地使用权、不动产抵押权等。用益物权一般存在于不动产之上，担保物权中的抵押权原则上亦以不动产为客体，但法律另有规定的除外，质权与留置权则只能以动产为客体，不得设于不动产之上。

4. 独立物权和从物权

（1）独立物权是指能够独立存在的物权，如所有权、土地使用权。

（2）从物权是指从属于其他权利、不能独立存在的物权，如担保物权从属于债权而存在，地役权从属于需役地的所有权或使用权而存在。

经典例题

【真题·多选题】（2019）根据物权法律制度的规定，下列权利中，可以设定在动产之上的有（　　）。

A. 抵押权　　B. 留置权
C. 所有权　　D. 质押权

【答案】ABCD

【解析】动产均可设定上述权利。

【例题·单选题】根据民法典物权编的规定，下列各项中，属于独立物权的是（　　）。

A. 地役权
B. 建设用地使用权
C. 质权
D. 抵押权

【答案】B

【解析】选项A、C、D，均属于从物权，其中，抵押权、质权从属于债权，地役权从属于需役地的所有权或使用权。

高频考点3：物权基本原则★★

1. 物权法定原则

根据《民法典》第一百一十六条的规定，

物权的种类和内容，由法律规定。从以下四个方面把握该法条的内涵：

（1）行为人违反“种类法定”原则，在法定物权种类之外创设物权，该行为无效；

（2）行为人违反“内容法定”原则，设定与法定物权相异的内容，该行为无效。

（3）此条所称“法律”，不限于《民法典》，包括一切由全国人大及其常务委员会制定的“法律”，但不包括行政法规与地方性法规，亦不包括司法解释与司法判例。

（4）物权法的基本原则体现了物权与债权的基本区别。物权法定原则旨在限制当事人的物权创设自由，原因在于，物权具有绝对效力，如果允许当事人任意设置，可能不利于交易安全。债权则不同，其效力仅及于当事人自己，故不仅债权内容可由当事人自由设定，债权类型也可由当事人自由设定。

2. 物权客体特定原则

物权只存在于确定的一物之上，物尚不存在，不可能存在物权，物尚未确定，也谈不上物权。而债权的客体是当事人的给付行为，即使物尚未确定、尚不存在，也不影响债权合同的有效性，如李某将正在研制的工具作价150万元卖给周某。

一物一权原则与以下情形并不矛盾：

（1）多人共同对一物享有一项物权，因为多人只涉及多数物权人，而一物一权表现的是物权客体与权利本身的关系。

（2）在一物之上成立数个互不冲突的物权。如所有权与他物权的共容。

3. 物权公示原则

（1）物权之所以需要公示，是因为物权是绝对权，除权利人以外的一切人都是义务人，欲为不特定他人所尊重，物权的享有必须为人所知。告知不特定他人的各种方式中，统一依法定方式公示是成本最低、最为可行的。动产以交付占有为公示手段，不动产则以登记为公示手段。

（2）公示的效力。

①物权转移效力。若通过交付转移动产的占有，则推定为动产物权转移；若通过登记变更登记权利人，则推定为不动产物权转移。根据公示对于物权转移效力的影响程度不同，物权转移有公示生效主义与公示对抗主义两种立场。

公示生效主义是指物权转移非经法定公示不得生效。不动产物权的设立、变更、转让和消灭，原则上须经依法登记才能发生效力，未经登记，不发生效力。而动产的公示方式为交付，并且原则上公示生效，但对于船舶、航空器和机动车等特殊动产的物权的设立、变更、转让和消灭，未经登记，不得对抗善意第三人。

某些物权的享有与变动只需当事人的意思即可，不以公示为前提，公示的效力只在于对抗第三人。例如，在不动产物权方面，土地承包经营权自土地承包经营合同生效时设立，土地承包经营权人将土地承包经营权互换、转让的，当事人可以向登记机构申请登记，未经登记，不得对抗善意第三人；地役权自地役权合同生效时设立，当事人要求登记的，可以向登记机构申请地役权登记，未经登记，不得对抗善意第三人。在动产物权方面，船舶、航空器和机动车等物权的设立、变更、转让和消灭，未经登记，不得对抗善意第三人；以动产抵押的，抵押权自抵押合同生效时设立，未经登记，不得对抗善意第三人。

②物权推定效力。为法定公示方式所彰显的权利人被推定为合法权利人。动产占有人被推定为动产所有权人。不动产登记簿上记载的权利人及所享有的权利被推定为真实。我国仅在不动产登记中较为明确地规定了此项效力。

③公信效力。如果采用公示生效主义立场，法定公示方式为权利变动与享有的法律表征，第三人有理由对其表示信赖，因而公示能够产生公信力，公信效力是善意取得的必要条件。

经典例题

【例题·多选题】根据民法典物权编的规定，下列属于物权基本原则的有（　　）。

A. 物权相对原则

B. 物权法定原则

C. 物权公示原则

D. 物权客体特定原则

【答案】BCD

【解析】物权法的基本原则有：物权法定原则、物权公示原则和物权客体特定原则。

高频考点4：基于法律行为的物权变动★★★

1. 登记生效

（1）不动产物权的设立、变更、转让和消灭，经依法登记，发生效力；未经登记，不发生效力，但法律另有规定的除外。

小贴士 房屋买卖、建设用地使用权的设立、取得和转让必须登记，登记为生效要件。另外，以建筑物、建设用地使用权等不动产设定抵押的，必须办理抵押登记，登记是抵押的生效要件，抵押权自登记之日起设立。

（2）当事人之间订立有关设立、变更、转让和消灭不动产物权的合同，除法律另有规定或者合同另有约定外，自合同成立时生效；未办理物权登记的，不影响合同的效力。

小贴士 不动产的抵押必须办理抵押登记，抵押权自登记之日起设立。如果当事人未办理抵押登记，只是抵押权未设立，但不影响抵押合同的生效。

名师解惑

此处特别提示考生要区分物权和债权各自的效力。标的物买卖、抵押等合同签订后，只要符合合同的生效要件，即产生债权效力，双方当事人不能履行合同义务时承担违约责任；但就物权的变动与合同无关，物权的生效（如所有权的变动、抵押权的设立等）要具备公示要件，特别是上文中提到的买卖、抵押等，以登记为生效要件，未经登记不发生物权变动效力。

2. 登记对抗

（1）土地承包经营权自土地承包经营权合同生效时设立。未经登记，不得对抗善意第三人。

（2）地役权自地役权合同生效时设立。未经登记，不得对抗善意第三人。

小贴士 是否登记，不影响地役权的设立。但未经登记的，不得对抗善意第三人。

名师解惑

对于土地承包经营权、地役权来说，登记并不是产生物权效力的要件，当债权合同生效时即产生物权效力，而登记仅作为对抗要件，如未登记，只是不得对抗善意第三人而已。

经典例题

【真题·单选题】（2020）根据物权法律制度的规定，下列物权变动中，须经登记方可生效的是（　　）。

A. 转让土地承包经营权

B. 设定地役权

C. 在生产设备上设定抵押权

D. 设立建设用地使用权

【答案】D

【解析】转让土地承包经营权、设定地役权、在生产设备上设定抵押权是否登记不影响生效，但未经登记的，不得对抗善意第三人。

【例题·单选题】甲与乙订立合同出售其房屋，并约定乙应当在房屋所有权转移登记手续办理完毕后支付价款。后甲反悔，并向乙表示不再办理房屋所有权转移登记。根据民法典物权编的规定，下列表述中，正确的是（　　）。

A. 合同尚未生效，但乙可以请求甲赔偿损失

B. 合同生效，但是甲有权解除合同

C. 合同生效，乙有权要求甲办理所有权转移登记并承担其他违约责任

D. 合同尚未生效，乙不得请求甲赔偿损失

【答案】C

【解析】当事人之间订立的不动产买卖合同自成立时生效，虽然未办理所有权转移登记，但不影响合同的效力，所以乙可以要求甲承担违约责任。

高频考点5：非基于法律行为的物权变动★★★

1. 基于事实行为

因合法建造、拆除房屋等事实行为设立或者消灭物权的，自事实行为成就时发生效力。

2. 基于法律规定

因继承取得物权的，自继承开始时发生效力。

3. 基于公法行为

因人民法院、仲裁机构的法律文书或者人民政府的征收决定，导致物权设立、变更、转让或者消灭的，自法律文书或者征收决定生效时发生效力。

小贴士 “导致物权设立、变更、转让或者消灭的人民法院、仲裁委员会的法律文书”，是指人民法院、仲裁委员会在分割共有不动产或者动产等案件中作出并依法生效的改变原有物权关系的判决书、裁决书、调解书，以及人民法院在执行程序中作出的拍卖成交裁定书、变卖成交裁定书、以物抵债裁定书。这些“法律文书”具有直接改变原有物权关系，不必由当事人履行的形成效力。因为如果判决内容是一方当事人向另一方当事人履行，那么，让物权发生变动的，是当事人的履行行为而非判决本身。

小贴士 非基于法律行为的不动产物权变动虽不以登记为要件，但获得权利的主体再处分该物权时，仍应当依法办理登记。未经登记，不发生物权效力。

经典例题

【例题·多选题】根据民法典物权编的规定，下列属于非基于法律行为而发生物权变动的有（　）。

A. 某公司合法建造办公楼

B. 甲合法继承其父母去世后的房屋

C. 乙将其身故后的遗产全部赠送给丙

D. 丁向银行贷款，双方办理了抵押登记

【答案】ABC

【解析】选项D属于基于法律行为而发生的物权变动。

高频考点6：动产物权变动的公示方式——交付★★★

动产物权的设立和转让，自交付时发生效力，但是法律另有规定的除外。交付有现实交付与交付替代两种形态。

（1）一般动产：交付生效。

动产物权的设立和转让，自交付时发生效力，但法律另有规定的除外。

在动产买卖合同中，如果当事人未约定所有权保留条款，则动产的所有权自交付之日起转移。

名师解惑

“所有权保留”是指在转移财产所有权的商品交易中，根据法律的规定或者当事人的约定，财产转让人虽将转移标的物交付于买受人，但仍保留对该财产的所有权，直到买受人支付部分或全部价款，或具体特定条件时，该财产的所有权才发生转移的一种法律制度。

（2）特殊动产：交付生效＋登记对抗。

根据《民法典》第二百二十五条的规定，船舶、航空器和机动车等物权的设立、变更、转让和消灭，未经登记，不得对抗善意第三人。

小贴士 对于船舶、航空器和机动车等动产，其所有权的移转仍以交付为生效要件，而不以登记为生效要件。但登记具有对抗效力，如果交付后没有办理过户登记，不得对抗善意第三人。

（3）转让人转移船舶、航空器和机动车等所有权，受让人已经支付对价并取得占有，

虽未经登记，但转让人的债权人主张其为《民法典》第二百二十五条所称的“善意第三人”的，除法律另有规定外，不予支持。

（4）特殊的交付方式。

①简易交付。动产物权设立和转让前，权利人已经先行占有该动产的，物权在法律行为生效时发生变动效力。例如，承租人甲想要购买租用的相机，于是与出租人乙订立买卖合同。由于甲已经占有该相机，为了节约交易成本，乙向甲转让相机所有权时，自不必先令甲返还，然后再向甲交付。

②指示交付。动产物权设立和转让前，第三人占有该动产的，负有交付义务的人可以通过“转让请求第三人返还原物的权利”代替交付。例如，甲租用乙的相机，丙看见该相机后爱不释手，遂与乙订立买卖合同。正常情况下，乙向丙转让相机所有权的过程是：甲将相机归还于乙，乙再将相机交付于丙。同样是为了节约交易成本，这一复杂过程可简化为：乙指示甲直接将相机交付于丙。

③占有改定。动产物权转让时，当事人又约定由出让人继续占有该动产的，物权转移自该约定生效时发生效力。例如，甲购买乙的相机，买卖合同订立后，乙表示相机已经归甲，但要求甲让自己再用一个月，甲同意。表面看起来乙尚未向甲交付相机，但实际上已经通过占有改定的方式交付。因为甲同意乙继续占有相机后，甲的占有人身份便由自主占有人改定为他主占有人，乙则通过间接占有的方式取得相机的自主占有。

经典例题

【真题·案例分析题】（2020）甲公司获悉乙医院欲购10台呼吸机，遂于2017年6月3日向乙医院发出要约函，称愿以30万元的总价向乙医院出售呼吸机10台，乙医院须先支付定金5万元，货到后10日内支付剩余货款，质量保证期为5年。2017年7月6日，乙医院获知信件内容，并于同日向甲公司发出传真表示同意要约，但同时提出：总价降为28万元，2017年9月5日前交付全部货物，我方于2017年10月10日前支付剩余货款；任何一方未按约履行，均须向对方支付违约金5万元。次日，甲公司回复传真表示同意。双方未约定货物交付地点及方式。

2017年7月29日，乙医院向甲公司支付定金5万元。次日，甲公司将呼吸机交付承运人丙公司。2017年8月10日，乙医院收到8台呼吸机，且其中2台存在瑕疵：1台外观有轻微划痕，1台严重变形无法正常使用。经查，甲公司漏发1台，实际只发了9台；运输途中遇山洪暴发被洪水冲走1台；2台呼吸机的瑕疵系因甲公司员工不慎碰撞所致。

2017年10月13日，乙医院要求甲公司另行交付4台呼吸机，否则将未收到的2台呼吸机以及存在瑕疵的2台呼吸机部分解除合同；并要求甲公司支付违约金5万元，同时双倍返还定金。甲公司要求乙医院支付剩余货款23万元，并告知乙，甲公司之前委托丁公司保管1台全新呼吸机，已通知丁公司向乙医院交付以补足漏发的呼吸机，其余则未作出回应。乙医院表示同意接收丁公司交来的呼吸机。

要求：根据上述内容，分别回答下列问题：甲公司通知丁公司向乙医院交付呼吸机，是否构成甲公司向乙医院的交付？并说明理由。

【答案】甲公司通知丁公司直接向乙医院交付呼吸机，构成甲公司向乙医院的交付。根据物权法律制度的规定，动产物权设定和转让前，第三人依法占有该动产的，负有交付义务的人可以通过转让请求第三人返还原物的权利代替交付。

【例题·多选题】2019年8月1日，甲、乙签订了一份车辆买卖合同。双方约定如下：8月10日乙付款给甲，8月20日甲将汽车交付给乙，8月30日双方去办理过户手续。8月25日，甲又向丙借款，将该车抵押给不知情的丙，并办理了抵押登记。后因甲无法偿还借款，丙欲行使抵押权。根据民法典物权编的规定，下列说法中正确的有（　　）。

A. 因车辆办理了抵押登记，故甲、乙之

间的合同不成立

B. 汽车的所有权已于 8 月 20 日发生转移

C. 丙可主张抵押权

D. 因车辆已经交付给乙，丙不得主张抵押权

【答案】BC

【解析】选项 A，甲乙之间的买卖合同在双方签订合同之日时成立，不受物权变动影响；选项 B、C、D，动产的物权转让以交付为要件，但车辆属于特殊动产，登记为对抗要件，未经登记，不得对抗善意第三人，所以丙作为善意第三人可依法取得该车的抵押权，乙的损失可向甲主张赔偿。

命题点拨

该例题就体现了物债两分原则，合同在签订时有效，发生债权效力，特殊动产虽然因交付发生所有权变动，但因未经登记，所以不得对抗善意第三人，买受人不得优先于抵押权人，故买受人可以根据合同向未能履行义务的一方当事人主张违约责任。

高频考点 7：不动产物权变动的公示方式——登记★★★

不动产物权的设立、变更、转让和消灭，经依法登记，发生效力；未经登记，不发生效力，但是法律另有规定的除外。登记类型主要包括：首次登记、变更登记、转移登记、注销登记、更正登记、异议登记、预告登记与查封登记。

1. 首次登记

不动产首次登记，是指不动产权利第一次登记。未办理不动产首次登记的，不得办理不动产其他类型登记，但法律、行政法规另有规定的除外。

2. 变更登记

变更登记，是指不动产登记事项发生不涉及权利转移的变更所需进行的登记。下列情形之一的，不动产权利人可以向不动产登记机构申请变更登记：

（1）权利人的姓名、名称、身份证明类型或者身份证明号码发生变更的；

（2）不动产的坐落、界址、用途、面积等状况变更的；

（3）不动产权利期限、来源等状况发生变化的；

（4）同一权利人分割或者合并不动产的；

（5）抵押担保的范围、主债权数额、债务履行期限、抵押权顺位发生变化的；

（6）最高额抵押担保的债权范围、最高债权额、债权确定期间等发生变化的；

（7）地役权的利用目的、方法等发生变化的；

（8）共有性质发生变更的；

（9）法律、行政法规规定的其他不涉及不动产权利转移的变更情形。

3. 转移登记

转移登记，是指不动产权利在不同主体之间发生转移所需进行的登记。因下列情形导致不动产权利转移的，当事人可以向不动产登记机构申请转移登记：

（1）买卖、互换、赠与不动产的；

（2）以不动产作价出资（入股）的；

（3）法人或者其他组织因合并、分立等原因致使不动产权利发生转移的；

（4）不动产分割、合并导致权利发生转移的；

（5）继承、受遗赠导致权利发生转移的；

（6）共有人增加或者减少以及共有不动产份额变化的；

（7）因人民法院、仲裁委员会的生效法律文书导致不动产权利发生转移的；

（8）因主债权转移引起不动产抵押权转移的；

（9）因需役地不动产权利转移引起地役权转移的；

（10）法律、行政法规规定的其他不动产权利转移情形。

4. 注销登记

不动产权利消灭时，需要办理注销登记。

有下列情形之一的，当事人可以申请办理注销登记：

（1）不动产灭失的；

（2）权利人放弃不动产权利的；

（3）不动产被依法没收、征收或者收回的；

（4）人民法院、仲裁委员会的生效法律文书导致不动产权利消灭的；

（5）法律、行政法规规定的其他情形。

5. 异议登记

（1）更正登记。

权利人、利害关系人认为不动产登记簿记载的事项有错误的，可以申请更正登记。不动产登记簿记载的权利人书面同意更正或者有证据证明登记确有错误的，登记机构应当予以更正。

（2）异议登记。

如果不动产登记簿记载的权利人不同意更正，利害关系人可以申请异议登记。

（3）登记机构予以异议登记的，申请人在异议登记之日起 15 日内不起诉，异议登记失效。

（4）异议登记不当，造成权利人损害的，权利人可以向申请人请求损害赔偿。

小贴士 异议登记使得登记簿上所记载的权利失去正确性推定的效力，异议登记后，第三人不得主张基于登记而产生的公信力（不适用于善意取得）。

6. 预告登记

当事人签订买卖房屋或者其他不动产物权的协议，为保障将来实现物权，按照约定可以向登记机构申请预告登记。具有下列情形之一的，当事人可以申请预告登记：

（1）预购商品房；

（2）以预购商品房设定抵押；

（3）房屋所有权转让、抵押；

（4）法律、法规规定的其他情形。

小贴士 预告登记后，未经预告登记的权利人同意，处分该不动产（转移不动产所有权或者设定建设用地使用权、设定地役权、设定抵押权等）的应当认定其不发生物权效力；另外，预告登记后，债权消灭或者自能够进行不动产登记之日起 90 日内未申请登记的，预告登记失效。买卖不动产物权的协议被认定无效、被撤销、被解除，或者预告登记的权利人放弃债权的，应当认定为“债权消灭”。

经典例题

【例题·单选题】甲公司与乙银行签订 300 万元的借款合同，以甲公司的房屋提供债权额为 300 万元的抵押担保，并已办理登记。其后，借款合同的借款金额增加为 400 万元，仍以该房屋提供抵押担保，担保债权额相应增加为 400 万元。为使新增抵押生效，根据民法典物权编的规定，乙银行应向不动产登记机构申请的登记类型是（　　）。

A. 更正登记　　B. 预告登记

C. 变更登记　　D. 转移登记

【答案】C

【解析】当发生抵押担保的范围、主债权数额、债务履行期限、抵押权顺位变化的，不动产权利人可以向不动产登记机构申请变更登记。

【例题·单选题】根据民法典物权编的规定，下列关于更正登记与异议登记的表述中，正确的是（　　）。

A. 提起更正登记之前，须先提起异议登记

B. 更正登记的申请人可以是权利人，也可以是利害关系人

C. 异议登记之日起 10 日内申请人不起诉的，异议登记失效

D. 异议登记不当造成权利人损害的，登记机关应承担损害赔偿责任

【答案】B

【解析】选项 A，更正登记之前不要求必须提起异议登记；选项 C，登记机构予以异议登记的，申请人在异议登记之日起 15 日内不起诉，异议登记失效；选项 D，异议登记不当，造成权利人损害的，权利人可以向申请人

请求损害赔偿。

高频考点8：动产的抵押和质押★★★

1. 抵押权：登记对抗

以动产设定抵押的，抵押权自抵押合同生效时设立。但未经登记，不得对抗善意第三人。即以动产设定抵押时，无论是否办理了抵押登记，抵押权均自抵押合同生效之日起设立。只是未登记的，不能对抗善意第三人。

名师解惑

请考生注意不动产的抵押以登记为生效要件，而动产的抵押与抵押合同同步产生效力，抵押仅为对抗要件而已。

2. 质权：交付生效

以动产设定质押的，质权自交付时设立。

经典例题

【例题·多选题】下列关于动产抵押和质押的说法中，正确的有（　　）。

A. 动产抵押必须办理登记，否则抵押不产生效力

B. 动产抵押权自抵押合同生效时成立，登记不是生效要件

C. 动产质押权利自质押物交付时生效

D. 动产质押合同自签订之日起生效

【答案】BCD

【解析】选项A、B，动产抵押权自抵押合同生效时设立，但抵押权的权属变动须以登记为对抗要件，未经登记不得对抗善意第三人；选项C、D，动产质押权的合同自签订时生效，但质押权的权属变动以交付为生效要件，此处涉及债权变动和物权变动。

命题点拨

动产抵押的债权效力和物权效力同步产生，均为合同生效之时；动产质押有所不同，债权自合同签订生效，而物权效力取决于交付之时。

高频考点9：所有权的法定分类★★

1. 国家所有权

国家以所有者身份对物享有的全面支配权力。国家所有权的客体极为广泛，包括一切矿藏、水流、海域以及无居民海岛，城市土地、法律规定属于国家所有的农村和城市郊区的土地，未被规定为集体所有的森林、山岭、草原、荒地、滩涂等自然资源，法律规定属于国家所有的野生动植物资源，无线电频谱资源，法律规定属于国家所有的文物，国防资产，法律规定属于国家所有的铁路、公路、电力设施、电信设施和油气管道等基础设施，等等。

2. 集体所有权

所谓集体所有的不动产和动产，主要包括：

（1）法律规定属于集体所有的土地和森林、山岭、草原、荒地、滩涂；

（2）集体所有的建筑物、生产设施、农田水利设施；

（3）集体所有的教育、科学、文化、卫生、体育等设施；

（4）集体所有的其他不动产和动产。

3. 私人所有权

私人对其合法的收入、房屋、生活用品、生产工具、原材料等不动产和动产享有所有权。

高频考点10：按份共有与共同共有★★

1. 法定的共同共有

家庭关系中的共有为共同共有，包括夫妻共同财产、遗产等。

名师解惑

共同共有的类型主要有三种：一是夫妻共有财产，即在婚姻关系存续期间所得的财产属于夫妻共同共有；二是家庭共有财产，但只限于一定范围内的亲属关系，比较典型的是基于农村共同生产生活而产生几代同堂的现象，共同居住人对家庭财产属于共同共有；三是共同

继承的财产，即在继承开始后遗产份额前，同一顺位继承人对遗产属于共同共有。除了以上三种类型，基于合伙关系产生的合伙财产，对于合伙人来说也属于共同共有。

2. 共有类型

共有人对共有的不动产或者动产没有约定为按份共有或者共同共有，或者约定不明确的，除共有人具有家庭关系等外视为按份共有。

3. 共有份额

按份共有人对共有的不动产或者动产享有的份额，可以约定；没有约定或者约定不明确的，按照出资额确定；不能确定出资额视为等额享有。

经典例题

【真题·单选题】（2021）下列属于按份共有的是（　　）。

A. 夫妻共同财产

B. 村民家庭承包鱼塘

C. 兄弟合买房屋

D. 未分配遗产

【答案】C

【解析】共有人对共有的不动产或者动产没有约定为按份共有或者共同共有，或者约定不明确的，除共有人具有家庭关系等外视为按份共有。家庭关系中的共有为共同共有，包括夫妻共同财产（选项A）、遗产（选项D）、家庭承包的财产（选项B）等。

【例题·多选题】根据民法典物权编的规定，下列情形中属于共同共有的有（　　）。

A. 夫妻对家庭财产的共有

B. 合伙人对合伙财产的共有

C. 继承人对被继承人遗产在分割前的共有

D. 三位农民对共同出资购买的农用运输车的共有

【答案】ABC

【解析】选项D为按份共有。共有人对共有的不动产或者动产没有约定为按份共有或者共同共有，或者约定不明确的，除共有人具有家庭关系等外视为按份共有。而前三项属于法定的共同共有。

高频考点11：共有的对外关系★★

1. 按份共有

（1）对外。因共有的不动产或者动产产生的债权债务，在对外关系上，共有人享有连带债权、承担连带债务，但法律另有规定或者第三人知道共有人不具有连带债权债务关系的除外。

（2）内部。除共有人另有约定外，按份共有人按照份额享有债权、承担债务。因此，当对外承担债务的共有人所承担的债务超出其应当承担的份额时，有权向其他共有人追偿。

小贴士 按份共有人对外承担连带责任、内部承担按份责任。

2. 共同共有

（1）对外。因共有的不动产或者动产产生的债权债务，在对外关系上，共有人享有连带债权、承担连带债务，但法律另有规定或者第三人知道共有人不具有连带债权债务关系的除外。

（2）内部。除共有人另有约定外，共同共有人共同享有债权、承担债务。

小贴士 共同共有人对外承担连带责任、内部不分彼此。

高频考点12：按份共有份额★★★

1. 内部转让

按份共有人之间转让共有份额，其他按份共有人主张优先购买的，人民法院不予支持，但按份共有人之间另有约定的除外。

2. 对外转让

根据《民法典》第三百零五条的规定，按份共有人可以转让其享有的共有的不动产或者动产份额，其他共有人在同等条件下享有优先购买的权利。

关于优先购买权，还需要注意以下几个问题：

（1）以交易为前提。

共有份额因继承、遗赠等非交易方式发生

转让时，其他共有人不得主张优先购买权。故构成优先购买权行使前提的交易须发生在共有人与共有人之外的第三人之间。

（2）同等条件。

《民法典》第三百零五条所称的“同等条件”，应当综合共有份额的转让价格、价款履行方式及期限等因素确定。如果按份共有人主张优先购买权时，提出减少价款、增加转让人负担等交易条件的实质变更要求，其优先购买权不能得到支持。

（3）行使期间。

按份共有人之间有约定的，按照约定处理。没有约定或者约定不明的，按照下列情形确定：

①转让人向其他按份共有人发出的包含同等条件内容的通知中载明行使期间的，以该期间为准；通知中未载明行使期间，或者载明的期间短于通知送达之日起15日的，为15日。

②转让人未通知的，为其他按份共有人知道或者应当知道最终确定的同等条件之日起15日。

③转让人未通知，且无法确定其他按份共有人知道或者应当知道最终确定的同等条件的，为共有份额权属转移之日起6个月。

（4）数人主张时的处理。

两个以上按份共有人主张优先购买且协商不成时，按照转让时各自份额比例行使优先购买权。

（5）不当行使。

按份共有人向共有人之外的人转让其份额，其他按份共有人的请求具有下列情形之一的，人民法院不予支持：

①未在规定的期间内主张优先购买，或者虽主张优先购买，但提出减少转让价款、增加转让人负担等实质性变更要求；

②以其优先购买权受到侵害为由，仅请求撤销共有份额转让合同或者认定该合同无效。

经典例题

【例题·多选题】甲、乙、丙、丁按份共有一艘货船，份额分别为10%、20%、30%、40%。甲欲将其共有份额转让，戊愿意以500万元的价格购买，价款一次付清。根据民法典物权编的规定，下列表述中正确的有（ ）。

A. 甲向戊转让其共有份额时，无须经乙、丙、丁同意

B. 如乙、丙、丁均以同等条件主张优先购买权，可按各自份额比例购买

C. 如丙以分期付款的方式要求购买该份额，人民法院不予支持

D. 按份共有人可约定共有人内部转让共有份额时，其他按份共有人可主张优先购买权

【答案】ABCD

【答案】选项A，按份共有人可以转让其享有的共有的不动产或者动产份额，无须经其他按份共有人同意；选项B，两个以上按份共有人主张优先购买且协商不成时，应按转让时各自的份额比例行使优先购买权；选项C，戊采取一次付清的方式，而丙采取分期付款的方式，并非同等条件，丙无权主张优先购买权；选项D，按份共有人之间转让共有份额，其他按份共有人主张优先购买的，人民法院不予支持，但按份共有人之间另有约定的除外。

高频考点13：共有物的处分★★★

1. 共同共有

处分共有的不动产或者动产，或者对共有的不动产或者动产进行重大修缮变更性质或者用途的，应当经全体共同共有人同意，但共有人之间另有约定的除外。

2. 按份共有

处分共有的不动产或者动产，或者对共有的不动产或者动产进行重大修缮变更性质或者用途的，应当经占份额2/3以上的按份共有人同意，但共有人之间另有约定的除外。

小贴士 对按份共有物进行处分（如转让、抵押）或者进行重大修缮，应按共有人之间的约定；共有人之间没有约定的，应当经占份额2/3以上的按份共有人同意。

名师解惑

提示考生准确区分共同共有与按份共有的不同处分原则，前者必须“全体”，后者只需“2/3”。

经典例题

【真题·案例分析题】（2019）甲、乙二人是在某技校结识的朋友。2017 年 10 月 12 日，两人共同出资购买一台价格为 50 万元的挖掘机，甲出资 10 万元，乙出资 40 万元，双方约定按出资比例共有。

2018 年 7 月 9 日，挖掘机出现故障，无法正常工作。乙在未征得甲同意的情况下请丙维修，维修费 3 万元。乙要求甲分担 20% 的维修费用，甲以维修未征得自己同意为由拒绝。丙要求乙支付全部维修费，乙拒绝。

乙不想再与甲合作，欲将其份额对外转让。2018 年 8 月 2 日，乙发函征询丁的购买意向，同时告知甲：正在寻找份额买主，甲须在接到通知之日起 15 日内决定是否行使优先购买权。甲认为，份额转让须经其同意，况且乙尚在寻找份额买主，在未告知任何交易条件的情况下，要求自己接到通知之日起 15 日内决定是否行使优先购买权，不符合法律规定，故对乙的通知置之不理。

2018 年 8 月 3 日，甲在未告知乙的情况下，将挖掘机以市价卖给不知情的戊，约定 3 日后交付。

2018 年 8 月 4 日，丁向乙回函称，对乙所占挖掘机份额不感兴趣，想要整台挖掘机。由于甲对乙之前的通知置之不理，乙也不再告知甲，于 8 月 4 日当天将挖掘机转让给丁，并同时交付。

2018 年 8 月 6 日，戊要求甲交付挖掘机时，发现挖掘机已被乙交付给了丁，遂要求丁交出挖掘机，丁拒绝。

要求：根据上述内容，分别回答下列问题。

（1）挖掘机维修是否需要征得甲的同意？乙是否有权要求甲分担 20% 的维修费用？并分别说明理由。

（2）乙是否有权拒绝向丙支付全部维修费用？并说明理由。

（3）乙的份额转让是否需要征得甲的同意？并说明理由。

（4）乙在寻找份额买主时要求甲在接到通知之日起 15 日内决定是否行使优先购买权，是否符合法律规定？并说明理由。

（5）丁是否取得挖掘机的所有权？并说明理由。

（6）甲与戊之间买卖挖掘机的行为是否有效？并说明理由。

（7）丁是否有权拒绝戊交出挖掘机的请求？并说明理由。

【答案】（1）挖掘机维修不必征得甲的同意，乙有权要求甲分担 20% 的维修费用。根据《民法典》的规定，甲、乙二人形成按份共有，按份共有对共有物作重大修缮的，经占份额 2/3 以上按份共有人同意即可，乙的份额为 4/5，故有权单独决定修缮，不必征得甲的同意。共有物修缮费用，当事人没有约定的，按照各自份额负担，故乙有权要求甲承担与其份额相当即 20% 的修缮费用。

（2）乙无权拒绝向丙支付全部维修费用。根据《民法典》的规定，债权债务的对外关系上，任何一名按份共有人均有义务对债权人承担全部债务。

（3）乙的份额转让无须征得甲的同意。根据《民法典》的规定，按份共有人对其份额享有处分自由，可自由转让，无须征得其他共有人同意。

（4）乙在寻找份额买主时要求甲在接到通知之日起 15 日内决定是否行使优先购买权，不符合法律规定。根据《民法典》的规定，优先购买权的行使期间须以同等条件确定为前提，发出的通知应包含同等条件之内容，未确定此内容前，优先购买权的期限不得起算。

（5）丁取得挖掘机的所有权。根据《民法典》的规定，占共有份额 2/3 以上多数的共有人即可处分共有物，乙的处分属于有权处分，且已交付。

（6）甲与戊之间的买卖行为有效。根据《民法典》的规定，共有物买卖行为属于债权行为，不以处分权为有效要件。

（7）丁有权拒绝戊交出挖掘机的请求。根据《民法典》的规定，戊虽为善意相对人，但尚未完成交付，不满足善意取得中的交付要件，戊不能取得所有权。丁已从乙处取得所有权，故有权拒绝戊的交付请求。

【例题·单选题】6个自然人共同出资购买一辆小汽车，未约定共有形式，且每人的出资额也不能确定。部分共有人欲对外转让该车。为避免该转让成为无权处分，在没有其他约定的情况下，根据民法典物权编的规定，同意转让的共有人至少应当达到的人数是（　　）人。

A. 4　　B. 3

C. 6　　D. 5

【答案】A

【解析】共有人对共有的不动产没有约定为按份共有或者共同共有，除共有人具有家庭关系等外，视为按份共有；按份共有人对共有的不动产或者动产享有的份额，可以约定；没有约定或者约定不明确的按照出资额确定；不能确定出资额的，视为等额享有；在按份共有中，处分共有的不动产或者动产，当经占份额2/3以上的按份共有人同意，但共有人之间另有约定的除外。在本题中，这6人未约定出资份额，视为等额按份共有该汽车，故对外转让须经占份额2/3以上的按份共有人同意，所以同意转让的共有人至少应当达到4人。

【例题·单选题】甲、乙、丙三兄弟共同继承一幅古董字画，由甲保管。甲擅自将该画以市场价出卖给丁并已交付，丁对该画的共有权属关系并不知情。根据民法典物权编的规定，下列表述中，正确的是（　　）。

A. 丁取得该画的所有权，但须以乙和丙均追认为前提

B. 无论乙和丙追认与否，丁均不能取得该画的所有权

C. 无论乙和丙追认与否，丁均可取得该画的所有权

D. 经乙和丙中一人追认，丁即可取得该画的所有权

【答案】C

【解析】如果乙、丙不追认，则甲的行为构成无权处分，但丁基于善意取得制度（善意且无重大过失、合理对价并完成交付）依法取得该画的所有权；如果乙、丙追认，则甲的行为转为有权处分，则丁基于交付取得该画的所有权。因此，无论乙和丙追认与否，丁均可取得该画的所有权。

【例题·多选题】甲、乙、丙、丁、戊、庚六人对一台挖掘机按份共有，甲的份额是2/3，其余五人的份额各为1/15。根据民法典物权编的规定，没有特别约定时，下列属于有效的转让挖掘机的行为有（　　）。

A. 甲将挖掘机转让给辛

B. 甲、乙将挖掘机转让给辛

C. 乙、丙、丁、戊、庚将挖掘机转让给辛

D. 丙、丁、戊、庚将挖掘机转让给辛

【答案】AB

【解析】对按份共有物进行处分（如转让、抵押）或者进行重大修缮，首先应按共有人之间的约定；共有人之间没有约定的，应当经占份额2/3以上的按份共有人同意，根据法律术语的一般用法，称“以上”者含本数，故甲占有的份额已达到2/3，所以选项A、B正确。

高频考点14：善意取得制度★★★

1. 善意取得的构成要件

根据《民法典》第三百一十一条的规定，无处分权人将不动产或者动产转让给受让人的，除法律另有规定外，符合下列情形的，受让人取得该不动产或者动产的所有权：

（1）受让人受让该不动产或者动产时是善意的；

（2）以合理的价格转让；

（3）转让的不动产或者动产依照法律规定应当登记的已经登记，不需要登记的已经交付给受让人。

除此以外，善意取得制度的适用还需具备以下几个条件：

（1）转让人没有处分权；

（2）转让之物为委托物；

（3）物权变动基于法律行为而发生；

（4）转让合同为债权合同。

2. 有权处分还是无权处分

（1）如果转让人对于所转让的标的物享有处分权，则适用正常的物权变动规则。

（2）善意取得制度必须以转让人无处分权为前提。

3. 是否合法占有

基于真实权利人的意思而合法占有之物，称为委托物（如承租人基于租赁合同而合法占有租赁物）。非基于真实权利人的意思而占有之物称为脱手物（如遗失物、盗窃物）。善意取得制度适用于委托物，不适用于脱手物。这是因为，转让人取得对委托物的占有毕竟是基于真实权利人的真实意思，正是真实权利人的这一行为，为事后的无权处分提供了机会，真实权利人毕竟“参与”了无权处分局面的形成，与完全无辜的善意受让人相比，自然是后者更值得保护。而脱手物则并非如此，因为物的遗失或者被盗并非基于真实权利人的本意，此时，真实权利人与善意第三人均处于无辜地位，如允许适用善意取得制度，可能在客观上为销赃行为提供合法支持。

4. 是否属于法律行为

善意取得只能在交易中发生，该交易所借助的手段是法律行为（如买卖合同）。基于非法律行为而发生的物权变动，无论是基于事实行为、公法行为还是直接基于法律规定而变动，均不存在善意取得的问题。

5. 转让合同是否有效

转让合同是指为转让标的物所有权而订立的买卖合同等债权合同。具有下列情形之一，受让人主张善意取得所有权的，人民法院不予支持：

（1）转让合同无效；

（2）转让合同被撤销。

6. 转让价格是否合理

（1）判断是否构成“合理的价格”，应当根据转让标的物的性质、数量以及付款方式等具体情况，参考转让时交易地市场价格以及交易习惯等因素综合认定。

（2）受让人无偿或者以明显不合理的价格取得财产时，不适用善意取得制度。

7. 受让人是否善意

（1）是否善意的判断时点，以受让时（依法完成不动产物权转移登记或者动产交付之时）为准。如果受让人事后得知转让人无处分权的，不影响受让人的善意取得。

（2）受让人受让不动产或者动产时，不知道转让人无处分权，且无重大过失的，应当推定受让人为善意。

（3）受让人受让动产时，交易的对象、场所或者时机等不符合交易习惯的，应当认定受让人具有重大过失。

（4）真实权利人主张受让人不构成善意的，应当承担举证证明责任。

（5）对于“简易交付”，转让动产法律行为生效时为动产交付之时；对于“指示交付”，转让人与受让人之间有关转让返还原物请求权的协议生效时为动产交付之时。

（6）具有下列情形之一的，应当认定不动产受让人知道转让人无处分权：

①登记簿上存在有效的异议登记；

②预告登记有效期内，未经预告登记的权利人同意；

③登记簿上已经记载司法机关或者行政机关依法裁定、决定查封或者以其他形式限制不动产权利的有关事项；

④受让人知道登记簿上记载的权利主体错误；

⑤受让人知道他人已经依法享有不动产物权。

（7）真实权利人有证据证明不动产受让人应当知道转让人无处分权的，应当认定受让人具有重大过失。

8. 是否完成了交付或者登记

（1）动产的善意取得以交付为要件，不动产则以登记为要件。如果当事人之间仅签订了买卖合同，但动产尚未交付或者不动产尚未办理产权转移登记，则受让人不能善意取得标的物的所有权。

（2）转让人将《民法典》第二百二十五条规定的船舶、航空器和机动车等特殊动产交付给受让人的（无论是否登记），应当认定符合善意取得的条件。

（3）“占有改定”不能满足善意取得制度意义上的“交付”要求。

9. 善意取得的法律效果

（1）所有权发生转移。

善意受让人取得标的物的所有权，真实权利人的所有权随之失去。

（2）赔偿请求权。

真实权利人有权向无权处分的转让人请求损害赔偿。

10. 善意取得制度的适用范围

（1）动产、不动产均可适用善意取得制度。

（2）赃物、遗失物不适用善意取得制度。

（3）善意取得制度不仅适用于所有权，建设用地使用权、抵押权、质权、留置权等他物权也可以善意取得。

名师解惑

善意取得制度是高频考点，提示考生须全面把握：首先强化记忆其构成要件，用要件与题中已知条件进行对照，其次是掌握其中具体制度要求，综合判断后作答。

经典例题

【例题·多选题】根据民法典物权编的规定，下列关于善意取得要件的说法中，正确的有（　　）。

A. 受让人受让标的物时主观上是善意的

B. 受让人以合理对价取得

C. 转让的不动产或动产依照法律规定应当登记的已经登记，不需要登记的已经交付给受让人

D. 转让人无处分权

【答案】ABCD

【解析】上述选项的内容均为善意取得的要件。

高频考点15：动产所有权的特殊取得方式★★★

动产所有权有若干特殊的取得方式，包括先占、拾得遗失物、发现埋藏物及添附等。

1. 先占

所谓先占，就是以所有权人的意思占有无主动产。先占人基于先占行为取得无主动产的所有权。

2. 拾得遗失物

（1）拾得遗失物后，拾得人应当及时通知权利人领取，或者送交公安等有关部门。有关部门收到遗失物，知道权利人的，应当及时通知其领取；不知道的，应当及时发布招领公告。遗失物自发布招领公告之日起一年内无人认领的，归国家所有。

（2）拾得人享有费用偿还请求权。在遗失人发出悬赏广告时，归还遗失物的拾得人还享有悬赏广告所允诺的报酬请求权。

（3）遗失物的转让。

①如果遗失物通过转让为他人所占有时，权利人有权向无处分权人请求损害赔偿，或者自知道或者应当知道受让人之日起2年内向受让人请求返还原物。

②如果受让人通过拍卖或者向具有经营资格的经营者购得该遗失物的，权利人请求返还原物时应当支付受让人所付的费用。权利人向受让人支付所付费用后，有权向无处分权人追偿。

3. 发现埋藏物

对于发现埋藏物并实施占有者，除法律另

有规定外，参照拾得遗失物的有关规定适用。

4. 添附

添附是附合、混合与加工的总称。因加工、附合、混合而产生的物的归属，有约定的，按照约定；没有约定或者约定不明确的，依照法律规定；法律没有规定的，按照充分发挥物的效用以及保护无过错当事人的原则确定。因一方当事人的过错或者确定物的归属造成另一方当事人损害的，应当给予赔偿或者补偿。因为添附而失去所有权之人，有权请求有过错之人或取得添附新物所有权之人赔偿损失。

（1）附合：不同所有人的物密切结合，构成不可分割的一物，称附合。包括动产附合于不动产与动产附合于动产两种情形。动产附合于不动产时，不动产所有权人取得附合物之所有权。动产附合于动产时，各动产所有人，按动产附合时的价值共有合成物；但附合的动产能区分出主物者的，主物所有人取得合成物的所有权。

（2）混合：所有权不属同一人的动产，相互混杂，难以识别或分离，称混合。关于混合，确定所有权时，准用动产附合之规则。

（3）加工：在他人之动产上进行改造或劳作，并生成新物的法律事实，称加工。

因为添附而失去所有权之人，有权请求有过错之人或取得添附新物所有权之人赔偿损失。

经典例题

【真题·多选题】（2021）下列情形中，构成添附的有（　　）。

A. 用别人的钢筋盖房子

B. 将粉灰刷在他人墙上

C. 螃蟹被大雨冲到其他人家的螃蟹池塘

D. 委托将木头加工成门

【答案】ABCD

【解析】本题考核添附。添附包括附合、混合和加工。选项A、B是附合，选项C是混合，选项D是加工。

【真题·多选题】（2020）添附是所有权取得的特殊方式。根据物权法律制度的规定，下列各项中，属于添附的有（　　）。

A. 先占　　B. 加工

C. 附合　　D. 混合

【答案】BCD

【解析】添附包括附合、混合和加工。

【真题·多选题】（2019）乙拾得甲丢失的手机，以市场价500元卖给不知情的旧手机经销商丙。根据物权法律制度的规定，下列表述中，正确的有（　　）。

A. 乙拾得手机后，甲即失去手机所有权

B. 甲有权请求乙给予损害赔偿

C. 甲有权请求丙返还手机，但应向丙支付500元

D. 乙将手机出让给丙的行为属于无权处分

【答案】BD

【解析】选项A，所有权人或其他权利人有权追回遗失物，甲作为所有权人可行使返还原物请求权；选项B，遗失物通过转让被他人占有的，权利人有权向无处分权人请求损害赔偿；选项C，遗失物通过转让被他人占有的，权利人有权向无处分权人请求损害赔偿，或者自知道或者应当知道受让人之日起2年内向受让人请求返还原物，但受让人通过拍卖或者向具有经营资格的经营者购得该遗失物的，权利人请求返还原物时应当支付受让人所付的费用，所以甲请求丙返还时无须支付500元，因为丙并不是通过拍卖或者向具有经营资格的经营者购得该手机；选项D，遗失物不适用善意取得，拾得人乙无所有权，因此是无权处分行为。

高频考点16：用益物权★★★

以使用他人之物为目的的物权，称用益物权。用益物权包括土地承包经营权、建设用地使用权、宅基地使用权、居住权与地

役权。

（1）土地承包经营权，是依法对所承包经营的耕地、林地、草地等享有占有、使用和收益，并从事种植业、林业、畜牧业等农业生产的权利。**土地承包经营权自土地承包经营权合同生效时设立。土地承包经营权互换、转让的，当事人可以向登记机构申请登记；未经登记，不得对抗善意第三人。**

（2）建设用地使用权，是依法对国家所有的土地享有占有、使用和收益，并利用该土地建造建筑物、构筑物及其附属设施的权利。**设立建设用地使用权的，应当向登记机构申请建设用地使用权登记。建设用地使用权自登记时设立。**

（3）宅基地使用权，是依法对集体所有的土地享有占有和使用，并利用该土地建造住宅及其附属设施的权利。

（4）居住权，是有权按照合同约定，对他人的住宅享有占有、使用以满足生活居住需要的权利。**设立居住权的，应当向登记机构申请居住权登记。居住权自登记时设立。**

（5）地役权，是按照合同约定，利用他人的不动产，以提高自己不动产的效益的权利。**地役权自地役权合同生效时设立。当事人要求登记的，可以向登记机构申请地役权登记；未经登记，不得对抗善意第三人。**

高频考点17：建设用地使用权

★★★

建设用地使用权有创设取得与移转取得两种方式。创设取得可采取有偿出让或无偿划拨等方式，移转取得则有转让、互换、出资、赠与或抵押等方式。

1. 创设取得

（1）无偿划拨。土地使用权划拨，是指县级以上人民政府依法批准，在土地使用者缴纳补偿、安置等费用后将该幅土地交付其使用，或者将土地使用权无偿交付给土地使用者使用的行为。

下列建设用地的土地使用权，确属必需的，可以由县级以上人民政府依法批准划拨：

①国家机关用地和军事用地；

②城市基础设施用地和公益事业用地；

③国家重点扶持的能源、交通、水利等项目用地；

④法律、行政法规规定的其他用地。

用于商业开发的建设用地，不得以划拨方式取得建设用地使用权。

（2）有偿出让。建设用地使用权出让，是指国家将国有土地使用权在一定年限内出让给土地使用者，由土地使用者向国家支付土地使用权出让金的行为。

建设用地使用权出让，可以采取拍卖、招标或者双方协议的方式，其中，工业、商业、旅游、娱乐和商品住宅等经营性用地以及同一土地有两个以上意向用地者的，应当采取招标、拍卖等公开竞价的方式出让，没有条件，不能采取拍卖、招标方式的，可以采取双方协议的方式。采取双方协议方式出让土地使用权的出让金不得低于按国家规定所确定的最低价。

2. 移转取得

（1）移转取得的方式。建设用地使用权转让、互换、出资、赠与或者抵押的，当事人应当采取书面形式订立相应的合同。使用期限由当事人约定，但不得超过建设用地使用权的剩余期限。

依《城市房地产管理法》第三十九条规定，以出让方式取得土地使用权的，转让房地产时，应当符合下列条件：①按照出让合同约定已经支付全部土地使用权出让金，并取得土地使用权证书；②按照出让合同约定进行投资开发，属于房屋建设工程的，完成开发投资总额的25%以上，属于成片开发土地的，形成工业用地或者其他建设用地条件；③转让房地产时房屋已经建成的，还应当持有房屋所有权证书。

（2）让与禁止。下列房地产不得转让：①以出让方式取得土地使用权，但未符合《城市房地产管理法》第三十九条规定的条件的；②司法机关和行政机关依法裁定、决定查封或者以其他形式限制房地产权利的；③依法收回土地使用权的；④共有房地产，未经其他共有人书面同意的；⑤权属有争议的；⑥未依法登记领取权属证书的；⑦法律、行政法规规定禁止转让的其他情形。

3. 登记

设立建设用地使用权的，应当向登记机构申请建设用地使用权登记。建设用地使用权自登记时设立。登记机构应当向建设用地使用权人发放建设用地使用权证书。

建设用地使用权转让、互换、出资或者赠与的，应当向登记机构申请变更登记。

建设用地使用权消灭的，出让人应当及时办理注销登记。登记机构应当收回建设用地使用权证书。

4. 建设用地使用权的期限

以无偿划拨方式取得的建设用地使用权，除法律、行政法规另有规定外，没有使用期限的限制。

以有偿出让方式取得的建设用地使用权，出让最高年限按下列用途确定：（1）居住用地70年；（2）工业用地50年；（3）教育、科技、文化、卫生、体育用地50年；（4）商业、旅游、娱乐用地40年；（5）综合或者其他用地50年。

5. 建设用地使用权的终止

出现下列情形之一，由有关人民政府土地行政主管部门报经原批准用地的人民政府或者有批准权的人民政府批准，可以收回国有土地使用权：

（1）为公共利益需要使用土地；

（2）为实施城市规划进行旧城区改建，需要调整使用土地；

（3）土地出让等有偿使用合同约定的使用期限届满，土地使用者未申请续期或者申请续期未获批准；

（4）因单位撤销、迁移等原因，停止使用原划拨的国有土地；

（5）公路、铁路、机场、矿场等经核准报废。

经典例题

【真题·单选题】（2021）根据物权法律制度的规定，以有偿出让方式取得工业用地建设用地使用权，出让最高年限是（　　）年。

A. 30　　B. 50

C. 70　　D. 40

【答案】 B

【解析】 以有偿出让方式取得工业用地建设用地使用权，出让最高年限是50年。

高频考点18：集体土地的建设使用★

1. 农田

建设占用土地，涉及农用地转为建设用地的，应当办理农用地转用审批手续。

2. 集体经营性建设用地

根据《土地管理法》第六十三条规定，土地利用总体规划、城乡规划确定为工业、商业等经营性用途，并经依法登记的集体经营性建设用地，土地所有权人可以通过出让、出租等方式交由单位或者个人使用，并应当签订书面合同，载明土地界址、面积、动工期限、使用期限、土地用途、规划条件和双方其他权利义务。集体经营性建设用地出让、出租等，应当经本集体经济组织成员的村民会议2/3以上成员或者2/3以上村民代表的同意。通过出让等方式取得的集体经营性建设用地使用权可以转让、互换、出资、赠与或者抵押，但法律、行政法规另有规定或者土地所有权人、土地使用权人签订的书面合同另有约定的除外。

经典例题

【真题·单选题】（2019）根据物权法律制度的规定，下列关于建设用地使用权的表述中，说法正确的是（　　）。

A. 建设用地使用权自登记时成立

B. 建设用地使用权期间届满自动续期

C. 以划拨方式取得的建设用地使用权，最高使用年限为70年

D. 以划拨方式取得的建设用地使用权，

非经国务院审批不得转让

【答案】A

【解析】选项B，只有住宅建设用地使用权期间届满自动续期；选项C，以无偿划拨方式取得的建设用地使用权，除法律、行政法规另有规定外，没有使用期限的限制；选项D，以划拨方式取得的建设用地使用权，转让房地产时，应当按照国务院规定，报有批准权的人民政府审批。

【例题·多选题】根据民法典物权编的规定，下列关于建设用地使用权的表述中，正确的有（　　）。

A. 兴办乡镇企业需要对集团土地建设利用的，必须先将土地征归国有，然后取得国有建设用地使用权

B. 住宅建设用地使用权期间届满的，自动续期

C. 建设用地使用权出让，优先考虑双方协议的方式，协议不成，则采取拍卖、招标方式

D. 用于商业开发的建设用地，不得以划拨方式取得建设用地使用权

【答案】BD

【解析】选项A，原则上，除兴办乡镇企业、村民建设住宅、乡镇村公共设施以及公益事业建设，经依法批准使用本集体经济组织农民集体所有土地的外，其他对集体土地的建设利用，都必须先征归国有，然后取得国有建设用地使用权；选项C，建设用地使用权出让，可以采取拍卖、招标或者双方协议的方式，其中，工业、商业旅游、娱乐和商品住宅等经营性用地以及同一土地有两个以上意向用地者的，应当采取招标、拍卖等公开竞价的方式出让，没有条件，不能采取拍卖、招标方式的，可以采取双方协议的方式。

【例题·多选题】根据民法典物权编的规定，以出让方式取得土地使用权的，转让房地产时，应当符合的条件有（　　）。

A. 按照出让合同约定已经支付全部土地使用权出让金，并取得土地使用权证书

B. 按照出让合同约定投资开发，属于成片开发土地的，形成工业用地或者其他建设用地条件

C. 转让房地产时房屋已经建成的，应当持有房屋所有权证书

D. 按照出让合同约定投资开发，属于房屋建设工程的，完成开发投资总额的20%以上的

【答案】ABC

【解析】以出让方式取得土地使用权的，转让房地产时，应符合下列条件：（1）按照出让合同约定已经支付全部土地使用权出让金，并取得土地使用权证书；（2）按照出让合同约定进行投资开发，属于房屋建设工程的，完成开发投资总额的25%以上，属于成片开发土地的，形成工业用地或者其他建设用地条件；（3）转让房地产时房屋已经建成的，还应当持有房屋所有权证书。

高频考点19：担保物权概况★★

（1）民法典物权编担保物权分编规定了抵押权、质权与留置权三种担保物权。

（2）担保物权的特性：从属性、权利行使的附条件性、优先受偿性、不可分性。

①从属性：从属性体现在担保物权的成立、转让与消灭三个方面。成立上的从属性是指若无担保的债权，担保物权不能成立；转让上的从属性是指担保物权不能脱离所担保的债权单独转让，所担保的债权转让时，担保物权随之转让；消灭上的从属性是指担保物权随债的消灭而消灭。

②权利行使的附条件性：担保物权的行使条件是债务人不履行到期债务或者发生当事人约定的实现担保物权的情形。

③优先受偿性：当债务人不履行到期债务或发生当事人约定的实现担保物权情形时，担保物权人可就担保物变价之后的价金优先于普通债权人得到清偿。

④不可分性：a. 主债权未受全部清偿的，担保物权人可以就担保财产的全部行使其担保

物权，但是留置权人行使留置权的，如果留置财产的为可分物，留置财产的价值应当相当于债务的金额；b. 担保财产被分割或者部分转让时，担保物权人可以就分割或者转让后的担保物行使担保物权；c. 主债权被分割或者部分转让的，各债权人可以就其享有的债权份额行使全部担保物权；d. 主债务被分割或者部分转移时，债务人自己提供物的担保的，债权人仍有权以担保物担保全部债务履行，但是，如果物的担保由第三人提供，担保人对未经其书面同意转移的债务不再承担担保责任。

（3）担保物权与诉讼时效。

主债权诉讼时效期间届满后，抵押权人主张行使抵押权的，人民法院不予支持；抵押人以主债权诉讼时效期间届满为由，主张不承担担保责任的，人民法院应予支持。主债权诉讼时效期间届满前，债权人仅对债务人提起诉讼，经人民法院判决或者调解后未在民事诉讼法规定的申请执行时效期间内对债务人申请强制执行，其向抵押人主张行使抵押权的，人民法院不予支持。

主债权诉讼时效期间届满后，财产被留置的债务人或者对留置财产享有所有权的第三人请求债权人返还留置财产的，人民法院不予支持；债务人或者第三人请求拍卖、变卖留置财产并以所得价款清偿债务的，人民法院应予支持。

主债权诉讼时效期间届满的法律后果，以登记作为公示方式的权利质权，参照适用抵押权的规定；动产质权、以交付权利凭证作为公示方式的权利质权，参照适用留置权的规定。

（4）担保物权的消灭。

有下列情形之一，担保物权消灭：

①主债权消灭；

②担保物权实现；

③债权人放弃担保物权；

④法律规定担保物权消灭的其他情形。

高频考点20：抵押权和抵押财产

★★★

抵押权，是指为担保债务的履行，债务人或者第三人不转移财产的占有，将该财产抵押给债权人，债务人不履行到期债务或者发生当事人约定的实现抵押权的情形，债权人有权就该财产优先受偿。

1. 抵押财产的范围

（1）可以抵押的财产。

①建筑物和其他土地附着物；

②建设用地使用权；

③海域使用权；

④生产设备、原材料、半成品、产品；

⑤正在建造的建筑物、船舶、航空器；

⑥交通运输工具；

⑦法律、行政法规未禁止抵押的其他财产。

家庭承包方式取得的土地经营权，以及通过招标、拍卖、公开协商等方式承包农村土地并经依法登记取得权属证书的土地经营权，亦可抵押。

（2）禁止抵押的财产。

①土地所有权；

②宅基地、自留地、自留山等集体所有的土地使用权，但法律规定可以抵押的除外；

③学校、幼儿园、医院等以公益为目的的非营利法人的教育设施、医疗卫生设施和其他公益设施；

④所有权、使用权不明或者有争议的财产；

⑤依法被查封、扣押、监管的财产；

⑥法律、行政法规规定不得抵押的其他财产。（如违法建筑物）

2. 动产浮动抵押

企业、个体工商户、农业生产经营者可以将现有的以及将有的生产设备、原材料、半成品、产品抵押，债务人不履行到期债务或者发生当事人约定的实现抵押权的情形，债权人有权就实现抵押权时的动产优先受偿。

浮动抵押的抵押财产自下列情形之一发生时确定：①债务履行期届满，债权未实现；②抵押人被宣告破产或者解散；③当事人约定的实现抵押权的情形；④严重影响债权实现的其他情形。

3. 房地一体原则

（1）城市房地产以建筑物抵押的，该建筑物占用范围内的建设用地使用权一并抵押；以建设用地使用权抵押的，该土地上的建筑物一并抵押，但土地上的新增建筑物不作为抵押财产。

（2）农村集体土地。乡镇、村企业的建设用地使用权不得单独抵押；以乡镇、村企业的厂房等建筑物抵押的，其占用范围内的建设用地使用权一并抵押。

经典例题

【例题·多选题】根据民法典物权编的规定，下列关于抵押权和抵押合同的表述中，正确的有（　　）。

A. 当事人可通过口头方式订立抵押合同

B. 抵押合同中，双方当事人不得约定“流押条款”

C. 抵押权是一种用益物权

D. 抵押权人有权就抵押物优先受偿

【答案】BD

【解析】选项A，抵押合同必须以书面形式订立；选项C，抵押权是一种担保物权。

【例题·多选题】下列财产中，可以作为抵押权客体的有（　　）。

A. 工厂的半成品

B. 正在生产的机器设备

C. 以招标方式取得的荒地的土地承包经营权

D. 机动车

【答案】ABCD

【解析】以上选项均是民法典物权编（担保物权条款）规定的可抵押的客体。

高频考点21：抵押权的设定★★★

设立抵押权，当事人应当采取书面形式订立抵押合同。

1. 登记生效

（1）建筑物和其他土地附着物；

（2）建设用地使用权；

（3）海域使用权；

（4）正在建造的建筑物。

小贴士 不动产的抵押必须办理抵押登记，抵押权自登记之日起设立。

2. 登记对抗

当事人以动产或者家庭承包方式取得的土地经营权设定抵押，抵押权自抵押合同生效时设立。但未经登记，不得对抗善意第三人。动产抵押即使已经登记，也不得对抗正常经营活动中已支付合理价款并取得抵押财产的买受人。

3. 未登记的法律后果

抵押财产因不可归责于抵押人自身的原因灭失或者被征收等导致不能办理抵押登记，债权人请求抵押人在约定的担保范围内承担责任的，人民法院不予支持；但是抵押人已经获得保险金、赔偿金或者补偿金等，债权人请求抵押人在其所获金额范围内承担赔偿责任的，人民法院依法予以支持。

因抵押人转让抵押财产或者其他可归责于抵押人自身的原因导致不能办理抵押登记，债权人请求抵押人在约定的担保范围内承担责任的，人民法院依法予以支持，但是不得超过抵押权能够设立时抵押人应当承担的责任范围。当事人申请办理抵押登记手续时，因登记机构的过错致使其不能办理抵押登记，当事人请求登记机构承担赔偿责任的，人民法院依法予以支持。

经典例题

【例题·多选题】甲房地产开发公司以其正在建造的房屋为乙设立抵押，于2021年1月1日为乙办理了抵押预告登记。2021年3月1日，该房屋办理完毕首次登记。2021年4月1日，甲又将该房屋抵押给丙并立即办理了抵押登记。2021年5月1日，甲为乙办理了该房屋的抵押本登记。根据民法典物权编的规定，下列说法中正确的有（　　）。

A. 自甲为乙办理完毕该房屋的抵押预告登记后，乙即可享有优先受偿权

B. 自甲办理完毕该房屋的首次登记且不

存在预告登记失效情形后，乙才享有优先受偿权

C. 乙对该房屋的抵押权优于丙对该房屋的抵押权

D. 丙对该房屋的抵押权优于乙对该房屋的抵押权

【答案】BC

【解析】选项 A，办理抵押预告登记后并不会产生优先受偿权，只有抵押权登记设立后才会产生优先受偿权；选项 B，当抵押财产办理完首次登记且不存在抵押预告登记失效的情形时，预告登记权利人可主张优先受偿权，其抵押权自预告登记之日起设立；选项 C、D，题中交代已办理完毕首次登记且没有预告登记失效的情形，故乙的抵押权自 1 月 1 日起设立，而丙的抵押权自 4 月 1 日起设立，所以乙的抵押权优于丙的抵押权。

高频考点 22：抵押担保的范围★★★

1. 抵押担保的债权范围

抵押权的担保范围包括主债权及其利息违约金、损害赔偿金和实现抵押权的费用。当事人另有约定的，按照约定。

小贴士 因抵押担保的成立不需要转移占有标的物，所以在担保范围中不包括保管费用，这一点有别于质权；另外，由于抵押权属于约定的担保物权，所以可以事先约定担保范围，这一点有别于留置权（法定担保物权）。

2. 抵押物范围

原则上，抵押物的范围以双方当事人约定为准。以下特殊情况需要特别处理：

（1）抵押物登记记载的内容与抵押合同约定的内容不一致的，以登记记载的内容为准。

（2）当事人以所有权、使用权不明或者有争议的财产抵押，构成无权处分的，依《民法典》善意取得的规定处理；当事人以依法被查封、扣押或监管的财产抵押，若查封、扣押或监管措施已解除，抵押权人有权行使抵押权，抵押人不得以抵押权设立时财产被查封、扣押或监管为由主张抵押合同无效。

（3）抵押权设立后，抵押财产被添附，添附物归第三人所有时，抵押权效力及于抵押财产的补偿金；添附物归抵押人所有时，抵押权效力及于添附物，但添附导致抵押财产价值增加的，抵押权效力不及于增加的价值部分；抵押人与第三人因添附成为添附物的共有人时，抵押权及于抵押人对共有物所享有的份额。

（4）从物产生于抵押权设立前，抵押权效力及于从物，但当事人另有约定的除外；从物产生于抵押权设立后，抵押权效力不及于从物，但在抵押权实现时可一并处分。

（5）当事人仅以建设用地使用权抵押，抵押权效力及于土地上已有的建筑物以及正在建造的建筑物已完成部分，不及于正在建造的建筑物的续建部分以及新增建筑物，后一种情况下，该建设用地使用权实现抵押权时，应将该土地上新增的建筑物与建设用地使用权一并处分，但新增建筑物所得的价款，抵押权人无权优先受偿；当事人以正在建造的建筑物抵押，抵押权的效力范围限于已办理抵押登记的部分，当事人按照担保合同的约定，主张抵押权的效力及于续建部分、新增建筑物以及规划中尚未建造的建筑物的，不予支持；抵押人将建设用地使用权、土地上的建筑物或者正在建造的建筑物分别抵押给不同债权人的，根据抵押登记的时间先后确定清偿顺序。

（6）以违法的建筑物抵押的，抵押合同无效，但在一审法庭辩论终结前已经办理合法手续的除外；当事人以建设用地使用权依法设立抵押，抵押人以土地上存在违法建筑物为由主张抵押合同无效的，不予支持。

（7）抵押人以划拨建设用地上的建筑物抵押，当事人以该建设用地使用权不能抵押或者未办理批准手续为由主张抵押合同无效或者不生效的，不予支持，抵押权依法实现时，拍卖、变卖建筑物所得价款，应当优先用于补缴建设用地使用权出让金；当事人以划拨方式取得的建设用地使用权抵押，抵押人以未办理批准手续为由主张抵押合同无效或者不生效的，

不予支持，已经依法办理抵押登记的，抵押权人有权行使抵押权，抵押权实现所得价款，应当优先用于补缴建设用地使用权出让金。

3. 抵押物的物上代位

担保期间，担保财产毁损、灭失或者被征收等，担保物权人可以按照原抵押权顺位就获得的保险金、赔偿金或者补偿金等优先受偿。被担保债权的履行期未届满的，也可以提存该保险金、赔偿金或者补偿金等。

经典例题

【例题·单选题】甲向银行贷款，并以本人所有的一间厂房设定抵押担保，甲为此就该厂房购买了一份财产意外损失险。在借款尚未到期前，因泥石流导致该厂房全部毁损。如果甲无法按时还款。根据民法典物权编的规定，下列表述中，正确的是（　　）。

A. 银行可以就保险金优先受偿

B. 银行可以要求以保险金受偿，但是并不优先于甲的其他债权人

C. 泥石流属于不可抗力事件，甲可以不偿还银行的贷款

D. 银行不可以就保险金优先受偿

【答案】A

【解析】担保期间，担保财产毁损、灭失或者被征收等，担保物权人可以按照原抵押权顺位就获得的保险金、赔偿金或者补偿金等优先受偿。

高频考点23：抵押权人的优先受偿权 ★★

1. 优先受偿的方式

债务人不履行到期债务或者发生当事人约定的实现抵押权的情形，抵押权人可以与抵押人协议以抵押财产折价或者以拍卖、变卖该抵押财产所得的价款优先受偿。抵押权人与抵押人未就抵押权实现方式达成协议的，抵押权人可以请求人民法院拍卖、变卖抵押财产。

2. 流押合同之禁止

抵押权人在债务履行期限届满前，与抵押人约定债务人不履行到期债务时抵押财产归债权人所有的，只能依法就抵押财产优先受偿。即，当事人在抵押合同中约定，债务履行期届满抵押权人未受清偿时，抵押物的所有权转移为债权人所有的内容无效。该内容的无效不影响抵押合同其他部分内容的效力。

3. 土地出让金优先于抵押权

拍卖划拨的国有土地使用权所得的价款，应当首先依法缴纳相当于应缴纳的土地使用权出让金的款额，抵押权人可主张剩余价款的优先受偿权。

经典例题

【例题·多选题】天顺公司以100台机器设备为抵押物向银行贷款50万元。后因火灾导致50台机器被烧毁。甲公司到期拒绝清偿债务，银行行使了抵押权，50台机器共拍卖所得价款50万元。天顺公司提出，银行只能就拍卖价款的50%享有优先受偿权。根据民法典物权编的规定，下列表述中正确的有（　　）。

A. 天顺公司的主张不能成立

B. 天顺公司的主张可以成立

C. 剩余的50台机器仍就全部债务负担清偿义务

D. 剩余的50台机器只对50%的债务负担清偿义务

【答案】AC

【解析】抵押物部分灭失，残存部分仍担保债权之全部。

【例题·多选题】2021年3月1日，甲为了从乙银行贷款，将自己已有和将有的机器设备、产品和原材料抵押给乙银行，并办理了抵押登记。4月1日，甲又从丙公司购买了一套设备并完成交付，但无力支付货款，于是甲在4月5日用该套设备为丙公司办理了抵押登记，担保设备的价款。5月1日，甲为借款，将该套设备出质给丁企业并交付，但为继续生产，5月10日，丁企业同意甲取回设备。6月1日，该套设备出现故障，甲交给戊维修，但甲无力支付

维修金，该设备被戊留置。根据民法典物权编的规定，下列表述中正确的有（　　）。

A. 如果甲与乙银行没有办理浮动抵押登记，则乙银行的抵押权没有设立

B. 甲 4 月 1 日购买的机器设备不能纳入抵押财产的范围

C. 甲 5 月 10 日取回设备后，丁企业因丧失占有而失去质权

D. 就该设备行使担保物权时，顺位应当是：戊—丙—乙

【答案】CD

【解析】此题难度较大，综合考查了动产浮动抵押、质权、留置权以及抵押超级优先权。选项 A，对于动产浮动抵押，登记仅为对抗要件，而不是生效要件，故甲与乙银行订立动产浮动抵押后，抵押权便设立，登记后可以对抗善意第三人；选项 B，动产浮动抵押是将已有和将有的全部财产纳入抵押财产范围；选项 C，经质权人同意，质押人取回质押物后，质权消灭；选项 D，丙享有超级优先权，优先于除留置权外的其他担保物权，所以戊优先于丙，丙优先于乙。

高频考点 24：抵押物的转让★★★

抵押物的所有权人仍是抵押人，故除非当事人另有约定，否则抵押人有权转让抵押物所有权，抵押权的存续也不会因为抵押财产转让而受影响。但是，转让确有可能影响抵押权人的利益，故须遵循如下限制规则：

（1）抵押人转让抵押财产的，应当及时通知抵押权人。

（2）抵押权人能够证明抵押财产转让可能损害抵押权的，可以请求抵押人将转让所得的价款向抵押权人提前清偿债务或者提存。转让价款超过债权数额的部分归抵押人所有，不足部分由债务人清偿。

（3）当事人约定禁止或者限制转让抵押财产但是未将约定登记，抵押人违反约定转让抵押财产，抵押权人请求确认转让合同无效的，不予支持；抵押财产已经交付或者登记，抵押权人请求确认转让不发生物权效力的，不予支持，但是抵押权人有证据证明受让人知道的除外；抵押权人请求抵押人承担违约责任的，可依法予以支持。

（4）当事人约定禁止或者限制转让抵押财产且已经将约定登记，抵押人违反约定转让抵押财产，抵押权人请求确认转让合同无效的，不予支持；抵押财产已经交付或者登记，抵押权人主张转让不发生物权效力的，应予支持，但是因受让人代替债务人清偿债务导致抵押权消灭的除外。

经典例题

【例题·单选题】甲向银行贷款 500 万元，并以其所有的一间厂房设定抵押担保。在贷款尚未到期前，甲欲转让该厂房，后经银行同意，甲将厂房卖给乙，售价 480 万元。根据民法典物权编的规定，下列表述中，正确的是（　　）。

A. 即使取得银行的同意，甲也不得转让抵押物，因为厂房所有权归属于银行

B. 抵押期间，抵押物不得处分

C. 转让所得的价款可以向抵押权人提前清偿

D. 不足清偿的部分无须清偿，因为抵押物已处分

【答案】C

【解析】选项 A、B，抵押期间，抵押物的所有权仍归属于抵押人，抵押人可以转让抵押财产。抵押人转让抵押财产的，只需通知抵押权人，无须经过抵押权人的同意；选项 D，不足部分仍由债务人继续清偿，不因抵押物被处分而免除。

【例题·单选题】甲个人独资企业主将企业名下的全部动产为乙银行设立了浮动抵押。抵押期间，将所生产的产品 A 物出卖给丙，丙支付了合理的价金，并且取得了 A 物的占有。根据民法典物权编的规定，下列表述中正确的是（　　）。

A. 在 A 物出卖给丙之前，A 物是为乙银

行设立浮动抵押权客体的组成部分

B. 未经乙银行同意，甲不得转让 A 物给丙，除非丙代为清偿债务以消灭乙银行的抵押权

C. 如果浮动抵押权已经登记，乙银行可以继续对 A 物行使抵押权

D. 如果丙明知 A 物为抵押物仍然购买，乙银行可以继续对 A 物行使抵押权

【答案】A

【解析】选项 A，浮动抵押就是企业、个体工商户、农业生产经营者将现有的以及将有的生产设备、原材料、半成品、产品设定抵押，债务人不履行到期债务或者发生当事人约定的实现抵押权的情形，债权人有权就实现抵押权时的动产优先受偿。A 物是抵押期间生产的产品，是浮动抵押权客体的组成部分。选项 B，抵押期间，抵押人可以转让抵押物，不需征得抵押权人的同意，通知抵押权人即可，但另有约定除外。“约定”的具体规则参照《担保制度解释》第四十三条的规定处理，即“当事人约定禁止或者限制转让抵押财产但是未将约定登记，抵押人违反约定转让抵押财产，抵押权人请求确认转让合同无效的，不予支持；抵押财产已经交付或者登记，抵押权人请求确认转让不发生物权效力的，不予支持，但是抵押权人有证据证明受让人知道的除外；抵押权人请求抵押人承担违约责任的，可依法予以支持。当事人约定禁止或者限制转让抵押财产且已经将约定登记，抵押人违反约定转让抵押财产，抵押权人请求确认转让合同无效的，不予支持；抵押财产已经交付或者登记，抵押权人主张转让不发生物权效力的，应予支持，但是因受让人代替债务人清偿债务导致抵押权消灭的除外”。选项 C、D，浮动抵押即使已经登记，也不得对抗正常经营活动中已支付合理价款并取得抵押财产的买受人，同时与买受人是否善意也无关。

高频考点 25：抵押物的出租★★

1. 先出租后抵押

订立抵押合同前抵押财产已出租的，原租赁关系不受该抵押权的影响，抵押权实现后，租赁合同在有效期内对抵押物的受让人继续有效。**即，先出租后抵押的，租赁合同优先。**

2. 先抵押后出租

（1）抵押权设定之后，由于抵押物仍归抵押人占有，因此抵押人有权将抵押物出租。

（2）抵押人将抵押财产出租给他人并转移占有，抵押权人行使抵押权的，租赁关系不受影响，但是抵押权人能够举证证明承租人知道或者应当知道已经订立抵押合同的除外。

经典例题

【例题·多选题】2019 年 1 月 1 日，甲将其房屋出租给乙，租期为 1 年。2019 年 4 月 1 日，甲以该房屋设定抵押向丙借款 100 万元，借款期限 3 个月，双方办理了抵押登记。7 月 1 日，甲无法还本付息，经丙同意，甲将房屋作价 200 万元出售给丁，并于 7 月 10 日办理房屋产权过户登记手续，但甲未将此事告知乙。根据民法典物权编的规定，下列表述中，正确的有（　　）。

A. 承租人乙在同等条件下享有优先购买权

B. 承租人乙的优先购买权被侵害，可以向甲要求赔偿

C. 租赁合同在有效期内对丁继续有效

D. 丁在取得房屋所有权后可要求乙提前搬出

【答案】ABC

【解析】选项 A、B，订立抵押合同前抵押财产已出租的，原租赁关系不受该抵押权的影响；而且承租人在同等条件下享有抵押物的优先购买权；选项 C、D，由于租赁合同在前，所以在有效期内对丁继续生效，在 2020 年 1 月 1 日之前，丁无权要求乙搬出。

高频考点 26：抵押权的实现★★

1. 抵押物拍卖价款的清偿顺序

（1）实现抵押权的费用；

（2）主债权的利息；

（3）主债权。

2. 同一财产向两个以上债权人设定抵押权时的清偿规则

（1）抵押权已登记的，按照登记的先后顺序清偿。

（2）抵押权已登记的先于未登记的受偿。这一规则仅适用于登记产生对抗效力的抵押权类型。已登记的抵押权之所以优先于未登记的抵押权，是因为前者具有对抗第三人的效力。

（3）抵押权均未登记的，按照债权比例清偿。这一规则也仅适用于登记产生对抗效力的抵押权类型。因为均未登记，都不产生对抗第三人的效力，那么唯一公平的实现方式就是按照债权比例清偿。

（4）抵押权人可以放弃抵押权或者抵押权的顺位，同时，抵押权人与抵押人也可以协议变更抵押权顺位以及被担保的债权数额等内容，但抵押权的变更，未经其他抵押权人书面同意，不得对其他抵押权人产生不利影响。

（5）除抵押权之外还存在其他担保时，若债务人以自己的财产设定抵押，抵押权人放弃该抵押权、抵押权顺位或者变更抵押权的，其他担保人在抵押权人丧失优先受偿权益的范围内免除担保责任。

小贴士 顺位在后的抵押权所担保的债权先到期的，抵押权人只能就抵押物价值超出顺位在先的抵押担保债权的部分受偿；

顺位在先的抵押权所担保的债权先到期的，抵押权实现后的剩余价款应予提存，留待清偿顺位在后的抵押担保债权。如果抵押物的变价所得不足以清偿顺位在先的抵押权，则顺位在后的抵押权消灭，其所担保的债权转化为普通债权。

经典例题

【例题·单选题】长江公司以其房屋作抵押，先后向甲银行借款100万元，乙银行借款300万元，丙银行借款500万元，并依次办理了抵押登记。后丙银行与甲银行商定交换各自抵押权的顺位，并办理了变更登记，但乙银行并不知情。因长江公司无力偿还三家银行的到期债务，银行拍卖其房屋，仅得价款600万元。根据民法典物权编的规定，关于三家银行对该价款的分配，下列选项中正确的是（　　）。

A. 甲银行100万元、乙银行300万元、丙银行200万元

B. 甲银行得不到清偿、乙银行100万元、丙银行500万元

C. 甲银行得不到清偿、乙银行300万元、丙银行300万元

D. 甲银行100万元、乙银行200万元、丙银行300万元

【答案】C

【解析】如果不变更抵押权的顺序，乙银行作为第二顺位的抵押权人，可以得到清偿的数额为300万元；甲银行和丙银行交换抵押权的顺位时，未经乙银行的书面同意，不得对乙银行产生不利影响。因此，乙银行可以得到清偿的数额仍为300万元，剩下的300万元给丙银行（丙银行通过交换，其抵押权的顺位已经优先于甲银行）。

高频考点27：抵押预告登记★★

（1）当事人办理抵押预告登记后，预告登记权利人请求就抵押财产优先受偿，经审查存在尚未办理建筑物所有权首次登记、预告登记的财产与办理建筑物所有权首次登记时的财产不一致、抵押预告登记已经失效等情形，导致不具备办理抵押登记条件的，人民法院不予支持；经审查已经办理建筑物所有权首次登记，且不存在预告登记失效等情形的，人民法院应予支持，并应当认定抵押权自预告登记之日起设立。

（2）当事人办理了抵押预告登记，抵押人破产，经审查抵押财产属于破产财产，预告登记权利人主张就抵押财产优先受偿的，人民法院应当在受理破产申请时抵押财产的价值范围内予以支持，但是在人民法院受理破产申请

前一年内，债务人对没有财产担保的债务设立抵押预告登记的除外。

高频考点 28：动产抵押的特殊规则

★★★

1. 动产抵押的生效与登记

以动产抵押的，抵押权自抵押合同生效时设立；未经登记，不得对抗善意第三人。

动产抵押合同订立后未办理抵押登记，动产抵押权的效力按照下列情形分别处理：

（1）抵押人转让抵押财产，受让人占有抵押财产后，抵押权人向受让人请求行使抵押权的，人民法院不予支持，但是抵押权人能够举证证明受让人知道或者应当知道已经订立抵押合同的除外。

（2）抵押人将抵押财产出租给他人并移转占有，抵押权人行使抵押权的，租赁关系不受影响，但是抵押权人能够举证证明承租人知道或者应当知道已经订立抵押合同的除外。

（3）抵押人的其他债权人向人民法院申请保全或者执行抵押财产，人民法院已经作出财产保全裁定或者采取执行措施，抵押权人主张对抵押财产优先受偿的，人民法院不予支持。

（4）抵押人破产，抵押权人主张对抵押财产优先受偿的，人民法院不予支持。

2. 动产抵押与正常经营活动

以动产抵押的，不得对抗正常经营活动中已经支付合理价款并取得抵押财产的买受人。这一规则原本只适用于动产浮动抵押，《民法典》施行后，扩及至一切动产抵押情形。

《民法典担保制度解释》第五十六条对此作有细化与补充规定："买受人在出卖人正常经营活动中通过支付合理对价取得已被设立担保物权的动产，担保物权人请求就该动产优先受偿的，人民法院不予支持，但是有下列情形之一的除外：

（1）购买商品的数量明显超过一般买受人；

（2）购买出卖人的生产设备；

（3）订立买卖合同的目的在于担保出卖人或者第三人履行债务；

（4）买受人与出卖人存在直接或者间接的控制关系；

（5）买受人应当查询抵押登记而未查询的其他情形。

出卖人正常经营活动，是指出卖人的经营活动属于其营业执照明确记载的经营范围，且出卖人持续销售同类商品。前款所称担保物权人，是指已经办理登记的抵押权人、所有权保留买卖的出卖人、融资租赁合同的出租人。"

3. 动产抵押权人的超级优先权

动产抵押担保的主债权是抵押物的价款，标的物交付后 10 日内办理抵押登记的，该抵押权人优先于抵押物买受人的其他担保物权人受偿，但是留置权人除外。抵押物的价款债权人就该抵押物所享有的抵押权优先于除留置权外的其他担保物权，该优先性甚至可回溯至办理抵押登记前 10 日，故称超级优先权。

担保人在设立动产浮动抵押并办理抵押登记后又购入或者以融资租赁方式承租新的动产，下列权利人为担保价款债权或者租金的实现而订立担保合同，并在该动产交付后 10 日内办理登记，主张其权利优先于在先设立的浮动抵押权的，人民法院应予支持：

（1）在该动产上设立抵押权或者保留所有权的出卖人；

（2）为价款支付提供融资而在该动产上设立抵押权的债权人；

（3）以融资租赁方式出租该动产的出租人。

买受人取得动产但未付清价款或者承租人以融资租赁方式占有租赁物但是未付清全部租金，又以标的物为他人设立担保物权，前款所列权利人为担保价款债权或者租金的实现而订立担保合同，并在该动产交付后 10 日内办理登记，主张其权利优先于买受人为他人设立的担保物权的，人民法院应予支持。

同一动产上存在多个价款优先权的，人民法院应当按照登记的时间先后确定清偿顺序。

高频考点 29：最高额抵押★

（1）最高额抵押的概念。

为担保债务的履行，债务人或者第三人对一定期间内将要连续发生的债权提供担保财产的，债务人不履行到期债务或者发生当事人约定的实现抵押权的情形，抵押权人有权在最高债权额限度内就该担保财产优先受偿。

名师解惑

浮动抵押是抵押权设立时抵押财产尚未确定，最高额抵押则是抵押权设立时所担保的债权额尚未确定。

（2）债权的确定。

有下列情形之一的，抵押权人的债权确定：

①约定的债权确定期间届满；

②没有约定债权确定期间或者约定不明确，抵押权人或者抵押人自最高额抵押权设立之日起满 2 年后请求确定债权；

③新的债权不可能发生；

④抵押财产被查封、扣押；

⑤债务人、抵押人被宣告破产或者被撤销；

⑥法律规定债权确定的其他情形。

（3）最高额抵押担保的债权确定前，抵押权人与抵押人可以通过协议变更债权确定的期间、债权范围以及最高债权额，但变更的内容不得对其他抵押权人产生不利影响。另外，最高额抵押设立前已经存在的债权，经当事人同意，可以转入最高额抵押担保的债权范围。

高频考点 30：质权的客体与质权的设定★★★

为担保债务的履行，债务人或者第三人将其动产或权利出质给债权人占有，当债务人不履行到期债务或者发生当事人约定的实现质权的情形时，债权人有权就该动产或权利优先受偿。在此法律关系中，债务人或者第三人为出质人，债权人为质权人，交付的动产为质押财产或称质物。

质权不能存在于不动产，能够成为质权客体的，只能是动产或权利。

设立质权，当事人应当采取书面形式订立质押合同。

1. 动产质权：交付设立

除法律、行政法规禁止转让的动产外，原则上，所有动产均可出质。

动产质权自出质人交付质押财产时设立。若当事人约定出质人代质权人占有质物，则质权不生效。

2. 权利质权：登记（交付）设立

（1）证券权利。以汇票、本票、支票、债券、存款单、仓单、提单出质的，质权自权利凭证交付质权人时设立；没有权利凭证的，质权自有关部门办理出质登记时设立。

（2）基金份额与股权。以基金份额、股权出质的，质权自办理出质登记时设立。

（3）知识产权。以注册商标专用权、专利权、著作权等知识产权中的财产权出质的，质权自办理出质登记时设立。

（4）应收账款。以应收账款出质的，质权自办理出质登记时设立。中国人民银行征信中心是应收账款质押的登记机构。

所谓应收账款，是指权利人因提供一定的货物、服务或设施而获得的要求义务人付款的权利，具体包括下列权利：①销售产生的债权，包括销售货物，供应水、电、气、暖，知识产权的许可使用等；②出租产生的债权，包括出租动产或者不动产；③提供服务产生的债权；④公路、桥梁、隧道、渡口等不动产的收费权；⑤提供贷款或者其他信用产生的债权。

经典例题

【真题·多选题】（2018）根据物权法律制度的规定，下列各项中，可以出质的有（　　）。

A. 支票　　B. 存款单

C. 仓单　　D. 股权

【答案】ABCD

【解析】以上选项均属于权利质权。

高频考点31：出质人与质权人★★

（1）对质物处分的限制。

①基金份额、股权出质后，不得转让，但经出质人与质权人协商同意的除外。出质人转让基金份额、股权所得的价款，应当向质权人提前清偿债务或者提存。

②知识产权中的财产权出质后，出质人不得转让或者许可他人使用，但经出质人与质权人协商同意的除外。出质人转让或者许可他人使用出质的知识产权中的财产权所得的价款，应当向质权人提前清偿债务或者提存。

③应收账款出质后，不得转让，但经出质人与质权人协商同意的除外。出质人转让应收账款所得的价款，应当向质权人提前清偿债务或者提存。

（2）质权人的保管义务和返还义务。

①已经毁损、灭失。质权人负有妥善保管质押财产的义务，因保管不善致使质押财产毁损、灭失的，应当承担赔偿责任。

②可能毁损、灭失。质权人的行为可能致使质押财产毁损、灭失的，出质人可以要求质权人将质押财产提存，或者要求提前清偿债务并返还质押财产。

③债务人履行债务或者出质人提前清偿所担保的债权的，质权人应当返还质押财产。

（3）出质人可以请求质权人在债务履行期届满后及时行使质权；质权人不行使的，出质人可以请求人民法院拍卖、变卖质押财产。

（4）债务人以自己的财产出质，质权人放弃该质权的，其他担保人在质权人丧失优先受偿权益的范围内免除担保责任，但其他担保人承诺仍然提供担保的除外。

经典例题

【例题·单选题】甲向乙借款，为担保债务履行，将一个古董花瓶出质给乙。乙在占有花瓶期间，不慎将花瓶打碎。根据民法典物权编的规定，下列表述中正确的是（　　）。

A. 甲有权拒绝还款

B. 甲有权要求解除质押合同

C. 甲有权要求乙立即赔偿损失，或者在借款到期时在损失赔偿范围内相应抵销其对乙所负的债务

D. 甲有权要求延期还款

【答案】C

【解析】质权人负有妥善保管质押财产的义务，因保管不善致使质押财产毁损、灭失的，应当承担赔偿责任，或者可以在赔偿范围内相应抵销债务。

高频考点32：质权的效力★★★

1. 质押担保的范围

（1）所担保的债权范围：主债权及其利息、违约金、损害赔偿金、保管担保财产和实现质权的费用。

（2）出质物的范围：动产质权的效力及于质物的从物。但是从物未随同质物移交质权人占有的，质权的效力不及于从物。另外，质权的效力也及于股份、股票的法定孳息。

（3）出质物的物上代位：担保期间，质押财产毁损、灭失或者被征收等，质权人可以就获得的保险金、赔偿金或者补偿金等优先受偿。被担保债权的履行期未届满的，也可以提存该保险金、赔偿金或者补偿金等。

2. 质权人的优先受偿权

债务人不履行到期债务或者发生当事人约定的实现质权的情形，质权人可以与出质人协议以质押财产折价，也可以就拍卖、变卖质押财产所得价款优先受偿。

3. 质权人的孳息收取权

质权人有权收取质押财产的孳息，但合同另有约定的除外。所收取的孳息应当先充抵收取孳息的费用。

高频考点33：质权的实现★★

（1）质押财产折价或者拍卖、变卖后，其价款超过债权数额的部分归出质人所有，不足部分由债务人清偿。

（2）权利质权实现的特殊之处。

①仓单质权。

出质人既以仓单出质，又以仓储物设立担保，按照公示的先后确定清偿顺序；难以确定先后的，按照债权比例清偿。

保管人为同一货物签发多份仓单，出质人在多份仓单上设立多个质权，按照公示的先后确定清偿顺序；难以确定先后的，按照债权比例受偿。

存在以上两种情形，债权人举证证明其损失系由出质人与保管人的共同行为所致，请求出质人与保管人承担连带赔偿责任的，人民法院应予支持。

②应收账款出质。

以现有的应收账款出质，应收账款债务人向质权人确认应收账款的真实性后，又以应收账款不存在或者已经消灭为由主张不承担责任的，人民法院不予支持。

以现有的应收账款出质，应收账款债务人未确认应收账款的真实性，质权人以应收账款债务人为被告，请求就应收账款优先受偿，能够举证证明办理出质登记时应收账款真实存在的，人民法院应予支持；质权人不能举证证明办理出质登记时应收账款真实存在，仅以已经办理出质登记为由，请求就应收账款优先受偿的，人民法院不予支持。

以现有的应收账款出质，应收账款债务人已经向应收账款债权人履行了债务，质权人请求应收账款债务人履行债务的，人民法院不予支持，但是应收账款债务人接到质权人要求向其履行的通知后，仍然向应收账款债权人履行的除外。

高频考点34：留置权★★★

1. 留置权的概念

留置权，是指债务人不履行到期债务时，债权人可以留置已经合法占有的债务人或第三人的动产，并有权就该动产优先受偿。其中，债权人为留置权人，占有的动产为留置财产。

2. 留置权的成立要件

（1）债权人合法占有债务人或第三人之动产。可被留置的动产，如果属于同一法律关系，不必属于债务人所有。《担保制度解释》第六十二条第一款规定，债权人因同一法律关系留置合法占有的第三人的动产，并主张就该留置财产优先受偿的，人民法院应予支持。第三人以该留置财产并非债务人的财产为由请求返还的，人民法院不予支持。根据同一条第三款规定，如果企业之间留置的动产与债权并非同一法律关系，债权人留置第三人的财产，第三人请求债权人返还留置财产的，人民法院应予支持。

（2）债权已届清偿期。债权人的债权未届清偿期，其交付或者返还所占有的标的物的义务已届履行期的，不能行使留置权。但是，债权人能够证明债务人无支付能力的除外。

（3）动产的占有与债权属于同一法律关系。债权人留置的动产，应当与债权属于同一法律关系。但是，企业之间留置的除外。所谓“同一法律关系”，是指占有人交付或者返还占有物的义务与留置所担保的债权属于同一法律关系。例如，甲借用乙的自行车，到期乙要求归还时，甲不得以乙之前欠自己 1 000 元未还为由将自行车留置，原因在于，甲占有自行车因而应予返还与乙欠甲 1 000 元属于两项不同的法律关系。企业之间的留置不受同一法律关系的限制，只不过，如果企业之间留置的动产与债权并非同一法律关系，债务人以该债权不属于企业持续经营中发生的债权为由请求债权人返还留置财产的，人民法院应予支持。

3. 留置权的适用范围

留置权的适用范围不仅局限于合同关系，其他法律关系（如不当得利、无因管理）也可以产生留置权。

同一动产上已设立抵押权或者质权，该动产又被留置的，留置权人优先受偿。

4. 留置权的效力

（1）留置担保的范围。

留置担保的范围包括主债权及利息、违约金、损害赔偿金、留置物保管费用和实现留置权的费用。

（2）留置权人的优先受偿权。

债务人逾期未履行债务的，留置权人可以与债务人协议以留置财产折价，也可以就拍卖、变卖留置财产所得的价款优先受偿。

（3）留置权人的孳息收取权。

留置权人有权收取留置财产的孳息，所收取的孳息应当先充抵收取孳息的费用。

（4）留置权人的保管义务。

留置权人负有妥善保管留置财产的义务，因保管不善致使留置财产毁损、灭失的，应当承担赔偿责任。

（5）留置权人的通知义务。

债权人与债务人应当在合同中约定留置财产后的债务履行期限，没有约定或者约定不明确的，债权人留置债务人财产后，应当确定60日以上的期限，通知债务人在该期限内履行债务。债权人未按上述期限通知债务人履行义务，而直接变价处分留置物的，应当对此造成的损失承担赔偿责任。但若债权人与债务人已在合同中约定宽限期的，债权人可以不经通知，直接行使留置权。

（6）抵押权、质权与留置权的效力等级。

同一动产上已设立抵押权或者质权，该动产又被留置的，留置权人优先受偿；同一财产既设定抵押权又设定质权的，拍卖、变卖该财产所得价款按照登记、交付的时间先后确定清偿顺序。

5. 留置权的实现

债权人留置财产后，应与债务人约定留置财产后的债务履行期间，没有约定或者约定不明确的，留置权人应当给债务人60日以上履行债务的期间，但鲜活易腐等不易保管的动产除外。债务人逾期未履行的，留置权人可以与债务人协议以留置财产折价，也可以就拍卖、变卖留置财产所得的价款优先受偿。

留置财产折价或者拍卖、变卖后，其价款超过债权数额的部分归债务人所有；不足部分由债务人清偿。

为了从债务关系与留置关系中解脱，债务人可以请求留置权人在债务履行期限届满后行使留置权，留置权人不行使的，债务人可以请求人民法院拍卖、变卖留置财产。

6. 留置权的消灭

留置权因下列原因消灭：

（1）债权消灭；

（2）债务人另行提供担保并被留置权人接受；

（3）留置权人对留置财产丧失占有。

经典例题

【例题·多选题】根据民法典物权编的规定，下列情形中，甲享有留置权的有（　　）。

A. 甲为乙有偿保管某物，保管期限届满后，乙无正当理由拒不交付保管费，故甲将保管物扣留

B. 甲为了迫使丙偿还货款，强行扣押其车辆一台

C. 甲为了确保对丁的一项未到期债权能够顺利实现，扣留了为丁保管的物品

D. 甲为戊加工了一批桌椅，在完成全部订单后，戊迟迟不支付尾款，甲将该批桌椅扣留

【答案】AD

【解析】选项B，车辆不属于“合法占有”的动产；选项C，留置权的享有必须是债权已届清偿期。

高频考点35：抵押权、质权与留置权的效力等级★★★

同一动产上已设立抵押权或者质权，该动产又被留置的，留置权人优先受偿。同一财产既设定抵押权又设定质权的，拍卖、变卖该财产所得价款按照登记、交付的时间先后确定清偿顺序。

经典例题

【例题·单选题】陈某从蔡某处借款10万元，以其名贵手表设定抵押权。后陈某出国留学，又将该手表放于齐某处保管，约定一年后

支付保管费。当借款期限与保管期限同时届满时，陈某均拒绝履行债务。根据民法典物权编的规定，下列说法正确的是（　　）。

A. 蔡某的权利优先于齐某

B. 齐某的权利优先于蔡某

C. 两者权利不分先后

D. 陈某的权利优先于蔡某和齐某

【答案】B

【解析】同一动产上已设立抵押权或者质权，该动产又被留置的，留置权人优先受偿，因为留置权属于法定物权担保，而抵押权和质权属于约定担保物权。

进阶练习

（一）单选题

1. 下列各项中，不属于民法意义上孳息的是（　　）。

A. 依股本所得的股息

B. 苹果树上长着的苹果

C. 母鸡生的鸡蛋

D. 出租房屋获得的租金

2. 下列各项中属于用益物权的是（　　）。

A. 抵押权　　B. 质权

C. 留置权　　D. 地役权

3. 甲从乙处购买房屋一套，并已支付一半价款，剩余价款约定在过户登记手续办理完毕后7个工作日内付清。乙在办理房屋过户登记手续前反悔，要求解除合同。甲诉至法院，要求乙继续履行合同。根据《民法典》的规定，下列表述中，正确的是（　　）。

A. 房屋产权未过户，合同尚未生效

B. 房屋产权未过户，合同尚未成立

C. 合同已经生效，但法院应当判决解除合同，乙赔偿甲的损失

D. 合同已经生效，乙应当继续履行合同

4. 下列各项中，属于注销登记情形的是（　　）。

A. 买卖、互换、赠与不动产

B. 不动产被依法没收、征收

C. 同一权利人分割或者合并不动产

D. 以预购商品房设定抵押

5. 2022年5月1日，甲、乙之间签订一份买卖车辆的合同，买方乙于5月10日付款，甲于5月20日将汽车交付给乙，双方于5月30日办理了过户登记手续。根据《民法典》的规定，汽车所有权发生变更的日期是（　　）。

A. 5月1日　　B. 5月10日

C. 5月20日　　D. 5月30日

6. 2021年1月1日，甲将平板电脑出租给乙使用，租期为一年，10月2日乙将该电脑以市场价1万元卖给不知情的第三人丙，乙向丙交付了电脑，丙也支付了价款。根据《民法典》的规定，下列表述中正确的是（　　）。

A. 乙作为承租人对电脑有权占有，因此有权处分

B. 乙、丙之间的买卖合同无效

C. 丙没有取得电脑的所有权

D. 甲无权请求丙返还电脑

7. 甲在上班途中遗失手机一部，被乙拾得。甲发布悬赏广告称，愿向归还手机者支付现金1 000元作为酬谢。根据《民法典》的规定，下列表述中，正确的是（　　）。

A. 返还手机是乙的法定义务，故甲虽承诺向归还手机的拾得人支付1 000元酬金，乙仍无权请求甲支付该酬金，仅有权要求甲支付因返还手机而发生的必要费用

B. 若乙将手机以3 000元的市场价格卖给不知情的丙，则甲除非向丙支付3 000元，否则无权请求丙返还手机

C. 若乙将手机送交公安机关，而甲未于公安机关发出招领公告之日起一年内认领，则乙取得该手机的所有权

D. 若乙将手机送交公安机关，而甲未于公安机关发出招领公告之日起一年内认领，则该手机归国家所有

8. 甲、乙、丙、丁按份共有一栋房屋，

份额相同。为提高该房屋使用价值，甲向乙、丙、丁提议拆旧翻新。在共有人之间未就该事项作出明确约定的情况下，下列表述中，符合《民法典》规定的是（　　）。

A. 即使乙、丙、丁不同意，甲仍可以拆旧翻新

B. 只要乙、丙、丁中有一人同意，甲就可以拆旧翻新

C. 只要乙、丙、丁中有二人同意，甲就可以拆旧翻新

D. 只有乙、丙、丁均同意，甲才可以拆旧翻新

9. 下列关于住宅建设用地使用权期间届满后续期问题的表述中，正确的是（　　）。

A. 自动续期，续期费用的缴纳或者减免，依照法律、行政法规的规定办理

B. 建设用地使用权收归国有，不得续期

C. 经县级以上人民政府批准，可以续期

D. 经不动产登记机构批准，可以续期

10. 下列关于动产所有权的特殊取得方式的表述中，错误的是（　　）。

A. 先占就是以所有权人的意思占有无主动产

B. 动产附合于不动产时，不动产所有权人取得附合物的所有权

C. 因添附而失去所有权的人，不得向取得添附新物所有权的人主张赔偿

D. 对于通过拍卖取得遗失物的受让人，权利人请求返还原物时应当支付受让人所付的费用。

11. 下列关于建设用地使用权的相关表述中，符合《民法典》规定的是（　　）。

A. 以无偿划拨方式取得的建设用地使用权，除法律、行政法规另有规定外，没有使用期限的限制

B. 以划拨方式取得土地使用权的，在转让房地产时，受让方无需缴纳土地使用权出让金

C. 以无偿划拨的国有土地使用权设定抵押，通过拍卖方式实现抵押权的，其拍卖所得无需缴纳土地出让金，抵押权人即可享有优先受偿权

D. 出资人以无偿划拨的土地使用权出资的，公司债权人主张认定该出资人未履行出资义务的，人民法院不予支持

12. 下列各项中，可以作为抵押权客体的是（　　）。

A. 土地所有权　　B. 土地使用权

C. 社会公益设施　　D. 正在建造的船舶

13. 甲向乙借款2 000元，5月30日双方签订了书面质押合同，约定甲将其一头奶牛作为质物交付给乙，6月1日甲如期交付。6月30日，母牛产下小牛一头。根据《民法典》的规定，下列表述中，正确的是（　　）。

A. 质押合同的生效时间是5月30日

B. 质押合同的生效时间是6月1日

C. 小牛的所有权归乙享有

D. 小牛不是质押标的

14. 甲公司向某银行借款，并以其所持有的某上市公司的股权用于质押。根据《民法典》的规定，该质权的设立时间是（　　）。

A. 借款合同签订之日

B. 质押合同签订之日

C. 在证券登记结算机构办理出质登记之日

D. 在工商行政管理部门办理出质登记之日

15. 甲向乙借款30万元，将一辆大货车抵押给乙。抵押期间，大货车因车祸严重受损，甲将货车送到修理厂维修，但无力支付5万元的修理费，修理厂将货车留置。经催告，甲在约定的合理期限内仍未支付修理费，此时，甲也无法偿还对乙的到期借款，乙要求修理厂将货车交给自己依法进行拍卖，遭到修理厂的拒绝。根据《民法典》的规定，下列表述中正确的是（　　）。

A. 修理厂应当将货车交给乙依法拍卖，修理费由甲承担

B. 乙应当向修理厂支付修理费，修理厂应当向乙交付货车

C. 修理厂应当将货车交给乙依法拍卖，

拍卖所得价款首先向乙偿付，剩余部分修理厂享有优先受偿权

D. 修理厂可将货车依法拍卖，拍卖所得价款首先偿付修理费，剩余部分乙享有优先受偿权

（二）多选题

1. 下列各项中，能够成为所有权客体的有（　　）。

A. 月球表面

B. 药品

C. 土地

D. 存有计算机程序的光盘

2. 自然人甲死亡后，其房屋由乙继承，乙欲将该房屋出售给丙。根据《民法典》的规定，下列各项中，表述正确的有（　　）。

A. 乙自继承之日起取得该房屋的所有权

B. 乙自继承之日起便可将房屋出售给丙

C. 乙必须先将房屋过户登记在自己名下后才能出售给丙

D. 乙如果未将房屋过户登记在自己名下后便出售给丙，则乙、丙之间的房屋买卖合同无效

3. 根据《民法典》的规定，可以申请转移登记的情形有（　　）。

A. 以不动产作价出资的

B. 法人因合并、分立等原因致使不动产权利发生变化的

C. 同一权利人分割或者合并不动产的

D. 共有人增加或减少不动产份额的

4. 2021 年 8 月 1 日，甲将自己的一辆小汽车作价 30 万元卖给乙，双方签订了买卖合同，乙向甲交付了 30 万元的车款，甲向乙交付了该车，但未办理过户登记手续。8 月 10 日甲又将该车作价 33 万元卖给不知情的丙。根据《民法典》的规定，下列表述中正确的有（　　）。

A. 虽然甲、乙之间未办理过户登记手续，但乙因为交付取得了该车的所有权

B. 因甲已经向乙交付了车辆，所以甲、丙之间的买卖合同无效

C. 根据物权优于债权的原则，乙可以对抗丙

D. 由于乙已经付款并占有车辆，虽未经登记，债权人丙也无权主张自己是善意第三人

5. 甲公司以机器设备作为抵押，向乙银行贷款 500 万元，双方于 5 月 7 日签订书面抵押合同，但未办理抵押登记。5 月 17 日甲公司在未通知乙银行的情况下，将该机器设备按照市场价格卖给了不知情的丙公司并完成交付。根据《民法典》的规定，下列表述中正确的有（　　）。

A. 因甲、乙未办理抵押登记，抵押权未设立

B. 甲公司转让抵押物的行为构成无权处分

C. 甲、丙之间的买卖合同有效，丙基于善意取得制度，取得了该设备的所有权

D. 乙银行可以对丙公司占有的机器设备行使抵押权

6. 甲、乙是多年同窗好友，二人共同购买了一套住房。甲出资 90 万元，乙出资 60 万元，双方未约定共有类型。一年后，甲利用乙出差之机，请丙装修公司对房屋重新装修，并告知丙，该房屋由自己与乙共有，但装修费用由乙一人承担。乙获悉装修事宜后，表示反对，并拒绝向丙付款。后乙欲将整个房屋所有权全部转让给丁。根据《民法典》的规定，下列表述中正确的有（　　）。

A. 甲、乙对该套房屋形成共同共有关系

B. 甲对房屋重新装修，应征得乙的同意

C. 对于丙公司的付款请求，乙无权拒绝

D. 乙转让房屋所有权时，须征得甲的同意

7. 甲、乙、丙、丁按份共有某商铺，各自份额均为 25%。因经营理念发生分歧，甲与丙商定将其份额以 100 万元转让给丙，并通知了乙、丁。乙与第三人戊约定将其份额以 120 万元转让给戊，但未通知甲、丙、丁。根据《民法典》的规定，下列表述中正确的有（　　）。

A. 乙、丁对甲的份额享有优先购买权

B. 甲、丙、丁对乙的份额享有优先购买权

C. 如果甲、丙、丁均对乙的份额主张优先购买权，三人可协商确定各自购买的份额

D. 甲、丙、丁可以其优先购买权受到侵害为由，仅请求人民法院认定乙与戊之间的份额转让合同无效

8. 张某以其轿车作为抵押，向某银行借款100万元，双方签订了书面抵押合同，并办理了抵押登记手续。之后，张某驾驶该车出行时不慎发生交通意外，经鉴定该车的价值损失了10%，保险公司赔付了10万元。根据《民法典》的规定，下列表述中正确的有（　　）。

A. 银行的抵押权自登记之日起设立

B. 银行的抵押权自抵押合同生效之日起设立

C. 银行对10万元的保险理赔金享有优先受偿权

D. 银行对10万元的保险理赔金不享有优先受偿权

9. 下列关于担保物权与诉讼时效的表述，正确的有（　　）。

A. 主债权诉讼时效期间届满后，抵押权人主张行使抵押权的，人民法院不予支持

B. 主债权诉讼时效期间届满后，财产被留置的债务人或者对留置财产享有所有权的第三人请求债权人返还留置财产的，人民法院不予支持

C. 主债权诉讼时效期间届满后，财产被留置的债务人或者对留置财产享有所有权的第三人请求拍卖、变卖留置财产并以所得价款清偿债务的，人民法院不予支持

D. 主债权诉讼时效期间届满前，债权人仅对债务人提起诉讼，经人民法院判决或者调解后未在民事诉讼法规定的申请执行时效期间内对债务人申请强制执行，其向抵押人主张行使抵押权的，人民法院不予支持

10. 下列物权变动中，以登记为变动要件的有（　　）。

A. 甲公司将一块土地的建设用地使用权转让给乙公司

B. 甲公司与乙公司之间订立合同，在甲的土地上设定地役权

C. 甲公司将一架飞机的所有权转让给乙

D. 自然人丙将其继承的房屋转让给丁，该房屋尚登记在其去世的父亲名下

11. 下列情形中，不发生标的物所有权转移的有（　　）。

A. 甲委托乙保管名贵字画一幅，已交付

B. 甲借给乙现金100元，已交付

C. 甲赠送乙手机一部，已交付

D. 甲将自己的汽车出租给乙，已交付

12. 下列情形中，担保物权已经设立的有（　　）。

A. 甲与乙签订以房屋为抵押物的抵押合同，但尚未办理抵押登记

B. 甲与乙签订以车辆为质物的质押合同，车辆已交付，但尚未办理质押登记

C. 甲与乙签订以车辆为抵押物的抵押合同，该车辆已交付，但尚未办理抵押登记

D. 甲与乙签订以甲持有的某有限责任公司的股权为质押标的的质押合同，但尚未办理质押登记

13. 下列关于留置权的表述中，正确的有（　　）。

A. 甲为乙送货，约定货到付款，甲在货物运到后，立刻要求乙支付运费被拒绝，甲可留置货物

B. 丙将房屋出租给丁，丁退租后尚有部分租金未付，丙可留置其向丁借用的打印机

C. 戊将行李存放在火车站寄存处，后拒绝支付寄存费，寄存处可留置该行李

D. X公司为Y公司加工一批机器零件，由于Y公司尚欠X公司借款20万元，X公司可滞留部分机器零件

14. 关于抵押权未登记的后果，下列表述正确的有（　　）。

A. 抵押财产因不可归责于抵押人自身的原因灭失或者被征收等导致不能办理抵押登

记，债权人请求抵押人在约定的担保范围内承担责任的，人民法院不予支持

B. 因抵押人转让抵押财产或者其他可归责于抵押人自身的原因导致不能办理抵押登记，债权人请求抵押人在约定的担保范围内承担责任的，人民法院依法予以支持，但是不得超过抵押权能够设立时抵押人应当承担的责任范围

C. 当事人申请办理抵押登记手续时，因登记机构的过错致使其不能办理抵押登记，当事人请求登记机构承担赔偿责任的，人民法院依法予以支持

D. 抵押财产因不可归责于抵押人自身的原因灭失或者被征收等导致不能办理抵押登记，但是抵押人已经获得保险金、赔偿金或者补偿金等，债权人请求抵押人在其所获金额范围内承担赔偿责任的，人民法院依法不予支持

15. 关于抵押物的范围，下列表述正确的有（　　）。

A. 抵押物登记记载的内容与抵押合同约定的内容不一致的，以合同约定的内容为准

B. 当事人以依法被查封、扣押或监管的财产抵押，若查封、扣押或监管措施已解除，抵押权人有权行使抵押权

C. 抵押人与第三人因添附成为添附物的共有人时，抵押权及于抵押人对共有物所享有的份额

D. 当事人以正在建造的建筑物抵押，抵押权的效力范围限于已办理抵押登记的部分

16. 关于未办理登记的动产抵押，下列表述中正确的有（　　）。

A. 以动产抵押的，未经登记则无法生效

B. 抵押人将抵押财产出租给他人并移转占有，抵押权人能够举证证明承租人知道已经订立抵押合同，则抵押权人行使抵押权的，租赁关系仍然不受影响

C. 抵押人破产，抵押权人主张对抵押财产优先受偿的，人民法院不予支持

D. 以动产抵押的，不得对抗正常经营活动中已经支付合理价款并取得抵押财产的买受人

（三）案例分析题

2022年3月2日，甲将其生产的一批价值30万元的设备寄存于乙的仓库，寄存期限截止于2022年4月30日。3月5日，甲将该批设备抵押给债权人A公司，双方签订了书面抵押合同，但未办理抵押登记。

3月9日，乙向丙谎称该批设备属于自己，以35万元的价格将该批设备卖给丙，不知情的丙全额付款并取走设备。3月16日，丙将该批设备以40万元的价格卖给丁。3月20日，丙交付设备，丁向丙付款。

3月25日，A公司对甲的债权到期，甲无力偿还，A公司拟就该批设备行使抵押权。此时，甲才得知乙已将该批设备出卖给丙，甲要求乙承担违约责任并要求丙返还设备，丙告知甲已将设备转卖给丁。甲要求丁返还设备，A公司则向丁主张就该批设备行使抵押权，均遭丁的拒绝。

4月9日，丁发现该批设备存在严重质量瑕疵，无法投入使用，遂主张解除与丙之间的买卖合同，并要求丙赔偿损失，丙以该质量瑕疵在乙向其交付设备时已经存在，丁遂要求乙承担违约责任要求。

要求：根据上述内容，分别回答下列问题。

（1）丙是否取得了从乙处购买的设备的所有权？并说明理由。

（2）甲是否有权要求丁返还设备？并说明理由。

（3）A公司能否就该批设备行使抵押权？并说明理由。

（4）丁是否有权解除与丙之间的买卖合同？并说明理由。（第四章内容）

（5）丁是否有权要求乙承担违约责任？并说明理由。（第四章内容）

（6）对于甲的损失，谁是赔偿义务人？并说明理由。（第四章内容）

进阶练习答案及解析

(一) 单选题

1.【答案】B

【解析】选项A、D,属于法定孳息;选项C,属于天然孳息。

2.【答案】D

【解析】选项A、B、C,属于担保物权。

3.【答案】D

【解析】当事人之间订立的不动产买卖合同自成立时生效。

4.【答案】B

【解析】选项A,属于转移登记;选项C,属于变更登记;选项D,属于预告登记。

5.【答案】C

【解析】在动产买卖合同中,如果当事人未约定所有权保留条款,则动产的所有权自交付之日起转移。

6.【答案】D

【解析】选项A,乙只是承租人占有电脑,但无权处分;选项B、C,乙、丙之间的买卖合同有效,且符合善意取得要件,丙取得所有权;选项D,因丙取得电脑的所有权,甲无权要求其返还,但甲有权要求乙承担损害赔偿责任。

7.【答案】D

【解析】选项A,在遗失人发出悬赏广告时,归还遗失物的拾得人享有悬赏广告所允诺的报酬请求权;选项B,丙直接从乙手中购得手机(而非通过拍卖或者向具有经营资格的经营者购得),无权要求甲支付购买手机的费用;选项C、D,遗失物自发布招领公告之日起一年内无人认领的,归国家所有。

8.【答案】C

【解析】对共有的不动产进行重大修缮的,应当经占份额2/3以上(≥2/3)的按份共有人同意,但共有人之间另有约定的除外。

9.【答案】A

【解析】住宅建设用地使用权期间届满的,自动续期,续期费用的缴纳或者减免,依照法律、行政法规的规定办理。

10.【答案】C

【解析】因添附而失去所有权的人,可以向取得添附新物所有权的人主张赔偿。

11.【答案】A

【解析】选项B,以划拨方式取得土地使用权的,在转让房地产时,受让方应当办理土地使用权出让手续,并依照国家有关规定缴纳土地使用权出让金;选项C,以无偿划拨的国有土地使用权设定抵押,通过拍卖方式实现抵押权的,其拍卖所得在依法缴纳土地出让金后,抵押权人才享有优先受偿权;选项D,出资人以无偿划拨的土地使用权出资的,公司债权人主张认定该出资人未履行出资义务的,人民法院应当责令当事人在指定的合理期间内办理土地变更手续。

12.【答案】D

【解析】选项A、B、C都是禁止抵押的财产。

13.【答案】A

【解析】选项A、B,质押合同自成立时生效,质权自出质人交付质押财产时设立;选项C、D,质权人有权收取孳息,作为质押标的,但不取得孳息的所有权。

14.【答案】C

【解析】以基金份额、股权出质的,质权自办理出质登记时设立。

15.【答案】D

【解析】同一动产上已设立抵押权或者质权,该动产又被留置的,留置权人优先受偿。

(二) 多选题

1.【答案】BCD

【解析】所有权是指在法律限制范围内,对物为全面支配的权利。月球表面不具有可支配性,不属于物,不能成为所有权的客体。

2.【答案】AC

【解析】选项A，因继承取得物权的，自继承开始时发生效力；选项B、C，如果乙将该房屋出售给丙，必须先将房屋过户登记在自己的名下，然后才能过户到丙的名下；选项D，如果乙未将房屋过户登记在自己名下而直接出售给丙，则乙、丙之间的房屋买卖合同有效，但不发生物权变动的效力。

3. 【答案】ABD

【解析】选项C属于变更登记，其他选项均属于转移登记。

4. 【答案】ACD

【解析】选项A、C、D，在动产买卖合同中，如果当事人未约定所有权保留条款，则动产的所有权自交付之日起转移；船舶、航空器和机动车等物权的设立、变更、转让和消灭，未经登记，不得对抗善意第三人。但是丙享有的只是债权，并未取得任何物权，尽管甲、乙未办理过户登记，丙也不属于“善意第三人”；选项B，甲、丙之间的买卖合同有效，与物权变动没有关系。

5. 【答案】BC

【解析】选项A、D，以动产设定抵押的，抵押权自抵押合同生效时设立；但未经登记，不得对抗善意第三人。即以动产设定抵押时，无论是否办理了抵押登记，抵押权均自抵押合同生效之日起设立；只是未登记的，不能对抗善意第三人。丙公司已经占有了抵押物，完成交付，取得所有权，所以乙银行不得以抵押权对抗善意第三人；选项B、C，抵押权设立后，甲公司转让抵押物的行为构成无权处分，但甲、丙之间的买卖合同有效，丙符合善意取得要件而取得了设备的所有权。

6. 【答案】BD

【解析】选项A，共有人对共有的不动产没有约定为按份共有或者共同共有的，除共有人具有家庭关系等外，视为按份共有；选项B、C，对共有的不动产作重大修缮的，应当经占份额2/3以上的按份共有人同意，但共有人之间另有约定的除外。在本题中，甲、乙按份共有该房屋，但未约定各自享有的份额，应按照各自的出资额确定，即甲享有60%（90÷150）的份额。因此，甲重新装修房屋应当取得乙的同意，甲未取得乙的同意且乙事后未追认的，甲、丙之间的装修合同对乙不具有约束力，对于丙公司的付款请求，乙有权予以拒绝；选项D，按份共有人处分共有物的，应当经占份额2/3以上的按份共有人同意，但共有人之间另有约定的除外。

7. 【答案】BC

【解析】选项A，按份共有人之间转让共有份额，其他按份共有人主张优先购买的，人民法院不予支持，但按份共有人之间另有约定的除外。在本题中，既然按份共有人之间没有约定，乙、丁对甲的份额不享有优先购买权；选项C，两个以上按份共有人主张优先购买且协商不成时，请求按照转让时各自份额比例行使优先购买权的，人民法院应予支持；选项D，按份共有人向共有人之外的人转让其份额，其他按份共有人以其优先购买权受到侵害为由，仅请求撤销共有份额转让合同或者认定该合同无效的，人民法院不予支持。

8. 【答案】BC

【解析】选项A、B，抵押权自抵押合同生效之日起设立；选项C、D，担保期间，抵押物毁损、灭失或者被征收等，抵押权人可以按照原抵押权顺位就获得的保险金、赔偿金或者补偿金等优先受偿。

9. 【答案】ABD

【解析】选项C，主债权诉讼时效期间届满后，财产被留置的债务人或者对留置财产享有所有权的第三人请求拍卖、变卖留置财产并以所得价款清偿债务的，人民法院予以支持。

10. 【答案】AD

【解析】选项A，建设用地使用权的设立必须向登记机构办理登记，登记是建设用地使用权的生效条件；选项B，地役权自地役权合同生效时设立，未经登记的，不得对抗善意第三人；选项C，对于船舶、航空器和机动车等动产，其所有权的移转仍以交付为生效要件，而不以登记为生效要件；选项D，因继承取得物权的，自继承开始时发生效力，物权变动不以登记为生效要件，但事后处分时仍要登记。

11. 【答案】AD

【解析】选项B，乙自交付之日起取得该货币的所有权，甲仅对乙享有债权。

12. 【答案】BC

【解析】选项A，以不动产抵押的，抵押权自登记时设立；选项B，以动产质押的，自质物移交质权人占有时设立；选项C，以动产抵押的，抵押权自抵押合同生效时设立；选项D，以股权出质的，质权自办理出质登记时设立。

13. 【答案】AC

【解析】选项A，债权人的债权已届清偿期，能行使留置权；选项B，债权人留置的动产，应当与债权属于同一法律关系；选项C，符合留置权行使要件；选项D，债权人留置的动产，应当与债权属于同一法律关系。

14. 【答案】ABC

【解析】选项D，抵押财产因不可归责于抵押人自身的原因灭失或者被征收等导致不能办理抵押登记，债权人请求抵押人在约定的担保范围内承担责任的，人民法院不予支持；但是抵押人已经获得保险金、赔偿金或者补偿金等，债权人请求抵押人在其所获金额范围内承担赔偿责任的，人民法院依法予以支持。

15. 【答案】BCD

【解析】选项A，抵押物登记记载的内容与抵押合同约定的内容不一致的，以登记记载的内容为准。

16. 【答案】CD

【解析】选项A，以动产抵押的，抵押权自抵押合同生效时设立；未经登记，不得对抗善意第三人；选项B，抵押人将抵押财产出租给他人并移转占有，抵押权人行使抵押权的，租赁关系不受影响，但是抵押权人能够举证证明承租人知道或者应当知道已经订立抵押合同的除外；选项C，抵押人破产，抵押权人主张对抵押财产优先受偿的，人民法院不予支持；选项D，对于动产浮动抵押，即使已经登记也不得对抗正常经营活动中已支付合理价款并取得抵押财产的买受人，所以动产浮动抵押与登记无关。

（三）案例分析题

【答案】（1）丙取得了该设备的所有权。根据《民法典》的规定，乙属于无权处分，丙基于善意取得制度依法取得了该设备的所有权，甲则丧失了所有权。

（2）甲无权要求丁返还设备。根据《民法典》的规定，丙基于善意取得制度已经依法取得了该批设备的所有权，丙将该批设备再卖给丁时，丙的行为属于有权处分，且该批设备已经交付，故丁自交付之日起即取得该批设备的所有权，因此甲无权要求丁返还设备。

（3）A公司不能行使抵押权。根据《民法典》的规定，当事人以生产设备设定抵押的，抵押权自抵押合同生效时设立；但未经登记，不得对抗善意第三人。在本题中，A公司的抵押权虽已经设立，但未经登记，不能对抗善意第三人，因此A公司不能就该批设备行使抵押权。

（4）丁有权解除与丙之间的买卖合同。根据《民法典》的规定，因当事人一方的违约行为致使不能实现合同目的的，对方当事人有权解除合同，故丁有权解除买卖合同。

（5）丁无权要求乙承担违约责任。根据合同的相对性原理，由于合同关系具有相对性，因此，违约责任也具有相对性，即违约责任只能在特定的具有合同关系的当事人之间发生。在本题中，乙和丁之间并无合同关系，乙无须对丁承担违约责任。

（6）乙是赔偿义务人。根据《民法典》的规定，甲、乙之间存在保管合同关系，保管人违反保管合同的约定，构成违约，因此乙应当向甲承担赔偿责任。

第三章

第四章　合同法律制度

2023 年教材内容主要变化

本章教材内容的调整不多，主要包括：按份之债和连带之债中个别语句的调整；定金部分个别表述的调整；增加了技术合同的适用范围；同时也删除了一些与合同法律制度关联性不强的表述。其他无变化。

本章近五年考试高频考点分布

高频考点内容	年度及题型分布
要约	2022 年单选题、2021 年单选题
承诺的迟延与迟到	2020 年单选题、2020 年案例分析题
缔约过失责任	2018 年单选题
债权转让	2019 年多选题
违约责任	2020 年案例分析题
保证合同	2022 年多选题
合同变更与保证责任承担	2019 年单选题
违约责任	2022 年多选题、2022 年案例分析题
担保合同	2021 年单选题
租赁物的维修义务	2019 年案例分析题、2018 年案例分析题
买卖不破租赁	2018 年案例分析题
承租人的义务	2022 年案例分析题
房屋租赁合同	2018 年案例分析题
融资租赁合同	2022 年案例分析题、2018 年案例分析题
民间借贷合同	2022 年单选题、2021 年多选题、2019 年案例分析题、2018 年案例分析题
赠与合同	2020 年单选题

续表

高频考点内容	年度及题型分布
委托合同	2018 年案例分析题
建设工程施工合同	2018 年案例分析题
技术合同	2022 年单选题

高频考点精讲

本章内容为合同法律制度，属于比较重要的章节，特别是有案例分析题的考查，主要包括合同总则和分则两部分，涉及合同的订立、合同的履行、合同的保全、合同的担保、合同的终止以及买卖合同、租赁合同、赠与合同、借贷合同、建设工程施工合同等理论知识。

高频考点1：合同的相对性★★

合同的相对性，是指合同主要在特定的合同当事人之间发生权利义务关系，当事人只能基于合同向另一方当事人提出请求或提起诉讼，不能向无合同关系的第三人提出合同上的请求，也不能擅自为第三人设定合同上的义务。

合同的相对性主要体现在如下四个方面：

1. 主体的相对性
2. 内容的相对性
3. 责任的相对性
4. 合同相对性的例外

（1）民法典合同编第五章关于合同的保全的规定突破了合同的相对性，使得债权人可以向合同关系以外的第三人提起诉讼，主张权利。

（2）《民法典》第七百二十五条“所有权让与不破租赁”的规定，使得租赁合同的承租人可以租赁合同对抗新的所有权人，突破合同的相对性。

（3）《民法典》第七百九十一条第二款、第八百三十四条关于分包人与承包人共同对发包人承担连带责任、单式联运合同中某一区段的承运人与总的承运人共同向托运人承担连带责任的规定也都突破了合同的相对性。因为实际上在这两种合同中，分包人与发包人，托运人与某一区段的承运人之间并无合同关系。

高频考点2：要约★★★

1. 要约和要约邀请

要约是指希望和他人订立合同的意思表示；要约邀请是希望他人向自己发出要约的表示。

要约应当符合下列规定：

（1）内容具体确定，即该意思表示已经具备了未来合同的必要内容，并不要求该意思表示必须具备合同的所有条款。

（2）表明经受要约人承诺，要约人即受该意思表示的约束。

小贴士 准确区分要约和要约邀请。要约具有法律约束力，而要约邀请没有法律约束力。寄送的价目表、拍卖公告、招标公告、招股说明书、债券募集办法、基金招募说明书、商业广告和宣传等，性质均为要约邀请。如果商业广告的内容符合要约的规定，视为要约。

小贴士 （1）招标公告属于要约邀请；（2）投标人投标属于要约；（3）招标人定标属于承诺；（4）中标人在接到中标通知后，在指定的期间、地点与招标人签订书面合同，买卖合同正式成立。

2. 要约的生效时间

以对话方式作出的要约，相对人知道其内

容时生效。以非对话方式作出的要约，到达相对人时生效。以非对话方式作出的采用数据电文形式的要约，相对人指定特定系统接收数据电文的，该数据电文进入该特定系统时生效；未指定特定系统的，相对人知道或者应当知道该数据电文进入其系统时生效。当事人对采用数据电文形式的意思表示的生效时间另有约定的，按照其约定。

3. 要约的撤回

（1）要约在发出后、生效前，要约人可以撤回要约。

（2）撤回要约的通知应当在要约到达受要约人之前或者与要约同时到达受要约人。

4. 要约的撤销

在要约生效后、受要约人承诺前，要约人可以撤销要约。但下列情形要约不得撤销：

（1）要约人确定了承诺期限；

（2）要约人以其他形式明示要约不可撤销；

（3）受要约人有理由认为要约是不可撤销的，并已经为履行合同做了准备工作。

小贴士 正确区分要约的撤回和要约的撤销。（1）要约的撤回，是指让要约根本就不生效，因此撤回要约的通知应当在要约到达受要约人之前或者与要约同时到达受要约人；（2）要约的撤销，是指让已经生效的要约归于失效；（3）要约可以依法撤回和撤销，承诺可以依法撤回但不能撤销（由于承诺生效时合同已经成立）。

要约也可以撤销。撤销要约的意思表示以对话方式作出的，该意思表示的内容应当在受要约人作出承诺之前为受要约人所知道；撤销要约的意思表示以非对话方式作出的，应当在受要约人作出承诺之前到达受要约人。但是，下列情形下的要约不得撤销：①要约人以确定承诺期限或者以其他形式明示要约不可撤销；②受要约人有理由认为要约是不可撤销的，并已经为履行合同作了合理准备工作。

5. 要约的失效

（1）要约被拒绝；

（2）要约被依法撤销；

（3）承诺期限届满受要约人未作出承诺；

（4）受要约人对要约的内容作出实质性变更。

对合同标的、数量、质量、价款或者报酬、履行期限、履行地点和方式、违约责任和解决争议方法等内容的变更，是对要约内容的实质性变更。

经典例题

【真题·单选题】（2022）根据合同法律制度的规定，下列关于要约的表述中，正确的是（　　）。

A. 要约只能向特定人发出，不得向非特定人发出

B. 要约与撤回要约的通知同时到达受要约人的，不影响要约生效

C. 要约不得撤销

D. 要约因遭到拒绝而失效

【答案】D

【解析】要约应当具备的条件包括内容具体确定，以及表明经受要约人承诺，要约人即受该意思表示的约束，并非需向指定人发出，因此选项A错误；要约与撤回要约的通知同时到达受要约人的，要约不生效，选项B错误；在要约生效后、受要约人承诺前，要约人可以撤销要约，因此选项C错误。

【例题·单选题】根据民法典合同编的规定，下列属于要约的是（　　）。

A. 招股说明书

B. 债券募集办法

C. 拍卖公告

D. 悬赏广告

【答案】D

【解析】选项A、B、C属于要约邀请，均是希望他人向自己发出邀约的表示，而悬赏广告内容符合要约的规定，即内容具体确定，同时内容表明经受要约人承诺后，要约人受意思表示约束。

【例题·单选题】甲公司于2019年5月10日向乙公司发出订购一批红松木家具的要约，

要求乙公司于5月18日前答复。5月12日乙公司收到该要约。5月13日，甲公司决定增加购买数量，故发出撤销原要约的意思表示，以信件方式发出，该信件于5月14日到达乙公司。5月15日，甲公司收到乙公司的回复，乙公司表示暂无红松木家具，问甲公司是否愿意更改为橡木家具。根据民法典合同编的规定，甲公司要约失效的时间是（　　）。

A. 5月13日　　B. 5月14日

C. 5月15日　　D. 5月18日

【答案】C

【解析】甲公司在要约中确定了承诺期限，该要约不可撤销，因此5月14日撤销要约的通知到达时，不产生撤销要约的效力；受要约人对要约的内容作出实质性变更的（将红松木家具更改为橡木家具），原要约失效。

高频考点3：承诺★★★

1. 承诺期限的起算

承诺期限自要约到达受要约人时开始计算。要约没有确定承诺期限的，承诺应当依照下列规定到达：

（1）要约以信件作出的，承诺期限自信件载明的日期开始计算；信件未载明日期的，自投寄该信件的邮戳日期开始计算。

（2）要约以电话、传真、电子邮件等快速通信方式作出的，承诺期限自要约到达受要约人时开始计算。

2. 承诺的生效时间

承诺自通知到达要约人时生效。承诺不需要通知的，自根据交易习惯或者要约的要求作出承诺的行为时生效。

3. 承诺的撤回

承诺人发出承诺后反悔的，可以撤回承诺，其条件是撤回承诺的通知应当在承诺通知到达要约人之前或者与承诺通知同时到达要约人，即在承诺生效前到达要约人。承诺生效，合同成立。因此，承诺不存在撤销的问题。

4. 承诺的迟延与迟到

（1）承诺的迟延。受要约人超过承诺期限发出承诺或者在承诺期限内发出承诺，按照通常情形不能及时到达要约人的，为迟延承诺，除要约人及时通知受要约人该承诺有效以外，迟延承诺应视为新要约。

（2）承诺的迟到。受要约人在承诺期限内发出承诺，按照通常情况能够及时到达要约人，但因其他原因致使承诺到达要约人时超过承诺期限的，为迟到承诺，除要约人及时通知受要约人因承诺超过期限不接受该承诺以外，迟到承诺为有效承诺。

名师解惑

承诺迟延与承诺迟到相区别的关键在于是否是在承诺期内作出，前者是受要约人超过承诺期限发出承诺，后者是受要约人在承诺期限内作出。

5. 承诺内容

（1）受要约人对要约的内容作出实质性变更的，视为新要约。

（2）受要约人对要约的内容作出非实质变更的（除要约人及时表示反对或者要约表明承诺不得对要约的内容作出任何变更外），该承诺有效，合同的内容以承诺的内容为准。

经典例题

【真题·单选题】（2020）根据合同法律制度的规定，下列关于承诺的表述中，正确的是（　　）。

A. 要约以对话方式作出的，承诺应当在合理期限内到达

B. 承诺人可以撤回承诺，但撤回承诺的通知不得晚于承诺通知到达要约人

C. 受要约人超过承诺期限发出承诺的，除要约人表示反对外，该承诺有效

D. 承诺的内容应与要约的内容一致，否则视为新要约

【答案】B

【解析】承诺人发出承诺后反悔的，可以撤回承诺，其条件是撤回承诺的通知应当在承诺通知到达要约人之前或者与承诺通知同时到达要约人，即在承诺生效前到达要约人。

【例题·单选题】根据民法典合同编的规定，下列情形中，构成有效承诺的是（　　）。

A. 受要约人向要约人发出承诺函后，随即又发出一份函件表示收回承诺，两封函件同时到达要约人

B. 受要约人在承诺期内发出承诺，正常情形下可如期到达要约人，但因连日暴雨致道路冲毁，承诺通知到达要约人时已超过承诺期限，要约人收到承诺通知后未作任何表示

C. 受要约人发出表示承诺的函件时已超过要约人规定的承诺期限，要约人收到后未作任何表示

D. 受要约人向要约人回函表示："若价格下调5%，我司即与贵司订立合同。"

【答案】B

【解析】选项A，受要约人依法撤回了承诺，该承诺并未生效；选项B，受要约人在承诺期限内发出承诺，按照通常情况能够及时到达要约人，但因其他原因致使承诺到达要约人时超过承诺期限的，为迟到承诺，除要约人及时通知受要约人因承诺超过期限不接受该承诺以外，迟到承诺为有效承诺；选项C，受要约人超过承诺期限发出承诺的，为迟延承诺，除要约人及时通知受要约人该承诺有效以外，迟延承诺应视为新要约；选项D，受要约人对要约的内容作出实质性变更的，视为新要约。

高频考点4：合同成立的时间、地点

★★

《民法典》中包含很多关于合同成立的时间、地点的规定。在当事人未作特别约定时，应适用这些规定确定合同成立的时间、地点。

1. 合同成立的时间

（1）承诺生效时合同成立。这是大部分合同成立的时间标准。

（2）当事人采用合同书形式订立合同的，自当事人均签名、盖章或者按指印时合同成立。如当事人未同时在合同书上签名、盖章或者按指印，则以当事人中最后一方签名、盖章或者按指印的时间为合同的成立时间。

（3）当事人采用信件、数据电文等形式订立合同的，可以要求在合同成立之前签订确认书。签订确认书时合同成立。

2. 合同成立的地点

由于合同订立方式的不同，合同成立地点的确定标准也有不同：

（1）承诺生效的地点为合同成立的地点。这是大部分合同成立的地点标准。

（2）采用数据电文形式订立合同的，收件人的主营业地为合同成立的地点；没有主营业地的，其住所地为合同成立的地点。

（3）当事人采用合同书形式订立合同的，最后签名、盖章或者按指印的地点为合同成立的地点。

3. 实际履行原则

如果当事人未采用法律要求或者当事人约定的书面形式、合同书形式订立合同，或者当事人没有在合同书上签名、盖章或者按指印的，只要一方当事人履行了主要义务，对方接受的，合同仍然成立。

高频考点5：免责条款与格式条款

★★★

1. 合同中的下列免责条款无效

（1）造成对方人身伤害的；

（2）因故意或者重大过失造成对方财产损失的。

基于合同自由原则，对于双方当事人自愿订立的免责条款，法律原则上不加干涉。但是，如果事先约定的免责条款明显违反诚实信用原则及社会公共利益的，则法律规定其无效。

2. 格式条款

（1）格式条款具有《民法典》规定的合同无效（如损害社会公共利益）和免责条款无效的情形（造成对方人身伤害的、因故意或者重大过失造成对方财产损失的）时，该条款无效。

（2）提供格式条款的一方不合理地免除或减轻其责任、加重对方责任、限制对方主要权利，或者提供格式条款一方排除对方主要权利的，该格式条款无效。

（3）对格式条款的理解发生争议的，应当按照字面含义及通常理解予以解释。

（4）对格式条款有两种以上解释的，应当作出不利于提供格式条款一方的解释。

（5）格式条款与非格式条款不一致的，应当采用非格式条款。

经典例题

【例题·多选题】根据民法典合同编的规定，下列免责条款中，无效的有（　　）。

A. 排除损害国家利益的责任

B. 排除损害社会公共利益的责任

C. 排除因重大过失造成对方财产损失的责任

D. 排除因重大过失造成对方人身伤害的责任

【答案】ABCD

【解析】免责条款中凡是具有合同无效和免责条款无效的情形的，该条款即为无效。选项A、B属于合同无效情形；选项C、D属于免责条款无效情形。

高频考点6：缔约过失责任★★★

1. 承担损害赔偿责任的情形

当事人在订立合同过程中，有下列情形之一，给对方造成损失的，应当承担损害赔偿责任：

（1）假借订立合同，恶意进行磋商。

（2）故意隐瞒与订立合同有关的重要事实或者提供虚假情况。

（3）当事人泄露或者不正当地使用在订立合同过程中知悉的商业秘密或者应当保密的信息。

（4）有其他违背诚实信用原则的行为。

2. 缔约过失责任与违约责任的区别

（1）缔约过失责任发生在合同成立之前，而违约责任产生于合同生效之后。

（2）当事人承担缔约过失责任是因为在订立合同过程中，违背诚实信用原则，致使合同未成立、合同未生效或者合同无效；而当事人承担违约责任是因为在合同生效后，不履行合同或者履行合同不符合约定。

（3）当事人承担缔约过失责任的前提是因合同无效或者未成立，给对方造成了损失，缔约过失责任赔偿的是信赖利益的损失；而违约责任赔偿的是可期待利益的损失。可期待利益的损失通常要大于或者等于信赖利益的损失。

经典例题

【真题·单选题】（2018）根据合同法律制度的规定，下列各项中，应当承担缔约过失责任的是（　　）。

A. 甲假借订立合同，恶意与乙进行磋商

B. 丙未按时履行支付租金的义务

C. 丁驾驶机动车违反交通规则撞伤行人

D. 戊辞职后违反竞业禁止约定从事同业竞争

【答案】A

【解析】选项B、D，应承担违约责任；选项C，应承担侵权责任。

【例题·单选题】根据民法典合同编的规定，下列关于缔约过失责任的表述中，正确的是（　　）。

A. 一方当事人假借订立合同恶意进行磋商，给他人造成损失的，可成立缔约过失责任

B. 缔约过失责任仅在合同成立时适用

C. 缔约过失责任赔偿的是可期待利益损失

D. 缔约过失责任的赔偿额通常大于违约责任

【答案】A

【解析】选项B，缔约过失责任适用于合同未成立、合同未生效、合同无效等情形；选项C、D，缔约过失责任赔偿的是信赖利益的损失，而违约责任赔偿的是可期待利益的损失，可期待利益损失要大于或者等于信赖利益的损失。

高频考点7：合同的生效★★

（1）合同生效时间。

依法成立的合同，原则上自成立时生效。如保证合同、抵押合同、质押合同、金融机构贷款的借款合同等。

（2）法律、行政法规规定应当办理批准等手续生效的，在依照其规定办理批准等手续后生效。

依照法律、行政法规的规定经批准才能生效的合同成立后，有义务办理申请批准等手续的一方当事人未按照法律规定或者合同约定办理申请批准的，不影响合同中履行报批等义务条款以及相关条款的效力，人民法院可以根据案件的具体情况和相对人的请求，判决相对人自己办理有关手续；对方当事人对由此产生的费用和给相对人造成的实际损失，应当承担损害赔偿责任。

（3）法律、行政法规规定合同应当办理登记手续，但未规定登记后生效的，当事人未办理登记手续不影响合同的效力，但合同标的所有权及其他物权不能转移。

（4）附条件、附期限的合同。

①附生效条件的合同，自条件成就时生效。附解除条件的合同，自条件成就时失效。当事人为自己的利益不正当地阻止条件成就的，视为条件已成就；不正当地促成条件成就的，视为条件不成就。

②附生效期限的合同，自期限届至时生效。附终止期限的合同，自期限届满时失效。

（5）合同效力的层次。

合同可以根据其效力层次分为有效合同、效力待定的合同、可撤销合同及无效合同。

①无权代理人以被代理人的名义订立合同，被代理人已经开始履行合同义务或者接受相对人履行的，视为对合同的追认。

②法人的法定代表人或者非法人组织的负责人超越权限订立的合同，除相对人知道或者应当知道其超越权限外，该代表行为有效，订立的合同对法人或者非法人组织发生效力。

③当事人超越经营范围订立的合同的效力，应当依照民法典总则编和合同编的有关规定确定，不得仅以超越经营范围确认合同无效。

名师解惑

合同的成立与合同的生效不是一回事，合同往往是先成立后生效，提示考生特别注意合同的生效要件。

经典例题

【真题·单选题】（2021）根据合同法律制度的规定，法定代理人超越权限订立的担保合同属于（　　）。

A. 无因管理　　B. 越权代表

C. 无权代理　　D. 无权处分

【答案】B

【解析】法人的法定代表人或者非法人组织的负责人超越权限订立的合同，除相对人知道或者应当知道其超越权限外，该代表行为有效，订立的合同对法人或者非法人组织发生效力。

高频考点8：约定不明时合同内容的确定规则★★★

合同生效后，当事人就质量、价款等内容没有约定或者约定不明确的，可以协议补充；不能达成补充协议的，按照合同有关条款或者交易习惯确定。仍不能确定的，按照下列规则确定：

（1）质量要求不明确的，按照强制性国家标准履行；没有强制性国家标准的，按照推荐性国家标准履行；没有推荐性国家标准的，按照行业标准履行；没有国家标准、行业标准的，按照通常标准或者符合合同目的的特定标准履行。

（2）价款或者报酬不明确的，按照订立合同时履行地的市场价格履行。

（3）履行地点不明确的，给付货币的，在接受货币一方所在地履行；交付不动产的，在不动产所在地履行；其他标的，在履行义务一方所在地履行。

（4）履行期限不明确的，债务人可以随时履行，债权人也可以随时请求履行，但是应当给对方必要的准备时间。

（5）履行方式不明确的，按照有利于实现合同目的的方式履行。

（6）履行费用的负担不明确的，由履行义务一方负担；因债权人原因增加的履行费用，由债权人负担。

经典例题

【例题·单选题】甲公司与乙公司签订了大理石买卖合同。根据合同约定，甲公司先发货，乙公司收到货物后经验收合格再支付货款，但双方就运费问题约定不明确。根据民法典合同编的规定，如果就运费发生争议，解决方式是（　　）。

A. 由甲公司负担

B. 由乙公司负担

C. 双方协商解决

D. 甲公司和乙公司各负担50%

【答案】A

【解析】当合同履行费用的负担不明确时，由履行义务一方负担。买卖合同属于双务合同，在发货环节中，甲公司属于履行义务的一方，故由甲公司负担。

高频考点9：向第三人履行的合同、由第三人履行的合同与第三人代为履行★★★

（1）向第三人履行的合同包括真正的利他合同和不真正的利他合同。真正的利他合同是指法律规定或者当事人约定第三人可以直接请求债务人向其履行债务，第三人未在合理期限内明确拒绝，债务人未向第三人履行债务或者履行债务不符合约定的，第三人可以请求债务人承担违约责任；债务人对债权人的抗辩可以向第三人主张。不真正的利他合同是指当事人约定由债务人向第三人履行债务的，债务人未向第三人履行债务或者履行债务不符合约定的，应当向债权人承担违约责任。

（2）由第三人履行的合同又称担保第三人履行的合同，是指当事人约定由第三人向债权人履行债务，第三人不履行债务或者履行债务不符合约定的，债务人应当向债权人承担违约责任。

（3）第三人代为履行是指债务人不履行债务，第三人对履行该债务具有合法利益的，第三人有权向债权人代为履行；但是，根据债务性质、按照当事人约定或者依照法律规定只能由债务人履行的除外。

高频考点10：电子合同的履行★

通过互联网等信息网络订立的电子合同的标的为交付商品并采用快递物流方式交付的，收货人的签收时间为交付时间。电子合同的标的为提供服务的，生成的电子凭证或者实物凭证中载明的时间为提供服务时间；前述凭证没有载明时间或者载明时间与实际提供服务时间不一致的，以实际提供服务的时间为准。

电子合同的标的物为采用在线传输方式交付的，合同标的物进入对方当事人指定的特定系统且能够检索识别的时间为交付时间。

电子合同当事人对交付商品或者提供服务的方式、时间另有约定的，按照其约定。

高频考点11：按份之债与连带之债★★★

债权人为两人以上，标的可分，按照份额各自享有债权的，为按份债权；债务人为两人以上，标的可分，按照份额各自负担债务的，为按份债务。按份债权人或者按份债务人的份额难以确定的，视为份额相同。债权人为两人以上，部分或者全部债权人均可以请求债务人履行债务的，为连带债权；债务人为两人以上，债权人可以请求部分或者全部债务人履行全部债务的，为连带债务。

（1）对于连带债务人之间的关系，需要注意以下几点：

①连带债务人之间的份额难以确定的，视为份额相同。

②实际承担债务超过自己份额的连带债务人，有权就超出部分在其他连带债务人未履行的份额范围内向其追偿，并相应地享有债权人的权利，但是不得损害债权人的利益。追偿权和法定代位权是两个权利，两个权利可以一并行使，但是追偿权人受偿的数额不得超出其份额。其他连带债务人对债权人的抗辩，可以向该债务人主张。

③被追偿的连带债务人不能履行其应分担份额的，其他连带债务人应当在相应范围内按比例分担。

小贴士 上述②中的内容为新增内容，请考生注意理解，尤其注意其在案例分析题中考查的可能。

（2）对于债权人与连带债务人之间的关系，需要注意以下几点：

①连带债务人清偿、抵销、提存具有绝对效力。部分连带债务人履行、抵销债务或者提存标的物的，其他债务人对债权人的债务在相应范围内消灭；该债务人可以依据前条规定向其他债务人追偿。

②部分连带债务人的债务被债权人免除的，发生限制绝对效力，在该连带债务人应当承担的份额范围内，其他债务人对债权人的债务消灭。

③部分连带债务人的债务与债权人的债权同归于一人的（即混同），发生限制绝对效力，在扣除该债务人应当承担的份额后，债权人对其他债务人的债权继续存在。

④债权人对部分连带债务人的给付受领迟延的，对其他连带债务人发生效力。

高频考点12：双务合同中的履行抗辩权★★★

1. 同时履行抗辩权

双务合同的当事人互负债务，没有先后履行顺序的，应当同时履行。一方在对方履行之前有权拒绝其履行请求；一方在对方履行债务不符合约定时，有权拒绝其相应的履行请求。

2. 先履行抗辩权

双务合同的当事人互负债务，有先后履行顺序，先履行一方未履行的，后履行一方有权行使先履行抗辩权，拒绝其履行请求。先履行一方履行债务不符合约定的，后履行方有权拒绝其相应的履行请求。

3. 不安抗辩权

（1）中止履行。

双务合同中应当先履行债务的当事人，有确切证据证明对方有下列情况之一的，可以行使不安抗辩权，中止合同履行：

①经营状况严重恶化；

②转移财产、抽逃资金，以逃避债务；

③丧失商业信誉；

④有丧失或者可能丧失履行债务能力的其他情形。

（2）解除合同。

当事人行使不安抗辩权中止履行的，应当及时通知对方。对方提供适当担保的，应当恢复履行。对方在合理期限内未恢复履行能力并且未提供适当担保的视为以自己的行为表明不履行主要债务，中止履行的一方可以解除合同并请求对方承担违约责任。

小贴士 行使同时履行抗辩权、先履行抗辩权和不安抗辩权的条件：当事人基于同一双务合同。

经典例题

【例题·单选题】 甲、乙双方签订买卖合同，约定甲支付货款一周后乙交付货物。甲未在约定日期付款，却请求乙交货。根据民法典合同编的规定，对于甲的请求，乙可行使的抗辩权是（　　）。

A. 不安抗辩权　　B. 先诉抗辩权

C. 不履行抗辩权　D. 先履行抗辩权

【答案】D

【解析】先履行一方履行债务不符合约定的，后履行一方有权拒绝其相应的履行要求。

【例题·单选题】甲、乙在买卖合同中约定：甲先付款，乙再发货。后甲未付款却要求乙发货，乙予以拒绝。根据合同法律制度的规定，乙可以行使（　　）。

A. 同时履行抗辩权

B. 先履行抗辩权

C. 先诉抗辩权

D. 不安抗辩权

【答案】B

【解析】因为合同中已约定了义务履行的先后顺序，先履约方在不履行义务时，后履约方可行使先履行抗辩权。

高频考点13：债权人代位权★★★

1. 含义

债权人代位权是指债务人怠于行使其对第三人（次债务人）享有的到期债权或者与该债权有关的从权利，危及债权人债权实现时，债权人为保障自己的债权，可以自己的名义代位行使债务人对次债务人的债权。

2. 代位权行使的条件

（1）债权人对债务人的债权合法。

（2）债务人怠于行使其到期债权或者与该债权有关的从权利，影响债权人的到期债权实现的。

（3）债务人的债权已到期，债权人的债权原则上也应到期。

（4）债务人的债权不是专属于债务人自身的债权。

所谓“债务人的懈怠行为”必须是债务人不以诉讼方式或者仲裁方式向次债务人主张其享有的债权或者与该债权有关的从权利。因此，如果债务人以书面或者口头方式催促次债务人履行债务但没有就此提起诉讼或者申请仲裁，仍然构成懈怠。

所谓“专属于债务人自身的债权”，是指基于扶养关系、抚养关系、赡养关系、继承关系产生的给付请求权和劳动报酬、退休金、养老金、抚恤金、安置费、人寿保险、人身伤害赔偿请求权等权利。

债权人的债权不受是否专属于债权人自身的限制。

3. 代位权诉讼

（1）代位权诉讼由被告住所地人民法院管辖。

（2）债权人是原告，次债务人是被告，债务人为诉讼上的第三人。

（3）如果债权人胜诉的，诉讼费用由次债务人承担，从实现的债权中优先支付；代位权诉讼的其他必要费用则由债务人承担。

4. 代位权行使的法律效果

代位权的行使范围以债权人的到期债权为限。债权人行使代位权的必要费用，由债务人负担。相对人对债务人的抗辩，可以向债权人主张。

人民法院认定代位权成立的，由债务人的相对人向债权人履行义务，债权人接受履行后，债权人与债务人、债务人与相对人之间相应的权利义务终止。债务人对相对人的债权或者与该债权有关的从权利被采取保全、执行措施，或者债务人破产的，依照相关法律的规定处理。

经典例题

【例题·单选题】甲对乙的债务清偿期已届满却未履行，乙欲就甲对他人享有的债权提起代位权诉讼。根据民法典合同编的规定，甲享有的下列债权中，乙可代位行使的是（　　）。

A. 抚恤金请求权

B. 劳动报酬请求权

C. 人身伤害赔偿请求权

D. 财产损害赔偿请求权

【答案】D

【解析】选项A、B、C中的权利均属于

“专属于债务人自身的债权”，所以债务人的债权人不得代位行使。

高频考点14：债权人撤销权★★★

1. 含义

债权人撤销权是指债务人实施了减少财产行为，危及债权人的债权实现时，债权人为保障自己的债权请求人民法院撤销债务人处分行为的权利。

2. 可撤销的行为

（1）债务人放弃债权（到期、未到期均可）、放弃债权担保或者恶意延长到期债权的履行期限，对债权人造成损害。债权人对债务人的债权可以到期，也可以未到期，但债权人对债务人必须享有有效债权。

（2）债务人无偿转让财产，对债权人造成损害。债务人的无偿行为（放弃债权、无偿转让财产），不论第三人善意还是恶意，均可撤销；而债务人的有偿行为（以明显不合理的低价转让财产、以明显不合理的高价收购他人财产），第三人恶意时才可以撤销。

（3）债务人以明显不合理的低价转让财产或者以明显不合理的高价受让他人财产，对债权人造成损害，并且受让人知道该情形。

3. 债权人行使撤销权应当具备的条件

（1）债权人须以自己的名义行使撤销权。

（2）债权人对债务人存在有效债权。债权人对债务人的债权可以到期，也可以不到期。

（3）债务人实施了减少财产的处分行为。债务人减少财产的处分行为体现为：

①放弃债权（到期、未到期均可）、放弃债权担保或者恶意延长到期债权的履行期，影响债权人的债权实现。

②无偿转让财产，影响债权人的债权实现。

③以明显不合理的低价转让财产或者以明显不合理的高价收购他人财产或者为他人的债务提供担保，影响债权人的债权实现，并且相对人知道或者应当知道该情形。

其中，第③种处分行为不但要求有客观上影响债权人的债权实现的事实，还要求有受让人知道的主观要件。“明显不合理”价格的判断标准，应当以交易当地一般经营者的判断，并参考交易当时交易地的物价部门指导价或者市场交易价，结合其他相关因素综合考虑予以确认。一般认为，转让价格达不到交易时交易地的指导价或者市场交易价70%的，可以视为明显不合理的低价；对转让价格高于当地指导价或者市场交易价30%的，可以视为明显不合理的高价。

（4）债务人的处分行为有害于债权人债权的实现。

当债务人的处分行为符合上述条件时，债权人可以请求人民法院撤销债务人的处分行为。撤销权的行使范围以债权人的债权为限。

4. 撤销权行使的期限

撤销权应当自债权人知道或者应当知道撤销事由之日起1年内行使；自债务人的行为发生之日起5年内没有行使撤销权的，该撤销权消灭。

5年期间为除斥期间（不变期间），不适用诉讼时效中止、中断或者延长的规定。

5. 撤销权诉讼

（1）债权人为原告，债务人为被告，受益人或者受让人为诉讼上的第三人。

（2）债权人行使撤销权的必要费用，由债务人负担。

（3）撤销权诉讼由被告住所地人民法院管辖。

6. 行使撤销权的法律效果

（1）一旦人民法院确认债权人的撤销权成立，债务人的处分行为即归于无效。

（2）撤销权行使的目的是恢复债务人的财产，债权人就撤销权行使的结果并无优先受偿的权利。

经典例题

【例题·多选题】2019年1月1日，甲向乙借款5万元，约定2019年12月31日还本付息。半年后，甲财产状况严重恶化，遂将其贵重财产无偿转让给其友丙。债务到期后，乙要求甲偿还债务，甲称自己财产所剩无几，故无力偿还，乙只好通过诉讼程序请求人民法院保护其权利。根据《民法典》的规定，下列表述中，正确的有（　　）。

A. 乙可以行使撤销权

B. 撤销权诉讼应当以甲为被告

C. 撤销权诉讼应当以乙和丙为共同被告

D. 乙可以行使代位权

【答案】AB

【解析】选项A、D，上述情形属于债权人行使撤销的法定情形，即债务人无偿转让财产，对债权人造成损害，故乙可以行使撤销权，而非代位权；选项B、C，撤销权诉讼中，应当以债权人为原告、债务人为被告、受益人或者受让人为诉讼上的第三人，故应以甲为被告、丙为第三人而非共同被告。

高频考点15：合同担保的基本理论

★★★

1. 担保方式

担保是指法律规定或者当事人约定的以保证合同履行、保障债权人利益实现为目的的法律措施。担保具有从属性与补充性特征。

合同的主要担保方式一般有五种，即：保证、抵押、质押、留置和定金。其中，保证、抵押、质押和定金，都是依据当事人的合同而设立，称为约定担保。留置则是直接依据法律的规定而设立，无须当事人之间特别约定，称为法定担保。

保证是以保证人的财产和信用为担保的基础，属于人的担保。抵押、质押、留置，是以一定的财产为担保的基础，属于物的担保。定金是以一定的金钱为担保的基础，称为金钱担保。此外，所有权保留、融资租赁也可具有担保功能。

为了换取担保人提供保证、抵押或质押等担保方式，担保人可以要求债务人为担保人的担保提供担保。这种由债务人或第三人向该担保人提供的担保，相对于原担保而言被称为反担保。

2. 担保合同的无效

（1）担保无效的情形。

担保合同无效的情形不仅包括违反法律、行政法规的强制性规定或者违背公序良俗的情形，还包括以下情形：以公益为目的的非营利性学校、幼儿园、医疗机构、养老机构等提供担保的，原则上担保合同无效；但是有下列情形之一的除外：①在购入或者以融资租赁方式承租教育设施、医疗卫生设施、养老服务设施和其他公益设施时，出卖人、出租人为担保价款或者租金实现而在该公益设施上保留所有权；②以教育设施、医疗卫生设施、养老服务设施和其他公益设施以外的不动产、动产或者财产权利设立担保物权。登记为营利法人的学校、幼儿园、医疗机构、养老机构等提供担保，当事人不得以其不具有担保资格为由主张担保合同无效。

（2）担保合同无效的法律责任。

担保合同被确认无效时，债务人、担保人、债权人有过错的，应当根据其过错各自承担相应的民事责任，即承担《民法典》规定的缔约过失责任。

主合同有效而第三人提供的担保合同无效，人民法院应当区分不同情形确定担保人的赔偿责任：

①债权人与担保人均有过错的，担保人承担的赔偿责任不应超过债务人不能清偿部分的二分之一。

②担保人有过错而债权人无过错的，担保人对债务人不能清偿的部分承担赔偿责任。

③债权人有过错而担保人无过错的，担保人不承担赔偿责任。主合同无效导致第三人提供的担保合同无效，担保人无过错的，不承担赔偿责任；担保人有过错的，其承担的赔偿责任不应超过债务人不能清偿部分的三分之一。

承担了担保责任或者赔偿责任的担保人，有权在其承担责任的范围内向债务人追偿。同一债权既有债务人自己提供的物的担保，又有第三人提供的担保，承担了担保责任或者赔偿责任的第三人，有权主张行使债权人对债务人享有的担保物权。

为了保证债权人的利益，主合同解除后，担保人对债务人应当承担的民事责任仍应承担担保责任。除非担保合同另有约定。

3. 公司对外担保

（1）法定代表人的越权担保。

公司的法定代表人违反《公司法》关于公司对外担保决议程序的规定，超越权限代表公司与相对人订立担保合同，相对人善意的，担保合同对公司发生效力；相对人有权请求公司承担担保责任。相对人非善意的，担保合同对公司不发生效力；相对人请求公司承担赔偿责任的，参照主合同有效而担保合同无效的情形处理。法定代表人超越权限提供担保造成公司损失，公司有权请求法定代表人承担赔偿责任。

所谓善意，是指相对人在订立担保合同时不知道且不应当知道法定代表人超越权限。

（2）对外担保的决议。

公司作出对外担保的有效决议是公司承担担保责任的前提条件。有下列情形之一的，公司不得以其未依照公司法关于公司对外担保的规定作出决议为由主张不承担担保责任：①金融机构开立保函或者担保公司提供担保；②公司为其全资子公司开展经营活动提供担保；③担保合同系由单独或者共同持有公司三分之二以上对担保事项有表决权的股东签字同意。上述第②、第③种情形不适用于上市公司对外提供担保。

（3）对上市公司公开披露信息的信赖。

相对人根据上市公司公开披露的关于担保事项已经董事会或者股东大会决议通过的信息，与上市公司订立担保合同，相对人主张担保合同对上市公司发生效力，并由上市公司承担担保责任的，人民法院应予支持。

相对人未根据上市公司公开披露的关于担保事项已经董事会或者股东大会决议通过的信息，与上市公司订立担保合同，上市公司主张担保合同对其不发生效力，且不承担担保责任或者赔偿责任的，人民法院应予支持。

（4）公司分支机构的担保。

①公司的分支机构未经公司股东（大）会或者董事会决议以自己的名义对外提供担保，相对人不得请求公司或者其分支机构承担担保责任，但是相对人不知道且不应当知道分支机构对外提供担保未经公司决议程序的除外。

②金融机构的分支机构在其营业执照记载的经营范围内开立保函，或者经有权从事担保业务的上级机构授权开立保函，金融机构或者其分支机构不得以违反公司法关于公司对外担保决议程序的规定为由主张不承担担保责任。金融机构的分支机构未经金融机构授权提供保函之外的担保，金融机构或者其分支机构不承担担保责任，但是相对人不知道且不应当知道分支机构对外提供担保未经金融机构授权的除外。

③担保公司的分支机构未经担保公司授权对外提供担保，担保公司或者其分支机构不承担担保责任，但是相对人不知道且不应当知道分支机构对外提供担保未经担保公司授权的除外。公司的分支机构对外提供担保，相对人非善意，请求公司承担赔偿责任的，参照主合同有效而担保合同无效的情形处理。

4. 新贷还旧贷的担保责任

主合同当事人协议以新贷偿还旧贷，债权人请求旧贷的担保人承担担保责任的，人民法院不予支持；债权人请求新贷的担保人承担担保责任的，按照下列情形处理：新贷与旧贷的担保人相同的，人民法院应予支持；新贷与旧贷的担保人不同，或者旧贷无担保新贷有担保的，人民法院不予支持，但是债权人有证据证明新贷的担保人提供担保时对以新贷偿还旧贷的事实知道或者应当知道的除外。

主合同当事人协议以新贷偿还旧贷，旧贷的物的担保人在登记尚未注销的情形下同意继续为新贷提供担保，在订立新的贷款合同前又以该担保财产为其他债权人设立担保物权，其他债权人主张其担保物权顺位优先于新贷债权人的，人民法院不予支持。

经典例题

【真题·多选题】（2020）担保有约定担保和法定担保之分。根据《民法典》的规定，下列各项中，属于约定担保的有（　　）。

A. 保证　　　　B. 抵押

C. 留置　　　　D. 定金

【答案】ABD

【解析】合同的担保方式一般有五种，即：保证、抵押、质押、留置和定金。其中，保证、抵押、质押和定金，都是依据当事人的合同而设立，称为约定担保。留置则是直接依据法律的规定而设立，无须当事人之间特别约定，称为法定担保。

高频考点16：保证★★★

1. 保证合同

（1）保证是保证人与债权人之间的合同关系。

（2）保证合同为单务合同、无偿合同、诺成合同、要式合同。

（3）第三人单方以书面形式向债权人出具担保书，债权人接受且未提出异议的，保证合同成立。

（4）第三人向债权人提供差额补足、流动性支持等类似承诺文件作为增信措施，具有提供担保的意思表示，债权人请求第三人承担保证责任的，应当依照保证的有关规定处理；第三人向债权人提供的承诺文件，具有加入债务或者与债务人共同承担债务等意思表示的，应当认定为债务加入。上述承诺文件难以确定是保证还是债务加入的，人民法院应当将其认定为保证。

2. 保证人

（1）主债务人不得同时为自身保证人。如果主债务人同时为保证人，意味着其责任财产未增加，保证的目的落空。

（2）机关法人不得为保证人，但是经国务院批准为使用外国政府或者国际经济组织贷款进行转贷的除外。

（3）以公益为目的的非营利性学校、幼儿园、医疗机构、养老机构等非营利法人、非法人组织原则上不得为保证人。

3. 保证方式

（1）一般保证与连带保证。

一般保证人享有先诉抗辩权，即在主合同纠纷未经审判或者仲裁，并就债务人财产依法强制执行用于清偿债务前，对债权人可以拒绝承担保证责任。但有下列情形之一的，保证人不得行使先诉抗辩权：①债务人下落不明，且无财产可供执行；②人民法院已经受理债务人破产案件；③债权人有证据证明债务人的财产不足以履行全部债务或者丧失履行债务能力的；④保证人书面放弃先诉抗辩权。

当事人在保证合同中对保证方式没有约定或者约定不明确的，承担一般保证责任。

名师解惑

一般保证和连带保证的最本质区别就在于先诉抗辩权，一般保证人享有，而连带保证人不享有。

（2）单独保证和共同保证。

单独保证是指只有一个保证人担保同一债权的保证。共同保证是指数个保证人担保同一债权的保证。

共同保证既可以在数个共同保证人与债权人签订一个保证合同时成立，也可以在数个保证人与债权人签订数个保证合同，但担保同一债权时成立。按照保证人是否约定各自承担的担保份额，可以将共同保证分为按份共同保证和连带共同保证。按份共同保证是保证人与债权人约定按份额对主债务承担保证义务的共同保证；连带共同保证是各保证人约定均对全部主债务承担保证义务的共同保证。

小贴士 需要注意的是，连带共同保证的“连带”是保证人之间的连带，而非保证人与主债务人之间的连带。故称为“连带共同保证”，而非“连带责任保证”。

小贴士 同一债务有两个以上保证人的，保证人应当按照保证合同约定的保证份额，承担保证责任；没有约定保证份额的，债权人可以请求任何一个保证人在其保证范围内承担保证责任。

4. 保证责任

（1）保证担保的范围。当事人对保证担保的范围可以进行约定；没有约定或者约定不明确的，保证人应当对全部债务（主债权及利息、违约金、损害赔偿金和实现债权的费用）承担责任。

（2）主合同变更与保证责任承担。

①债权人和债务人未经保证人书面同意，协商变更主债权债务合同内容，减轻债务的，保证人仍对变更后的债务承担保证责任；加重债务的，保证人对加重的部分不承担保证责任。债权人和债务人变更主债权债务合同的履行期限，未经保证人书面同意的，保证期间不受影响。

②债权人转让全部或者部分债权，未通知保证人的，该转让对保证人不发生效力。保证人与债权人约定禁止债权转让，债权人未经保证人书面同意转让债权的，保证人对受让人不再承担保证责任。

③债权人未经保证人书面同意，允许债务人转移全部或者部分债务，保证人对未经其同意转移的债务不再承担保证责任，但是债权人和保证人另有约定的除外。

④第三人加入债务的，保证人的保证责任不受影响。

名师解惑

关于主合同变更与保证责任承担问题，考生可记住以下规则：（1）经保证人书面同意的，保证人按照变更后的合同内容承担保证责任；（2）未经保证人书面同意的，避重就轻，不加重保证人的责任：100万元变更为80万元的，按照80万元承担保证责任；100万元变更为180万元的，按照100万元承担保证责任。

（3）保证期间与保证的诉讼时效。

保证期间是确定保证人承担保证责任的期间，是债权人向保证人行使追索权的期间。其在性质上属于除斥期间，不发生诉讼时效的中止、中断和延长。债权人没有在保证期间主张权利的，保证人免除保证责任。“主张权利”的方式一般表现为对债务人提起诉讼或者申请仲裁，在连带责任保证中表现为向保证人请求承担保证责任。

保证期间确定方式为：

①没有约定或者约定不明确的，保证期间为主债务履行期限届满之日起6个月。

②债权人与保证人约定的保证期间早于主债务履行期限或者与主债务履行期限同时届满的，视为没有约定，没有约定的，保证期间为主债务履行期限届满之日起6个月。

③保证合同约定保证人承担保证责任直至主债务本息还清时为止等类似内容的，视为约定不明，约定不明的，保证期间为主债务履行期限届满之日起6个月。

债权人与债务人对主债务履行期限没有约定或者约定不明确的，保证期间自债权人请求债务人履行债务的宽限期届满之日起计算。

一般保证的债权人在保证期间届满前对债务人提起诉讼或者申请仲裁的，从保证人拒绝承担保证责任的权利消灭之日起，开始计算保证债务的诉讼时效。连带责任保证的债权人在保证期间届满前请求保证人承担保证责任的，从债权人请求保证人承担保证责任之日起，开始计算保证债务的诉讼时效。

最高额保证合同对保证期间的计算方式、起算时间等没有约定或者约定不明，被担保债权的履行期限均已届满的，保证期间自债权确定之日起开始计算；被担保债权的履行期限尚未届满的，保证期间自最后到期债权的履行期限届满之日起开始计算。

债权人在保证期间内未依法行使权利的，保证责任消灭。保证责任消灭后，债权人书面通知保证人要求承担保证责任，保证人在通知书上签名、盖章或者按指印，债权人请求保证人继续承担保证责任的，人民法院不予支持，但是债权人有证据证明成立了新的保证合同的除外。

（4）保证人的抗辩权。

抗辩权是指债权人行使债权时，债务人根据法定事由对抗债权人行使请求权的权利。如债务人放弃对债务的抗辩权，保证人仍有权抗辩，因其保证责任并未免除。

据此，不仅保证人有权参加债权人对债务人的诉讼，在债务人对债权人提起诉讼，债权人提起反诉时，保证人也可以作为第三人参加诉讼。

保证人知道或者应当知道主债权诉讼时效期间届满仍然提供保证或者承担保证责任，又以诉讼时效期间届满为由拒绝承担保证责任或者请求返还财产的，人民法院不予支持；保证人承担保证责任后向债务人追偿的，人民法院不予支持，但是债务人放弃诉讼时效抗辩的除外。

（5）共同担保下的保证责任。

在同一债权上既有保证又有物的担保的，属于共同担保。

①被担保的债权既有物的担保又有人的担保的，债务人不履行到期债务或者发生当事人约定的实现担保物权的情形，债权人应当按照约定实现债权；没有约定或者约定不明确，债务人自己提供物的担保的，债权人应当先就该物的担保实现债权；第三人提供物的担保的，债权人可以就物的担保实现债权，也可以请求保证人承担保证责任。提供担保的第三人承担担保责任后，有权向债务人追偿。

基于这条规定，物的担保和保证并存时，如果债务人不履行债务，则根据下列规则确定当事人的担保责任承担：a. 根据当事人的约定确定承担责任的顺序。b. 没有约定或者约定不明的，如果保证与债务人提供的物的担保并存，则债权人先就债务人的物的担保求偿。保证在物的担保不足清偿时承担补充清偿责任。c. 没有约定或者约定不明的，如果保证与第三人提供的物的担保并存，则债权人既可以就物的担保实现债权，也可以请求保证人承担保证责任。根据这条规定，第三人提供物的担保的，保证与物的担保居于同一清偿顺序，债权人既可以请求保证人承担保证责任，也可以对担保物行使担保物权。d. 没有约定或者约定不明的，如果保证与第三人提供的物的担保并存，其中一人承担了担保责任，则只能向债务人追偿，不能向另外一个担保人追偿。

②同一债务有两个以上保证人，保证人之间相互有追偿权，债权人未在保证期间内依法向部分保证人行使权利，导致其他保证人在承担保证责任后丧失追偿权，其他保证人主张在其不能追偿的范围内免除保证责任的，人民法院应予支持。

《担保制度解释》进一步规定，同一债务有两个以上第三人提供担保，担保人之间约定相互追偿及分担份额，承担了担保责任的担保人请求其他担保人按照约定分担份额的，人民法院应予支持；担保人之间约定承担连带共同担保，或者约定相互追偿但是未约定分担份额的，各担保人按照比例分担向债务人不能追偿的部分。同一债务有两个以上第三人提供担保，担保人之间未对相互追偿作出约定且未约定承担连带共同担保，但是各担保人在同一份合同书上签字、盖章或者按指印，承担了担保责任的担保人请求其他担保人按照比例分担向债务人不能追偿部分的，人民法院应予支持。除前两款规定的情形外，承担了担保责任的担保人请求其他担保人分担向债务人不能追偿部分的，人民法院不予支持。

小贴士 两个以上第三人为同一债务提供担保的，原则上不得向其他担保人主张追偿，只有上述三种情况才可以向其他担保人追偿，第一种情况下，履行了担保责任的保证人可以直接向债务人追偿，也可以直接向其他担保人追偿；第二种、第三种情况下，履行了担保责任的保证人应先向债务人追偿，不足部分再按比例向其他担保人追偿。

（6）保证人不承担责任的情形。

有下列情形之一的，保证人不承担保证责任：

①主合同当事人（债务人与债权人）双方串通，骗取保证人提供保证的；

②主合同债权人采取欺诈、胁迫等手段，使保证人在违背真实意思的情况下提供保证的；

③主合同债务人采取欺诈、胁迫等手段，使保证人在违背真实意思的情况下提供保证的，并且债权人知道或者应当知道欺诈、胁迫事实的。如果债务人与保证人共同欺骗债权人，订立主合同与保证合同的，债权人可以请求人民法院予以撤销。因此给债权人造成损失的，由保证人与债务人承担连带赔偿责任。

（7）保证人的诉讼地位。

①一般保证中：一般保证的债权人向债务人和保证人一并提起诉讼的，人民法院可以将债务人和保证人列为共同被告参加诉讼。但是，应当在判决书中明确在对债务人财产依法强制执行后仍不能履行债务时，才由保证人承担保证责任。而债权人未就主合同纠纷提起诉讼或者申请仲裁，仅起诉一般保证人的，人民法院应当驳回起诉。

②连带保证中：连带责任保证的债权人可以将债务人或者保证人作为被告提起诉讼，也可以将债务人和保证人作为共同被告提起诉讼。

5. 保证人的追偿权

保证人承担保证责任后，除当事人另有约定外，有权在其承担保证责任的范围内向债务人追偿，享有债权人对债务人的权利，但是不得损害债权人的利益。

经典例题

【真题·多选题】（2022）根据合同法律制度的规定，下列关于保证合同属性的表述中，正确的有（　　）。

A. 保证合同属于单务合同

B. 保证合同属于无偿合同

C. 保证合同属于诺成合同

D. 保证合同属于从合同

【答案】ABCD

【解析】保证合同为单务合同、无偿合同、诺成合同、要式合同，是主债务合同的从合同，因此四个选项均正确。

【例题·多选题】保证合同是保证人与债权人订立的在主债务人不履行其债务时，由保证人按照约定履行债务或者承担责任的协议。根据民法典合同编的规定，下列关于保证合同性质的表述中，正确的有（　　）。

A. 单务合同　　B. 要式合同

C. 有偿合同　　D. 诺成合同

【答案】ABD

【解析】选项C，保证合同中，保证人对债权人承担保证债务，债权人对此不提供相应对价，故为无偿合同。

【例题·单选题】甲、乙两公司签订一份买卖合同，约定甲公司向乙公司购买机床一台，价格为300万元。同时，丙公司向乙公司出具一份内容为“丙公司愿为甲公司应付乙公司300万元机床货款承担保证责任”的保函，并加盖了该公司公章。之后，由于市场变化，甲公司、乙公司双方协商同意将机床价格变更为350万元，但未通知丙公司。乙公司向甲公司交付机床后，甲公司无力按期支付货款，乙公司遂要求丙公司代为清偿。根据民法典合同编的规定，下列表述中正确的是（　　）。

A. 丙公司出具保函是其单方行为，因此保证不成立

B. 丙公司应在300万元范围内承担保证责任

C. 在乙公司未就甲公司财产依法强制执行用于清偿债务之前，丙公司无权拒绝乙公司代为清偿的要求

D. 丙公司应承担保证责任，保证期间适用6个月的短期诉讼时效期间，自主债务履行期届满之日起计算

【答案】B

【解析】选项A，第三人单方以书面形式向债权人出具担保书，债权人接受且未提出异

议的，保证合同成立；选项 B，未经保证人同意的主合同的变更，如果加重债务人的债务的，保证人对加重的部分不承担保证责任；选项 C，乙公司和丙公司未对保证方式进行约定，丙公司应当承担一般保证责任，享有先诉抗辩权；选项 D，保证期间与保证的诉讼时效是两回事，选项 D 的表述将两者混为一谈。

命题点拨

保证是高频考点，其制度规定和司法适用均是重难点问题，建议考生深入全面掌握。

高频考点 17：定金★★★

（1）定金数额不得超过主合同标的额的 20%。超过 20% 的，超过部分无效。

（2）定金合同从实际交付定金之日起成立。

小贴士 保证合同、抵押合同、质押合同均自签订之日起生效，定金合同从实际交付定金之日起生效。

（3）给付定金的一方不履行合同，致使不能实现合同目的的，无权要求返还定金；接受定金的一方不履行约定债务，致使不能实现合同目的的，应当双倍返还定金。

（4）定金罚则的适用。

①因不可抗力、意外事件致使主合同不能履行的，不适用定金罚则。

②因合同关系以外的第三人的过错，致使主合同不能履行时，适用定金罚则。

③在迟延履行或者有其他违约行为时，并不能当然适用定金罚则。只有因当事人一方迟延履行或者有其他违约行为致使合同目的不能实现，才可以适用定金罚则，法律另有规定或者当事人另有约定的除外。

④当事人一方不完全履行合同的，应当按照未履行部分所占合同约定内容的比例适用定金罚则。

⑤当事人既约定违约金，又约定定金的，一方违约时，对方只能选择适用违约金或者定金条款，两者不能并用。

经典例题

【例题·单选题】根据民法典合同编的规定，下列关于定金的表述中，正确的是（　　）。

A. 收受定金一方不履行合同义务时，应当 3 倍返还定金

B. 收受定金一方履行合同义务时，定金所有权发生移转

C. 定金数额不得超过主合同标的额的 20%

D. 既约定定金又约定违约金的，一方违约时，当事人有权要求同时适用

【答案】C

【解析】选项 A，收受定金的一方不履行约定的债务的，应当双倍返还定金；选项 B，定金一旦交付，其所有权即发生转移；选项 D，当事人既约定违约金，又约定定金的，在一方违约时，当事人只能选择适用违约金或者定金条款，不能同时适用两个条款。

高频考点 18：合同的转让★★★

1. 债权转让

（1）债权转让的条件。

债权人转让权利的，无须债务人同意，但应当通知债务人。未经通知，该转让对债务人不发生效力。债权人转让权利的通知不得撤销，但经受让人同意的除外。根据此条规定，债权转让不以债务人的同意为生效条件，但是要对债务人发生效力，则必须通知债务人。

（2）下列情形的债权不得转让。

①根据债权性质不得转让。主要是指基于债务人特定身份、技能等而产生的债权，如出版合同中出版公司的债权、委托合同中委托人的债权等；

②按照当事人约定不得转让；

③依照法律规定不得转让。

当事人约定非金钱债权不得转让的，不得对抗善意第三人。当事人约定金钱债权不得转让的，不得对抗第三人。

（3）债权转让的效力。

对债权人而言，在全部转让的情形下，原债权人脱离债权债务关系，受让人取代债权人地位。在部分转让的情形下，原债权人就转让部分丧失债权。

对受让人而言，债权人转让权利的，受让人取得与债权有关的从权利，如抵押权，但该从权利专属于债权人自身的除外。受让人取得从权利不因该从权利未办理转移登记手续或者未转移占有而受到影响。

对债务人而言，债权人权利的转让，不得损害债务人的利益，不应影响债务人的权利：①债务人接到债权转让通知后，债务人对让与人的抗辩可以向受让人主张，如提出债权无效、诉讼时效已过等抗辩事由。②有下列情形之一的，债务人可以向受让人主张抵销：债务人接到债权转让通知时，债务人对让与人享有债权，且债务人的债权先于转让的债权到期或者同时到期；债务人的债权与转让的债权是基于同一合同产生。

因债权转让增加的履行费用，由让与人负担。

2. 债务承担

（1）债务人将合同的义务全部或者部分转移给第三人的，应当经债权人同意。债务人或者第三人可以催告债权人在合理期限内予以同意，债权人未作表示的，视为不同意。

（2）债务人转移义务的，新债务人可以主张原债务人对债权人的抗辩；原债务人对债权人享有债权的，新债务人不得向债权人主张抵销。新债务人应当承担与主债务有关的从债务，但该从债务专属于原债务人自身的除外。

3. 债务的加入

债务加入是指第三人加入到债权债务关系中来，债务人不退出债权债务关系，第三人和债务人成为共同债务人。

第三人与债务人约定加入债务并通知债权人，或者第三人向债权人表示愿意加入债务，债权人未在合理期限内明确拒绝的，债权人可以请求第三人在其愿意承担的债务范围内和债务人承担连带债务。

4. 债权债务的概括转移

（1）意定的概括转移。

当事人一方经对方当事人同意，可以将自己在合同中的权利义务一并转让给第三人。

（2）法定的概括移转。

合同当事人发生合并或分立时，就会有法定的概括移转的发生。

合同的权利和义务一并转让的，适用债权转让、债务转移的有关规定。

经典例题

【例题·单选题】陈某向张某购买一百箱奶粉，价款为5万元。合同履行前，张某未经陈某的同意，将价款债权转让给万某，并通知陈某直接向万某付款。陈某与张某未约定合同权利不得转让。下列关于张某的转让行为效力的表述中，符合民法典合同编规定的是（　　）。

A. 张某的转让行为无效，因为未经陈某同意

B. 张某的转让行为有效，因为无须征得陈某同意，通知即可

C. 张某的转让行为效力待定，取决于陈某是否表示同意

D. 陈某仍然可向张某付款，且发生清偿效力

【答案】B

【解析】选项A、B、C，债权转让无须征得债务人的同意，通知即可；选项D，由于债权人的变更，债务人应向新债权人付款，才能发生清偿效力。

【例题·多选题】2018年3月1日，甲向乙借款500万元，约定2019年3月1日偿还，为此丙作为保证人，但与乙约定只对其承担保证责任。2018年9月10日，乙将对甲的债权转让给丁，并于2019年9月12日通知甲，但未告知丙。根据民法典合同编的规定，下列各项中，正确的有（　　）。

A. 2019年9月10日债权转让在乙、丁之间生效

B. 2019年9月12日债权转让对甲生效

C. 2019年9月10日债权转让对丙生效

D. 2019年9月10日之后的保证债务无效

【答案】ABD

【解析】选项A、B，债权人转让权利时，不需要经债务人同意，但应当通知债务人。未经通知，该转让对债务人不发生效力。选项C、D，保证人与债权人事先约定仅对特定的债权人承担保证责任或者禁止债权转让的，债权人将债权转让的，保证人不再承担保证责任。

高频考点19：清偿★★★

1. 合同终止的基本理论

（1）合同的权利义务终止制度包括债的终止制度和合同解除制度。

小贴士 债的终止是指给付义务终局地消灭；合同的解除是指合同中原给付义务的效力终止，但在因违约而解除合同等场合中，债务人的损害赔偿义务仍然存在，故给付义务并未终局地消灭。债权债务终止时，债务人的给付义务消灭，但当事人仍应当遵循诚信等原则，根据交易习惯履行通知、协助、保密、旧物回收等义务。债权债务终止时，债权的从权利同时消灭，但是法律另有规定或者当事人另有约定的除外。

（2）债权债务终止的情形包括：

①债务已经按照约定履行，即清偿；

②债务相互抵销；

③债务人依法将标的物提存；

④债权人免除债务；

⑤债权债务同归于一人，即混同；

⑥法律规定或者当事人约定终止的其他情形。

合同的权利义务终止，不影响合同中结算条款、清理条款以及解决争议方法条款的效力。

2. 清偿

（1）清偿又叫履行，是指为了实现债权，债务人依照债之本旨圆满完成义务的行为和终局状态。它是债权债务消灭的最主要和最常见的原因。

（2）债务人直接向债权人清偿债务，当然引起债权债务的消灭。债务人向债权人的代理人、破产企业的清算组织、收据持有人、行使代位权的债权人、债权人与债务人约定的受领清偿的第三人清偿债务的，债权债务也因此而消灭。

（3）清偿一般应由债务人本人为之。债务人的代理人、第三人代为清偿的，也可以发生清偿的效力，但合同约定或依合同性质不能由第三人代为清偿的除外。第三人在代为清偿后，可代位行使债权人的权利。

（4）债务人清偿债务应当按合同标的清偿，但经债权人同意并受领替代物清偿的，也能产生清偿效果。

（5）债务人对同一债权人负担的数项债务种类相同，债务人的给付不足以清偿全部债务的，除当事人另有约定外，由债务人在清偿时指定其履行的债务。债务人未作指定的，应当优先履行已经到期的债务；数项债务均到期的，优先履行对债权人缺乏担保或者担保最少的债务；均无担保或者担保相等的，优先履行债务人负担较重的债务；负担相同的，按照债务到期的先后顺序履行；到期时间相同的，按照债务比例履行。

（6）债务人在履行主债务外还应当支付利息和实现债权的有关费用，其给付不足以清偿全部债务的，除当事人另有约定外，应当按照下列顺序履行：①实现债权的有关费用；②利息；③主债务。

高频考点20：合同的解除★★★

合同的解除，是指合同有效成立以后，没有履行或者没有完全履行之前，双方当事人通过协议或者一方行使解除权的方式，使得合同关系终止的法律制度。合同的解除，分为意定

解除与法定解除两种情况。

1. 意定解除

（1）约定解除权和附解除条件。

约定解除权：在订立合同时，如果事先约定了当事人一方解除合同的事由，一旦该事由发生，解除权人就可以通过行使解除权而终止合同。

附解除条件：双方在订立合同时，约定了合同解除的条件。一旦该条件成就，合同自动失效，不需要任何一方当事人行使权利或者作出意思表示。

（2）协议解除。合同订立后，经当事人协商一致可以解除合同。

2. 法定解除

在下列情形下，当事人可以单方面解除合同：

（1）因不可抗力致使不能实现合同目的。双方当事人均享有解除权，同时不适用定金罚则。

（2）在履行期限届满之前，当事人一方明确表示或者以自己的行为表明不履行主要债务。

（3）当事人一方迟延履行主要债务，经催告后在合理期限内仍未履行。

（4）当事人一方迟延履行债务或者有其他违约行为致使不能实现合同目的。此种情况下的**解除权行使条件必须是“不能实现合同目的”**，所以不强调是主要债务，也不需要催告程序。

（5）以持续履行的债务为内容的不定期合同，当事人可以随时解除合同，但是应当在合理期限之前通知对方。

（6）法律规定其他解除情形的。例如：

①在承揽合同中，定作人可以在工作完成前随时解除承揽合同，造成承揽人损失的，应当赔偿损失。

②在货运合同中，托运人有单方解除权。在承运人将货物交付收货人之前，托运人可以要求承运人中止运输、返还货物、变更到达地或者将货物交给其他收货人，但是应当赔偿承运人本应获得的运费。

③在无偿委托合同和一些有偿委托合同中，双方当事人均可以随时解除委托合同，且不需要说明理由；解除方只需赔偿因解除时间不当给对方造成的直接损失，除非解除方对于解除时间不当没有过错。

3. 情势变更

合同成立后，合同的基础条件发生了当事人在订立合同时无法预见的、不属于商业风险的重大变化，继续履行合同对于当事人一方明显不公平的，受不利影响的当事人可以与对方重新协商；在合理期限内协商不成的，当事人可以请求人民法院或者仲裁机构变更或者解除合同。

（1）合同的基础条件发生重大变化既可能是因不可抗力造成的，也可能是因其他不可归责于双方当事人的事由造成的。

（2）构成情势变更时，当事人负有重新协商的义务。

（3）当事人请求变更或者解除合同的，人民法院或者仲裁机构应当将变更合同作为首先考虑的选项，只有在难以维持合同时才能解除合同。

4. 解除权的行使

法律规定或者当事人约定解除权行使期限，期限届满当事人不行使的，该权利消灭。法律没有规定或者当事人没有约定解除权行使期限，自解除权人知道或者应当知道解除事由之日起一年内不行使，或者经对方催告后在合理期限内不行使的，该权利消灭。此处的期限是解除权的存续期限，又称“除斥期间”。

当事人一方依法主张解除合同的，应当通知对方。合同自通知到达对方时解除；通知载明债务人在一定期限内不履行债务则合同自动解除，债务人在该期限内未履行债务的，合同自通知载明的期限届满时解除。对方对解除合同有异议的，任何一方当事人均可以请求人民法院或者仲裁机构确认解除行为的效力。

当事人一方未通知对方，直接以提起诉讼或者申请仲裁的方式依法主张解除合同，人民法院或者仲裁机构确认该主张的，合同自起诉状副本或者仲裁申请书副本送达对方时解除。

5. 合同解除的效力

（1）尚未履行的，终止履行。

（2）已经履行的，根据履行情况和合同性质，当事人可以要求恢复原状、采取其他补救措施，并有权要求赔偿损失。

（3）合同的解除不影响合同中结算条款、清理条款以及解决争议方法条款的效力。

经典例题

【例题·多选题】根据民法典合同编的规定，下列情形中，买受人可以取得合同解除权的有（　　）。

A. 因意外事件导致标的物在交付前灭失，且标的物为不可替代物

B. 因不可抗力导致标的物在交付前灭失，且标的物为不可替代物

C. 出卖人在履行期限届满前明确表示不履行全部债务

D. 出卖人在履行期限届满后迟延履行债务导致合同目的无法实现

【答案】ABCD

【解析】选项 A、B、C、D 均属于法定解除权行使的法定事由。

高频考点 21：抵销★★★

1. 约定抵销

当事人互负到期债务，标的物种类、品质不相同的，经双方协商一致，可以抵销。

小贴士 合同标的物分为四类：（1）有形财产；（2）无形财产；（3）劳务（如运输合同中的运输行为）；（4）工作成果（如建设工程合同中由承包人完成的建设项目）。

2. 法定抵销

（1）当事人互负到期债务，债务标的物种类、品质相同的，任何一方均可主张抵销，但依照法律规定或者按照合同性质不得抵销的除外。

法定抵销权应具备以下几个条件：

①须双方互负有债务，互享有债权；

②须双方债务的给付为同一种类；

③须双方的债务届清偿期；

④须双方的债务均为可抵销的债务。

（2）不得抵销的债务。

①法律规定不得抵销的债务（如因故意侵权产生的债务）；

②根据债务性质不能抵销的债务（如提供劳务的债务、不作为的债务）；

③当事人约定不得抵销的债务。

（3）一方债务已经到期，另一方债务尚未到期，则未到期的债务人可以主张抵销。

（4）效力不完全的债权不能作为主动债权而主张抵销，如诉讼时效届满后的债权，该债权人不得主张抵销；但作为被动债权，对方以其债权主张抵销的，应当允许。

（5）法定抵销中的抵销权在性质上属于形成权，当事人主张抵销的，应当通知对方。抵销不得附条件或者附期限。通知为非要式（可以是口头形式），通知自到达对方时生效。抵销的意思表示溯及于得为抵销之时。

经典例题

【例题·单选题】根据民法典合同编的规定，下列关于法定抵销的表述中，正确的是（　　）。

A. 抵销通知为要式

B. 抵销的意思表示溯及于得为抵销之时

C. 抵销的通知自发出时生效

D. 抵销可以附条件或者附期限

【答案】B

【解析】选项 A，抵销通知为“非要式”；选项 C，抵销通知自“到达”对方时生效；选项 D，抵销不得附条件或者附期限。

高频考点 22：提存★★★

1. 债务人可以将标的物提存的情形

（1）债权人没有正当理由拒绝受领；

（2）债权人下落不明；

（3）债权人死亡未确定继承人、遗产管理人，或者丧失民事行为能力未确定监护人；

（4）法律规定的其他情形。

第四章

2. 通知义务

除债权人下落不明的以外，债务人应当及时通知债权人或者债权人的继承人、遗产管理人、监护人、财产代管人。

3. 提存的法律效力

（1）毁损、灭失的风险由债权人承担；

（2）标的物的孳息归债权人所有；

（3）提存费用由债权人负担。

小贴士 债务人依法将标的物提存后，合同即告终止，债务人的债务消灭，一切风险、费用、孳息等均归债权人。提存成立的，视为债务人在其提存范围内已经履行债务，但债务人还负有附随义务。标的物提存后，债务人应当及时通知债权人或者债权人的继承人、遗产管理人、监护人、财产代管人。

4. 期限

债权人领取提存物的权利，自提存之日起5年内不行使而消灭，提存物扣除提存费用后归国家所有。**5年期间为不变期间，不适用诉讼时效中止、中断或者延长的规定。**

经典例题

【例题·多选题】债务人甲因债权人乙下落不明，遂将作为合同标的物的高档别墅一套交当地公证机关提存。根据民法典合同编的规定，下列关于提存期间当事人之间权利义务的表述中，正确的有（　　）。

A. 提存物提存后，甲负有通知义务

B. 提存期间产生的保管费由乙承担

C. 如果提存物因不可抗力灭失，损失由甲承担

D. 如果自提存之日起5年后，乙仍没有领取，提存物的所有权归国家享有

【答案】BD

【解析】选项A，除债权人下落不明的以外，债务人应当及时通知债权人或者债权人的继承人、遗产管理人、监护人、财产代管人，题中债权人乙下落不明，甲无须通知；选项C，标的物提存后，一切毁损、灭失的风险由债权人自行承担。

高频考点23：违约责任★★★

违约责任的承担方式主要有：继续履行、补救措施、损害赔偿三种方式。

1. 继续履行

（1）金钱债务当事人一方未支付价款或者报酬的，对方可以要求其支付价款或者报酬。

（2）非金钱债务当事人一方不履行非金钱债务或者履行非金钱债务不符合约定的，对方可以要求履行，但有下列情形之一的除外：

①法律上或者事实上不能履行；

②债务的标的不适于强制履行或者履行费用过高；

③债权人在合理期限内未请求履行。

2. 补救措施

当事人的履行不符合约定的，应当按照当事人的约定承担违约责任。对违约责任没有约定或者约定不明确的，受损害方根据标的性质以及损失的大小，可以合理选择请求对方承担修理、更换、重作、退货、减少价款或者报酬等违约责任。

3. 损害赔偿

当事人一方不履行合同义务或者履行合同义务不符合约定，给对方造成损失的，应当承担损害赔偿责任；一方在履行义务或者采取补救措施后，对方还有其他损失的，应当对其他损失承担赔偿责任。

损害赔偿的具体方式主要有赔偿损失、支付违约金和适用定金罚则等。

（1）赔偿损失。

损失赔偿额应当相当于因违约所造成的损失，包括合同履行后可以获得的利益，但不得超过违约方订立合同时预见到或者应当预见到的因违反合同可能造成的损失。当事人可以在合同中约定因违约产生的损失赔偿额的计算方法。

（2）支付违约金。

①约定的违约金低于造成的损失的当事人可以请求人民法院或者仲裁机构予以增加；约

定的违约金过分高于造成的损失的当事人可以请求人民法院或者仲裁机构予以适当减少。当事人以约定的违约金过高为由请求减少的，应当以违约金超过造成的损失的30%为标准适当减少；当事人以约定的违约金低于造成的损失为由请求增加的，应当以违约造成的损失确定违约金数额。

②当事人就迟延履行约定违约金的，违约方支付违约金后，还应当继续履行债务。

（3）适用定金罚则。

①当事人既约定违约金，又约定定金的，一方违约时，对方可以选择适用违约金或者定金条款，二者不能并用。

②买卖合同约定的定金不足以弥补违约方违约造成的损失，对方请求赔偿超过定金部分的损失的，人民法院可以并处，但定金和损失赔偿的数额总和不应高于因违约造成的损失。

（4）过失相抵规则。

过失相抵是指一方违约时，对方对于损失的发生或者扩大有过错，应当相应减轻违约方的违约责任。包括两种情况：①当事人一方违约后，对方应当采取适当措施防止损失的扩大；没有采取适当措施致使损失扩大的，不得就扩大的损失要求赔偿。当事人因防止损失扩大而支出的合理费用由违约方承担；②当事人一方违约造成对方损失，对方对损失的发生有过错的，可以减少相应的损失赔偿额。

（5）法定免责事由。

《民法典》规定的违约损害赔偿法定的免责事由仅限于不可抗力。

不可抗力“是指不能预见、不能避免且不能克服的客观情况”。常见的不可抗力有：①自然灾害。如地震、台风、洪水、海啸等。②政府行为。政府行为一定是指当事人在订立合同以后发生，且不能预见的情形。如运输合同订立后，由于政府颁布禁运的法律，使合同不能履行。③社会异常现象。一些偶发的事件阻碍合同的履行，如罢工骚乱等。

不可抗力虽为违约损害赔偿的免责事由，但有关不可抗力的具体事由很难由法律作出具体列举式的规定，根据合同自由原则，当事人可以在订立不可抗力条款时，具体列举各种不可抗力的事由。不过，当事人将明显不属于不可抗力的情形（如停电）约定为不可抗力的，只能解释为约定的免责事由。

关于不可抗力发生后对当事人责任的影响，要注意以下几点：①不可抗力并非当然免责，要根据不可抗力对合同履行的影响决定。《民法典》规定，因不可抗力不能履行合同的，根据不可抗力的影响，部分或者全部免除责任。②当事人迟延履行后发生不可抗力的，不能免除责任。③不可抗力事件发生后，主张不可抗力一方要履行两个义务：一是及时通知对方相关情况，以减轻可能给对方造成的损失；二是提供有关不可抗力的证明。

经典例题

【真题·多选题】（2022）2022年1月21日，赵某与钱某签订活禽买卖合同，约定钱某于2022年2月15日前交付1000只活禽。钱某运输活禽交给赵某需耗时2天。钱某到期未交付活禽。根据合同法律制度的规定，下列情形中，钱某可以不可抗力为由主张免于承担违约损害赔偿责任的有（　　）。

A. 2022年1月24日政府发布命令，暂停活禽交易1个月

B. 2022年2月16日钱某发货，途中遭遇山体滑坡致使活禽灭失

C. 2022年2月10日钱某发货，途中遭遇泥石流致使活禽灭失

D. 2022年2月11日钱某发货，途中因违反交通法规车辆被暂扣4日

【答案】 AC

【解析】 不可抗力是指不能预见、不能避免且不能克服的客观情况。选项A，属于不可抗力中的政府行为，可以主张免责；选项B、C，属于不可抗力中的自然灾害，但选项B，由于当事人迟延履行，因此不能主张不可抗力免责；选项D，不属于不可抗力。

【例题·多选题】根据《民法典》的规定，下列各项中，属于不可抗力的有（　　）。

A. 战争　　B. 地震

C. 罢工　　D. 海啸

【答案】ABCD

【解析】不可抗力是指不能预见、不能避免并不能克服的客观情况，包括但不限于：（1）自然灾害，如地震、海啸；（2）政府行为；（3）社会异常现象，如战争、罢工。

高频考点 24：买卖合同★★★

1. 交付标的物

（1）出卖人应当按照约定的期限交付标的物。当事人约定交付期限的，出卖人可以在该交付期限内的任何时间交付。当事人没有约定标的物的交付期限或者约定不明确的，依照法律规定执行。标的物在订立合同之前已为买受人占有的，合同生效的时间为交付时间。

（2）出卖人应当按照约定的地点交付标的物。当事人没有约定交付地点或者约定不明确，依照《民法典》的有关规定仍不能确定的，使用下列规定：

①标的物需要运输的，出卖人应当将标的物交付给第一承运人以运交给买受人；

②标的物不需要运输的，出卖人和买受人订立合同时知道标的物在某一地点的，出卖人应当在该地点交付标的物；不知道标的物在某一地点的，应当在出卖人订立合同时的营业地交付标的物。根据《买卖合同司法解释》的规定，"标的物需要运输的"，是指标的物由出卖人负责办理托运，承运人系独立于买卖合同当事人之外的运输业者。

2. 转移标的物的所有权

（1）出卖人应当履行向买受人交付标的物或者交付提取标的物的单证，并转移标的物的所有权的义务。

（2）出卖人就交付的标的物，负有保证第三人对该标的物不享有任何权利的义务，但买受人订立合同时知道或者应当知道第三人对买卖的标的物享有权利的，或法律另有其他规定的除外。买受人有确切证据证明第三人对该标的物享有权利的，可以中止支付相应的价款，但出卖人提供适当担保的除外。

（3）标的物的所有权自标的物交付时起转移，但法律另有规定的除外。

（4）多重买卖的处理。

如果出卖人就同一标的物订立多重买卖合同，原则上各个买卖合同均属有效，但标的物所有权归谁所有，需要另外规则确定。

①在普通动产情形，如果出卖人就同一标的物订立多重买卖合同，在买卖合同均有效的情况下，买受人均要求实际履行合同的，应当按照以下情形分别处理：首先，先行受领交付的买受人请求确认所有权已经转移的，人民法院应予支持；其次，均未受领交付，先行支付价款的买受人请求出卖人履行交付标的物等合同义务的，人民法院应予支持；最后，均未受领交付，也未支付价款，依法成立在先合同的买受人请求出卖人履行交付标的物等合同义务的，人民法院应予支持。

名师解惑

对于普通动产的一物多卖现象，考生记住下列公式即可：交付 > 价款 > 合同。

②属于船舶、航空器、机动车等特殊动产情形，如果出卖人就同一标的物订立多重买卖合同，在买卖合同均有效的情况下，买受人均要求实际履行合同的，应当按照以下情形分别处理：首先，先行受领交付的买受人请求出卖人履行办理所有权转移登记手续等合同义务的，人民法院应予支持；其次，均未受领交付，先行办理所有权转移登记手续的买受人请求出卖人履行交付标的物等合同义务的，人民法院应予支持；再次，均未受领交付，也未办理所有权转移登记手续，依法成立在先合同的买受人请求出卖人履行交付标的物和办理所有权转移登记手续等合同义务的，人民法院应予支持；最后，出卖人将标的物交付给买受人之一，又为其他买受人办理所有权转移登记，已受领交付的买受人请求将标的物所有权登记在

自己名下的，人民法院应予支持。

名师解惑

对于特殊动产的一物多卖现象，考生记住下列公示即可：交付 > 登记 > 合同。

3. 标的物的风险负担

标的物的风险负担，是指由于不可归责于双方当事人的事由（如不可抗力）导致标的物发生毁损、灭失，应当由谁承担“不幸”。可归责于一方当事人的事由（如一方当事人的过错）导致标的物毁损、灭失，不属于风险负担，应当按照违约责任或者侵权责任处理。

风险负担的具体规则如下：

(1) 标的物毁损、灭失的风险，在标的物交付之前由出卖人承担，交付之后由买受人承担，但法律另有规定或者当事人另有约定的除外。

(2) 因买受人的原因致使标的物未按照约定的期限交付的，买受人应当自违反约定之日起承担标的物毁损、灭失的风险。

(3) 出卖人按照约定将标的物置于交付地点，买受人违反约定没有收取的，标的物毁损、灭失的风险自违反约定之日起由买受人承担。

(4) 出卖人将标的物提存后，毁损、灭失的风险由买受人承担。

(5) 因标的物不符合质量要求，致使不能实现合同目的的，买受人可以拒绝接受标的物或者解除合同。买受人拒绝接受标的物或者解除合同的，标的物毁损、灭失的风险由出卖人承担。

(6) 出卖人按照约定未交付有关标的物的单证和资料的，不影响标的物毁损、灭失风险的转移。

(7) 违约责任与风险的独立性。标的物毁损、灭失的风险由买受人承担的，不影响因出卖人履行债务不符合约定，买受人要求其承担违约责任的权利。

(8) 在途标的物。出卖人出卖交由承运人运输的在途标的物，除当事人另有约定的以外，毁损、灭失的风险自合同成立之时起由买受人承担。但是，如果出卖人出卖交由承运人运输的在途标的物，在合同成立时知道或者应当知道标的物已经毁损、灭失却没有告知买受人，买受人主张出卖人负担标的物毁损、灭失风险的，人民法院应予支持。

(9) 未约定交付地点、出卖人不得托运。当事人没有约定交付地点或者约定不明确，标的物需要运输的，出卖人将标的物交付给第一承运人后，标的物毁损、灭失的风险由买受人承担。

(10) 出卖人依照约定代办托运。出卖人根据合同约定将标的物运送至买受人指定地点并交付给承运人后（出卖人依约代办托运），标的物毁损、灭失的风险由买受人承担，但当事人另有约定的除外。

4. 标的物的检验

(1) 出卖人应当按照约定的质量要求交付标的物。

(2) 出卖人交付的标的物不符合质量要求的，买受人可以依法要求其承担违约责任。

(3) 出卖人应当按照约定的包装方式交付标的物。

(4) 买受人收到标的物时应当在约定的检验期限内检验。当事人约定检验期间的，买受人应当在检验期间内将标的物的数量或者质量不符合约定的情形通知出卖人；买受人怠于通知的，视为标的物的数量或者质量符合约定。当事人未约定检验期间的，买受人应当自发现或者应当发现标的物的数量或者质量不符合约定的合理期限内通知出卖人。买受人在合理期间内未通知或者自标的物收到之日起2年内未通知出卖人的，视为标的物的数量或者质量符合约定；但对标的物有质量保证期的，适用质量保证期，不适用2年的规定。出卖人知道或者应当知道提供的标的物不符合约定的，买受人不受上述通知时间的限制。

小贴士 2年是最长的合理期间，该期间为不变期间，不适用诉讼时效中止、中断或者延长的规定。在超过合理期间或者2年期间后，出卖人自愿承担违约责任后，又以上述期间经过为由反悔的，人民法院不予支持。

5. 买卖合同的特别解除规则

（1）因标的物的主物不符合约定而解除合同的，解除合同的效力及于从物；标的物的从物因不符合约定被解除的，解除的效力不及于主物。

（2）标的物为数物，其中一物不符合约定的，买受人可以就该物解除合同，但该物与他物分离使标的物的价值明显受损害的，当事人可以就数物解除合同。

（3）分期付款的买受人未支付到期价款的金额达到全部价款20%的，出卖人可以要求买受人一并支付到期与未到期的全部价款或者解除合同。出卖人解除合同的，双方应当互相返还财产，出卖人可以向买受人要求支付该标的物的使用费。

经典例题

【真题·单选题】（2020）甲欲出售其闲置电视机一台，先后与乙、丙订立了买卖合同，最终出售给丙。根据合同法律制度的规定，下列关于合同效力的表述正确的是（　　）。

A. 甲与乙的合同有效

B. 甲与乙的合同可撤销

C. 甲与丙的合同无效

D. 甲与丙的合同效力待定

【答案】 A

【解析】 出卖人就同一标的物订立多重买卖合同，原则上各个买卖合同均有效。

【真题·案例分析题】（2020）甲公司获悉乙医院欲购10台呼吸机，遂于2017年6月3日向乙医院发出要约函，称愿以30万元的总价向乙医院出售呼吸机10台，乙医院须先支付定金5万元，货到后10日内支付剩余货款，质量保证期为5年。2017年7月6日，乙医院获知信件内容，并于同日向甲公司发出传真表示同意要约，但同时提出：总价降为28万元，2017年9月5日前交付全部货物，我方于2017年10月10日前支付剩余货款；任何一方未按约履行，均须向对方支付违约金5万元。次日，甲公司回复传真表示同意。双方未约定货物交付地点及方式。

2017年7月29日，乙医院向甲公司支付定金5万元。次日，甲公司将呼吸机交付承运人丙公司。2017年8月10日，乙医院收到8台呼吸机，且其中2台存在瑕疵：1台外观有轻微划痕，1台严重变形无法正常使用。经查，甲公司漏发1台，实际只发了9台；运输途中遇山洪暴发被洪水冲走1台；2台呼吸机的瑕疵系因甲公司员工不慎碰撞所致。

2017年10月13日，乙医院要求甲公司另行交付4台呼吸机，否则将就未收到的2台呼吸机以及存在瑕疵的2台呼吸机部分解除合同；并要求甲公司支付违约金5万元，同时双倍返还定金。甲公司要求乙医院支付剩余货款23万元，并告知乙，甲公司之前委托丁公司保管1台全新呼吸机，已通知丁公司向乙医院交付以补足漏发的呼吸机，其余则未作出回应。乙医院表示同意接收丁公司交来的呼吸机。

甲公司交付乙医院的呼吸机中有1台一直未启用。直至2019年12月5日启用时，乙医院才发现该台呼吸机也因质量瑕疵无法使用，遂向甲公司主张赔偿，甲公司拒绝。

要求：根据上述内容，分别回答下列问题。

（1）甲公司与乙医院的买卖合同何时成立？并说明理由。

（2）乙医院是否有权就外观有划痕和严重变形无法使用的呼吸机部分解除合同？并分别说明理由。

（3）甲公司是否有权要求丙公司赔偿被洪水冲走的呼吸机？并说明理由。

（4）甲公司是否有权要求乙医院支付被洪水冲走呼吸机的价款？并说明理由。

（5）乙医院是否有权要求甲公司同时支付违约金和双倍返还定金？并说明理由。

（6）甲公司通知丁公司向乙医院交付呼

吸机，是否构成甲公司向乙医院的交付？并说明理由。

（7）乙医院是否有权要求甲公司就 2019 年 12 月 5 日发现的呼吸机质量瑕疵进行赔偿？并说明理由。

【答案及解析】

（1）甲公司与乙医院的买卖合同于 2017 年 7 月 7 日成立。根据合同法律制度的规定，2017 年 7 月 6 日乙公司向甲公司发出的传真，改变了价款等内容，构成对要约内容的实质变更，属于新要约，甲公司次日的回复构成对此新要约的承诺。

（2）乙医院无权就外观有划痕的呼吸机主张部分解除合同，但有权就严重变形的呼吸机主张部分解除合同。根据合同法律制度的规定，因标的物不符合质量要求，致使不能实现合同目的的，买受人可以解除合同。外观划痕不影响合同目的，不构成解除事由。又据法律规定，标的物为数物，其中一物不符合约定的，买受人可以就该物解除合同，因此，就严重变形影响使用的呼吸机，乙公司有权部分解除合同。

（3）甲公司无权请求丙公司赔偿被洪水冲走的呼吸机。根据合同法律制度的规定，承运人对运输过程中货物的毁损、灭失承担损害赔偿责任，但承运人证明货物的毁损、灭失是因不可抗力等造成的，不承担赔偿责任。本案中，山洪暴发构成不可抗力，呼吸机被洪水冲走，承运人丙公司不承担责任。

（4）甲公司有权要求乙医院支付被洪水冲走呼吸机的价款。根据合同法律制度的规定，当事人没有约定交付地点或约定不明确，标的物需要运输的，出卖人将标的物交付给第一承运人后，标的物毁损、灭失的风险由买受人承担。呼吸机被山洪冲走构成标的物灭失的风险，应由买受人承担，故乙医院有义务支付该呼吸机的价款。

（5）乙医院无权要求甲公司同时支付违约金和双倍返还定金。根据合同法律制度的规定，在同一合同中，当事人既约定违约金，又约定定金的，在一方违约时，当事人只能选择适用违约金条款或定金条款，不能同时要求适用两个条款。

（6）甲公司通知丁公司直接向乙医院交付呼吸机，构成甲公司向乙医院的交付。根据物权法律制度的规定，动产物权设定和转让前，第三人依法占有该动产的，负有交付义务的人可以通过转让请求第三人返还原物的权利代替交付。（或答：“甲某构成指示交付。”）

（7）乙医院有权要求甲公司就 2019 年 12 月 5 日发现的呼吸机质量瑕疵进行赔偿。根据合同法律制度的规定，出卖人交付的标的物不符合质量要求的，买受人可以依法要求其承担违约责任。但买受人收到标的物应当及时检验并通知出卖人，买受人在合理期间内未通知或者自标的物收到之日起两年内未通知出卖人的，视为标的物质量符合约定，但对标的物有质量保证期的，适用质量保证期，不适用该两年的规定。乙公司就该瑕疵通知甲公司时虽然已经超过两年，但因双方约定的质量保证期为 5 年，乙公司在质量保证期内通知甲公司，有权主张甲公司损害赔偿。

【例题·多选题】2022 年 5 月 12 日，甲因农忙借用邻居乙的一台农用拖拉机，借用期限为三日。5 月 14 日，甲、乙两人又以 50 000 元价格达成购买该农用拖拉机的买卖合同，双方约定甲应在 5 月 31 日前付清价款。5 月 14 日晚，当地暴发海啸，导致拖拉机灭失。根据《民法典》的规定，下列表述中正确的有（　　）。

A. 甲在 5 月 12 日取得拖拉机的所有权

B. 甲在 5 月 14 日取得拖拉机的所有权

C. 拖拉机灭失的损失由甲承担

D. 拖拉机灭失的损失由乙承担

【答案】BC

【解析】标的物在订立合同之前已为买受人占有的，合同生效的时间为交付时间，即 5 月 14 日；标的物的所有权、孳息以及毁损、灭失的风险均自 5 月 14 日转移。

【例题·多选题】根据民法典合同编的规定，下列情形中，买受人应当承担标的物灭失

第四章

风险的有（　　）。

A. 买卖双方未约定交付地点，出卖人将标的物交由承运人运输，货物在运输途中意外灭失

B. 约定在出卖人营业地交货，买受人未按约定时间前往提货，后货物在地震中灭失

C. 出卖人依约为买受人代办托运，货物交第一承运人后意外灭失

D. 买受人下落不明，出卖人将标的物提存后意外灭失

【答案】ABCD

【解析】选项 B，出卖人按照约定将标的物置于交付地点，买受人违反约定没有收取的，标的物毁损、灭失的风险自违反约定之日起由买受人承担；选项 A、C，当事人没有约定交付地点或者约定不明确，标的物需要运输的，出卖人将标的物交付给第一承运人后，标的物毁损、灭失的风险由买受人承担；选项 D，出卖人将标的物提存后，毁损、灭失的风险由买受人承担。

高频考点 25：商品房买卖合同★★★

1. 销售广告的性质认定

商品房的销售广告和宣传资料原则上为要约邀请；但是，出卖人就商品房开发规划范围内的房屋及相关设施所作的说明和允诺具体确定，并对合同的订立以及房屋价格的确定有重大影响的，视为要约；该说明和允诺即使未载入商品房买卖合同，仍属于合同的组成部分，当事人违反这些内容的，应当承担违约责任。

2. 商品房预售合同的效力

（1）商品房预售，属于法律规定的特许经营范围，因此出卖人必须申领商品房预售许可证明。出卖人未取得预售许可而与买受人订立预售合同的，合同无效，但是在起诉前取得预售许可的，合同有效。

（2）商品房预售合同应当办理登记备案手续，但该登记备案手续并非合同的生效条件，当事人另有约定的除外。

3. 法定解除条件

（1）因房屋主体结构质量不合格不能交付使用，或者房屋交付使用后，房屋主体结构质量经核验确属不合格；

（2）因房屋质量问题严重影响正常居住使用；

（3）出卖人迟延交付房屋或者买受人迟延支付购房款，经催告后在 3 个月的合理期限内仍未履行；

（4）约定或者法定的办理房屋所有权登记的期限届满后超过 1 年，因出卖人的原因导致买受人无法办理房屋所有权登记的。

4. 商品房买卖合同与贷款合同的效力关系

（1）贷款合同未能订立，导致商品房买卖合同不能履行的当事人可以解除合同，并分析贷款合同未能订立的原因，在可归责于一方当事人的情况下，由该当事人赔偿损失。

（2）商品房买卖合同无效、被撤销或者被解除，则贷款合同也应相应解除，出卖人应当将收受的购房贷款和购房款的本金及利息分别返还给担保权人和买受人。

经典例题

【例题·多选题】甲房地产开发公司在预售某住宅小区的广告中，宣称其“容积率不高于 1.2”“绿地面积超过 50%”，引起购房者的热烈关注，所预售的商品房一售而空，价格也比周边小区高出 20%。但是该小区商品房的预售合同中未对容积率和公共绿地面积问题作约定。甲公司交房时，购房者乙却发现小区的容积率超过 2.0，绿地面积只有 20%，并且在调查后得知，甲公司报经批准的规划就是如此。根据民法典合同编的规定，下列关于甲公司和乙之间的房屋预售合同的表述中，正确的有（　　）。

A. 合同无效

B. 乙有权请求人民法院或仲裁机构撤销合同并请求甲公司赔偿损失

C. 乙有权请求甲公司承担违约责任

D. 甲公司不需承担违约责任

【答案】BC

【解析】选项A、B，开发商的行为构成欺诈，该合同属于可撤销的合同；选项C，该广告就商品房开发规划范围内的房屋及相关设施所作的说明和允诺具体确定，并对合同的订立以及房屋价格的确定有重大影响的，视为要约，该内容即使未载入合同，仍属于合同的组成部分，当事人违反这些内容的，应当承担违约责任。

高频考点26：赠与合同★★★

1. 赠与合同的性质

（1）赠与合同属于单务、无偿、诺成合同。

（2）赠与合同是诺成合同，当事人双方达成意思表示一致时合同成立。

（3）赠与合同属于单务合同，但订立赠与合同属于双方民事法律行为。

2. 赠与人的义务

（1）因赠与人故意或者重大过失，致使赠与的财产毁损、灭失的，赠与人应承担损害赔偿责任。

（2）赠与的财产有瑕疵的，赠与人不承担责任；附义务的赠与，赠与的财产有瑕疵的，赠与人在附义务的限度内承担与出卖人相同的责任。

（3）赠与人故意不告知赠与的财产有瑕疵或者保证赠与的财产无瑕疵，造成受赠人损失的，赠与人应承担损害赔偿责任。

（4）赠与人的经济状况显著恶化，严重影响其生产经营或者家庭生活的，可以不再履行赠与义务。

3. 赠与合同的任意撤销

赠与人在赠与财产的权利转移之前可以撤销赠与，但依法不得撤销的具有救灾、扶贫、助残等社会公益、道德义务性质的赠与合同或者经过公证的赠与合同，不得撤销。

4. 赠与合同的法定撤销

受赠人有忘恩行为时，无论赠与财产的权利是否转移，赠与是否具有救灾、扶贫、助残等社会公益、道德义务性质或者经过公证，赠与人或者赠与人的继承人、法定代理人都可以撤销该赠与。

（1）赠与人的法定撤销权。受赠人有下列情形之一的，赠与人可以行使撤销权：

①严重侵害赠与人或其近亲属的合法权益；

②对赠与人有扶养义务而不履行；

③不履行赠与合同约定的义务。

小贴士 扶养义务主要是指平辈之间的相互扶养，例如夫妻之间、兄弟姐妹之间。近亲属包括配偶、父母、子女、兄弟姐妹、祖父母、外祖父母、孙子女和外孙子女。

（2）赠与人的继承人、法定代理人的法定撤销权。因受赠人的违法行为致使赠与人死亡或者丧失民事行为能力的，赠与人的继承人或者法定代理人可以撤销赠与。

（3）赠与人本人的撤销权，自知道或者应当知道撤销原因之日起1年内行使。赠与人的继承人或者法定代理人的撤销权，应当自知道或者应当知道撤销原因之日起6个月内行使。

经典例题

【真题·单选题】（2020）根据合同法律制度的规定，下列关于赠与合同撤销的表述中，正确的是（　　）。

A. 受赠人有法律规定的忘恩行为时，即使赠与具有救灾性质，赠与人也可以撤销赠与

B. 受赠人严重侵害赠与人的近亲属的，赠与人不得以此为由撤销赠与

C. 赠与人的撤销权，须从撤销原因发生之日起1年内行使

D. 赠与人因受赠人的侵害行为而死亡的，赠与人的继承人行使撤销权的期间是自知道或者应当知道撤销原因之日起1年

【答案】A

【解析】选项B、C，受赠人有下列情形之一的，赠与人可以行使撤销权：（1）严重侵

害赠与人或者赠与人的近亲属的合法权益；（2）对赠与人有扶养义务而不履行；（3）不履行赠与合同约定的义务。赠与人的撤销权，自知道或者应当知道撤销原因之日起1年内行使；选项D，因受赠人的违法行为致使赠与人死亡或者丧失民事行为能力的，赠与人的继承人或者法定代理人可以撤销赠与。赠与人的继承人或者法定代理人的撤销权，自知道或者应当知道撤销原因之日起6个月内行使。

【例题·多选题】赠与合同履行后，受赠人有特定忘恩行为时，赠与人有权撤销赠与合同。根据民法典合同编的规定，下列各项中，属于此类忘恩行为的有（　　）。

A. 受赠人严重侵害赠与人的近亲属

B. 受赠人严重侵害赠与人

C. 受赠人不履行赠与合同约定的义务

D. 受赠人对赠与人有扶养义务而不履行

【答案】ABCD

【解析】选项A、B、C、D均属于法律规定的忘恩行为。

【例题·多选题】甲为庆祝好友乙60岁生日，拟赠与其古董瓷瓶一只，乙欣然同意。但双方约定，瓷瓶交付后，甲可以随时借用该瓷瓶。根据民法典合同编的规定，下列表述中，正确的有（　　）。

A. 瓷瓶交付乙前，如果甲故意将瓷瓶摔碎，甲应当向乙承担损害赔偿责任

B. 瓷瓶交付乙前，如果甲因重大过失致使瓷瓶摔碎，甲应当向乙承担损害赔偿责任

C. 瓷瓶交付乙前，如果甲的经济状况显著恶化，严重影响其家庭生活的，可不再履行赠与义务

D. 瓷瓶交付乙后，如果甲请求借用时被乙拒绝，甲可以撤销赠与

【答案】ABCD

【解析】选项A、B，因赠与人故意或者重大过失，致使赠与的财产毁损、灭失的，赠与人承担损害赔偿责任；选项C，赠与人的经济状况显著恶化，严重影响其生产经营或者家庭生活的，可以不再履行赠与义务；选项D，受赠人不履行赠与合同约定的义务时，无论赠与财产的权利是否转移，赠与是否具有救灾、扶贫等社会公益、道德义务性质或者经过公证，赠与人均可以撤销该赠与。

高频考点27：借款合同★★★

1. 含义

借款合同应当采用书面形式，但是自然人之间借款另有约定的除外。

2. 双方当事人的权利义务

（1）贷款人未按照约定的日期、数额提供借款，造成借款人损失的，应当赔偿损失。借款人未按照约定的日期、数额收取借款的，应当按照约定的日期、数额支付利息。

（2）贷款人按照约定可以检查、监督借款的使用情况。借款人应当按照约定向贷款人定期提供有关财务会计报表等资料。借款人未按照约定的借款用途使用借款的，贷款人可以停止发放借款、提前收回借款或者解除合同。

（3）禁止高利放贷，借款的利率不得违反国家有关规定。借款合同对支付利息没有约定的，视为没有利息。借款合同对支付利息约定不明确，当事人不能达成补充协议的，按照当地或者当事人的交易方式、交易习惯、市场利率等因素确定利息；自然人之间借款的，视为没有利息。

（4）借款的利息不得预先在本金中扣除。利息预先在本金中扣除的，应当按照实际借款数额返还借款并计算利息。

（5）借款人应当按照约定的期限支付利息。对支付利息的期限没有约定或者约定不明确，依照《民法典》的有关规定仍不能确定的，借款期限不满1年的，应当在返还借款时一并支付；借款期限1年以上的，应当在每届满1年时支付，剩余期间不满1年的，应当在返还借款时一并支付。

（6）借款人应当按照约定的期限返还借款。对借款期限没有约定或者约定不明确，依照《民法典》的有关规定仍不能确定的，借款人可以随时返还；贷款人可以催告借款人在

合理期限内返还。借款人未按照约定的期限返还借款的，应当按照约定或者国家有关规定支付逾期利息。

（7）借款人提前偿还借款的，除当事人另有约定的以外，应当按照实际借款的期间计算利息。借款人可以在还款期限届满之前向贷款人申请展期。贷款人同意的，可以展期。

高频考点28：民间借贷合同★★★

1. 民间借贷的范围

民间借贷是指自然人、法人、非法人组织之间及其相互之间进行资金融通的行为。经金融监管部门批准设立的从事贷款业务的金融机构及其分支机构，因发放贷款等相关金融业务引发的纠纷，不属于民间借贷。

2. 民间借贷案件的受理与管辖

民间借贷属于借款合同，但是当事人之间往往没有书面借款合同，因此借据、收据、欠条等债权凭证以及其他能够证明借贷法律关系存在的证据可以作为证明借贷关系的证据。如果当事人持有的借据、收据、欠条等债权凭证没有载明债权人，仍可以提起诉讼，但被告对原告的债权人资格提出有事实依据的抗辩，人民法院经审理认为原告不具有债权人资格的，裁定驳回起诉。

在管辖问题上，如果借贷双方就合同履行地未约定或者约定不明确，事后未达成补充协议，按照合同有关条款或者交易习惯仍不能确定的，以接受货币一方所在地为合同履行地。人民法院在民间借贷纠纷案件中发现虽有关联但不是同一事实的涉嫌非法集资等犯罪的线索、材料的，不影响人民法院对民间借贷纠纷案件的审理，只是应当将涉嫌非法集资等犯罪的线索、材料移送公安或者检察机关。如果借款人涉嫌犯罪或者生效判决认定其有罪，出借人起诉请求担保人承担民事责任的，人民法院应予受理。

3. 民间借贷合同的效力

（1）法人之间、非法人组织之间以及它们相互之间为生产、经营需要订立的民间借贷合同，原则上有效，除非存在如下情形之一：套取金融机构贷款转贷的；以向其他营利法人借贷、向本单位职工集资，或者以向公众非法吸收存款等方式取得的资金转贷的；未依法取得放贷资格的出借人，以营利为目的向社会不特定对象提供借款的；出借人事先知道或者应当知道借款人借款用于违法犯罪活动仍然提供借款的；违反法律、行政法规强制性规定的；违背公序良俗的。

（2）法人或者非法人组织在本单位内部通过借款形式向职工筹集资金，用于本单位生产、经营，且不存在《民法典》第一百四十四条、第一百四十六条、第一百五十三条、第一百五十四条以及本规定第十三条规定的情形，当事人主张民间借贷合同有效的，人民法院应予支持。

（3）借款人或者出借人的借贷行为涉嫌犯罪，或者已经生效的裁判认定构成犯罪，当事人提起民事诉讼的，民间借贷合同并不当然无效。人民法院应当依据《民法典》第一百四十四条、第一百四十六条、第一百五十三条、第一百五十四条以及本规定第十三条之规定，认定民间借贷合同的效力。担保人以借款人或者出借人的借贷行为涉嫌犯罪或者已经生效的裁判认定构成犯罪为由，主张不承担民事责任的，人民法院应当依据民间借贷合同与担保合同的效力、当事人的过错程度，依法确定担保人的民事责任。

4. 互联网借贷平台的法律责任

（1）借贷双方通过网络贷款平台形成借贷关系，网络贷款平台的提供者仅提供媒介服务，不承担担保责任。

（2）网络贷款平台的提供者通过网页、广告或者其他媒介明示或者有其他证据证明其为借贷提供担保的，网络贷款平台的提供者应当承担担保责任。

5. 法定代表人在民间借贷合同中的责任

法人的法定代表人或者非法人组织的负责人以单位名义与出借人签订民间借贷合同，有证据证明所借款项系法定代表人或者负责人个人使用，出借人请求将法定代表人或者负责人列为共同被告或者第三人的，人民法院应予准许。法人的法定代表人或者非法人组织的负责人以个人名义与出借人订立民间借贷合同，所借款项用于单位生产经营，出借人请求单位与个人共同承担责任的，人民法院应予支持。

在民间借贷纠纷中，保证人为借款人提供连带责任保证，出借人仅起诉借款人的，人民法院可以不追加保证人为共同被告；出借人仅起诉保证人的，人民法院可以追加借款人为共同被告。

6. 民间借贷与买卖合同混合时的处理规则

（1）当事人以签订买卖合同作为民间借贷合同的担保，借款到期后借款人不能还款，出借人请求履行买卖合同的，人民法院应当按照“民间借贷”法律关系审理。当事人根据法庭审理情况变更诉讼请求的，人民法院应当准许。

（2）按照民间借贷法律关系审理作出的判决生效后，借款人不履行生效判决确定的金钱债务，出借人可以申请拍卖买卖合同标的物，以偿还债务。就拍卖所得的价款与应偿还借款本息之间的差额，借款人或者出借人有权主张返还或者补偿。

7. 民间借贷的利息与利率

（1）关于利息的约定。

未约定：借贷双方没有约定利息，出借人不得主张支付借期内的利息。约定不明：除自然人之间借贷外，借贷双方对借贷利息约定不明，出借人主张利息的，应当结合民间借贷合同的内容，并根据当地或者当事人的交易方式、交易习惯、市场利率等因素确定利息。

（2）关于利率的约定。

出借人请求借款人按照合同约定利率支付利息的，人民法院应予支持，但是双方约定的利率超过合同成立时一年期贷款市场报价利率四倍的除外。

“一年期贷款市场报价利率”是指中国人民银行授权全国银行间同业拆借中心自2019年8月20日起每月发布的一年期贷款市场报价利率。

借款人在借款期限届满后应当支付的本息之和，超过以最初借款本金与以最初借款本金为基数、以合同成立时一年期贷款市场报价利率四倍计算的整个借款期间的利息之和的，人民法院不予支持。

（3）逾期利率。

借贷双方对逾期利率有约定的，从其约定，但以不超过合同成立时一年期贷款市场报价利率四倍为限。

借贷双方未约定逾期利率或者约定不明的，区分不同情况处理：

①既未约定借期内的利率，也未约定逾期利率，出借人主张借款人自逾期还款之日起参照当时一年期贷款市场报价利率标准计算的利息承担逾期还款责任的，人民法院应予支持。

②约定了借期内的利率但未约定逾期利率，出借人主张借款人自逾期还款之日起按照借期内的利率支付资金占用期间利息的，人民法院应予支持。

逾期利率与其他违约责任。出借人与借款人既约定了逾期利率，又约定了违约金或者其他费用，出借人可以选择主张逾期利息、违约金或者其他费用，也可以一并主张，但总计超过合同成立时一年期贷款市场报价利率四倍的部分，人民法院不予支持。

（4）逾期利率与其他违约责任。

出借人与借款人既约定了逾期利率，又约定了违约金或者其他费用，出借人可以选择主张逾期利息、违约金或者其他费用，也可以一并主张，但是总计超过合同成立时一年期贷款市场报价利率四倍的部分，人民法院不予支持。

8. 自然人之间的借款合同

自然人之间的借款合同为实践合同，自出借人提供借款时成立。

一般认为，具有下列情形之一的，可以认为满足了“出借人提供借款”的要件，合同成立：

（1）以现金支付的，自借款人收到借款时；

（2）以银行转账、网上电子汇款或者通过网络贷款平台等形式支付的，自资金到达借款人账户时；

（3）以票据交付的，自借款人依法取得票据权利时；

（4）出借人将特定资金账户支配权授权给借款人的，自借款人取得对该账户实际支配权时；

（5）出借人以与借款人约定的其他方式提供借款并实际履行完成时。

经典例题

【真题·单选题】（2022）根据合同法律制度的规定，下列关于民间借贷合同的表述中，正确的是（　　）。

A. 非金融机构的法人之间为生产、经营需要订立的民间借贷合同，原则上无效

B. 出借人或借款人的借贷行为已经生效的裁判认定构成犯罪的，民间借贷合同并不因此当然无效

C. 民间借贷合同利率不超过合同成立时一年期贷款市场报价利率的 5 倍的，人民法院应予支持

D. 出借人与借款人既约定了逾期利率，又约定了违约金的，出借人只能择一主张

【答案】B

【解析】法人之间、非法人组织之间以及它们相互之间为生产、经营需要订立的民间借贷合同，原则上有效，除非存在如下情形之一：套取金融机构贷款转贷的；以向其他营利法人借贷、向本单位职工集资，或者以向公众非法吸收存款等方式取得的资金转贷的；未依法取得放贷资格的出借人，以营利为目的向社会不特定对象提供借款的；出借人事先知道或者应当知道借款人借款用于违法犯罪活动仍然提供借款的；违反法律、行政法规强制性规定的；违背公序良俗的，因此选项 A 错误；借款人或者出借人的借贷行为涉嫌犯罪，或者已经生效的裁判认定构成犯罪，当事人提起民事诉讼的，民间借贷合同并不当然无效，因此选项 B 正确；出借人请求借款人按照合同约定利率支付利息的，人民法院应予支持，但是双方约定的利率超过合同成立时一年期贷款市场报价利率 4 倍的除外，选项 C 中 5 倍的表述错误；出借人与借款人既约定了逾期利率，又约定了违约金或者其他费用，出借人可以选择主张逾期利息、违约金或者其他费用，也可以一并主张，但是总计超过合同成立时一年期贷款市场报价利率四倍的部分，人民法院不予支持，因此选项 D 错误。

【真题·多选题】（2021）自然人之间借款合同自出借人提供借款时生效，下列情形中，可以认为满足“出借人提供借款”的要件有（　　）。

A. 以现金支付的，借款人收到借款时

B. 以银行转账支付的，款项到达借款人账户时

C. 以票据支付的，借款人依法兑现票据时

D. 以特定资金账户支配权为支付方式的，借款人取得对该账户实际支配权时

【答案】ABD

【解析】具有下列情形之一的，可以认为满足了“出借人提供借款”的要件，合同成立：（1）以现金支付的，自借款人收到借款时；（2）以银行转账、网上电子汇款或者通过网络贷款平台等形式支付的，自资金到达借款人账户时；（3）以票据交付的，自借款人依法取得票据权利时；（4）出借人将特定资金账户支配权授权给借款人的，自借款人取得对该账户实际支配权时；（5）出借人以与借款人约定的其他方式提供借款并实际履行完成时。

高频考点 29：租赁合同★★★

1. 租赁合同的期限

租赁合同的期限超过 20 年的，超过部分无效。租赁期限届满，当事人可以续订租赁合同，但约定的租赁期限自续订之日起仍不得超过 20 年。

2. 不定期租赁

（1）租赁期限6个月以上的，合同应当采用书面形式。当事人未采用书面形式的，无法确定租赁期限的，视为不定期租赁。

（2）当事人对租赁期限没有约定或者约定不明确，依照《民法典》有关规定仍不能确定的，视为不定期租赁。

（3）租赁期届满，承租人继续使用租赁物，出租人没有提出异议的，原租赁合同继续有效，但租赁期限为不定期。

小贴士 对于不定期租赁，出租人或者承租人均可以随时解除合同，但是应当在合理期限之前通知对方。

3. 租金的支付期限

对租金的支付期限没有约定或约定不明确，当事人可以协议补充，不能达成补充协议的，可以根据合同的有关条款或者交易习惯确定。仍不能确定的，适用以下规则：

（1）租赁期限不满1年的，应当在租赁期限届满时支付；

（2）租赁期限1年以上的，应当在每届满1年时支付，剩余期间不满1年的，应当在租赁期限届满时支付。

4. 维修义务

（1）出租人应当履行租赁物的维修义务，但当事人另有约定的除外。

（2）承租人在租赁物需要维修时可以要求出租人在合理期限内维修。出租人未履行维修义务的，承租人可以自行维修，维修费用由出租人负担。因维修租赁物影响承租人使用的，应当相应减少租金或者延长租期。

5. 增设他物

承租人经出租人同意，可以对租赁物进行改善或者增设他物，如未经出租人同意，出租人可以要求承租人恢复原状或者赔偿损失。

6. 租赁物受损

承租人未按照约定的方法或者租赁物的性质使用租赁物，致使租赁物受到损失的，出租人可以解除合同并要求赔偿损失。

7. 风险的承担

因不可归责于承租人的事由，致使租赁物部分或者全部毁损、灭失的，承租人可以要求减少租金或者不支付租金；因租赁物部分或者全部毁损、灭失，致使不能实现合同目的的，承租人可以解除合同。

8. 转租

（1）承租人经出租人同意，可以将租赁物转租给第三人，承租人与出租人的租赁合同继续有效，第三人对租赁物造成损失的，承租人应当向出租人赔偿损失。

（2）承租人未经出租人同意转租的，出租人可以解除合同。

9. 买卖不破租赁

（1）租赁物在承租人按照租赁合同占有期限内发生所有权变动的，不影响租赁合同的效力，即**"买卖不破租赁"**。

小贴士 所有的所有权让与均不破租赁，并非局限于买卖。

（2）出租人出卖租赁房屋的，应当在出卖之前的合理期限内通知承租人，承租人享有在同等条件下优先购买的权利。

小贴士 只有在房屋租赁中承租人才享有优先购买权，对于其他标的物的租赁，不适用优先购买权。

经典例题

【例题·单选题】乙承租甲的房屋，约定租赁期间为2015年1月1日至2016年12月31日。经甲同意，乙将该房屋转租给丙，租赁期间为2015年6月1日至2016年5月31日。根据民法典合同编的规定，下列表述中，正确的是（　　）。

A. 甲有权直接向丙收取租金

B. 甲和乙之间的租赁合同在转租期内失效

C. 甲有权解除乙和丙之间的转租合同

D. 若丙对房屋造成损害，甲有权向乙主张赔偿

【答案】D

【解析】选项A、C，转租合同在乙、丙之间发生效力，根据合同相对性原理，甲无权解除乙、丙之间的租赁合同，也无权直接向丙收取租金；如果承租人乙未经出租人甲同意而转租的，出租人甲可解除的是甲、乙之间的租赁合同，而不是乙、丙之间的租赁合同。选项B、D，承租人经出租人同意，可以将租赁物转租给第三人，承租人与出租人之间的原租赁合同继续有效；第三人丙对租赁物造成损失的，承租人乙应当向甲赔偿损失。

高频考点30：房屋租赁合同★★★

1. 房屋租赁合同的无效与处理

当事人以房屋租赁合同未按照法律、行政法规规定办理登记备案手续为由，请求确认合同无效的，人民法院不予支持。

房屋租赁合同存在下列情形时，合同无效：

（1）出租人就未取得建设工程规划许可证或者未按照建设工程规划许可证的规定建设的房屋，与承租人订立的租赁合同无效。但在一审法庭辩论终结前取得建设工程规划许可证或者经主管部门批准建设的，人民法院应当认定有效。

（2）出租人就未经批准或者未按照批准内容建设的临时建筑，与承租人订立的合同无效。但在一审法庭辩论终结前经主管部门批准建设的，人民法院应当认定有效。

（3）租赁期限超过临时建筑的使用期限，超过部分无效。但在一审法庭辩论终结前经主管部门批准延长使用期限的，人民法院应当认定延长使用期限内的租赁期间有效。

2. 承租人的优先购买权

（1）出租人出卖租赁房屋的，应当在出卖之前的合理期限内通知承租人，承租人享有以同等条件优先购买的权利。

（2）只有在房屋租赁中承租人才享有优先购买权，对于其他标的物的租赁，并不适用优先购买权。

（3）出租人出卖租赁房屋未在合理期限内通知承租人或者存在其他侵害承租人优先购买权的情形，承租人请求出租人承担赔偿责任的，人民法院应予支持；但请求确认出租人与第三人签订的房屋买卖合同无效的，人民法院不予支持。

（4）出租人委托拍卖人拍卖租赁房屋应当在拍卖5日前通知承租人。承租人未参加拍卖的，人民法院应当认定承租人放弃优先购买权。

3. 承租人不享有优先权的情形

具有下列情形之一，承租人主张优先购买房屋的，人民法院不予支持：

（1）房屋共有人行使优先购买权的；

（2）出租人将房屋出卖给近亲属的；

（3）出租人履行通知义务后，承租人在15日内未明确表示购买的；

（4）第三人善意购买租赁房屋并已经办理登记手续的。

4. 房屋租赁中同住人的权利

承租人在房屋租赁期间死亡的，与其生前共同居住的人或者共同经营人可以按照原租赁合同租赁该房屋。

经典例题

【例题·多选题】甲承租乙的住房，租期未满，乙有意将该住房出售。根据民法典合同编的规定，下列表述中，正确的有（　　）。

A. 乙应在出售之前的合理期限内通知甲，甲在同等条件下享有优先购买权

B. 如果乙对甲隐瞒情况，将房屋出售给丙，甲可以主张乙、丙之间的房屋买卖合同无效

C. 如果甲放弃优先购买权，当丙购得该住房成为新所有人后，即使租期未满，也有权要求甲立即迁出该住房

D. 如果乙的哥哥丁想要购买该住房，则甲不得主张优先购买权

【答案】AD

【解析】选项B，出租人出卖租赁房屋未在合理期限内通知承租人，承租人请求确认出

租人与第三人签订的房屋买卖合同无效的，人民法院不予支持；选项C，租赁物在租赁期间发生所有权变动的，不影响租赁合同的效力；选项D，出租人将房屋出卖给其近亲属（包括但不限于兄弟姐妹），承租人主张优先购买房屋的，人民法院不予支持。

高频考点31：融资租赁合同★★★

1. 融资租赁合同的概念

融资租赁合同是出租人根据承租人对出卖人、租赁物的选择，向出卖人购买租赁物，提供给承租人使用，承租人支付租金的合同。

小贴士 融资租赁关系：（1）三方当事人：出租人、承租人、出卖人；（2）两个合同：融资租赁合同、买卖合同。

出卖人违反合同约定的向承租人交付标的物的义务，存在下列情形之一的，承租人可以拒绝受领租赁物：（1）租赁物严重不符合约定的；（2）未按照约定交付标的物，经承租人或者出租人催告后在合理期限内仍未交付。

承租人拒绝受领租赁物，未及时通知出租人，或者无正当理由拒绝受领租赁物，造成出租人损失的，出租人可以要求承租人承担损害赔偿责任。

出租人、出卖人、承租人可以约定，出卖人不履行买卖合同义务的，由承租人行使索赔的权利。承租人行使索赔权利的，出租人应当予以协助。承租人对出卖人行使索赔权，不影响其履行融资租赁合同项下支付租金的义务，但是，承租人依赖出租人的技能确定租赁物或者出租人干预选择租赁物的，承租人可以请求减免相应租金。

2. 售后回租

承租人将其自有物出卖给出租人，再通过融资租赁合同将租赁物从出租人处租回的，人民法院不应仅以“承租人和出卖人系同一人”为由认定不构成融资租赁法律关系。

3. 合同当事人的权利和义务

（1）维修义务。承租人应当履行占有租赁物期间的维修义务。

小贴士 在租赁合同中，由出租人承担租赁物的维修义务，但当事人另有约定的除外。

（2）风险承担。承租人占有租赁物期间，租赁物毁损、灭失的风险由承租人承担；出租人要求承租人继续支付租金的，人民法院应予支持。但当事人另有约定或者法律另有规定的除外。

承租人占有租赁物期间，租赁物造成第三人的人身伤害或者财产损害的，出租人不承担责任。

租赁物不符合约定或者不符合使用目的的，出租人不承担责任，但承租人依赖出租人的技能确定租赁物或者出租人干预选择租赁物的除外。

（3）出租人和承租人可以约定租赁期间届满租赁物的归属。对租赁物的归属没有约定或者约定不明确，依照《民法典》的有关规定仍不能确定的，租赁物的所有权归出租人。

当事人约定租赁期届满租赁物归承租人所有，承租人已经支付大部分租金，但无力支付剩余租金，出租人因此解除合同收回租赁物的，收回的租赁物的价值超过承租人欠付的租金以及其他费用的，承租人可以请求相应返还。

当事人约定租赁期限届满租赁物归出租人所有，因租赁物毁损、灭失或者附合、混合于他物致使承租人不能返还的，出租人有权请求承租人给予合理补偿。

当事人约定租赁期限届满，承租人仅需向出租人支付象征性价款的，视为约定的租金义务履行完毕后租赁物的所有权归承租人。

4. 合同解除

有下列情形之一，出租人可以解除融资租赁合同：

（1）承租人未经出租人同意，将租赁物转让、抵押、质押、投资入股或者以其他方式处分租赁物的；

（2）承租人未按照合同约定的期限和数额支付租金，符合合同约定的解除条件，经出租人催告后在合理期限内仍不支付的；

（3）合同对于欠付租金解除合同的情形没有明确约定，但承租人欠付租金达到2期以上或者数额达到全部租金15%以上，经出租人催告后在合理期限内仍不支付的；

（4）承租人违反合同约定，致使合同目的不能实现的其他情形。

5. 行政许可

根据法律、行政法规的规定，承租人对于租赁物的经营使用应当取得行政许可的，人民法院不应仅以“出租人未取得行政许可”为由认定融资租赁合同无效。

小贴士 对于特定的租赁物，比如医疗设备，因涉及人民群众的生命健康，有关行政部门就其经营许可作出限制是非常必要的。只要承租人取得行政许可，就可以达到监管目的，不应以“出租人未取得行政许可”为由认定该融资租赁合同无效。

经典例题

【例题·多选题】甲公司欲购买乙公司的车床，因资金短缺，由丙公司提供融资租赁。由于车床存在质量问题，使用中造成工人李某工伤致死。甲公司被迫停产进行维修。根据民法典合同编的规定，下列各项中，正确的有（　　）。

A. 李某的赔偿责任由丙公司承担

B. 甲公司无权请求丙公司负担维修费用

C. 丙公司应当向甲公司承担违约责任

D. 甲公司不得以产品质量问题拒绝支付租金

【答案】BD

【解析】选项A，承租人占有租赁物期间，租赁物造成第三人的人身伤害或者财产损害的，出租人不承担责任；选项B，承租人应当履行占有租赁物期间的维修义务；选项C、D，租赁物不符合约定或者不符合使用目的的，出租人不承担责任，但承租人依赖出租人的技能确定租赁物或者出租人干预选择租赁物的除外。

高频考点32：承揽合同★★★

承揽合同是承揽人按照定作人的要求完成工作，交付工作成果，定作人支付报酬的合同。承揽包括加工、定作、修理、复制、测试、检验等工作。

（1）承揽人应当以自己的设备、技术和劳力，完成主要工作，但当事人另有约定的除外。

（2）合同约定由承揽人提供材料的，承揽人应当按照约定选用材料，并接受定作人检验。合同约定由定作人提供材料的，定作人应当按照约定提供材料。承揽人对定作人提供的材料，应当及时检验，发现不符合约定时，应当及时通知定作人更换、补齐或者采取其他补救措施。承揽人不得擅自更换定作人提供的材料，不得更换不需要修理的零部件。

（3）承揽人发现定作人提供的图纸或者技术要求不合理的，应当及时通知定作人。因定作人怠于答复等原因造成承揽人损失的，应当赔偿损失。定作人中途变更承揽工作的要求，造成承揽人损失的，应当赔偿损失。

（4）承揽工作需要定作人协助的，定作人有协助的义务。定作人不履行协助义务致使承揽工作不能完成的，承揽人可以催告定作人在合理期限内履行义务，并可以顺延履行期限；定作人逾期不履行的，承揽人可以解除合同。

（5）承揽人完成工作的，应当向定作人交付工作成果，并提交必要的技术资料和有关质量证明。定作人应当验收该工作成果。承揽人交付的工作成果不符合质量要求的，定作人可以合理选择请求承揽人承担修理、重作、减少报酬、赔偿损失等违约责任。

（6）定作人应当按照约定的期限支付报酬。对支付报酬的期限没有约定或者约定不明确，依照《民法典》的有关规定仍不能确定的，定作人应当在承揽人交付工作成果时支付；工作成果部分交付的，定作人应当作相应支付。

（7）承揽人应当妥善保管定作人提供的材料以及完成的工作成果，因保管不善造成毁损、灭失的，应当承担损害赔偿责任。承揽人应当按照定作人的要求保守秘密，未经定作人许可，不得留存复制品或者技术资料。

（8）定作人在承揽人完成工作前可以随时解除承揽合同，但定作人因此造成承揽人损失的，应当赔偿承揽人本应获得的报酬，从中减去承揽人节省的利益。

高频考点33：建设工程合同★★★

1. 阴阳合同

当事人就同一建设工程另行订立的建设工程施工合同与经过备案的中标合同实质性内容不一致的，应当以备案的中标合同作为结算工程价款的依据。

2. 建设工程合同的无效

（1）无效合同的界定。

①承包人未取得建筑施工企业资质或者超越资质等级的；

②没有资质的实际施工人借用有资质的建筑施工企业名义的；

③建设工程必须进行招标而未招标或者中标无效的。

小贴士 承包人超越资质等级许可的业务范围签订建设工程施工合同，在建设工程竣工前取得相应资质等级的不按无效合同处理。

（2）无效合同的处理。

建设工程施工合同无效，一方当事人请求对方赔偿损失的，应当就对方过错、损失大小、过错与损失之间的因果关系承担举证责任。损失大小无法确定，一方当事人请求参照合同约定的质量标准、建设工期、工程价款支付时间等内容确定损失大小的，人民法院可以结合双方过错程度、过错与损失之间的因果关系等因素作出裁判。

3. 分包、转包

（1）经发包人同意，总承包人可以将自己承包的部分工作交由第三人完成；第三人就其完成的工作成果与总承包人向发包人承担连带责任。

（2）建设工程主体结构的施工必须由总承包人自行完成。

（3）总承包人不得将其承包的建设工程全部转包给第三人或者将其承包的全部建设工程肢解后以分包的名义分别转包给第三人。

（4）禁止分包人将其承包的工程再分包。

4. 承包人垫资

（1）当事人对垫资没有约定的，按照工程欠款处理；当事人对垫资利息没有约定的，承包人无权请求支付利息。

（2）当事人对垫资和垫资利息有约定，承包人可以请求按照约定返还垫资及利息，但是约定的利息计算标准高于垫资时的同类贷款利率或者同期贷款市场报价利率的部分除外。

5. 竣工日期

当事人对建设工程实际竣工日期有争议的，按照以下情形分别处理：

（1）建设工程经竣工验收合格的，以竣工验收合格之日为竣工日期；

（2）承包人已经提交竣工验收报告，发包人拖延验收的，以承包人提交验收报告之日为竣工日期；

（3）建设工程未经竣工验收，发包人擅自使用的，以转移占有建设工程之日为竣工日期。

6. 付款时间

当事人对付款时间没有约定或者约定不明的，下列时间视为应付款时间：

（1）建设工程已实际交付的，为交付之日；

（2）建设工程没有交付的，为提交竣工结算文件之日；

（3）建设工程未交付，工程价款也未结算的，为当事人起诉之日。

7. 承包人的优先受偿权

（1）发包人未按照约定支付工程价款的，承包人可以催告发包人在合理期限内支付价款。发包人逾期不支付的，除按照建设工程的性质不宜折价、拍卖的以外，承包人可以与发包人协议将工程折价，也可以申请人民法院将该工程依法拍卖，建设工程的价款就该工程折价或者拍卖的价款优先受偿。

（2）建筑工程价款包括承包人为建筑工程应当支付的工作人员报酬、材料款等实际支出的费用，不包括承包人因发包人违约所造成的损失。

（3）承包人的优先受偿权优于抵押权和其他债权。

小贴士 发包人与承包人约定放弃或者限制建设工程价款优先受偿权，损害工人利益，发包人根据该约定主张承包人不享有建设工程价款优先受偿权的，人民法院不予支持。

（4）建设工程承包人行使优先受偿权的期限为6个月，自建设工程竣工之日或者建设工程合同约定的竣工之日起计算。

（5）消费者支付购买商品房的全部或者大部分款项后，承包人就该商品房享有的工程价款优先受偿权不得对抗买受人。

8. 当事人的解除权

承包人将建设工程转包、违法分包的，发包人可以解除合同。

发包人提供的主要建筑材料、建筑构配件和设备不符合强制性标准或者不履行协助义务，致使承包人无法施工，经催告后在合理期限内仍未履行相应义务的，承包人可以解除合同。

9. 发包人的过错责任

发包人具有下列情形之一，造成建设工程质量缺陷的，应当承担过错责任，承包人有过错的，也应当承担相应的过错责任：（1）提供的设计有缺陷；（2）提供或者指定购买的建筑材料、建筑构配件、设备不符合强制性标准；（3）直接指定分包人分包专业工程。

因建设工程质量发生争议的，发包人可以以总承包人、分包人和实际施工人为共同被告提起诉讼。

实际施工人可以以转包人、违法分包人为被告提起诉讼。实际施工人以发包人为被告主张权利的，人民法院应当追加转包人或者违法分包人为本案第三人，在查明发包人欠付转包人或者违法分包人建设工程价款的数额后，判决发包人在欠付建设工程价款范围内对实际施工人承担责任。

经典例题

【例题·单选题】根据民法典合同编的规定，建设工程当事人对工程实际竣工日期有争议时，下列处理规则中，正确的是（　　）。

A. 工程竣工验收合格的，以工程转移占有之日为竣工日期

B. 工程未经竣工验收，发包人擅自使用的，以开始使用之日为竣工日期

C. 工程未经竣工验收，发包人擅自使用的，以工程封顶之日为竣工日期

D. 承包人已提交竣工验收报告，发包人拖延验收的，以承包人提交验收报告之日为竣工日期

【答案】D

【解析】选项A，建设工程经竣工验收合格的，以竣工验收合格之日为竣工日期；选项B、C，建设工程未经竣工验收，发包人擅自使用的，以转移占有建设工程之日为竣工日期。

高频考点34：委托合同★★

1. 基本概念

（1）委托合同是指委托人和受托人约定，由受托人处理委托人事务的合同。

（2）委托人可以特别委托受托人处理一项或者数项事务，也可以概括委托受托人处理一切事务。

2. 费用与报酬

（1）受托人为处理委托事务垫付的必要费用，委托人应当偿还该费用及其利息。

（2）委托合同可以是有偿合同，也可以是无偿合同。

（3）因不可归责于受托人的事由，委托合同解除或者委托事务不能完成的，委托人应当向受托人支付相应的报酬。当事人另有约定的，从其约定。

3. 损害赔偿

（1）有偿的委托合同，因受托人的过错给委托人造成损失的，委托人可以要求赔偿损失。

（2）无偿的委托合同，因受托人的故意

或重大过失给委托人造成损失的，委托人可以要求赔偿损失。

4. 随时解除

委托人或者受托人可以随时解除委托合同，因解除合同给对方造成损失的，除不可归责于该当事人的事由以外，应当赔偿损失。

5. 转委托

（1）经委托人同意，受托人可以转委托。转委托经同意的，委托人可以就委托事务直接指示第三人，受托人仅就第三人的选任及其对第三人的指示承担责任。

（2）转委托未经同意的，受托人应当对第三人的行为承担责任，但在紧急情况下受托人为维护委托人的利益需要转委托的除外。

6. 连带责任

两个以上的受托人共同处理委托事务的，对委托人承担连带责任。

7. 隐名代理

受托人以自己的名义，在委托人的授权范围内与第三人订立的合同：

（1）第三人在订立合同时知道受托人与委托人之间的代理关系的：该合同直接约束委托人和第三人，但有确切证据证明该合同只约束受托人和第三人的除外。

（2）第三人在订立合同时不知道受托人与委托人之间的代理关系的：披露义务。

①受托人因第三人的原因对委托人不履行义务，受托人应当向委托人披露第三人，委托人因此可以行使受托人对第三人的权利，但第三人如果知道该委托人存在，就不会与受托人订立合同的除外。

②受托人因委托人的原因对第三人不履行义务，受托人应当向第三人披露委托人，第三人因此可以选择受托人或者委托人作为相对人主张其权利，但第三人不得变更选定的相对人。

经典例题

【例题·单选题】根据民法典合同编的规定，下列关于委托合同的表述中，正确的是（　　）。

A. 无偿的委托合同，因受托人的一般过失给委托人造成损失的，委托人可以要求赔偿损失

B. 原则上受托人有权转委托，不必征得委托人的同意

C. 有偿的委托合同，因不可归责于受托人的事由，委托事务不能完成的，委托人有权拒绝支付报酬

D. 两个以上的受托人共同处理委托事务的，对委托人承担连带责任

【答案】D

【解析】选项A，无偿的委托合同，因受托人的故意或重大过失给委托人造成损失的，委托人可以要求赔偿损失，所以不包括一般过失；选项B，原则上，经委托人同意，受托人可以转委托；选项C，因不可归责于受托人的事由，委托合同解除或者委托事务不能完成的，委托人应当向受托人支付相应的报酬。当事人另有约定的，从其约定。

高频考点35：运输合同★★★

1. 客运合同

（1）承运人擅自降低服务标准的，应当根据旅客的请求退票或者减少票款；提高服务标准的，不应当加收票款。

（2）承运人应当对运输过程中旅客的伤亡承担损害赔偿责任，但伤亡是旅客自身健康原因造成的或者承运人证明伤亡是旅客故意、重大过失造成的除外。

2. 货运合同

（1）收货人在约定的期限或者合理期限内对货物的数量、毁损等未提出异议的，视为承运人已经按照运输单证的记载交付货物的初步证据。但以后如收货人有证据证明货物的毁损、灭失发生在运输过程中，仍可向承运人索赔。

（2）承运人对运输过程中货物的毁损、灭失承担损害赔偿责任。但是承运人证明货物的毁损、灭失因不可抗力、货物本身的自然性

质或者合理损耗以及托运人、收货人的过错造成的，不承担损害赔偿责任。

（3）承运人应当按照客票载明的时间和班次运输旅客。承运人延迟运输或者有其他不能正常运输情形的，应当根据旅客的要求安排改乘其他班次或者退票，由此造成旅客损失的，承运人应当承担赔偿责任，但是不可归责于承运人的除外。

（4）货物在运输过程中因不可抗力灭失，未收取运费的，承运人不得要求支付运费；已经收取运费的，托运人可以要求返还。

经典例题

【例题·多选题】甲委托乙将一车货物运往某地，不料途中遭遇泥石流，货物全部毁损。甲委托乙运输时并未交付运费。根据民法典合同编的规定，下列关于货物毁损和运费承担的表述中，正确的有（　　）。

A. 甲自行承担货物毁损的全部损失

B. 乙应当对甲货物的损失予以赔偿

C. 乙有权向甲主张支付运费

D. 乙无权向甲主张支付运费

【答案】AD

【解析】选项A、B，承运人证明货物的毁损、灭失是因不可抗力造成的，不承担损害赔偿责任；选项C、D，货物在运输过程中因不可抗力灭失，未收取运费的，承运人不得要求支付运费。

高频考点36：行纪合同★

1. 行纪合同概述

行纪合同属于委托合同的一种特殊类型，参照适用有关委托合同的规定。行纪合同与委托合同的主要区别在于：

（1）行纪人以自己的名义与第三人订立合同；而委托合同的受托人原则上是以委托人的名义订立合同。

（2）行纪合同为有偿合同；而委托合同可以是有偿的，也可以是无偿的。

（3）行纪人处理委托事务支出的费用，除当事人另有约定，应自行承担；而委托合同的受托人的费用由委托人承担。

2. 行纪合同中双方当事人的主要权利义务

（1）委托人逾期不支付报酬的，行纪人对委托物享有留置权，但当事人另有约定的除外。

（2）行纪人卖出或者买入具有市场定价的商品，除委托人有相反意思表示的以外，行纪人自己可以作为买受人或出卖人。此为行纪人的介入权。

（3）行纪人与第三人订立合同的，行纪人对该合同直接享有权利、承担义务。第三人不履行义务致使委托人受到损害的，行纪人应当承担损害赔偿责任，但行纪人与委托人另有约定的除外。

高频考点37：技术合同★

1. 技术合同概述

技术合同是知识产权合同规则的重要组成部分。其中，技术转让合同和技术许可合同的规定不仅适用于专利权、技术秘密，还可以适用于计算机软件著作权、集成电路布图设计专有权、植物新品种权等其他知识产权。

小贴士　技术合同的适用范围为本章新增内容，请考生注意！

技术合同是当事人就技术开发、转让、咨询或者服务订立的确立相互之间权利和义务的合同。技术合同包括技术开发合同、技术转让合同、技术许可合同、技术咨询合同和技术服务合同五种。

（1）技术开发合同是当事人之间就新技术、新产品、新工艺、新品种或者新材料及其系统的研究开发所订立的合同。技术开发合同包括委托开发合同和合作开发合同。

（2）技术转让合同是合法拥有技术的权利人，将现有特定的专利、专利申请、技术秘密的相关权利让与他人所订立的合同。技术转让合同包括专利权转让、专利申请权转让、技术秘密转让等合同。

(3) 技术许可合同是合法拥有技术的权利人，将现有特定的专利、技术秘密的相关权利许可他人实施、使用所订立的合同。技术许可合同包括专利实施许可、技术秘密使用许可等合同。

(4) 技术咨询合同是当事人一方以技术知识为对方就特定技术项目提供可行性论证、技术预测、专题技术调查、分析评价报告等所订立的合同。

(5) 技术服务合同是当事人一方以技术知识为对方解决特定技术问题所订立的合同，不包括承揽合同和建设工程合同。

2. 技术成果

职务技术成果是执行法人或者其他组织的工作任务，或者主要是利用法人或者其他组织的物质技术条件所完成的技术成果。

职务技术成果的使用权、转让权属于法人或者非法人组织的，法人或者非法人组织可以就该项职务技术成果订立技术合同。法人或者非法人组织订立技术合同转让职务技术成果时，职务技术成果的完成人享有以同等条件优先受让的权利。

非职务技术成果的使用权、转让权属于完成技术成果的个人，完成技术成果的个人可以就该项非职务技术成果订立技术合同。

在技术转让合同和技术许可合同中，当事人可以按照互利的原则，在合同中约定实施专利、使用技术秘密后续改进的技术成果的分享办法；没有约定或者约定不明确，依据《民法典》第五百一十条的规定仍不能确定的，一方后续改进的技术成果，其他各方无权分享。

经典例题

【真题·单选题】（2022）根据合同法律制度的规定，下列关于技术合同的表述中，正确的是（　　）。

A. 技术开发合同包括委托开发合同和合作开发合同

B. 技术转让合同签订后，如果当事人没有约定或者约定不明确，依照《民法典》相关规定仍不能确定，出让方后续改进的技术成果，有义务分享给受让方

C. 技术咨询合同是当事人一方以技术知识为对方解决特定技术问题所订立的合同

D. 法人转让其享有使用权、转让权的职务技术成果时，职务技术成果的完成人与其他人享有同等的受让权利

【答案】 A

【解析】 在技术转让合同和技术许可合同中，当事人可以按照互利的原则，在合同中约定实施专利、使用技术秘密后续改进的技术成果的分享办法；没有约定或者约定不明确，一方后续改进的技术成果，其他各方无权分享，因此选项B错误；技术咨询合同是当事人一方以技术知识为对方就特定技术项目提供可行性论证、技术预测、专题技术调查、分析评价报告等所订立的合同，选项C为技术服务合同，表述错误；法人或者非法人组织订立技术合同转让职务技术成果时，职务技术成果的完成人享有以同等条件优先受让的权利，不包括其他人，因此选项D错误。

进阶练习

（一）单选题

1. 2022年4月30日，甲以手机微信形式向乙发出购买一双运动鞋的要约，希望乙当日作出回复。但由于乙外出一直没有网络，于5月3日才收到甲的微信并立即答复。而甲因个人原因于5月8日才阅读乙的信息内容，后于9日回复乙“收到”。根据《民法典》的规定，甲乙之间买卖合同的成立时间是（　　）。

A. 2022年4月30日

B. 2022年5月3日

C. 2022 年 5 月 8 日

D. 2022 年 5 月 9 日

2. 甲公司于 2022 年 3 月 2 日向乙公司发出要约，欲购置一批生产资料，要求乙公司在 1 个月内作出答复，该要约于 3 月 3 日到达乙公司。后由于市场行情变化，甲公司反悔欲撤销该要约，故于 3 月 20 日向乙公司作出撤销要约的通知，此时乙公司尚未作出承诺。根据《民法典》的规定，下列表述中正确的是（　　）。

A. 甲公司不能撤销该要约，因为要约只允许撤回不允许撤销

B. 甲公司不能撤销该要约，因为要约确定了承诺期限

C. 甲公司可以撤销该要约，因为撤销通知在乙公司作出承诺之前发出

D. 甲公司可以撤销该要约，因为撤销通知在承诺期限届满前发出即可

3. 甲、乙两公司的住所地分别位于吉林和三亚，甲公司向乙公司购买一批榴莲，3 个月后交货，但合同对于履行地点以及价款均无明确约定，双方也未能就有关内容达成补充协议，依照合同其他条款及交易习惯也无法确定。根据《民法典》的规定，下列关于合同履行价格的表述中，正确的是（　　）。

A. 按合同订立时三亚的市场价格履行

B. 按合同履行时三亚的市场价格履行

C. 按合同履行时吉林的市场价格履行

D. 按合同订立时吉林的市场价格履行

4. 甲、乙双方签订一份煤炭买卖合同，约定甲向乙购买煤炭 1 000 吨，甲于 4 月 1 日向乙支付全部煤款，乙于收到煤款半个月后装车发煤。3 月 31 日，甲调查发现，乙的煤炭经营许可证将于 4 月 15 日到期，目前煤炭库存仅剩 700 余吨，且正加紧将库存煤炭发往别处。甲遂决定暂不向乙付款，并于 4 月 1 日将暂不付款的决定及理由通知了乙。根据《民法典》的规定，下列表述中，正确的是（　　）。

A. 甲无权暂不付款，因为在乙的履行期届至之前，无法确知乙将来是否会违约

B. 甲无权暂不付款，因为甲若怀疑乙届时不能履行合同义务，应先通知乙提供担保，只有在乙不能提供担保时，甲方可中止履行合同

C. 甲有权暂不付款，因为甲享有先履行抗辩权

D. 甲有权暂不付款，因为甲享有不安抗辩权

5. 2022 年 3 月 8 日，自然人甲向自然人乙借用笔记本电脑一台。3 月 15 日，乙向甲借用名牌手表一块。5 月 10 日，甲要求乙返还手表，乙以甲尚未归还电脑为由，拒绝返还手表。根据《民法典》的规定，下列表述中正确的是（　　）。

A. 乙是在行使同时履行抗辩权，可以暂不返还手表

B. 乙是在行使不安抗辩权，可以暂不返还手表

C. 乙是在行使留置权，可以暂不返还手表

D. 乙应当返还手表

6. 根据《民法典》的规定，下列表述中，不属于债权人行使撤销权的成立条件的是（　　）。

A. 债务人以正常的价格转让财产

B. 债权人对债务人的债权合法

C. 债务人实施了不正当处分其财产的积极行为

D. 对债权人造成严重损害

7. 陈某向张某购买一百箱奶粉，价款为 5 万元。合同履行前，张某未经陈某的同意，将价款债权转让给万某，并通知陈某直接向万某付款。陈某与张某未约定合同权利不得转让。下列关于张某的转让行为效力的表述中，符合《民法典》规定的是（　　）。

A. 张某的转让行为无效，因为未经陈某同意

B. 张某的转让行为有效，因为无须征得陈某同意，通知即可

C. 张某的转让行为效力待定，取决于陈

某是否表示同意

D. 陈某仍然可向张某付款，且发生清偿效力

8. 甲与乙签订一份买卖合同，约定甲将其收藏的古董花瓶以 50 万元卖给乙。其后，甲将其 50 万元的债权转让给了丙并通知了乙。但在甲交付花瓶前，因不可抗力灭失。根据《民法典》的规定，下列表述中，正确的是（　　）。

A. 乙对甲可以主张解除合同，并拒绝丙的给付请求

B. 乙对甲可以主张解除合同，但不得拒绝丙的给付请求

C. 乙不得对甲主张解除合同，但可以拒绝丙的给付请求

D. 乙不得对甲主张解除合同，也不得拒绝丙的给付请求

9. 2021 年 7 月，甲物业公司与乙制衣厂签订了一份服装定制合同，约定乙制衣厂为甲物业公司加工一批工装，加工期为 3 个月。合同签订后，乙制衣厂为履行合同做了充分的准备工作。2021 年 8 月，甲物业公司通知乙制衣厂，因领导班子变动，不能履行原合同。根据《民法典》的规定，下列关于乙制衣厂的权利表述中，正确的是（　　）。

A. 乙制衣厂有权主张合同无效，要求甲公司承担缔约过失责任

B. 乙制衣厂有权主张合同效力待定，取决于新领导的追认

C. 乙制衣厂有权撤销合同，要求甲公司承担违约责任

D. 乙制衣厂有权解除合同，要求甲公司赔偿损失

10. 顾某租住季某的房屋，租期是 2021 年 1 月 1 日到 2021 年 12 月 31 日。2021 年 11 月，季某向顾某借款 1 万元约定年底清偿。2021 年 12 月 31 日，季某未清偿借款，但要求收回房屋并请求顾某支付拖欠的租金 1 万元。根据《民法典》的规定，下列表述中，正确的是（　　）。

A. 顾某可以留置该房屋并作为担保

B. 顾某可以出售房屋并优先受偿

C. 顾某可以主张 1 万元的抵销权

D. 顾某可以行使同时履行抗辩权

11. 根据《民法典》的规定，下列关于提存的表述中，正确的是（　　）

A. 债务人提存标的物时不需要通知债权人

B. 标的物提存后，孳息归债权人所有

C. 提存标的物的毁损风险由债务人承担

D. 债权人领取提存物的权利，自提存之日起 2 年内不行使而消灭

12. 甲、乙签订一份买卖合同，约定违约方向守约方支付 18 万元的违约金。后甲违约，给乙造成实际损失 15 万元。根据《民法典》的规定，下列表述中正确的是（　　）。

A. 甲应向乙支付违约金 18 万元，无须再赔偿 15 万元的损失

B. 甲应向乙赔偿损失 15 万元，无须再支付 18 万元的违约金

C. 甲应向乙赔偿损失 15 万元并支付违约金 18 万元，共计 33 万元

D. 甲无须向乙赔偿损失 15 万元，也无须支付 18 万元的违约金

13. 甲公司与乙公司签订买卖合同，合同约定，甲公司须在 1 个月内向乙公司提供 200 台电视机，总价款 100 万元。合同签订后，乙公司按约定向甲公司交付了定金 20 万元。甲公司依约分两批发运电视机，不料，第一批 100 台电视机在运输过程中遭遇泥石流，致使电视机全部毁损；第二批 100 台电视机在运输过程中被甲公司的债权人丙强行扣押、变卖，最终，乙公司未能收到电视机，欲向甲公司主张定金责任。根据《民法典》的规定，下列关于甲公司定金责任承担的表述中，正确的是（　　）。

A. 甲公司无须承担定金责任，因为没有交付电视机是不可抗力和第三人原因导致的，甲公司没有过错

B. 甲公司须承担全部定金责任，因为甲

公司违反合同约定，未将电视机交付给乙公司

C. 甲公司只需承担一半定金责任，因为不可抗力导致的第一批100台电视机未能交付，不适用定金罚则

D. 甲公司只需承担一半定金责任，因为第三人原因造成的第二批100台电视机未能交付，不适用定金罚则

14. 甲向乙借款200万元，丙作为保证人，借款期间为2018年1月1日起至2020年12月31日止。2020年初，甲向乙追加借款100万元，双方约定全部借款于2021年12月31日清偿。丙对甲向乙追加借款与首期借款期限延长之事不知情。根据《民法典》的规定，下列关于丙的保证责任的表述中，正确的是（　　）。

A. 保证责任范围是200万元，期限至2021年12月31日

B. 保证责任范围是200万元，期限至2020年12月31日

C. 保证责任范围是300万元，期限至2020年12月31日

D. 保证责任范围是300万元，期限至2021年12月31日

15. 甲公司向乙银行贷款500万元，丙公司和丁公司为共同保证人。丙公司、丁公司在与乙银行签订保证合同时，约定保证方式为连带责任保证，但未约定各自的保证份额。丙公司、丁公司之间有内部约定：丙公司承担60%的保证责任，丁公司承担40%的保证责任。根据《民法典》的规定，下列表述中正确的是（　　）。

A. 当甲公司不能清偿债务时，乙银行可以直接要求两个保证人承担保证责任

B. 当甲公司不能清偿债务时，乙银行只能按照两个保证人之间的内部约定主张保证责任

C. 当甲公司不能清偿债务时，乙银行可以向丙公司主张全部保证责任，但丙公司可以以内部协议对抗乙银行

D. 如果丙公司承担了全部保证责任，则只能向主债务人甲公司追偿，不得向丁公司追偿

16. 2022年4月20日，甲向乙发出函件称："本人欲以每吨5 000元的价格出售钢筋100吨。如欲购买，请于5月10日前让本人知悉。"乙于4月27日收到甲的函件，并于次日回函表示愿意购买。但由于投递错误，乙的回函于5月11日方到达甲处。因已超过5月10日的最后期限，甲未再理会乙，而将钢筋售与他人。乙要求甲履行钢材买卖合同。根据《民法典》的规定，下列表述中正确的是（　　）。

A. 甲、乙之间的合同未成立，甲对乙不承担任何责任

B. 甲、乙之间的合同未成立，但乙有权要求甲赔偿信赖利益损失

C. 甲、乙之间的合同成立但未生效，甲有权以承诺超过期限为由撤销要约

D. 甲、乙之间的合同成立且已生效，乙有权要求甲履行合同

（二）多选题

1. 根据《民法典》的规定，下列关于合同成立和合同生效的表述中，正确的有（　　）。

A. 如果当事人没有采用法律要求或当事人约定的书面形式、合同书形式订立合同，只要一方当事人履行了主要义务，对方接受的，合同成立

B. 当事人采用合同书形式订立合同的，最后签名、盖章或者按指印的地方为合同成立的地点

C. 所有依法成立的合同，自成立时即生效

D. 法律、行政法规规定合同应当办理登记手续，但未规定登记后生效的，当事人未办理登记手续不影响合同的效力，但标的物所有权及其他物权不能转移

2. 甲对乙享有50 000元债权，已到清偿期限，但乙一直宣称无能力清偿欠款。甲经调查发现，乙对丁享有3个月后到期的7 000元

债权，戊因赌博欠乙8 000元；另外，乙在半年前发生交通事故，因事故中的人身伤害对丙享有10 000元债权，因事故中的财产损失对丙享有5 000元债权。乙无其他可供执行的财产，乙对其享有的债权都怠于行使。根据《民法典》的规定，下列各项中，甲不可以代位行使的债权有（　　）。

A. 乙对丁的7 000元债权

B. 乙对戊的8 000元债权

C. 乙对丙的10 000元债权

D. 乙对丙的5 000元债权

3. 下列关于合同转让的表述中，正确的有（　　）。

A. 基于债务人特定身份产生的债权不得转让

B. 债务人转移义务的，新债务人可以主张原债务人对债权人的抗辩

C. 合同当事人发生合并或分立时，就会有法定的概括转移的发生

D. 债务加入是指第三人加入到债权债务关系中来，债务人退出债权债务关系，由第三人承担债务

4. 根据《民法典》的规定，下列关于合同解除的表述中，正确的有（　　）。

A. 合同订立后，经当事人协商一致可以解除合同

B. 在不定期租赁合同中，出租人或承租人不得随时解除合同

C. 合同成立后，构成情势变更时，当事人可以随时解除合同

D. 合同解除后，尚未履行的，终止履行

5. 甲、乙双方签订一份合同，约定甲向乙购买水泥10吨。乙按约定日期向甲交货，但甲因躲避他人债务不知去向。乙无奈，将水泥提存。提存当晚，突降特大暴雨，库房坍塌，水泥被水浸泡，全部毁损。1个月后，甲躲债归来，请求乙交付水泥。乙拒绝，并要求甲支付水泥价款和提存费用。根据《民法典》的规定，下列表述中正确的有（　　）。

A. 乙的合同义务已履行完毕，有权拒绝甲交付水泥的请求

B. 水泥毁损的损失应由甲承担

C. 乙有权要求甲支付水泥价款

D. 乙无权要求甲支付提存费用

6. 甲餐厅承接乙的婚宴。双方约定：婚宴共办酒席20桌，每桌2 000元；乙先行向甲餐厅支付定金1万元；任何一方违约，均应向对方支付违约金5 000元。合同订立后，乙依约向甲支付定金。婚宴前一天，乙因故通知甲取消婚宴。甲要求乙依约支付5 000元违约金，同时对定金不予以返还。根据《民法典》的规定，下列表述中正确的有（　　）。

A. 甲餐厅应在1万元定金与5 000元违约金之间择一向乙主张，因为定金与违约金不能同时适用

B. 甲餐厅仅有权请求乙支付8 000元定金，因为定金不得超过合同标的额的20%

C. 因为乙已实际交付定金，定金条款生效

D. 甲餐厅无权请求乙支付定金，因为定金数额超过合同标的额的20%，定金条款无效

7. 甲公司向乙银行贷款300万元，并以自己的机器设备设定抵押，同时丙公司以其厂房设定抵押对乙银行提供担保。贷款到期后，甲公司未履行债务。根据《民法典》的规定，下列说法中正确的有（　　）。

A. 乙银行应该先将机器设备变卖，如果不足以清偿全部债务，则可以对厂房行使抵押权

B. 乙银行应该先将厂房变卖，如果不足以清偿全部债务，则可以对机器设备行使抵押权

C. 乙银行如果放弃了甲公司提供的抵押，则有权向丙公司主张全部债权

D. 乙银行如果放弃了甲公司提供的抵押，则在其放弃的权利范围内免除丙公司的担保责任

8. 甲公司向渤海银行贷款800万元，乙公司以其办公楼设定抵押作为物权担保，丙公司

以保证人的身份提供担保。对于乙公司和丙公司的责任承担顺序未作约定。根据《民法典》的规定，下列说法中正确的有（　　）。

A. 如果甲公司不能履行清偿债务，渤海银行只能先向乙公司主张抵押权，再向保证人丙公司主张权利

B. 当甲公司不履行清偿义务时，如果保证人丙公司承担了全部保证责任后，只能向甲公司追偿

C. 如果甲公司不能履行清偿债务，渤海银行既可以向乙公司主张抵押权，也可以向保证人丙公司主张权利

D. 当甲公司不履行清偿义务时，如果保证人丙公司承担了全部保证责任后，则既能向甲公司追偿，也能向乙公司追偿

9. 下列情形中，买受人应当承担标的物灭失风险的有（　　）。

A. 买卖双方未约定交付地点，出卖人将标的物交由承运人运输，货物在运输途中意外灭失

B. 约定在出卖人营业地交货，买受人未按约定时间前往提货，后货物在地震中灭失

C. 出卖人依约为买受人代办托运，货物交第一承运人后意外灭失

D. 买受人下落不明，出卖人将标的物提存后意外灭失

10. 甲公司将其设备租赁给乙公司使用。租赁期间，甲公司将该设备卖给丙公司。根据《民法典》的规定，下列表述中正确的有（　　）。

A. 甲公司在租赁期间可以出卖出租设备

B. 买卖合同有效，原租赁合同继续有效

C. 买卖合同有效，原租赁合同自买卖合同生效之日起终止

D. 买卖合同有效，原租赁合同须经丙公司同意后方继续有效

11. 甲曾经搭救过乙的性命，乙遂将一枚祖传宝珠装在一个精美木匣中，前往甲家相赠，以示感谢。甲同意留下木匣，但请乙将宝珠带回。甲后来有些后悔，又向乙表示愿意接受宝珠。下列表述中不正确的有（　　）。

A. 甲已经取得宝珠的所有权，有权请求乙返还宝珠

B. 甲尚未取得宝珠的所有权，但有权请求乙转移宝珠的所有权

C. 甲、乙之间的赠与合同成立，但乙有权撤销该合同并拒绝交付

D. 甲无权请求乙转移宝珠的所有权

12. 甲委托乙销售一批木材，乙以自己的名义与丙签订了买卖合同，且丙知道甲与乙之间的代理关系。根据《民法典》的规定，下列表述中正确的有（　　）。

A. 乙、丙签订的买卖合同有效

B. 乙、丙签订的买卖合同无效

C. 乙、丙签订的买卖合同直接约束甲和丙

D. 乙、丙签订的买卖合同只能约束乙和丙

13. 关于法定抵销权的表述中，正确的有（　　）。

A. 双方债务的给付不属于同一种类时也可以行使抵销权

B. 双方当事人不可以约定不得抵销的债务

C. 一方债务到期，另一方债务未到期时，未到期的债务人可以主张抵销

D. 抵销权在性质上属于形成权，当事人主张抵销的，应当通知对方

14. 关于不可抗力，下列说法中正确的有（　　）。

A. “不可抗力”是指不能预见、不能避免且不能克服的客观情况

B. 地震、台风、洪水、海啸等自然灾害属于不可抗力

C. 根据合同自由原则，当事人可以在订立不可抗力条款时，具体列举各种不可抗力的事由

D. 因不可抗力不能履行合同的，可以全部免除责任

15. 物的担保和保证并存时，如果债务人

不履行债务，关于当事人的担保责任承担，下列表述正确的有（　　）。

A. 首先根据当事人的约定确定承担责任的顺序

B. 没有约定或者约定不明的，如果保证与债务人提供的物的担保并存，则债权人先就债务人的物的担保求偿。保证在物的担保不足清偿时承担补充清偿责任

C. 没有约定或者约定不明的，如果保证与第三人提供的物的担保并存，则债权人既可以就物的担保实现债权，也可以要求保证人承担保证责任

D. 没有约定或者约定不明的，如果保证与第三人提供的物的担保并存，其中一人承担了担保责任，则可以向债务人追偿，也可以向另外一个担保人追偿

16. 关于合同条款内容约定不明的，下列表述中正确的有（　　）。

A. 合同价款或报酬约定不明的，按照履行合同时履行地的市场价格确定

B. 合同履行地点约定不明的，给付货币的，在给付货币一方所在地履行

C. 合同履行期限约定不明的，只有债权人可以随时履行

D. 合同履行费用的负担约定不明的，由债权人一方负担

（三）案例分析题

1.（2018 年真题）2015 年 4 月，甲公司与乙建筑公司签订写字楼建筑工程总承包合同，约定：工程造价 4 000 万元，工期 1 年。合同签订后，甲公司依约先行支付 2 000 万元工程款，剩余 2 000 万元拟在工程竣工验收合格后一次付清。

2015 年 5 月，乙公司从丙融资租赁公司租赁塔吊一台。双方约定：租金共计 48 万元，从当年 6 月开始，按月分 12 期支付，每期 4 万元。双方未就乙公司拖欠租金时如何处理以及塔吊在租赁期满后的归属作出约定。

2015 年 8 月，因遭受强台风袭击，塔吊损坏。乙公司为修复塔吊花去维修费 3 万元。乙公司要求丙公司承担维修费，丙公司拒绝。为此，乙公司从 2015 年 9 月开始停止支付租金。

2016 年 1 月，丙公司通知乙公司：由于欠交 4 个月租金，乙公司须在 2016 年 2 月的租金支付日支付全部剩余租金，否则解除合同。乙公司无奈，在 2016 年 2 月将剩余租金一次性全部交清。

租赁期满后，丙公司要求乙公司返还塔吊，乙公司拒绝。

2015 年 10 月，甲公司以在建写字楼为抵押向 A 银行借款 3 亿元，借期 1 年。双方办理了抵押登记。2016 年 4 月，甲公司从丁公司借款 5 000 万元，借期 1 个月，月利率 3%，假设此时一年期贷款市场报价利率为 6%。甲公司仍以在建写字楼为抵押，并为丁公司办理第二顺位抵押登记。

2016 年 4 月，乙公司如期完成工程建设，要求甲公司验收，并支付剩余 2 000 万元工程款。甲公司验收合格，但拒绝支付剩余工程款，理由是：根据相关规定，承接该工程需具备一级总承包资质，但乙公司在签订建设工程总承包合同时仅有二级资质，一级资质直到 2016 年 1 月才取得，故合同无效。

2016 年 5 月，甲公司无力偿还丁公司借款。丁公司诉至人民法院，请求拍卖甲公司写字楼，偿还所欠其借款本金 5 000 万元及利息 150 万元。2016 年 6 月，写字楼拍得价款 3.5 亿元。乙公司要求首先清偿其工程款债权 2 000 万元，A 银行要求提存 3 亿元及利息以确保其债权到期后能获清偿。

要求：根据上述内容，回答下列问题。

（1）甲公司关于乙公司签订建设工程总承包合同时仅有二级资质，合同因而无效的主张是否成立？并说明理由。

（2）丙公司是否有权拒绝承担塔吊的维修费用？并说明理由。

（3）丙公司是否有权要求乙公司在 2016 年 2 月支付全部剩余租金？并说明理由。

（4）租赁期满后，塔吊应归属于谁？并说明理由。

(5) 对于丁公司向甲公司主张的150万元利息，人民法院应支持多少金额？并说明理由。

(6) 乙公司关于写字楼拍得价款首先清偿其工程款债权的主张是否成立？并说明理由。

(7) A银行要求提存3亿元及利息以确保其债权到期后能获清偿的主张是否成立？并说明理由。

2.（2017年真题）2016年4月4日，甲公司从乙银行借款80万元，用于购置A型号自行车1 000辆，借款期限自2016年4月4日至2016年6月4日，并以价值90万元的自有房屋一套为乙银行设定抵押。同时，乙银行与丙公司签订书面保证合同，约定丙公司为甲公司的借款承担连带保证责任。

因自行车价格上调，甲公司于4月5日，又向乙银行追加借款20万元，借款期限自2016年4月5日至2016年6月4日。

4月7日，甲公司与自行车生产商丁公司正式签署买卖合同。合同约定："丁公司为甲公司提供A型号自行车1 000辆，总价100万元，甲公司应于4月9日、4月20日分别支付价款50万元，丁公司应于4月16日、4月27日分别交付A型号自行车500辆。"双方未就自行车质量问题作出约定。

4月9日，甲公司向丁公司支付第一期自行车价款50万元。4月16日，丁公司交付A型号自行车500辆。甲公司在验货时发现该批自行车存在严重质量瑕疵，非经维修无法符合使用要求。4月18日，甲公司表示同意收货，但要求丁公司减少价款，被丁公司拒绝。理由是：第一，双方未就自行车的质量要求作出约定；第二，即使自行车存在质量问题，甲公司也只能就质量问题导致的损失要求赔偿。

4月20日，丁公司请求甲公司支付第二期自行车价款50万元。甲公司调查发现，丁公司经营状况严重恶化，可能没有能力履行合同，遂告知丁暂不履行合同并要求丁在15天内提供具有足够履约能力的保证。丁公司未予理会。

5月6日，丁公司发函告知甲公司：如果再不付款，将向人民法院起诉甲公司违约。甲公司收到函件后，了解到丁公司经营状况继续恶化，便通知丁公司解除未交付的500辆自行车买卖合同。

5月20日，甲公司隐瞒已受领的500辆自行车的质量瑕疵，将该批自行车以30万元卖与戊公司，约定6月30日付款交货。5月25日，庚公司告知甲公司，愿以35万元购买上述500辆自行车。5月30日，甲公司以自己隐瞒质量瑕疵为由，主张撤销与戊公司之间的买卖合同。

6月4日，甲公司无力偿还乙银行两笔贷款。乙银行考虑到拍卖抵押房屋比较烦琐，遂直接要求丙公司还贷，被丙公司拒绝。

要求：根据上述内容，分别回答下列问题。

(1) 甲公司是否取得已受领自行车的所有权？并说明理由。

(2) 甲公司是否有权要求减少价款？并说明理由。

(3) 甲公司中止履行向丁公司支付第二期自行车价款的义务，是否构成违约？并说明理由。

(4) 甲公司是否有权就未交付的自行车解除合同？并说明理由。

(5) 甲公司是否有权撤销与戊公司的买卖合同？并说明理由。

(6) 乙银行是否有权要求丙公司偿还第一笔贷款？并说明理由。

(7) 乙银行是否有权要求丙公司偿还第二笔贷款？并说明理由。

3. 2016年6月6日，甲与乙签订委托合同，委托乙出租自有房屋一套并代收租金，委托期间为2016年6月6日至2018年7月31日。2016年7月4日，甲向乙出具了授权委托书，其载明乙有权代理甲处理房屋出租及租金收取事宜，代理权期间为2016年7月4日至

2018年7月31日。2016年8月1日，乙以甲的名义与丙签订书面房屋租赁合同，租期为2016年8月1日至2018年7月31日，租金每月2万元。2017年6月，该房屋卫生间管道严重漏水，丙请求甲维修，甲以租赁合同中未约定由其承担维修义务为由拒绝，丙自行维修，花费2 000元。

2018年2月，甲欲出售该房屋，遂通知丙解除租赁合同，丙以甲无权任意解除合同为由拒绝。2018年3月5日，甲在未告知丙的情况下，与丁签订买卖合同，以800万元的价格将房屋出售给丁。为支付房款，2018年3月11日，丁与戊、庚签订借款合同，分别向戊、庚借款500万元和300万元，借款期限均为3个月。同时，丁还分别与戊、庚约定以房屋作为借款抵押。次日，丁向甲支付了房款。2018年3月20日，甲和丁办理了房屋过户登记。随后，丁为戊、庚办理了顺位相同的房屋抵押登记。

2018年4月2日，丁以其为房屋所有权人为由，要求丙搬离，丙拒绝，并以承租人享有优先购买权为由，主张甲与丁的买卖合同无效。

因丁无力偿还戊、庚的借款，2018年7月12日，戊、庚主张实现抵押权。房屋拍卖所得价款为720万元，戊、庚均要求就拍卖所得价款全额实现自己的债权。

要求：根据上述内容，分别回答下列问题。

（1）甲与乙的委托合同何时生效？乙何时取得代理权？并分别说明理由。

（2）卫生间管道严重漏水的维修费用2 000元应当由谁承担？并说明理由。

（3）甲是否有权解除与丙的租赁合同？并说明理由。

（4）丁是否有权要求丙搬离？并说明理由。

（5）丙是否有权主张甲与丁的买卖合同无效？并说明理由。

（6）戊和庚应如何就房屋拍卖所得价款实现各自的抵押权？并说明理由。

4. 甲将其位于某住宅楼顶层的一套住房出租给乙，租期2年，月租金9 000元，但未约定租金支付方式。书面租赁合同签订当日，乙向甲支付了1年的租金。租期第2个月，房屋天花板严重漏雨。乙通知甲维修，甲以合同未约定维修条款为由拒绝。乙只好自己找人维修，花去维修费8 000元，维修期间房屋无法居住，乙全家住酒店10天，住宿费用3 000元。租期第5个月，乙全家出国半年。行前乙经甲同意将房屋转租给丙，租期半年。丙租住期间，因使用不当，将甲的洗衣机损坏。乙回国后，甲要求乙赔偿洗衣机损坏的损失，乙提出洗衣机系由丙损坏，甲应向丙索赔。

租期第13个月，甲要求乙支付第二年租金，乙拒绝。同时，乙要求甲支付天花板维修费8 000元，并减免维修期间相当于酒店住宿费用的租金3 000元，甲拒绝。租期第14个月，乙在未告知甲的情况下，在客厅建造了一个壁炉。甲知悉后，要求其拆除壁炉。租期第16个月，甲在未通知乙的情况下将房屋出卖给自己的姐姐丁并于3天后办理房屋转让登记。乙以优先购买权受到侵害为由，要求甲承担赔偿责任，丁则通知乙1个月内搬出。

要求：根据上述内容，分别回答下列问题。

（1）甲是否有义务维修房屋天花板？乙是否有权要求甲支付天花板维修费用并减免维修期间相当于酒店住宿费用的租金？并分别说明理由。

（2）甲是否有权要求乙赔偿洗衣机损坏的损失？并说明理由。

（3）租期第13个月时，乙是否有权拒绝甲关于支付第二年租金的要求？并说明理由。

（4）甲是否有权要求乙拆除壁炉？并说明理由。

（5）丁是否取得了房屋所有权？并说明理由。

（6）乙关于其优先购买权受到侵害的主

张是否成立？并说明理由。

（7）丁是否有权要求乙1个月内搬出？并说明理由。

5. 2021年1月1日，张某为购买住房向李某借款，双方在借款合同中约定：李某在合同生效之日起3日内借款，则按年利率15%的标准向李某支付逾期利息，同时按每月2 000元的标准支付违约金。

2021年1月2日，为担保李某的债权得以实现，张某的好友周某以保证人的身份在借款合同上签字盖章，但未明确约定保证方式。2021年1月3日，李某从100万元本金中提前扣除10万元利息，实际将90万元汇款至张某指定的银行账户。

2022年1月4日，因张某未按时还款，李某要求周某承担保证责任。周某认为，张某有住房、汽车，有足够能力清偿借款，李某应先起诉张某请求清偿，遂予以拒绝。2022年1月10日，李某向人民法院提起诉讼，请求：（1）按100万元本金计算借款利息并由张某予以清偿；（2）自2022年1月4日起，按合同约定计算逾期利息和违约金并由张某予以清偿。

已知：2021年1月一年期贷款利率为3.85%；每月2 000元的违约金相当于年利率为2.67%。

要求：根据上述资料和合同法律制度的规定，不考虑其他因素，回答下列问题：

（1）周某认为李某应先起诉张某请求清偿，是否符合法律规定？简要说明理由。

（2）2022年1月10日，李某请求按照100万元本金计算借款利息，人民法院是否应予支持？简要说明理由。

（3）2022年1月10日，李某请求按合同约定计算逾期利息和违约金，人民法院是否应予支持？简要说明理由。

6. 甲公司2022年12月31日的资产负债表显示的净资产为负，财务状况不断恶化。有关资产：商业用房一间，账面价值100万元；机器设备一套，账面价值20万元；银行存款30万元；应收乙的账款30万元（2022年1月20日到期）；应收丙账款70万元（2022年2月6日到期）。甲公司有关负债：应付丙的账款50万元（2022年3月5日到期）；应付丁的账款180万元（2022年1月10日到期）。

2022年以来，甲公司的资产处理及债权债务清偿情况如下：

（1）1月20日，丁请求甲公司归还欠款未果。但在1月28日丁发现甲公司曾于1月15日将机器设备赠送给了戊。

（2）2月3日，甲公司将拥有的商业用房以60万元的价格（市场价格为120万元）转让给非关联企业己公司，己公司在不知情的情况下，受让该房产，并办理了过户登记手续。

（3）2月21日后，甲公司一直催告乙归还债务，但乙到8月底仍未归还，甲公司亦未采取其他法律措施。

（4）3月15日，甲公司向丙提出就50万元债权债务予以抵销。

（5）4月10日，甲公司与庚公司签订债权转让合同，将对丙的20万元债权以18万元的价格转让给庚。

要求：根据上述内容结合合同法律制度，分别回答以下问题：

（1）丁是否有权请求人民法院撤销甲公司将机器设备赠送给戊的行为？并说明理由。

（2）丁是否有权请求人民法院撤销甲公司将商业用房转让给己公司的行为？并说明理由。

（3）丁是否有权代位行使甲对乙的债权？并说明理由。

（4）甲是否有权向丙主张就50万元的债权债务予以抵销？并说明理由。

（5）甲、庚之间的债权转让何时生效？何时对丙产生效力？并分别说明理由。

进阶练习答案及解析

（一）单选题

1. 【答案】B

【解析】承诺于5月3日到达对方时生效；承诺生效、合同成立。

2. 【答案】B

【解析】要约人确定了承诺期限的，要约不得撤销。

3. 【答案】A

【解析】（1）履行地点约定不明确，给付货币的，在接受货币一方所在地履行（乙公司作为接受货币一方，履行地点为三亚）；（2）价款约定不明确的，按照订立合同时履行地（三亚）的市场价格履行。

4. 【答案】D

【解析】双务合同中应当先履行债务的当事人，有确切证据证明对方有转移财产、抽逃资金，以逃避债务情况的，可以行使不安抗辩权。

5. 【答案】D

【解析】选项A、B，抗辩权的行使限于同一双务合同，甲向乙借用电脑和乙向甲借用名牌手表属于两个合同；选项C，债权人留置的动产与债权应当属于同一法律关系，企业之间留置的除外。在本题中，甲向乙借用电脑和乙向甲借用手表属于两个法律关系。甲、乙均为自然人，乙不享有留置权。

6. 【答案】A

【解析】选项A，当债务人以明显不合理的低价转让财产或者以明显不合理的高价收购他人财产或为他人债务提供担保的，才认定为是债务人减少财产的处分行为，如果是以正常价格转让财产，债权人不得以此为由主张撤销权。

7. 【答案】B

【解析】选项A、B、C，债权转让无须征得债务人的同意，通知即可；选项D，由于债权人的变更，债务人应向新债权人付款，才能发生清偿效力。

8. 【答案】A

【解析】因不可抗力致使不能实现合同目的的，当事人可以解除合同，债务人乙对让与人甲的抗辩，可以向受让人丙主张。

9. 【答案】D

【解析】在履行期限届满之前，当事人一方明确表示或者以自己的行为表明不履行主要债务的，视为预期违约，不履行方的相对方有权解除合同并请求赔偿损失。

10. 【答案】C

【解析】选项A，留置权的行使限于动产，而非不动产；选项B，房屋不是担保物，没有优先受偿权；选项C，符合抵销权行使条件，“房屋租赁”和“借款”的标的物均为有形财产，均到期，任何一方均可主张抵销权；选项D，同时履行抗辩权限于同一双务合同，题中是两个不同的合同。

11. 【答案】B

【解析】选项A，除债权人下落不明的以外，债务人提存时应当及时通知债权人或债权人的继承人、遗产管理人、监护人、财产代管人；选项C，提存物毁损、灭失的风险由债权人承担；选项D，债权人自提存之日起5年不行使领取权，会导致权利消灭。

12. 【答案】A

【解析】尽管约定的违约金（18万元）高于实际损失（15万元），但并未超过实际损失的30%，甲不能请求人民法院或者仲裁机构予以减少，甲应当按照合同约定向乙支付18万元的违约金。甲向乙支付18万元的违约金之后（已经覆盖了15万元的损失）无须再赔偿15万元的损失。

13. 【答案】C

【解析】（1）因不可抗力（泥石流）致使主合同不能履行的，不适用定金罚则；（2）因合同关系以外的第三人（丙）的过错，致使主合同不能履行的，适用定金罚则。

14. 【答案】B

【解析】未经保证人书面同意，加重债务人的债务的，保证人对加重的部分不承担保证责任；变更主合同履行期限的，保证期间为原合同约定的或者法律规定的期间。

15. 【答案】A

【解析】选项 B、C，保证人之间的内部约定对债权人没有约束力，债权人可以任意选择一个或两个承担全部保证责任；选项 D，连带共同保证的保证人承担保证责任后，向债务人不能追偿的部分，由各连带保证人按其内部约定的比例分担。

16. 【答案】D

【解析】此种情形属于承诺的迟到。承诺的迟到是受要约人在承诺期限内发出承诺，按照通常情况能够及时到达要约人，但因其他原因致使承诺到达要约人时超过承诺期限的，为迟到承诺，除要约人及时通知受要约人因承诺超过期限不接受该承诺以外，迟到承诺为有效承诺。由于甲未及时通知乙"承诺已经超过期限且不接受"，因此该承诺于 5 月 11 日已经生效，甲、乙之间的合同已经成立且生效，乙有权要求甲履行合同。

（二）多选题

1. 【答案】ABD

【解析】依法成立的合同，原则上自成立时生效。但并不是所有合同都自成立时生效，一些合同是法律、行政法规规定应当办理批准手续方可生效的，同时还存在附条件、附期限的合同，如附生效条件的合同，自条件成就时生效。

2. 【答案】ABC

【解析】选项 A，如果债务人对第三人的债权未到期的，债权人不能行使代位权；选项 B，债务人对第三人享有合法债权，债权人才能行使代位权，赌博不属于合法债权；选项 C，专属于债务人自身的债权（如人身伤害赔偿请求权），债权人不得行使代位权。

3. 【答案】ABC

【解析】选项 D，债务加入是指第三人加入到债权债务关系中来，债务人不退出债权债务关系，由第三人和债务人共同承担债务。

4. 【答案】AD

【解析】选项 B，在不定期租赁合同中，出租人或承租人均可随时解除合同，但出租人解除合同应当在合理期限之前通知承租人；选项 C，合同成立后，构成情势变更时，当事人负有重新协商的义务，如请求变更或解除合同，人民法院或仲裁机构应当将变更合同作为首选，只有在难以维持合同时才能解除合同。

5. 【答案】ABC

【解析】提存费用由债权人负担。

6. 【答案】AC

【解析】选项 A、C，定金合同从实际交付定金之日起生效，乙已向甲支付定金，定金合同生效，甲有权要求乙承担定金责任。另外，当事人既约定违约金，又约定定金的，一方违约时，对方可以选择适用违约金或者定金条款，二者不能并用；选项 B、D，定金数额超过合同标的额 20% 的，只是超过部分无效，而非整个定金条款无效。

7. 【答案】AD

【解析】选项 A、B，债权人应先就主债务人的担保物行使抵押权，不足部分由次债务人补偿；选项 C、D，主债务人以自己的财产设定抵押，抵押权人放弃该抵押权的，其他担保人在抵押权人丧失优先受偿权益的范围内免除担保责任，但其他担保人承诺仍然提供担保的除外。

8. 【答案】BC

【解析】选项 A、C，当事人对承担担保责任的顺序没有约定或者约定不明确的，债权人可以执行第三人的物保，也可以首先要求保证人承担保证责任；选项 B、D，在保证人与第三人提供的物保并存的情况下，如果其中一人承担了担保责任，则只能向主债务人追偿，不能向另外一个担保人追偿。

9. 【答案】ABCD

【解析】选项 A，当事人没有约定交付地

点，标的物需要运输的，出卖人将标的物交付给第一承运人后，标的物毁损、灭失的风险由买受人承担；选项B，出卖人按照约定将标的物置于交付地点，买受人违反约定没有收取的，标的物毁损、灭失的风险自违反约定之日起由买受人承担；选项C，出卖人根据合同约定将标的物运送至买受人指定地点并交付给承运人后，标的物毁损、灭失的风险由买受人承担，但当事人另有约定的除外；选项D，出卖人将标的物依法提存后，毁损、灭失的风险由买受人承担。

10. 【答案】AB

【解析】租赁物在租赁期间发生所有权变动的，不影响租赁合同的效力。

11. 【答案】ABC

【解析】选项A，宝珠并未完成交付，其所有权未发生转移。选项B、C、D，赠与合同是诺成合同，当事人双方达成意思表示一致时合同成立。在本案中，甲当时并未同意受赠宝珠，赠与合同仅在木匣上成立，甲无权要求乙转移宝珠的所有权。

12. 【答案】AC

【解析】选项A、B，受托人可以以自己的名义，在委托人的授权范围内与第三人订立合同；选项C、D，第三人在订立合同时知道受托人与委托人之间的代理关系的，该合同直接约束委托人和第三人，但有确切证据证明该合同只约束受托人和第三人的除外。

13. 【答案】CD

【解析】选项A，双方债务的给付不属于同一种类时不可以行使抵销权；选项B，双方当事人可以约定不得抵销的债务。

14. 【答案】ABC

【解析】不可抗力并非当然免责，要根据不可抗力对合同履行的影响决定。《民法典》规定，因不可抗力不能履行合同的，根据不可抗力的影响，部分或者全部免除责任。当事人迟延履行后发生不可抗力的，不能免除责任。

15. 【答案】ABC

【解析】没有约定或者约定不明的，如果保证与第三人提供的物的担保并存，其中一人承担了担保责任，则只能向债务人追偿，不能向另外一个担保人追偿。

16. 【答案】ABCD

【解析】选项A，合同价款或报酬约定不明的，按照订立合同时履行地的市场价格确定，而不是履行合同时；选项B，合同履行地点约定不明的，给付货币的，在接受货币一方所在地履行，而不是给付货币一方；选项C，合同履行期限约定不明的，债权人和债务人均可随时履行；选项D，合同履行费用的负担约定不明的，由履行义务的一方负担，但因债权人原因增加的履行费用，由债权人负担。

（三）案例分析题

1. 【答案】

（1）甲公司的主张不成立。根据合同法律制度的规定，承包人超越资质等级许可的业务范围签订建设工程施工合同，在建设工程竣工前取得相应资质等级，不按照无效合同处理。

（2）丙公司有权拒绝承担塔吊的维修费用。根据《民法典》的规定，融资租赁期间，承租人应承担租赁物的维修义务。

（3）丙公司有权要求乙公司在2016年2月支付全部剩余租金。根据《民法典》的规定，承租人经催告后在合理期限内仍不支付租金的，出租人可以要求支付全部租金。

（4）租赁期满后，塔吊应归属于丙公司。根据《民法典》的规定，当事人对于租赁物的归属没有约定（也不能依照《民法典》有关规定确定的），租赁期满后，租赁物的所有权归出租人。

（5）对于丁公司向甲公司主张的150万元利息，人民法院应支持100万元。根据《民法典》的规定，民间借贷双方约定的年利率超过合同成立时一年期贷款市场报价利率四倍的，即6% ×4 为24%（月利率2%）的，超过部分法院不予支持。

（6）乙公司就写字楼拍得价款首先清偿其工程款债权的主张成立。根据《民法典》

的规定，承包人有权主张建设工程价款，就该工程拍卖所得价款优先受偿，并且该优先受偿权优于抵押权。

（7）A银行要求提存3亿元及利息以确保其债权到期后能获清偿的主张成立。根据《民法典》的规定，顺位在后的抵押权所担保的债权先到期、抵押权人主张实现抵押权时，抵押物拍卖后，须从所得价款中剔除顺位在先抵押权所担保的债权额，予以提存，剩余部分方可供顺位在后的抵押权优先受偿。

2.【答案】

（1）甲公司取得已受领自行车的所有权。丁公司将其自行车交付甲公司，甲公司受领，双方具有移转所有权的合意，根据《民法典》的规定，甲公司取得所有权。

（2）甲公司有权要求减少价款。当事人就质量、价款或者报酬、履行地点等内容没有约定或者约定不明确的，按照强制性国家标准履行；没有强制性国家标准的，按照推荐性国家标准履行；没有推荐性国家标准的，按照行业标准履行；没有国家标准、行业标准的，按照通常标准或者符合合同目的的特定标准履行。甲公司与丁公司虽未就自行车质量作出约定，但自行车瑕疵严重到非经维修无法符合使用要求的程度，可以认定丁公司构成违约。又根据《民法典》的规定，交付的标的物质量不合格时，在未约定违约责任如何承担的情况下，当事人有权选择减少价款作为对方承担违约责任的方式。

（3）甲公司中止履行向丁公司支付第二期自行车价款的义务，不构成违约。根据《民法典》的规定，双务合同中负有先履行义务的一方当事人，有确切证据表明相对人经营状况严重恶化，可能丧失履约能力时，有暂时中止履行合同的权利，即享有不安抗辩权。

（4）甲公司有权就未交付的自行车解除合同。根据《民法典》的规定，当事人行使不安抗辩权中止履行的，应当及时通知对方。中止履行后，对方在合理期限内既未恢复履行能力又未提供履约担保的，中止履行的一方可以解除合同。在甲公司告知丁暂不履行合同并要求丁在15日内提供具有足够履约能力的保证后，丁公司未予理会且经营状况继续恶化，故甲公司有权解除合同。

（5）甲公司无权撤销与戊公司的买卖合同。根据《民法典》的规定，一方以欺诈的方式与对方订立合同的，受损害方才有权撤销合同。

（6）乙银行无权要求丙公司偿还第一笔贷款。根据《民法典》的规定，债权既有物的担保又有人的担保的，如果对担保物权与保证的实现次序没有约定或者约定不明确的，债务人自己提供物的担保的，债权人应当先就该物的担保实现债权。因此，在实现对甲公司房屋的抵押权之前，乙银行无权要求丙公司偿还第一笔贷款。

（7）乙银行无权要求丙公司偿还第二笔贷款。根据《民法典》的规定，保证期间，债权人与债务人协议变更主合同的，应当取得保证人书面同意。未经保证人同意的主合同变更，如果加重债务人的债务，保证人对加重的部分不承担保证责任。甲公司追加的第二笔贷款，未经丙公司同意，丙公司对此不承担保证责任。

3.【答案】

（1）①委托合同于2016年6月6日生效。因委托合同属于诺成合同，故自双方当事人意思表示一致时成立并生效。②乙于2016年7月4日取得代理权。因授权行为属于单方民事法律行为，故自授权人甲完成授权意思表示时成立并生效。

（2）维修费用应当由甲承担。根据法律规定，出租人应当履行租赁物的维修义务，但当事人另有约定的除外。承租人在租赁物需要维修时可以要求出租人在合理期限内维修。出租人未履行维修义务的，承租人可以自行维修，维修费用由出租人（甲）负担。

（3）甲无权解除合同。根据法律规定，依法成立的合同，对双方当事人均具有法律约束力，一方当事人不得擅自变更或者解除合同。

(4) 丁无权要求丙搬离。根据法律规定，租赁物在租赁期间发生所有权变动的，不影响租赁合同的效力。

(5) 丙无权主张甲与丁的买卖合同无效。根据法律规定，出租人出卖租赁房屋未在合理期限内通知承租人，承租人请求确认出租人与第三人签订的房屋买卖合同无效的，人民法院不予支持。

(6) 按债权比例清偿。根据法律规定，抵押权已登记的，按照登记的先后顺序，清偿顺序相同的，按照债权比例清偿。

4. 【答案】

(1) ①甲有义务维修天花板。根据法律规定，出租人（甲）应当履行租赁物的维修义务，但当事人另有约定的除外。②乙有权要求甲支付天花板维修费用并减免维修期间相当于酒店住宿费用的租金。根据规定，出租人未履行维修义务的，承租人可以自行维修，维修费用由出租人负担。因维修租赁物影响承租人使用的应当相应减少租金或者延长租期。

(2) 甲有权要求乙赔偿洗衣机损坏的损失。根据法律规定，承租人经出租人同意，可以将租赁物转租给第三人，承租人与出租人的租赁合同继续有效，第三人（丙）对租赁物造成损坏的，承租人（乙）应当承担赔偿责任。

(3) 乙有权拒绝甲关于支付第二年租金的要求。根据法律规定，对租金的支付期限未约定或者约定不明确的，当事人可以协议补充，不能达成补充协议的，可以根据合同的有关条款或者交易习惯确定，仍不能确定的，租赁期限1年以上的，应当在每届满1年时支付，剩余期间不满1年的，应当在租赁期限届满时支付。

(4) 甲有权要求乙拆除壁炉。根据法律规定，承租人未经出租人同意，对租赁物进行改善或者增设他物的，出租人可以要求承租人恢复原状或者赔偿损失。

(5) 丁取得了房屋所有权。根据法律规定，不动产物权的设立、变更、转让和消灭，经依法登记，发生效力。在本题中，甲与丁已经办理了房屋变更登记手续，丁取得了房屋所有权。

(6) 乙关于其优先购买权受到侵害的主张不成立。根据法律规定，出租人将房屋出卖给其近亲属（包括配偶、父母、子女、兄弟姐妹、祖父母、外祖父母、孙子女、外孙子女），承租人主张优先购买房屋的，人民法院不予支持。

(7) 丁无权要求乙1个月内搬出。根据法律规定，租赁物在租赁期间发生所有权变动的，不影响租赁合同的效力。在本题中，甲与乙签订的租赁合同在房屋所有权转移至丁后继续有效，在原租赁合同有效期限内，丁无权要求乙搬出。

5. 【答案】

(1) 符合。

根据合同法律制度的规定，当事人对保证方式没有约定或者约定不明的，按照一般保证承担保证责任。一般保证的保证人享有先诉抗辩权。

(2) 不应支持。

根据合同法律制度的规定，利息预先在本金中扣除的，应当按照实际借款数额返还借款并计算利息。

(3) 不应全部支持。

根据合同法律制度的规定，出借人与借款人既约定了逾期利率，又约定了违约金，出借人可以一并主张，但是总计超过合同成立时一年期贷款市场报价利率四倍的部分，人民法院不予支持。合同约定逾期利率为年利率15%，每月2 000元的违约金相当于年利率为2.67%，超过了一年期贷款市场报价利率的四倍，即年利率15.4%。

6. 【答案】

(1) 丁有权请求人民法院撤销甲公司将机器设备赠送给戊的行为。根据规定，因债务人无偿转让财产，对债权人造成损害的，债权人可以请求人民法院撤销债务人的行为。

（2）丁无权请求人民法院撤销甲公司将商业用房转让给己公司的行为。根据规定，债务人减少财产的处分行为中，以明显不合理的低价转让财产，对债权人造成损害，并且受让人知道该情形的，债权人可以请求人民法院撤销债务人的处分行为。此题中，己公司属于不知情的善意第三人，因此该行为丁公司无权撤销。

（3）丁有权代位行使甲对乙的债权，根据规定，债务人怠于行使其对第三人享有的到期债权，危及债权人债权实现时，债权人为保障自己的债权，可以自己的名义代位行使债务人对次债务人的债权。

（4）甲可以主张抵销。根据规定，当事人互负到期债务，债务标的物种类、品质相同的，任何一方均可主张抵销。标的物种类、品质不相同的，经双方协商一致，也可以抵销．

（5）甲、庚之间的债权转让4月10日生效，丙接到债权转让通知后对丙产生效力。根据规定，债权人转让权利，不需要经债务人同意，但应当通知债务人。未经通知，该转让对债务人不发生效力。

第五章　合伙企业法律制度

2023 年教材内容主要变化

本章教材内容的变化主要为根据投融资实务，对有限合伙企业的利润分配进行了阐述，但目前司法上对此问题并无定论，成为高频考点的可能性较低；同时本章教材删除了外国企业或者个人在中国境内设立合伙企业的相关问题，减轻了考生的复习量，其他内容有个别语句调整，不影响对本章高频考点的复习。

本章近五年考试高频考点分布

高频考点内容	年度及题型分布
合伙企业的特征	2021 年单选题
普通合伙企业的设立	2021 年单选题、2020 年单选题
合伙人的出资	2019 年单选题
合伙企业的财产	2018 年多选题
合伙企业的损益分配原则	2019 年单选题、2018 年单选题
合伙人的债务清偿	2018 年多选题
合伙份额转让	2022 年单选题、2019 年单选题
合伙企业事务执行（含有限合伙）	2022 年单选题、2020 年单选题、2020 年多选题、2019 年单选题、2019 年多选题
有限合伙企业的设立	2018 年单选题
普通合伙人的入伙与退伙	2022 年单选题、2022 年多选题、2021 年单选题、2021 年多选题、2020 年单选题、2020 年多选题、2019 年多选题、2018 年单选题、2018 年多选题
依法纳税	2018 年单选题
合伙企业的解散与清算	2022 年多选题、2020 年单选题、2019 年单选题

高频考点精讲

本章内容为合伙企业法律制度，属于次重要的章节，主要包括普通合伙企业、有限合伙企业等理论知识。

高频考点1：合伙企业的概念、特征、类型★★

1. 概念

合伙企业是指自然人、法人和其他组织依照《合伙企业法》在中国境内设立的普通合伙企业和有限合伙企业。

2. 特征

合伙企业具有以下几个特征：

（1）合伙企业是合伙人共同出资、共同经营、共享收益、共担风险的自愿联合；

（2）合伙企业的信用基础最终取决于普通合伙人的偿付能力；

（3）合伙企业无法人资格，但具有许多类似法人的特点；

（4）合伙企业的内部治理高度灵活；

（5）合伙企业并非企业所得税纳税人。

3. 类型

合伙企业分为普通合伙企业和有限合伙企业。

经典例题

【真题·单选题】（2021）根据合伙企业法律制度的规定，与其他合伙关系相比，合伙企业最显著的特征是（　　）。

A. 共享收益

B. 共担风险

C. 共同经营

D. 共同出资

【答案】B

【解析】合伙企业这些特征中最关键的是共担风险，这是合伙企业不同于其他合伙关系的最关键之处，选项B正确。

高频考点2：普通合伙企业的设立★★★

1. 合伙人

（1）合伙人至少为2人以上，对于普通合伙企业合伙人数的最高限额，《合伙企业法》未作规定，由设立人根据所设企业的具体情况决定。

（2）合伙人可以是自然人，也可以是法人或者其他组织（如个人独资企业、合伙企业）。

（3）合伙人为自然人的，应当具有完全民事行为能力，无民事行为能力人和限制民事行为能力人不得成为普通合伙人。

（4）国有独资公司、国有企业、上市公司以及公益性的事业单位、社会团体不得成为普通合伙人。

名师解惑

如果普通合伙人丧失民事行为能力，经全体合伙人一致同意，可以依法成为有限合伙人，因为作为普通合伙人，必须具有偿付能力，必须具备承担无限连带责任的能力。但如果其他合伙人未能一致同意，该合伙人只能当然退伙。

2. 合伙协议

（1）合伙协议经全体合伙人签名、盖章后生效。

（2）修改或者补充合伙协议，应当经全体合伙人一致同意；但是，合伙协议另有约定的除外。

名师解惑

本章中要尤为关注法律的“但书”字样，这表明在法律规定之外，允许合伙人对有关事项进行约定，即约定内容优先于法律规定而适用。

3. 出资

（1）合伙人可以用货币、实物、知识产权、土地使用权或者其他财产权利出资，普通合伙人也可以用劳务出资。

（2）合伙人以实物、知识产权、土地使用权或者其他财产权利出资，需要评估作价的，可以由全体合伙人协商确定，也可以由全体合伙人委托法定评估机构评估。

（3）合伙人以劳务出资的，其评估办法由全体合伙人协商确定，并在合伙协议中载明。

（4）以非货币财产出资的，依照法律、行政法规的规定，需要办理财产权转移手续的，应当依法办理。

4. 企业名称

（1）普通合伙企业应当在名称中标明“普通合伙”字样。

（2）特殊的普通合伙企业应当在名称中标明“特殊普通合伙”字样。

经典例题

【真题·单选题】（2020）甲、乙、丙拟设立一普通合伙企业，2020 年 5 月 10 日，三人口头约定合伙协议内容，并明确合伙企业在各合伙人出资后成立。5 月 20 日，三人按照前述约定签订书面合伙协议。5 月 30 日，三人按照约定缴纳出资额。6 月 5 日，登记机关签发合伙企业营业执照。下列各项中，该合伙企业合伙协议生效的日期为（　　）。

A. 5 月 10 日　　B. 5 月 20 日

C. 5 月 30 日　　D. 6 月 5 日

【答案】B

【解析】普通合伙企业应当采取书面的合伙协议，合伙协议经全体合伙人签名、签章后生效。因此 5 月 20 日签订书面协议时，合伙协议生效，选项 B 正确。

【真题·单选题】（2020）根据合伙企业法律制度的规定，下列主体中，可以成为普通合伙人的是（　　）。

A. 某公益性事业单位

B. 创业板上市的某民营企业

C. 某大型国有企业

D. 某个人独资企业

【答案】D

【解析】国有独资公司、国有企业、上市公司以及公益性的事业单位、社会团体不得成为普通合伙人，但可以成为有限合伙人，因此，选项 D 正确。

【例题·单选题】根据合伙企业法律制度的规定，下列关于普通合伙企业合伙人的表述中，正确的是（　　）。

A. 非法人组织不能成为合伙人

B. 国有企业不能成为合伙人

C. 限制民事行为能力的自然人可以成为合伙人

D. 公益性社会团体可以成为合伙人

【答案】B

【解析】选项 A，合伙人可以是自然人，也可以是法人或者其他组织；选项 C，无民事行为能力人和限制民事行为能力人不能成为普通合伙人；选项 B、D，国有独资公司、国有企业、上市公司以及公益性的事业单位、社会团体不得成为普通合伙人。

【例题·单选题】根据合伙企业法律制度的规定，下列出资形式中，只能由全体合伙人协商确定其评估办法的是（　　）。

A. 实物

B. 土地使用权

C. 知识产权

D. 劳务

【答案】D

【解析】选项 A、B、C，协商或评估确定；选项 D，只能协商确定。

高频考点 3：合伙企业的设立登记★★

（1）合伙企业应当向登记机关登记以下事项：

①名称；

②合伙类型；

③经营范围；

④主要经营场所；

⑤合伙人的出资额；

⑥执行事务合伙人；

⑦合伙人名称或者姓名、住所、承担责任方式；

⑧法律、行政法规规定的其他事项。

此外，合伙企业还应当向登记机关备案以下事项：

①合伙协议；

②合伙期限；

③合伙人认缴或者实际缴付的出资数额、缴付期限和出资方式；

④合伙企业登记联络员；

⑤合伙企业受益所有人相关信息；

⑥法律、行政法规规定的其他事项。

（2）合伙企业申请办理登记，应当提交下列材料：

①申请书；

②申请人资格文件、自然人身份证明；

③合伙企业主要经营场所相关文件；

④合伙企业合伙协议；

⑤法律、行政法规和国务院市场监督管理部门规定提交的其他材料。

（3）登记机关应当对申请材料进行形式审查。申请人申请合伙企业设立登记，登记机关依法予以登记的，应当签发营业执照。营业执照签发日期为市场主体的成立日期。法律、行政法规或者国务院决定规定设立合伙企业须经批准的，应当在批准文件有效期内向登记机关申请登记。合伙企业设立分支机构，应当向分支机构所在地的登记机关申请登记。

（4）合伙企业应当按照国家有关规定公示年度报告和登记相关信息。

（5）申请人应当对提交材料的真实性、合法性和有效性负责。

（6）合伙企业变更登记事项，应当自作出变更决议、决定或者法定变更事项发生之日起30日内向登记机关申请变更登记。

（7）因自然灾害、事故灾难、公共卫生事件、社会安全事件等原因造成经营困难的，合伙企业可以自主决定在一定时期内歇业，但法律、行政法规另有规定的除外。合伙企业应当在歇业前向登记机关办理备案。登记机关通过国家企业信用信息公示系统向社会公示歇业期限、法律文书送达地址等信息。合伙企业歇业的期限最长不得超过3年。

（8）合伙企业当事人违反登记法规须承担相应的法律责任。

①未经设立登记而以合伙企业从事经营活动的，由登记机关责令改正，没收违法所得；拒不改正的，处1万元以上10万元以下的罚款；情节严重的，依法责令关闭停业，并处10万元以上50万元以下的罚款。

②提交虚假材料或者采取其他欺诈手段隐瞒重要事实取得合伙企业登记的，由登记机关责令改正，没收违法所得，并处5万元以上20万元以下的罚款；情节严重的，处20万元以上100万元以下的罚款，吊销营业执照。

③合伙企业未依法变更登记的，由登记机关责令改正；拒不改正的，处1万元以上10万元以下的罚款；情节严重的，吊销营业执照。

④合伙企业未依法办理备案的，由登记机关责令改正；拒不改正的，处5万元以下的罚款。

⑤合伙企业未依法将营业执照置于主要经营场所醒目位置的，由登记机关责令改正；拒不改正的，处3万元以下的罚款。从事电子商务经营的合伙企业未在其首页显著位置持续公示营业执照信息或者相关链接标识的，由登记机关依照《电子商务法》处罚。

⑥合伙企业伪造、涂改、出租、出借、转让营业执照的，由登记机关没收违法所得，处10万元以下的罚款；情节严重的，处10万元以上50万元以下的罚款，吊销营业执照。

经典例题

【真题·单选题】（2021）合伙企业登记事项变更，执行合伙事务的合伙人应当在一定期限内向企业登记机关申请变更登记。该期限是（　　）日。

A. 10　　B. 15

C. 20　　D. 30

【答案】B

【解析】合伙企业登记事项发生变更的，应当自作出变更登记决定或者发生变更事由之日起15日内，向登记机关申请变更登记，选项B正确。

高频考点4：合伙企业的财产★★★

1. 合伙企业财产的构成

（1）合伙人的出资。合伙人的出资形成合伙企业的原始财产，合伙企业的原始财产是全体合伙人认缴的出资，而非各合伙人实际缴纳的财产。

（2）以合伙企业名义取得的收益。以合伙企业名义取得的收益，主要包括合伙企业的公共积累资金、未分配的利润、合伙企业债权、合伙企业取得的工业产权和非专利技术等财产权利。

（3）依法取得的其他财产。合伙企业根据法律、行政法规的规定合法取得的其他财产，如合法接受的赠与财产等。

2. 合伙企业财产的性质

（1）独立性。合伙企业的财产独立于合伙人，合伙人出资以后，一般说来，便丧失了对其作为出资部分的财产的所有权，合伙企业的财产所有权主体是合伙企业，而不是单独的每一个合伙人。

（2）完整性。合伙企业的财产作为一个完整的统一体而存在，合伙人对合伙企业财产权益的表现形式，仅是依照合伙协议所确定的财产收益份额或者比例。

（3）合伙人在合伙企业清算前私自转移或者处分合伙企业财产的，合伙企业不得以此对抗善意第三人。

3. 财产份额的转让

（1）对内转让。合伙人之间转让在合伙企业中的全部或者部分财产份额时，应当通知其他合伙人。

审判实践中，合伙协议如果明确约定合伙人之间转让合伙财产份额需经全体合伙人一致同意，且该约定不违反法律、行政法规的强制性规定，也不违背公序良俗，法院通常认定其合法有效。基于此种特别约定，在其他合伙人未同意合伙财产份额转让之前，当事人就合伙财产份额转让签订的转让协议，应当认定为成立但未生效。如其他合伙人明确不同意该合伙财产份额转让，则转让协议确定不生效，不能在当事人之间产生履行力。当事人请求履行转让协议的，人民法院不予支持。

（2）对外转让。

①除合伙协议另有约定外，普通合伙人向合伙人以外的人转让其在合伙企业中的全部或者部分财产份额时，须经其他合伙人一致同意。

小贴士 对外转让财产份额时，先约定后法定：先看合伙协议是否另有约定；合伙协议未约定的，才看法定（必须经其他合伙人一致同意）。

②普通合伙人向合伙人以外的人转让其在合伙企业中的财产份额的，在同等条件下其他合伙人有优先购买权；但是，合伙协议另有约定的除外。

小贴士 其他合伙人是否享有优先购买权？先约定后法定：先看合伙协议是否另有约定；合伙协议未约定的，才看法定（在同等条件下其他合伙人才有优先购买权）。

名师解惑

合伙人财产份额的对内转让较对外转让条件宽松，通知其他合伙人即可，但是如果合伙协议约定须经全体合伙人一致同意的话，那么必须先适用约定，否则不发生转让的效力，这表明在法定允许的范围内，完全可以约定，特别是在审判实务中。对于财产份额的对外转让，须经全体合伙人一致同意，而这是法定条件，在法定之外，合伙人也可以在合伙协议中约定其他方式。

4. 财产份额的出质

普通合伙人以其在合伙企业中的财产份额出质的，须经其他合伙人一致同意；未经其他合伙人一致同意，其行为无效，由此给善意第三人造成损失的，由行为人依法承担赔偿责任。**普通合伙人以其财产份额出质的，必须经其他合伙人一致同意，这是法律的强制性规定，合伙协议不得任意约定。**

名师解惑

对于合伙企业财产份额的出质，法律优先保护合伙企业的权益，并不是优先保护善意第三人，这与物权法律制度有所不同。

经典例题

【真题·单选题】（2022）根据合伙企业法律制度的规定，下列关于合伙人财产份额转让和出质的表述中，正确的是（ ）。

A. 合伙人之间转让在合伙企业中的全部财产份额的，须经其他合伙人一致同意

B. 合伙人向合伙人以外的人转让其在合伙企业中的财产份额的，同等条件下其他合伙人有优先购买权，除非合伙协议另有约定

C. 合伙人以外的人依法受让合伙人在合伙企业中的财产份额的，即成为合伙企业的合伙人

D. 合伙人以其在合伙企业中的财产份额出质的，须经其他合伙人半数以上同意

【答案】B

【解析】合伙人之间转让在合伙企业中的全部或者部分财产份额时，应当通知其他合伙人，无须经其他合伙人一致同意，因此选项A错误；合伙人以外的人依法受让合伙人在合伙企业中的财产份额的，经修改合伙协议即成为合伙企业的合伙人，因此选项C错误；普通合伙人以其在合伙企业中的财产份额出质的，须经其他合伙人一致同意，选项D既未明确合伙人类型，也未体现一致同意，因此错误。

【例题·多选题】根据合伙企业法律制度的规定，下列各项中，属于合伙企业财产的有（ ）。

A. 合伙人缴纳的实物出资

B. 合伙企业对某公司的债权

C. 合伙企业合法接受的赠与财产

D. 合伙企业未分配的盈余

【答案】ABCD

【解析】上述各选项均属于合伙企业的财产。

【例题·单选题】某普通合伙企业的一名合伙人拟将其合伙财产份额转让给合伙企业以外的人，合伙协议对该事项的决定规则未作约定。根据合伙企业法律制度的规定，下列关于该事项决定规则的表述中，正确的是（ ）。

A. 须其他合伙人半数以上同意

B. 须其他合伙人一致同意

C. 须其他合伙人2/3以上同意

D. 须其他合伙人过半数同意

【答案】B

【解析】除合伙协议另有约定外，普通合伙人向合伙人以外的人转让其在合伙企业中的全部或者部分财产份额时，须经其他合伙人一致同意。

【例题·单选题】某普通合伙企业合伙人甲，在未告知其他合伙人的情况下，以其在合伙企业中的财产份额出质，其他合伙人知悉后表示反对。根据合伙企业法律制度的规定，下列关于该出质行为效力的表述中正确的是（ ）。

A. 有效

B. 可撤销

C. 效力未定

D. 无效

【答案】D

【解析】普通合伙人以其在合伙企业中的财产份额出质的，须经其他合伙人一致同意；未经其他合伙人一致同意，其行为无效。

高频考点5：合伙企业的事务执行

★★★

1. 合伙事务执行的形式

（1）普通合伙人无论其出资多少，都对企业债务承担无限连带责任。因此，各合伙人无论其出资多少，都有权平等享有执行合伙企业事务的权利。

（2）一般情况下，由全体合伙人共同执行合伙事务。按照合伙协议的约定或者经全体合伙人决定，也可以委托一个或者数个合伙人执行合伙事务，其他合伙人不再执行合伙事务。由一个或者数个合伙人执行合伙事务的，执行事务的合伙人应当定期向其他合伙人报告事务执行情况以及合伙企业的经营和财务状况。

（3）重大事项的决议办法。

除合伙协议另有约定外，合伙企业的下列事项应当经全体合伙人一致同意。

①改变合伙企业的名称；

②改变合伙企业的经营范围、主要经营场所的地点；

③处分合伙企业的不动产（不包括动产）；

④转让或者处分合伙企业的知识产权和其他财产权利；

⑤以合伙企业名义为他人提供担保；

⑥聘任合伙人以外的人担任合伙企业的经营管理人员。

小贴士 重大事项的决议办法，先约定后法定：先看合伙协议是否另有约定，合伙协议没有约定的，才看法定（经全体合伙人一致同意）。

2. 合伙人在执行合伙事务中的权利

（1）对外代表权。委托一个或者数个合伙人执行合伙事务的，执行合伙事务的合伙人对外代表合伙企业，其他合伙人不得对外代表合伙企业。

（2）监督权。委托一个或者数个合伙人执行合伙事务的，其他合伙人不再执行合伙事务，但不执行合伙事务的合伙人有权监督执行事务合伙人执行合伙事务的情况。

（3）查阅账簿权。合伙人有权查阅合伙企业会计账簿等财务资料。

（4）撤销委托权。受委托执行合伙事务的合伙人不按照合伙协议或者全体合伙人的决定执行事务的，其他合伙人可以决定撤销该委托。

（5）异议权。合伙人分别执行合伙事务的，**执行事务合伙人可以对其他合伙人执行的事务提出异议**。提出异议时，应当暂停该项事务的执行。如果发生争议，按照合伙协议约定的表决办法办理，合伙协议未约定或者约定不明确的，实行合伙人一人一票并经全体合伙人过半数通过的表决办法。

3. 合伙人在执行合伙事务中的义务

（1）报告义务。由一个或者数个合伙人执行合伙事务的，执行事务合伙人应当定期向其他合伙人报告事务执行情况以及合伙企业的经营状况和财务状况。

（2）竞业禁止义务。合伙人不得自营或者同他人合作经营与本合伙企业相竞争的义务。如果违反该义务，该收益归合伙企业所有；给合伙企业或者其他合伙人造成损失的，依法承担赔偿责任。

（3）交易禁止义务。除合伙协议另有约定或者经全体合伙人一致同意外，合伙人不得同本合伙企业进行交易。如果违反该义务，该收益归合伙企业所有；给合伙企业或者其他合伙人造成损失的，依法承担赔偿责任。

（4）不得损害合伙企业利益的义务。合伙人执行合伙事务，或者合伙企业从业人员利用职务上的便利，将应当归合伙企业的利益据为己有的，或者采取其他手段侵占合伙企业财产的，应当将该利益和财产退还合伙企业；给合伙企业或者其他合伙人造成损失的，依法承担赔偿责任。

4. 合伙事务执行的决议办法

决议办法有三种：

（1）由合伙协议对决议办法作出约定。但是该约定既不得与法律相抵触，同时应当由全体合伙人协商一致共同作出。至于决议办法，是采取全体合伙人一致通过，还是采取2/3以上多数通过，或者采取其他办法，由全体合伙人视所决议事项而作出约定。

（2）实行合伙人一人一票并经全体合伙人过半数通过的表决办法。该办法必须是合伙协议未约定或者约定不明确时才可采用。需要注意的是，对各合伙人，无论出资多少和以何物出资，表决权应以合伙人的人数为准。

（3）依照《合伙企业法》的规定作出决议。如法律规定，合伙人按照合伙协议的约定或者经全体合伙人决定，可以增加或者减少对合伙企业的出资。

5. 合伙企业的损益分配

（1）合伙企业的利润分配、亏损分担按照合伙协议的约定办理。合伙协议未约定或者约定不明确的，由合伙人协商决定；协商不成的，由合伙人按照实缴出资比例分配、分担；无法确定出资比例的，由合伙人平均分配、分担。

（2）合伙协议不得约定将全部利润分配给部分合伙人或者由部分合伙人承担全部亏损。

小贴士 合伙企业损益分配原则：约定→协商→实缴出资比例→平均。同时，普通合伙企业的合伙协议绝对不得约定将全部利润分配给部分合伙人或者由部分合伙人承担全部亏损。

经典例题

【真题·单选题】（2020）根据合伙企业法律制度的规定，下列关于有限合伙企业合伙事务执行人的表述中，正确的是（　　）。

A. 合伙协议可以约定由有限合伙人担任合伙事务执行人

B. 合伙协议无约定的情况下，全体普通合伙人是合伙事务的共同执行人

C. 合伙事务执行人执行合伙事务造成合伙财产损失的，应向合伙企业或其他合伙人承担赔偿责任

D. 合伙事务执行人不得要求合伙企业就执行事务的劳动付出支付报酬

【答案】B

【解析】选项A，有限合伙企业由普通合伙人执行合伙事务；选项B，如合伙协议约定数个普通合伙人执行合伙事务，这些普通合伙人均为合伙事务执行人。如合伙协议无约定，全体普通合伙人是合伙事务的共同执行人；选项C，合伙事务执行人若因自己的过错造成合伙财产损失的，应向合伙企业或其他合伙人负赔偿责任；选项D，执行事务合伙人可以就执行事务的劳动付出，要求企业支付报酬。对于报酬的支付方式及其数额，应由合伙协议规定或全体合伙人讨论决定。

【真题·多选题】（2020）甲、乙、丙三人共同出资成立某普通合伙企业，合伙协议约定甲担任合伙事务执行人，但并未约定其执行事务的权限。根据合伙企业法律制度的规定，下列事项中，甲无权单独决定的有（　　）。

A. 变更该企业的名称

B. 变更该企业的经营范围

C. 变更该企业主要经营场所的地点

D. 聘任丁担任该合伙企业总经理

【答案】ABCD

【解析】根据《合伙企业法》的规定，除合伙协议另有约定外，合伙企业的下列事项应当经全体合伙人一致同意：（1）改变合伙企业的名称；（2）改变合伙企业的经营范围、主要经营场所的地点；（3）处分合伙企业的不动产；（4）转让或者处分合伙企业的知识产权和其他财产权利；（5）以合伙企业名义为他人提供担保；（6）聘任合伙人以外的人担任合伙企业的经营管理人员。故选项A、B、C、D中的事务均应经全体合伙人一致同意。

第五章

【例题·单选题】某普通合伙企业拟变更企业名称，但合伙协议对该事项的决议规则未作约定。下列表述中，符合合伙企业法律制度规定的是（　　）。

A. 该事项经全体合伙人一致同意方可通过

B. 该事项经半数以上合伙人同意即可通过

C. 该事项经2/3以上合伙人同意即可通过

D. 该事项经出资占比2/3以上的合伙人同意即可通过

【答案】A

【解析】修改合伙企业名称属于重大决议事项，除合伙协议另有约定外，应当经全体合伙人一致同意，因此选项A正确。

【例题·单选题】根据合伙企业法律制度的规定，合伙企业利润分配的首要依据是（　　）。

A. 合伙协议约定的比例

B. 合伙人均等的比例

C. 合伙人实缴出资的比例

D. 合伙人认缴出资的比例

【答案】A

【解析】合伙企业的利润分配、亏损分担按照合伙协议的约定办理，合伙协议未约定或者约定不明确的，由合伙人协商决定；协商不成的，由合伙人按照实缴出资比例分配、分担；无法确定出资比例的，由合伙人平均分配、分担，因此选项A正确。

高频考点6：合伙企业与第三人的关系★★★

1. 对外代表权的效力及限制

（1）执行合伙事务的合伙人在取得对外代表权后，即可以以合伙企业的名义进行经营活动，在其授权的范围内作出法律行为。合伙人的这种代表行为，对全体合伙人发生法律效力，即其执行合伙事务所产生的收益归合伙企业，所发生的费用和亏损由合伙企业承担。

（2）合伙企业对合伙人执行合伙事务以及对外代表合伙企业权利的限制，不得对抗善意第三人。“限制”是指合伙企业对合伙人所享有的事务执行权与对外代表权权利能力的一种限定；“对抗”是指合伙企业否定第三人的某些权利和利益，拒绝承担某些责任；“善意第三人”是指不知道合伙企业所作的内部限制，或者不知道合伙企业对合伙人行使权利所作限制的事实，本着合法交易的目的，诚实地通过合伙企业的事务执行人，与合伙企业之间建立民事、商事法律关系的法人、非法人团体或自然人。“不得对抗善意第三人”是指执行合伙事务的合伙人给善意第三人造成损失时，合伙企业不能因为对合伙人执行合伙事务以及对外代表合伙企业权利进行了限制，就不对善意第三人承担责任。

2. 合伙企业的债务清偿与合伙人的关系

（1）先企业后个人。合伙企业对其债务，应先以其全部财产进行清偿。合伙企业不能清偿到期债务的，普通合伙人承担无限连带责任。

（2）无限连带责任。首先，“无限责任”是指当合伙企业的全部财产不足以偿付到期债务时，各个合伙人应当以其自有财产来清偿合伙企业的债务。其次，“连带责任”是指当合伙企业的全部财产不足以偿付到期债务时，合伙企业的债权人有权就合伙企业所负债务向任何一个合伙人主张，该合伙人不得以其出资的份额大小、合伙协议有特别约定、合伙企业债务另有担保人或者自己已经偿付所承担的份额等理由来拒绝。

小贴士 合伙人的无限责任和连带责任，均以合伙企业财产不足以清偿到期债务为发生前提。根据《最高人民法院公报》的案件判决可知：合伙企业债务的承担分为两个层次：第一顺序的债务承担人是合伙企业；第二顺序的债务承担人是全体合伙人。《合伙企业法》中“连带责任”是指合伙人在第二顺序的责任承担中相互之间所负的连带责任，而非合伙人与合伙企业之间的连带责任。

合伙人之间的分担比例对债权人没有约束力。债权人可以根据自己的清偿利益，请求全体合伙人中的一人或者数人承担全部清偿责任，也可以按照自己确定的比例向各合伙人分别追索。

（3）内部追偿。如果某一合伙人实际支付的清偿数额超过其依照既定比例所应承担的数额，该合伙人有权就超过部分向其他未支付或者未足额支付应承担数额的合伙人追偿。

小贴士　普通合伙人对外承担连带责任，对内承担按份责任。

名师解惑

合伙企业出现债务后，清偿顺序是先合伙后个人，合伙人不仅仅以出资额为企业债务担责，而且还可能以个人财产为企业债务担责，这就是非法人型企业对外清偿债务的特点，也是“无限责任”的体现。

3. 合伙人的债务清偿与合伙企业的关系

（1）合伙人发生与合伙企业无关的债务，相关债权人不得以其债权抵销其对合伙企业的债务，也不得代位行使合伙人在合伙企业中的权利。

（2）合伙人的自有财产不足清偿其与合伙企业无关的债务的，该合伙人可以以其从合伙企业中分取的收益用于清偿；债权人也可以依法请求人民法院强制执行该合伙人在合伙企业中的财产份额用于清偿。

经典例题

【例题·单选题】某普通合伙企业合伙人甲享有合伙财产份额价值为 10 万元，因个人车辆修理而欠乙修理费 5 万元，到期无力清偿。同时乙欠合伙企业 5 万元未清偿；合伙企业未向甲支付上一年度应分配利润 10 万元。债权人乙提出的下列主张中，符合合伙企业法律制度规定的是（　　）。

A. 以甲欠乙的修理费抵销乙欠合伙企业的货款

B. 请求人民法院强制执行甲在合伙企业中的财产份额，以清偿修理费

C. 代位行使甲对合伙企业上一年度全部可分配利润的请求权

D. 直接取得甲在合伙企业中价值 5 万元的财产份额

【答案】B

【解析】选项 A、C，合伙人发生与合伙企业无关的债务，相关债权人不得以其债权抵销其对合伙企业的债务，也不得代位行使合伙人在合伙企业中的权利；选项 B、D，合伙人的自有财产不足清偿其与合伙企业无关的债务的，该合伙人可以以其从合伙企业中分取的收益用于清偿；债权人也可以依法请求人民法院强制执行该合伙人在合伙企业中的财产份额用于清偿，因此，选项 B 正确，选项 C 错误。

【例题·单选题】根据合伙企业法律制度的规定，下列关于普通合伙企业债务清偿的表述中，正确的是（　　）。

A. 债权人应当首先向合伙企业求偿

B. 债权人应当首先向合伙人求偿

C. 债权人应当同时向合伙企业及其合伙人求偿

D. 债权人可以选择向合伙企业或其合伙人求偿

【答案】A

【解析】合伙企业对其债务，应先以其全部财产进行清偿。合伙企业不能清偿到期债务的，普通合伙人承担无限连带责任，因此，选项 A 正确。

高频考点 7：入伙★★

（1）新合伙人入伙，除合伙协议另有约定外，应当经全体合伙人一致同意，并依法订立书面入伙协议。

（2）入伙的新合伙人与原合伙人享有同等权利，承担同等责任。入伙协议另有约定的，从其约定。

（3）新合伙人对入伙前合伙企业的债务承担无限连带责任。

（4）新入伙的有限合伙人对入伙前有限合伙企业的债务，以其认缴的出资额为限承担责任。

经典例题

【真题·单选题】（2021）普通合伙人甲和有限合伙人乙共同出资设立某有限合伙企业。该企业经营1年后，丙以普通合伙人身份入伙，丁以有限合伙人身份入伙。此时，该合伙企业负债20万元。根据合伙企业法律制度的规定，下列关于新合伙人对该20万元债务责任承担的表述中，正确的是（　　）。

A. 不承担责任

B. 丁以其实缴的出资额为限承担责任

C. 丙承担无限连带责任

D. 丙不承担责任

【答案】C

【解析】丙：新合伙人对入伙前合伙企业的债务承担无限连带责任。丁：新入伙的有限合伙人对入伙前有限合伙企业的债务，以其认缴的出资额为限承担责任，因此，选项C正确。

【真题·单选题】（2020）甲、乙共同设立一普通合伙企业，丙拟以有限合伙人身份入伙。丁拟以普通合伙人身份入伙。根据合伙企业法律制度的规定，丙、丁入伙后，对其入伙前合伙企业债务承担的表述正确的是（　　）。

A. 丙对其入伙前合伙企业债务不承担责任

B. 丙对其入伙前合伙企业债务以其认缴的出资额为限承担责任

C. 丁对其入伙前合伙企业债务不承担责任

D. 丁对其入伙前合伙企业债务以其认缴的出资额为限承担责任

【答案】B

【解析】新入伙的有限合伙人对入伙前有限合伙企业的债务，以其认缴的出资额为限承担责任，选项B正确，选项A错误。新入伙的普通合伙人对入伙前合伙企业的债务承担无限连带责任，选项C、D错误。

【例题·单选题】某有限合伙企业在经营期间吸收甲为有限合伙人。关于甲对入伙前有限合伙企业的债务承担的表述中，符合合伙企业法律制度规定的是（　　）。

A. 甲不承担责任

B. 甲承担无限连带责任

C. 甲以其认缴的出资额为有限承担责任

D. 甲以其实缴的出资额为有限承担责任

【答案】C

【解析】新入伙的有限合伙人对入伙前有限合伙企业的债务，以其认缴的出资额为有限承担责任，因此，选项C正确。

高频考点8：退伙★★★

合伙人退伙一般有两种原因：一是自愿退伙；二是强制退伙。

自愿退伙，是指合伙人基于自愿的意思表示而退伙。自愿退伙可以分为协议退伙和通知退伙两种。

强制退伙，是指合伙人因出现法律规定的事由而退伙，不以合伙人同意为条件。强制退伙分为当然退伙和除名退伙两类。

1. 协议退伙

合伙协议约定合伙期限的，在合伙企业存续期间，有下列情形之一的，合伙人可以退伙：

（1）合伙协议约定的退伙事由出现；

（2）经全体合伙人一致同意；

（3）发生合伙人难以继续参加合伙的事由；

（4）其他合伙人严重违反合伙协议约定的义务。

2. 通知退伙

合伙协议未约定合伙期限的，合伙人在不给合伙企业事务执行造成不利影响的情况下，可以退伙，但应当提前3日通知其他合伙人。

名师解惑

协议退伙与通知退伙的主要区别是，合伙协议是否约定了合伙期限。合伙协议是全体合伙人协商一致的结果，如果合伙协议约定了合伙期限，也就表示每一个合伙人都承诺将与其他合伙人合作到该期限届满。合伙期限届满前，合伙人提出退伙意味着对自己承诺的违反，同时影响了其他合伙人的合理预期，可能给合伙企业或者其他合伙人造成损失。因此，如果合伙协议约定了合伙期限，合伙人的退伙应当受到一定的限制，只有符合上述法定条件时，才可以选择协议退伙。

3. 当然退伙

（1）作为合伙人的自然人死亡或者被依法宣告死亡；

（2）个人丧失偿债能力；

（3）作为合伙人的法人或者其他组织依法被吊销营业执照、责令关闭、撤销，或者被宣告破产；

（4）法律规定或者合伙协议约定合伙人必须具有相关资格而丧失该资格；

（5）合伙人在合伙企业中的全部财产份额被人民法院强制执行。

退伙事由实际发生之日为退伙生效日。

名师解惑

关于当然退伙，主要分以下几种情形：(1) 普通合伙人丧失偿债能力的，当然退伙；(2) 有限合伙人丧失偿债能力的，不退伙；(3) 普通合伙人被依法认定为无民事行为能力人或者限制民事行为能力人的，经其他合伙人一致同意，可以依法转为有限合伙人，普通合伙企业依法转为有限合伙企业；其他合伙人未能一致同意的，该无民事行为能力或者限制民事行为能力的合伙人当然退伙；(4) 作为有限合伙人的自然人在有限合伙企业存续期间丧失民事行为能力的，其他合伙人不得因此要求其退伙。

4. 除名退伙

合伙人有下列情形之一的，经其他合伙人一致同意，可以决议将其除名：

（1）未履行出资义务；

（2）因故意或者重大过失给合伙企业造成损失；

（3）执行合伙事务时有不正当行为；

（4）发生合伙协议约定的事由。

对合伙人的除名决议应当书面通知被除名人。被除名人接到除名通知之日，除名生效，被除名人退伙。被除名人对除名决议有异议的，可以自接到除名通知之日起30日内，向人民法院起诉。

小贴士 将“除名”表述为“除名退伙”，同时当然退伙与除名退伙一同构成“强制退伙”（原为“法定退伙”）。强制退伙不以合伙人同意为条件。

5. 退伙的效果

（1）普通合伙人退伙后，对基于其退伙前的原因发生的合伙企业债务，承担无限连带责任。

普通合伙人只是对基于退伙前的原因发生的企业债务承担无限连带责任，退伙后的企业债务与其无关。

（2）有限合伙人退伙后，对基于其退伙前的原因发生的有限合伙企业债务，以其退伙时从有限合伙企业中取回的财产为限承担责任。如：①有限合伙人甲以100万元的货币出资，退伙时从合伙企业取回20万元，则甲以20万元为限对基于其退伙前的原因发生的企业债务承担责任；②有限合伙人乙以100万元的货币出资，退伙时从合伙企业取回200万元，则乙以200万元为限对基于其退伙前的原因发生的企业债务承担责任。

经典例题

【真题·多选题】（2022）根据合伙企业法律制度的规定，下列情形中，除合伙协议另有约定外，可以决议将合伙人除名的有（　　）。

A. 合伙人未履行出资义务

B. 合伙人执行合伙事务时有不正当行为

C. 合伙人个人丧失偿债能力

D. 合伙人因一般过失给合伙企业造成损失

【答案】 AB

【解析】 选项C为当然退伙的情形；选项D只有在重大过失给合伙企业造成损失时才会被除名，一般过失不除名。

【真题·多选题】（2021）根据合伙企业法律制度的规定，下列情形中，属于普通合伙企业普通合伙人被除名的情形有（　　）。

A. 丁合伙人未履行出资义务

B. 丙合伙人个人丧失偿债能力

C. 甲合伙人在执行合伙事务中有侵占合伙企业财产的行为

D. 乙合伙人因重大过失给合伙企业造成损失

【答案】ACD

【解析】选项B属于当然退伙的情形。

【真题·单选题】（2020）根据合伙企业法律制度的规定，下列情形中，属于当然退伙事由的是（　　）。

A. 合伙人未履行出资义务

B. 合伙人个人丧失偿债能力

C. 合伙人执行合伙事务时有不正当行为

D. 合伙人因故意或重大过失给合伙企业造成损失

【答案】B

【解析】有限合伙人出现下列情形之一时，当然退伙：（1）作为合伙人的自然人死亡或者被依法宣告死亡；（2）个人丧失偿债能力；（3）作为合伙人的法人或者其他组织依法被吊销营业执照、责令关闭、撤销，或者被宣告破产；（4）法律规定或者合伙协议约定合伙人必须具有相关资格而丧失该资格；（5）合伙人在合伙企业中的全部财产份额被人民法院强制执行。

【真题·多选题】（2020）根据合伙企业法律制度的规定，下列各项中，属于合伙人通知退伙应当满足的条件的有（　　）。

A. 合伙协议未约定合伙企业的经营期限

B. 退伙不给合伙企业事务执行造成不利影响

C. 提前30日通知其他合伙人

D. 其他合伙人一致同意

【答案】ABC

【解析】关于通知退伙，《合伙企业法》规定，合伙协议未约定合伙期限的，合伙人在不给合伙企业事务执行造成不利影响的情况下，可以退伙，但应当提前30日通知其他合伙人。由此可见，法律对通知退伙有一定的限制，即符合以下三项条件：（1）必须是合伙协议未约定合伙企业的经营期限；（2）必须是合伙人的退伙不给合伙企业事务执行造成不利影响；（3）必须提前30日通知其他合伙人。这三项条件必须同时具备，缺一不可。合伙人违反上述规定退伙的，应当赔偿由此给合伙企业造成的损失。

【例题·单选题】根据合伙企业法律制度的规定，下列各项中，构成有限合伙人当然退伙情形的是（　　）。

A. 作为有限合伙人的法人被宣告破产

B. 作为有限合伙人的自然人故意给合伙企业造成损失

C. 作为有限合伙人的自然人被宣告失踪

D. 作为有限合伙人的自然人丧失民事行为能力

【答案】A

【解析】选项B，作为有限合伙人的自然人故意给合伙企业造成损失，经其他合伙人一致同意，可以决议将其除名，而非当然退伙；选项C，作为有限合伙人的自然人死亡或者被依法宣告死亡的当然退伙，不包括被宣告失踪；选项D，作为有限合伙人的自然人，在有限合伙企业存续期间丧失民事行为能力的，其他合伙人不得因此要求其退伙。

【例题·多选题】甲、乙、丙设立某普通合伙企业，从事餐饮服务。2017年6月5日甲退伙。6月10日，丁入伙。6月9日，合伙企业经营的餐厅发生卡式燃气炉灼伤顾客戊的事件，需要支付医疗费用等总计45万元。经查该批燃气炉是当年4月合伙人共同决定购买，其质量不符合相关国家标准。该合伙企业支付30万元赔偿后已无赔偿能力。现戊请求合伙人承担剩余15万元赔偿责任。根据合伙企业法律制度的规定，应承担赔偿责任的合伙人有（　　）。

A. 甲　　　　B. 乙

C. 丙　　　　D. 丁

【答案】ABCD

【解析】选项B、C，乙、丙作为普通合伙人，应当对合伙企业不能清偿的债务承担无限连带责任；选项A，普通合伙人甲退伙后，对基于其退伙前的原因发生的合伙企业债务承担无限连带责任；选项D，新入伙的普通合伙人丁应当对入伙前合伙企业的债务承担无限连带责任。

【例题·多选题】某普通合伙企业经营期间，吸收甲入伙。甲入伙前，合伙企业已负债20万元。甲入伙一年后退伙，在此期间合伙企业新增负债10万元。甲退伙后半年，合伙企业解散，以企业全部财产清偿债务后，尚有80万元债务不能清偿。根据合伙企业法律制度的规定，下列关于甲承担清偿责任的表述中，正确的有（　　）。

A. 甲对入伙前合伙企业的20万元债务承担无限连带责任

B. 甲对入伙后至合伙企业解散时，新增的60万元债务承担无限连带责任

C. 甲对合伙企业解散后尚未清偿的全部80万元债务承担无限连带责任

D. 甲对担任合伙人期间合伙企业新增的10万元债务承担无限连带责任

【答案】AD

【解析】选项A，新入伙的普通合伙人对入伙前合伙企业的债务承担无限连带责任；选项D，退伙的普通合伙人对基于其退伙前的原因发生的合伙企业债务承担无限连带责任；选项B、C，退伙的普通合伙人对其退伙后的合伙企业债务不承担责任。

【例题·多选题】根据合伙企业法律制度的规定，在合伙协议无特别约定的情况下，合伙人发生的下列情形中，属于经其他合伙人一致同意即可除名的有（　　）。

A. 未履行出资义务

B. 因故意或者重大过失给合伙企业造成损失

C. 执行合伙事务时有不正当行为

D. 被依法宣告死亡

【答案】ABC

【解析】选项D，属于当然退伙的情形。

【例题·单选题】某合伙企业的合伙人甲因执行合伙事务有不正当行为，经合伙人会议决议将其除名，甲接到除名通知后不服诉至人民法院。根据合伙企业法律制度的规定，该合伙企业对甲除名的生效日期为（　　）。

A. 甲的不正当行为作出之日

B. 除名决议作出之日

C. 甲接到除名通知之日

D. 甲的诉讼请求被人民法院驳回之日

【答案】C

【解析】被除名人接到除名通知之日，除名生效，被除名人退伙。

【例题·多选题】根据合伙企业法律制度的规定，下列各项中，属于普通合伙企业的合伙人当然退伙情形的有（　　）。

A. 个人丧失偿债能力

B. 经全体合伙人一致同意

C. 合伙人在合伙企业中的全部财产份额被人民法院强制执行

D. 发生合伙人难以继续参加合伙的事由

【答案】AC

【解析】选项B、D，属于协议退伙的情形。

高频考点9：财产继承★★★

（1）如果继承人不愿意成为合伙人或者不能成为合伙人的，合伙企业应当向其退还被继承合伙人的财产份额。

（2）继承人能否成为合伙人。

①有限合伙人。作为有限合伙人的自然人死亡、被依法宣告死亡或者作为有限合伙人的法人及其他组织终止时，其继承人或者权利承受人可以依法取得该有限合伙人在有限合伙企业中的资格。

小贴士 有限合伙人不执行合伙事务，无须对企业债务承担无限连带责任，因此，有限合伙人死亡后，无论其继承人是否具备完全

民事行为能力，都可以依法取得该有限合伙人在有限合伙企业中的资格，无须经全体合伙人一致同意。

②普通合伙人。

a. 继承人具备完全民事行为能力的，**按照合伙协议的约定或者经全体合伙人一致同意**，可以取得普通合伙人资格。

b. 继承人为无民事行为能力人或者限制民事行为能力人的，经全体合伙人一致同意，可以依法成为有限合伙人，普通合伙企业依法转为有限合伙企业。全体合伙人未能一致同意的，合伙企业应当将被继承合伙人的财产份额退还该继承人。

小贴士 普通合伙人应具备承担无限连带责任的能力：一是如果其继承人为无民事行为能力人或者限制民事行为能力人，不可能成为普通合伙人，但有机会成为有限合伙人。经全体合伙人一致同意，可以依法成为有限合伙人（而非自动取得有限合伙人的资格），此时普通合伙企业依法转为有限合伙企业。二是如果其继承人具备完全民事行为能力，有机会成为普通合伙人，而非自动取得普通合伙人的资格。先看合伙协议对普通合伙人的资格继承问题有没有约定，有约定按照约定处理。如果合伙协议对此没有约定，经全体合伙人一致同意，才能取得普通合伙人的资格；如果不能取得一致同意，合伙企业应当向其退还被继承合伙人的财产份额。此时，该继承人能否成为有限合伙人法律并未明确规定。

经典例题

【例题·单选题】某普通合伙企业合伙人甲死亡，其未成年子女乙、丙是其全部合法继承人。根据合伙企业法律制度的规定，下列表述中正确的是（　　）。

A. 乙、丙可以继承甲的财产份额，但不能成为合伙人

B. 乙、丙因继承甲的财产份额而自动取得合伙人资格

C. 经全体合伙人一致同意，乙、丙可以成为有限合伙人

D. 应解散合伙企业，清算后，向乙、丙退还甲的财产份额

【答案】C

【解析】普通合伙人的继承人乙、丙为无民事行为能力人或者限制民事行为能力人的，经全体合伙人一致同意，可以依法成为有限合伙人，普通合伙企业依法转为有限。合伙企业全体合伙人未能一致同意的，合伙企业应当将被继承合伙人的财产份额退还该继承人，因此，选项C正确。

高频考点10：退伙结算★★

除合伙人死亡或者被依法宣告死亡的情形外，关于退伙结算有以下规定：

（1）合伙人退伙，其他合伙人应当与该退伙人按照退伙时的合伙企业财产状况进行结算，退还退伙人的财产份额。退伙人对给合伙企业造成的损失负有赔偿责任的，相应扣减其应当赔偿的数额。退伙时有未了结的合伙企业事务的，待该事务了结后进行结算。

（2）退伙人在合伙企业中财产份额的退还办法，由合伙协议约定或者由全体合伙人决定，可以退还货币，也可以退还实物。

（3）合伙人退伙时，合伙企业财产少于合伙企业债务的，退伙人应当依照法律规定分担亏损，即如果合伙协议约定亏损分担比例的，按照合伙协议的约定办理；合伙协议未约定或者约定不明确的，由合伙人协商决定；协商不成的，由合伙人按照实缴出资比例分担；无法确定出资比例的，由合伙人平均分担。

（4）退伙人对基于其退伙前的原因发生的合伙企业债务，承担无限连带责任。

经典例题

【真题·单选题】（2022）根据合伙企业法律制度的规定，下列关于普通合伙企业合伙人退伙结算及其效果的表述中，正确的是（　　）。

A. 退伙人在合伙企业中财产份额的退还

办法，由合伙协议约定或者全体合伙人决定

B. 合伙人退伙，其他合伙人应当与该退伙人按照入伙时的合伙企业财产状况进行结算

C. 合伙人退伙时，合伙企业财产少于合伙企业债务的，退伙人不承担亏损责任

D. 退伙人对基于其退伙前的原因发生的合伙企业债务，不承担连带责任

【答案】A

【解析】合伙人退伙，其他合伙人应当与该退伙人按照退伙时的合伙企业财产状况进行结算，而不是入伙时，因此选项B错误；合伙人退伙时，合伙企业财产少于合伙企业债务的，退伙人应当依照法律规定分担亏损，因此选项C错误；退伙人对基于其退伙前的原因发生的合伙企业债务，应承担无限连带责任，因此选项D错误。

高频考点11：特殊的普通合伙企业 ★★★

特殊的普通合伙企业（如会计师事务所、律师事务所）适用普通合伙企业的一般规定，其特殊性主要体现在“债务责任的承担”上。

1. 普通债务

合伙人在执业活动中非因故意或者重大过失造成的合伙企业债务以及合伙企业的其他债务，由全体合伙人承担无限连带责任。

2. 特定债务

（1）对外。一个合伙人或者数个合伙人在执业活动中因故意或者重大过失造成合伙企业债务的，应当承担无限责任或者无限连带责任，其他合伙人以其在合伙企业中的财产份额为限承担责任。

（2）对内。合伙人在执业活动中因故意或者重大过失造成的合伙企业债务，以合伙企业财产对外承担责任后，该合伙人应当按照合伙协议的约定对给合伙企业造成的损失承担赔偿责任。

3. 执业风险防范

（1）特殊的普通合伙企业应当建立执业风险基金，同时办理职业保险（职业责任保险）。

（2）执业风险基金，主要是指为了化解经营风险，特殊的普通合伙企业从其经营收益中提取相应比例的资金留存或者根据规定上缴至指定机构所形成的资金。

（3）执业风险基金用于偿付合伙人执业活动造成的债务。

（4）执业风险基金应当单独立户管理。

经典例题

【真题·单选题】（2020）甲、乙、丙共同出资设立一特殊普通合伙企业，甲、乙、丙的出资分别为50万元、25万元、25万元，均已实缴。甲在执业活动中因重大过失造成合伙企业债务，以合伙企业全部财产偿还后，仍有余债100万元，根据合伙企业法律制度的规定，下列关于该100万元债务的清偿责任的表述中，正确的是（　　）。

A. 甲应承担无限责任，乙、丙以25万元范围承担补偿责任

B. 甲应承担无限责任，乙、丙无须以个人财产承担责任

C. 甲、乙、丙均无须以个人财产承担责任

D. 甲、乙、丙应当承担无限连带责任

【答案】B

【解析】一个合伙人或者数个合伙人在执业活动中因故意或者重大过失造成合伙企业债务的，应当承担无限责任或者无限连带责任，其他合伙人以其在合伙企业中的财产份额为限承担责任。乙、丙的出资额均已实缴，且合伙企业财产已经全部用于偿还债务，因此乙、丙无须再以个人财产承担责任，而甲仍应承担无限责任，因此，选项B正确。

命题点拨

对特殊普通合伙企业的考查，常常侧重于债务承担问题上，请考生注意。

【例题·多选题】根据合伙企业法律制度

的规定，下列关于特殊的普通合伙企业职业风险防范措施的表述中，正确的有（　　）。

A. 企业可以选择建立执业风险基金或者办理执业保险

B. 执业风险基金用于偿付合伙人执业活动造成的债务

C. 执业风险基金应当单独立户管理

D. 企业应当从其经营收益中提取相应比例资金，作为执业风险基金

【答案】BCD

【解析】选项 A，特殊的普通合伙企业应当建立执业风险基金或者办理执业保险。

高频考点 12：有限合伙企业★★★

（1）有限合伙并未形成合伙人联合体，而只是一种投资形式。有限合伙企业与普通合伙企业和有限责任公司相比较，具有以下显著特征：

①在经营管理上，普通合伙企业的合伙人，一般均可参与合伙企业的经营管理。有限责任公司的股东有权参与公司的经营管理（含直接参与和间接参与）。而在有限合伙企业中，有限合伙人不执行合伙事务，而由普通合伙人从事具体的经营管理。

②在风险承担上，普通合伙企业的合伙人之间对合伙债务承担无限连带责任。有限责任公司的股东对公司债务以其各自的出资额为限承担有限责任。而在有限合伙企业中，不同类型的合伙人所承担的责任则存在差异，其中有限合伙人以其各自的出资额为限承担有限责任，普通合伙人之间承担无限连带责任。

小贴士 我国《合伙企业法》2006 年修订时引进有限合伙企业，其目的是为发展风险投资提供一种更实用的组织形式。有限合伙企业组建和解散程序简单，内部治理结构和投资权益设置由合伙协议决定，具有较强的灵活性，而且合伙企业不必缴纳企业所得税，具有节税优势。就目前发展情况看，有限合伙企业已经成为我国私募投资基金最常采用的一种组织形式。

名师解惑

对于有限合伙企业的学习内容，主要从其与普通合伙企业在企业设立、事务执行、利益分配、财产出质与转让、债务清偿以及有限合伙人的特别权利等方面进行区分。

（2）有限合伙企业的设立。

①有限合伙企业由 2 个以上 50 个以下合伙人设立；但是，法律另有规定的除外。

②有限合伙企业至少应当有 1 个普通合伙人和 1 个有限合伙人。有限合伙企业仅剩有限合伙人的，应当解散；有限合伙企业仅剩普通合伙人的，应当转为普通合伙企业。

③国有独资公司、国有企业、上市公司以及公益性的事业单位、社会团体不得成为普通合伙人，但是可以成为有限合伙人。

④有限合伙人可以用货币、实物、知识产权、土地使用权或者其他财产权利作价出资；有限合伙人不得以劳务出资。

⑤有限合伙企业名称中应当标明“有限合伙”字样。

⑥有限合伙企业登记事项中应当载明有限合伙人的姓名或者名称，以及认缴的出资数额。

⑦有限合伙人应当按照合伙协议的约定按期足额缴纳出资，未按期足额缴纳的，应当承担补缴义务，并对其他合伙人承担违约责任。

经典例题

【例题·单选题】甲国有独资公司、乙上市公司、丙外商独资企业、丁民营投资有限公司，拟成立一家有限合伙企业。根据合伙企业法律制度的规定，上述投资主体中，可以担任普通合伙人的是（　　）。

A. 甲和丙　　B. 乙和丙

C. 丙和丁　　D. 甲和丁

【答案】C

【解析】国有独资公司、国有企业、上市公司以及公益性的事业单位、社会团体不得成

为普通合伙人，可以成为有限合伙人。

高频考点13：有限合伙企业的事务执行★★★

有限合伙企业与普通合伙企业不同，由享有不同权利和义务的两类合伙人组成：普通合伙人执行合伙事务，承担无限连带责任；有限合伙人不执行合伙事务，仅承担有限责任。可见，有限合伙人只是一种不参与具体管理事务的财务投资者。

（1）有限合伙企业由普通合伙人执行合伙事务。

①执行事务合伙人可以要求在合伙协议中确定执行事务的报酬及报酬提取方式。

②如合伙协议约定数个普通合伙人执行合伙事务，这些普通合伙人均为合伙事务执行人。如合伙协议无约定，全体普通合伙人是合伙事务的共同执行人。

③合伙事务执行人除享有与一般合伙人相同的权利外，还有接受其他合伙人的监督和检查、谨慎执行合伙事务的义务，若因自己的过错造成合伙财产损失的，应向合伙企业或其他合伙人负赔偿责任。

④执行事务合伙人可以就执行事务的劳动付出，要求企业支付报酬。对于报酬的支付方式及其数额，应由合伙协议规定或全体合伙人讨论决定。

（2）禁止有限合伙人执行合伙事务。

①有限合伙企业由普通合伙人执行合伙事务，有限合伙人不执行合伙事务，不得对外代表有限合伙企业。

②有限合伙人的下列行为，不视为执行合伙事务：

a. 参与决定普通合伙人入伙、退伙；

b. 对企业的经营管理提出建议；

c. 参与选择承办有限合伙企业审计业务的会计师事务所；

d. 获取经审计的有限合伙企业财务会计报告；

e. 对涉及自身利益的情况，查阅有限合伙企业财务会计账簿等财务资料；

f. 在有限合伙企业中的利益受到侵害时，向有责任的合伙人主张权利或者提起诉讼；

g. 执行事务合伙人怠于行使权利时，督促其行使权利或者为了本企业的利益以自己的名义提起诉讼；

h. 依法为本企业提供担保。

上述事项被称为“安全港条款”。

另外，第三人有理由相信有限合伙人为普通合伙人并与其交易的，该有限合伙人对该笔交易承担与普通合伙人同样的责任。有限合伙人未经授权以有限合伙企业名义与他人进行交易，给有限合伙企业或者其他合伙人造成损失的，该有限合伙人应当承担赔偿责任。

经典例题

【真题·单选题】（2022）根据合伙企业法律制度的规定，在第三人有理由相信有限合伙人为普通合伙人并与其交易的情况下，下列表述中，正确的是（　　）。

A. 合伙企业可以主张该笔交易无效

B. 该有限合伙人对该笔交易不承担责任

C. 该有限合伙人以其财产份额为限对该笔交易承担责任

D. 该有限合伙人对该笔交易承担与普通合伙人相同的责任

【答案】D

【解析】第三人有理由相信有限合伙人为普通合伙人并与其交易的，该有限合伙人对该笔交易承担与普通合伙人同样的责任，因此选项D正确。

【例题·多选题】根据合伙企业法律制度的规定，下列有限合伙人的行为中，视为执行合伙事务的有（　　）。

A. 参与决定转让合伙企业的知识产权

B. 参与决定普通合伙人退伙

C. 参与决定合伙企业为第三人提供担保

D. 对合伙企业的经营管理提出建议

【答案】AC

【解析】选项B、D，不视为执行合伙事务。选项A、C，对于普通合伙企业，除合伙协议另有约定外，应当经全体合伙人一致同意；对于有限合伙企业，无须有限合伙人参与决定，否则视为执行合伙事务。

【例题·多选题】根据合伙企业法律制度的规定，下列有限合伙人的行为中，视为执行合伙事务的有（　　）。

A. 参与决定普通合伙人退伙

B. 参与决定合伙企业为第三人提供担保

C. 参与决定出售合伙企业房产

D. 为合伙企业提供担保

【答案】BC

【解析】选项A、D，不视为执行合伙事务。选项B、C，对于普通合伙企业，除合伙协议另有约定外，应当经全体合伙人一致同意；对于有限合伙企业，无须有限合伙人参与决定，否则视为执行合伙事务。

【例题·单选题】根据合伙企业法律制度的规定，下列行为中，禁止由有限合伙人实施的是（　　）。

A. 为本合伙企业提供担保

B. 参与决定普通合伙人入伙

C. 以合伙企业的名义对外签订买卖合同

D. 对涉及自身利益的情况，查阅合伙企业的财务会计账簿

【答案】C

【解析】有限合伙企业由普通合伙人执行合伙事务，有限合伙人不执行合伙事务，不得对外代表有限合伙企业，所以不能以合伙企业的名义对外签订买卖合同。

高频考点14：有限合伙企业的利润分配★★★

有限合伙企业不得将全部利润分配给部分合伙人；**但是，合伙协议另有约定的除外。**

小贴士 （1）普通合伙企业：合伙协议绝对“不得约定”将全部利润分配给部分合伙人，这是法律的强制性规定；（2）有限合伙企业（先约定后法定）：合伙协议“可以约定”在一定时期内将全部利润分配给部分合伙人，如果合伙协议没有特别约定的，有限合伙企业不得将全部利润分配给部分合伙人。

高频考点15：有限合伙人的特别权利★★★

1. 交易权

有限合伙人可以同本有限合伙企业进行交易；**但是，合伙协议另有约定的除外。**

小贴士 （1）普通合伙人：先看合伙协议的约定，合伙协议没有约定的，经全体合伙人一致同意才能同本合伙企业进行交易，否则，普通合伙人不得同本合伙企业进行交易；（2）有限合伙人：先看合伙协议的约定，合伙协议没有约定的，有限合伙人可以同本合伙企业进行交易。

2. 竞业许可

有限合伙人可以自营或者同他人合作经营与本有限合伙企业相竞争的业务；但是，合伙协议另有约定的除外。

（1）普通合伙人：绝对不能从事同本合伙企业相竞争的业务，这是法律的强制性规定，合伙协议不能“越雷池半步”；

（2）有限合伙人：先看合伙协议的约定，合伙协议没有约定的，有限合伙人可以自营或者同他人合作经营与本合伙企业相竞争的业务。

经典例题

【例题·多选题】甲、乙、丙、丁四人拟共同出资设立一个有限合伙企业，其中甲、乙为普通合伙人，丙、丁为有限合伙人。在其订立合伙协议时约定的下列事项中，符合合伙企业法律制度规定的有（　　）。

A. 甲、乙、丙、丁均可以同本合伙企业进行交易

B. 甲、乙、丙、丁均不得同本合伙企业进行交易

C. 甲、乙可以同本合伙企业进行交易，丙、丁不得同本合伙企业进行交易

D. 甲、乙不得同本合伙企业进行交易，

丙、丁可以同本合伙企业进行交易

【答案】ABCD

【解析】无论是普通合伙人还是有限合伙人，能否同本企业进行交易，均先看合伙协议的约定。

高频考点 16：有限合伙企业财产出质与转让的特殊规定 ★★★

1. 出质

有限合伙人可以将其在有限合伙企业中的财产份额出质；**但是，合伙协议另有约定的除外**。

小贴士 （1）普通合伙人：必须经其他合伙人一致同意，这是法律的强制性规定，合伙协议不能"越雷池半步"；（2）有限合伙人：先看合伙协议的约定，合伙协议没有约定的，有限合伙人可以出质。

2. 转让

有限合伙人可以按照合伙协议的约定向合伙人以外的人转让其在有限合伙企业中的财产份额，但应当提前 30 日通知其他合伙人，有限合伙企业的其他合伙人有优先购买权。

经典例题

【例题·多选题】甲、乙、丙、丁四人共同出资设立一个有限合伙企业，其中甲、乙为普通合伙人，丙、丁为有限合伙人。下列有关合伙人以财产份额出质的表述中，符合合伙企业法律制度规定的有（　　）。

A. 经乙、丙、丁同意，甲可以在合伙企业中的财产份额出质

B. 如果合伙协议没有约定，即使甲、乙均不同意，丁也可以其在合伙企业中的财产份额出质

C. 合伙协议可以约定，经两个以上合伙人同意，乙可以其在合伙企业中的财产份额出质

D. 合伙协议可以约定，未经两个以上合伙人同意，丙不得以其在合伙企业中的财产份额出质

【答案】ABD

【解析】选项 A、C，普通合伙人以其财产份额出质的，必须经其他合伙人一致同意，这是法律的强制性规定，合伙协议不得约定；选项 B、D，有限合伙人以其财产份额出质的先看合伙协议的约定，合伙协议没有约定的，有限合伙人可以出质。

命题点拨

对于合伙企业存续期间的交易、债务承担、竞争与出质问题，合伙企业法对普通合伙人与有限合伙人的规定有所区别，提示考生从显著区别之处入手进行强化记忆。

高频考点 17：有限合伙企业入伙和退伙的特殊规定 ★★★

1. 入伙

新入伙的有限合伙人对入伙前有限合伙企业的债务，以其认缴的出资额为限承担责任。

2. 退伙

（1）有限合伙人当然退伙。

有限合伙人出现下列情形之一时当然退伙：

①作为合伙人的自然人死亡或者被依法宣告死亡；

②作为合伙人的法人或者其他组织依法被吊销营业执照、责令关闭、撤销，或者被宣告破产；

③法律规定或者合伙协议约定合伙人必须具有相关资格而丧失该资格；

④合伙人在合伙企业中的全部财产份额被人民法院强制执行。

（2）有限合伙人丧失民事行为能力的处理。

作为有限合伙人的自然人在有限合伙企业存续期间丧失民事行为能力的，其他合伙人不得因此要求其退伙。

（3）有限合伙人继承人的权利。

作为有限合伙人的自然人死亡、被依法宣告死亡或者作为有限合伙人的法人及其他

组织终止时，其继承人或者权利承受人可以依法取得该有限合伙人在有限合伙企业中的资格。

（4）有限合伙人退伙后的责任承担。

有限合伙人退伙后，对基于其退伙前的原因发生的有限合伙企业债务，以其退伙时从有限合伙企业中取回的财产承担责任。

经典例题

【真题·单选题】（2022）根据合伙企业法律制度的规定，下列关于新入伙的有限合伙人对入伙前有限合伙企业的债务所承担责任的表述中，正确的是（　　）。

A. 不承担责任

B. 承担无限连带责任

C. 以其认缴的出资额为限承担责任

D. 以其实缴的出资额为限承担责任

【答案】C

【解析】注意，出资额是认缴的，不是实缴的。

高频考点18：合伙人的性质转变★★★

（1）有限合伙人转变为普通合伙人的，对其作为有限合伙人期间有限合伙企业发生的债务承担无限连带责任。

（2）普通合伙人转变为有限合伙人的，对其作为普通合伙人期间合伙企业发生的债务承担无限连带责任。

经典例题

【例题·多选题】甲、乙分别为某有限合伙企业的普通合伙人和有限合伙人，后甲变更为有限合伙人，乙变更为普通合伙人。下列关于甲、乙对其合伙人性质互换前的企业债务承担的表述中，符合合伙企业法律制度规定的有（　　）。

A. 甲对其作为普通合伙人期间的企业债务承担无限连带责任

B. 甲对其作为普通合伙人期间的企业债务承担有限责任

C. 乙对其作为有限合伙人期间的企业债务承担无限连带责任

D. 乙对其作为有限合伙人期间的企业债务承担有限责任

【答案】AC

【解析】有限合伙人转变为普通合伙人的，对其作为有限合伙人期间有限合伙企业发生的债务承担无限连带责任；普通合伙人转变为有限合伙人的，对其作为普通合伙人期间合伙企业发生的债务承担无限连带责任。

高频考点19：合伙企业解散★★

合伙企业有下列情形之一的，应当解散：

（1）合伙期限届满，合伙人决定不再经营；

（2）合伙协议约定的解散事由出现；

（3）全体合伙人决定解散；

（4）合伙人已不具备法定人数满30天；

（5）合伙协议约定的合伙目的已经实现或者无法实现；

（6）依法被吊销营业执照、责令关闭或者被撤销；

（7）法律、行政法规规定的其他原因。

高频考点20：合伙企业的清算★★

1. 流程

确定清算人或清算组→通知和公告债权人→债务清偿→注销登记。

2. 清算人（或清算组）

（1）清算人（或清算组）由全体合伙人担任。

（2）经全体合伙人过半数同意，可以自合伙企业解散事由出现后15日内指定一个或者数个合伙人，或者委托第三人担任清算人。

（3）自合伙企业解散事由出现之日起15日内未确定清算人（或清算组）的，合伙人或者其他利害关系人可以申请人民法院指定清算人（或清算组）。

3. 债权申报期限

（1）清算人自被确定之日起10日内将合伙企业解散事项通知债权人，将清算人成员、清算人的负责人名单通过国家企业信用信息公示系统公告，并于60日内在报纸上公告。清算人可以通过国家企业信用信息公示系统发布债权人公告。

（2）债权人应当自接到通知书之日起30日内，未接到通知书的自公告之日起45日内，向清算人申报债权。

4. 财产清偿顺序

清算费用→职工工资、社会保险费用、法定补偿金→税款→清偿债务→剩余财产分配。

清算费用包括：

（1）管理合伙企业财产的费用，如仓储费、保管费、保险费等；

（2）处分合伙企业财产的费用，如聘任工作人员的费用等；

（3）清算过程中的其他费用，如通告债权人的费用、调查债权的费用、咨询费用、诉讼费用等。

5. 剩余财产分配规则

合伙企业财产依法清偿后仍有剩余时，对剩余财产按照合伙协议的约定办理；合伙协议未约定或者约定不明确的，由合伙人协商决定；协商不成的，由合伙人按照实缴出资比例分配；无法确定出资比例的，由合伙人平均分配。

违反《合伙企业法》规定，应当承担民事赔偿责任和缴纳罚款、罚金，其财产不足以同时支付的，先承担民事赔偿责任。

6. 注销登记

清算人应当自清算结束之日起30日内向登记机关申请注销登记。合伙企业申请注销登记前，应当依法办理分支机构注销登记。合伙企业未发生债权债务或者已将债权债务清偿完结，未发生或者已结清清偿费用、职工工资、社会保险费用、法定补偿金、应缴纳税款（滞纳金、罚款），并由全体投资人书面承诺对上述情况的真实性承担法律责任的，可以按照简易程序办理注销登记。合伙企业应当将承诺书及注销登记申请通过国家企业信用信息公示系统公示，公示期为20日。在公示期内无相关部门、债权人及其他利害关系人提出异议的，合伙企业可以于公示期届满之日起20日内向登记机关申请注销登记。合伙企业注销依法须经批准的，或者合伙企业被吊销营业执照、责令关闭、撤销，或者被列入经营异常名录的，不适用简易注销程序。人民法院裁定强制清算或者裁定宣告破产的，有关清算人、破产管理人可以持人民法院终结强制清算程序的裁定或者终结破产程序的裁定，直接向登记机关申请办理注销登记。

7. 合伙企业不能清偿到期债务的处理

（1）合伙企业不能清偿到期债务的，债权人可以依法向人民法院提出破产清算申请，也可以要求普通合伙人清偿。

（2）合伙企业依法被宣告破产的，普通合伙人对合伙企业的债务仍应承担无限连带责任。

经典例题

【真题·多选题】（2022）根据合伙企业法律制度的规定，下列各项中，属于合伙企业清算费用的有（　　）。

A. 管理合伙企业财产的费用

B. 清算过程中聘任工作人员的费用

C. 清算过程中的咨询费用

D. 缴纳合伙企业职工社会保险费用

【答案】ABC

【解析】选项D与清算工作本身无关，属于第二顺序支付对象工资社保等，并非清算费用。

【真题·单选题】（2020）根据合伙企业法律制度的规定，合伙企业解散的，应当进行清算。下列各项中，应当以合伙企业财产优先支付的是（　　）。

A. 所欠税款

B. 清算费用

C. 职工工资

D. 所欠债务

【答案】B

【解析】合伙企业的财产首先用于支付合伙企业的清算费用。合伙企业的财产支付合伙企业的清算费用后的清偿顺序依次为：合伙企业职工工资、社会保险费用和法定补偿金，缴纳所欠税款，清偿债务。

【例题·单选题】境外甲私募基金与境内乙有限责任公司拟合作设立丙有限合伙企业，在境内经营共享充电宝项目。其中甲为有限合伙人，乙为普通合伙人。根据合伙企业法律制度的规定，下列关于设立丙有限合伙企业须遵守的相关规定的表述中，正确的是（　　）。

A. 应当由乙负责办理审批手续

B. 甲出资的货币应当是人民币

C. 应当领取《外商投资合伙企业营业执照》

D. 应当向商务主管部门申请设立登记

【答案】C

【解析】选项A、C、D，外国企业或者个人在中国境内设立合伙企业，应当由全体合伙人指定的代表或者共同委托的代理人向国务院工商行政管理部门授权的地方工商行政管理部门申请设立登记，领取《外商投资合伙企业营业执照》后方可从事经营活动；选项B，外国企业或者个人用于出资的货币应当是可自由兑换的外币，也可以是依法获得的人民币。

【例题·单选题】根据合伙企业法律制度的规定，合伙企业解散清算时，企业财产首先应当清偿或者支付的是（　　）。

A. 所欠税款

B. 所欠银行借款

C. 所欠职工工资

D. 清算费用

【答案】D

【解析】合伙企业的财产首先用于支付合伙企业的清算费用。合伙企业的财产在支付清算费用后，清偿顺序依次为：职工工资、社会保险费用和法定补偿金；缴纳所欠税款；清偿债务。

【例题·单选题】甲、乙、丙、丁成立有限合伙企业，其中，甲、乙为普通合伙人，丙、丁为有限合伙人。5年后甲转为有限合伙人，丙转为普通合伙人。此前，合伙企业欠银行50万元，该债务直至合伙企业被宣告破产仍未偿还。下列有关对该50万元债务清偿责任的表述中，符合合伙企业法律制度规定的是（　　）。

A. 甲、乙承担无限连带责任，丙、丁以其出资额为限承担责任

B. 乙、丙承担无限连带责任，甲、丁以其出资额为限承担责任

C. 甲、乙、丙承担无限连带责任，丁以其出资额为限承担责任

D. 乙承担无限连带责任，甲、丙、丁以其出资额为限承担责任

【答案】C

【解析】乙、丁为合伙企业依法被宣告破产的，普通合伙人乙对合伙企业债务仍应承担无限连带责任，与有限合伙人丁无关；甲为普通合伙人转变为有限合伙人的，对其作为普通合伙人期间合伙企业发生的债务承担无限连带责任；丙为有限合伙人转变为普通合伙人的，对其作为有限合伙人期间有限合伙企业发生的债务承担无限连带责任。

高频考点21：法定事项与约定事项综述★★★

1. 法定事项

某些事项法律有明确规定的，合伙协议的约定不得与法律规定相抵触，其中包括但不限于：

（1）普通合伙人以其财产份额出质的，必须经其他合伙人一致同意。

（2）普通合伙人绝对不得从事同本企业相竞争的业务。

（3）普通合伙企业的合伙协议绝对不得约定将全部利润分配给部分合伙人，或者由部分合伙人承担全部亏损。

（4）国有独资公司、国有企业、上市公司以及公益性的事业单位、社会团体不得成为

普通合伙人。

(5) 有限合伙人不得以劳务出资。

(6) 有限合伙企业由普通合伙人执行合伙事务，有限合伙人不执行合伙事务，不得对外代表有限合伙企业。

2. 先约定后法定

(1) 除合伙协议另有约定外，合伙企业的下列事项应当经全体合伙人一致同意：

①改变合伙企业的名称；

②改变合伙企业的经营范围、主要经营场所的地点；

③处分合伙企业的不动产；

④转让或者处分合伙企业的知识产权和其他财产权利；

⑤以合伙企业名义为他人提供担保；

⑥聘任合伙人以外的人担任合伙企业的经营管理人员。

(2) 合伙协议未约定的，法律规定必须经全体合伙人一致同意的事项还包括：

①除合伙协议另有约定外，修改或者补充合伙协议，应当经全体合伙人一致同意。

②新合伙人入伙，除合伙协议另有约定外，应当经全体合伙人一致同意。

③除合伙协议另有约定外，普通合伙人转变为有限合伙人，或者有限合伙人转变为普通合伙人，应当经全体合伙人一致同意。

④除合伙协议另有约定外，普通合伙人向合伙人以外的人转让其在合伙企业中的全部或者部分财产份额时，须经其他合伙人一致同意。

(3) 有限合伙人可以同本有限合伙企业进行交易，但是，合伙协议另有约定的除外。

(4) 有限合伙人可以自营或者同他人合作经营与本有限合伙企业相竞争的业务，但是，合伙协议另有约定的除外。

(5) 有限合伙人可以将其在有限合伙企业中的财产份额出质，但是，合伙协议另有约定的除外。

(6) 有限合伙企业不得将全部利润分配给部分合伙人，但是，合伙协议另有约定的除外。

3. 兜底条款

合伙协议未约定或者约定不明确、法律也没有特别规定时，实行合伙人一人一票并经全体合伙人过半数通过的表决办法。如，分别执行合伙事务的，执行事务合伙人可以对其他合伙人执行的事务提出异议。提出异议时，应当暂停该项事务的执行。如果发生争议，按照合伙协议约定的表决办法办理，合伙协议未约定或者约定不明确的，实行合伙人一人一票并经全体合伙人过半数通过的表决办法。

小贴士 区分以下三种情况：

(1) 如果普通合伙人以其财产份额出质，必须经其他合伙人一致同意，这是法律的强制性规定，合伙协议不得“越雷池半步”；

(2) 如果要改变合伙企业的名称，先看合伙协议有没有约定，合伙协议未约定的，应当经全体合伙人一致同意；

(3) 如果执行合伙事务的两个合伙人发生争议，先看合伙协议有没有约定，合伙协议未约定的，由于法律对此也没有特别规定，实行合伙人一人一票并经全体合伙人过半数通过的表决办法。

经典例题

【例题·单选题】 甲、乙、丙、丁拟共同投资设立一有限合伙企业。甲、乙为普通合伙人，丙、丁为有限合伙人，4 人草拟了一份合伙协议，该合伙协议的下列内容中，符合合伙企业法律制度规定的是（ ）。

A. 丙任执行事务合伙人

B. 甲以房屋作价 30 万元出资，乙以专利技术作价 15 万元出资，丙以劳务作价 20 万元出资，丁以现金 50 万元出资

C. 丙、丁可以将其在合伙企业中的财产份额出质

D. 合伙企业名称为“环宇商贸有限公司”

【答案】 C

【解析】 选项 A，有限合伙人丙不得执行合伙事务，这是法律的强制性规定，合伙协议不

能约定；选项 B，有限合伙人丙不得以劳务出资，这是法律的强制性规定，合伙协议不能约定；选项 C，有限合伙人丙、丁以其财产份额出质的，先看合伙协议的约定；选项 D，有限合伙企业名称中必须标明“有限合伙”字样，这是法律的强制性规定，合伙协议不能约定。

【例题·单选题】某合伙企业举行合伙人会议表决对外投资事项，但合伙协议对该事项的表决办法未作约定。根据合伙企业法律制度的规定，下列关于合伙企业表决办法的表述中，正确的是（　　）。

A. 须经持有过半数财产份额的合伙人同意

B. 须经全体合伙人一致同意

C. 须经过半数合伙人同意

D. 须经 2/3 以上合伙人同意

【答案】C

【解析】对于合伙企业的对外投资事项，由于合伙协议未作约定、法律也没有特别规定，因此实行合伙人一人一票并经全体合伙人过半数通过的表决办法。

【例题·单选题】甲、乙、丙拟设立一个有限合伙企业。甲为普通合伙人，乙、丙为有限合伙人。下列合伙协议内容中，符合合伙企业法律制度规定的是（　　）。

A. 乙以劳务作价 20 万元出资

B. 甲以其出资金额的 2 倍为限对合伙企业债务承担责任

C. 丙不得将其在合伙企业中的财产份额出质

D. 丙为合伙事务执行人

【答案】C

【解析】选项 A，有限合伙人不得以劳务出资，这是法律的强制性规定，合伙协议不能约定；选项 B，普通合伙人甲应当对合伙企业债务承担无限连带责任，这是法律的强制性规定，合伙协议不能约定；选项 C，有限合伙人丙以其财产份额出质的，先看合伙协议的约定；选项 D，有限合伙人丙不得执行合伙事务，这是法律的强制性规定，合伙协议不能约定。

进阶练习

（一）单选题

1. 关于普通合伙企业设立时对合伙人的要求，下列表述中，正确的是（　　）。

A. 合伙人至少为 1 人以上

B. 合伙人只能是自然人或法人

C. 国有独资公司不得成为普通合伙人

D. 一个合伙企业可以成为其他合伙企业的合伙人

2. 某普通合伙企业拟补充企业协议，但合伙协议对该事项的决议规则未作约定。下列表述中，符合合伙企业法律制度规定的是（　　）。

A. 该事项经全体合伙人一致同意方可通过

B. 该事项经半数以上合伙人同意即可通过

C. 该事项经 2/3 以上合伙人同意即可通过

D. 该事项经出资占比 2/3 以上的合伙人同意即可通过

3. 甲、乙、丙共同出资成立一家普通合伙企业，后乙因急事用钱，欲将自己在合伙企业中的财产份额转让，乙、丙和第三人丁均欲以同一价格购买，则如何转让？（　　）。

A. 转让给丙

B. 转让给丁

C. 由乙随意选择

D. 乙、丙各自受让一半

4. 某普通合伙企业合伙人甲因个人借款，拟将其合伙财产份额质押给债权人乙。根据合伙企业法律制度的规定，为使该质押行为有效，同意质押的合伙人人数应当是（　　）。

A. 超过全体合伙人的 1/2

B. 超过全体合伙人的 2/3

C. 超过全体合伙人的3/4

D. 全体合伙人

5. 甲为普通合伙企业的执行合伙事务的合伙人。甲为清偿其个人对乙所负担的债务20万元，私自将合伙企业的一台工程机械以25万元的市价卖给善意第三人丙并交付。甲用所获价款中的20万元清偿了对乙的债务，剩余5万元被其挥霍一空。根据合伙企业法律制度的规定，下列表述中，正确的是（　　）。

A. 合伙企业有权从丙处取回工程机械

B. 乙应将20万元款项直接返还给合伙企业

C. 甲与丙的工程机械买卖合同不成立

D. 合伙企业有权就企业所受损失向甲追偿

6. 甲、乙、丙为普通合伙企业的合伙人。该合伙企业向丁借款60万元，三人约定，如果到期合伙企业无力偿还借款，三人各自负责偿还20万元。借款到期时，该合伙企业没有财产向丁清偿。根据合伙企业法律制度的规定，下列关于债务清偿的表述中，正确的是（　　）。

A. 丁只能按照三人约定分别清偿各自的20万元债务

B. 因合伙企业没有财产，丁的债权无法实现

C. 丁无权向甲或者乙主张全部60万元的债务

D. 丁可以根据各合伙人的实际财产状况，确定各自的清偿数额

7. 甲、乙、丙、丁共同出资设立一家普通合伙企业，约定利润分配比例为4∶2∶2∶2。后丙、丁相继退伙，甲、乙未就合伙企业利润分配约定新的比例，经双方协商后也未达成一致。根据合伙企业法律制度的规定，现该合伙企业的利润在甲、乙之间如何分配？（　　）

A. 全部利润按4∶2的比例分配

B. 合伙企业60%的利润按4∶2的比例分配，其余利润平均分配

C. 全部利润按二人认缴出资比例分配

D. 全部利润平均分配

8. 某合伙企业欠甲到期借款3万元，该合伙企业的合伙人乙也欠甲到期债务2万元。甲从该合伙企业购买了一批产品应付货款5万元，下列表述中符合合伙企业法律制度规定的是（　　）。

A. 甲可将其所欠合伙企业5万元货款与该合伙企业所欠其3万元到期借款以及合伙人乙所欠其2万元到期借款相抵销，甲无须再向合伙企业偿付货款

B. 甲只能将其所欠合伙企业5万元货款与该合伙企业所欠其3万元到期借款进行抵销，因此甲仍应向该合伙企业偿付2万元

C. 甲只能将其所欠合伙企业5万元货款与乙所欠其2万元到期借款进行抵销，因此甲仍应向该合伙企业偿付3万元

D. 甲所欠合伙企业之债务与该合伙企业及乙所欠其债务之间均不能抵销

9. 某普通合伙企业的合伙人包括有限责任公司甲、乙，自然人丙、丁。根据合伙企业法律制度的规定，下列情形中属于当然退伙事由的是（　　）。

A. 甲被债权人申请破产

B. 乙被吊销营业执照

C. 丙被依法宣告失踪

D. 丁因打架被公安机关拘留

10. 甲、乙、丙三个注册会计师各出资100万元，设立某会计师事务所（特殊的普通合伙企业），三人各占1/3的财产份额。在企业存续期间，甲因重大过失出具了虚假的审计报告，致使合伙企业应当赔偿丁的损失900万元，此时合伙企业全部财产只有600万元。根据合伙企业法律制度的规定，下列表述中，正确的是（　　）。

A. 甲、乙、丙以其个人全部财产对900万元的债务承担无限连带责任

B. 由甲一人承担900万元的债务

C. 先由合伙企业承担其中600万元的债务，剩余300万元的债务由甲承担

D. 乙、丙仅以出资额为限承担其中的200

万元债务，甲承担剩余的700万元

11. 甲上市公司、乙普通合伙企业、丙全民所有制企业和丁公立大学拟共同设立一有限合伙企业。根据合伙企业法律制度的规定，甲、乙、丙、丁中可以成为普通合伙人的是（　　）。

A. 甲　　B. 乙

C. 丙　　D. 丁

12. 甲、乙、丙、丁、戊共同出资设立一个有限合伙企业，甲、乙、丙为普通合伙人，丁、戊为有限合伙人。执行事务合伙人甲提议接收庚为新合伙人，乙、丙反对，丁、戊同意。合伙协议对新合伙人入伙的表决方法未作约定。根据合伙企业法律制度的规定，下列表述中正确的是（　　）。

A. 庚可以入伙，因甲作为执行事务合伙人有权自行决定接收新合伙人

B. 庚可以入伙，因全体合伙人过半数同意

C. 庚不得入伙，因丁、戊作为有限合伙人无表决权，而反对庚入伙的普通合伙人占全体普通合伙人的2/3

D. 庚不得入伙，因未得到全体合伙人一致同意

13. 某普通合伙企业在经营期间吸收甲入伙。甲入伙前合伙企业对乙负债10万元。甲入伙后，该合伙企业继续亏损，甲要求退伙，获得其他合伙人一致同意。在此期间该合伙企业欠丙货款20万元。甲退伙后，合伙企业又向丁借款20万元。后合伙企业解散，上述债务均未清偿。下列表述中，符合合伙企业法律制度规定的是（　　）。

A. 合伙企业对乙、丙的债务，甲应承担无限连带责任

B. 合伙企业对丙、丁的债务，甲应承担无限连带责任

C. 合伙企业对乙、丁的债务，甲应承担无限连带责任

D. 合伙企业对乙、丙、丁的债务，甲均承担无限连带责任

14. 根据合伙企业法律制度的规定，下列关于有限合伙企业的表述中，正确的是（　　）。

A. 上市公司可以成为有限合伙企业的普通合伙人

B. 有限合伙人可以用土地使用权和劳务出资

C. 自然人作为有限合伙人可以执行合伙事务，对外代表有限合伙企业

D. 如果合伙协议没有约定，有限合伙人可以经营与本有限合伙企业相竞争的业务

15. 甲是某合伙企业的有限合伙人，在合伙企业经营期间，甲共分得利润10万元。后来，甲因故退伙，退伙清算时甲从合伙企业分得财产价值8万元。甲对于基于其退伙前的原因发生的合伙企业债务，承担的清偿责任数额是（　　）万元。

A. 0　　B. 10

C. 8　　D. 18

16. 普通合伙人甲在合伙企业经营期间因交通意外死亡，其子乙尚未成年。根据合伙企业法律制度的规定，下列表述中，错误的是（　　）。

A. 乙因此成为该合伙企业的普通合伙人

B 经全体合伙人一致同意，从乙继承开始之日起，取得该合伙企业的合伙人资格，但只能作为有限合伙人

C. 若全体合伙人未能一致同意，合伙企业应当将甲的财产份额退还给乙

D. 若合伙协议约定所有合伙人必须具有完全民事能力，则乙不能取得合伙人资格，但可以要求合伙企业退还甲的财产份额

（二）多选题

1. 赵某、钱某、孙某、李某设立一家普通合伙企业。经全体合伙人决定，委托赵某、钱某执行合伙事务，对外代表合伙企业。根据合伙企业法律制度的规定，下列表述中，正确的有（　　）。

A. 孙某、李某有权监督赵某、钱某执行合伙事务的情况

B. 如赵某单独执行某一合伙事务，钱某可以对赵某执行的事务提出异议

C. 如赵某单独执行某一合伙事务，孙某可以对赵某执行的事务提出异议

D. 如赵某执行事务违反合伙协议，孙某、李某、钱某有权决定撤销对赵某的委托

2. 甲欲加入乙、丙投资设立的普通合伙企业，则除合伙协议另有约定外，入伙需要满足的条件有（　　）。

A. 乙、丙一致同意，并与甲签订书面的入伙协议

B. 乙、丙向甲告知合伙企业的经营状况和财务状况

C. 甲应向乙、丙说明自己的个人负债情况

D. 乙或丙单独同意，并与甲签订书面入伙协议即可

3. 甲为合伙企业的合伙人，乙为甲个人债务的债权人。当甲个人财产不足以清偿对乙的债务时，根据合伙企业法律制度的规定，乙可以（　　）。

A. 代位行使甲在合伙企业中的权利

B. 以甲在合伙企业取得的收益用于清偿

C. 自行接管甲在合伙企业中的财产份额

D. 依法请求人民法院强制执行该合伙人在合伙企业中的财产份额用于清偿

4. 甲、乙、丙为普通合伙企业的合伙人。该合伙企业向丁借款150万元，甲、乙、丙之间约定，如果到期合伙企业无力偿还该借款，甲、乙、丙各自负责偿还50万元。借款到期时，该合伙企业没有财产向丁清偿。根据合伙企业法律制度的规定，下列表述中，正确的有（　　）。

A. 丁有权直接向甲要求偿还150万元

B. 只有在甲、乙确实无力清偿的情况下，丁才有权要求丙偿还150万元

C. 乙仅负有向丁偿还50万元的义务

D. 丁可以根据各合伙人的实际财产情况，要求甲偿还100万元，乙偿还30万元，丙偿还20万元

5. 赵某、钱某、孙某和李某共同出资设立一个普通合伙企业，钱某被委托单独执行合伙企业事务。钱某因重大过失给合伙企业造成了较大的损失，但自己并未谋取私利。为此，赵某、孙某和李某一致同意将钱某除名，并作出除名决议，书面通知钱某本人。对于该除名决议的下列表述中，正确的有（　　）。

A. 赵某、孙某和李某可以决议将钱某除名

B. 如果钱某对除名决议没有异议，该除名决议自作出之日起生效

C. 如果钱某对除名决议有异议，可以在接到除名通知之日起30日内，向人民法院起诉

D. 如果钱某对除名决议有异议，可以在接到除名通知之日起30日内，请求工商行政管理机关作出裁决

6. 甲死亡，乙对甲在某普通合伙企业中的财产份额享有合法继承权。下列有关乙与合伙企业关系的表述中，符合合伙企业法律制度规定的有（　　）。

A. 如果乙不愿意成为合伙企业的合伙人，则该合伙企业可以不必向乙退还甲的财产份额

B. 如果乙未能取得合伙人资格，则该合伙企业可以不必向乙退还甲的财产份额

C. 如果乙为无民事行为能力人，全体合伙人未能一致同意乙入伙，则该合伙企业应当将甲的财产份额退还乙

D. 如果乙为无民事行为能力人，经全体合伙人一致同意，乙可以成为有限合伙人但该合伙企业应转为有限合伙企业

7. 注册会计师甲、乙、丙共同出资设立一特殊的普通合伙制会计师事务所。因甲、乙在某次审计业务中故意出具不实审计报告，人民法院判决会计师事务所赔偿当事人200万元。根据合伙企业法律制度的规定，下列关于该赔偿责任承担的表述中，正确的有（　　）。

A. 甲、乙、丙均承担无限连带责任

B. 甲、乙、丙均以其在会计师事务所中

的财产份额为限承担责任

C. 应先以该会计师事务所的全部财产承担责任

D. 甲、乙承担无限连带责任，丙以其在会计师事务所中的财产份额为限承担责任

8. 根据合伙企业法律制度的规定，下列各项中符合有限合伙人退伙规定的有（　　）。

A. 作为有限合伙人的自然人在合伙期间丧失民事行为能力的，属于当然退伙

B. 若有限合伙人自然死亡，其继承人可以依法取得该有限合伙企业中的资格

C. 有限合伙人退伙后，对其退伙前合伙企业发生的债务，以其退伙时取回的财产承担责任

D. 作为有限合伙人的法人依法被吊销营业执照的，当然退伙

9. 根据合伙企业法律制度的规定，有限合伙人的下列行为中，不视为执行合伙事务的有（　　）。

A. 参与决定普通合伙人退伙

B. 对企业的经营管理提出意见

C. 参与选择承办企业审计业务的会计师事务所

D. 依法为本企业提供担保

10. 某产业投资基金的组织形式为有限合伙企业，其有限合伙人的下列行为中，符合合伙企业法律制度规定的有（　　）。

A. 参与选择承办该基金审计业务的会计师事务所

B. 依法为该基金提供担保

C. 对该基金的经营管理提出建议

D. 担任该基金总经理

11. 甲、乙、丙、丁4人共同出资设立一个有限合伙企业，其中，甲、乙为普通合伙人，丙、丁为有限合伙人。在订立合伙协议时约定的下列事项中，符合合伙企业法律制度规定的有（　　）。

A. 甲、乙、丙、丁均可以自营与本合伙企业相竞争的业务

B. 甲、乙、丙、丁均不得自营与本合伙企业相竞争的业务

C. 甲、乙可以自营与本合伙企业相竞争的业务，丙、丁不得自营与本合伙企业相竞争的业务

D. 甲、乙不得自营与本合伙企业相竞争的业务，丙、丁可以自营与本合伙企业相竞争的业务

12. 甲、乙、丙共同出资设立一普通合伙企业，在合伙企业存续期间，甲拟以其在合伙企业中的财产份额出质借款。根据合伙企业法律制度的规定，下列表述中，正确的有（　　）。

A. 无需经乙、丙同意，甲可以出质

B. 经乙、丙同意，甲可以出质

C. 未经乙、丙同意，甲私自出质的，其行为无效

D. 未经乙、丙同意，甲私自出质的，一律按退伙处理

13. 根据合伙企业法律制度的规定，普通合伙企业的下列人员中，应对合伙企业债务承担无限连带责任的有（　　）。

A. 合伙企业的全体合伙人

B. 合伙企业债务发生后办理入伙的新合伙人

C. 合伙企业债务发生后办理退伙的退伙人

D. 合伙企业聘用的合伙人以外的经营管理人员

14. 甲、乙分别为某有限合伙企业的普通合伙人和有限合伙人，后甲变更为有限合伙人，乙变更为普通合伙人。下列关于甲、乙对其合伙人性质互换前的企业债务承担的表述中，符合合伙企业法律制度规定的有（　　）。

A. 甲对其作为普通合伙人期间的企业债务承担无限连带责任

B. 甲对其作为普通合伙人期间的企业债务承担有限责任

C. 乙对其作为有限合伙人期间的企业债

务承担无限连带责任

D. 乙对其作为有限合伙人期间的企业债务承担有限责任

15. 某合伙企业由甲、乙、丙、丁4个合伙人组成。根据合伙企业法律制度的规定，下列关于企业清算人的确定的表述中，正确的有（　　）。

A. 清算人可以由4人共同担任

B. 甲是合伙事务执行人，只能由其担任清算人

C. 可以在4人中推选一人担任清算人

D. 可以聘请一名注册会计师担任清算人

16. 李某、王某、刘某等共同出资设立一家普通合伙企业，专门从事注册会计师的培训业务。根据合伙企业法律制度的规定，下列属于需要全体合伙人一致同意才能生效的事项有（　　）。

A. 更换企业名称

B. 将企业多余的办公场地出租

C. 以本企业名义为培训老师提供担保

D. 销售培训教材

进阶练习答案及解析

（一）单选题

1.【答案】C

【解析】选项A，合伙人至少为2人以上；选项B、D，合伙人可以是自然人，也可以是法人或者其他组织，如个人独资企业、合伙企业也可以成为普通合伙人。

2.【答案】A

【解析】修改或者补充合伙协议，应当经全体合伙人一致同意；但是，合伙协议另有约定的除外。

3.【答案】A

【解析】普通合伙人对外转让其财产份额的，在同等条件下其他合伙人有优先购买权；但是，合伙协议另有约定除外。

4.【答案】D

【解析】普通合伙人以其在合伙企业中的财产份额出质的，须经其他合伙人一致同意。

5.【答案】D

【解析】选项A、D，合伙人在合伙企业清算前私自转移或者处分合伙企业财产的，合伙企业不得以此对抗善意第三人，合伙企业无权从丙处取回工程机械，合伙企业的损失只能向甲进行追偿；选项C，甲的行为构成无权处分，但买卖合同有效；选项B，乙接受甲的清偿合法有效，不必返还。

6.【答案】D

【解析】选项D，合伙人之间的分担比例对债权人没有约束力。债权人可以根据自己的清偿利益，请求全体合伙人中的一人或者数人承担全部清偿责任，也可以按照自己确定的比例向各合伙人分别追索。

7.【答案】D

【解析】合伙企业的利润（亏损）分担按照合伙协议的约定办理；合伙协议未约定或者约定不明确的，由合伙人协商决定；协商不成的，由合伙人按照实缴出资比例分配、分担；无法确定出资比例的，由合伙人平均分配、分担。

8.【答案】B

【解析】甲与该合伙企业相互之间的债权债务可以抵销，但甲不得以其对乙的债权去抵销甲欠该合伙企业的债务。

9.【答案】B

【解析】选项A，甲只是被申请破产，是否被宣告破产并不确定，不属于当然退伙事由；选项C、D，作为合伙人的自然人死亡或者被依法宣告死亡时，当然退伙，不包括被宣告失踪和被拘留。

10.【答案】C

【解析】选项A、B，甲以会计师事务所的名义出具的审计报告，产生的债务属于合伙企业的债务，应当先以合伙企业的全部财产予

以清偿；选项C、D，先以合伙企业的财产600万元予以清偿后，乙、丙的清偿义务已经履行完毕，两人分别按财产份额比例清偿了200万元，而不是以出资额为限，由于损失因甲的重大过失造成，所以只有甲对剩余300万元的债务承担无限责任。

11. 【答案】B

【解析】国有独资公司、国有企业、上市公司以及公益性的事业单位、社会团体不得成为普通合伙人，可以成为有限合伙人。

12. 【答案】D

【解析】选项A、B、D，新合伙人入伙除合伙协议另有约定外，应当经全体合伙人一致同意；选项C，有限合伙人参与决定普通合伙人入伙、退伙的，不视为执行合伙事务。

13. 【答案】A

【解析】新入伙的普通合伙人对入伙前合伙企业的债务（对于乙的债务）承担无限连带责任；退伙的普通合伙人对基于其退伙前的原因发生的合伙企业债务（对于丙的债务）承担无限连带责任；退伙的普通合伙人对退伙后的债务（对于丁的债务）不承担责任。

14. 【答案】D

【解析】选项A，上市公司只能作为有限合伙人；选项B，有限合伙人不能以劳务出资；选项C，有限合伙人不执行合伙事务，对外不代表合伙企业。

15. 【答案】C

【解析】对基于退伙前的原因发生的有限合伙企业债务，以其退伙时从有限合伙企业中取回的财产承担责任，即8万元。

16. 【答案】A

【解析】继承人为无民事行为能力人或限制民事行为人的，经全体合伙人一致同意，可以依法成为有限合伙人，而非普通合伙人，普通合伙企业转为有限合伙企业。若全体合伙人未能一致同意，合伙企业应当将被继承合伙人的财产份额退还该继承人。如果按照合伙协议继承人不能成为合伙人的，合伙企业应当向其退还被继承合伙人的财产份额。

（二）多选题

1. 【答案】ABD

【解析】选项A、C、D，不执行合伙事务的合伙人（孙某、李某）有监督权、撤销委托权、查阅账簿权，但无异议权；选项B，当2个以上的合伙人分别执行合伙事务的，执行事务合伙人（钱某）可以对其他合伙人（赵某）执行的事务提出异议。

2. 【答案】AB

【解析】新合伙人入伙时，除合伙协议另有约定外，应当经全体合伙人同意，并依法订立书面入伙协议。订立入伙协议时，原合伙人应当向新合伙人告知原合伙企业的经营状况和财务状况。

3. 【答案】BD

【解析】合伙人的自有财产不足清偿其与合伙企业无关的债务的，该合伙人可以以其从合伙企业中分取的收益用于清偿；债权人也可以依法请求人民法院强制执行该合伙人在合伙企业中的财产份额用于清偿。

4. 【答案】AD

【解析】选项B、C，合伙人之间的分担比例对债权人没有约束力；选项A，债权人可以根据自己的清偿利益，请求全体合伙人中的一人或者数人承担全部清偿责任；选项D，债权人根据自己的清偿利益，也可以按照自己确定的比例向各合伙人分别追索。

5. 【答案】AC

【解析】选项A，合伙人因故意或者重大过失给合伙企业造成损失的，经其他合伙人一致同意，可以决议将其除名；选项B，被除名人自接到除名通知之日起，除名生效；选项C、D，被除名人对除名决议有异议的，可以自接到除名通知之日起30日内，向人民法院起诉。

6. 【答案】CD

【解析】选项A、B，合伙企业应当向乙退还甲在合伙企业中的财产份额。

7. 【答案】CD

【解析】以合伙企业名义实施行为给第三人造成损失的，先由合伙企业财产予以清偿，不足部分按照如下规则清偿：一个合伙人或者数个合伙人在执业活动中因故意或者重大过失造成合伙企业债务的，应当承担无限责任或者无限连带责任，其他合伙人以其在合伙企业中的财产份额为限承担责任。

8.【答案】BCD

【解析】作为有限合伙人的自然人在有限合伙企业存续期间丧失民事行为能力的，其他合伙人不得因此要求其退伙。

9.【答案】ABCD

【解析】有限合伙人的下列行为，不视为执行合伙事务：（1）参与决定普通合伙人入伙、退伙；（2）对企业的经营管理提出建议；（3）参与选择承办有限合伙企业审计业务的会计师事务所；（4）获取经审计的有限合伙企业财务会计报告；（5）对涉及自身利益的情况，查阅有限合伙企业财务会计账簿等财务资料；（6）在有限合伙企业中的利益受到侵害时，向有责任的合伙人主张权利或者提起诉讼；（7）执行事务合伙人怠于行使权利时，督促其行使权利或者为了本企业的利益以自己的名义提起诉讼；（8）依法为本企业提供担保。

10.【答案】ABC

【解析】选项D，有限合伙人不得执行合伙事务，所以不得担任该基金总经理；选项A、B、C，不视为执行企业事务。

11.【答案】BD

【解析】有限合伙人可以自营或者同他人合作经营与本有限合伙企业相竞争的业务；但是，合伙协议另有约定的除外；而普通合伙人不得自营或者同他人合作经营与本合伙企业相竞争的业务，这是法定义务，不得以合伙协议的方式约定。所以，合伙协议可以约定甲、乙、丙、丁均不得自营与本合伙企业相竞争的业务，但不得约定甲、乙、丙、丁均可以自营与本合伙企业相竞争的业务。

12.【答案】BC

【解析】普通合伙企业的合伙人以其在合伙企业中的财产份额出质的，须经其他合伙人一致同意，未经其他合伙人一致同意，其行为无效，由此给善意第三人造成损失的，由行为人依法承担赔偿责任。

13.【答案】ABC

【解析】选项D，合伙人以外的经营管理人员属于“非合伙人”，无须对合伙企业债务承担无限连带责任。

14.【答案】AC

【解析】有限合伙人转变为普通合伙人的，对其作为有限合伙人期间有限合伙企业发生的债务承担无限连带责任；普通合伙人转变为有限合伙人的，对其作为普通合伙人期间合伙企业发生的债务承担无限连带责任。

15.【答案】ACD

【解析】清算人可以由全体合伙人担任；也可以经全体合伙人过半数同意，自合伙企业解散事由出现后15日内指定一个或者数个合伙人，或者委托第三人担任清算人。

16.【答案】ABC

【解析】除合伙协议另有约定外，合伙企业的下列事项应当经全体合伙人一致同意：（1）改变合伙企业的名称；（2）改变合伙企业的经营范围、主要经营场所的地点；（3）处分合伙企业的不动产；（4）转让或者处分合伙企业的知识产权和其他财产权利；（5）以合伙企业名义为他人提供担保；（6）聘任合伙人以外的人担任合伙企业的经营管理人员。选项A属于第一项；选项B属于第三项；选项C属于第五项。

第六章　公司法律制度

2023年教材内容主要变化

本章教材内容的变化主要包括对一些段落的删减、一些词语的调整，调整以及增加的内容主要有以下几方面：公司设立中发起人的活动内容；股东的表决权拘束协议；《公司法司法解释四》关于股东查阅权的规定；股东增资优先认缴权；董监高的勤勉义务；上市公司审议批准的对外担保行为；上市公司董监高不得买卖本公司股份的限制期间。

本章近五年考试高频考点分布

高频考点内容	年度及题型分布
公司的法人人格独立	2022年单选题
对外担保	2022年单选题
股东的出资形式	2022年单选题、2018年单选题
股东违反出资义务的责任	2020年单选题、2019年多选题
名义股东和实际出资人	2021年单选题
公司设立阶段的合同之债	2019年单选题
查阅权	2022年单选题、2019年多选题
分红权	2020年单选题、2018年单选题
新股优先认购权	2020年多选题、2019年多选题
异议股东的回购请求权	2022年多选题、2021年单选题、2018年案例分析题
股东诉讼	2018年单选题
有限责任公司的股权转移	2019年单选题、2018年单选题
公司财务制度	2022年多选题、2020年单选题、2019年案例分析题
股东会、董事会和监事会的职权	2019年单选题
上市公司组织机构特别规定	2021年多选题、2019年单选题
上市公司的对外担保	2018年多选题

续表

高频考点内容	年度及题型分布
公司决议的效力	2019 年单选题、2019 年多选题、2018 年案例分析题
上市公司独立董事制度	2018 年单选题
股份有限公司股份转让的限制	2018 年单选题
公司分立	2019 年单选题
公司合并	2018 年案例分析题
公司减资	2018 年单选题

高频考点精讲

本章内容为公司法律制度，属于比较重要的章节，主要包括公司的设立、股东权利、有限责任公司的组织机构及股权转移、上市公司的组织机构、上市公司独立董事制度、股份有限公司的股权转让、公司的经营管理、公司的重大变更等理论知识。

高频考点 1：法人人格否认★★★

公司享有法人资格，股东享有有限责任。公司的法人人格区别于公司股东的人格，二者原则上是独立的。单在我国审判实践中，在特定法律关系中不承认公司法人独立地位的常见理由是“人格混同”，主要有以下两种情形：

（1）公司与其股东（例如母子公司之间）在财产、业务、人员等方面“混同”，难分彼此，事实上无从区分（所谓“纵向人格混同”）。

（2）受同一母公司或者控制人控制的数个公司在财产、业务、人员等方面“混同”、重叠，不分彼此，事实上无从区别（所谓“横向人格混同”）。

法院否认公司法律独立地位并非彻底否定其法人资格，而是在某一具体法律关系中产生如下法律后果：①公司行为被视为股东的行为，股东对公司行为负责（这实际上也在个案中否定了股东的有限责任）；②公司与其他公司被视为同一法律主体，公司财产亦用于清偿其他公司债务。

经典例题

【真题·单选题】（2022）下列关于公司与其股东之间关系的表述中，正确的是（　　）。

A. 有限责任公司的股东以其实缴的出资额为限对公司承担责任

B. 在有限责任制度下，股东个人的财富状况与公司的风险存在直接关联

C. 股东未履行或者未全面履行出资义务的，应对公司全部债务承担连带责任

D. 公司拥有独立于股东的主体资格，有其权利能力和行为能力

【答案】D

【解析】公司具有民事权利能力和行为能力，法律地位独立于股东、管理人员和员工。

高频考点 2：对外担保★★★

1. 对外担保的规模

公司章程对担保总额及单项担保的数额有限额规定的，不得超过规定的限额。

2. 对外担保的决议

（1）公司为他人提供担保的，按照公司章程的规定由董事会或者股东（大）会决议。

（2）公司为公司股东或者实际控制人提

第六章

供担保的，必须经股东会或者股东大会决议。接受担保的股东或者受实际控制人支配的股东不得参加表决。该项表决由出席会议的其他股东所持表决权的过半数（＞1/2）通过。

公司对外担保行为不是法定代表人所能单独决定的事项，必须以公司股东（大）会、董事会等公司机关的决议作为授权的基础和来源。法定代表人未经授权擅自为他人提供担保的，构成“越权代表”。因担保合同效力发生纠纷的，法院应当根据《民法典》第五百零四条关于法定代表人越权代表的规定，区分订立合同时债权人是否善意，分别认定合同效力：债权人善意的，合同有效；反之，合同无效。

债权人善意，是指债权人不知道或者不应当知道法定代表人超越权限订立担保合同，又分为两种情形：（1）为公司股东或者实际控制人提供关联担保，债权人主张担保合同有效，应当提供证据证明其在订立合同时审查了股东（大）会决议，决议的表决程序符合《公司法》第十六条的规定，即在排除被担保股东表决权的情况下，该项表决由出席会议的其他股东所持表决权的过半数通过，签字人员也符合公司章程的规定。（2）公司为公司股东或者实际控制人以外的人提供非关联担保，只要债权人能够证明其在订立担保合同时对董事会决议或者股东（大）会决议进行了审查，同意决议的人数及签字人员符合公司章程的规定，就应当认定其构成善意，但公司能够证明债权人明知公司章程对决议机关有明确规定的除外。

名师解惑

公司的对外担保事宜，是高频考点，大体分为关联担保和非关联担保，前者被担保的主体是公司股东或实际控制人，即内部人具有关联性，须经股东会或股东大会决议；后者被担保的主体是公司股东或实际控制人以外的人，即外部人不具有关联性，须经股东会、股东大会或董事会决议。

经典例题

【真题·单选题】（2022）甲公司股东陈某是公司法定代表人。陈某代表甲公司与自己的债权人赵某签订了担保合同。赵某询问陈某是否需要征求其他股东意见时，陈某表示法定代表人可自行决定该事务，赵某遂认可。根据公司法律制度的规定，下列关于担保合同效力的表述中，正确的是（　　）。

A. 陈某是公司法定代表人，担保合同对公司发生效力

B. 赵某已尽到合理询问的义务，担保合同对公司发生效力

C. 赵某未尽到合理审查的义务，担保合同对公司不发生效力

D. 陈某无权代表公司签订任何担保合同，担保合同对公司不发生效力

【答案】C

【解析】公司为他人提供担保，按照公司章程的规定由董事会或者股东会、股东大会决议。根据该条规定，公司对外担保行为不是法定代表人所能单独决定的事项，必须以公司股东（大）会、董事会等公司机关的决议作为授权的基础和来源。法定代表人未经授权擅自为他人提供担保的，构成“越权代表”。因担保合同效力发生纠纷的，法院应当根据《民法典》关于法定代表人越权代表的规定，区分订立合同时债权人是否善意，认定代表行为的效力：债权人善意的，代表行为有效；反之，代表行为无效。本题中，债权人赵某非善意，因此法定代表人陈某的代表行为无效，担保合同对公司不发生法律效力。

【例题·单选题】某有限责任公司的股东会拟对公司为股东甲提供担保事项进行表决。下列有关该事项表决通过的表述中，符合公司法律制度规定的是（　　）。

A. 该项表决由公司全体股东所持表决权的过半数通过

B. 该项表决由出席会议的股东所持表决权的过半数通过

C. 该项表决由除甲以外的股东所持表决权的过半数通过

D. 该项表决由出席会议的除甲以外的股东所持表决权的过半数通过

【答案】D

【解析】公司为股东或者实际控制人提供担保的，必须经股东（大）会决议，该项表决由出席会议的其他股东（不含接受担保的股东）所持表决权的过半数通过。

高频考点3：公司设立制度★★

公司设立过程中，发起人的活动主要是两个方面：一是形成公司资本，包括认缴、实缴出资、对出资评估作价等；二是形成公司组织，包括制定章程、设定住所、设立组织机构、选举或任命组织机构成员等。

（1）根据《市场主体登记管理条例》，公司的登记事项包括：

①名称；

②公司类型；

③经营范围；

④住所；

⑤注册资本；

⑥法定代表人姓名；

⑦有限责任公司股东或者股份有限公司发起人的姓名或者名称；

⑧法律、行政法规规定的其他事项。

（2）公司的下列事项应当向登记机关办理备案：

①公司章程；

②经营期限；

③有限责任公司股东或者股份有限公司发起人认缴的出资数额、缴付期限和出资方式；

④公司董事、监事、高级管理人员；

⑤公司登记联络员、外商投资企业法律文件送达接受人；

⑥公司受益所有人相关信息；

⑦法律、行政法规规定的其他事项。

（3）公司登记申请人可以委托其他自然人或者中介机构代其办理登记。登记机关应当对申请材料进行形式审查。登记申请不符合法律、行政法规规定，或者可能危害国家安全、社会公共利益的，登记机关不予登记并说明理由。公司设立分支机构，应当向分支机构所在地的登记机关申请登记。法律、行政法规或者国务院决定规定设立公司须经批准的，应当在批准文件有效期内向登记机关申请登记。

（4）登记机关依法准予登记的，应当向公司签发营业执照。营业执照签发日期为公司的成立日期。营业执照分为正本和副本，具有同等法律效力。电子营业执照与纸质营业执照具有同等法律效力。公司应当将营业执照置于主要经营场所的醒目位置。从事电子商务经营的公司应当在其首页显著位置持续公示营业执照信息或者相关链接标识。

（5）登记申请人应当对提交材料的真实性、合法性和有效性负责。

（6）公司变更登记事项，应当自作出变更决议、决定或者法定变更事项发生之日起30日内向登记机关申请变更登记。公司变更登记事项属于依法须经批准的，申请人应当在批准文件有效期内向登记机关申请变更登记。

（7）因自然灾害、事故灾难、公共卫生事件、社会安全事件等原因造成经营困难的，公司可以自主决定在一定时期内歇业，但是法律、行政法规另有规定的除外。公司应当在歇业前向登记机关办理备案。登记机关通过国家企业信用信息公示系统向社会公示歇业期限、法律文书送达地址等信息。公司歇业的期限最长不得超过3年。公司在歇业期间开展经营活动的，视为恢复营业，公司应当通过国家企业信用信息公示系统向社会公示。公司歇业期间，可以以法律文书送达地址代替住所或者主要经营场所。

（8）公司当事人违反登记法规须承担相应的法律责任。

①未经设立登记而以公司名义从事经营活

动的，由登记机关责令改正，没收违法所得；拒不改正的，处1万元以上10万元以下的罚款；情节严重的，依法责令关闭停业，并处10万元以上50万元以下的罚款。

②提交虚假材料或者采取其他欺诈手段隐瞒重要事实取得公司登记的，由登记机关责令改正，没收违法所得，并处5万元以上20万元以下的罚款；情节严重的，处20万元以上100万元以下的罚款，吊销营业执照。

③公司未依法变更登记的，由登记机关责令改正；拒不改正的，处1万元以上10万元以下的罚款；情节严重的，吊销营业执照。

④公司未依法办理备案的，由登记机关责令改正；拒不改正的，处5万元以下的罚款。

⑤公司未依法将营业执照置于主要经营场所醒目位置的，由登记机关责令改正；拒不改正的，处3万元以下的罚款。从事电子商务经营的公司未在其首页显著位置持续公示营业执照信息或者相关链接标识的，由登记机关依照《电子商务法》处罚。

⑥公司伪造、涂改、出租、出借、转让营业执照的，由登记机关没收违法所得，处10万元以下的罚款；情节严重的，处10万元以上50万元以下的罚款，吊销营业执照。

高频考点4：公司设立阶段的债务

★★★

1. 合同之债

（1）以发起人的名义订立合同。发起人为设立公司以自己的名义与他人订立合同，根据《民法典》第七十五条第二款的规定，合同相对人有权选择请求该发起人或者成立后的公司承担合同义务。

（2）以公司的名义订立合同。发起人为设立公司以设立中公司的名义与他人订立合同，根据《民法典》第七十五条第一款的规定，公司成立后自动承担该合同义务。公司未成立，则单一发起人独自承担设立所产生的债务；发起人为数人的，承担连带债务。

2. 侵权之债

（1）公司成立的。发起人因履行公司设立职责造成他人损害，公司成立后，受害人请求公司承担侵权赔偿责任的，人民法院应予支持。

（2）公司未成立。发起人因履行公司设立职责造成他人损害，公司未成立，受害人请求全体发起人承担连带赔偿责任的，人民法院应予支持。

（3）公司或者无过错的发起人承担赔偿责任后，可以向有过错的发起人追偿。

3. 公司设立失败的责任承担

（1）公司不能成立时，发起人对设立行为所产生的债务和费用负连带责任。部分发起人承担责任后，请求其他发起人分担的，人民法院应当判令其他发起人按照约定的责任承担比例分担责任；没有约定责任承担比例的，按照约定的出资比例分担责任；没有约定出资比例的，按照均等份额分担责任。

（2）因部分发起人的过错导致公司未成立，其他发起人主张其承担设立行为所产生的费用和债务的，人民法院应当根据过错情况，确定过错一方的责任范围。

经典例题

【真题·单选题】（2019）甲、乙共同投资设立丙公司，约定由乙担任法定代表人。在公司设立过程中，甲以丙公司名义与丁公司签订房屋租赁合同，将其作为丙公司的办公场地，租金20万元，后丙公司设立失败，租金未付。对此，下列说法正确的是（　　）。

A. 由甲承担全部责任

B. 由甲、乙承担连带责任

C. 由乙承担全部责任

D. 由甲、乙依出资比例按份承担责任

【答案】B

【解析】根据规定，发起人以设立中的公司名义订立合同，公司成立后自动承担合同义务，但是，如果公司未成立，单一发起人独自承担设立所产生的债务，发起人为数人的，承担连带责任。

【例题·单选题】甲、乙、丙三人拟设立一有限责任公司。在公司设立过程中，甲在搬运为公司购买的办公家具时，不慎将丁撞伤。根据公司法律制度的规定，下列关于对丁的侵权责任承担的表述中，正确的是（　　）。

A. 若公司未成立，丁仅能请求甲承担该侵权责任

B. 若公司未成立，丁应先向甲请求赔偿，不足部分再由乙、丙承担

C. 若公司成立，则由公司自动承受该侵权责任

D. 无论公司是否成立，该侵权责任应由甲、乙、丙共同承担

【答案】C

【解析】公司设立过程中的侵权之债遵循如下规则：发起人因履行公司设立职责造成他人损害，公司成立后，受害人请求公司承担侵权赔偿责任的，人民法院应予支持；发起人因履行公司设立职责造成他人损害，公司未成立，受害人请求全体发起人承担连带赔偿责任的，人民法院应予支持。

高频考点5：股东的出资方式★★★

（1）股东可以用货币出资，也可以用实物、知识产权、土地使用权等可以用货币估价并可以依法转让的非货币财产作价出资。但是，法律、行政法规规定不得作为出资的财产除外。

《公司法解释三》规定：出资人以非货币财产出资，未依法评估作价，公司、其他股东或者公司债权人请求认定出资人未履行出资义务的，人民法院应当委托具有合法资格的评估机构对该财产评估作价。评估确定的价额显著低于公司章程所定价额的，人民法院应当认定出资人未依法全面履行出资义务。

出资人以符合法定条件的非货币财产出资后，因市场变化或者其他客观因素导致出资财产贬值，公司、其他股东或者公司债权人请求该出资人承担补足出资责任的，人民法院不予支持；但当事人另有约定的除外。

（2）股东不得以劳务、信用、自然人姓名、商誉、特许经营权或者设定担保的财产等作价出资。

（3）以土地使用权出资。

出资人以房屋、土地使用权或者需要办理权属登记的知识产权等财物出资，已经交付公司使用但未办理权属变更手续的，《公司法解释三》规定，当公司、其他股东或者公司债权人主张认定出资人未履行出资义务的，人民法院应当责令当事人在指定的合理期间内办理权属变更手续；在前述期间内办理了权属变更手续的，人民法院应当认定其已经履行了出资义务；出资人主张自其实际交付财产给公司使用时享有相应股东权利的，人民法院应予以支持。出资人已经就前述财产出资的，办理权属变更但未交付给公司使用，公司或者其他股东主张向公司交付、并在实际交付之前不享有相应股东权利的，人民法院应予以支持。

出资人以划拨的土地使用权或者设定权利负担（如设定了抵押担保）的土地使用权出资，公司、其他股东或者公司债权人主张认定该出资人未履行出资义务的，人民法院应当责令当事人在指定的合理期间内办理土地变更手续或者解除权利负担；逾期未办理或者未解除的，人民法院应当认定出资人未依法全面履行出资义务。

（4）以无权处分的财产出资。

出资人以其不享有处分权的财产出资，当事人之间对于出资行为的效力产生争议的，人民法院可以参照善意取得制度的规定予以认定。

小贴士 只要公司取得该财产符合善意取得条件，该财产可以最终为公司所有；公司如果不符合善意取得条件，所有权人有权取回该财产，此时视为出资人未履行出资义务。

（5）以债权出资。

债权人可以将其依法享有的对在中国境内

设立的公司的债权，转为公司股权。也就是说，债权出资目前仅限于债权人对债务人实施“债转股”。

转为公司股权的债权应当符合下列情形之一：

①债权人已经履行债权所对应的合同义务，且不违反法律、行政法规、国务院决定或者公司章程的禁止性规定；

②经人民法院生效裁判或者仲裁机构裁决确认；

③公司破产重整或者和解期间，列入经人民法院批准的重整计划或者裁定认可的和解协议。

用以转为公司股权的债权有两个以上债权人的，债权人对债权应当已经作出分割。债权转入公司股权的，公司应当增加注册资本。

（6）以股权出资。

股东或者发起人可以以其持有的在中国境内设立的公司股权出资。以股权出资的，该股权应当权属清楚、权能完整、依法可以转让。

小贴士 根据《公司法解释三》，出资人以其他公司股权出资，符合下列条件的，人民法院应当认定出资人已履行出资义务：（1）出资的股权由出资人合法持有并依法可以转让；（2）出资的股权无权利瑕疵或者权利负担；（3）出资人已履行关于股权转让的法定手续；（4）出资的股权已依法进行了价值评估。股权出资如果不符合前三项的规定，公司、其他股东或者公司债权人请求认定出资人未履行出资义务的，人民法院应当责令该出资人在指定的合理期间内采取补正措施，以符合上述条件；逾期未补正的，人民法院应该认定其未依法全面履行出资义务。出资的股权如果没有依法进行价值评估，公司、其他股东或者公司债权人请求认定出资人未履行出资义务的，人民法院应当按照《公司法解释三》关于非货币出资未依法评估作价的相关规定处理。

（7）以违法所得的货币出资。

出资人以贪污、受贿、侵占、挪用等违法犯罪所得的货币出资后取得股权的，司法机关对违法犯罪行为予以追究、处罚时，应当采取拍卖或者变卖的方式处置其股权。

经典例题

【真题·单选题】（2022）甲、乙、丙三人拟成立一家有限责任公司，约定甲以某专利权出资，乙以劳务出资，丙以其持有的某公司股权出资。根据公司法律制度的规定，下列表述中，正确的是（　　）。

A. 甲以专利权出资无须办理权属变更登记，但须许可公司使用该专利

B. 乙可以以劳务出资，但应当由甲、乙、丙三人协商定价

C. 丙可以以股权出资，但必须履行关于股权转让的法定手续

D. 甲、乙、丙实际缴纳出资后，才能向登记机关申请公司设立登记

【答案】 C

【解析】 股东以非货币财产，如动产、土地使用权、知识产权、股权、债权等出资的，应当依法办理财产权的移转手续，因此选项A错误；股东不得以劳务、信用、自然人姓名、商誉、特许经营权或者设定担保的财产等作价出资，因此选项B错误；2013年12月，《公司法》修改了公司设立时股东必须缴纳全部或部分出资的要求，改为“注册资本登记认缴制”：除法律、行政法规和国务院决定另有规定外，有限公司和发起设立的股份公司实行“认缴制”，以全体股东“认缴的出资额”或“认购的股本总额”为注册资本，因此选项D错误。

【例题·单选题】 甲有限责任公司成立于2020年1月5日。公司章程规定，股东乙以其名下的一套房产出资。乙于1月7日将房产交付公司，但未办理权属变更手续。5月9日，股东丙诉至人民法院，要求乙履行出资义务。5月31日，人民法院责令乙于10日内办理权属变更手续。6月6日，乙完成办理权属变更手续。根据公司法律制度的规定，乙享有股东

权利的起始日期是（　　）。

A. 1月7日　　B. 1月5日

C. 6月6日　　D. 5月31日

【答案】A

【解析】出资人主张自其实际交付财产给公司使用时享有相应股东权利的，人民法院应予支持。

高频考点6：股东违反出资义务的责任★★★

（1）股东违反出资义务的行为，包括未履行或未能全面履行出资义务的行为，可能表现为：

①股东未按章程规定缴纳出资（例如迟延缴纳、实际价额不足等）；

②公司设立时股东以非货币财产出资，公司成立后发现其出资的实际价额低于章程所定价额；

③公司成立后，以非货币财产向公司增资的股东，其出资的实际价额低于章程所定价额等；

④抽逃出资也属于股东违反出资义务，只是抽逃出资行为的发生时间通常在公司成立之后。

（2）公司成立后，如果在增资过程中出现股东违反出资义务的情形，相关董事、高级管理人员可能承担相应责任。

具体如下：

①股东未履行或者未全面履行出资义务，公司或者其他股东请求其向公司依法全面履行出资义务的，人民法院应予支持。

②违反出资义务的股东可能对履行出资义务的股东承担违约责任。

③股东违反出资义务而公司又不能偿还债务的，公司债权人有权请求该股东在一定范围内承担清偿责任。

a. 公司债权人请求未履行或者未全面履行出资义务的股东在未出资本息范围内对公司债务不能清偿的部分承担补充赔偿责任的，人民法院应予支持。未履行或者未全面履行出资义务的股东已经承担上述责任，其他债权人提出相同请求的，人民法院不予支持。

b. 股东在公司设立时未履行或者未全面履行出资义务，发起人与被告股东承担连带责任。但是，公司的发起人承担责任后，可以向被告股东追偿。

④公司成立后，如在增资过程中出现股东违反出资义务的情形，相关董事、高级管理人员可能承担相应责任。

⑤有限责任公司的股东未履行或者未全面履行出资义务即转让股权，受让人对此知道或者应当知道，公司请求该股东履行出资义务、受让人对此承担连带责任的，人民法院应予支持。受让人对外承担连带责任后，向该未履行或者未全面履行出资义务的股东追偿的，人民法院应予以支持。但是当事人另有约定的除外。

⑥名义股东与实际出资人不符的，名义股东不得以其为名义股东为由对抗公司债权人。

如果公司债权人以登记于公司登记机关的股东未履行出资义务为由，请求其对公司债务不能清偿的部分在未出资本息范围内承担补充赔偿责任，股东以其仅为显名股东而非实际出资人为由进行抗辩的，人民法院不予支持。但是，显名股东在承担相应的赔偿责任后，向实际出资人追偿的，人民法院应予支持。

如果冒用他人名义出资并将该他人作为股东在公司登记机关登记的，冒名登记行为人应当承担相应责任；公司、其他股东或者公司债权人以未履行出资义务为由，请求被冒名登记的股东承担补足出资责任或者对公司债务不能清偿部分的赔偿责任的，人民法院不予支持。

⑦抽逃出资的责任。为了保证公司资产的稳定性，股东出资在公司成立后不得撤回。

公司成立后，股东存在下列情形且损害公司权益的，可以被认定为抽逃出资：

a. 通过虚构债权债务关系将其出资转出；

b. 制作虚假财务会计报表虚增利润进行

分配；

c. 利用关联交易将出资转出；

d. 其他未经法定程序将出资抽回的行为。

审判实践中，被法院认定为股东抽逃出资的行为还有：

a. 公司在减少注册资本时，未通知已知的债权人，致使债权人在公司向股东返还出资财产前无法请求公司向其清偿债务或者提供担保；

b. 公司不符合分配利润的法定条件而直接向股东支付“股利”，尤其是支付固定收益；股东之间转让股权而公司为其提供担保等。

公司债权人请求抽逃出资的股东在抽逃出资本息范围内对公司债务不能清偿的部分承担补充赔偿责任，协助抽逃出资的其他股东、董事、高级管理人员或者实际控制人对此承担连带责任的，人民法院应予支持；抽逃出资的股东已经承担上述责任，其他债权人提出相同请求的，人民法院不予支持。

⑧违反出资义务的股东，公司有权依法限制其股东权利乃至解除其股东资格。

股东未履行或者未全面履行出资义务或者抽逃出资，公司根据公司章程或者股东会决议对其利润分配请求权、新股优先认购权、剩余财产分配请求权等股东权利作出相应的合理限制，该股东请求认定该限制无效的，人民法院不予支持。

有限责任公司的股东未履行出资义务或者抽逃全部出资，经公司催告，在合理期间内仍未缴纳或者返还出资，公司以股东会决议解除该股东的股东资格，该股东请求确认该解除行为无效的，人民法院不予支持。

⑨股东承担以上违反出资义务的民事责任，不适用诉讼时效抗辩。

经典例题

【真题·单选题】（2020）甲有限责任公司的职工股东乙未履行出资义务，经公司催告在合理期间内仍拒绝缴纳。根据公司法律制度的规定，有权作出决议解除乙股东资格的公司机构是（　　）。

A. 董事会　　B. 监事会

C. 股东会　　D. 职工代表大会

【答案】C

【解析】有限公司股东未履行出资义务或者抽逃全部出资，经公司催告缴纳或者返还，其在合理期间内仍未缴纳或者返还出资，公司可以通过股东会决议解除该股东的股东资格。

命题点拨

股东会由全体股东组成，是公司的最高决策机关，其当然享有解除股东资格的职权。

【真题·多选题】（2019）甲公司股东吴某抽逃出资。根据公司法律制度的规定，下列各项中，有资格对吴某提起向公司返还出资之诉的有（　　）。

A. 甲公司　　B. 甲公司其他股东

C. 甲公司董事会　　D. 甲公司监事会

【答案】AB

【解析】股东抽逃出资，公司或者其他股东请求其向公司返还出资本息，协助抽逃出资的其他股东、董事、高级管理人员或者实际控制人对此承担连带责任的，人民法院予以支持。

高频考点7：显名股东与实际出资人

★★★

1. 合同效力及投资权益归属问题

（1）实际出资人与名义出资人订立合同，约定由实际出资人出资并享有投资权益，以名义出资人为显名股东，实际出资人与显名股东对该合同效力发生争议的，如无其他违法情形，该约定应确认有效，实际出资人可依照合同约定向显名股东主张相关权益。

（2）在实际出资人与显名股东就出资约定合法的情况下，二者因投资权益的归属发生争议，实际出资人以其实际履行了出资义务为由向显名股东主张权利的，人民法院应予支持。显名股东以公司股东名册记载、公司登记机关登记为由否认实际出资人权利的，人民法院不予支持。

2. 实际出资人显名化问题

实际出资人未经公司其他股东半数以上同意，请求公司变更股东、签发出资证明书、记载于股东名册、记载于公司章程并办理公司登记机关登记的，人民法院不予支持。

3. 显名股东处分行为的认定问题

显名股东将登记于其名下的股权转让、质押或者以其他方式处分，实际出资人以其对于股权享有实际权利为由，请求认定处分股权行为无效的，人民法院可以参照物权善意取得制度的规定处理。只要受让方构成善意取得，交易的股权可以最终为其所有。但是，显名股东处分股权造成实际出资人损失，实际出资人请求显名股东承担赔偿责任的，人民法院应予支持。

经典例题

【真题·单选题】（2021）甲有限责任公司股东名册记载赵某、钱某、孙某和李某 4 名股东。其中，李某为显名股东，实际出资人为周某。现周某要求公司变更股东名册，将其登记为正式股东。根据公司法律制度的规定，应当满足的条件是（　　）。

A. 须 4 名股东一致同意

B. 除李某外的其他 3 名股东半数以上同意

C. 仅需李某本人同意

D. 除李某外的其余 3 名股东所持表决权半数以上同意

【答案】B

【解析】实际出资人未经公司其他股东半数以上同意，请求变更股东、签发出资证明书、记载于股东名册、记载于公司章程并办理公司登记机关登记的，人民法院不予支持。

【例题·单选题】甲盗用乙的身份证以乙的名义向丙公司出资。乙被记载于丙公司股东名册，并进行了工商登记，但直至出资期限届满仍未履行出资义务。根据公司法律制度的规定，下列关于出资责任承担的表述中，正确的是（　　）。

A. 乙承担出资责任

B. 甲承担出资责任

C. 乙首先承担出资责任，不足部分再由甲补足

D. 甲、乙对出资承担连带责任

【答案】B

【解析】如果冒用他人名义出资并将该他人作为股东在公司登记机关登记的，冒名登记行为人应当承担相应责任。

【例题·多选题】甲、乙双方订立协议，由甲作为显名股东，代为持有乙在丙有限责任公司的股权，但投资收益由实际投资人乙享有。协议并无其他违法情形。后甲未经乙同意，将其代持的部分股权，以合理价格转让给丙公司的股东丁，丁对甲只是显名股东的事实并不知情。根据公司法律制度的规定，下列表述中，正确的有（　　）。

A. 甲、乙之间的股权代持协议无效

B. 甲、乙之间的股权代持协议有效

C. 若乙反对甲、丁之间的股权转让，则丁不能取得甲所转让的股权

D. 即使乙反对甲、丁之间的股权转让，丁亦合法取得甲所转让的股权

【答案】BD

【解析】选项 A、B，实际出资人乙与显名股东甲之间的股权代持协议，如没有《民法典》规定的无效情形，人民法院应当认定该协议有效；选项 C、D，显名股东甲将登记于其名下的股权转让或者质押，只要受让方丁构成善意取得，交易的股权可以最终为其所有，即使乙反对甲、丁之间的股份转让，丁亦合法取得该项股权。

高频考点 8：股东权利★★★

此高频考点未对股东全部权利进行阐述，而是选取重要权利进行分析。

1. 表决权

（1）有限责任公司的股东按照出资比例行使表决权，但公司章程另有规定的除外。

（2）股份有限公司的股东按照持股比例行使表决权。

股东之间有可能订立协议，对将来如何行使各自的表决权提前作出协同安排。例如，约定签约股东在对特定事项表决时作出一致性的意思表示。这类协议被称为“表决权拘束协议”。在符合合同生效条件的情况下，人民法院通常认可此类协议的法律效力。

小贴士 这段内容为新增内容，提请考生注意！

（3）法律有时也会对股东的表决权施加限制。如股份有限公司的股东出席股东大会会议，所持每一股份有一票表决权。但是，公司持有的本公司股份没有表决权。当公司为公司股东或者实际控制人提供担保时，必须经股东会或者股东大会决议，该股东或者受实际控制人支配的股东不得参加规定事项的表决。审判实践中，法院通常也会支持如下做法：当特定股东与股东会决议事项存在利益冲突，其行使表决权有可能损害公司或股东整体利益时（例如，该股东与公司发生关联交易），该股东应当回避此一事项的表决。

2. 增资优先认缴权

增资优先认缴权，是指公司新增资本或发行新股时，原有股东在同等条件下优先于外部投资者认缴出资或者认购新股的权利。

（1）有限责任公司新增资本时，股东有权优先按照实缴的出资比例认缴出资；但是，全体股东可以事先约定不按照出资比例优先认缴出资。

（2）股份有限公司的股东没有新股优先认购权，除非股东大会在发行新股时通过向原股东配售新股的决议。

关于增资优先认缴权的行使和救济作出以下几点说明：

①增资优先认缴权的成立条件是，公司决定接受外部投资者认缴出资而新增注册资本，因此公司吸收合并导致其注册资本增加的情况下，原有股东不享有增资优先认缴权；

②在具备行使该项权利的条件的前提下，股东应当在公司形成增资决议的过程中，向公司作出明确且合格的行使增资优先认缴权的意思表示；

③公司原股东仅得在同等条件下行使增资优先认缴权，因此，当公司拟接纳外部投资者以特定的非现金资产增资、对员工实施股权激励时，原有股东通常因无法满足同等条件而无权优先增资；

④增资优先认缴权性质上属于形成权，股东作出意思表示后即与公司形成认缴出资的合意；

⑤股东可以放弃行使自己的增资优先认缴权，其放弃的认缴份额并不当然成为其他股东行使增资优先认缴权的对象；

⑥增资优先认缴权可以在公司原股东之间自由转让，但不得转让给股东以外的人；

⑦针对侵害增资优先认缴权的不同行为，股东可提起的诉讼请求包括：请求人民法院否定相关决议；责令公司恢复原状；行使增资优先认缴权或责令公司继续履行增资认缴协议；损害赔偿等。

小贴士 上述第③条为新增内容，请考生注意。

3. 查阅权（知情权）

第一，有限责任公司。

（1）股东有权查阅、复制公司章程、股东会会议记录、董事会会议决议、监事会会议决议和财务会计报告。

（2）股东可以要求查阅（不包括复制）公司会计账簿。股东要求查阅公司会计账簿的，应当向公司提出书面请求，说明目的。公司有合理根据认为股东查阅会计账簿有不正当目的，可能损害公司合法利益的，可以拒绝提供查阅，并应当自股东提出书面请求之日起15日内书面答复股东并说明理由。

（3）有证据证明股东存在下列情形之一的，人民法院应当认定股东“有不正当目的”：

①股东自营或者为他人经营与公司主营业务有实质性竞争关系业务的，但公司章程另有规定或者全体股东另有约定的除外；

②股东为了向他人通报有关信息查阅公司会计账簿，可能损害公司合法利益的；

③股东在向公司提出查阅请求之日前的3年内，曾通过查阅公司会计账簿，向他人通报有关信息损害公司合法利益的；

④股东有不正当目的的其他情形。

第二，股份有限公司。

股东有权查阅（不包括复制）公司章程、股东大会会议记录、董事会会议决议、监事会会议决议、财务会计报告、股东名册和公司债券存根。

小贴士 对两类公司股东享有的“查阅权”需要注意以下几点：

(1) 有限责任公司与股份有限公司股东知情权的范围不同，后者增加了“股东名册和公司债券存根”；

(2) 股东有权查阅股东会、股东大会的“会议记录”，但只能查阅董事会和监事会的“会议决议”；

(3) 只有有限责任公司的股东查阅“会计账簿”时需要提出书面请求，其他查阅事项，可以其他方式请求；

(4) 有限责任公司的股东有权查阅“会计账簿”，而股份有限公司的股东没有该项权利。

(5) 提出查阅请求者应当具备股东资格。因此，公司有证据证明原告在起诉时不具有公司股东资格的，人民法院应当驳回起诉。但《公司法解释四》又规定，“原告有初步证据证明在持股期间其合法权益受到损害，请求依法查阅或者复制其持股期间的公司特定文件材料的除外”。

小贴士 此司法解释内容为修改内容，考生可适当注意。

4. 异议股东的股份回购请求权

第一，有限责任公司。

有限责任公司出现下列情形之一的，对股东会决议投反对票的股东，可以请求公司按照合理价格收购其股权：

(1) 公司连续5年不向股东分配利润，而公司该5年连续盈利，并且符合法律规定的分配利润条件的；

(2) 公司合并、分立、转让主要财产的；

(3) 公司章程规定的营业期限届满或者章程规定的其他解散事由出现，股东会会议通过决议修改章程使公司存续的。

审判实践中，公司对外转让资产是否构成“转让主要财产”，法院通常会从所转让资产在公司总资产中的占比、在公司业务中的重要性等方面综合考量。

自股东会会议决议通过之日起60日内，股东与公司不能达成股权收购协议的，股东可以自股东会会议决议通过之日起90日内向人民法院提起诉讼，要求公司回购股权。

第二，股份有限公司。

股份有限公司异议股东的股份回购请求权仅限于对股东大会作出的“公司合并、分立决议”持有异议的情形。

5. 股利分配请求权

(1) 有限责任公司的股东按照实缴的出资比例分取红利；但是，全体股东可以事先约定不按照出资比例分取红利。

(2) 股份有限公司按照股东持有的股份比例分配利润，但股份有限公司章程规定不按持股比例分配的除外。

(3) 分配利润的股东会或者股东大会决议作出后，公司应当在决议载明的时间内完成利润分配。决议没有载明时间的，以公司章程规定的时间为准。决议、章程中均未规定时间或者时间超过一年的，公司应当自决议作出之日起一年内完成利润分配。决议中载明的利润分配完成时间如果超过公司章程规定的时间，股东可以依据《公司法》第二十二条第二款的规定，请求人民法院撤销决议中关于该时间的规定。

(4) 股东起诉请求公司分配利润案件，应当列公司为被告。一审法庭辩论终结前，其他股东基于同一分配方案请求分配利润并申请参加诉讼的，应当列为共同原告。

（5）股东提交载明具体分配方案的股东会或者股东大会的有效决议，请求公司分配利润，公司拒绝分配利润且其关于无法执行决议的抗辩理由不成立的，人民法院应当判决公司按照决议载明的具体分配方案向股东分配利润。

（6）股东未提交载明具体分配方案的股东会或者股东大会决议，请求公司分配利润的，人民法院应当驳回其诉讼请求，但违反法律规定滥用股东权利导致公司不分配利润，给其他股东造成损失的除外。

经典例题

【真题·单选题】（2022）根据公司法律制度的规定，股东有权复制公司特定文件材料。下列各项中，属于该特定文件材料的是（　　）。

A. 监事会会议记录

B. 股东会会议记录

C. 会计凭证

D. 会计账簿

【答案】B

【解析】股东有权查阅、复制公司章程、股东会会议记录、董事会会议决议、监事会会议决议和财务会计报告，可以要求查阅（不包括复制）公司会计账簿。

【真题·单选题】（2021）某公司股东大会授权董事会对公司回购股份的事项作出决议，该公司董事会共有9名董事，6名董事出席会议，4名董事投支持票，2名董事持反对票。下列说法正确的是（　　）。

A. 该董事会会议召开人数未达到要求

B. 监事可以请求法院撤销该决议

C. 股东大会授权董事会决议不符合规定

D. 该决议表决比例不足未获得通过

【答案】D

【解析】股份公司将股份用于员工持股计划或者股权激励、将股份用于转换上市公司发行的可转换为股票的公司债券等，经股东大会的授权，需2/3董事出席会议，经全体董事过半数表决通过。

命题点拨

该题解析可参考“高频考点33 股份回购”的内容。

【真题·单选题】（2020）根据公司法律制度的规定，股东会或股东大会作出分配利润的决议后，公司分配利润的最长期限是（　　）。

A. 作出分配利润决议之日起3个月

B. 作出分配利润决议之日起6个月

C. 作出分配利润决议之日起12个月

D. 作出分配利润决议之日起18个月

【答案】C

【解析】分配利润的股东会或者股东大会决议作出后，公司应当在决议载明的时间内完成利润分配。决议没有载明时间的，以公司章程规定的时间为准。决议、章程中均未规定时间或者时间超过一年的，公司应当自决议作出之日起一年内完成利润分配。

【真题·单选题】（2020）甲有限责任公司的股东乙起诉公司请求分配利润。该公司另一股东丙得知后，在一审法庭辩论终结前，基于同一分配方案也提出分配利润的请求并申请参加诉讼。根据公司法律制度的规定，丙在本案中的诉讼地位是（　　）。

A. 共同原告

B. 共同被告

C. 无独立请求权的第三人

D. 有独立请求权的第三人

【答案】A

【解析】《公司法解释四》规定，股东起诉请求公司分配利润的案件，应当列公司为被告。一审法庭辩论终结前，其他股东基于同一分配方案请求分配利润并申请参加诉讼的，应当列为共同原告。

【真题·多选题】（2020）根据公司法律制度的规定，下列关于有限责任公司股东增资优先认缴权的表述中，正确的有（　　）。

A. 股东享有优先认缴权须以公司决议为前提

B. 股东的优先认缴权只能依其实缴出资比例行使

C. 股东可以放弃优先认缴权

D. 股东可以将其优先认缴权转让给其他股东

【答案】CD

【解析】选项A、B，依据我国《公司法》，有限责任公司股东的优先认缴权是法定权利，认购数额以其实缴出资比例为准，除非全体股东约定其他认购比例。

【真题·单选题】（2018）根据公司法律制度的规定，在股东起诉请求公司分配利润的案件中，应当列为被告的是（　　）。

A. 公司

B. 反对分配利润的董事

C. 反对分配利润的股东

D. 公司及反对分配利润的股东

【答案】A

【解析】这属于异议股东的异议回购请求权的行使，自股东会会议决议通过之日起60日内，股东与公司不能达成股权收购协议的，股东可以自股东会会议决议通过之日起90日内向人民法院提起诉讼，要求公司回购股权，所以被告是公司。

【例题·多选题】根据公司法律制度的规定，股份有限公司的下列文件中，股东有权查阅的有（　　）。

A. 公司债券存根

B. 股东名册

C. 董事会会议决议

D. 公司会计账簿

【答案】ABC

【解析】有限责任公司的股东有要求查阅公司会计账簿的权利，但是股份有限公司的股东并没有该项权利。

【例题·单选题】甲、乙成立有限责任公司，甲认购出资4万元，乙认购2万元。1年后公司利润为9万元，甲实缴1万元，乙缴足出资，设立公司时未约定利润分配方式。根据公司法律制度的规定，甲应分配的利润是（　　）万元。

A. 6　　B. 3

C. 4.5　　D. 9.5

【答案】B

【解析】由于股东未事先约定利润分配方式，应按股东实缴的出资比例进行分配，甲可以分得 $1/3 \times 9 = 3$（万元）。

高频考点9：股东的诉讼权利★★★

1. 股东代表诉讼

（1）董事、高级管理人员侵犯公司利益：先找监事会或者监事。

股东（有限责任公司的股东、股份有限公司连续180日以上单独或者合计持有公司1%以上股份的股东）可以书面请求监事会（或者不设监事会的有限责任公司的监事）向人民法院提起诉讼。如果监事会（或者不设监事会的有限责任公司的监事）收到股东的书面请求后拒绝提起诉讼，或者自收到请求之日起30日内未提起诉讼，或者情况紧急、不立即提起诉讼将会使公司利益受到难以弥补的损害的，股东有权为了公司的利益以自己的名义直接向人民法院提起诉讼。

（2）监事侵犯公司利益：先找董事会或者董事。

股东（有限责任公司的股东、股份有限公司连续180日以上单独或者合计持有公司1%以上股份的股东）可以书面请求董事会（或者不设董事会的有限责任公司的执行董事）向人民法院提起诉讼。如果董事会（或者不设董事会的有限责任公司的执行董事）收到股东的书面请求后拒绝提起诉讼，或者自收到请求之日起30日内未提起诉讼，或者情况紧急、不立即提起诉讼将会使公司利益受到难以弥补的损害的，股东有权为了公司的利益以自己的名义直接向人民法院提起诉讼。

（3）公司董事、监事、高级管理人员以外的他人侵犯公司利益：先找董事会或者监事会。

股东（有限责任公司的股东、股份有限公司连续180日以上单独或者合计持有公司1%以上股份的股东）可以书面请求董事会或者监事会向人民法院提起诉讼。如果董事会、监事会收到股东的书面请求后拒绝提起诉讼，或者自收到请求之日起30日内未提起诉讼，或者情况紧急、不立即提起诉讼将会使公司利益受到难以弥补的损害的，股东有权为了公司的利益以自己的名义直接向人民法院提起诉讼。

根据《公司法解释四》，股东依据《公司法》第一百五十一条第二款、第三款规定直接提起诉讼的案件，胜诉利益归属于公司。股东请求被告直接向其承担民事责任的，人民法院不予支持。另外，股东依据《公司法》第一百五十一条第二款、第三款规定直接提起诉讼的案件，其诉讼请求部分或者全部得到人民法院支持的，公司应当承担股东因参加诉讼支付的合理费用。

2. 股东直接诉讼

公司董事、高级管理人员违反法律、行政法规或者公司章程的规定，损害了股东利益的，股东可以依法向人民法院提起诉讼。

经典例题

【例题·单选题】朱某为甲有限责任公司的经理，利用职务之便为其妻吴某经营的乙公司谋取本来属于甲公司的商业机会，致甲公司损失50万元。甲公司小股东袁某欲通过诉讼维护公司利益。甲公司设立了董事会、监事会，根据公司法律制度的规定，关于袁某的做法，下列表述中，正确的是（　　）。

A. 必须先书面请求甲公司董事会对朱某提起诉讼

B. 必须先书面请求甲公司监事会对朱某提起诉讼

C. 只有在董事会拒绝起诉的情况下，才能请求监事会对朱某提起诉讼

D. 只有在其股权达到1%时，才能请求甲公司有关部门对朱某提起诉讼

【答案】B

【解析】选项A、B、C，“董事、高级管理人员”损害公司利益时，先找“监事会”；选项D，有限责任公司的任何一个股东均有权代表公司提起诉讼，不受所持股权比例的限制。

高频考点10：股东义务★★

1. 出资义务

按照法律和公司章程的规定，向公司按期足额缴纳出资。股东违反出资义务可能导致其股东权利受限甚至丧失股东资格。

2. 善意行使股权的义务

这项义务的主要含义是，股东不得滥用其权利。实践中，股东滥用其权利的一个突出现象是，控股股东利用其与公司的关联关系损害公司利益（最典型的就是进行关联交易）。

3. 组织清算义务

公司出现解散事由后，有限责任公司股东直接组成清算组，股份公司的清算组由董事组成或者由股东大会确定的人员组成。未依法启动清算，损害债权人利益的，应承担相应的民事责任。

高频考点11：公司董事、监事、高级管理人员制度★★★

1. 董事、监事和高级管理人员的任职资格

有下列情形之一的，不得担任公司的董事、监事、高级管理人员：

（1）无民事行为能力或者限制民事行为能力；

（2）因贪污、贿赂、侵占财产、挪用财产或者破坏社会主义市场经济秩序，被判处刑罚，执行期满未逾5年，或者因犯罪被剥夺政治权利，执行期满未逾5年；

（3）担任破产清算的公司、企业的董事或者厂长、经理，对该公司、企业的破产负有个人责任的，自该公司、企业破产清算完结之

日起未逾3年；

(4) 担任因违法被吊销营业执照、责令关闭的公司、企业的法定代表人，并负有个人责任的，自该公司、企业被吊销营业执照之日起未逾3年；

(5) 个人所负数额较大的债务到期未清偿。

公司违反上述规定选举、委派董事、监事或者聘任高级管理人员的，该选举、委派或者聘任无效。公司董事、监事、高级管理人员在任职期间出现上述所列情形的，公司应当解除其职务。

2. 董事、监事和高级管理人员的法定义务

(1) 忠实义务。

董事、高级管理人员不得有下列行为：

①挪用公司资金；

②将公司资金以其个人名义或者以其他个人名义开立账户存储；

③违反公司章程的规定，未经股东（大）会或者董事会同意，将公司资金借贷给他人或者以公司财产为他人提供担保；

④违反公司章程的规定或者未经股东（大）会同意，与本公司订立合同或者进行交易；

⑤未经股东（大）会同意，利用职务便利为自己或者他人谋取属于公司的商业机会，自营或者为他人经营与所任职公司同类的业务；

⑥接受他人与公司交易的佣金归为己有；

⑦擅自披露公司秘密；

⑧违反对公司忠实义务的其他行为。

小贴士 董事、高级管理人员构成侵夺公司机会，须同时满足以下三个条件：一是“未经股东会或者股东大会同意”；二是“利用职务便利”；三是“谋取属于公司的商业机会”。关键问题在于，一个商业机会何时才归属于公司，成为“公司的商业机会”？审判实践表明，“公司的商业机会”不仅包括公司正在实施或已经订立协议将要实施的业务，还包括公司尚不知道，但依公司利益最大化原则，董事、高级管理人员应当提交或者报告给公司的商业机会。公司原本掌握的商业机会，如果明确表示放弃或者因客观原因丧失，那么，公司董事或高级管理人员经股东会或者股东大会同意，可以利用该商业机会。

(2) 勤勉义务。

《公司法》对董事、监事和高级管理人员的勤勉义务的规定是原则性的。审判实践中，常见的管理者违反勤勉义务的典型行为有：越权行为（例如，令公司从事经营范围外的营业活动，造成公司损失）、违法行为（例如，指使公司偷逃税款或者违反环保法规，导致公司遭受国家处罚或对第三人承担赔偿责任）以及各种失职行为（例如，应当代表公司与第三人签订书面合同而未签订，致使公司事后无法通过诉讼维护自身权利；未尽监督义务，在上市公司违反信息披露要求的文件上签字，声明信息披露内容真实、准确、完整；未及时依公司章程向股东催缴出资等）。此外，公司应当合法经营。公司董事、监事、高级管理人员执行公司职务时违反法律、行政法规或者公司章程的规定，给公司造成损失的，应当承担赔偿责任。

公司管理层应当接受质询和监督。公司股东会或者股东大会要求董事、监事、高级管理人员列席会议的，董事、监事、高级管理人员应当列席并接受股东的质询。董事、高级管理人员应当如实向公司监事会或者不设监事会的有限责任公司的监事提供有关情况和资料，不得妨碍监事会或者监事行使职权。

小贴士 上述审判实践的内容为新增内容，请考生知悉。

经典例题

【例题·单选题】根据公司法律制度的规定，公司董事的下列行为中，涉嫌违反勤勉义务的是（ ）。

A. 擅自披露公司商业秘密

B. 将公司资金以个人名义开立账户存储

C. 无正当理由长期不出席董事会会议

D. 篡夺公司商业机会

【答案】C

【解析】选项A、B、D，属于违反忠实义务的行为。

【例题·单选题】李某为甲股份有限公司的董事长，赵某为乙股份有限公司的董事长。甲公司持有乙公司60%的股份。甲、乙公司的下列行为中，公司法律制度不予禁止的是（　　）。

A. 甲公司向赵某提供200万元购房借款

B. 甲公司向李某提供200万元购房借款

C. 乙公司向赵某提供200万元购房借款

D. 甲公司通过乙公司向李某提供200万元购房借款

【答案】A

【解析】选项B，甲公司不得直接向其董事、监事、高级管理人员提供借款；选项C，乙公司不得直接向其董事、监事、高级管理人员提供借款；选项D，甲公司不得通过子公司（乙公司）向其董事、监事、高级管理人员提供借款。

高频考点12：公司决议的效力★★★

有关公司决议的效力，具体有以下几个方面：

1. 决议不成立

决议不成立，是指当事人所主张的某一决议，事实上从未作出或者不满足程序要求而不构成通过。

某一决议（包括股东会或股东大会决议、董事会决议）事实上未作出，包括两种情形：

（1）公司未召开会议作出该决议，除非依《公司法》第三十七条第二款或公司章程规定可以不召开股东会或股东大会而直接作出该决定，且由全体股东在决定文件上签名、盖章；

（2）公司尽管召开了会议，但未表决该决议事项。

不满足程序要求而不构成决议通过，也有两种情况：

（1）到会人数或者到会股东所持表决权数，不符合法律或公司章程的规定，也即不具备表决决议事项的必要条件；

（2）虽具备表决条件，但“表决结果未达到公司法或者公司章程规定的通过比例”。

除以上四种典型情况外，人民法院还可以认定导致决议不成立的其他情形。

2. 决议无效

股东（大）会、董事会的决议内容违反法律、行政法规的无效。

3. 决议的撤销

股东（大）会、董事会的会议召集程序、表决方式违反法律、行政法规或者公司章程，或者决议内容违反公司章程的，股东可以自决议作出之日起60日内，请求人民法院撤销。

4. 原告资格

（1）公司股东、董事、监事等请求确认股东（大）会、董事会决议无效或者不成立的，人民法院应当依法予以受理。

（2）请求撤销股东（大）会、董事会决议的原告，应当在起诉时具有公司股东资格。

5. 被告范围

原告请求确认股东（大）会、董事会决议不成立、无效或者撤销决议的案件，应当列公司为被告。对决议涉及的其他利害关系人，可以依法列为第三人。

6. 对善意相对人的影响

股东（大）会、董事会决议被人民法院判决确认无效或者撤销的，公司依据该决议与善意相对人形成的民事法律关系不受影响。

经典例题

【真题·单选题】（2019）根据公司法律制度的规定，确认公司董事会决议效力无效，应当以（　　）为被告。

A. 公司

B. 出席会议的董事

C. 董事会

D. 对该决议投赞成票的董事

【答案】A

【解析】原告请求确认股东会或者股东大会、董事决议不成立、董事会决议不成立、无效或者撤销决议的案件应当列公司为被告。

【例题·单选题】某股份有限公司董事会有9名董事。该公司召开董事会会议，甲、乙、丙、丁、戊5名董事出席，其余4名董事缺席。会议表决前，丁因故提前退席，亦未委托他人代为表决。会议最终由4名董事一致作出一项决议。根据公司法律制度的规定，下列关于该决议法律效力的表述中，正确的是（　　）。

A. 有效　　B. 无效

C. 可撤销　　D. 不成立

【答案】D

【解析】董事会作出决议必须经全体董事的过半数通过。在本题中，赞成票仅为4票，未达到法定要求，该决议不成立。

高频考点13：有限责任公司的设立★

（1）有限责任公司由50个以下股东出资设立，允许设立一人有限责任公司。

（2）有限责任公司的注册资本为在公司登记机关登记的全体股东认缴的出资额。

（3）公司章程。

①设立有限责任公司必须由股东共同依法制定公司章程，股东应当在公司章程上签名、盖章。

②公司章程对公司、股东、董事、监事和高级管理人员均有约束力。

③高级管理人员是指公司的经理、副经理、财务负责人、上市公司董事会秘书和公司章程规定的其他人员。

④设立有限责任公司，应当由全体股东指定的代表或者共同委托的代理人向公司登记机关申请设立登记。

（5）登记事项。公司的登记事项包括：

①公司名称；

②住所；

③法定代表人姓名；

④注册资本；

⑤公司类型；

⑥经营范围；

⑦营业期限；

⑧有限责任公司股东或者股份有限公司发起人的姓名或者名称。

（6）登记主管机关核准登记后，应当发布公司登记公告。公告后，公司设立程序即为完成。

（7）公司营业执照签发日期为公司成立日期。有限责任公司成立后，应当向股东签发出资证明书。

（8）有限责任公司应当置备股东名册。记载于股东名册的股东，可以依股东名册主张行使股东权利。

小贴士　在设立登记中，删除了“设立公司应当首先申请名称预先核准；预先核准的公司名称保留期为6个月；预先核准的公司名称在保留期内，不得用于从事经营活动，不得转让”的规定。

经典例题

【例题·单选题】根据公司法律制度的规定，下列关于有限责任公司设立条件的表述中，正确的是（　　）。

A. 有限责任公司的股东人数必须是两人以上

B. 公司章程对公司、股东、董事、监事和高级管理人员均有约束力

C. 有限责任公司的注册资本为在公司登记机关登记的全体股东实缴的出资额

D. 登记主管机关核准登记后，公司正式成立

【答案】B

【解析】选项A，有限责任公司由50个以下股东出资设立，允许设立一人有限责任公司；选项C，有限责任公司的注册资本为在公司登记机关登记的全体股东认缴的出资额；选项D，公司营业执照签发日期为公司成立日期。

高频考点14：股东会的会议制度★★★

1. 会议类型及会议决议

（1）首次股东会会议由出资最多的股东召集和主持。

（2）以后的股东会会议。

①有限责任公司设立董事会的，由董事会召集，董事长主持；董事长不能履行职务或者不履行职务的，由副董事长主持；副董事长不能履行职务或者不履行职务的，由半数以上（≥1/2）董事共同推举一名董事主持。有限责任公司不设董事会的，股东会会议由执行董事召集和主持。

②董事会或者执行董事不能履行或者不履行召集股东会会议职责的，由监事会或者不设监事会的公司的监事召集和主持。

③监事会或者监事不召集和主持的，代表1/10以上表决权的股东可以自行召集和主持。

（3）临时股东会会议。

临时股东会会议的召开条件：

①代表1/10以上表决权的股东提议召开；

②1/3以上的董事提议召开；

③监事会（或者不设监事会的公司监事）提议召开。

（4）股东会的下列决议必须经代表2/3以上表决权的股东通过：

①修改公司章程；

②增加或者减少注册资本；

③公司合并、分立、解散；

④变更公司形式（有限责任公司变更为股份有限公司）。

上述决议属于特别决议。

其他普通决议要求的表决权是半数以上或者过半数。《公司法》未规定通过普通决议所需要的表决权数，通常，公司章程会规定这类普通决议须经代表半数以上或者过半数表决权的股东通过。

2. 先约定后法定

（1）会议通知召开股东会会议，应当于会议召开15日以前通知全体股东，但公司章程另有规定或者全体股东另有约定的除外。

（2）表决权。股东会会议由股东按照出资比例行使表决权，但公司章程另有规定的除外。

经典例题

【例题·多选题】根据公司法律制度的规定，有限责任公司股东会会议的下列决议中，须经代表2/3以上表决权的股东通过的有（　　）。

A. 修改公司章程

B. 决定利润分配方案

C. 对外提供担保

D. 增加注册资本

【答案】AD

【解析】选项B、C属于一般决议事项。

【例题·多选题】甲、乙、丙三人共同出资500万元设立了一个有限责任公司，其中甲和乙各出资40%，丙出资20%。该公司章程约定的下列条款中，符合公司法律制度规定的有（　　）。

A. 股东会表决时，甲、乙、丙按照出资比例行使表决权

B. 召开股东会会议时，应提前20日通知全体股东

C. 公司分配利润时，丙有优先分配权；公司当年利润不足10万元的，仅分配给丙，超过10万元的，甲、乙、丙按照出资比例分配

D. 公司解散清算后，如有剩余财产，甲、乙、丙按照出资比例分配

【答案】ABCD

【解析】选项A，有限责任公司股东的表决权，先看公司章程的约定；选项B，股东会会议通知的时间，先看公司章程或者全体股东是否另有约定；选项C，有限责任公司股东的分红权，先看公司章程的约定；选项D，公司解散清算后，如有剩余财产，有限责任公司按照股东的出资比例分配。

高频考点15：有限责任公司的董事会与监事会★★★

1. 董事会的组成

（1）有限责任公司董事会由3～13人组

成。股东人数较少或者规模较小的有限责任公司，可以不设立董事会，只设1名执行董事，执行董事可以兼任公司经理。

（2）董事会设董事长1人，可以（而非必须）设副董事长。

（3）有限责任公司董事长、副董事长的产生办法由公司章程规定。

2. 董事任期

董事任期由公司章程规定，每届任期不得超过3年，连选可以连任。

3. 董事会的召集

董事会会议由董事长召集和主持；董事长不能或者不履行职务的，由副董事长召集和主持；副董事长不能或者不履行职务的，由半数以上董事共同推举一名董事召集和主持。

4. 经理

有限责任公司可以设经理，由董事会聘任或者解聘。

小贴士 股东会或者股东大会是董事的产生机构，有权在董事任期届满前解除其职务。《公司法》不要求股东会或者股东大会解除董事时须提供法定理由。根据《公司法解释五》的规定，董事任期届满前被股东会或者股东大会有效决议解除职务的，该董事如向人民法院起诉主张解除不发生法律效力，则人民法院不予支持。不过，董事职务被解除后，因补偿与公司发生纠纷提起诉讼的，人民法院应当依据法律、行政法规、公司章程的规定或者合同的约定，综合考虑解除的原因、剩余任期、董事薪酬等因素，确定是否补偿以及补偿的合理数额。

5. 监事会的组成

有限责任公司设立监事会，其成员不得少于3人。股东人数较少或者规模较小的有限责任公司，可以设一至两名监事，不设立监事会。监事会应当包括股东代表和适当比例的公司职工代表，其中职工代表的比例不得低于1/3，具体比例由公司章程规定。

6. 监事的任期

监事的任期为每届3年，连选可以连任。董事、监事任期届满未及时改选，或者董事、监事在任期内辞职导致董事会、监事会成员低于法定人数的，在该选出的董事、监事就任前，原董事、监事人应当依照法律、行政法规和公司章程的规定履行职务。

7. 监事会的召集和决议

监事会主席召集和主持监事会会议；监事会主席不能或者不履行职务的，由半数以上监事共同推举一名监事召集和主持监事会会议。监事会每年度至少召开一次会议，监事可以提议召开临时监事会会议。

经典例题

【例题·多选题】甲、乙、丙三人共同出资100万元设立了一家有限责任公司，其中，甲出资60万元，乙出资25万元，丙出资15万元。2022年4月公司成立后，召开了第一次股东会会议。有关这次会议的下列情况中，符合公司法律制度规定的有（　　）。

A. 会议由甲召集和主持

B. 会议决定不设董事会，由甲担任执行董事，甲为公司的法定代表人

C. 会议决定设1名监事，由乙担任，任期3年

D. 会议决定了公司的经营方针和投资计划

【答案】ABCD

【解析】选项A，有限责任公司首次股东会由出资最多的股东召集和主持；选项B，股东人数较少或者规模较小的有限责任公司，可以不设董事会，只设1名执行董事，执行董事可以为公司的法定代表人；选项C，股东人数较少或者规模较小的有限责任公司，可以不设监事会，只设1～2名监事，监事任期为3年；选项D，决定公司的经营方针和投资计划属于股东会的职权。

高频考点16：有限责任公司股东会、董事会和监事会的职权 ★★★

1. 股东会的职权

（1）决定公司的经营方针和投资计划；

（2）选举和更换由非职工代表担任的董事、监事，决定有关董事、监事的报酬事项；

（3）审议批准董事会或者执行董事的报告；

（4）审议批准监事会或者监事的报告；

（5）审议批准公司的年度财务预算方案、决算方案；

（6）审议批准公司的利润分配方案和弥补亏损方案；

（7）对公司增加或者减少注册资本作出决议；

（8）对发行公司债券作出决议；

（9）对公司合并、分立、解散、清算或者变更公司形式作出决议；

（10）修改公司章程。

2. 董事会（或者不设董事会的执行董事）的职权

董事会的一般职权是“制订方案”，提交股东会表决通过。董事会有权“决定”的事项包括但不限于：

（1）决定公司的经营计划和投资方案；

（2）决定公司内部管理机构的设置；

（3）决定聘任或者解聘公司经理及其报酬事项；根据经理的提名，聘任或者解聘公司副经理、财务负责人，并决定其报酬事项。

3. 监事会（或者不设监事会的监事）的职权

（1）检查公司财务；

（2）对董事、高级管理人员执行公司职务的行为进行监督，对违反法律、行政法规、公司章程或者股东会决议的董事、高级管理人员提出罢免的建议；

（3）当董事、高级管理人员的行为损害公司的利益时，要求董事、高级管理人员予以纠正；

（4）对董事、高级管理人员提起诉讼；

（5）提议召开临时股东会会议，在董事会不履行召集和主持股东会会议职责时召集和主持股东会会议；

（6）向股东会会议提出提案；

（7）监事可以列席董事会会议，并对董事会决议事项提出质询或者建议；

（8）发现公司经营情况异常，可以进行调查。

经典例题

【真题·单选题】（2019）根据公司法律制度的规定，下列各项中有权制订公司年度财务预算、决算方案的是（　　）。

A. 总经理　　B. 股东大会

C. 董事会　　D. 监事会

【答案】 C

【解析】 董事会是制订公司的年度财务预算方案、决算方案的；股东会或股东大会是审议批准公司的年度财务预算方案、决算方案的。

【例题·单选题】 根据公司法律制度的规定，下列各项中，属于董事会职权的是（　　）。

A. 决定有关董事的报酬事项

B. 修改公司章程

C. 决定公司内部管理机构的设置

D. 决定发行公司债券

【答案】 C

【解析】 选项A、B、D，属于股东（大）会的职权。

高频考点17：一人有限责任公司的特别规定★★★

1. 设立

一个自然人只能投资设立1个一人有限责任公司，该一人有限责任公司不能再投资设立新的一人有限责任公司。

小贴士 一个自然人只能投资设立1个一人公司，该一人公司不能再投资设立新的一人公司；但该规定不适用于法人。

2. 公示

一人有限责任公司应当在公司登记时注明自然人独资或者法人独资，并在营业执照中载明。

3. 公司章程

一人有限责任公司的公司章程由股东制定。

4. 组织机构

具体内容有以下几点：

（1）一人有限责任公司不设股东会，股东作出决议时，应当采用书面形式，并由股东签字后置备于公司。

（2）一人有限责任公司可以设1名执行董事、不设立董事会，执行董事可以兼任公司经理。

（3）一人有限责任公司可以设1～2名监事，不设立监事会。

5. 财务监督

一人有限责任公司应当在每一个会计年度结束时编制财务会计报告，并经会计师事务所审计。

但并非所有公司的财务会计报告都需要年度审计。

6. 法人的人格否定原则

一人有限责任公司的股东不能证明公司财产独立于股东自己财产的，应当对公司债务承担连带责任。

小贴士 一人公司属于法人，一般情况下股东只承担有限责任；只有当股东不能证明公司财产独立于股东自己的财产的，股东才应对公司债务承担连带责任。

经典例题

【例题·单选题】秦某出资20万元设立了一个一人有限责任公司。公司存续期间，秦某的下列行为中，符合公司法律制度规定的是（　　）。

A. 决定由其本人担任公司经理和法定代表人

B. 决定用公司盈利再投资设立另一个一人有限责任公司

C. 决定不制定公司章程

D. 决定不编制财务会计报告

【答案】A

【解析】选项A，由秦某担任公司经理和法定代表人没问题，但由秦某担任公司副经理和法定代表人就不行（因为法定代表人依照公司章程的规定，由“董事长、执行董事或者经理”担任）；选项B，一个自然人只能投资设立1个一人有限责任公司，该一人有限责任公司不能再投资设立新的一人有限责任公司；选项C，一人有限责任公司必须有公司章程；选项D，一人有限责任公司必须在每一个会计年度结束时编制财务会计报告，并经会计师事务所审计。

高频考点18：国有独资公司的特别规定★★★

国有独资公司是指国家单独出资、由国务院或者地方人民政府委托本级人民政府国有资产监督管理机构履行出资人职责的有限责任公司。

《公司法》对国有独资公司的设立和组织机构以专门一节作了特殊规定；特殊规定以外的问题，则适用对有限责任公司的一般规定。

组织机构的特别规定：

（1）国有独资公司不设股东会，由国有资产监督管理机构行使股东会职权。国有资产监督管理机构可以授权公司董事会行使股东会的部分职权，决定公司的重大事项，但公司的合并、分立、解散、增减注册资本和发行公司债券，必须由国有资产监督管理机构决定；其中，国务院有关规定确定的重要国有独资公司的合并、分立、解散、申请破产，应当由国有资产监督管理机构审核后，报本级人民政府批准。

（2）国有独资公司董事会的特别规定。国有独资公司设立董事会，依照法律规定的有限责任公司董事会的职权和国有资产监督管理机构的授权行使职权。董事每届任期不得超过3年。董事会成员中应当有公司职工代表。董事会成员由国有资产监督管理机构委派；但是，董事会成员中的职工代表由公司职工代表大会选举产生。董事会设董事长1人，可以设副董事长。董事长、副董事长由国有资产监督管理机构从董事会成员中指定。

（3）经营管理机关的特别规定。国有独资公司设经理，由董事会聘任或者解聘。国有独资公司经理的职权与普通有限责任公司相同。经国有资产监督管理机构同意，董事会成员可以兼任经理。

（4）国有独资公司的董事长、副董事长、董事、高级管理人员任职的特别规定。国有独资公司的上述人员，未经国有资产监督管理机构同意，不得在其他有限责任公司、股份有限公司或者其他经济组织兼职。

（5）国有独资公司监事会的特别规定。国有独资公司监事会成员不得少于5人，其中职工代表的比例不得低于13人，具体比例由公司章程规定。监事会成员由国有资产监督管理机构委派；但是，监事会中的职工代表由公司职工代表大会选举产生。监事会主席由国有资产监督管理机构从监事会成员中指定。国有独资公司监事会的职权范围小于普通有限责任公司的监事会，包括：检查公司财务；对董事、高级管理人员执行公司职务的行为进行监督，对违反法律、行政法规、公司章程或者股东会决议的董事、高级管理人员提出罢免的建议；当董事、高级管理人员的行为损害公司的利益时，要求董事、高级管理人员予以纠正以及国务院规定的其他职权。

经典例题

【例题·单选题】甲公司为国有独资公司，其董事会作出的下列决议中，符合公司法律制度规定的是（　　）。

A. 聘任张某为公司经理

B. 增选职工王某为公司董事

C. 批准董事林某兼任乙有限责任公司经理

D. 决定发行公司债券500万元

【答案】A

【解析】选项A，国有独资公司的经理由董事会聘任或者解聘；选项B，国有独资公司董事会中的职工代表由职工代表大会选举产生；选项C，国有独资公司的董事长、副董事长、董事、高级管理人员，未经国有资产监督管理机构（而非董事会）同意，不得在其他公司兼职；选项D，国有独资公司的“合并、分立、解散、增减注册资本和发行公司债券”，由国有资产监督管理机构（而非董事会）决定。

【例题·单选题】甲、乙两个国有企业出资设立丙有限责任公司。下列关于丙有限责任公司组织机构的表述中，不符合公司法律制度规定的是（　　）。

A. 丙公司监事会成员中应当有公司职工代表

B. 丙公司董事会成员中应当有公司职工代表

C. 丙公司董事长须由国有资产监督管理机构从董事会成员中指定

D. 丙公司监事会主席由全体监事过半数选举产生

【答案】C

【解析】选项A，所有的监事会中必须包括职工代表；选项B，两个以上的国有企业投资设立的有限责任公司，董事会中必须包括职工代表；选项C，丙公司有两个股东，并非国有独资公司，谈不上由国有资产监督管理机构指定的问题；选项D，普通有限责任公司的监事会主席由全体监事过半数选举产生。

高频考点19：有限责任公司股权的转让★★★

1. 对内转让

有限责任公司的股东之间可以相互转让全部或者部分股权。《公司法》对此未设任何限制。

2. 对外转让

（1）有限责任公司的股东向股东以外的人转让股权，应当经其他股东（人数）过半数（>1/2）同意。

（2）有限责任公司的股东向股东以外的

人转让股权，应就其股权转让事项以书面或者其他能够确认收悉的合理方式通知其他股东征求同意。其他股东自接到通知之日起满30日未答复的，视为同意转让。

（3）其他股东半数以上不同意转让，不同意的股东不购买的，人民法院应当认定视为同意转让。

小贴士 公司章程对股权转让另有规定的，从其规定。有限责任公司的股东对外转让股权时，先看公司章程的规定，公司章程没有规定的，才适用《公司法》的规定（经其他股东过半数同意）。

3. 优先购买权

（1）有限责任公司的股东向股东以外的人转让股权，在同等条件下，其他股东有优先购买权。

（2）两个以上股东主张行使优先购买权的，协商确定各自的购买比例；协商不成的，按照转让时各自的出资比例行使优先购买权。

（3）经股东同意转让的股权，其他股东主张转让股东应当向其以书面或者其他能够确认收悉的合理方式通知转让股权的同等条件的，人民法院应当予以支持。

（4）有限责任公司的股东主张优先购买转让股权的，应当在收到通知后，在公司章程规定的行使期间内提出购买请求。公司章程没有规定行使期间或者规定不明确的，以通知确定的期间为准，通知确定的期间短于30日或者未明确行使期间的，行使期间为30日。

（5）人民法院在判断是否属于“同等条件”时，应当考虑转让股权的数量、价格、支付方式及期限等因素。

4. 转让程序

有限责任公司的股东向股东以外的人转让股权后，公司应当注销原股东的出资证明书，向新股东签发出资证明书，并相应修改公司章程和股东名册中有关股东及其出资额的记载。对公司章程的该项修改无须再由股东会表决。

5. 股东放弃转让

（1）有限责任公司的转让股东，在其他股东主张优先购买后又不同意转让股权的，对其他股东优先购买的主张，人民法院不予支持，但公司章程另有规定或者全体股东另有约定的除外。

（2）其他股东如因转让股东撤回转让意思而受到损失，则可以主张转让股东赔偿其损失，人民法院对具有合理理由的请求应当予以支持。

6. 损害救济

（1）如果转让股东未就其股权转让事项通知其他股东征求意见，致使其他股东无从行使先买权，或者以欺诈、恶意串通等手段妨碍其他股东行使先买权，《公司法解释四》规定，其他股东主张按同等条件购买拟转让股权的，人民法院应予支持；但是，其他股东须在一定期限内提出上述主张，该期限为其他股东“自知道或者应当知道”行使先买权同等条件之日起30日内，最长不超过“股权变更登记之日起1年”。

（2）如果其他股东仅提出确认股权转让合同及股权变动效力等请求，未同时主张按照同等条件购买转让股权的，人民法院不予支持，但其他股东非因自身原因导致无法行使优先购买权，请求损害赔偿的除外。

（3）如果此前转让股东已经与股东以外的第三人成立股权转让合同，则转让股东可能因其他股东优先购买股权而不能履行该合同。这种情况下，第三人有权向转让股东主张损害赔偿，除非合同预先订有免责条款。

7. 章程规定的有效性

《公司法》规定“公司章程对股权转让另有规定的，从其规定”，但并非公司章程中对股权转让的任何规定都是合法有效的。一方面，章程中的此类规定不得违反法律和行政法规的强制性规定。另一方面，一般认为，绝对禁止股权转让的规定，由于过度限制了股权的流动性，剥夺了股东的退出机会，通常应当认定为无效。

经典例题

【例题·单选题】根据公司法律制度的规定，有限责任公司的股东转让股权后，公司无须办理的事项是（　　）。

A. 注销原股东的出资证明书

B. 向新股东签发出资证明书

C. 申请变更工商登记

D. 召开股东会作出修改章程中有关股东及其出资额记载的决议

【答案】D

【解析】有限责任公司的股东向股东以外的人转让股权后，公司应当注销原股东的出资证明书，向新股东签发出资证明书，并相应修改公司章程和股东名册中有关股东及其出资额的记载。

高频考点20：有限责任公司股权的强制执行★★★

（1）人民法院依照强制执行程序转让股东的股权时，应当通知公司及全体股东，其他股东在同等条件下有优先购买权。

（2）其他股东自人民法院通知之日起满20日不行使优先购买权的，视为放弃优先购买权。

经典例题

【例题·单选题】某有限责任公司共有甲、乙、丙三名股东，因甲无法偿还个人到期债务，人民法院拟依照强制执行程序变卖其股权偿债。根据公司法律制度的规定，下列表述中正确的是（　　）。

A. 人民法院应当征得乙、丙同意，乙、丙在同等条件下有优先购买权

B. 人民法院应当征得公司及乙、丙同意，乙、丙在同等条件下有优先购买权

C. 人民法院应当通知乙、丙，乙、丙在同等条件下有优先购买权

D. 人民法院应当通知公司及全体股东，乙、丙在同等条件下有优先购买权

【答案】D

【解析】人民法院依照强制执行程序转让股东的股权时，应当通知公司及全体股东，其他股东在同等条件下有优先购买权。

高频考点21：有限责任公司股东资格的继承★★★

（1）在公司章程没有另外规定的情况下，自然人股东死亡后，其合法继承人（无论是否具备完全民事行为能力）可以直接继承股东资格。

（2）有限责任公司的自然人股东因继承发生变化时，其他股东主张同等条件下行使优先购买权的，人民法院不予支持，但公司章程另有规定或者全体股东另有约定的除外。

经典例题

【真题·单选题】（2018）某有限责任公司的自然人股东甲死亡，公司章程对于股权继承无特别规定。根据公司法律制度的规定，甲的合法继承人享有的权利是（　　）。

A. 继承甲的股东资格，并享有全部股东权利

B. 继承甲的股东资格，但表决权受一定限制

C. 继承甲所持股权的财产利益，但不得继承股东资格

D. 继承甲所持股权的财产利益，但继承股东资格须经其他股东过半数通过

【答案】A

【解析】在公司章程没有另外规定的情况下，自然人股东死亡后，其合法继承人（无论是否具备完全民事行为能力）可以直接继承股东资格，享有全部股东权利。

高频考点22：有限责任公司的“一股二卖”★

（1）股权转让后尚未向公司登记机关办理变更登记，原股东将仍登记于其名下的股权转让、质押或者以其他方式处分的，受让股东

以其对于股权享有实际权利为由，请求认定处分股权行为无效的，人民法院可以参照善意取得制度的规定处理。第三人在受让原股东处分的股权时如果构成善意取得，则最终获得该股权。

（2）如果原股东处分股权造成受让股东损失，受让股东有权请求原股东承担赔偿责任。同时，受让股东还可以要求对于未及时办理变更登记有过错的董事、高级管理人员或者实际控制人承担相应责任。但是，受让股东对于未及时办理变更登记也有过错的，可以适当减轻上述董事、高级管理人员或者实际控制人的责任。

高频考点23：股份有限公司的设立★★

1. 发起人

股份有限公司的发起人为2人以上200人以下，其中须有半数以上的发起人在中国境内有住所。

2. 发起设立

股份有限公司采取发起设立方式设立的，注册资本为在公司登记机关登记的全体发起人认购的股本总额。发起人书面认足公司章程规定其认购的股份后，按照公司章程的规定缴纳出资额。

3. 募集设立

（1）股份有限公司采取募集方式设立的，注册资本为在公司登记机关登记的实收股本总额。

（2）股份有限公司采取募集方式设立的，发起人认购的股份不得少于公司股份总数的35%；但法律、行政法规另有规定的从其规定。在募集设立方式下，发起人以及认购人应当一次缴纳出资额。

（3）发起人、认股人缴纳股款或者交付抵作股款的出资后，除未按期募足股份、发起人未按期（30日）召开创立大会或者创立大会决议不设立公司的情形外，不得抽回其股本。

小贴士 投资人可以抽回出资的情形：未按期募足股份；未按期（30日）召开创立大会；创立大会决议不设立公司。

4. 组织条件

组织条件包括公司名称、住所、章程以及依法建立的组织机构等。股份有限公司的设立需要有相应的名称、住所，必须在名称中标明股份有限公司或者股份公司字样。同时，需要建立相应的组织机构，且股份发行、筹办事项符合法律规定等。

5. 公司章程

公司章程是由设立公司的股东共同制定，对公司、股东、董事、监事、高级管理人员具有约束力的调整公司内部关系和经营行为的公司规范性文件。公司章程是公司设立的必备条件之一，也是一个体现公司自治规则和自治手段的文件；公司法中任意性的规定，主要由公司章程规定；此外，公司章程是一个公开性的文件，其记载的内容都是公开的，股东、债权人以及有关人士可以通过不同的途径进行查阅。

公司章程的制定和修改。根据我国《公司法》的规定，股份有限公司的发起人应当制定公司章程，采用募集方式设立的须经创立大会通过。公司章程的修改必须经过股东大会，并且应当经过出席会议的代表2/3以上表决权的股东通过。

经典例题

【例题·多选题】根据公司法律制度的规定，股份有限公司采取募集方式设立的，认股人缴纳出资后，有权要求返还出资的情形有（　　）。

A. 未按期募足股份

B. 创立大会决议不设立公司

C. 公司发起人抽逃出资、情节严重

D. 发起人未按期召开创立大会

【答案】ABD

【解析】投资人可以抽回出资的情形：未按期募足股份；未按期（30日）召开创立大

会；创立大会决议不设立公司。

高频考点 24：股东大会的会议制度

★★★

1. 会议形式

股东大会年会应当每年召开一次。上市公司的年度股东大会应当于上一会计年度结束后的 6 个月内举行。召开股东大会会议，应当将会议召开的时间、地点和审议的事项于会议召开 20 日前通知各股东；临时股东大会应当于召开 15 日前通知各股东；发行无记名股票的，应当于会议召开 30 日前公告会议召开的时间、地点和审议事项。

2. 临时股东大会

有下列情形之一的，应当在 2 个月内召开临时股东大会：

（1）董事人数不足《公司法》规定人数或者公司章程所定人数的 2/3 时；

（2）公司未弥补的亏损达实收股本总额的 1/3 时；

（3）单独或者合计持有公司 10% 以上股份的股东请求时；

（4）董事会认为必要时；

（5）监事会提议召开时；

（6）公司章程规定的其他情形。

3. 股东大会的召集和主持

具体内容有以下几点：

（1）股东大会由董事会召集，董事长主持。董事长不能履行职务或者不履行职务的，由副董事长主持；副董事长不能履行职务或者不履行职务的，由半数以上（≥1/2）的董事共同推举一名董事主持。

（2）董事会不能履行或者不履行召集股东大会会议职责的，监事会应当及时召集和主持。

（3）监事会不召集和主持的，连续 90 日以上单独或者合计持有公司 10% 以上股份的股东可以自行召集和主持。

4. 股东的临时提案权

（1）单独或者合计持有公司 3% 以上股份的股东，可以在股东大会召开 10 日前提出临时提案并书面提交董事会。

（2）董事会应当在收到提案后 2 日内通知其他股东，并将该临时提案提交股东大会审议。

5. 股东大会不得对通知中未列明的事项作出决议

6. 会议记录

股东大会的会议记录由主持人和出席会议的董事（而非股东）签名。

7. 股东大会会议的表决和决议事项

股东出席股东大会会议，所持每一股份有一表决权。股东可以委托代理人出席股东大会会议，代理应当向公司提交股东授权委托书，并在授权范围内行使表决权。公司持有的本公司股份没有表决权。

股东大会决议事项分为普通决议事项和特别决议事项。股东大会对普通事项作出决议，必须经出席会议的股东所持表决权过半数通过。股东大会对修改公司章程、增加或者减少注册资本，以及公司合并、分立、解散或者变更公司形式的特别事项作出决议，必须经出席会议的股东所持表决权的 2/3 以上通过。

经典例题

【例题·多选题】甲公司是一家以募集方式设立的股份有限公司，其注册资本为人民币 6 000 万元，董事会有 8 名成员，最大股东李某持有公司 12% 的股份。根据公司法律制度的规定，下列各项中，属于甲公司应当在 2 个月内召开临时股东大会的情形有（　　）。

A. 董事人数减至 5 人

B. 监事陈某提议召开

C. 最大股东李某请求召开

D. 公司未弥补亏损达人民币 1 600 万元

【答案】AC

【解析】选项 A，董事人数已经不足公司章程所规定人数的 2/3，应当召开临时股东大会；选项 B，监事会（单个监事不行）有权提议召开临时股东大会；选项 C，李某持有的表决权在10%以上，有权提议召开临时股东大会；选项D，公司未弥补的亏损未达到实收股本总额的1/3，无须召开临时股东大会。

高频考点25：上市公司股东大会

★★★

1. 职权

上市公司股东大会除行使股份有限公司股东大会职权外，还有以下职权：

（1）对公司聘用、解聘会计师事务所作出决议；

（2）审议公司在一年内购买、出售重大资产超过公司最近一期经审计总资产30%的事项；

（3）审议批准变更募集资金用途事项；

（4）审议股权激励计划；

（5）审议批准下列对外担保行为：

①本公司及本公司控股子公司的对外担保总额，超过最近一期经审计净资产的50%以后提供的任何担保；

②公司的对外担保总额，超过最近一期经审计总资产的30%以后提供的任何担保；

③公司在一年内担保金额超过公司最近一期经审计总资产30%的担保；

④为资产负债率超过70%的担保对象提供的担保；

⑤单笔担保额超过最近一期经审计净资产10%的担保；

⑥对股东、实际控制人及其关联方提供的担保。

小贴士 上述须经批准的对外担保行为表述从原来的5点增加为6点，并对部分表述进行了调整，提请考生注意！

2. 会议

（1）出席＞1/2。

股东大会的一般决议（对解聘会计师事务所作出决议、选举和更换独立董事、审议批准变更募集资金用途事项、发行公司债券等），由**出席股东大会的股东所持表决权的过半数（＞1/2）**通过。

（2）回避＋出席＞1/2。

股东大会在审议为股东、实际控制人及其关联方提供的担保议案时，**该股东或者受该实际控制人支配的股东，不得参与该项表决**，该项表决由**出席股东大会的其他股东所持表决权的过半数（＞1/2）**通过。

（3）出席≥2/3。

公司的下列事项，应当经**出席股东大会的股东所持表决权的2/3以上（≥2/3）**通过：

①修改公司章程；

②增加或者减少注册资本；

③公司合并、分立、解散；

④变更公司形式；

⑤上市公司重大资产重组；

⑥上市公司在1年内购买、出售重大资产或者担保金额超过公司资产总额30%的。

小贴士 普通股份有限公司股东大会的特别决议限于前4条。

（4）回避＋出席≥2/3。

①上市公司重大资产重组事宜与本公司股东或者其关联人存在关联关系的，股东大会就重大资产重组事项进行表决时，**关联股东应当回避表决**，该事项由**出席股东大会的其他股东所持表决权的2/3以上（≥2/3）**通过。

②上市公司非公开发行股票，本次发行涉及关联股东的，应当**回避表决**，该事项**由出席股东大会的其他股东所持表决权的2/3以上（≥2/3）**通过。

③上市公司发行可转换公司债券的募集说明书约定转股价格向下修正条款的，转股价格修正方案须提交公司股东大会表决，且须经**出席会议的股东所持表决权的2/3以上（≥2/3）**同意；股东大会进行表决时，**持有公司可转换债券的股东应当回避**。

（5）分类表决：≥2/3＋≥2/3。

对于发行优先股的上市公司，一般情况下，优先股股东不出席股东大会会议，所持股份没有表决权。但以下情形，除须**经出席会议**

的普通股股东（含表决权恢复的优先股股东）所持表决权的 2/3 以上（≥2/3）通过之外，还须经出席会议的优先股股东（不含表决权恢复的优先股股东）所持表决权的 2/3 以上（≥2/3）通过：

①修改公司章程中与优先股相关的内容；

②一次或者累计减少公司注册资本超过 10%；

③公司合并、分立、解散或者变更公司形式；

④发行优先股。

经典例题

【真题·单选题】（2019）根据公司法律制度的规定，上市公司在一年内出售重大资产超过公司资产总额一定比例的，应当由股东大会作出决议，并经出席会议的股东所持表决权的 2/3 以上通过，该比例是（　　）。

A. 30%　　B. 70%

C. 50%　　D. 60%

【答案】A

【解析】上市公司在一年内购买、出售重大资产或者担保金额超过公司资产总额 30% 的，应当经出席股东大会的股东所持表决权的 2/3 以上通过。

【真题·多选题】（2019）根据公司法律制度的规定，在公司章程没有特别规定时，优先股股东可以出席股东大会会议并参与表决的事项有（　　）。

A. 公司合并

B. 变更公司形式

C. 累计减少公司注册资本超过 10%

D. 公司解散

【答案】ABCD

【解析】优先股股东可参与表决的事项有：（1）修改公司章程中与优先股相关的内容；（2）一次或者累计减少公司注册资本超过 10%；（3）公司合并、分立、解散或者变更公司形式；（4）发行优先股。

高频考点 26：上市公司的对外担保

★★★

1. 股东大会

（1）回避 + 出席 >1/2。

上市公司为股东、实际控制人及其关联方提供的担保，必须由股东大会作出决议；股东大会在审议为股东、实际控制人及其关联方提供的担保议案时，该股东或受该实际控制人支配的股东，不得参与该项表决，该项表决由出席股东大会的其他股东所持表决权的过半数（>1/2）通过。

（2）出席≥2/3。

上市公司在一年内购买、出售重大资产或者担保金额超过公司资产总额 30% 的，应当由股东大会作出决议，并经出席会议的股东所持表决权的 2/3 以上（≥2/3）通过。

（3）出席 >1/2。

上市公司为下列事项提供担保，应当经出席股东大会的股东所持表决权的过半数（>1/2）通过。

①上市公司及其控股子公司的对外担保总额达到或者超过最近一期经审计净资产 50% 以后提供的任何担保。

②为资产负债率超过 70% 的担保对象提供的担保。

③单笔担保额超过最近一期经审计净资产 10% 的担保。

2. 董事会

应由董事会审批的对外担保，必须经出席董事会的 2/3 以上（≥2/3）董事审议同意并作出决议。

名师解惑

高频考点 26 可与高频考点 2 进行对照式学习，强化记忆上市公司提供担保的特殊法律规定。

经典例题

【真题·多选题】（2018）根据公司法律

制度的规定，下列各项中，应当由上市公司股东大会作出决议的有（　　）。

A. 公司对外担保总额超过最近一期经审计总资产的30%以后提供的担保

B. 为资产负债率超过70%的非关联方提供的担保

C. 公司对外担保总额达到最近一期经审计净资产的50%以后提供的担保

D. 为公司实际控制人及其关联方提供的担保

【答案】ABCD

【解析】选项A、B、C、D均属于必须由股东大会作出决议的事项。

高频考点27：股份有限公司的董事会 ★★★

1. 股份有限公司董事会的职权与有限责任公司相同

2. 董事会的组成

（1）股份有限公司董事会成员为5～19人（可以是双数），董事会成员中可以（而非必须）有公司职工代表。

（2）董事会设董事长1人，可以（而非必须）设副董事长。董事长和副董事长由董事会以全体董事的过半数选举产生。

（3）上市公司董事会可以按照股东大会的有关决议，设立战略、审计、提名、薪酬与考核等专门委员会。专门委员会成员全部由董事组成，其中审计委员会、提名委员会、薪酬与考核委员会中独立董事应占多数并担任召集人，审计委员会中至少有一名独立董事是会计专业人士。

3. 董事会的会议制度

（1）董事会每年度至少召开2次会议，每次会议应当于会议召开10日前通知全体董事和监事。

（2）董事会会议应有过半数（>1/2）的董事出席方可举行。

（3）董事会会议由董事长召集和主持，董事长不能或者不履行职务的，由副董事长履行职务；副董事长不能或者不履行职务的，由半数以上（≥1/2）董事共同推举一名董事履行职务。

（4）董事因故不能出席会议的，可以书面委托其他董事（不能是非董事）代为出席，委托书中应载明授权范围。

（5）董事会的会议记录由出席会议的董事（不包括列席会议的监事）签名。

4. 临时董事会的召开条件

（1）代表10%以上表决权的股东提议；

（2）1/3以上董事提议；

（3）监事会提议。

5. 董事会的决议方式

（1）全体>1/2。

董事会作出决议（如选举董事长、更换高级管理人员）必须经**全体董事的过半数（>1/2）**通过。

（2）出席≥2/3。

上市公司应由董事会审批的对外担保，必须经**出席董事会的2/3以上**董事审议同意并作出决议。

（3）回避+出席>1/2。

上市公司董事与董事会会议决议事项所涉及的企业有关联关系的，不得对该项决议行使表决权，也不得代理其他董事行使表决权。该董事会会议由**过半数的无关联关系董事出席**即可举行，董事会会议所作决议须经**无关联关系董事过半数**通过。出席董事会的无关联关系董事人数不足3人（≤2人）的，应将该事项提交上市公司股东大会审议。

6. 损失赔偿

董事会的决议违反法律、行政法规或者公司章程、股东大会决议，致使公司遭受严重损失的，参与决议的董事对公司负赔偿责任；但经证明在表决时曾表明异议并记载于会议记录的，该董事可以免除责任。

经典例题

【真题·多选题】（2022）为维护公司价值和股东权益所必需，某上市公司董事会经股东大会授权，召开董事会会议作出回购公司股份的决议。该公司董事会有 9 人，此次董事会会议共有 6 名董事参加，在表决时，4 名董事投赞成票，2 名董事投反对票。公司拟根据本次决议实施回购计划，但公司监事李某对此提出异议。根据公司法律制度的规定，下列表述中，正确的有（　　）。

A. 股东大会授权董事会作出回购决议不违反《公司法》的规定

B. 此次董事会会议的出席人数不符合《公司法》的规定

C. 此次回购决议未依法获得通过

D. 李某可以向人民法院请求宣告此次董事会决议无效

【答案】AC

【解析】董事会会议应有过半数的董事出席方可举行，本题中共有 9 名董事，出席会议为 6 人，超过半数，因此出席人数符合法律规定，选项 B 错误；监事可以列席董事会会议，并对董事会决议事项提出质询或者建议，因此选项 D 错误。

【例题·多选题】某上市公司董事会成员有 11 人，根据公司章程的规定对与其股东甲公司签订重要采购合同的事项召开临时董事会会议，其中董事李某是甲公司董事长，董事张某、刘某因故未出席本次会议，也未委托其他董事代为出席，表决时有 3 个董事不同意。根据公司法律制度的规定，下列关于本次会议的表述中，正确的有（　　）。

A. 该董事会会议由过半数的无关联关系董事出席，因此可以举行

B. 该董事会会议决议经参加会议的无关联关系董事半数以上通过，该决议有效

C. 该董事会会议决议未经无关联关系董事过半数通过，该决议不能通过

D. 该董事会会议决议经全体董事过半数通过，该决议有效

【答案】AC

【解析】董事李某应当回避，无关联关系的董事人数为 10 人；董事张某、刘某未参加本次会议，出席会议的无关联关系董事人数为 8 人，超过了无关联关系董事人数的半数，符合会议召开条件，选项 A 正确。8 人参加表决，有 3 个董事不同意，赞成票为 5 票，未超过无关联关系董事人数的半数（赞成票至少应为 6 票），该决议不能通过，选项 C 正确。

高频考点 28：上市公司独立董事的任职条件★★★

1. 担任独立董事应当符合的基本任职条件

（1）根据法律、行政法规及其他有关规定，具备担任上市公司董事的资格；

（2）具有立法与有关规定要求的独立性；

（3）具备上市公司运作的基本知识、熟悉相关法律、行政法规、规章及规则；

（4）具有 5 年以上法律、经济或者其他履行独立董事职责所必需的工作经验；

（5）公司章程规定的其他条件。

2. 下列人员不得担任独立董事

（1）在上市公司或者其附属企业任职的人员及其直系亲属（配偶、父母、子女等）和主要社会关系（兄弟姐妹、岳父母、儿媳女婿、兄弟姐妹的配偶、配偶的兄弟姐妹等）；

（2）直接或间接持有上市公司已发行股份 1% 以上或者是上市公司前 10 名股东中的自然人股东及其直系亲属；

（3）在直接或者间接持有上市公司已发行股份 5% 以上的股东单位或者在上市公司前 5 名股东单位任职的人员及其直系亲属；

（4）最近 1 年内曾经具有前三项所列举情形的人员；

（5）为上市公司或者其附属企业提供财务、法律、咨询等服务的人员；

（6）公司章程规定的其他人员；

（7）中国证监会认定的其他人员。

3. 履职限制

独立董事原则上最多在五家上市公司兼任独立董事，并应当确保有足够的时间和精力有

效地履行独立董事的职责。

经典例题

【例题·单选题】甲、乙、丙、丁拟任A上市公司独立董事。根据《上市公司独立董事制度》的规定，下列选项中，不影响当事人担任独立董事的情形的是（ ）。

A. 甲之妻半年前卸任A上市公司之附属企业B公司总经理之职

B. 乙于1年前卸任C公司副董事长之职，C公司持有A上市公司已发行股份的7%

C. 丙正在担任B公司的法律顾问

D. 丁是持有A上市公司已发行股份2%的自然人股东

【答案】B

【解析】选项A，现在或者最近1年内曾经在上市公司或者其附属企业任职的人员及其直系亲属和主要社会关系，不得担任独立董事。在本题中，由于甲妻半年前刚刚卸任A上市公司之附属企业B公司总经理之职，因此甲夫妇二人均不得担任A上市公司的独立董事；选项B，现在或者最近1年内曾经在直接或间接持有上市公司已发行股份5%以上的股东单位或者在上市公司前5名股东单位任职的人员及其直系亲属，不得担任独立董事。在本题中，尽管乙曾经在C公司（持有A上市公司已发行股份5%以上的股东单位）任职，但1年前已经卸任，不影响其担任A上市公司的独立董事；选项C，为上市公司或者其附属企业提供财务、法律、咨询等服务的人员，不得担任上市公司的独立董事；选项D，现在或者最近1年内曾经是直接或间接持有上市公司已发行股份1%以上或者是上市公司前10名股东中的自然人股东及其直系亲属，不得担任上市公司独立董事。

高频考点29：独立董事的提名、任期和更换★★★

1. 独立董事的提名

上市公司董事会、监事会、单独或者合并持有上市公司已发行股份1%以上的股东可以提出独立董事候选人，并经股东大会选举决定。

小贴士 在上市公司董事会、监事会的职权中，新增了“提名独立董事候选人”一项。

2. 人数要求

（1）上市公司董事会成员中应当至少1/3为独立董事。

（2）如果上市公司董事会下设薪酬、审计、提名等委员会的，独立董事应当在委员会成员中占有1/2以上的比例。

（3）专门委员会成员全部由董事组成，其中审计委员会、提名委员会、薪酬与考核委员会中独立董事应占多数并担任召集人，审计委员会中至少有1名独立董事是会计专业人员。

3. 独立董事的任期

（1）独立董事每届任期与该上市公司其他董事任期相同，任期届满，连选可以连任，但是连任时间**不得超过6年**。

（2）独立董事如果**连续3次**未亲自出席董事会会议，应由董事会提请股东大会予以撤换。

（3）独立董事在任期届满前不得无故被免职。提前免职的，上市公司应将其作为特别披露事项予以披露，被免职的独立董事认为公司的免职理由不当的，可以作出公开的声明。

（4）独立董事在任期届满前可以提出辞职。如因独立董事辞职导致公司董事会中独立董事所占的比例低于规定的最低要求（≥1/3）时，该独立董事的辞职报告应当在下任独立董事填补其缺额后生效。

4. 独立董事的撤换和辞职

（1）撤换。

独立董事连续3次未亲自出席董事会会议的，由董事会提请股东大会予以撤换。

（2）提前解除职务。

独立董事任期届满前，上市公司可以经法定程序解除其职务。提前解除职务的，上市公司应将其作为特别披露事项予以披露。

（3）辞职。

独立董事在任期届满前可以提出辞职。独立董事辞职应向董事会提交书面辞职报告，对任何与其辞职有关或其认为有必要引起公司股东和债权人注意的情况进行说明。如因独立董事辞职导致公司董事会中独立董事所占的比例低于《上市公司独立董事规则》规定的最低要求时，该独立董事的辞职报告应当在下任独立董事填补其缺额后生效。

（4）补足。

独立董事出现不符合独立性条件或其他不适宜履行独立董事职责的情形，由此造成上市公司独立董事达不到监管规定要求的人数时，上市公司应按规定补足独立董事人数。

经典例题

【真题·多选题】（2021）根据公司法律制度的规定，下列主体中，有资格提出上市公司独立董事候选人的有（　　）。

A. 持有上市公司已发行股份1%以上的股东

B. 上市公司的监事会

C. 上市公司的职工代表大会

D. 上市公司的董事会

【答案】 ABD

【解析】 上市公司董事会、监事会、单独或者合并持有上市公司已发行股份1%以上的股东可以提出独立董事候选人，并经股东大会选举决定。

高频考点30：独立董事的职权和职责★★★

1. 独立董事的特别职权

（1）重大关联交易（指上市公司拟与关联人达成的总额高于300万元或高于上市公司最近经审计净资产值的5%的关联交易）应由独立董事事前认可；独立董事作出判断前，可以聘请中介机构出具独立财务顾问报告，作为其判断的依据；

（2）向董事会提议聘用或解聘会计师事务所；

（3）向董事会提请召开临时股东大会；

（4）提议召开董事会；

（5）在股东大会召开前公开向股东征集投票权；

（6）独立聘请外部审计机构和咨询机构，对公司的具体事项进行审计和咨询。

根据证监会的监管规章，独立董事行使上述第（1）~（5）项职权时，应当取得全体独立董事的1/2以上同意；行使上述第（6）项职权的，应当经全体独立董事同意。上述第（1）、（2）项事项应由1/2以上独立董事同意后，方可提交董事会讨论。如果独立董事的上述第（1）~（6）项提议未被采纳或上述职权不能正常行使，上市公司应将有关情况予以披露。

2. 应当发表独立意见的情形

独立董事应当对上市公司的以下重大事项向董事会或者股东大会发表独立意见：

（1）提名、任免董事；

（2）聘任或解聘高级管理人员；

（3）公司董事、高级管理人员的薪酬；

（4）上市公司的股东、实际控制人及其关联企业对上市公司现有或新发生的总额高于300万元或高于上市公司最近经审计净资产值的5%的借款或其他资金往来，以及公司是否采取有效措施回收欠款；

（5）独立董事认为可能损害中小股东权益的事项；

（6）公司章程规定的其他事项。

经典例题

【真题·多选题】（2020）根据公司法律制度的规定，独立董事应当就上市公司的重大人事任免、高管薪酬和重大关联交易等事项向董事会或股东大会发表独立意见。下列属于该独立意见正确表达方式的有（　　）。

A. 保留意见及其理由

B. 同意

C. 反对意见及其理由

D. 无法发表意见及其障碍

【答案】ABCD

【解析】独立董事应当发表以下几类意见之一：同意；保留意见及其理由；反对意见及其理由；无法发表意见及其障碍。

【例题·多选题】根据公司法律制度的规定，上市公司独立董事在经公司全体独立董事1/2以上同意后，可以行使的职权有（　　）。

A. 事先认可提交董事会讨论的总额高于300万元的关联交易事项

B. 向董事会提议聘用或者解聘会计师事务所

C. 在股东大会召开前向股东征集投票权

D. 提议召开董事会

【答案】ABCD

【解析】独立董事应当对上市公司的以下重大事项向董事会或者股东大会发表独立意见：（1）提名、任免董事；（2）聘任或解聘高级管理人员；（3）公司董事、高级管理人员的薪酬；（4）上市公司的股东、实际控制人及其关联企业对上市公司现有或新发生的总额高于300万元或高于上市公司最近经审计净资产值的5%的借款或其他资金往来，以及公司是否采取有效措施回收欠款；（5）独立董事认为可能损害中小股东权益的事项；（6）公司章程规定的其他事项。

高频考点31：独立董事的履职保障★★★

1. 工作条件保障

如介绍情况、提供材料等，定期通报公司运营情况，必要时可组织独立董事实地考察。独立董事发表的独立意见、提案及书面说明应当公告的，上市公司应及时协助办理公告事宜。

2. 知情权保障

上市公司应当保证独立董事享有与其他董事同等的知情权。

（1）凡须经董事会决策的事项，上市公司必须按法定的时间提前通知独立董事并同时提供足够的资料，独立董事认为资料不充分的，可以要求补充。

（2）当两名或两名以上独立董事认为资料不充分或论证不明确时，可联名书面向董事会提出延期召开董事会会议或延期审议该事项，董事会应予以采纳。

（3）上市公司向独立董事提供的资料，上市公司及独立董事本人应当至少保存五年。

3. 行使职权保障

独立董事行使职权时，上市公司有关人员应当积极配合，不得拒绝、阻碍或隐瞒，不得干预其独立行使职权。

4. 履职费用保障

独立董事聘请中介机构的费用及其他行使职权时所需的费用由上市公司承担。

5. 津贴保障

上市公司应当给予独立董事适当的津贴。津贴的标准应当由董事会制定预案，股东大会审议通过，并在公司年报中进行披露。

除上述津贴外，独立董事不应从该上市公司及其主要股东或有利害关系的机构和人员取得额外的、未予披露的其他利益。

6. 降低履职风险保障

上市公司还可以建立必要的独立董事责任保险制度，以降低独立董事正常履行职责可能引致的风险。

高频考点32：股份公司股份转让的限制★★★

1. 转让场所的限制

股东转让其股份，应当在依法设立的证券交易所进行或者按照国务院规定的其他方式进行。

2. 发起人的限制

发起人持有的本公司股份，自公司成立之日起1年内不得转让；因司法强制执行、继承、遗赠、依法分割财产等导致股份变动的除外。

3. 非公开发行的股份转让的限制

公司公开发行股份前已发行的股份，自公

司股票在证券交易所上市交易之日起1年内不得转让；因司法强制执行、继承、遗赠、依法分割财产等导致股份变动的除外。

4. 董事、监事、高级管理人员转让股份的限制

（1）董事、监事、高级管理人员所持本公司股份，自公司股票上市交易之日起1年内不得转让。

（2）董事、监事、高级管理人员在任职期间每年转让的股份不得超过其所持有本公司股份总数的25%（≤25%）。上市公司董事、监事和高级管理人员所持股份不超过1 000股（≤1 000股）的，自公司股票上市交易之日起1年后可以一次性全部转让，不受25%的限制。

（3）董事、监事、高级管理人员离职后半年内，不得转让其所持有的本公司股份；因司法强制执行、继承、遗赠、依法分割财产等导致股份变动的除外。

（4）上市公司董事、监事和高级管理人员在下列期间不得买卖本公司股票：

①上市公司年度报告、半年度报告公告前30内；

②上市公司季度报告、业绩预告、业绩快报公告前10日内；

③自可能对本公司证券及其衍生品种交易价格产生较大影响的重大事件发生之日或在决策过程中，至依法披露之日内；

④证券交易所规定的其他期间。

小贴士 以上期间的表述有调整，提请考生注意！

经典例题

【例题·单选题】某股份有限公司于2020年3月7日首次公开发行股份并在上海证券交易所上市交易。2020年4月8日，该公司召开股东大会，拟审议的有关董事、高级管理人员持股事项的议案中包含下列内容，其中，符合公司法律制度规定的是（　　）。

A. 董事、高管离职后半年内，不得转让其所持有的本公司股份

B. 董事、高管持有的本公司股份，自决议通过之日起6个月后可以对外自由转让

C. 董事、高管持有的本公司股份，自决议通过之日起3个月后可以内部自由转让

D. 董事、高管在任职期间每年转让的股份不得超过其所持有的本公司股份总数的50%

【答案】A

【解析】选项B、C，董事、监事、高级管理人员所持本公司股份，自公司股票上市交易之日起1年内不得转让；选项D，董事、监事、高级管理人员在任职期间每年转让的股份不得超过其所持有本公司股份总数的25%。

高频考点33：股份回购★★★

（1）公司不得收购本公司股份，但有下列情形之一的除外：

①减少公司注册资本；

②与持有本公司股份的其他公司合并；

③股东因对股东大会作出的公司合并、分立决议持异议，要求公司收购其股份；

④将股份用于员工持股计划或者股权激励；

⑤将股份用于转换上市公司发行的可转换为股票的公司债券；

⑥上市公司为维护公司价值及股东权益所必需的。

同时，为防止公司变相违规收购本公司股份，《公司法》规定，公司不得接受本公司的股票作为质押权的标的。

公司因上述第①、②项规定的情形收购本公司股份的，应当经股东大会作出决议；公司因上述第③、⑤、⑥项规定的情形收购公司股份的，可以参照公司章程的规定或者股东大会的授权，经2/3以上董事出席的董事会会议决议。

小贴士 公司回购自己的股份，对本公司股东和债权人均有影响，从股东角度看，公

司回购股份的行为可能触动股东之间的利益分配；从公司的债权人角度看，公司回购股份导致公司资产流向或回流股东，与公司分配利润或者分配剩余资产效果类似，可能危及公司的债务偿付能力。所以我国《公司法》原则上禁止，例外情形允许，同时没有对股份回购设置与利润分配的财务规则一致的规定。

（2）公司依照上述规定收购本公司股份后，属于第①项情形的，应当自收购之日起10日内注销；属于第②项、第④项情形的，应当在6个月内转让或者注销；属于第③项、第⑤项、第⑥项情形的，公司合计持有的本公司股份数不得超过本公司已发行股份总数的10%，并应在3年内转让或者注销。

（3）上市公司收购本公司股份的，应当依照《证券法》的规定履行信息披露义务。

（4）公司不得接受本公司的股票作为质押权的标的。

经典例题

【例题·单选题】甲股份有限公司于2010年12月1日成立，于2015年7月21日在深圳证券交易所挂牌上市交易。2015年12月20日，公司发布公告说明的下列事项中，符合公司法律制度规定的是（　　）。

A. 公司董事在首次公开发行股份前持有的本公司股份自2015年12月21日起可以转让，但每年不得超过其所持股份总数的25%

B. 公司监事在首次公开发行股份前持有的本公司股份自2015年12月21日起可以转让，但每年不得超过其所持股份总数的25%

C. 股东大会通过决议，同意接受债务人乙以其持有的本公司股份作为担保其债务履行的质押权标的

D. 股东大会通过决议，同意公司视股价情况收购本公司已发行股份的3%用于未来1年内奖励本公司职工

【答案】D

【解析】选项A、B，董事、监事、高级管理人员所持本公司股份，自公司股票上市交易之日起1年内不得转让；在任职期间每年转让的股份不得超过其所持有本公司股份总数的25%；选项C，公司不得接受本公司的股票作为质押权的标的。

高频考点34：公司的财务会计★★

1. 公司财务会计报告

（1）公司财务会计报告主要包括以下内容：

①资产负债表。资产负债表反映的是公司的资产和负债规模、资产和负债构成情况、公司的权益结构，进而反映公司的短期偿债能力和支付能力，同时通过公司前后期资产负债表的对比，反映公司财务状况的变化。

②利润表。利润表反映的是公司在一定经营期间的经营成果及其分配情况，反映了公司的长期偿债能力，也是缴纳国家各项税收的依据。

③现金流量表。现金流量表反映的是公司在一定期间的现金和现金等价物流入和流出的会计报表，有利于判断公司的现金流量和资金周转情况。

④附注。附注是对会计报表列示的内容的进一步说明，以便于向知晓公司财务会计信息的使用者提供更加全面的财务会计信息。

（2）公司财务会计报告应当由董事会负责编制，并对其真实性、完整性和准确性负责。

公司应当依法聘用会计师事务所对财务会计报告审查验证。公司聘用、解聘承办公司审计业务的会计师事务所，依照公司章程的规定，由股东会、股东大会或者董事会决定。

公司应当依法披露有关财务、会计资料。

有限公司应当按照公司章程规定的期限将财务会计报告提交股东。股份有限公司的财务会计报告应当在召开股东大会年会的20日前置备于本公司，供股东查阅；公开发行股票的股份有限公司必须公告其财务会计报告。

2. 利润分配规则

我国《公司法》的利润分配财务规则是

通过将分配对象限定于“税后利润”，并以提取盈余公积金和弥补亏损为分配利润的先决条件，试图在账面上维护并巩固公司实收资本或股本，从而使公司在账面上保有吸收经营损失的缓冲。

利润分配规则有以下几个要点：

（1）公司只能向股东分配“税后利润”；

（2）分配“当年税后利润”之前，必须提取税后利润的10%列入法定公积金，法定公积金累计额为注册资本的50%以上时，可以不再提取；

（3）公司的法定公积金不足以弥补以前年度亏损的，在依照上述规定提取法定公积金之前，应当先用当年利润弥补亏损；

（4）公司可以自愿从税后利润中提取“任意公积金”，但须由股东会或者股东大会作出决议；

（5）“弥补亏损和提取公积金后所余税后利润”，通常应按股东持股比例分配。

公司分配利润必须依赖企业财务会计规范进行。

依照现行规则，公司违法分配利润可能引发以下几种法律责任：

（1）股东承担违规分配利润的返还责任。即在弥补亏损和提取法定公积金之前分配利润，首先要承担民事责任的是接受分红的股东，其负有向公司返还违规分配的利润的责任。

（2）董事承担对公司的损害赔偿责任。即作出违法分配决议或实施违法分配的董事会成员或者执行董事，可能因其违法行为给公司造成损失而承担赔偿责任。

（3）股东如果借利润分配之名“抽回出资”，则构成“抽逃出资”。抽逃出资的股东，除了必须退还抽回的资金外，还可能在抽逃出资范围内承担公司债务。

（4）公司可能因未提取法定公积金而遭行政处罚。

经典例题

【真题·多选题】（2022）根据公司法律制度的规定，下列关于公司财务会计报告制度的表述中，正确的有（　　）。

A. 现金流量表反映的是公司在一定经营期间的经营成果及其分配情况

B. 股份有限公司解聘承办公司审计业务的会计师事务所，只能由股东大会作出决议

C. 股份有限公司的财务会计报告应在召开股东大会年会的20日前置备于本公司

D. 公司财务会计报告应当由董事会负责编制

【答案】CD

【解析】现金流量表反映的是公司在一定期间的现金和现金等价物流入和流出的会计报表，有利于判断公司的现金流量和资金周转情况，因此选项A错误；公司聘用、解聘承办公司审计业务的会计师事务所，依照公司章程的规定，由股东会、股东大会或者董事会决定，因此选项B错误。

【例题·单选题】根据公司法律制度的规定，股份有限公司召开股东大会年会时应当提前将财务会计报告置备于本公司，该提前的日期是（　　）日。

A. 10　　B. 20

C. 30　　D. 50

【答案】B

【解析】股份有限公司的财务会计报告应当在召开股东大会年会的20日前置备于本公司，供股东查阅。

高频考点35：公积金规则★★★

1. 盈余公积金

盈余公积金分为法定公积金和任意公积金，也称“法定盈余公积金”和“任意盈余公积金”，都来源于公司盈余。

2. 资本公积金

资本公积金是直接由资本原因形成的公积金，属于资本的储备，股份有限公司以超过股票票面金额的发行价格发行股份所得的溢价款以及国务院财政部门规定列入资本公积金的其

他收入，应当列为公司资本公积金。

小贴士 公积金的用途如下：

（1）弥补公司亏损。公司的亏损按照国家税法规定可以用缴纳所得税前的利润弥补，超过用所得税前利润弥补期限仍未补足的亏损，可以用公司税后利润弥补；发生特大亏损，税后利润仍不足弥补的，可以用公司的公积金弥补。但是，资本公积金不得用于弥补公司亏损。

（2）扩大公司生产经营。

（3）转增公司资本。用任意公积金转增资本的，法律没有限制，但用法定公积金转增资本时，转增后留存的法定公积金不得少于转增前注册资本的25%。

经典例题

【真题·单选题】（2020）根据公司法律制度的规定，下列事项中，属于禁止使用公司资本公积金的情形是（　　）。

A. 扩大生产经营

B. 转增公司资本

C. 弥补公司亏损

D. 长期股权投资

【答案】C

【解析】公积金应当按照规定的用途使用，其用途主要如下：（1）弥补公司亏损。公司的亏损按照国家税法规定可以用缴纳所得税前的利润弥补，超过用所得税前利润弥补期限仍未补足的亏损，可以用公司税后利润弥补；发生特大亏损，税后利润仍不足弥补的，可以用公司的公积金弥补。但是，资本公积金不得用于弥补公司的亏损。（2）扩大公司生产经营。公司可以根据生产经营的需要，用公积金来扩大生产经营规模。（3）转增公司资本。公司为了实现增加资本的目的，可以将公积金的一部分转为资本。对用任意公积金转增资本的，法律没有限制，但用法定公积金转增资本时，《公司法》规定，转增后所留存的该项公积金不得少于转增前公司注册资本的25%。

【例题·单选题】甲公司注册资本为700万元，公司当年税后利润300万元，法定公积金累计额310万元，公司无亏损。根据公司法律制度的规定，甲公司当年应提取的法定公积金是（　　）万元。

A. 30　　B. 40

C. 50　　D. 60

【答案】A

【解析】法定公积金按照税后利润（300万元）的10%提取，当法定公积金累计额为注册资本的50%（350万元）以上时可以不再提取。

【例题·多选题】根据公司法律制度的规定，下列各项中，应当在提取法定公积金之前实施的有（　　）。

A. 向股东分配利润

B. 缴纳企业所得税

C. 提取任意公积金

D. 弥补以前年度亏损

【答案】BD

【解析】公司在提取法定公积金之前应当先用当年利润弥补亏损；同时在分配税后利润之前，必须提取法定公积金，然后才能向股东分配税后利润。

高频考点36：公司合并★★★

1. 法定合并的三大便利

法定合并是指两个以上的公司依照法定程序，不需要经过清算程序，直接合并为一个公司的行为。

《公司法》规定的法定合并程序为交易提供了三大便利：

（1）被消灭公司的债务转移不需要经过债权人的同意，合并各方的债权债务，直接由合并后继续存续的公司或者新设立的公司承继。

（2）被消灭公司的法人人格在合并完成后可以直接消灭，不需要经过清算程序。因为清算程序需要清理公司的所有债权债务，整个过程复杂而且可能导致被合并公司以为债务的清偿资产大量流失，导致合并的目的不能实现。因此，《公司法》特别规定了合并程序，依照该程序进行的合并可以直接实现合并效果，在这个程序中消失的公司不再需要经过解散清算程序。

（3）合并是公司行为，只要股东（大）会依法通过即可，不需要征求每一个股东的意见。

小贴士 法定合并的三大便利可能损害债权人和公司股东的利益，因此，《公司法》规定了严格的合并程序。

2. 法定合并程序

（1）签订合并协议。

（2）编制资产负债表及财产清单。

（3）合并决议。

①有限责任公司的股东会对公司合并作出决议时，必须经**代表 2/3 以上表决权的股东**通过。

②股份有限公司的股东大会对公司合并作出决议时，必须经**出席会议的股东所持表决权的 2/3 以上**通过。

小贴士 法定合并不需要征得每一个股东的同意，如何保护小股东的利益？《公司法》给了在股东（大）会上投了反对票的小股东一个“逃生的机会”：投反对票的股东有权请求公司按照合理的价格收购其股权。

（4）通知债权人。公司应当自作出合并决议之日起 10 日内通知债权人，并于 30 日内在报纸上公告。债权人自接到通知书之日起 30 日内，未接到通知书的自公告之日起 45 日内，可以要求公司清偿债务或者提供相应的担保。

小贴士 参与合并的公司（无论其是否消灭）均应当履行通知、公告义务。被消灭公司的债务转移不需要经过债权人的同意，如何保护债权人的利益？《公司法》给了债权人一次“举手发言的机会”：无论其债权是否到期，均可以在法定期限内（30 日/45 日）要求公司清偿债务或者提供相应的担保。

（5）依法进行登记。

高频考点 37：公司分立★★

分立与公司转投资和营业转让的基本区别是：转投资和营业转让的法律后果都是分拆业务的公司（即原公司）取得转投资或营业转让的对价（转投资的对价是被投资公司的股权，营业转让的对价是受让营业的公司支付的现金或资产）；而采取分立方式的话，被分立公司（即原公司）的股东将取得分出资产所换取的股权。

1. 公司分立程序

公司分立的程序与公司合并基本一致，其特殊性主要体现在：

（1）当公司派生分立（A 公司分立为 A 公司和 B 公司）导致原公司资本减少时，原公司减资不需要经过法定的减资程序。

（2）无论公司分立是否导致原公司债务转移，都必须经过全体债权人的同意，未经债权人同意，分立不对其发生效力，债权人可以要求分立后的公司共同承担连带责任。

（3）在公司分立程序中，虽然也设置了债权人“通知程序”（公司应当自作出分立决议之日起 10 日内通知债权人，并于 30 日内在报纸上公告），但并没有赋予债权人“请求公司清偿债务或者提供相应担保”的权利。

2. 债务承担

公司分立前的债务由分立后的公司承担连带责任。但是，公司在分立前与债权人就债务清偿达成的书面协议另有约定的除外。

（1）企业分立时对原企业的债务承担有约定并经债权人认可的，按照当事人约定处理。

（2）企业分立时对原企业债务承担无约定或者约定不明，或者虽有约定但债权人不予认可的，分立后的企业应当承担连带责任。但是，分立的企业在承担连带责任后，各分立的企业间对原企业债务承担有约定的，按约定处理，没有约定或约定不明的，按分立时的资产比例分担。

经典例题

【真题·单选题】（2019）甲公司分立为乙公司和丙公司，根据分立协议，乙公司承继甲公司20%的净资产，丙公司承继甲公司80%的净资产以及所有负债。甲公司的到期债权人丁公司接到分立通知后，要求上述相关公司立即清偿债务。下列关于丁公司债务清偿请求的表述中，符合公司法律制度规定的是（　　）。

A. 丁公司仅能请求乙公司对该债务承担20%的责任

B. 丁公司仅能请求丙公司对该债务承担责任，不能请求乙公司对该债务承担责任

C. 丁公司可请求乙公司、丙公司对该债务承担连带责任

D. 丁公司仅能请求丙公司对该债务承担80%的责任

【答案】C

【解析】公司分立后的债务由分立后的公司承担连带责任，但是，公司在分立前与债权人就债务清偿达成的书面协议另有约定的除外。

高频考点38：公司减资★★

1. 减资的概念

注册资本减少（减资），是指公司根据需要，依照法定条件和程序，减少公司的注册资本额。公司为避免资本闲置、向股东返还出资或者减免股东出资负担，可依照法定程序减少注册资本。当公司出现严重亏损时，也可以通过减资弥补亏损。

小贴士 公司依照法律规定（例如《公司法》第一百四十二条）、公司章程（例如章程规定特定条件下应回购职工股）、合同约定（例如对赌协议中的股份回购条款）或者调解协议（例如公司为避免法院强制解散而回购异议股东股份），回购股东的股份后，如果将之注销，则公司必须减少注册资本。

公司可采取以下方式实施减资：

（1）返还出资或者股款；

（2）减免出资或者购股义务；

（3）缩减股权或者股份。

2. 减资程序

公司减资过程通常包含三个部分：作出减资决议（以下第（1）项）；对债权人提供保护（以下第（3）项）；实施减资行为（以下第（2）、（4）、（5）项）。

（1）股东（大）会作出减资的决议，并相应地修改公司章程。

（2）公司应当编制资产负债表及财产清单。

（3）通知、公告债权人公司应当自作出减少注册资本决议之日起10日内通知债权人，并于30日内在报纸上公告。债权人自接到通知书之日起30日内，未接到通知书的自公告之日起45日内，可以要求公司清偿债务或者提供相应的担保。

（4）实施减资。主要是向股东支付减资财产、调整公司会计账目等。

（5）办理变更登记。公司减少注册资本的，应当自公告之日起45日后申请变更登记，并应当提交公司在报纸上登载减少注册资本公告的有关证明和公司债务清偿或者债务担保情况的说明。

小贴士 实践中，有些公司在减资时不向已知债权人发出通知，于是债权人没有机会对公司提出清偿债务或者提供担保的请求。对于此类做法，减资尽管是有效的，但对于提起诉讼的债权人来说，减资公司的股东基于减资而取回的资产，仍然属于减资公司责任财产的一部分。基于这一认定，法院通常会判令减资公司的股东，在减资全额范围内对起诉的债权人承担补充清偿责任。

经典例题

【例题·多选题】根据公司法律制度的规定，下列选项中，属于公司减少注册资本可以采取的方式有（　　）。

A. 向股东返还出资或者股款

B. 减免股东的出资或者购股义务

C. 股东对外转让股权

D. 缩减股权或者股份

【答案】ABD

【解析】公司可采取以下方式实施减资：(1) 返还出资或者股款；(2) 减免出资或者购股义务；(3) 缩减股权或者股份。

高频考点39：解散诉讼★★★

1. 人民法院应当受理的情形

单独或者合计持有公司全部股东表决权10%以上的股东，有下列事由之一，公司继续存续会使股东利益受到重大损失，通过其他途径不能解决，提起解散公司诉讼，人民法院应当受理：

(1) 公司持续2年以上无法召开股东会或者股东大会，公司经营管理发生严重困难的；

(2) 股东表决时无法达到法定或者公司章程规定的比例，持续2年以上不能作出有效的股东会或者股东大会决议，公司经营管理发生严重困难的；

(3) 公司董事长期冲突，并且无法通过股东会或者股东大会解决，公司经营管理发生严重困难的；

(4) 经营管理发生其他严重困难，公司继续存续会使股东利益受到重大损失的情形。

2. 人民法院不予受理的情形

股东以知情权、利润分配请求权等权益受到损害，或者公司亏损、财产不足以偿还全部债务，以及公司被吊销企业法人营业执照未进行清算等为由，提起解散公司诉讼的，人民法院不予受理。

3. 解散诉讼程序

(1) 股东提起解散公司诉讼，应当以公司为被告。

(2) 人民法院审理解散公司诉讼案件，应当注重调解。根据《公司法解释二》和《公司法解释五》的规定，当事人协商一致以下列方式解决分歧，且不违反法律、行政法规的强制性规定的，人民法院应予支持：①公司回购部分股东股份；②其他股东受让部分股东股份；③他人受让部分股东股权；④公司减资；⑤公司分立；⑥其他能够解决分歧、恢复公司正常经营、避免公司解散的方式。

(3) 人民法院关于解散公司诉讼作出的判决，对公司全体股东具有法律约束力。

(4) 人民法院判决驳回解散公司诉讼请求后，提起该诉讼的股东或者其他股东又以同一事实和理由提起解散公司诉讼的，人民法院不予受理。

经典例题

【例题·单选题】某有限责任公司有甲、乙、丙三名股东，甲、乙各持8%的股权，丙持84%的股权。丙任执行董事，乙任监事。甲发现丙将公司资产以极低价格转让给其妻开办的公司，严重损害了本公司利益，遂书面请求乙对丙提起诉讼。乙碍于情面予以拒绝。根据公司法律制度的规定，下列表述中正确的是(　　)。

A. 甲可以提议召开临时股东会，要求丙对相关事项作出说明

B. 甲可以以自己的名义对丙提起诉讼，要求其赔偿公司损失

C. 甲可以以公司内部监督机制失灵、公司和股东利益严重受损为由，请求人民法院判决解散公司

D. 甲可以请求公司以合理价格收购其股权，从而退出公司

【答案】B

【解析】选项A，有限责任公司代表10%以上表决权的股东，才有权提议召开临时股东会，而甲的股权比例仅为8%，无权提议召开临时股东会议；选项C，公司经营管理发生严重困难，继续存续会使股东利益受到重大损失，通过其他途径不能解决的，单独或者合计持有公司全部股东表决权10%以上的股东，可以请求人民法院解散公司。本题所述情形（丙的行为严重损害了本公司利益，但不意味着公司经营管理发生严重困难）不具备请求人民法院解散公司的法定条件；选项D，本题所

述情形不具备有限责任公司的股东可以请求公司以合理价格回购其股权的法定条件。

【例题·单选题】根据公司法律制度的规定，下列情形中，构成股东要求司法解散公司的正当理由的是（ ）。

A. 公司最近3年未开股东会，无法形成股东会决议，经营管理严重困难，继续存续会使股东利益严重受损，且无其他途径解决

B. 公司连续3年亏损，累计亏损达到实收股本总额的1/2

C. 公司连续5年盈利，并符合法律规定的利润分配条件，但不分红

D. 公司无故拒绝股东查询公司会计账簿

【答案】A

【解析】选项A，公司持续2年以上无法召开股东会或者股东大会，公司经营管理发生严重困难的，单独或者合计持有公司全部股东表决权10%以上的股东，可向人民法院提起解散公司诉讼；选项B、D，股东以知情权、利润分配请求权等权益受到损害，或者公司亏损、财产不足以偿还全部债务，以及公司被吊销企业法人营业执照未进行清算等为由，提起解散公司诉讼的，人民法院不予受理；选项C，公司连续5年不向股东分配利润，而公司该5年连续盈利，并且符合法律规定的分配利润条件的，对股东会决议投反对票的股东可以请求公司按照合理的价格收购其股权，而非解散公司。

高频考点40：公司清算★★

1. 清算事由

当公司出现解散事由时，公司应当在解散事由出现之日起15日内成立清算组，开始清算。如果公司不自行清算，则债权人和股东可以申请人民法院指定清算组进行清算。

有下列情形之一，债权人、公司股东、董事或其他利害关系人申请人民法院指定清算组进行清算的，人民法院应予受理：

（1）公司解散逾期不成立清算组进行清算的；

（2）虽然成立清算组但故意拖延清算的；

（3）违法清算可能严重损害债权人或者股东利益的。

2. 清算义务人及其责任

清算义务人包括有限责任公司的股东、股份有限公司的董事和控股股东。

清算义务人怠于清算可能产生的民事责任是：

（1）清算义务人未在法定期限内成立清算组，导致公司财产贬值、流失、毁损或者灭失的，应在造成损失范围内对公司债务承担赔偿责任；

（2）清算义务人怠于履行清算义务或其他义务，导致公司主要财产、账册、重要文件等灭失，无法进行清算的，应当对公司的债务承担连带清偿责任。如果上述情形是由公司的实际控制人造成的，则该实际控制人应对公司债务承担相应民事责任。

“怠于履行清算义务”是指有限责任公司的股东在法定清算事由出现后，在能够履行清算义务的情况下，故意拖延、拒绝履行清算义务，或者因过失导致无法进行清算的消极行为。股东举证证明其已经为履行清算义务采取了积极措施，或者小股东举证证明其既不是公司董事会或者监事会成员，也没有选派人员担任该机关成员，且从未参与公司经营管理，以不构成“怠于履行义务”为由，主张其不应当对公司债务承担连带清偿责任的，人民法院依法予以支持。有限责任公司的股东举证证明其“怠于履行义务”的消极不作为与“公司主要财产、账册、重要文件等灭失，无法进行清算”的结果之间没有因果关系，主张其不应对公司债务承担连带清偿责任的，人民法院依法予以支持。

3. 公司在清算期间的行为限制

（1）清算期间，公司不再从事新的经营活动，仅局限于清理公司已经发生，但尚未了结的事务。

（2）清算期间，公司的代表机构为清算组。清算组负责处理未了事务，代表公司对外

进行诉讼。在公司依法清算结束并办理注销登记前，有关公司的民事诉讼仍应当以公司的名义进行。在清算组未成立前，由原公司法定代表人代表公司进行诉讼。成立清算组后，由清算组负责人代表公司参加诉讼。

（3）清算期间公司财产在未按照法定程序清偿前，不得分配给股东。

4. 清算组及其组成

根据《公司法》的规定，公司应当在解散事由出现之日起15日内成立清算组，开始清算。有限责任公司的清算组由股东组成。股份有限公司的清算组由董事或股东大会确定的人员组成。逾期不成立清算组进行清算的，债权人可以申请人民法院指定有关人员组成清算组进行清算。人民法院应当受理该申请，并及时组织清算组进行清算。

清算组成员可以从下列人员或者机构中产生：

（1）公司股东、董事、监事、高级管理人员；

（2）依法设立的律师事务所、会计师事务所、破产清算事务所等社会中介机构；

（3）依法设立的律师事务所、会计师事务所、破产清算事务所等社会中介机构中具备相关专业知识并取得执业资格的人员。

5. 清算组的职权

根据《公司法》的规定，清算组在清算期间行使下列职权：

（1）清理公司财产，分别编制资产负债表和财产清单；

（2）通知、公告债权人；

（3）处理与清算有关的公司未了结的业务；

（4）清缴所欠税款以及清算过程中产生的税款；

（5）清理债权、债务；

（6）处理公司清偿债务后的剩余财产；

（7）代表公司参与民事诉讼活动。

清算组在公司清算期间代表公司进行一系列民事活动，全权处理公司经济事务和民事诉讼活动。根据《公司法》的规定，清算组成员应当忠于职守，依法履行清算义务。清算组成员不得利用职权收受贿赂或者其他非法收入，不得侵占公司财产。清算组成员因故意或者重大过失给公司或者债权人造成损失的，应当承担赔偿责任。

6. 清算程序

（1）通知债权人。

清算组应当自成立之日起10日内将公司解散清算事宜书面通知全体已知债权人，将清算组成员、清算组负责人名单通过国家企业信用信息公示系统公告，并于60日内在报纸上公告。清算组可以通过国家企业信用信息公示系统发布债权人公告。

（2）债权申报和登记。

债权人应当自接到通知书之日起30日内，未接到通知书的自公告之日起45日内，向清算组申报其债权。债权人申报债权，应当说明债权的有关事项，并提供证明材料。清算组应当对债权进行核定登记。在申报债权期间，清算组不得对债权人进行清偿。

债权人在规定的期限内未申报债权，在公司清算程序终结前补充申报的，清算组应予以登记。债权人补充申报的债权，可以在公司尚未分配财产中依法清偿。公司尚未分配财产不能全额清偿，债权人主张股东以其在剩余财产分配中已经取得的财产予以清偿的，人民法院应予支持，但债权人因重大过错未在规定期限内申报债权的除外。

债权人或者清算组，以公司尚未分配财产和股东在剩余财产分配中已经取得的财产不能全额清偿补充申报的债权为由，向人民法院提出破产清算申请的，人民法院不予受理。

（3）清理公司财产，制订清算方案。

公司自行清算的，清算组在清理公司财产、编制资产负债表和财产清单后，发现公司财产不足清偿债务的，应当依法向人民法院申请宣告破产。公司经人民法院裁定宣告破产后，清算组应当将清算事务移交给人民法院。

人民法院指定的清算组在清理公司财产、

编制资产负债表和财产清单时，发现公司财产不足清偿债务的，可以与债权人协商制作有关债务清偿方案。债务清偿方案经全体债权人确认，且不损害其他利害关系人利益的，人民法院可依清算组的申请裁定予以认可。清算组依据该清偿方案清偿债务后，应当向人民法院申请裁定终结清算程序。债权人对债务清偿方案不予确认或者人民法院不予认可的，清算组应当依法向人民法院申请宣告破产。

公司解散时，股东尚未缴纳的出资均应作为清算财产。股东尚未缴纳的出资包括到期应缴未缴的出资，以及依照《公司法》的规定分期缴纳尚未届满缴纳期限的出资。公司财产不足以清偿债务时，债权人可请求主张未缴出资股东以及公司设立时的其他股东或者发起人在未缴出资范围内对公司债务承担连带清偿责任。

公司自行清算的清算方案，应当报股东会或者股东大会决议确认。人民法院组织清算的清算方案应当报人民法院确认。未经确认的清算方案，清算组不得执行。执行未经确认的清算方案，给公司或者债权人造成损失，公司股东或者债权人可要求清算组成员承担赔偿责任。

（4）清偿债务。

公司财产在分别支付清算费用、职工的工资、社会保险费用和法定补偿金，缴纳所欠税款，清偿公司债务后的剩余财产，有限责任公司按照股东的出资比例分配，股份有限公司按照股东持有的股份比例分配。清算期间，公司存续，但不得开展与清算无关的经营活动。

（5）公告公司终止。

公司清算结束后，清算组应当制作清算报告，报股东会、股东大会或者人民法院确认，并报送公司登记机关，申请注销公司登记，公告公司终止。

（6）注销登记。

清算组应当自清算结束之日起30日内向登记机关申请注销登记。公司申请注销登记前，应当依法办理分支机构注销登记。

公司未发生债权债务或者已将债权债务清偿完结，未发生或者已结清清偿费用、职工工资、社会保险费用、法定补偿金、应缴纳税款（滞纳金、罚款），并由全体股东书面承诺对上述情况的真实性承担法律责任的，可以按照简易程序办理注销登记。公司应当将承诺书及注销登记申请通过国家企业信用信息公示系统公示，公示期为20日。在公示期内无相关部门、债权人及其他利害关系人提出异议的，公司可以于公示期届满之日起20日内向登记机关申请注销登记。公司注销依法须经批准的，或者公司被吊销营业执照、责令关闭、撤销，或者被列入经营异常名录的，不适用简易注销程序。人民法院裁定强制清算或者裁定宣告破产的，有关清算组、破产管理人可以持人民法院终结强制清算程序的裁定或者终结破产程序的裁定，直接向登记机关申请办理注销登记。

7. 清算组的责任

清算组的成员应当忠于职守，依法履行清算义务。清算组成员不得利用职权收受贿赂或者其他非法收入，不得侵占公司财产。清算组成员因故意或者重大过失给公司或者债权人造成损失的，应当承担赔偿责任。

有限责任公司的股东、股份有限公司连续180日以上单独或者合计持有公司1%以上股份的股东，依据《公司法》中的股东代表诉讼制度的相关规定，以清算组成员有前款所述行为为由向人民法院提起诉讼的，人民法院应予受理。公司已经清算完毕注销，上述股东参照股东代表诉讼制度的相关规定，直接以清算组成员为被告，其他股东为第三人，向人民法院提起诉讼的，人民法院应予受理。

经典例题

【真题·多选题】（2020）根据公司法律制度的规定，下列主体中，有义务组织股份有限公司清算的有（ ）。

A. 监事　　B. 董事

C. 职工代表　　D. 控股股东

【答案】BD

【解析】清算义务人，是指有义务组织公

司清算的人，包括有限公司的股东、股份有限公司的董事和控股股东。

【例题·多选题】根据公司法律制度的规定，清算组在清算期间可以行使的职权有（　　）。

A. 清理公司财产，分别编制资产负债表和财产清单

B. 处理公司清偿债务后的剩余财产

C. 通知、公告债权人

D. 代表公司参与民事诉讼

【答案】ABCD

【解析】根据《公司法》的规定，清算组在清算期间行使下列职权：（1）清理公司财产，分别编制资产负债表和财产清单；（2）通知、公告债权人；（3）处理与清算有关的公司未了结的业务；（4）清缴所欠税款以及清算过程中产生的税款；（5）清理债权、债务；（6）处理公司清偿债务后的剩余财产；（7）代表公司参与民事诉讼活动。

进阶练习

（一）单选题

1. 甲向乙借用一辆小货车。借用期间，未经乙同意，甲以所有权人的名义，以该货车作为出资与他人共同设立有限责任公司。公司其他股东对于甲并非车辆所有人的事实并不知情。乙发现上述情况后，要求返还车辆。根据公司法律制度的规定，下列表述中，正确的是（　　）。

A. 甲出资无效，不能取得股东资格，乙有权要求返还小货车

B. 甲出资无效，应以其他方式补足出资，乙有权要求返还小货车

C. 甲出资有效，乙无权要求返还，但甲应向乙承担赔偿责任

D. 甲出资有效，乙无权要求返还，但丙公司应向乙承担赔偿责任

2. 某有限责任公司的股东甲将其所持全部股权转让给该公司股东乙。乙受让该股权时，知悉甲尚有20%的出资款未按期缴付。下列关于甲不按规定出资责任的表述中，符合公司法律制度规定的是（　　）。

A. 甲继续向公司承担足额缴纳出资的义务，乙对此不承担责任

B. 甲继续向公司承担足额缴纳出资的义务，乙对此承担连带责任

C. 乙代替甲向公司承担足额缴纳出资的义务，甲对此不再承担责任

D. 乙代替甲向公司承担足额缴纳出资的义务，甲对此承担补充清偿责任

3. 某市房地产主管部门领导老王退休后，与其友张三、李四共同出资设立一家房地产中介公司。老王不想让自己的名字出现在公司股东名册上，在未告知其子小王的情况下，直接以小王的身份证等证件将小王登记为公司股东。根据公司法律制度的规定，下列表述中，正确的是（　　）。

A. 公司股东应是老王

B. 公司股东应是小王

C. 父子两人均为公司股东

D. 公司债权人有权请求小王对公司债务承担相应的责任

4. 甲、乙拟设立一家贸易公司，委派乙负责租赁仓库供贸易公司使用，乙以自己的名义与丙签订仓库租赁合同。贸易公司成立后，下列关于该仓库租赁合同责任承担的表述中，符合公司法律制度规定的是（　　）。

A. 丙只能请求乙承担合同义务

B. 丙只能请求贸易公司承担合同义务

C. 丙有权选择请求乙或者贸易公司承担合同义务

D. 丙有权选择请求乙或者甲承担合同义务

5. 甲是某有限责任公司的小股东，不参与公司的经营管理。根据公司法律制度的规

定，下列文件中，甲无权复制的是（　　）。

A. 公司章程

B. 公司会计账簿

C. 财务会计报告

D. 股东会会议记录

6. 刘某是甲有限责任公司的董事。任职期间，多次利用职务之便将资金借贷给其妻子投资设立经营的乙公司。对此，持有公司股权0.5%的股东王某直接向人民法院对刘某提起股东代表诉讼。根据公司法律制度的规定，下列选项中，正确的是（　　）。

A. 王某持有公司股权不足1%，不具有提起股东代表诉讼的资格

B. 王某不能直接提起诉讼，必须先向监事会提出请求

C. 王某不能直接提起诉讼，必须先向董事会提起请求

D. 王某应以甲公司的名义提起股东代表诉讼

7. 根据公司法律制度的规定，当公司出现特定情形，继续存续会使股东利益受到重大损失，通过其他途径不能解决，持有公司全部股东表决权10%以上的股东提起解散公司诉讼的，人民法院应当受理。下列各项中，属于此类“特定情形”的是（　　）。

A. 甲公司连续2年严重亏损，已濒临破产

B. 乙公司由大股东控制，连续4年不分配利润

C. 丙公司股东之间发生矛盾，持续3年无法召开股东会，经营管理发生严重困难

D. 丁公司2年来一直拒绝小股东查询公司会计账簿的请求

8. 某有限责任公司关于股东资格解除与认定的下列做法中，符合公司法律制度规定的是（　　）。

A. 股东甲病故后，其妻作为合法继承人要求继承股东资格，因公司章程中没有相关规定，故召开股东会作出决议并予以拒绝

B. 股东乙抽逃部分出资，股东会通过决议解除其股东资格

C. 股东丙未依照章程规定缴纳出资，董事会通过决议解除其股东资格

D. 实际出资人丁请求公司解除名义股东戊的股东资格，并将自己登记为股东，因未获公司其他股东半数以上同意，公司予以拒绝

9. 根据公司法律制度的规定，下列人员中，不得担任该公司董事的是（　　）。

A. 罗某，因破坏社会主义市场经济秩序被判处刑罚，执行期满已逾3年

B. 宋某，原系某有限责任公司董事长，因其个人责任导致该公司破产，清算完结已逾3年

C. 赵某，系某股份有限公司控股股东，因为该公司股东会决策失误，导致公司负有300万元到期不能清偿的债务

D. 杨某，原系丁有限责任公司法定代表人，因其个人责任导致该公司被吊销营业执照已逾3年

10. 某有限责任公司的董事李某打算将其所有的一套商品房以市场价格卖给其所属公司作为办公用房。根据公司法律制度的规定，下列表述中，正确的是（　　）。

A. 该交易在获得公司股东会批准后方可进行

B. 该交易在获得公司董事会批准后方可进行

C. 该交易在获得公司监事会批准后方可进行

D. 该交易在任何情况下均不得进行

11. 某公司注册资本为100万元。2022年，该公司提取的法定公积金累计额为60万元，提取的任意公积金累计额为40万元。当年，该公司拟用公积金转增公司资本50万元。下列有关公司拟用公积金转增资本的方案中，不符合公司法律制度规定的是（　　）。

A. 用法定公积金10万元、任意公积金40万元转增资本

B. 用法定公积金20万元、任意公积金30万元转增资本

C. 用法定公积金 30 万元、任意公积金 20 万元转增资本

D. 用法定公积金 40 万元、任意公积金 10 万元转增资本

12. 根据公司法律制度的规定，下列关于一人有限责任公司的表述中，正确的是（　　）。

A. 一个自然人只能投资设立一个一人公司，但该一人公司可以再投资设立新的一人公司

B. 一人公司应当在公司登记中注明自然人独资或者法人独资

C. 一人公司设立时，股东应当一次缴足公司章程规定的出资额

D. 一人公司的股东应当对公司债务承担连带清偿责任

13. 甲有限责任公司注册资本为 210 万元，股东人数为 5 人，董事会成员为 5 人，监事会成员为 5 人。股东一次缴清出资，该公司章程对股东表决权行使事项未作特别规定。根据公司法律制度的规定，该公司出现的下列情形中，属于应当召开临时股东会的是（　　）。

A. 任何股东均可以提议召开

B. 公司未弥补的亏损达到 70 万元

C. 2 名董事提议召开

D. 2 名监事提议召开

14. 根据公司法律制度的规定，下列选项中，应当由上市公司董事会作出决议的是（　　）。

A. 对减少注册资本作出决议

B. 为控股股东提供担保作出决议

C. 决定公司的经营计划和投资方案

D. 决定修改公司章程

15. 下列关于股份有限公司董事会的表述中，符合公司法律制度规定的是（　　）。

A. 董事会成员为 5 ~ 19 人，且人数须为单数

B. 董事会成员中应有一定比例的独立董事

C. 董事会会议应有过半数的董事出席方可举行

D. 董事会作出决议须经出席会议的董事过半数通过，董事会决议的表决实行一人一票

16. 某上市公司董事会成员共 9 名，监事会成员共 3 名。下列关于该公司董事会召开的情形中，符合公司法律制度规定的是（　　）。

A. 经 2 名董事提议可召开董事会临时会议

B. 公司董事长、副董事长不能履行职务时，可由 4 名董事共同推举 1 名董事履行职务

C. 经 2 名监事提议可召开董事会临时会议

D. 董事会每年召开 2 次会议，并在会议召开 10 日前通知全体董事和监事

17. 某股份有限公司于 2022 年 3 月 7 日首次公开发行股份并在上海证券交易所上市交易。2022 年 4 月 8 日，该公司召开股东大会，拟审议的有关董事、高级管理人员持股事项的议案中包含下列内容，其中符合公司法律制度规定的是（　　）。

A. 董事、高级管理人员离职后半年内，不得转让其所持有的本公司股份

B. 董事、高级管理人员持有的本公司股份，自公司股票上市交易之日起半年内不得转让

C. 董事、高级管理人员持有的本公司股份，自公司股票上市交易之日起 3 个月内不得转让

D. 董事、高级管理人员在任职期间每年转让的股份不得超过其所持有的本公司股份总数的 50%

18. 某上市公司拟聘任独立董事一名，甲为该公司财务总监的中学同学，乙为该公司中持股 10% 的某国有企业的负责人，丙曾任该公司财务部经理，半年前离职，丁为某大学法学教授，兼职担任该公司子公司的法律顾问。根据公司法律制度，可以担任该公司独立董事的是（　　）。

A. 甲　　B. 乙

C. 丙　　D. 丁

19. 根据公司法律制度的规定，除有继承等特殊情况外，下列有关股份有限公司股份转让限制的表述中，错误的是（ ）。

A. 公司发起人持有的本公司股份自公司成立之日起1年内不得转让

B. 公司高级管理人员离职后1年内不得转让其所持有的本公司股份

C. 公司监事所持本公司股份自公司股票上市交易之日起1年内不得转让

D. 公司董事在任职期间每年转让的股份不得超过其所持有本公司股份总数的25%

20. 关于法定代表人未经授权擅自为他人提供担保，构成越权代表的，表述正确的是（ ）。

A. 越权为公司股东提供关联担保，不论债权人是否善意，担保合同均无效

B. 越权为公司实际控制人提供关联担保，不论债权人是否善意，担保合同均无效

C. 越权提供非关联担保，债权人能够证明其在订立担保合同时对董事会决议或者股东（大）会决议进行了审查，同意决议的人数及签字人员符合公司章程的规定，就应当认定其构成善意

D. 越权提供非关联担保，公司能够证明债权人明知公司章程对决议机关有明确规定的，应当认定债权人善意

（二）多选题

1. 甲、乙、丙、丁、戊五家公司拟共同出资设立一注册资本为500万元的有限责任公司。其中，戊公司出资货币100万元，那么其余四家公司的下列非货币财产出资中，符合公司法律制度规定的有（ ）。

A. 甲公司以其土地使用权作价200万元出资

B. 乙公司以其特许经营权作价50万元出资

C. 丙公司以其非专利技术作价30万元出资

D. 丁公司以其设定了抵押担保的房屋作价120万元出资

2. 甲、乙、丙三人欲共同出资成立一家商贸有限责任公司，公司注册资本为90万元，三人商议：甲以其所有的写字楼出资，乙以货币出资，丙以其拥有的特许经营权出资。根据公司法律制度的规定，下列表述中错误的有（ ）。

A. 甲出资的写字楼无须办理权属登记，但须交给公司管理和使用

B. 乙出资的货币不少于30万元

C. 丙不得以特许经营权出资

D. 三人必须在公司成立之日起2年内缴纳全部出资

3. 根据公司法律制度的规定，下列各项中，股份有限公司的所有股东均有权查阅的有（ ）。

A. 董事会会议记录

B. 监事会会议记录

C. 股东名册

D. 股东大会会议记录

4. 甲、乙、丙为某有限责任公司的股东，现甲欲对外转让其股权。根据公司法律制度的规定，下列表述中错误的有（ ）。

A. 甲必须就此事项书面通知乙、丙，并征求其意见

B. 在任何情况下，乙、丙均享有优先购买权

C. 在符合股权对外转让的情况下，受让人应当将股权转让款支付给公司

D. 未经工商变更登记，受让人不能取得公司股东资格

5. 某有限责任公司不设立监事会，只设立一名监事。根据公司法律制度的规定，该名监事的下列做法中正确的有（ ）。

A. 提议召开临时股东会会议

B. 向股东会提议罢免违反公司章程的董事的职务

C. 制订公司合并的方案

D. 制订公司的年度财务预算方案

6. 某有限责任公司股东甲、乙、丙、丁分别持有公司5%、20%、35%和40%的股

权，该公司章程未对股东行使表决权及股东会决议方式作出规定。根据公司法律制度的规定，下列关于该公司股东会会议召开及决议作出的表述中，正确的有（　　）。

A. 甲可以提议召开股东会临时会议

B. 丁可以提议召开股东会临时会议

C. 只要丙和丁表示同意，股东会即可作出增加公司注册资本的决议

D. 只要乙和丁表示同意，股东会即可作出变更公司形式的决议

7. 甲、乙、丙共同出资设立某有限责任公司，根据公司法律制度的规定，下列关于该公司董事会的表述中，不正确的有（　　）。

A. 董事会成员中可以有职工代表，也可以没有职工代表

B. 公司章程可以规定董事的任期是 2 年

C. 公司必须设副董事长一名

D. 公司章程可以直接规定甲为公司董事长

8. 中国公民周某、郑某、冯某共同设立一家有限责任公司，根据公司法律制度的规定，该公司非必设的组织机构有（　　）。

A. 董事会　　　　B. 监事会

C. 股东会　　　　D. 职工代表大会

9. 根据公司法律制度的规定，有限责任公司发生的下列事项中，属于公司股东可以依法请求人民法院予以撤销的有（　　）。

A. 股东会的决议内容违反法律的

B. 股东会的决议内容违反公司章程的

C. 股东会的会议召集程序违反法律的

D. 股东会的会议表决方式违反公司章程的

10. 根据公司法律制度的规定，下列情形中，人民法院应当确认董事会决议不成立的有（　　）。

A. 公司未召开董事会会议作出该决议

B. 董事会会议表决结果未达到公司法或公司章程规定的通过比例

C. 公司召开了董事会会议，但未表决该决议事项

D. 公司召开董事会会议时，到会董事人数不符合公司法或公司章程规定

11. 根据公司法律制度的规定，下列选项中，属于上市公司监事会职权的有（　　）。

A. 检查公司财务

B. 提议召开临时股东大会

C. 提名独立董事候选人

D. 决定公司内部管理机构的设置

12. 2022 年 4 月，甲公司决定分立出乙公司单独经营。甲公司原有负债 5 000 万元，债权人主要包括丙银行、供货商丁公司和其他一些小债权人。在分立协议中，甲、乙公司约定：原甲公司债务中，对丁公司的债务由分立出的乙公司承担，其余债务由甲公司承担。该债务分担安排经过了丁公司的认可，但未通知丙银行和其他小债权人。根据公司法律制度的规定，下列说法中，正确的有（　　）。

A. 丁公司有权要求甲、乙公司连带清偿其债务

B. 丙银行有权要求甲、乙公司连带清偿其债务

C. 小债权人有权要求甲、乙公司连带清偿其债务

D. 甲、乙公司不得对债务分担作出约定

13. 根据公司法律制度的规定，上市公司的下列事项中，独立董事应当发表独立意见的有（　　）。

A. 提名、任免董事

B. 聘任或解聘高级管理人员

C. 公司董事、高级管理人员的薪酬

D. 上市公司的股东、实际控制人及其关联企业对上市公司现有或新发生的总额高于 300 万元或高于上市公司最近经审计净资产值 5% 的借款或其他资金往来，以及公司是否采取有效措施回收欠款

14. 胜利物流有限责任公司分立为胜达和万利两家有限责任公司，在与原债权人庄某的关系上，符合公司法律制度规定的有（　　）。

A. 庄某在接到分立通知书的 30 日内，有权要求分立前的公司清偿债务或者提供担保

B. 胜利物流有限责任公司应当在作出分立决议之日起 10 日内通知庄某

C. 庄某可以向分立后的两家公司主张连带清偿责任

D. 胜利物流有限责任公司分立前可与庄某达成债务清偿的书面协议

15. 根据公司法律制度的规定，下列关于公司清算程序的表述中，正确的有（　　）。

A. 公司解散逾期不成立清算组的，公司股东可以随时向人民法院申请指定清算组

B. 债权人在规定的期限内没有申报债权的，在公司清算程序终结前可以补充申报

C. 人民法院组织清算的，清算方案应当报人民法院确认后，清算组才能执行

D. 在申报债权期间，清算组可以对债权人进行清偿

16. 某有限责任公司关于股东资格解除与认定的下列做法中，符合公司法律制度规定的有（　　）。

A. 股东王某病故，其妻子作为法定继承人要求继承股东资格，公司依章程关于股东资格不得继承的规定予以拒绝

B. 股东刘某抽逃全部出资，股东会通过决议解除其股东资格

C. 股东孟某未按照公司章程的规定履行缴纳出资的义务，董事会通过决议解除其股东资格

D. 实际出资人徐某请求公司解除名义股东石某的股东资格，并将自己登记为股东，虽然其他股东全部同意，公司仍予以拒绝

17. 甲为持有某有限责任公司全部股东表决权 10% 以上的股东。根据公司法律制度的规定，在某些事由下，若公司继续存续会使股东利益受到重大损失，且通过其他途径又不能解决的，甲提起解散公司诉讼时，人民法院应予受理。下列选项中属于上述“某些事由”的有（　　）。

A. 公司亏损、财产不足以偿还全部债务的

B. 公司被吊销营业执照未进行清算的

C. 公司持续 2 年以上无法召开股东会，且经营管理发生严重困难的

D. 公司董事长期冲突，且无法通过股东会解决，致使公司经营管理发生严重困难的

18. 甲、乙、丙共同投资设立了某有限责任公司。公司成立 5 年后，丙欲将其全部股权转让给丁，对此甲、乙表示反对，同时公司章程并未对股权转让事项进行规定。根据公司法律制度的规定，下列选项中正确的有（　　）。

A. 因甲、乙反对，故丙不得将股权转让给丁

B. 如果甲、乙不愿购买，丙有权将股权转让给丁

C. 甲、乙可以共同出资购买丙的股权

D. 甲或乙可以单独出资购买丙的股权

19. 王某是某有限责任公司的执行董事，在公司章程无特别规定的情况下，根据公司法律制度的规定，王某不得行使的职权有（　　）。

A. 决定公司的投资计划

B. 否决其他股东对外转让股权行为的效力

C. 决定聘任公司经理

D. 决定公司的利润分配方案

20. 某股份有限公司注册资本为 500 万元，法定公积金 200 万元，任意公积金 50 万元。公司年终利润 100 万元。根据公司法律制度的规定，下列表述中错误的有（　　）。

A. 提取任意公积金可以直接由董事会决议，无须股东大会表决

B. 为扩大生产，将该公司全部任意公积金用于转增股本

C. 公司以超过股票票面金额的发行价格发行股份所得的溢价，应列为公司盈余公积金

D. 在公司弥补亏损和提取法定公积金前应向股东分配利润

（三）案例分析题

1. 甲有限责任公司（以下简称“甲公司”）由乙公司、丙公司、丁公司和陈某出资

设立，四位股东各持股25%。甲公司章程对股权转让未作特别规定，全体股东亦未作特别约定。2021年6月1日，丙公司因生产经营需要大量资金，与戊公司就股权转让事项签订合同，约定丙公司将其所持甲公司的全部股权以3 000万元的价格转让给戊公司，戊公司于合同生效之日起3日内支付价款，合同以甲公司其他股东同意转让股权为生效条件。

2021年6月2日，丙公司同时向乙公司、丁公司以及陈某送达股权转让通知，征求3位股东的意见。2021年6月8日，陈某表示愿意以1 500万元优先购买丙公司所持股权的50%。2021年6月10日，乙公司提出愿意以同等条件购买丙公司所持全部股权。丁公司一直未表态。由于通过银行贷款解决了生产经营的资金需求，2021年6月20日，丙公司决定放弃转让股权并通知了其他股东及戊公司。2021年6月21日，乙公司向人民法院提起诉讼，请求优先购买丙公司所持股权。

2021年7月5日，在人民法院审理乙公司案件期间，戊公司向丙公司提出愿意以4 000万元的价格购买丙公司所持甲公司的全部股权。丙公司考虑到其他股东不可能出如此高价，遂直接与戊公司签订了股权转让合同并在市场监督管理机关办理了股权变更登记。2021年7月8日，丁公司得知后，向人民法院提起诉讼，请求按照同等条件购买丙公司转让的股权。

要求：根据上述资料和公司法律制度的规定，不考虑其他因素，回答下列问题：

（1）2021年6月8日，陈某能否以“1 500万元优先购买丙公司所持股权的50%”为条件行使优先购买权？简要说明理由。

（2）2021年6月21日，乙公司请求优先购买丙公司所持股权，人民法院是否应予支持？简要说明理由。

（3）2021年7月8日，丁公司请求按照同等条件购买丙公司转让的股权，人民法院是否应予以支持？简要说明理由。

2. 2022年8月8日，甲、乙、丙、丁共同出资设立了一家有限责任公司（以下简称公司）。公司未设董事会，仅设丙为执行董事。2022年6月8日，甲与戊订立合同，约定将其所持有的全部股权以20万元的价格转让给戊。甲于同日分别向乙、丙、丁发出拟转让股权给戊的通知书。乙、丙分别于同年6月20日和24日回复，均要求在同等条件下优先购置甲所持公司全部股权。丁于同年6月9日收到甲的通知后，至7月15日未就此项股权转让事项作出任何答复。戊在对公司进行调查的过程中，发现乙在公司设立时以机器设备折合30万元用于出资，而该机器设备当时的实际价值仅为10万元。公司股东会于2022年2月就2021年度利润分配作出决议，决定将公司在该年度获得的可分配利润68万元全部用于分红，并在4月底之前实施完毕。至7月底丁尚未收到上述分红利润，在没有告知公司任何机构和人员的情况下，直接向人民法院提起诉讼，要求实施分红决议。

要求：根据上述内容，结合公司法律制度的相关规定，回答以下问题：

（1）丁未作答复将产生何种法律效果？并说明理由。

（2）乙、丙均要求在同等条件下，优先受让甲所持公司全部股权，应当如何处理？

（3）如果乙出资不实的行为属实，应当如何处理？

（4）丁直接向人民法院提起诉讼的行为是否符合法律程序？并说明理由。

进阶练习答案及解析

（一）单选题

1.【答案】C

【解析】出资人以其不享有处分权的财产出资，当事人之间对于出资行为的效力产生争议的，人民法院可以参照善意取得制度的规定予以认定。

2.【答案】B

【解析】有限责任公司的股东未履行或者未全面履行出资义务即转让股权，受让人对此知道或者应当知道，公司请求该股东履行出资义务，受让人对此承担连带责任的，人民法院予以支持。受让人对外承担连带责任后，向该未履行或者未全面履行出资义务的股东追偿的，人民法院应予以支持。但是当事人另有约定的除外。

3.【答案】A

【解析】如果冒用他人名义出资并将该他人作为股东在公司登记机关登记的，冒名登记行为人应当承担相应责任，所以被冒名人小王根本不是股东，也不属于“名义股东”，公司债权人无权请求小王对公司债务承担相应的责任。

4.【答案】C

【解析】发起人为设立公司以自己的名义与他人订立合同，根据《民法典》的规定，合同相对人有权选择请求该发起人或者成立后的公司承担合同义务。

5.【答案】B

【解析】有限责任公司的股东可以查阅公司会计账簿，但无权复制。

6.【答案】B

【解析】选项A，有限责任公司任何一个股东均有资格代表公司提起诉讼，不受1%的限制；选项B、C，董事、高级管理人员侵犯公司利益，在非紧急情况下，王某必须先向监事会提出书面请求；选项D，王某应以自己的名义提起诉讼。

7.【答案】C

【解析】股东以知情权（选项D）、利润分配请求权（选项B）等权益受到损害，或者公司亏损、财产不足以偿还全部债务（选项A）为由提起解散公司诉讼的，人民法院不予受理。

8.【答案】D

【解析】选项A，在公司章程没有另外规定的情况下，自然人股东死亡后，其合法继承人可以直接继承股东资格；选项B，股东乙只是抽逃部分出资，股东会通过决议解除其股东资格不合法；选项C，有限责任公司的股东未履行出资义务，经公司催告，在合理期间内仍未缴纳的，股东会（而非董事会）可以作出决议解除该股东的股东资格；选项D，如果实际出资人未经公司其他股东半数以上同意，请求公司变更股东、签发出资证明书、记载于股东名册、记载于公司章程并办理公司登记机关登记的，人民法院不予支持。

9.【答案】A

【解析】有下列情形之一的，不得担任公司的董事、监事、高级管理人员：（1）无民事行为能力或者限制民事行为能力；（2）因贪污、贿赂、侵占财产、挪用财产或者破坏社会主义市场经济秩序，被判处刑罚，执行期满未逾5年，或者因犯罪被剥夺政治权利，执行期满未逾5年；（3）担任破产清算的公司、企业的董事或者厂长、经理，对该公司、企业的破产负有个人责任的，自该公司、企业破产清算完结之日起未逾3年；（4）担任因违法被吊销营业执照、责令关闭的公司、企业的法定代表人，并负有个人责任的，自该公司、企业被吊销营业执照之日起未逾3年；（5）个人所负数额较大的债务到期未清偿。

10.【答案】A

【解析】如果公司章程事项有规定，或者事先经股东会同意，董事、高级管理人员才可以同本公司进行交易。

11.【答案】D

【解析】法定公积金最多可以转增35万元（$60-100\times25\%$）；任意公积金不受25%的限制。

12.【答案】B

【解析】选项A，一个自然人只能投资设立1个一人有限责任公司，该一人有限责任公司不能再投资设立新的一人有限责任公司；选项C，目前法律未规定必须一次性缴足出资额；选项D，一人公司属于法人，一般情况下股东只承担有限责任；只有当股东不能证明公司财产独立于股东自己财产的，股东才应对公司债务承担连带责任。

13. 【答案】C

【解析】选项A，代表1/10以上表决权的股东提议时，应当召开临时股东会；选项B，股份有限公司未弥补的亏损达到实收股本总额1/3时，应当召开临时股东大会，有限责任公司并没有该规定；选项C，1/3以上的董事提议时，应当召开临时股东会；选项D，有限责任公司设立监事会的，由监事会提议召开临时股东会（部分监事不行）。

14. 【答案】C

【解析】选项A、B、D，属于股东大会的职权。

15. 【答案】C

【解析】选项A，对单数和复数没有强制性规定；选项B，只有“上市公司”才要求董事会成员中必须包括独立董事；选项D，董事会作出决议须经全体董事的过半数通过，董事会决议的表决实行一人一票。

16. 【答案】D

【解析】选项A、C，经代表1/10以上表决权的股东、1/3以上的董事（至少3名董事）或者监事会（2名监事不行）提议，可以召开股份有限公司临时董事会；选项B，董事长、副董事长不能履行职务或者不履行职务的，由半数以上董事共同推举1名董事履行职务。在本题中，4名董事不足董事会人数的半数。

17. 【答案】A

【解析】选项B、C，董事、监事、高级管理人员所持本公司股份，自公司股票上市交易之日起1年内不得转让；选项D，董事、监事、高级管理人员在任职期间每年转让的股份不得超过其所持有本公司股份总数的25%（≤25%）。

18. 【答案】A

【解析】选项A，在上市公司或者其附属企业任职的人员及其直系亲属和主要社会关系不得担任独立董事，但选项中涉及的中学同学不在此列；选项B，在直接或者间接持有上市公司已发行股份5%以上的股东单位或者上市公司前5名股东单位任职的人员及其直系亲属不得担任独立董事；选项C，最近1年内在上市公司任职的人员不得担任独立董事；选项D，为上市公司或者其附属企业提供财务、法律、咨询服务的人员不得担任独立董事。

19. 【答案】B

【解析】董事、监事、高级管理人员离职后6个月内，不得转让其所持有的本公司股份。

20. 【答案】C

【解析】法定代表人未经授权擅自为他人提供担保的，构成“越权代表”。因担保合同效力发生纠纷的，法院应当区分订立合同时债权人是否善意，分别认定合同效力：债权人善意的，合同有效；反之，合同无效。

债权人善意，是指债权人不知道或者不应当知道法定代表人超越权限订立担保合同，又分为两种情形：（1）为公司股东或者实际控制人提供关联担保，债权人主张担保合同有效，应当提供证据证明其在订立合同时审查了股东（大）会决议，决议的表决程序符合《公司法》第十六条的规定，即在排除被担保股东表决权的情况下，该项表决由出席会议的其他股东所持表决权的过半数通过，签字人员也符合公司章程的规定。（2）公司为公司股东或者实际控制人以外的人提供非关联担保，只要债权人能够证明其在订立担保合同时对董事会决议或者股东（大）会决议进行了审查，同意决议的人数及签字人员符合公司章程的规定，就应当认定其构成善意，但公司能够证明债权人明知公司章程对决议机关有明确规定的除外。

（二）多选题

1. 【答案】AC

【解析】选项B、D，股东不得以劳务、信用、自然人姓名、商誉、特许经营权或者设定担保的财产等作价出资。

2. 【答案】ABD

【解析】选项A，股东以房屋出资的，应当办理权属登记，并交付给公司使用；选项B、D，目前公司法对货币出资额和出资缴纳期限不再做强制性规定。

3.【答案】CD

【解析】本题考查查阅权。股份有限公司的股东有权查阅公司章程、股东名册、公司债券存根、股东大会会议记录、董事会会议决议、监事会会议决议、财务会计报告，对公司的经营提出建议或者质询。

4.【答案】BCD

【解析】选项B，经股东同意转让的股权，在同等条件下，其他股东有优先购买权，而不是任何情况；选项C，股权对外转让的主体是股东，而非公司，所以转让款应当支付给出让的股东；选项D，股权转让后，公司应当注销原股东的出资证明书，向新股东签发出资证明书，并相应修改章程和股东名册中有关股东及其出资的记载，所以，股东资格的取得并不是以工商登记为生效要件。

5.【答案】AB

【解析】选项C、D，属于董事会的职权。

6.【答案】BC

【解析】选项A、B，代表10%以上表决权的股东有权提议召开临时股东会。在本题中，甲无权提议召开股东会临时会议，而乙、丙、丁均有权提议召开股东会临时会议。选项C、D，增加注册资本和变更公司形式均属于股东会的特别决议，必须经代表2/3以上表决权的股东通过。在本题中，乙和丁的表决权合计未达到2/3。

7.【答案】ABD

【解析】选项C，董事任期由公司章程规定，只要不超过3年即可。

8.【答案】AB

【解析】规模较小、人数较少的有限责任公司可以不设董事会和监事会，除一人有限责任公司和国有独资公司外，必须设立股东会，职工代表大会不是公司的组织机构。

9.【答案】BCD

【解析】选项A，决议内容违反法律、行政法规的，决议无效。

10.【答案】ABCD

【解析】股东（大）会、董事会决议存在下列情形之一，当事人主张决议不成立的，人民法院应当予以支持：（1）公司未召开会议的，但依据公司法或者公司章程规定可以不召开股东会或者股东大会而直接作出决定，并由全体股东在决定文件上签名、盖章的除外；（2）会议未对决议事项进行表决的；（3）出席会议的人数或者股东所持表决权不符合公司法或者公司章程规定的；（4）会议的表决结果未达到公司法或者公司章程规定的通过比例的；（5）导致决议不成立的其他情形。

11.【答案】ABC

【解析】选项D，属于董事会的职权。

12.【答案】BC

【解析】甲公司分立时，可以与乙公司就原公司的债务进行约定（选项D错误），该约定得到了债权人丁公司的认可，该约定对丁公司具有约束力（选项A错误），但该约定未通知丙银行和其他小债权人，因此甲公司和乙公司应对丙银行和其他小债权人承担连带责任（选项B、C正确）。

13.【答案】ABCD

【解析】以上选项均属于独立董事可发表的独立意见。

14.【答案】BCD

【解析】选项A，在分立程序中，债权人没有请求分立前的公司清偿债务或提供担保的权利。

15.【答案】BC

【解析】选项A，公司解散逾期不成立清算组进行清算的，债权人可以向人民法院申请指定清算组进行清算，只有当债权人不提起申请时，股东才能申请；选项D，在申报债权期间，清算组不得对债权人进行清偿。

16.【答案】AB

【解析】选项C，股东未按照公司章程的规定履行缴纳出资的义务，股东会通过决议可以解除该股东的股东资格，董事会没有此项权利；选项 D，实际出资人请求解除名义股东的股东资格，并将自己登记为股东，只要获得其他股东过半数同意，公司不应拒绝。

17. 【答案】CD

【解析】单独或者合计持有公司全部股东表决权 10% 以上的股东，有下列事由之一，公司继续存续会使股东利益受到重大损失，通过其他途径不能解决，提起解散公司诉讼，人民法院应当受理：(1) 公司持续 2 年以上无法召开股东会或者股东大会，公司经营管理发生严重困难的；(2) 股东表决时无法达到法定或者公司章程规定的比例，持续 2 年以上不能作出有效的股东会或者股东大会决议，公司经营管理发生严重困难的；(3) 公司董事长期冲突，并且无法通过股东会或者股东大会解决，公司经营管理发生严重困难的；(4) 经营管理发生其他严重困难，公司继续存续会使股东利益受到重大损失的情形。

18. 【答案】BCD

【解析】除公司章程另有规定外，有限责任公司的股东向股东以外的人转让出资时，不同意转让的股东应当购买该转让的出资，如果不购买，视为同意转让。

19. 【答案】ABD

【解析】选项 A、D，决定公司的经营方针和投资计划以及审议批准公司的利润分配方案，这都是公司股东会的职权；选项 B，股权的对外转让应当经其他股东过半数同意，执行董事没有否决权。

20. 【答案】ACD

【解析】选项 A，提取公积金属于利润分配，应由股东大会决议；选项 B，对于任意公积金转增资本的，法律没有限制；选项 C，公司以超过股票票面金额的发行价格发行股份所得的溢价，应列为公司资本公积金；选项 D，公司利润应先弥补亏损和提取公积金后才能向股东分配。

（三）案例分析题

1. 【答案】

(1) 不能。

根据公司法律制度的规定，股东行使优先购买权以同等条件为前提，在判断“同等条件”时，应当考虑转让股权的数量、价格、支付方式及期限等因素。陈某改变了转让股权的数量，不满足同等条件。

(2) 不应支持。

根据公司法律制度的规定，有限责任公司的转让股东，在其他股东主张优先购买后又不同意转让股权的，对其他股东优先购买的主张，人民法院不予支持。

(3) 应予支持。

根据公司法律制度的规定，有限责任公司的股东向股东以外的人转让股权，未就其股权转让事项征求其他股东意见，损害其他股东优先购买权，其他股东主张按照同等条件购买该转让股权的，人民法院应当予以支持。

2. 【答案】

(1) 丁未做答复视为同意转让。根据规定，股东应就其股权转让事项书面通知其他股东征求同意，其他股东自接到书面通知之日起满 30 日未答复的，视为同意转让。

(2) 乙、丙均主张优先权时，协商确定各自的购置比例；协商不成的，按照转让时各自的出资比例行使优先购置权。

(3) 对乙出资不实的行为，应当由乙补足其差额，公司设立时的其他股东甲、丙、丁承担连带责任。

(4) 丁直接向人民法院提起诉讼的行为符合法律程序。根据规定，公司董事、高级管理人员违反法律、行政法规或者公司章程的规定，损害股东利益的，股东可以依法向人民法院提起诉讼。

第七章　证券法律制度

2023 年教材内容主要变化

本章除删减了一些段落，语句有些调整外，主要调整与增加的内容包括：规范性文件名称的变化，将《虚假陈述民事赔偿规定》统一修改为《虚假陈述侵权民事赔偿规定》；上市公司董监高在信息披露事务中的勤勉义务；投资者保护制度中对证券公司举证责任的调整；非上市公众公司概念的调整；在主板上市的公司首次公开发行股票条件的调整；上市公司收购人的信息披露义务；对场内收购的权益变动披露进行了细化；操纵证券市场行为的认定等。

本章近五年考试高频考点分布

高频考点内容	年度及题型分布
证券法的适用范围	2021 年单选题
国务院证券监督管理机构的职责	2022 年多选题
股票上市程序	2019 年单选题
创业板首次公开发行股票	2021 年多选题、2020 年单选题、2019 年单选题
科创板首次公开发行股票	2021 年多选题、2019 年单选题
股票的发行类型	2022 年单选题、2019 年多选题
网上与网下同时发行机制	2018 年单选题
上市公司非公开发行股票	2018 年案例分析题
公司债券	2018 年多选题
优先股	2018 年多选题
上市公司收购	2022 年单选题、2019 年案例分析题、2018 年案例分析题
重大资产重组	2018 年案例分析题
强制信息披露制度	2022 年多选题、2022 年案例分析题、2020 年单选题

续表

高频考点内容	年度及题型分布
虚假陈述	2022 年案例分析题、2020 年案例分析题
内部信息	2019 年案例分析题
内幕交易	2019 年案例分析题、2018 年单选题、2018 年案例分析题
重大违法行为强制退市制度	2020 年多选题
操纵市场	2022 年单选题、2020 年单选题、2020 年案例分析题
非上市公众公司	2018 年单选题
股票的上市与交易	2019 年单选题、2019 年案例分析题
社会公众股东	2019 年案例分析题
上市公司增发股票	2019 年案例分析题
临时提案	2019 年案例分析题

高频考点精讲

本章属于重要考试章节，主要包括证券的定义、证券法的适用范围、证券市场监管体制、强制信息披露制度、股票发行上市与交易制度、公司债券的发行与交易制度、上市公司收购与重整制度以及证券欺诈的法律责任制度。

高频考点1：证券法的适用范围★★

（1）根据证券法的规定，股票、公司债券、存托凭证和国务院依法认定的其他证券的发行和交易适用《证券法》。

政府债券、证券投资基金份额在证券交易所上市交易适用《证券法》，其他法律行政法规另有规定的，适用其规定。可见，政府债券、证券投资基金份额只是当其上市时适用《证券法》。

因此，证券法中的证券目前主要可以分为股票、债券、混合型的可转换公司债券以及存托凭证。

（2）股票是股份的书面形式，是公司签发的证明股东所持股份的凭证，具有收益性、流通性、非返还性和风险性等特点。

（3）公司债券是指发行人依照法定程序发行的、约定在一定期限还本付息的有价证券。和公司股票相比，公司债券的特点是：第一，债券是债权凭证，债券持有人享有的是要求公司还本付息的权利；股票是股东权凭证，股东享有参与公司的经营管理权和利润分配权。第二，债券有偿还期限，股票没有偿还期限。第三，债券通常有固定的利率，与公司的绩效没有直接联系，收益比较稳定，风险比股票小。第四，在公司破产时，债券持有人享有优先于股东对公司剩余资产的索取权。

（4）可转换公司债券是指发行人依照法定程序发行、在一定期间内依据约定的条件可以转换成股份的公司债券。可转换公司债券是一种无担保、无追索权、信用级别较低的、兼有债权性和股权性的中长期混合型融资和投资工具。

（5）存托凭证是指由存托人签发、以境外证券为基础在中国境内发行、代表境外基础证券权益的证券。存托凭证发行法律关系中的主体包括：基础证券发行人、存托人和存托凭证持有人。基础证券发行人在境外发行的基础证券由存托人持有，并由存托人在境内签发存托凭证。基础证券发行人应当符合证券法关于股票等证券发行的基本条件，参与存托凭证发行，依法履行信息披露义务，并按规定接受证监会及证券交易所监督管理。

（6）资产支持证券和资产管理产品目前虽然不属于《证券法》意义上的“证券”，但其发行和交易规则应由国务院依照《证券法》的原则予以制定，可以看成是类证券产品或“准证券”。

经典例题

【真题·多选题】（2021）下列情形中，发行和交易均适用《证券法》的有（　　）。

A. 股票

B. 公司债券

C. 资产支持证券

D. 资产管理产品

【答案】ABCD

【解析】资产支持证券、资产管理产品的发行、交易管理办法，由国务院依照《证券法》的原则规定。

【真题·多选题】（2021）下列情形中，适用《证券法》的有（　　）。

A. 证券投资基金份额的上市交易

B. 政府债券的上市交易

C. 存托凭证的发行和交易

D. 公司债券的发行和交易

【答案】ABCD

【解析】政府债券、证券投资基金份额的上市交易适用《证券法》，股票、公司债券、存托凭证和国务院依法认定的其他证券的发行和交易适用《证券法》。

【真题·多选题】（2020）根据证券法律制度的规定，在我国境内发行下列证券时，应当适用《证券法》的有（　　）。

A. 股票　　B. 公司债券

C. 政府债券　　D. 存托凭证

【答案】ABD

【解析】股票、公司债券、存托凭证适用《证券法》，政府债券的上市交易适用《证券法》。

【例题·多选题】我国《证券法》规定的证券主要包括（　　）。

A. 股票

B. 债券

C. 混合型可转换公司债券

D. 存托凭证

【答案】ABCD

【解析】选项A、B、C、D均属于《证券法》规定的证券。

高频考点2：证券公开发行★

有两种情况可能构成公开发行：

（1）向不特定对象发行证券；

（2）向特定对象发行证券累计超过200人，但依法实施员工持股计划的员工人数不计算在内。

高频考点3：证券市场★

（1）一级市场和二级市场：证券发行市场一般被称为一级市场，证券交易市场也就相应被称为二级市场。

（2）证券交易市场可以按照不同标准，再区分为不同的市场：以上市或挂牌的条件或门槛为标准，证券交易市场可以分为主板、二板、三板市场和其他市场（例如，区域性股权交易市场）。

（3）以证券交易场所的组织形式为标准，证券交易市场可以分为场内交易市场和场外交易市场。集中交易的场外市场与交易所市场的区别主要体现在两个方面：一是上市标准或挂牌门槛的区别，交易所市场的上市标准显然是要高于场外公开市场的挂牌门槛的；二是信息披露的标准不同，交易所场内市场的信息披露要求通常比场外公开市场更为严格。

小贴士 随着电子技术的进步、交易方式的混合化和市场的进一步细化，场外市场又可分为集中交易的公开型场外市场和非集中交易的场外市场。集中交易的公开型场外市场，即可采用集中交易方式进行公开交易的场外市场；集中交易方式通常包括集合竞价、连续竞价、电子撮合、匿名交易、做市商等交易方式。

在我国，交易所市场表现为上海、深圳、北京三大证券交易所；集中交易的公开型场外市场目前主要就是全国中小企业股份转让系统（以下简称“全国股转系统”）；而非集中交易的场外市场主要就是区域性股权市场。

（4）我国的场内市场。

公开发行的证券，应当在依法设立的证券交易所上市交易或者在国务院批准的其他全国性证券交易场所交易。非公开发行的证券，可以在证券交易所、国务院批准的其他全国性证券交易场所、按照国务院规定设立的区域性股权市场转让。

①主板市场。

我国的交易所市场或场内市场，主要由三个交易所（上海证券交易所、深圳证券交易所和北京证券交易所）分别设立的板块共同构成。其中，上海证券交易所的主板和深圳证券交易所的主板被视为我国的主板市场。

②创业板和科创板。

创业板与中小企业板一样，也设立在深圳证券交易所；创业板是不同于主板的场内市场板块，俗称“二板市场”。由于交易所主板市场的上市条件比较高，不利于中小企业特别是高新技术企业上市融资，因此，为中小企业能够顺利获得资金，有必要特别开设专门的股票交易市场，即“二板市场”。

科创板设立在上海证券交易所。我国上海证券交易所设立科创板并试点注册制。

创业板试行注册制。创业板的公开发行申请报深圳证券交易所审核并经中国证监会注册。

就上市标准而言，科创板更加注重企业科技创新能力，允许符合科创板定位、尚未盈利或存在累计未弥补亏损的企业在科创板上市。综合考虑预计市值、收入、净利润、研发投入、现金流等因素，设置多元包容的上市条件。由于科创板的上市标准和条件尤其适用于高新技术产业和战略性新兴产业，其通常被归为“二板市场”的范畴。

小贴士 关于注册制：2020 年 6 月 12 日，中国证监会发布了《创业板首次公开发行股票注册管理办法（试行）》《创业板上市公司证券发行注册管理办法（试行）》等部门规章，创业板开始进行注册制试点和改革。因此，目前科创板和创业板属于全面适用注册制的市场板块。

③北京证券交易所。

北京证券交易所于 2021 年 9 月 3 日注册成立，是经国务院批准设立的中国第一家公司制证券交易所，受中国证监会监督管理。北京证券交易所适用注册制，公开发行申请报北京证券交易所审核并经中国证监会注册。

北京证券交易所的特点在于：第一，发行人范围有法定限制。发行人申请在北京证券交易所公开发行股票，应当符合下列规定：a. 具备健全且运行良好的组织机构；b. 具有持续经营能力，财务状况良好；c. 最近三年财务会计报告无虚假记载，被出具无保留意见审计报告；d. 依法规范经营。发行人及其控股股东、实际控制人存在下列情形之一的，发行人不得公开发行股票：a. 最近三年内存在贪污、贿赂、侵占财产、挪用财产或者破坏社会主义市场经济秩序的刑事犯罪；b. 最近三年内存在欺诈发行、重大信息披露违法或者其他涉及国家安全、公共安全、生态安全、生产安全、公众健康安全等领域的重大违法行为；c. 最近一年内受到中国证监会行政处罚。

第二，投资者范围有法定限制。发行人仅得向不特定的合格投资者进行公开发行，即参与申购和交易的投资者应符合中国证监会和北京证券交易所关于投资者适当性的管理规定。

④全国股转系统。

全国中小企业股份转让系统（以下简称“全国股转系统”），是经国务院批准，依据《证券法》设立的全国性证券交易场所。全国股转系统于 2012 年 9 月正式注册成立，俗称

“新三板”，是我国继上海证券交易所、深圳证券交易所之后的第三家全国性证券交易场所。在场所定位和法律性质上，全国股转系统服务于中小微企业，市场定位为三板市场，属于集中交易的公开型场外市场，是我国多层次资本市场体系的重要组成部分。换言之，全国股转系统与我国上海、深圳、北京三大证券交易所市场一起构成了我国的公开证券市场；在全国股转系统的公开发行和公开交易，适用《证券法》。

全国股转系统的主要特征表现为：a. 服务对象主要是中小微企业。b. 全国股转系统内部进一步分层。c. 投资者有资质要求。全国股转系统性质上属于公开型场外市场，发行人挂牌门槛较低，因此对于投资者实行了较为严格的投资者适当性制度。d. 全国股转系统采取多元化交易机制，股票转让可以采取协议方式、做市方式、竞价方式或其他中国证监会批准的转让方式。

（5）区域性股权市场。

“非公开证券的发行、转让”的功能定位，意味着区域性股权市场是私募市场。

区域性股权市场：a. 不得将任何权益拆分为均等份额公开发行。b. 不得采取集中交易方式进行交易。所谓“集中交易方式”包括集合竞价、连续竞价、电子撮合、匿名交易、做市商等交易方式，但协议转让、依法进行的拍卖不在此列。c. 不得将权益按照标准化交易单位持续挂牌交易。d. 权益持有人累计不得超过200人。e. 不得以集中交易方式进行标准化合约交易。f. 未经国务院相关金融管理部门批准，不得设立从事保险、信贷、黄金等金融产品交易的交易场所，其他任何交易场所也不得从事保险、信贷、黄金等金融产品交易。

我国区域性股权市场主要表现为各地的产权交易所。

经典例题

【例题·多选题】根据证券法律制度的规定，全面适用注册制的市场板块包括（　　）。

A. 科创板　　B. 创业板

C. 新三板　　D. 主板

【答案】AB

【解析】本题考核证券市场。目前科创板和创业板属于全面适用注册制的市场板块。

【例题·单选题】根据证券法律制度的规定，下列不属于全国中小企业股份转让系统特征表现的是（　　）。

A. 服务对象主要是中小微企业

B. 投资者没有资质要求

C. 系统内部分为基础层、创新层、精选层

D. 股票转让采用多元化的交易机制

【答案】B

【解析】投资者有资质要求。

高频考点4：证券市场的监管体制★★

1. 政府的统一管理

国务院授权中国证券监督管理委员会（以下简称“中国证监会”）负责证券监督管理工作。

国务院证券监督管理机构在对证券市场实施监督管理中履行下列职责：

（1）依法制定有关证券市场监督管理的规章、规则，并依法进行审批、核准、注册、办理备案；

（2）依法对证券的发行、交易、登记、托管、结算等行为，进行监督管理；

（3）依法对证券发行人、证券公司、证券服务机构、证券交易场所、证券登记结算机构的证券业务活动，进行监督管理；

（4）依法制定从事证券业务人员的行为准则，并监督实施；

（5）依法监督检查证券发行、上市、交易的信息披露；

（6）依法对证券业协会的自律管理活动进行指导和监督；

（7）依法监测并防范、处置证券市场风险；

（8）依法开展投资者教育；

（9）依法对证券违法行为进行查处；

（10）法律、行政法规规定的其他职责。

2. 行业自律管理

自律管理主要通过下列自律性机构来实施：

（1）中国证券业协会。

（2）证券交易场所。

证券交易场所包括证券交易所和国务院批准的其他全国性证券交易场所。证券交易所和国务院批准的其他全国性证券交易场所为证券集中交易提供场地和设施，组织和监督证券交易，实行自律管理，依法登记，取得法人资格。

①证券交易所。我国目前有上海、深圳和北京三家证券交易所。证券交易所的组织形式有两种：会员制和公司制。实行会员制的证券交易所设会员大会、理事会、总经理和监事会。实行有限责任公司制的证券交易所设股东会、董事会、总经理和监事会。证券交易所为一人有限责任公司的，不设股东会，由股东行使股东会的职权。会员制证券交易所章程的制定和修改经会员大会通过后，报中国证监会批准。公司制证券交易所的章程由股东共同制定，并报中国证监会批准；章程的修改由股东会通过后，报中国证监会批准。理事会和董事会分别是会员制证券交易所和公司制证券交易所的决策机构。目前，上海、深圳证券交易所的组织形式是会员制，北京证券交易所的组织形成是公司制。

证券交易所的职能包括：a. 提供证券交易的场所、设施和服务；b. 制定和修改证券交易所的业务规则；c. 依法审核公开发行证券申请；d. 审核、安排证券上市交易，决定证券终止上市和重新上市；e. 提供非公开发行证券转让服务；f. 组织和监督证券交易；g. 对会员进行监管；h. 对证券上市交易公司及相关信息披露义务人进行监管；i. 对证券服务机构为证券上市、交易等提供服务的行为进行监管；j. 管理和公布市场信息；k. 开展投资者教育和保护；l. 法律、行政法规规定的以及中国证监会许可、授权或者委托的其他职能。

证券交易所主要在以下方面进行自律管理：第一，对证券交易活动的一线监管。第二，对会员进行自律管理。第三，对上市公司进行自律管理。

②国务院批准的其他全国性证券交易场所。主要是全国股转系统：负责组织和监督挂牌公司的股票转让及相关活动，实行自律管理。

（3）证券服务机构。

会计师事务所、律师事务所、资产评估机构等中介机构。

经典例题

【真题·多选题】（2022）根据证券法律制度的规定，国务院证券监督管理机构的法定职责有（　　）。

A. 开展投资者教育

B. 组织证券从业人员的业务培训

C. 制定从事证券业务人员的行为准则

D. 对证券违法行为进行查处

【答案】ACD

【解析】选项 B 为中国证券业协会的职责。

高频考点 5：强制信息披露制度★★★

信息披露也称信息公开，是指证券发行人及法律、行政法规和国务院证券监督管理机构规定的其他信息披露义务人（以下简称“信息披露义务人”），在证券发行、上市、交易过程中，按照法定或约定要求将应当向社会公开的财务、经营及其他有关影响证券投资者投资判断的信息向证券监督管理机构和证券交易所报告，并向社会公众公告的活动。

1. 信息披露义务人

包括：上市公司及其董事、监事、高级管理人员、股东、实际控制人，收购人，重大资产重组、再融资、重大交易有关各方等自然人、单位及其相关人员，破产管理人及其成员，以及法律、行政法规和中国证监会规定的其他承担信息披露义务的主体。

以披露的信息内容是否为法律强制规定必须公开的内容为标准，信息披露可以分为强制信息披露和自愿信息披露。强制信息披露规范主要适用于公开发行的证券。

2. 自愿披露

除依法需要披露的信息之外，信息披露义务人可以自愿披露与投资者作出价值判断和投资决策有关的信息，但不得与依法披露的信息相冲突，不得误导投资者。发行人一旦自愿选择披露依法需披露的信息之外的信息，则应采用与强制信息披露同样的披露原则，例如真实、准确、完整等原则，如果在自愿披露的内容中出现虚假陈述，也要承担相应民事赔偿责任；另外，自愿性信息披露也应遵守公平原则，保持信息披露的持续性和一致性，不得进行选择性披露；信息披露义务人不得利用自愿披露的信息不当影响公司证券及其衍生品种交易价格，不得利用自愿性信息披露从事市场操纵等违法违规行为。信息披露义务人不得利用自愿披露的信息不当影响公司证券及其衍生品种交易价格，不得利用自愿性信息披露从事市场操纵等违法违规行为。

3. 以信息披露的发生阶段为标准，信息公开可以分为发行信息公开（或首次信息公开）和持续信息公开

4. 信息披露的原则和要求

发行人及法律、行政法规和国务院证券监督管理机构规定的其他信息披露义务人，应当及时依法履行信息披露义务。信息披露义务人披露的信息，应当真实、准确、完整，简明清晰，通俗易懂，不得有虚假记载、误导性陈述或者重大遗漏。证券同时在境内、境外公开发行、交易的，其信息披露义务人在境外披露的信息，应当在境内同时披露。

对于具体负责信息披露事务的上市公司董事、监事、高级管理人员来说，其在履行职责过程还应做到“及时、公平”。上市公司的董事、监事、高级管理人员应当忠实、勤勉地履行职责，保证披露信息的真实、准确、完整，信息披露及时、公平。

5. 信息披露的内容：首次信息披露 + 持续信息披露

①首次信息披露：招股说明书、债券募集说明书、上市公告书。

招股说明书：招股说明书中引用的财务报表在其最近一期截止日后 6 个月内有效，特殊情况下发行人可申请适当延长，但至多不超过 3 个月。财务报表应当以年度末、半年度末或者季度末为截止日。招股说明书的有效期为 6 个月，自公开发行前招股说明书最后一次签署之日起计算。

债券募集说明书：有关招股说明书的规定，适用于公司债券募集说明书。

上市公告书：股票上市公告书和公司债券上市公告书的主要内容依照中国证监会的相关规定披露。上市公司在非公开发行新股后，应当依法披露发行情况报告书。

②持续信息披露：定期报告、临时报告。

定期报告包括年度报告、中期报告。

年度报告应当在每一个会计年度结束之日起 4 个月内编制完成并披露；中期报告应当在每个会计年度的上半年结束之日起 2 个月内编制完成并披露。

中期报告应当在每个会计年度的上半年结束之日起 2 个月内编制完成并披露。中期报告的主要内容依照中国证监会的相关规定披露。

临时报告。发生可能对上市公司、股票在国务院批准的其他全国性证券交易场所交易的公司的股票交易价格产生较大影响的重大事件，投资者尚未得知时，公司应当立即将有关该重大事件的情况向国务院证券监督管理机构和证券交易场所报送临时报告，并予以公告，说明事件的起因、目前的状态和可能产生的法律后果。

重大事件包括：a. 公司的经营方针和经营范围的重大变化；b. 公司的重大投资行为，公司在一年内购买、出售重大资产超过公司资产总额 30%，或者公司营业用主要资产的抵押、质押、出售或者报废一次超过该资产的 30%；c. 公司订立重要合同、提供重大担保或

者从事关联交易，可能对公司的资产、负债、权益和经营成果产生重要影响；d. 公司发生重大债务和未能清偿到期重大债务的违约情况；e. 公司发生重大亏损或者重大损失；f. 公司生产经营的外部条件发生的重大变化；g. 公司的董事、1/3 以上监事或者经理发生变动，董事长或者经理无法履行职责；h. 持有公司 5% 以上股份的股东或者实际控制人，其持有股份或者控制公司的情况发生较大变化，公司的实际控制人及其控制的其他企业从事与公司相同或者相似业务的情况发生较大变化；i. 公司分配股利、增资的计划，公司股权结构的重要变化，公司减资、合并、分立、解散及申请破产的决定，或者依法进入破产程序、被责令关闭；j. 涉及公司的重大诉讼、仲裁，股东大会、董事会决议被依法撤销或者宣告无效；k. 公司涉嫌犯罪被依法立案调查，公司的控股股东、实际控制人、董事、监事、高级管理人员涉嫌犯罪被依法采取强制措施；l. 国务院证券监督管理机构规定的其他事项。

发生可能对上市公司债券的交易价格产生较大影响的重大事件，投资者尚未得知时，公司应当立即将有关该重大事件的情况向国务院证券监督管理机构和证券交易场所报送临时报告，并予公告，说明事件的起因、目前的状态和可能产生的法律后果。

重大事件包括：a. 公司股权结构或者生产经营状况发生重大变化；b. 公司债券信用评级发生变化；c. 公司重大资产抵押、质押、出售、转让、报废；d. 公司发生未能清偿到期债务的情况；e. 公司新增借款或者对外提供担保超过上年年末净资产的 20%；f. 公司放弃债权或者财产超过上年年末净资产的 10%；g. 公司发生超过上年年末净资产 10% 的重大损失；h. 公司分配股利，作出减资、合并、分立、解散、申请破产决定，或者依法进入破产程序、被责令关闭；i. 涉及公司的重大诉讼、仲裁；j. 公司涉嫌犯罪被依法立案调查，公司的控股股东、实际控制人、董事、监事、高级管理人员涉嫌犯罪被依法采取强制措施；k. 国务院证券监督管理机构规定的其他事项。

名师解惑

重大事件是证券法的常见考点，以上股票 12 小点，债券 11 小点中，除了每种的其中 3 点需要牢记事项与比例，其他点如果记忆不准确，可以考虑以该事项是否会对交易价格产生较大影响作为判断标准。

6. 信息披露的事务管理

（1）上市公司信息披露的制度化管理。

①上市公司应当制定信息披露事务管理制度，经公司董事会审议通过后，报注册地证监局和证券交易所备案。

②定期报告的编制、审议、披露程序和重大事件的报告、传递、审核、披露程序。

在重大事件的报告、传递、审核、披露程序中，董事、监事、高级管理人员知悉重大事件发生时，应当按照公司规定立即履行报告义务；董事长在接到报告后，应当立即向董事会报告，并敦促董事会秘书组织临时报告的披露工作。

③关联关系的披露和关联交易的审议。上市公司董事、监事、高级管理人员、持股 5% 以上的股东及其一致行动人、实际控制人应当及时向上市公司董事会报送上市公司关联人名单及关联关系的说明。在关联交易的审议过程中，应当严格执行关联交易回避表决制度。交易各方不得通过隐瞒关联关系或者采取其他手段，规避上市公司的关联交易审议程序和信息披露义务。通过接受委托或者信托等方式持有上市公司 5% 以上股份的股东或者实际控制人，应当及时将委托人情况告知上市公司，配合上市公司履行信息披露义务。

④依法披露的信息，应当在证券交易所的网站和符合中国证监会规定条件的媒体发布，同时将其置备于上市公司住所、证券交易所，供社会公众查阅。信息披露文件的全文应当在证券交易所的网站和符合中国证监会规定条件的报刊依法开办的网站披露，定期报告、收购报告书等信息披露文件的摘要应当在证券交易

所的网站和符合中国证监会规定条件的报刊披露。

(2) 上市公司及其他信息披露义务人在信息披露工作中的职责。

①信息披露义务人应当及时依法履行信息披露义务，披露的信息应当真实、准确、完整，简明清晰、通俗易懂，不得有虚假记载、误导性陈述或者重大遗漏。信息披露义务人披露的信息应当同时向所有投资者披露，不得提前向任何单位和个人泄露。但是，法律、行政法规另有规定的除外。

在内幕信息依法披露前，内幕信息的知情人和非法获取内幕信息的人不得公开或者泄露该信息，不得利用该信息进行内幕交易。任何单位和个人不得非法要求信息披露义务人提供依法需要披露但尚未披露的信息。

证券及其衍生品种同时在境内、境外公开发行、交易的，其信息披露义务人在境外市场披露的信息，应当同时在境内市场披露。

②信息披露义务人应当将信息披露公告文稿和相关备查文件报送上市公司注册地证监局。

③信息披露义务人不得以新闻发布或者答记者问等任何形式代替应当履行的报告、公告义务，不得以定期报告形式代替应当履行的临时报告义务。

④上市公司应当在最先发生的以下任一时点，及时履行重大事件的信息披露义务：a. 董事会或者监事会就该重大事件形成决议时；b. 有关各方就该重大事件签署意向书或者协议时；c. 董事、监事或者高级管理人员知悉该重大事件发生时。这里说的及时是指自起算日起或者触及披露时点的两个交易日内。在上述规定的时点之前出现下列情形之一的，上市公司应当及时披露相关事项的现状、可能影响事件进展的风险因素：a. 该重大事件难以保密；b. 该重大事件已经泄露或者市场出现传闻；c. 公司证券及其衍生品种出现异常交易情况。

⑤上市公司参股公司发生可能对上市公司证券及其衍生品种交易价格产生较大影响的事件的，上市公司应当履行信息披露义务。

(3) 上市公司的董事、监事、高级管理人员在信息披露工作中的职责。

①上市公司应当制定定期报告的编制、审议、披露程序，重大事件的报告、传递、审核、披露程序；上市公司通过业绩说明会、分析师会议、路演、接受投资者调研等形式就公司的经营情况、财务状况及其他事件与任何单位和个人进行沟通的，不得提供内幕信息。

②董事应当了解并持续关注公司的生产经营情况、财务状况和公司已经发生的或者可能发生的重大事件及其影响，主动调查、获取决策所需要的资料。

③监事应当对公司董事、高级管理人员履行信息披露职责的行为进行监督，关注公司信息披露情况，发现信息披露存在违法违规问题的，应当进行调查并提出处理建议。

④高级管理人员应当及时向董事会报告有关公司经营或者财务方面出现的重大事件、已披露的事件的进展或者变化情况及其他相关信息。

⑤董事会秘书负责组织和协调公司信息披露事务，汇集上市公司应予披露的信息并报告董事会，持续关注媒体对公司的报道并主动求证报道的真实情况，并负责办理上市公司信息对外公布等相关事宜。

⑥上市公司董事、监事、高级管理人员应当对公司信息披露的真实性、准确性、完整性、及时性、公平性负责，但有充分证据表明其已经履行勤勉尽责义务的除外。

上市公司董事长、经理、董事会秘书，应当对公司临时报告信息披露的真实性、准确性、完整性、及时性、公平性承担主要责任。

上市公司董事长、经理、财务负责人应当对公司财务会计报告的真实性、准确性、完整性、及时性、公平性承担主要责任。

需要说明的是，董事、监事和高级管理人员如果仅对相关信息披露文件有异议（即使该异议早在公司内部审议或表决时就已记录在案），不构成其免责的充分理由。《公司法》第一百一十二条第三款规定，“董事会的决议违反法律、行政法规或者公司章程、股东大会决议，致使公司遭受严重损失的，参与决议的董事对公司负赔偿责任。但经证明在表决时曾表明异议并记载于会议记录的，该董事可以免除责任。”该条明确的是在董事会决议给公司造成损失的情况，董事只要曾明确表达过异议，即可免除该董事对公司的赔偿责任，该条适用的语境是股东派生诉讼中的损害赔偿请求。而《证券法》第八十二条适用的情形是虚假陈述，根据《虚假陈述侵权民事赔偿规定》第十五条的规定，发行人的董事、监事、高级管理人员如果想要以自己曾在公布的证券发行文件或定期报告中明确声称无法保证该文件内容的真实性、准确性、完整性或有异议为由主张自己已勤勉尽责、没有过错、不承担虚假陈述民事赔偿责任的，则应做到：在公司公布该信息披露文件时以书面方式发表附具体理由的异议意见并依法披露，且在公司内部审议、审核该信息披露文件时未投赞成票。“未投赞成票”可以理解为投反对票或弃权，但不包括在审议、表决时虽表达了异议但投赞成票的情形。值得一提的是，中国证监会在 2011 年公布的《信息披露违法行为行政责任认定规则》（以下简称《虚假陈述行政责任规则》）中仅将“当事人对认定的信息披露违法事项提出具体异议记载于董事会、监事会、公司办公会会议记录等，并在上述会议中投反对票的”，认定为不予行政处罚的考虑情形。可见，根据该规则，董事、监事和高级管理人员如果想要推翻其在行政法律责任中的过错推定，要求还要更高一些。总之，单纯地只是在信息披露文件中声称自己无法保证该文件内容的真实性、准确性、完整性，无论是民事赔偿责任的认定还是行政责任的认定，都不构成主观上没有过错的充分理由。

小贴士 以上内容为新增内容，请考生在涉及该考点时准确判断。

（4）上市公司的股东、实际控制人在信息披露中的职责。

上市公司的股东、实际控制人发生以下事件时，应当主动告知上市公司董事会，并配合上市公司履行信息披露义务：①持有公司 5% 以上股份的股东或者实际控制人，其持有股份或者控制公司的情况发生较大变化，公司的实际控制人及其控制的其他企业从事与公司相同或者相似业务的情况发生较大变化；②法院裁决禁止控股股东转让其所持股份，任何一个股东所持公司 5% 以上股份被质押、冻结、司法拍卖、托管、设定信托或者被依法限制表决权等，或者出现被强制过户风险；③拟对上市公司进行重大资产或者业务重组的；④中国证监会规定的其他情形。

（5）证券服务机构在信息披露中的职责。

①为信息披露义务人履行信息披露义务出具专项文件的证券公司、证券服务机构及其人员，应当勤勉尽责、诚实守信，按照法律、行政法规、中国证监会规定、行业规范、业务规则等发表专业意见，保证所出具文件的真实性、准确性和完整性。

证券服务机构应当妥善保存客户委托文件、核查和验证资料、工作底稿以及与质量控制、内部管理、业务经营有关的信息和资料。证券服务机构应当配合中国证监会的监督管理，在规定的期限内提供、报送或者披露相关资料、信息，保证其提供、报送或者披露的资料、信息真实、准确、完整，不得有虚假记载、误导性陈述或者重大遗漏。

②会计师事务所应当建立并保持有效的质量控制体系、独立性管理和投资者保护机制，秉承风险导向审计理念，遵守法律、行政法规、中国证监会的规定，严格执行注册会计师执业准则、职业道德守则及相关规定，完善鉴证程序，科学选用鉴证方法和技术，充分了解被鉴证单位及其环境，审慎关注重大错报风险，获取充分、适当的证据，合理发表鉴证结论。

③资产评估机构应当建立并保持有效的质量控制体系、独立性管理和投资者保护机制，恪守职业道德，遵守法律、行政法规、中国证监会的规定，严格执行评估准则或者其他评估

规范，恰当选择评估方法，评估中提出的假设条件应当符合实际情况，对评估对象所涉及交易、收入、支出、投资等业务的合法性、未来预测的可靠性取得充分证据，充分考虑未来各种可能性发生的概率及其影响，形成合理的评估结论。

经典例题

【真题·多选题】（2022）根据证券法律制度的规定，上市公司的特定人员应当对公司临时报告信息披露的真实性、准确性、完整性、及时性、公平性承担主要责任。下列各项中，属于该特定人员范围的有（　　）。

A. 董事长

B. 监事会主席

C. 董事会秘书

D. 经理

【答案】ACD

【解析】上市公司董事长、经理、董事会秘书，应当对公司临时报告信息披露的真实性、准确性、完整性、及时性、公平性承担主要责任，并不包括监事会主席。

【例题·单选题】根据证券法律制度的规定，下列属于可能对上市公司债券的交易价格产生较大影响的重大事件的是（　　）。

A. 公司发生未能清偿到期债务的情况

B. 公司新增借款或者对外提供担保超过上年年末净资产的10%

C. 公司放弃债权或者财产超过上年年末净资产的5%

D. 公司发生超过上年年末净资产5%的重大损失

【答案】A

【解析】选项B，公司新增借款或者对外提供担保超过上年年末净资产的20%；选项C，公司放弃债权或者财产超过上年年末净资产的10%；选项D，公司发生超过上年年末净资产10%的重大损失。

【例题·多选题】根据证券法律制度的规定，下列主体中，具有信息披露义务的主体有（　　）。

A. 上市公司董事

B. 上市公司监事

C. 上市公司股东

D. 保荐人

【答案】ABCD

【解析】具有信息披露义务的主体包括：上市公司、上市公司董监高、上市公司股东、实际控制人、保荐人、证券服务机构。

高频考点6：投资者保护制度★★

1. 区分普通投资者和专业投资者

《证券法》第八十九条规定，根据财产状况、金融资产状况、投资知识和经验、专业能力等因素，投资者可以分为普通投资者和专业投资者。专业投资者的标准由国务院证券监督管理机构规定。普通投资者和专业投资者在一定条件下可以互相转化。

证券公司向投资者销售证券、提供服务时，应当按照规定充分了解投资者的基本情况、财产状况、金融资产状况、投资知识和经验、专业能力等相关信息；如实说明证券、服务的重要内容，充分揭示投资风险；销售、提供与投资者上述状况相匹配的证券、服务。

普通投资者与证券公司发生纠纷的，证券公司应当证明其行为符合法律、行政法规以及国务院证券监督管理机构的规定，不存在误导、欺诈等情形。证券公司不能证明的，应当承担相应的赔偿责任。

由于《证券法》第八十九条第二款并未将适用情形限定在“诉讼纠纷”，因此可以理解为无论是诉讼纠纷还是非诉讼纠纷（例如，调解）的场合，证券公司都应承担证明“其行为符合法律、行政法规以及国务院证券监督管理机构的规定，不存在误导、欺诈等情形”的举证责任。

小贴士 以上为新增内容，请考生注意。

2. 投资者保护机构

我国的投资者保护机构主要在代理权征

集、证券纠纷调解、证券支持诉讼、股东派生诉讼、代表人诉讼等方面履行相应投资者保护的职能。

（1）代理权征集。

上市公司董事会、独立董事、持有1%以上有表决权股份的股东或者依照法律、行政法规或者国务院证券监督管理机构的规定设立的投资者保护机构，可以作为征集人，自行或者委托证券公司、证券服务机构，公开请求上市公司股东委托其代为出席股东大会，并代为行使提案权、表决权等股东权利。

依照前款规定征集股东权利的，征集人应当披露征集文件，上市公司应当予以配合。禁止以有偿或者变相有偿的方式公开征集股东权利。公开征集股东权利违反法律、行政法规或者国务院证券监督管理机构有关规定，导致上市公司或者其股东遭受损失的，应当依法承担赔偿责任。

名师解惑

在征集人范围中，持有1%以上有表决权股份的股东并没有明确是否是“单独或合并持有”，因此通常应理解为“单独持有”。另外，对于被征集主体，应理解为上市公司发行在外所有持有表决权股份的股东，不得对被征集主体设置比例限制。

（2）证券纠纷调解。

投资者与发行人、证券公司等发生纠纷的，双方可以向投资者保护机构申请调解。普通投资者与证券公司发生证券业务纠纷，普通投资者提出调解请求的，证券公司不得拒绝。

（3）证券支持诉讼。

投资者保护机构对损害投资者利益的行为，可以依法支持投资者向人民法院提起诉讼。

（4）股东派生诉讼。

发行人的董事、监事、高级管理人员执行公司职务时违反法律、行政法规或者公司章程的规定给公司造成损失，发行人的控股股东、实际控制人等侵犯公司合法权益给公司造成损失，投资者保护机构持有该公司股份的，可以为公司的利益以自己的名义向人民法院提起诉讼，持股比例和持股期限不受《公司法》规定的限制。

（5）代表人诉讼。

投资者提起虚假陈述等证券民事赔偿诉讼时，诉讼标的是同一种类，且当事人一方人数众多的，可以依法推选代表人进行诉讼。投资者保护机构受50名以上投资者委托，可以作为代表人参加诉讼，并为经证券登记结算机构确认的权利人依照前款规定向人民法院登记，但投资者明确表示不愿意参加该诉讼的除外。这即是我国的特别代表人诉讼。

3. 先行赔付

发行人因欺诈发行、虚假陈述或者其他重大违法行为给投资者造成损失的，发行人的控股股东、实际控制人、相关的证券公司可以委托投资者保护机构，就赔偿事宜与受到损失的投资者达成协议，予以先行赔付。先行赔付后，可以依法向发行人以及其他连带责任人追偿。

高频考点7：股票发行★★

1. 股票公开发行注册制

公开发行证券必须符合法律行政法规规定的条件，并依法报经国务院证券监督管理机构或者国务院授权的部门注册。未经依法注册，任何单位和个人不得公开发行证券。

目前上海证券交易所科创板、深圳证券交易所创业板和北京证券交易所都已陆续适用注册制。

2. 股票发行的类型

发行股票是发行人公司以出售股权换得投资者出资的一种募资方式，投资者在出资后获得发行人公司的股权。依据发行主体、发行方式和发行目的的不同，《证券法》对下列类型的股票发行进行了区分：

（1）非公众公司非公开发行股票。这是指发行后发行人股东人数不超过200人，发行方式也没有采用公开发行方式的股票发行。此种股票发行为私募发行，因不属于公开发行的范畴，不适用《证券法》的规定。

（2）非公众公司向特定对象发行股票，导致发行后股东超过 200 人，但依法实施员工持股计划的员工人数不计算在内的发行。这种股票发行构成了公开发行，应当持申请文件向中国证监会申请核准。如果是全国股转系统挂牌公司，向特定对象发行股票后股东累计不超过 200 人的，中国证监会豁免核准，由全国股转系统自律管理。

（3）非上市公众公司的定向发行。在全国股转系统挂牌的非上市公众公司向特定对象定向发行股票，需要经过中国证监会的核准。

（4）非上市公众公司向不特定合格投资者的公开发行。在北京证券交易所公开发行并上市的公司，依法履行《证券法》规定的注册程序，可以向不特定合格投资者公开发行股票。

（5）首次公开发行股票并上市。当发行人向社会公众公开发行股票，并且在发行完毕后拟去证券交易所上市的，需要符合法定条件，依法履行法定的注册程序。

（6）上市公司发行新股。上市公司无论是公开发行新股还是非公开发行新股，都必须符合法定条件，依法履行法定的注册程序。

名师解惑

上述第（1）种发行类型，由发行人依据《公司法》规定的公司设立融资或者公司新增资本（增资）的方式进行，属于私募范畴，主要由《公司法》和合同法律制度予以调整，本节不再讨论。第（2）、（3）种都涉及《证券法》规定的一种新公司类型——非上市公众公司。第（4）种属于北京证券交易所目前特有的发行类别，前文已提及该类发行的主要特点，且其注册程序与其他市场板块的注册程序基本无二致，因此下文不再赘述。第（5）、（6）种则是股票市场最常见的股票发行类型。

经典例题

【例题·单选题】根据证券法律制度的规定，下列有关非上市公众公司向不特定合格投资者公开发行股票的相关表述中，不正确的是（　）。

A. 公司董事会应当依法就本次发行股票的具体方案、本次募集资金使用的可行性及其他必须明确的事项作出决议，并提请股东大会批准

B. 股东大会就公开发行股票事项作出决议，必须经出席会议的股东所持表决权的过半数通过

C. 公司股东人数超过 200 人的，应当对出席会议的持股比例在 10% 以下的股东表决情况单独计票并予以披露

D. 公司应当持申请文件向中国证监会申请核准

【答案】B

【解析】股东大会就公开发行股票事项作出决议，必须经出席会议的股东所持表决权的 2/3 以上通过。

高频考点 8：非上市公众公司★★

1. 非上市公众公司的概念

非上市公众公司，是指未在证券交易所上市、但具有“公众性”或“公开性”的公司。该“公众性”，可能源于公司曾进行过公开发行行为，也可能源于该公司的股票被公开转让过或公司已选择在非证券交易所的公开市场进行交易。非上市公众公司是指有下列情形之一且其股票未在证券交易所上市交易的股份有限公司：（1）股票向特定对象发行或者转让，导致股东累计超过 200 人；（2）股票公开转让。

名师解惑

“公开发行”与“非公开发行”的人数区分标准——“200 人”，在实际认定中成了区分“公开”（发行或交易）与“非公开”（发行或交易）的界限。股票向特定对象发行导致股东累计超过 200 人，构成公开发行；股票向特定对象转让导致股东累计超过 200 人，构成

公开转让。

2. 非上市公众公司的股票转让

公众公司公开转让股票应当在全国股转系统进行，公开转让的非上市公众公司股票应当在中国证券登记结算公司集中登记存管。

根据非上市公众公司的定义，股份公司可以因两种原因经过中国证监会的核准后成为非上市公众公司：（1）因股票以非公开方式转让导致股东累计超过 200 人；（2）因股份公司申请其股票公开转让。

3. 非上市公众公司的定向发行

非上市公众公司定向发行，包括股份有限公司向特定对象发行股票导致股东累计超过 200 人，以及公众公司向特定对象发行股票两种情形。这两种情形都必须经过中国证监会的核准，而且发行对象只能是中国证监会规定的特定对象。

依据《非上市公众公司办法》，特定对象的范围包括下列机构或者自然人：（1）公司股东；（2）公司的董事、监事、高级管理人员、核心员工；（3）符合投资者适当性管理规定的自然人投资者、法人投资者及其他经济组织。股票未公开转让的公司确定发行对象时，符合第（3）项规定的投资者合计不得超过 35 名。核心员工的认定，应当由公司董事会提名。并向全体员工公示和征求意见，由监事会发表明确意见后，经股东大会审议批准。

发行人董事会应当依法就本次股票发行的具体方案作出决议，并提请股东大会批准，股东大会决议必须经出席会议的股东所持表决权的 2/3 以上通过。

申请向持定对象发行股票导致股东累计超过 200 人的股份有限公司，董事会和股东大会决议中还应当包括以下内容：（1）按照中国证监会的相关规定修改公司章程；（2）按照法律、行政法规和公司章程的规定建立健全公司治理机制；（3）履行信息披露义务按照相关规定披露定向发行说明书、发行情况报告书、年度报告、半年度报告及其他信息披露内容。

股票公开转让的公众公司向公司前十名股东、实际控制人、董事、监事、高级管理人员及核心员工定向发行股票，连续 12 个月内发行的股份未超过公司总股本 10% 且融资总额不超过 2 000 万元的，无须提供证券公司出具的推荐文件以及律师事务所出具的法律意见书。此时，董事会决议中应当明确发行对象、发行价格和发行数量，且公司不得存在以下情形：（1）认购人以非现金资产认购的；（2）发行股票导致公司控制权发生变动的；（3）本次发行中存在特殊投资条款安排的；（4）公司或其控股股东、实际控制人、董事、监事、高级管理人员最近 12 个月内被中国证监会给予行政处罚或采取监管措施、被全国股转系统采取纪律处分的。向特定对象发行股票后股东累计超过 200 人的，公司应当持申请文件向中国证监会申请核准。股票公开转让的公众公司提交的申请文件，还应当包括全国股转系统的自律监管意见。

中国证监会受理申请文件后依法对公司治理和信息披露以及发行对象情况进行审核，在 20 个工作日内作出核准、中止审核、终止审核、不予核准的决定。

股票公开转让的公众公司向特定对象发行股票后股东累计不超过 200 人的，中国证监会豁免核准，由全国股转系统自律管理。

4. 非上市公众公司的信息披露

对非上市公众公司的监管要求主要有：股权明晰，合法规范经营，公司治理机制健全，履行信息披露义务。其中最重要的是履行信息披露义务。

公众公司的董事、高级管理人员应当对定期报告签署书面确认意见；对报告内容有异议的，应当单独陈述理由，并与定期报告同时披露。

公众公司监事会应当对董事会编制的定期报告进行审核并提出书面审核意见，说明董事会对定期报告的编制和审核程序是否符合法律、行政法规、中国证监会的规定和公司章程，报告的内容是否能够真实、准确、完整地反映公司实际情况。监事应当签署书面确认意见。

除监事会公告外，非上市公众公司披露的信息应当以董事会公告的形式发布。董事、监事、高级管理人员非经董事会书面授权，不得对外发布未披露的信息。

股票向特定对象转让导致股东累计超过200人的非上市公众公司可以在公司章程中约定其他信息披露方式。

高频考点9：首次公开发行股票的条件★★★

公司首次公开发行新股，应当符合下列条件：（1）具备健全且运行良好的组织机构；（2）有持续经营能力；（3）最近3年财务会计报告被出具无保留意见审计报告；（4）发行人及其控股股东、实际控制人最近3年不存在贪污、贿赂、侵占财产、挪用财产或者破坏社会主义市场经济秩序的刑事犯罪；（5）经国务院批准的国务院证券监督管理机构规定的其他条件。

上市公司发行新股应当符合经国务院批准的国务院证券监督管理机构规定的条件，具体管理办法由国务院证券监督管理机构规定。公开发行存托凭证的，应当符合首次公开发行新股的条件以及国务院证券监督管理机构规定的其他条件。

1. 在主板上市的公司首次公开发行股票的条件

（1）发行人应当是依法设立且合法存续一定期限的股份有限公司；（2）发行人已合法并真实取得注册资本项下载明的资产；（3）发行人的生产经营符合法律、行政法规和公司章程的规定，符合国家产业政策；（4）发行人最近3年内主营业务和董事、高级管理人员没有发生重大变化，实际控制人没有发生变更；（5）发行人的股权清晰，控股股东和受控股股东、实际控制人支配的股东持有的发行人股份不存在重大权属纠纷；（6）发行人已经依法建立健全股东大会、董事会、监事会、独立董事、董事会秘书制度，相关机构和人员能够依法履行职责；（7）发行人具有持续盈利能力；（8）发行人的财务状况良好；（9）发行人不存在《首次公开发行股票并上市管理办法》（以下简称《首发管理办法》）规定的违法行为。

小贴士 第（6）点表述有变化，请考生注意。

2. 在科创板上市的公司首次公开发行股票的条件（与创业板发行条件类似）

首次公开发行股票并在创业板上市应当符合发行条件、上市条件以及相关信息披露要求，依法经上海证券交易所发行上市审核并报经中国证监会履行发行注册程序。

发行人申请首次公开发行股票并在科创板上市，应符合以下发行条件：

（1）发行人是依法设立且持续经营3年以上的股份有限公司，具备健全且运行良好的组织机构，相关机构和人员能够依法履行职责。有限责任公司按原账面净资产值折股整体变更为股份有限公司的，持续经营时间可以从有限责任公司成立之日起计算。

（2）发行人会计基础工作规范。财务报表的编制和披露符合企业会计准则和相关信息披露规则的规定，在所有重大方面公允地反映了发行人的财务状况、经营成果和现金流量，并由注册会计师出具标准无保留意见的审计报告。发行人内部控制制度健全且被有效执行，能够合理保证公司运行效率、合法合规和财务报告的可靠性，并由注册会计师出具无保留结论的内部控制鉴证报告。

（3）发行人业务完整，具有直接面向市场独立持续经营的能力：①资产完整，业务及人员、财务、机构独立，与控股股东、实际控制人及其控制的其他企业间不存在对发行人构成重大不利影响的同业竞争，不存在严重影响独立性或者显失公平的关联交易。②发行人主营业务、控制权、管理团队和核心技术人员稳定，最近2年内主营业务和董事、高级管理人员及核心技术人员均没有发生重大不利变化；

控股股东和受控股股东、实际控制人支配的股东所持发行人的股份权属清晰，最近2年实际控制人没有发生变更，不存在导致控制权可能变更的重大权属纠纷。③发行人不存在主要资产、核心技术、商标等的重大权属纠纷，重大偿债风险，重大担保、诉讼、仲裁等或有事项，经营环境已经或者将要发生重大变化等对持续经营有重大不利影响的事项。④发行人生产经营符合法律、行政法规的规定，符合国家产业政策。最近3年内，发行人及其控股股东、实际控制人不存在贪污、贿赂、侵占财产、挪用财产或者破坏社会主义市场经济秩序的刑事犯罪，不存在欺诈发行、重大信息披露违法或者其他涉及国家安全、公共安全、生态安全、生产安全、公众健康安全等领域的重大违法行为。董事监事和高级管理人员不存在最近3年内受到中国证监会行政处罚，或者因涉嫌犯罪被司法机关立案侦查或者涉嫌违法违规被中国证监会立案调查，尚未有明确结论意见等情形。

经典例题

【真题·单选题】（2020）根据证券法律制度的规定，公司拟在创业板首次公开发行股份并上市的，发行后股本总额的最低数额应当是（　　）万元。

A. 1 000　　B. 2 000

C. 3 000　　D. 4 000

【答案】C

【解析】在创业板上市的公司首次公开发行股票，发行后股本总额不少于3 000万元。

【真题·单选题】（2019）根据证券法律制度的规定，在科创板申请公开发行股票并上市的公司，作出同意或者不同意股票公开发行并上市的审核意见的是（　　）。

A. 保荐人

B. 证券业协会

C. 证券交易所

D. 中国证监会

【答案】C

【解析】本题考核科创板首发上市。首次公开发行股票并在科创板上市，依法经上海证券交易所发行上市审核并报经中国证券监督管理委员会履行发行注册程序。

高频考点10：首次公开发行股票的程序和承销★★

目前，在我国主板和中小企业板首次公开发行股票仍然适用核准制：董事会决议、股东大会决议之后，由保荐人保荐并向中国证监会申报。自中国证监会核准发行之日起，发行人应在6个月内发行股票；超过6个月未发行的，核准文件失效，须重新经中国证监会核准后方可发行。股票发行申请未获核准的，自中国证监会作出不予核准决定之日起6个月后，发行人可再次提出股票发行申请。

在科创板和创业板首次公开发行股票适用注册制。

1. 首次公开发行股票的注册程序

以科创板为例，首次公开发行股票的注册程序如下：

（1）发行人董事会应当依法就本次股票发行的具体方案、本次募集资金使用的可行性及其他必须明确的事项作出决议，并提请股东大会批准；（2）发行人股东大会就本次发行股票作出决议；（3）发行人申请首次公开发行股票并在科创板上市，应当按照中国证监会有关规定制作注册申请文件，由保荐人保荐并向交易所申报。交易所收到注册申请文件后5个工作日内作出是否受理的决定；（4）交易所应当自受理注册申请文件之日起3个月内形成审核意见；（5）中国证监会收到交易所报送的审核意见、发行人注册申请文件及相关审核资料后，履行发行注册程序；（6）中国证监会同意注册的决定自作出之日起1年内有效，发行人应当在注册决定有效期内发行股票，发行时点由发行人自主选择；（7）中国证监会作出注册决定后、发行人股票上市交易前，发行人应当及时更新信息披露文件内容，财务报表过期的，发行人应当补充财务会计报告等文件；保荐人及证券服务机构应当持续履行尽职调查职责；发生重大事项的，发行人、保荐人应当及时向交易所报告；（8）交易所因不同意发行人股票公开发行并上市，作出终止发行上市审核决定，或者中国证监会作出不予注册决定的，自决定作出之日起 6 个月后，发行人可以再次提出公开发行股票并上市申请。

2. 强化发行人及其控股股东等责任主体的诚信义务

（1）发行人控股股东、持有发行人股份的董事和高级管理人员应在公开募集及上市文件中公开承诺：所持股票在锁定期满后 2 年内减持的，其减持价格不低于发行价；公司上市后 6 个月内如公司股票连续 20 个交易日的收盘价均低于发行价，或者上市后 6 个月期末收盘价低于发行价。持有公司股票的锁定期限自动延长至少 6 个月。

（2）发行人及其控股股东、公司董事及高级管理人员应在公开募集及上市文件中提出上市后 3 年内公司股价低于每股净资产时稳定公司股价的预案，预案应包括启动股价稳定措施的具体条件、可能采取的具体措施等。具体措施可以包括发行人回购公司股票控股股东、公司董事、高级管理人员增持公司股票等。上述人员在启动股价稳定措施时应提前公告具体实施方案。

（3）发行人及其控股股东应在公开募集及上市文件中公开承诺，发行人招股说明书有虚假记载、误导性陈述或者重大遗漏。对判断发行人是否符合法律规定的发行条件构成重大、实质影响的，将依法回购首次公开发行的全部新股，且发行人控股股东将购回已转让的原限售股份。发行人及其控股股东、实际控制人、董事、监事、高级管理人员等相关责任主体应在公开募集及上市文件中公开承诺：发行人招股说明书有虚假记载、误导性陈述或者重大遗漏，致使投资者在证券交易中遭受损失的，将依法赔偿投资者损失。

（4）保荐机构、会计师事务所等证券服务机构应当在公开募集及上市文件中公开承诺：因其为发行人首次公开发行制作、出具的文件有虚假记载、误导性陈述或者重大遗漏，给投资者造成损失的，将依法赔偿投资者损失。

（5）发行人应当在公开募集及上市文件中披露公开发行前持股 5% 以上股东的持股意向及减持意向。持股 5% 以上股东减持时，须提前 3 个交易日予以公告。

（6）发行人及其控股股东、公司董事及高级管理人员等责任主体作出公开承诺事项的，应同时提出未能履行承诺时的约束措施并在公开募集及上市文件中披露，接受社会监督。证券交易所应加强对相关当事人履行公开承诺行为的监督和约束，对不履行承诺的行为及时采取监管措施。

国务院证券监督管理机构或者国务院授权的部门对已经作出的证券发行注册的决定，发现不符合法定条件或者法定程序，尚未发行证券的，应当予以撤销，停止发行。已经发行尚未上市的，撤销发行注册决定，发行人应当按照发行价并加算银行同期存款利息返还证券持有人；发行人的控股股东、实际控制人以及保荐人，应当与发行人承担连带责任，但是能够证明自己没有过错的除外。股票的发行人在招股说明书等证券发行文件中隐瞒重要事实或者编造重大虚假内容，已经发行并上市的，国务院证券监督管理机构可以责令发行人回购证券，或者责令负有责任的控股股东、实际控制人买回证券。

3. 股票承销

股票承销是指证券公司依照协议包销或者代销发行人向社会公开发行股票的行为。股票承销分为代销和包销两种方式。证券公司在代销、包销期内，对所代销、包销的证券应当保证先行出售给认购人，证券公司不得为本公司预留所代销的证券和预先购入并留存所包销的证券。证券的代销、包销期限最长不得超过 90 日。股票发行采用代销方式，代销期限届满，向投资者出售的股票数量未达到公开发行股票数量 70% 的，为发行失败。

高频考点11：主板上市公司发行新股的条件和程序★★

（1）发行新股的一般条件是指上市公司采用不同方式发行新股都应当具备的条件，这些条件有：

①组织机构健全，运行良好。上市公司的公司章程合法有效，制度健全，公司内部控制制度健全，董事、监事和高级管理人员忠实勤勉。

②盈利能力应具有可持续性。上市公司最近3个会计年度连续盈利。现有主营业务或者投资方向能够可持续发展，人员稳定，不存在可能严重影响公司持续经营的担保、诉讼、仲裁或其他重大事项；最近24个月内曾公开发行证券的，不存在发行当年营业利润比上年下降50%以上的情形。

③财务状况良好。上市公司的会计基础工作规范，最近3年及1期财务报表未被注册会计师出具保留意见、否定意见或无法表达意见的审计报告。

④财务会计文件无虚假记载。

⑤募集资金的数额和使用符合规定。

⑥上市公司不存在下列行为：

a. 本次发行申请文件有虚假记载、误导性陈述或重大遗漏；b. 擅自改变前次公开发行证券募集资金的用途而未作纠正；c. 上市公司最近12个月内受到过证券交易所的公开谴责；d. 上市公司及其控股股东或实际控制人最近12个月存在未履行向投资者作出的公开承诺的行为；e. 上市公司或其现任董事、高级管理人员因涉嫌犯罪被司法机关立案侦查或涉嫌违法违规被中国证监会立案调查；f. 严重损害投资者的合法权益和社会公共利益的其他情形。

（2）配股的条件。

上市公司配股应当向股权登记日登记在册的股东配售，且配售比例应当相同。除此之外，还应当符合以下条件：

①拟配售股份数量不超过本次配售股份前股本总额的30%；

②控股股东应当在股东大会召开前公开承诺认配股份的数量；

③采用证券法规定的代销方式发行。

（3）增发的条件。

增发除了符合前述一般条件之外，还应当符合下列条件：

①最近3个会计年度加权平均净资产收益率平均不低于6%；

②除金融类企业外，最近一期期末不存在持有金额较大的交易性金融资产和可供出售的金融资产、借予他人款项、委托理财等财务性投资的情形；

③发行价格应不低于公告招股意向书前20个交易日公司股票均价或前一个交易日的均价。

（4）非公开发行股票的条件。

①发行对象和认购条件。A. 非公开发行股票的特定对象应当符合下列规定：a. 特定对象符合股东大会决议规定的条件；b. 发行对象不超过35名。发行对象为境外战略投资者的，应当遵守国家的相关规定。

B. 上市公司非公开发行股票，应当符合下列规定：a. 发行价格不低于定价基准日前20个交易日公司股票均价的80%；b. 本次发行的股份自发行结束之日起，6个月内不得转让；控股股东、实际控制人及其控制的企业认购的股份，18个月内不得转让；c. 募集资金使用符合《发行管理办法》的相关规定；d. 本次发行将导致上市公司控制权发生变化的，还应当符合中国证监会的其他规定。

小贴士 请考生注意，个别习题集中有关定价的选项可能不正确，请考生牢记80%这个比例。

C. 定价基准日。定价基准日是指计算发行底价的基准日。定价基准日为本次非公开发行股票的发行期首日。上市公司应按不低于该发行底价的价格发行股票。上市公司董事会决议提前确定全部发行对象，且属于下列情形之一的，定价基准日可以为关于本次非公开发行股票的董事会决议公告日、股东大会决议公告日或者发行期首日，认购的股份自发行结束之日起 18 个月内不得转让：a. 上市公司的控股股东实际控制人或其控制的关联人；b. 通过认购本次发行的股份取得上市公司实际控制权的投资者；c. 董事会拟引入的境内外战略投资者。

定价基准日为本次非公开发行股票的董事会决议公告日或股东大会决议公告日的非公开发行股票的董事会决议公告后，出现以下情况的，应当由董事会重新确定本次发行的定价基准日：a. 本次非公开发行股票股东大会决议的有效期已过；b. 本次发行方案发生变化；c. 其他对本次发行定价具有重大影响的事项。

D. 交易均价。

定价基准日前 20 个交易日股票交易均价的计算公式为：定价基准日前 20 个交易日股票交易均价 = 定价基准日前 20 个交易日股票交易总额/定价基准日前 20 个交易日股票交易总量。

“发行对象不超过 35 名”，是指认购并获得本次非公开发行股票的法人、自然人或者其他合法投资组织不超过 35 名。其中：证券投资基金管理公司、证券公司、合格境外机构投资者、人民币合格境外机构投资者以其管理的两只以上产品认购的，视为一个发行对象；信托公司作为发行对象，只能以自有资金认购。

②上市公司存在下列情形之一的，不得非公开发行股票：

A. 本次发行申请文件有虚假记载、误导性陈述或重大遗漏。

B. 上市公司的权益被控股股东或实际控制人严重损害且尚未消除。

C. 上市公司及其附属公司违规对外提供担保且尚未解除。

D. 现任董事、高级管理人员最近 36 个月内受到过证监会的行政处罚，或者最近 12 个月内受到过证券交易所公开谴责。

E. 上市公司或其现任董事、高级管理人员因涉嫌犯罪正被司法机关立案侦查或涉嫌违法违规正被证监会立案调查。

F. 最近 1 年及 1 期财务报表被注册会计师出具保留意见、否定意见或无法表示意见的审计报告。保留意见、否定意见或无法表示意见所涉及事项的重大影响已经消除或者本次发行涉及重大重组的除外。

G. 严重损害投资者合法权益和社会公共利益的其他情形。

（5）发行新股的程序。

目前，主板和中小企业板上市公司发行新股仍然适用核准制：

①董事会作出决议。上市公司申请发行证券，董事会应当依法就下列事项作出决议，并提请股东大会批准：a. 本次证券发行的方案；b. 本次募集资金使用的可行性报告；c. 前次募集资金使用的报告；d. 其他必须明确的事项。

②股东大会决议批准。股东大会就发行事项作出决议，必须经出席会议的股东所持表决权的 2/3 以上通过。向本公司特定的股东及其关联人发行的，股东大会就发行方案进行表决时，关联股东应当回避。上市公司就发行新股事项召开股东大会，应当提供网络或者其他方式为股东参加股东大会提供便利。应当回避表决的“特定的股东及其关联人”，是指董事会决议已确定为本次发行对象的股东及其关联人。

③保荐人保荐。上市公司申请公开发行证券或者非公开发行新股，应当由保荐人保荐，并向中国证监会申报。保荐人应当按照中国证监会的有关规定编制和报送发行申请文件。

④中国证监会在收到申请文件后，5 个工作日内决定是否受理，在受理后进行初审以及审核，作出核准或者不予核准的决定。

⑤发行股票。自中国证监会核准发行之日起，上市公司应在 12 个月内发行证券；超过 12 个月未发行的，核准文件失效，须重新经中国证监会核准后方可发行。

上市公司发行证券前发生重大事项的，应

暂缓发行，并及时报告中国证监会。该事项对本次发行条件构成重大影响的，发行证券的申请应重新经过中国证监会核准。

⑥承销。上市公司发行证券，应当由证券公司承销；非公开发行股票，发行对象均属于原前十名股东的，可以由上市公司自行销售。

证券发行申请未获核准的上市公司，自中国证监会作出不予核准的决定之日起6个月后，可再次提出证券发行申请。

高频考点12：科创板和创业板上市公司发行股票的条件和程序★★

1. 发行条件

（1）具备健全且运行良好的组织机构；

（2）现任董事、监事和高级管理人员具备法律、行政法规规定的任职要求；

（3）具有完整的业务体系和直接面向市场独立经营的能力，不存在对持续经营有重大不利影响的情形；

（4）会计基础工作规范，内部控制制度健全且有效执行，财务报表的编制和披露符合企业会计准则和相关信息披露规则的规定，在所有重大方面公允反映了上市公司的财务状况、经营成果和现金流量，最近3年财务会计报告被出具无保留意见审计报告；

（5）除金融类企业外，最近一期期末不存在金额较大的财务性投资。

上市公司存在下列情形之一的，不得向不特定对象发行股票：

（1）擅自改变前次募集资金用途未作纠正，或者未经股东大会认可；

（2）上市公司及其现任董事、监事和高级管理人员最近3年受到中国证监会行政处罚，或者最近一年受到证券交易所公开谴责，或者因涉嫌犯罪正被司法机关立案侦查或者涉嫌违法违规正在被中国证监会立案调查；

（3）上市公司及其控股股东、实际控制人最近1年存在未履行向投资者作出的公开承诺的情形；

（4）上市公司及其控股股东、实际控制人最近3年存在贪污、贿赂、侵占财产、挪用财产或者破坏社会主义市场经济秩序的刑事犯罪，或者存在严重损害上市公司利益、投资者合法权益、社会公共利益的重大违法行为。

上市公司存在下列情形之一的，不得向特定对象发行股票：

（1）擅自改变前次募集资金用途未作纠正，或者未经股东大会认可；

（2）最近1年财务报表的编制和披露在重大方面不符合企业会计准则或者相关信息披露规则的规定；最近1年财务会计报告被出具否定意见或者无法表示意见的审计报告；最近1年财务会计报告被出具保留意见的审计报告，且保留意见所涉及事项对上市公司的重大不利影响尚未消除。本次发行涉及重大资产重组的除外；

（3）现任董事、监事和高级管理人员最近3年受到中国证监会行政处罚，或者最近1年受到证券交易所公开谴责；

（4）上市公司及其现任董事、监事和高级管理人员因涉嫌犯罪正在被司法机关立案侦查或者涉嫌违法违规正被中国证监会立案调查；

（5）控股股东、实际控制人最近3年存在严重损害上市公司利益或者投资者合法权益的重大违法行为；

（6）最近3年存在严重损害投资者合法权益或者社会公共利益的重大违法行为。

上市公司发行股票，募集资金使用应当符合下列规定：

（1）应当投资于科技创新领域的业务；

（2）符合国家产业政策和有关环境保护、土地管理等法律、行政法规规定；

（3）募集资金项目实施后，不会与控股股东、实际控制人及其控制的其他企业新增构成重大不利影响的同业竞争、显失公平的关联交易，或者严重影响公司生产经营的独立性。

创业板上市公司发行新股的条件与以上

相同。

2. 发行注册程序

以下以科创板为例，说明科创板上市公司发行股票的注册程序：

（1）董事会作出决议。上市公司申请发行证券，董事会应当依法就下列事项作出决议，并提请股东大会批准：①本次证券发行的方案；②本次发行方案的论证分析报告；③本次募集资金使用的可行性报告；④其他必须明确的事项。上市公司董事会拟引入战略投资者的，应当将引入战略投资者的事项作为单独议案，就每名战略投资者单独审议，并提交股东大会批准。董事会依照前两款作出决议，董事会决议日与首次公开发行股票上市日的时间间隔不得少于6个月。

（2）股东大会决议批准。股东大会就发行证券事项作出决议，必须经出席会议的股东所持表决权的2/3以上通过，中小投资者表决情况应当单独计票。向本公司特定的股东及其关联人发行证券的，股东大会就发行方案进行表决时，关联股东应当回避。股东大会对引入战略投资者议案作出决议的，应当就每名战略投资者单独表决。上市公司就发行证券事项召开股东大会，应当提供网络投票方式，公司还可以通过其他方式为股东参加股东大会提供便利。

上市公司年度股东大会可以根据公司章程的规定，授权董事会决定向特定对象发行融资总额不超过人民币3亿元且不超过最近一年年末净资产20%的股票，该项授权在下一年度股东大会召开日失效。上市公司年度股东大会给予董事会前款授权的，应当就《科创板上市公司证券发行注册管理办法（试行）》规定的事项通过相关决定。

（3）保荐人保荐。保荐人应当按照有关规定编制并向交易所报送发行申请文件。

（4）证券交易所依照有关程序受理并审核。交易所收到注册申请文件后，5个工作日内作出是否受理的决定。交易所按照规定的条件和程序，形成上市公司是否符合发行条件和信息披露要求的审核意见，认为上市公司符合发行条件和信息披露要求的，将审核意见、上市公司注册申请文件及相关审核资料报中国证监会注册；认为上市公司不符合发行条件或者信息披露要求的，作出终止发行上市审核决定。

（5）中国证监会依法履行发行注册程序。

（6）发行人应当在注册决定有效期内发行股票。中国证监会的予以注册决定，自作出之日起1年内有效，上市公司应当在注册决定有效期内发行证券，发行时点由上市公司自主选择。

交易所认为上市公司不符合发行条件或者信息披露要求，作出终止发行上市审核决定，或者中国证监会作出不予注册决定的，自决定作出之日起6个月后，上市公司可以再次提出证券发行申请。

科创板上市公司证券发行上市审核或者注册程序的中止、终止等情形参照适用《科创板首次公开发行股票注册管理办法（试行）》的相关规定。

创业板上市公司发行新股的注册程序与以上类似。

高频考点13：股票公开发行的方式★

首次公开发行股票的网下发行应和网上发行同时进行，网下和网上投资者在申购时无须缴付申购资金。投资者应自行选择参与网下或网上发行，不得同时参与。

（1）网上发行和网下询价发行的发行方式。

网上发行，是指利用证券交易所的交易系统，投资者在指定的时间内，按照确定的发行价格，向作为股票唯一“卖方”的主承销商买入股票而进行申购的发行方式。

网下询价发行，是指发行人及其保荐人在网下按照规定向机构投资者推介和询价，在确定发行价后，按照事先确定的配售原则在有效申购的网下投资者中选择配售股票对象的发行方式。

首次公开发行股票，可以通过向网下投资者询价的方式确定股票发行价格，也可以通过发行人与主承销商自主协商直接定价等其他合法可行的方式确定发行价格。

（2）网上和网下同时发行的机制。

首次公开发行股票，可以通过向网下投资者询价的方式确定股票发行价格，也可以通过发行人与主承销商自主协商直接定价等其他合法可行的方式确定发行价格。

公开发行股票数量在 2 000 万股（含）以下且无老股转让计划的，可以通过直接定价的方式确定发行价格。

发行人和主承销商可以自主协商确定参与网下询价投资者的条件、有效报价条件、配售原则和配售方式，并按照事先确定的配售原则在有效申购的网下投资者中选择配售股票的对象。

首次公开发行股票采用询价方式的，公开发行股票后总股本 4 亿股（含）以下的，网下初始发行比例不低于本次公开发行股票数量的 60%；发行后总股本超过 4 亿股的，网下初始发行比例不低于本次公开发行股票数量的 70%。其中，应当安排不低于本次网下发行股票数量的 40% 优先向通过公开募集方式设立的证券投资基金、全国社会保障基金和基本养老保险基金配售，安排一定比例的股票向有关企业年金基金和保险资金（以下简称“保险资金”）配售。

首次公开发行股票数量在 4 亿股以上的，可以向战略投资者配售股票。

网下和网上投资者申购新股、可转换公司债券、可交换公司债券获得配售后，应当按时足额缴付认购资金。网上投资者连续 12 个月内累计出现 3 次中签后未足额缴款的情形时，6 个月内不得参与新股、可转换公司债券、可交换公司债券申购。

网下和网上投资者缴款认购的新股和可转换公司债券数量合计不足本次公开发行数量的 70% 时，可以中止发行。

（3）首次公开发行时禁止配售的对象。

首次公开发行股票网下配售时，发行人和主承销商不得向下列对象配售股票：

①发行人及其股东、实际控制人、董事、监事、高级管理人员和其他员工；发行人及其股东、实际控制人、董事、监事、高级管理人员能够直接或间接实施控制、共同控制或施加重大影响的公司，以及该公司控股股东、控股子公司和控股股东控制的其他子公司。

②主承销商及其持股比例 5% 以上的股东，主承销商的董事、监事、高级管理人员和其他员工；主承销商及其持股比例 5% 以上的股东、董事、监事、高级管理人员能够直接或间接实施控制、共同控制或施加重大影响的公司，以及该公司控股股东、控股子公司和控股股东控制的其他子公司。

③承销商及其控股股东、董事、监事、高级管理人员和其他员工。

④上述前 3 项所述人士的关系密切的家庭成员，包括配偶、子女及其配偶、父母及配偶的父母、兄弟姐妹及其配偶、配偶的兄弟姐妹、子女配偶的父母。

⑤过去 6 个月内与主承销商存在保荐、承销业务关系的公司及其持股 5% 以上的股东、实际控制人、董事、监事、高级管理人员，或已与主承销商签署保荐、承销业务合同或达成相关意向的公司及其持股 5% 以上的股东、实际控制人、董事、监事、高级管理人员。

⑥通过配售可能导致不当行为或不正当利益的其他自然人、法人和组织。

上述第②、③项规定的禁止配售对象管理的公募基金不受上述规定的限制，但应符合中国证监会的有关规定。

高频考点 14：优先股的发行与交易★★

优先股是依据《公司法》，在一般规定的普通种类股份之外，另行规定的其他种类股份，其股份持有人优先于普通股股东分配公司利润和剩余财产，但参与公司决策管理等权利受到限制。

1. 发行人范围

在试点阶段，公开发行优先股的发行人限

于中国证监会规定的上市公司，非公开发行优先股的发行人限于上市公司和非上市公众公司。除上市公司和非上市公众公司外，其他公司尚不能发行优先股。

2. 发行条件

公司已发行的优先股不得超过公司普通股股份总数的50%，且筹资金额不得超过发行前净资产的50%，已回购、转换的优先股不纳入计算。

上市公司存在下列情形之一的，**不得发行优先股**：

①本次发行申请文件有虚假记载、误导性陈述或重大遗漏；②最近12个月内受到过中国证监会的行政处罚；③因涉嫌犯罪正被司法机关立案侦查或涉嫌违法违规正被中国证监会立案调查；④上市公司的权益被控股股东或实际控制人严重损害且尚未消除；⑤上市公司及其附属公司违规对外提供担保且尚未解除；⑥存在可能严重影响公司持续经营的担保、诉讼、仲裁、市场重大质疑或其他重大事项；⑦其董事和高级管理人员不符合法律、行政法规和规章规定的任职资格；⑧严重损害投资者合法权益和社会公共利益的其他情形。

3. 优先股公开发行时的**特殊要求**

①采取固定股息率；②在有可分配税后利润的情况下必须向优先股股东分配股息；③未向优先股股东足额派发股息的差额部分必须累计到下一会计年度；④优先股股东按照约定的股息率分配股息后，不再同普通股股东一起参加剩余利润分配。

在发行条件方面，上市公司公开发行优先股，应当符合以下情形之一：①其普通股为上证50指数成分股；②以公开发行优先股作为支付手段收购或吸收合并其他上市公司；③以减少注册资本为目的回购普通股的，可以公开发行优先股作为支付手段，或者在回购方案实施完毕后，可公开发行不超过回购减资总额的优先股。中国证监会核准公开发行优先股后不再符合本条第①项情形的，上市公司仍可实施本次发行。

除了以上“不得发行优先股”的情形外，上市公司最近三十六个月内因违反工商、税收、土地、环保、海关法律、行政法规或规章，受到行政处罚且情节严重的，不得公开发行优先股。

4. 优先股的交易转让及登记存管

优先股应当在证券交易所、全国中小企业股份转让系统或者在国务院批准的其他证券交易场所交易或转让。优先股应当在中国证券登记结算公司集中登记存管。

5. 优先股发行时的信息披露

公司应当在发行文件中详尽说明优先股股东的权利义务，充分揭示风险。同时，应按规定真实、准确、完整、及时、公平地披露或者提供信息，不得有虚假记载、误导性陈述或重大遗漏。

经典例题

【真题·多选题】（2018）根据证券法律制度的规定，公开发行优先股的公司必须在公司章程中规定的事项有（　　）。

A. 在有可分配税后利润的情况下必须向优先股股东分配股息

B. 未向优先股股东足额派发股息的差额部分应当累计到下一个会计年度

C. 采取固定股息率

D. 优先股股东按照约定的股息率分配股息后，不再同普通股股东一起参加剩余利润分配

【答案】 ABCD

【解析】 本题考核优先股公开发行时的特殊要求。

高频考点15：公司债券的发行★★

1. 一般规定

（1）股东大会决议。

发行公司债券，发行人应当依照《公司法》或者公司章程规定对以下事项作出决议：发行债券的数量；发行方式；债券期限；募集资金的用途；决议的有效期；其他按照法律法

规及公司章程规定需要明确的事项。

（2）发行方式。

公司债券可以公开发行，也可以非公开发行。

（3）公司债券募集资金用途。

公开发行公司债券筹集的资金，必须按照公司债券募集说明书所列资金用途使用；改变资金用途，必须经债券持有人会议作出决议。公开发行公司债券筹集的资金，不得用于弥补亏损和非生产性支出。发行人应当指定专项账户，用于公司债券募集资金的接收、存储、划转。

非公开发行公司债券，募集资金应当用于约定的用途；改变资金用途，应当履行募集说明书约定的程序。

2. 公司债券的公开发行

（1）公开发行公司债券应当符合下列**条件**：

①具备健全且运行良好的组织机构；

②最近3年平均可分配利润足以支付公司债券1年的利息；

③国务院规定的其他条件。

公开发行公司债券筹集的资金必须按照公司债券募集办法所列资金用途使用；改变资金用途，必须经证券持有人会议作出决议。公开发行公司债券筹集的资金，不得用于弥补亏损和非生产性支出。

（2）资信状况符合以下标准的公开发行公司债券，专业投资者和普通投资者都可以**参与认购**：

①发行人最近三年无债务违约或者延迟支付本息的事实；

②发行人最近三年平均可分配利润不少于债券一年利息的1.5倍；

③发行人最近一期期末净资产规模不少于250亿元；

④发行人最近36个月内累计公开发行债券不少于3期，发行规模不少于100亿元；

⑤中国证监会根据投资者保护的需要规定的其他条件。

未达到这五个规定标准的公开发行公司债券，仅限于专业投资者参与认购。

（3）有下列情形之一的，**不得再次公开发行公司债券**：

①对已公开发行的公司债券或者其他债务有违约或者延迟支付本息的事实，仍处于继续状态；

②违反《证券法》规定，改变公开发行公司债券所募集资金的用途。

（4）公开发行的**注册程序**：

①发行人公开发行公司债券，应当按照中国证监会有关规定制作注册申请文件，由发行人向证券交易所申报。证券交易所收到注册申请文件后，在五个工作日内作出是否受理的决定。

②自注册申请文件受理之日起，发行人及其控股股东、实际控制人、董事、监事、高级管理人员，以及与本次债券公开发行并上市相关的主承销商、证券服务机构及相关责任人员，即承担相应法律责任。

③注册申请文件受理后，未经中国证监会或者证券交易所同意，不得改动。发生重大事项的，发行人、主承销商、证券服务机构应当及时向证券交易所报告，并按要求更新注册申请文件和信息披露资料。

④证券交易所负责审核发行人公开发行公司债券并上市申请。证券交易所主要通过向发行人提出审核问询、发行人回答问题方式开展审核工作，判断发行人是否符合发行条件、上市条件和信息披露要求。

⑤证券交易所按照规定的条件和程序，提出审核意见。认为发行人符合发行条件和信息披露要求的，将审核意见、注册申请文件及相关审核资料报送中国证监会履行发行注册程序。认为发行人不符合发行条件或信息披露要求的，作出终止发行上市审核决定。

⑥中国证监会收到证券交易所报送的审核意见、发行人注册申请文件及相关审核资料后，履行发行注册程序。中国证监会认为存在需要进一步说明或者落实事项的，可以问询或

要求证券交易所进一步问询。中国证监会认为证券交易所的审核意见依据不充分的，可以退回证券交易所补充审核。

⑦证券交易所应当自受理注册申请文件之日起二个月内出具审核意见，中国证监会应当自证券交易所受理注册申请文件之日起三个月内作出同意注册或者不予注册的决定。发行人根据中国证监会、证券交易所要求补充、修改注册申请文件的时间不计算在内。

⑧公开发行公司债券，可以申请一次注册，分期发行。中国证监会同意注册的决定自作出之日起两年内有效，发行人应当在注册决定有效期内发行公司债券，并自主选择发行时点。公开发行公司债券的募集说明书自最后签署之日起六个月内有效。发行人应当及时更新债券募集说明书等公司债券发行文件，并在每期发行前报证券交易所备案。

3. 公司债券的非公开发行

非公开发行的公司债券应当向专业投资者发行，不得采用广告、公开劝诱和变相公开方式，每次发行对象不得超过200人。

非公开发行公司债券，承销机构或依法自行销售的发行人应当在每次发行完成后5个工作日内向中国证券业协会备案。

4. 信息披露

公司债券上市交易的发行人应当按照中国证监会、证券交易所的规定及时披露债券募集说明书，并在债券存续期内披露中期报告和年度报告。公司债券募集资金的用途应当在债券募集说明书中披露。

发生可能对上市交易公司债券的交易价格产生较大影响的重大事件，投资者尚未得知时，发行人应当立即将有关该重大事件的情况向中国证监会、证券交易场所报送临时报告，并予公告，说明事件的起因、目前的状态和可能产生的法律后果。重大事件包括：（1）公司股权结构或者生产经营状况发生重大变化；（2）公司债券信用评级发生变化；（3）公司重大资产抵押、质押、出售、转让、报废；（4）发生未能清偿到期债务的情况；（5）公司新增借款或对外提供担保超过上年年末净资产的20%；（6）公司放弃债权或财产超过上年年末净资产的10%；（7）公司发生超过上年年末净资产10%的重大损失；（8）公司分配股利，作出减资、合并、分立、解散及申请破产的决定，或者依法进入破产程序、被责令关闭；（9）涉及公司的重大诉讼、仲裁；（10）公司涉嫌犯罪被依法立案调查，公司的控股股东、实际控制人、董事、监事、高级管理人员涉嫌犯罪被依法采取强制措施；（11）中国证监会规定的其他事项。

高频考点16：公司债券持有人的权益保护★★

为了有效地保护公司债券持有人的利益不受损害，《证券法》和《公司债券发行与交易管理办法》规定了相应的保护措施。

1. 信用评级

资信评级机构为公开发行公司债券进行信用评级，应当符合以下规定：（1）将评级信息告知发行人，并及时向市场公布首次评级报告、定期和不定期跟踪评级报告；（2）公司债券的期限为一年以上的，在债券有效存续期间，应当每年至少向市场公布一次定期跟踪评级报告；（3）应充分关注可能影响评级对象信用等级的所有重大因素，及时向市场公布信用等级调整及其他与评级相关的信息变动情况，并向证券交易场所报告。

2. 公司债券的受托管理

公开发行公司债券的，发行人应当为债券持有人聘请债券受托管理人，并订立债券受托管理协议。受托管理人应当由本次发行的承销机构或者其他经国务院证券监督管理机构认可的机构担任，债券持有人会议可以决议变更债券受托管理人。债券发行人未能按期兑付债券本息的，债券受托管理人可以接受全部或者部分债券持有人的委托，以自己名义代表债券持有人提起、参加民事诉讼或者清算程序。

公开发行公司债券的，发行人应当为债券持有人聘请债券受托管理人，并订立债券受托管理协议；非公开发行公司债券的，发行人应当在募集说明书中约定债券受托管理事项。

上市公司应该为债券持有人聘请债券受托管理人，并订立债券受托管理协议；债券受托管理人由本次发行的承销机构或其他经中国证监会认可的机构担任。为本次发行提供担保的机构不得担任本次债券发行的受托管理人。

债券受托管理人应当勤勉尽责，公正履行受托管理职责，不得损害债券持有人利益。

3. 债券持有人会议

公开发行公司债券的，应当设立债券持有人会议，并应当在募集说明书中说明债券持有人会议的召集程序、会议规则和其他重要事项。

发行公司债券，应当在债券募集说明书中约定债券持有人会议规则。存在下列情形的，债券受托管理人应当召集债券持有人会议：（1）拟变更债券募集说明书的约定；（2）拟修改债券持有人会议规则；（3）拟变更债券受托管理人或受托管理协议的主要内容；（4）发行人不能按期支付本息；（5）发行人减资、合并等可能导致偿债能力发生重大不利变化，需要决定或者授权采取相应措施；（6）发行人分立、被托管、解散、申请破产或者依法进入破产程序；（7）保证人、担保物或者其他偿债保障措施发生重大变化；（8）发行人、单独或合计持有本期债券总额10%以上的债券持有人书面提议召开；（9）发行人管理层不能正常履行职责，导致发行人债务清偿能力面临严重不确定性；（10）发行人提出债务重组方案的；（11）发生其他对债券持有人权益有重大影响的事项。

4. 公司债券的担保

发行人可采取内外部增信机制、偿债保障措施，提高偿债能力，控制公司债券风险。内外部增信机制、偿债保障措施包括但不限于下列方式：（1）第三方担保；（2）商业保险；（3）资产抵押、质押担保；（4）限制发行人债务及对外担保规模；（5）限制发行人对外投资规模；（6）限制发行人向第三方出售或者抵押主要资产；（7）设置债券回售条款。

经典例题

【例题·多选题】根据证券法律制度的规定，下列各项中，属于债券受托管理人应当召集债券持有人会议的情形有（　　）。

A. 发行人不能按期支付本息

B. 拟变更债券募集说明书的约定

C. 发行人拟增加注册资本

D. 担保物发生重大变化

【答案】ABD

【解析】本题考核召开债券持有人会议的情形。选项C发行人拟增加注册资本，不会召开债券持有人会议。

高频考点17：可转换公司债券的发行★

可转换公司债券的期限最短为1年，最长为6年。每张面值100元。

1. 主板上市公司公开发行可转换债券

（1）上市公司发行可转换债券，除了应当符合发行新股的一般条件之外，还应当符合以下条件：①最近3个会计年度加权平均净资产收益率平均不低于6%，其中，扣除非经常性损益后的净利润与扣除前的净利润相比，以低者作为加权平均净资产收益率的计算依据；②本次发行后累计公司债券余额不超过最近一期期末净资产的40%；③最近3个会计年度实现的年均可分配利润不少于公司债券1年的利息。

（2）上市公司可以公开发行认股权和债券分离交易的可转换公司债券（以下简称“分离交易的可转换公司债券”）。所谓分离交易的可转换公司债券是指发行人一次捆绑发行公司债券和认股权证两种交易品种，并可同时上市、分别交易的公司债券形式。

（3）发行分离交易的可转换公司债券，除符合公开增发股票的一般条件外，还应当符合下列条件：①公司最近一期期末经审计的净资产不低于人民币15亿元；②最近3个会计年度实现的年均可分配利润不少于公司债券1年的利息；③最近3个会计年度经营活动产生的现金流量净额平均不少于公司债券 1 年的利息，但最近 3 个会计年度加权平均净资产收益率平均不低于 6%（扣除非经常性损益后的净利润与扣除前的净利润相比，以较低者作为加权平均净资产收益率的计算依据）的除外等。

（4）上市公司存在下列情形之一的，不得公开发行可转换公司债券：①本次发行申请文件有虚假记载、误导性陈述或重大遗漏；②擅自改变前次公开发行证券募集资金的用途而未纠正；③上市公司最近 12 个月内受到过证券交易所的公开谴责；④上市公司及其控股股东或实际控制人最近 12 个月内存在未履行向投资者作出的公开承诺的行为；⑤上市公司或者其现任董事、高级管理人员因涉嫌犯罪被司法机关立案侦查或涉嫌违法违规被中国证监会立案调查；⑥严重损害投资者的合法利益和社会公共利益的其他情形。

2. 科创板和创业板上市公司发行可转换债券

科创板和创业板上市公司发行可转换债券，应当符合下列规定：（1）具备健全且运行良好的组织机构；（2）最近 3 年平均可分配利润足以支付公司债券 1 年的利息；（3）具有合理的资产负债结构和正常的现金流量。

与公开发行普通公司债券一样，如果上市公司存在以下任一情形之一的，不得发行可转换债券：对已公开发行的公司债券或者其他债务有违约或者延迟支付本息的事实、仍处于继续状态，或违反《证券法》规定，改变公开发行公司债券所募资金用途。

3. 可转换债券持有人的权利保护

（1）公开发行可转换公司债券应当委托具有资格的资信评级机构进行信用评级和跟踪评级。资信评级机构每年至少公告 1 次跟踪评级报告。

（2）公开发行可转换公司债券应当约定保护债券持有人权利的办法，以及债券持有人会议的权利、程序和决议生效条件。有下列事项之一的，应当召开债券持有人会议：①拟变更募集说明书的约定；②发行人不能按期支付本息；③发行人减资、合并、分立、解散或者申请破产；④保证人或者担保物发生重大变化；⑤其他影响债券持有人重大权益的事项。

（3）公开发行可转换公司债券，应当提供担保，但最近一期期末经审计的净资产不低于人民币 15 亿元的公司除外。提供担保的，应当为全额担保，担保范围包括债券的本金及利息、违约金、损害赔偿金和实现债权的费用。以保证方式提供担保的，应当为连带责任担保，且保证人最近一期经审计的净资产额应不低于其累计对外担保的金额。证券公司或上市公司不得作为发行可转债的担保人，但上市商业银行除外。设定抵押或质押的抵押或质押财产的估值应不低于担保金额。估值应经有资格的资产评估机构评估。

4. 可转换公司债券转为股票

可转换公司债券自发行结束之日起 6 个月后方可转换为公司股票，转股期限由公司根据可转换公司债券的存续期限及公司财务状况确定。上市公司向不特定对象发行可转债的转股价格应当不低于募集说明书公告日前 20 个交易日发行人股票交易均价和前 1 个交易日均价，且不得向上修正。上市公司向特定对象发行可转债的转股价格应当不低于认购邀请书发出前 20 个交易日发行人股票交易均价和前 1 个交易日均价，且不得向下修正。

可转换债券持有人不转换为股票的，上市公司应当在可转换公司债券期满后 5 个工作日内办理完毕偿还债券余额本息的事项。

5. 公开发行可转换公司债券的信息披露

公开发行可转换公司债券的信息披露的内容与公开发行新股的信息披露内容基本相同，所不同的是募集说明书的相关内容。

（1）募集说明书可以约定赎回条款，规定上市公司可按事先约定的条件和价格赎回尚未转股的可转换公司债券。募集说明书可以约定回售条款，规定债券持有人可按事先约定的条件和价格将所持债券回售给上市公司。募集说明书应当约定，上市公司改变公告的募集资金用途的，赋予债券持有人一次回售的权利。

募集说明书应当约定转股价格调整的原则及方式。发行可转换公司债券后，因配股、增发、送股、派息、分立及其他原因引起上市公司股份变动的，应当同时调整转股价格。

（2）募集说明书约定转股价格向下修正条款的，应当同时约定：①转股价格修正方案须提交公司股东大会表决，且须经出席会议的股东所持表决权的2/3以上同意。股东大会进行表决时，持有公司可转换债券的股东应当回避。②修正后的转股价格不低于前项规定的股东大会召开日前20个交易日该公司股票交易均价和前一交易日的均价。

高频考点18：公司债券的交易★

1. 公司债券的交易场所

公开发行的公司债券应当在证券交易所上市交易或者全国股转系统转让，但发行环节和交易环节的投资者适当性要求应当保持一致。

非公开发行公司债券，可以申请在证券交易场所、证券公司柜台转让。非公开发行公司债券并在证券交易场所转让的，应当遵守证券交易场所制定的业务规则，并经证券交易场所同意。非公开发行公司债券并在证券公司柜台转让的，应当符合中国证监会的相关规定。

非公开发行的公司债券仅限于专业投资者范围内转让。转让后，持有同次发行债券的投资者合计不得超过200人。

2. 公司债券上市

（1）公司债券上市交易的条件。

申请证券上市交易，应当向证券交易所提出申请，由证券交易所依法审核同意，并由双方签订上市协议，证券上市等公司债券的上市条件由证券交易所予以规定。

（2）公司债券的上市程序。

①申请核准；②安排上市；③上市公告。

（3）公司债券的终止上市。

上市交易的证券不再符合上市条件的，或者有上市规则规定的其他情形的，由证券交易所按照业务规则终止其上市交易。证券交易所决定终止证券上市交易的，应当及时公告，并报国务院证券监督管理机构备案。

高频考点19：股票的上市和退市★★

1. 股票上市条件

申请证券上市交易，应当向证券交易所提出申请，由证券交易所依法审核同意，并由双方签订上市协议。

我国上海、深圳证券交易所分别对主板、科创板和创业板的股票上市进行了不同的规定。

根据上海证券交易所《股票上市规则》的规定，发行人首次公开发行股票后申请其股票在主板上市，应当符合下列条件：（1）股票经中国证监会核准已公开发行；（2）具备健全且运行良好的组织机构；（3）具有持续经营能力；（4）公司股本总额不少于人民币5 000万元；（5）公开发行的股份达到公司股份总数的25%以上；公司股本总额超过人民币4亿元的，公开发行股份的比例为10%以上；（6）公司及其控股股东、实际控制人最近3年不存在贪污、贿赂、侵占财产、挪用财产或者破坏社会主义市场经济秩序的刑事犯罪；（7）最近3个会计年度财务会计报告均被出具无保留意见审计报告；（8）本所要求的其他条件。《科创板股票上市规则》和《创业板股票上市规则》则规定了与主板和中小企业板不同的上市条件，尤其是在市值及财务指标方面，既有明确的数量门槛标准，又更为多样化和包容化。

2. 股票终止上市

上市公司退市，是指公司股票在证券交易所终止上市交易。《证券法》第四十八条规定，上市交易的证券，有证券交易所规定的终止上市情形的，由证券交易所按照业务规则终止其上市交易。证券交易所决定终止证券上市交易的，应当及时公告，并报国务院证券监督管理机构备案。

我国的退市制度主要包括主动退市和强制退市：

（1）主动退市的情形。

主动退市可以采取三种模式：①上市公司

向证券交易所主动提出申请；②由上市公司、上市股东或者其他收购人通过向所有股东发出收购全部股份或者部分股份的要约，导致公司股本总额、股权分布等发生变化不再具备上市条件；③上市公司因新设或者吸收合并，不再具有独立主体资格并被注销，或者上市公司股东大会决议解散。

上市公司主动申请退市或者转市：股东大会出席股东表决权2/3以上，且经出席会议的除股东以外的其他股东所持表决权的2/3以上通过。上市公司的董监高，单独或者合计持有上市公司5%以上股份的股东。

（2）主动退市的特殊性。

①主动退市公司的股票不进入退市整理期交易。交易所在公告公司股票终止上市决定之日后通常就可对主动退市公司予以摘牌，公司股票终止上市。

②主动退市公司并不一定要进入全国股转系统交易，而是可以选择在证券交易场所交易或转让其股票，或者依法作出其他安排。

（3）强制退市。

强制退市又被分为重大违法类强制退市、交易类强制退市、财务类强制退市、规范类强制退市等情形。

强制退市程序：①退市风险警示。②交易所决定终止上市。③退市整理期。

小贴士 退市整理期除了通常不适用于主动退市公司之外，上海证券交易所《股票上市规则》还规定，交易类强制退市公司股票也不进入退市整理期交易。

（4）退市后的去向和交易安排。

强制退市公司应进入全国股转系统交易，主动退市的公司可以选择在证券交易所交易或者转让其股票，或者依法做出其他安排，也可选择进入全国股转系统进行交易，或是在股东意思自治的前提下作其他安排。

高频考点20：重大违法行为强制退市制度★★★

重大违法行为强制退市，包括下列情形：

（1）上市公司存在欺诈发行、重大信息披露违法或者其他严重损害证券市场秩序的重大违法行为，且严重影响上市地位，其股票应当被终止上市的情形。

（2）上市公司存在涉及国家安全、公共安全、生态安全、生产安全和公众健康安全领域的违法行为，情节恶劣，严重损害国家利益、社会公共利益，或者严重影响上市地位，其股票应当被终止上市的情形。

经典例题

【真题·多选题】（2020）根据证券法律制度的规定，下列情形中，属于上市公司主动退市的有（　　）。

A. 上市公司向证券交易所主动提出退市申请

B. 上市公司股份被要约收购，不再具备上市条件

C. 上市公司被吸收合并，丧失法人资格

D. 上市公司股东大会决议解散公司

【答案】 ABCD

【解析】 主动退市的三种模式：一是上市公司向证券交易所主动提出申请；二是由上市公司、上市公司股东或者其他收购人通过向所有股东发出收购全部股份或者部分股份的要约，导致公司股本总额、股权分布等发生变化不再具备上市条件；三是上市公司因新设或者吸收合并，不再具有独立主体资格并被注销，或者上市公司股东大会决议解散。

【真题·单选题】（2019）根据证券法律制度的规定，上市公司存在涉及生态安全领域的违法行为，情节恶劣，严重损害国家利益、社会公众利益，其股票被终止上市的，在5个完整会计年度内，交易所不受理其重新上市申请。该5个完整会计年度的起算日是（　　）。

A. 股票被标记为“*ST”之日

B. 股票进入全国中小企业股份转让系统挂牌转让之日

C. 股票被交易所终止上市之日

D. 中国证监会的相关行政处罚公告之日

【答案】B

【解析】本题考核重大违法行为强制退市制度。上市公司存在涉及国家安全、公共安全、生态安全、生产安全和公众健康安全等领域的违法行为，情节恶劣，严重损害国家利益、社会公共利益，或者严重影响上市地位，其股票被终止上市的，自其股票进入全国中小企业股份转让系统挂牌转让之日起的5个完整会计年度内，交易所不受理其重新上市申请。

高频考点21：股票场内交易和结算★

1. 场内交易的一般规则

投资者委托证券公司进行证券交易，应当通过证券公司申请在证券登记结算机构开立证券账户。参与证券交易所集中交易的，必须是证券交易所的会员，非会员不得直接参与股票的集中交易。

2. 场内交易的方式

证券在证券交易所上市交易，应当采用公开的集中交易方式或者国务院证券监督管理机构批准的其他方式。

集中交易主要表现为集中竞价或集中报价撮合；非集中交易主要表现为协议转让，价格形成于非集中的、一对一的磋商。

3. 证券结算

证券结算包括清算和交收。清算，是指按照确定的规则计算证券和资金的应收应付数额的行为。清算结果确定了交易双方的履约责任。交收，是指根据确定的清算结果，通过转移证券和资金履行相关债权债务的行为；即卖方将其卖出的证券交付给买方，买方将其应付资金交付给卖方。

我国证券交易所实行资金的二级清算。证券公司根据投资者的委托，按照证券交易规则提出交易申报，参与证券交易所场内的集中交易，并根据成交结果承担相应的清算交收责任；证券登记结算机构根据成交结果，按照清算交收规则，与证券公司进行证券和资金的清算交收，并为证券公司客户办理证券的登记过户手续。

4. 股票存管和过户

在证券交易所或者国务院批准的其他全国性证券交易场所交易的证券，应当全部存管在证券登记结算机构。证券登记结算采取全国集中统一的运营方式。目前，在我国主要为中国证券登记结算公司。

证券登记结算机构应当妥善保存登记、存管和结算的原始凭证及有关文件和资料。其保存期限不得少于20年。

高频考点22：挂牌、转板和退板★

1. 挂牌和退板

除了证券交易所外，公开发行的证券还可在其他合法证券交易场所进行交易，例如，在全国股转系统挂牌交易。

股份有限公司申请股票在全国股转系统挂牌，应当符合下列条件：（1）依法设立且存续满两年。有限责任公司按原账面净资产值折股整体变更为股份有限公司的，存续时间可以从有限责任公司成立之日起计算；（2）业务明确，具有持续经营能力；（3）公司治理机制健全，合法规范经营；（4）股权明晰，股票发行和转让行为合法合规；（5）主办券商推荐并持续督导；（6）全国股转公司要求的其他条件。

对于股东人数未满200人的股份有限公司的挂牌申请，由全国股转系统接受申请材料并出具审查意见。全国股转系统审核同意后，即可签订挂牌协议，公司挂牌交易。

股东人数超过200人的股份有限公司属于“公众公司”的范畴，其挂牌公开转让申请材料应向中国证监会提交，由中国证监会核准，并提交全国股转系统的自律监管意见。

退板，即在全国股转系统终止挂牌交易。

2. 转板

广义的转板，既包括升板、降板，还包括不同证券交易所之间的转换上市。狭义的转板，通常指升板，可能表现为同一交易场所高、低市场板块之间的升板，也可能表现为从门槛较低的一交易场所转至门槛较高的另一交易场所。在全国股转系统挂牌的公司，达到股票上市条件的，可以直接向证券交易所申请上市交易。

高频考点23：上市公司收购★★

1. 上市公司收购的概念

上市公司收购，是指收购人通过在证券交易所的股份转让活动持有一个上市公司的股份达到一定比例或通过证券交易所股份转让活动以外的其他合法方式控制一个上市公司的股份达到一定程度，导致其获得或者可能获得对该公司实际控制权的行为。

（1）上市公司收购人的目的在于获得对上市公司的实际控制权，不以达到对上市公司实际控制权而受让上市公司股票的行为，不能称之为收购。这里所指的实际控制是指：①投资者为上市公司持股50%以上的控股股东；②投资者可以实际支配上市公司股份表决权超过30%；③投资者通过实际支配上市公司股份表决权能够决定公司董事会半数以上成员选任；④投资者依其可实际支配的上市公司股份表决权足以对公司股东大会的决议产生重大影响；⑤中国证监会认定的其他情形。

（2）收购人可以通过取得股份的方式成为一个上市公司的控股股东，可以通过投资关系、协议、其他安排的途径成为一个上市公司的实际控制人，也可以同时采取上述方式和途径取得上市公司控制权。

2. 上市公司收购人

（1）上市公司收购人是指意图通过取得股份的方式成为一个上市公司的控股股东，或者通过投资关系、协议、其他安排的途径成为一个上市公司的实际控制人的投资者及其一致行动人。收购人包括投资者及与其一致行动的他人。

（2）一致行动，是指投资者通过协议、其他安排，与其他投资者共同扩大其所能够支配的一个上市公司股份表决权数量的行为或者事实。在上市公司的收购及相关股份权益变动活动中有一致行动情形的投资者，互为一致行动人。如无相反证据，投资者有下列情形之一的，为一致行动人：①投资者之间有股权控制关系；②投资者受同一主体控制；③投资者的董事、监事或者高级管理人员中的主要成员，同时在另一个投资者担任董事、监事或者高级管理人员；④投资者参股另一投资者，可以对参股公司的重大决策产生重大影响；⑤银行以外的其他法人、其他组织和自然人为投资者取得相关股份提供融资安排；⑥投资者之间存在合伙、合作、联营等其他经济利益关系；⑦持有投资者30%以上股份的自然人，与投资者持有同一上市公司股份；⑧在投资者任职的董事、监事及高级管理人员，与投资者持有同一上市公司股份；⑨持有投资者30%以上股份的自然人和在投资者任职的董事、监事及高级管理人员，其父母、配偶、子女及其配偶、配偶的父母、兄弟姐妹及其配偶、配偶的兄弟姐妹及其配偶等亲属，与投资者持有同一上市公司股份；⑩在上市公司任职的董事、监事、高级管理人员及其前项所述亲属同时持有本公司股份的，或者与其自己或者其前项所述亲属直接或者间接控制的企业同时持有本公司股份；⑪上市公司董事、监事、高级管理人员和员工与其所控制或者委托的法人或者其他组织持有本公司股份；⑫投资者之间具有其他关联关系。

一致行动人应当合并计算其所持有的股份；投资者计算其所持有的股份，应当包括登记在其名下的股份，也包括登记在其一致行动人名下的股份。投资者认为其与他人不应被视为一致行动人的，可以向中国证监会提供相反证据。

（3）上市公司收购人应当具备一定的实力，具有良好的信誉。有下列情形之一的，不得收购上市公司：

①收购人负有数额较大的债务，到期未清偿，且处于持续状态。

②收购人最近3年有重大违法行为或者涉嫌有重大违法行为。

③收购人最近3年有严重的证券市场失信

行为。

④收购人为自然人的，存在《公司法》规定的“不得担任公司董事、监事、高级管理人员的五种情形”。

⑤法律、法规规定以及中国证监会认定的不得收购上市公司的其他情形。

收购人进行上市公司的收购，应当聘请符合《证券法》规定的专业机构担任财务顾问。收购人未按照《收购办法》规定聘请财务顾问的，不得收购上市公司。

3. 上市公司收购中有关当事人的义务

（1）收购人的义务包括：信息披露义务；禁售义务；锁定义务；守约义务、平等对待被收购公司所有股东的义务。

①信息披露义务。持股30%以下的收购人应履行持股权益变动披露义务。实施要约收购的收购人应按规定编制要约收购报告书。以协议方式收购上市公司股份超过30%且符合免于发出要约相关规定的收购人应编制上市公司收购报告书。②禁售义务。采取要约收购方式的，收购人作出公告后至收购期限届满前，不得卖出被收购公司的股票，也不得采取要约规定以外的形式和超出要约的条件买入被收购公司的股票。

③锁定义务。收购人持有的被收购的上市公司的股票，在收购行为完成后的18个月内不得转让。但是，收购人在被收购公司中拥有权益的股份在同一实际控制人控制的不同主体之间进行转让不受前述18个月的限制。

（2）被收购公司的控股股东或者实际控制人的义务：不得滥用股东权利，损害被收购公司或者其他股东的合法权益。控股股东或者实际控制人同样应履行持股权益披露义务。

（3）被收购公司的董事、监事、高级管理人员的义务：忠实义务、勤勉义务。

4. 上市公司收购的支付方式

包括：现金、依法可以转让的证券及法律、行政法规规定的其他支付方式。

经典例题

【例题·多选题】根据证券法律制度的规定，下列情形中，构成对上市公司实际控制的有（　　）。

A. 投资者为上市公司持股56%的股东

B. 投资者可以实际支配上市公司股份表决权的40%

C. 投资者通过实际支配上市公司股份表决权能够决定公司董事会1/3成员选任

D. 投资者依其可实际支配的上市公司股份表决权足以对公司股东大会的决议产生重大影响

【答案】ABD

【解析】本题考核上市公司收购人。投资者通过实际支配上市公司股份表决权能够决定公司董事会半数以上人员选任，构成对上市公司实际控制，选项C表述错误。

高频考点24：持股权益披露★

1. 大股东披露和权益变动披露

（1）通过证券交易所的证券交易，投资者持有或者通过协议、其他安排与他人共同持有一个上市公司已发行的股份达到5%时，应当在该事实发生之日起3日内，向国务院证券监督管理机构、证券交易所作出书面报告，通知该上市公司，并予以公告；在上述期限内，不得再买卖该上市公司的股票。

（2）投资者持有或者通过协议、其他安排与他人共同持有一个上市公司已发行的股份达到5%后，其所持该上市公司已发行的股份比例每增加或者减少5%，应当依照前款规定进行报告和公告，在该事实发生之日起至公告后3日内，不得再行买卖该上市公司的股票。

（3）投资者持有或者通过协议、其他安排与他人共同持有一个上市公司已发行的有表决权股份达到5%后，其所持该上市公司已发行的有表决权股份比例每增加或者减少1%，应当在该事实发生的次日通知该上市公司，并予公告。收购人通过证券交易所的证券交易持有上市公司已发行有表决权股份比例达到5%

时，应在达到5%比例之一事实发生之日起3日内进行权益披露并在该3日内停止买卖该上市公司的股票（即应“卡点”披露）。

如果投资者采取的是协议收购的方式，投资者无法控制协议购买的股份数量，不能恰好在5%的时点上停下来进行报告和公告。也就是说，在协议收购的情况下，如果收购协议中拟转让的股份达到或者超过5%，投资者在协议达成之日起3日内履行权益报告义务即可。

（4）违反权益披露超比例持股的，超比例部分在买入后36个月内都不能行使表决权。

（5）如果投资者是通过行政划转或者变更、执行法院裁定、继承、赠与等方式拥有权益的股份变动达到上述规定比例的，也应当同样履行权益变动披露义务。

2. 权益披露的内容

权益预警披露所作的公告，应当包括下列内容：

（1）持股人的名称、住所；（2）持有的股票的名称、数额；（3）持股达到法定比例或者持股增减变化达到法定比例的日期、增持股份的资金来源；（4）在上市公司中拥有表决权的股份变动的时间及方式。

如果投资者不是上市公司的第一大股东或者实际控制人的，如果其拥有权益的股份达到或者超过该公司已发行股份的5%，但未达到20%的，则应该编制简式权益变动报告书。

如果投资者拥有权益的股份达到或者超过一个上市公司已发行股份的5%，但未达到20%的，同时，该投资者为该上市公司第一大股东或者实际控股人的，以及投资者拥有的股份达到或者超过20%但未超过30%的，投资者应该编制详式权益变动报告书。

经典例题

【例题·单选题】甲持有某上市公司已发行股份的8%。2021年7月4日，投资者乙与甲签署股份转让协议，约定以6 000万元的价格受让甲持有的该上市公司全部股份。7月6日，乙将股份转让事项通知该上市公司。7月11日，双方办理了股份过户。7月18日，乙通知该上市公司股份过户已办理完毕。根据证券法律制度的规定，乙应当向中国证监会和证券交易所作出书面报告的日期是（　　）。

A. 2021年7月6日

B. 2021年7月8日

C. 2021年7月13日

D. 2021年7月20日

【答案】A

【解析】本题考核持股权益披露。在协议转让股权的情况下，如果协议中拟转让的股权达到或者超过5%，投资者应当在协议达成之日（7月4日）起3日内履行权益报告义务。

高频考点25：要约收购的程序★★★

1. 要约收购的概念

（1）要约收购是收购人在证券交易所的集中竞价系统之外，公开、直接向目标公司所有股东发出要购买其手中持有股票的一种收购方式。

（2）要约收购的核心含义就是公开对目标公司所有股东发出要约，收购意图公开，对所有受要约人（即目标公司所有股东）适用同一收购价格，且要约价格是要高于市价的。

（3）根据要约的收购比例，要约收购分为全面要约和部分要约。全面要约，是指向被收购公司所有股东发出收购其所持有的全部股份的要约。部分要约，是指向被收购公司所有股东发出收购其所持有的部分股份的要约。

（4）根据要约收购行为是否来自法律强制规定，要约收购分为自愿要约和强制要约。自愿要约，是指收购人自愿作出收购决定，并根据目标公司总股本确定预计收购股份的比例，在该比例范围内向目标公司的所有股东发出收购要约。强制要约，是指当持股者持股比例达到法定数额时，强制其向目标公司同类股票的全体股东发出公开收购要约的制度。无论是自愿要约还是强制要约，只要采用要约方式收购一个上市公司的股份的，其预定收购的股份比例不得低于该上市公司已发行股份的5%。

2. 要约收购程序

（1）提示性公告。

以要约方式收购上市公司股份的，收购人应当编制要约收购报告书，聘请财务顾问，通知被收购公司，同时对要约报告书摘要作出提示性公告。

（2）要约公告和竞争要约。

收购人自作出要约收购提示性公告起60日内，未公告要约收购报告书的，收购人应当在期满后次一个工作日通知被收购公司，并予以公告；此后每30日应当公告一次，直至公告要约收购报告书。

收购要约约定的收购期限不得少于30日，并不得超过60日。但出现竞争要约的除外。

在收购要约确定的承诺期内，收购人不得撤销其收购要约。

在收购要约确定的承诺期内，收购人需要变更收购要约的，必须及时公告，载明具体变更事项，并通知被收购公司。在收购要约期限届满前15日内，收购人不得变更收购要约，但出现竞争要约的除外。

（3）要约对象和条件。

上市公司发行不同种类股份的，收购人可以针对持有不同种类股份的股东提出不同的收购条件。收购人需要变更收购要约的，必须及时公告，载明具体变更事项，并通知被收购公司。变更收购要约不得存在下列情形：①降低收购价格；②减少预定收购股份数额；③缩短收购期限；④中国证监会规定的其他情形。

（4）禁止收购人通过其他范式获得被收购公司股票。

采取要约收购方式的，收购人作出公告后至收购期限届满前，不得卖出被收购公司的股票，也不得采取要约规定以外的形式和超出要约的条件买入被收购公司的股票。

（5）被收购公司董事会的义务。

被收购公司董事会应当对收购人的主体资格、资信情况及收购意图进行调查，对要约条件进行分析，对股东是否接受要约提出建议，并聘请独立财务顾问提出专业意见。在收购人公告要约收购报告书后20日内，被收购公司董事会应当公告被收购公司董事会报告书与独立财务顾问的专业意见。收购人对收购要约条件作出重大变更的，被收购公司董事会应当在3个工作日内公告董事会及独立财务顾问就要约条件的变更情况所出具的补充意见。

在要约收购期间，被收购公司董事不得辞职。

（6）预受要约。

同意接受收购要约的股东，在收购期内此种同意并不被视为承诺，而是被视为预受。预受要约的股票将被证券登记结算公司临时保管，在要约收购期间，如果该股东未撤回预受，则不得转让。

（7）要约期满。

收购期限届满，发出部分要约的收购人应当按照收购要约约定的条件购买被收购公司股东预受的股份，预受要约股份的数量超过预定收购数量时，收购人应当按照同等比例收购预受要约的股份；以终止被收购公司上市地位为目的的，收购人应当按照收购要求约定的条件购买被收购公司股东预受的全部股份；未取得中国证监会豁免而发出全面要约的收购人应当购买被收购公司股东预受的全部股份。

收购期限届满后3个交易日内，接受委托的，证券公司应当向证券登记结算机构申请办理股份转让结算、过户登记手续，解除对超过预定收购比例的股票的临时保管；收购人应当公告本次要约收购的结果。

收购期限届满后15日内，收购人应当向证券交易所提交关于收购情况的书面报告，并予以公告。

经典例题

【真题·单选题】（2022）根据证券法律制度的规定，下列关于预受要约的表述中，正确的是（　　）。

A. 预受要约是股东在收购期内同意接受

收购要约的一种特殊承诺

B. 在要约收购期间，即便股东未撤回预受，亦可转让预受要约的股票

C. 在要约收购期限届满 3 个交易日前，预受股东可以委托证券公司办理撤回预受要约的手续

D. 在要约收购期限内，收购人应当每周在证券交易所网站上公告已预受收购要约的股份数量

【答案】C

【解析】本题考查预售要约。同意接受收购要约的股东，在收购期内此种同意并不被视为承诺，而是被视为预受，因此选项 A 错误；预受要约的股票将被证券登记结算公司临时保管，在要约收购期间，如果该股东未撤回预受，则不得转让，因此，选项 B 错误；在要约收购期限内，收购人应当每日在证券交易所网站上公告已预受收购要约的股份数量，不是每周，因此选项 D 错误。

高频考点 26：强制要约制度★★★

1. 强制要约

（1）通过证券交易所的证券交易，投资者持有或者通过协议、其他安排与他人共同持有一个上市公司已发行的股份达到 30% 时，继续进行收购的，应当依法向该上市公司所有股东发出收购上市公司全部或者部分股份的要约。

（2）收购人通过场内收购或协议收购或其他方式在一个上市公司中拥有权益的股份达到或者超过该公司已发行股份的 5%，但未超过 30% 的，仅需按规定履行权益预警披露义务即可。

（3）一旦收购人拥有权益的股份达到该公司已发行股份的 30% 时，继续进行收购的，就引发强制要约收购义务，应当依法向该上市公司的股东发出全面要约或者部分要约，除非符合《收购办法》规定的免于发出要约的情形，收购人才可以免于发出要约。

（4）对于触发强制要约义务的收购行为，有如下情形：①通过证券交易所的证券交易，收购人持有一个上市公司的股份达到该公司已发行股份的 30% 时，继续增持股份的，应当采取要约方式进行，发出全面要约或者部分要约。②收购人通过协议方式导致拥有权益的股份达到该公司已发行股份的 30% 时，继续进行收购的，应当依法向该上市公司的股东发出全面要约或者部分要约。但如果符合免于发出要约规定的，收购人可以免于发出要约。③收购人拟通过协议方式收购一个上市公司的股份超过 30% 的，超过 30% 的部分，应当改以要约方式进行；但如果符合免于发出要约规定，收购人可以免于发出要约。符合前述规定情形的，收购人可以履行其收购协议；不符合前述规定情形的，在履行其收购协议前，应当发出全面要约。

（5）符合免于发出要约规定的，投资者及其一致行动人可以：①免于以要约收购方式增持股份；②存在主体资格、股份种类限制或者法律、行政法规、中国证监会规定的特殊情形的，可以申请免于向被收购公司的所有股东发出收购要约。

（6）对于不符合免于发出要约规定的，投资者及其一致行动人应当在 30 日内将其或者其控制的股东所持有的被收购公司股份减持到 30% 或者 30% 以下；拟以要约以外的方式继续增持股份的，应当发出全面要约。

2. 免于发出要约的两种情况

（1）免于以要约收购的方式增持股份。

有下列情形之一的，收购人可以向中国证监会提出免于以要约方式增持股份的申请：

①收购人与出让人能够证明本次股份转让是在同一实际控制人控制的不同主体之间进行，未导致上市公司的实际控制人发生变化。

②上市公司面临严重财务困难，收购人提出的挽救公司的重组方案取得该公司股东大会批准，且收购人承诺 3 年内不转让其在该公司中所拥有的权益。

③中国证监会为适应证券市场发展变化和保护投资者合法权益的需要而认定的其他情形。

收购人报送的豁免申请文件符合规定，并

且已经按照规定履行报告、公告义务的中国证监会予以受理；不符合规定或者未履行报告、公告义务的，中国证监会不予受理中国证监会在受理豁免申请后20个工作日内，就收购人所申请的具体事项作出是否予以豁免的决定；取得豁免的，收购人可以完成本次增持行为。

（2）免于发出要约。

有下列情形之一的，投资者可以免于发出要约：

①经政府或者国有资产管理部门批准进行国有资产无偿划转、变更、合并，导致投资者在一个上市公司中拥有权益的股份占该公司已发行股份的比例超过30%。

②因上市公司按照股东大会批准的确定价格向特定股东回购股份而减少股本，导致投资者在该公司中拥有权益的股份超过该公司已发行股份的30%。

③经上市公司股东大会非关联股东批准，投资者取得上市公司向其发行的新股，导致其在该公司拥有权益的股份超过该公司已发行股份的30%，投资者承诺3年内不转让本次向其发行的新股，且公司股东大会同意投资者免于发出要约。

④在一个上市公司中拥有权益的股份达到或者超过该公司已发行股份的30%的，自上述事实发生之日起一年后，每12个月内增持不超过该公司已发行的2%的股份。

⑤在一个上市公司中拥有权益的股份达到或者超过该公司已发行股份的50%的继续增加其在该公司拥有的权益不影响该公司的上市地位。

⑥证券公司、银行等金融机构在其经营范围内依法从事承销、贷款等业务导致其持有一个上市公司已发行股份超过30%，没有实际控制该公司的行为或者意图，并且提出在合理期限内向非关联方转让相关股份的解决方案。

⑦因继承导致在一个上市公司中拥有权益的股份超过该公司已发行股份的30%。

⑧因履行约定购回式证券交易协议购回上市公司股份导致投资者在一个上市公司中拥有权益的股份超过该公司已发行股份的30%，并且能够证明标的股份的表决权在协议期间未发生转移。

⑨因所持优先股表决权依法恢复导致投资者在一个上市公司中拥有权益的股份超过该公司已发行股份的30%。

⑩中国证监会为适应证券市场发展变化和保护投资者合法权益的需要而认定的其他情形。

相关投资者应在前款规定的权益变动行为完成后3日内就股份增持情况作出公告。相关投资者按照前款第5项规定采用集中竞价方式增持股份，每累计增持股份比例达到该公司已发行股份的2%的，在事实发生当日和上市公司发布相关股东增持公司股份进展公告的当日不得再行增持股份。前款第4项规定的增持不超过2%的股份锁定期为增持行为完成之日起6个月。

经典例题

【真题·单选题】（2022）甲公司是乙上市公司的控股股东，自2020年10月15日起持有乙上市公司已发行股份的40%。乙上市公司发布公告，披露甲公司拟自2021年12月2日起12个月内以交易所集中竞价交易方式增持乙上市公司1%的股份。根据证券法律制度的规定，下列关于甲公司此次增持及其法律后果的表述中，正确的是（　　）。

A. 甲公司仅得通过大宗交易进行增持

B. 如果未获得股东大会特别决议批准，甲公司就应向乙公司全体股东发出收购要约

C. 甲公司可以免于发出要约

D. 除非经交易所批准，甲公司不得通过集中竞价交易方式增持

【答案】C

【解析】本题中的情形为免于发出要约的第④点。

高频考点27：收购中的信息披露★

1. 要约收购报告书

当收购人主动采用要约收购方式，或者不符合免于发出要约规定须改以要约方式进行收

购的，收购人应当编制要约收购报告书，聘请财务顾问，通知被收购公司，同时对要约收购报告书摘要作出提示性公告。

收购人自作出要约收购提示性公告起60日内，未公告要约收购报告书的，收购人应当在期满后次一个工作日通知被收购公司，并予公告；此后每30日应当公告一次，直至公告要约收购报告书。收购人作出要约收购提示性公告后，在公告要约收购报告书之前，拟自行取消收购计划的，应当公告原因；自公告之日起12个月内，该收购人不得再次对同一上市公司进行收购。

2. 上市公司收购报告书

以协议方式收购上市公司股份超过30%，收购人拟依据《收购办法》相关规定免于发出要约的，应当在与上市公司股东达成收购协议之日起3日内编制上市公司收购报告书，通知被收购公司，并公告上市公司收购报告书摘要。收购人应当在收购报告书摘要公告后5日内，公告其收购报告书、财务顾问专业意见和律师出具的法律意见书；不符合《收购办法》规定的免于发出要约情形的，应当予以公告，并且在30日内减持至30%或者30%以下，或者以发出全面要约的方式继续增持。

3. 被收购公司董事会报告

被收购公司董事会应当对收购人的主体资格、资信情况及收购意图进行调查，对要约条件进行分析，对股东是否接受要约提出建议，并聘请独立财务顾问提出专业意见。

高频考点28：特殊类型收购★

1. 协议收购

协议收购是由收购人和被收购公司的控股股东之间通过协议转让股权的方式完成控制权转移。协议收购还有如下一些特点：

（1）过渡期安排。

以协议方式进行上市公司收购的，自签订收购协议起至相关股份完成过户的期间为上市公司收购过渡期。

（2）出让股份之控股股东的义务。

被收购公司控股股东向收购人协议转让其所持有的上市公司股份的，应当对收购人的主体资格、资信情况及收购意图进行调查，并在其权益变动报告中披露有关调查情况。

（3）股权过户。

协议收购的相关当事人应当向证券登记结算机构申请办理拟转让股份的临时保管手续，并可以将用于支付的现金存放于证券登记结算机构指定的银行。

收购报告书公告后，相关当事人应当按照证券交易所和证券登记结算机构的业务规则，在证券交易所就本次股份转让予以确认后，凭全部转让款项存放于双方认可的银行账户的证明，向证券登记结算机构申请解除拟协议转让股票的临时保管，并办理过户登记手续。

（4）管理层收购。

上市公司董事、监事、高级管理人员、员工或者其所控制或者委托的法人或者其他组织，拟对本公司进行收购或者通过间接收购取得本公司控制权的，该上市公司应当具备健全且运行良好的组织机构以及有效的内部控制制度，公司董事会成员中独立董事的比例应当达到或者超过1/2。公司应当聘请符合《证券法》规定的资产评估机构提供公司资产评估报告，本次收购应当经董事会非关联董事作出决议，且取得2/3以上的独立董事同意后，提交公司股东大会审议，经出席股东大会的非关联股东所持表决权过半数通过。

2. 间接收购

收购人虽不是上市公司的股东，但通过投资关系、协议、其他安排导致其拥有权益的股份达到或者超过一个上市公司已发行股份的5%，但未超过30%的，应当按照规定进行权益披露。

（1）间接收购同样应遵循关于强制要约收购的规定。

（2）收购人拥有权益的股份超过该公司已发行股份的30%的，应当向该公司所有股东发出全面要约；收购人预计无法在事实发生之日起30日内发出全面要约的，应当在前述

30日内促使其控制的股东将所持有的上市公司股份减持至30%或者30%以下，并自减持之日起2个工作日内予以公告；其后收购人或者其控制的股东拟继续增持的，应当采取要约方式，拟依据《收购办法》的规定免于发出要约的，应当编制上市公司收购报告书，通知被收购公司，并公告上市公司收购报告书摘要。

另外，投资者虽不是上市公司的股东，但通过投资关系取得对上市公司股东的控制权，而受其支配的上市公司股东所持股份达到相关比例，且对该股东的资产和利润构成重大影响的，也应当（在拥有权益的股份达到或者超过一个上市公司已发行股份的5%，未超过30%时）履行权益预警披露义务，以及履行在引发强制要约收购时编制要约收购报告书，或免于发出要约时编制上市公司收购报告书的义务。

（3）在间接收购中，由于收购人只是上市公司的实际控制人，相关很多信息上市公司不能获得。因此，上市公司实际控制人及受其支配的股东，负有配合上市公司真实、准确、完整披露有关实际控制人发生变化的信息的义务；实际控制人及受其支配的股东拒不履行上述配合义务，导致上市公司无法履行法定信息披露义务而承担民事、行政责任的，上市公司有权对其提起诉讼。实际控制人、控股股东指使上市公司及其有关人员不依法履行信息披露义务的，中国证监会依法进行查处。

高频考点29：上市公司重大资产重组 ★★

重大资产重组行为是指上市公司及其控股或者控制的公司在日常经营活动之外购买、出售资产或者通过其他方式进行资产交易达到规定的比例，导致上市公司的主营业务、资产、收入发生重大变化的资产交易行为。

重大资产重组分为两种，其中特殊重大资产重组（借壳上市）须经中国证监会的核准。

1. 普通重大资产重组

上市公司及其控股或者控制的公司购买、出售资产达到下列标准之一的，构成重大资产重组：

（1）购买、出售的资产总额占上市公司最近一个会计年度经审计的合并财务会计报告期末资产总额的比例达到50%以上。

（2）购买、出售的资产在最近一个会计年度所产生的营业收入占上市公司同期经审计的合并财务会计报告营业收入的比例达到50%以上。

（3）购买、出售的资产净值占上市公司最近一个会计年度经审计的合并财务会计报告期末净资产额的比例达到50%以上，且不超过5 000万元人民币。

2. 特殊重大资产重组

上市公司自控制权发生变更之日起36个月内，向收购人及其关联人购买资产，导致上市公司发生以下根本变化情形之一的，构成重大资产重组，应当按照重组办法的规定报经中国证监会核准：

（1）购买的资产总额占上市公司控制权发生变更的前一个会计年度经审计的合并财务会计报告期末净资产总额的比例达到100%以上。

（2）购买的资产在最近一个会计年度所产生的营业收入占上市公司控制权发生变更的前一个会计年度经审计的合并财务会计报告营业收入的比例达到100%以上。

（3）购买的资产净额占上市公司控制权发生变更的前一个会计年度经审计的合并财务会计报告期末净资产额的比例达到100%以上。

（4）为购买资产发行的股份占上市公司首次向收购人及其关联人购买资产的董事会决议前一个交易日的股份的比例达到100%以上。

（5）上市公司向收购人及其关联人购买资产虽未达到前4项标准，但可能导致上市公司主营业务发生根本变化。

（6）中国证监会认定可能导致上市公司发生根本变化的其他情形。

3. 重大资产重组的行为要求

（1）符合国家产业政策和有关环境保护土地管理反垄断等法律和行政法规的规定；

（2）不会导致上市公司不符合股票上市条件；

（3）重大资产重组所涉及的资产定价公允，不存在损害上市公司和股东合法权益的情形；

（4）重大资产重组所涉及的资产权属清晰，资产过户或者转移，不存在法律障碍，相关债权债务处理合法；

（5）有利于上市公司增强持续经营能力，不存在可能导致上市公司重组后主要资产为现金或者无具体经营业务的情形；

（6）有利于上市公司在业务、资产、财务、人员、机构等方面与实际控制人及其关联人保持独立，符合中国证监会关于上市公司独立性的相关规定；

（7）有利于上市公司形成或者保持健全有效的法人治理结构。

以上是所有重大资产重组行为都必须遵守的要求。对于涉及借壳上市的特殊重大资产重组行为，还有额外条件：

（1）符合重大资产重组信息披露的要求，以及发行股份购买资产时符合《重组办法》的规定；

（2）上市公司购买的资产对应的经营实体应当是股份有限公司或者有限责任公司且符合《首发管理办法》规定的其他发行条件；

（3）上市公司及其最近3年内的控股股东、实际控制人不存在因涉嫌犯罪正被司法机关立案侦查或涉嫌违法违规正被中国证监会立案调查的情形，但是，涉嫌犯罪或违法违规的行为已经终止满3年，交易方案能够消除该行为可能造成的不良后果，且不影响对相关行为人追究责任的除外；

（4）上市公司及其控股股东、实际控制人最近12个月内未受到证券交易所公开谴责，不存在其他重大失信行为；

（5）本次重大资产重组不存在中国证监会认定的可能损害投资者合法权益，或者违背公开、公平、公正原则的其他情形。

4. 发行股份购买资产

（1）上市公司发行股份购买资产，应当符合下列规定：

①充分说明并披露本次交易有利于提高上市公司资产质量、改善财务状况和增强持续盈利能力，有利于上市公司减少关联交易、避免同业竞争、增强独立性；

②上市公司最近一年及一期财务会计报告被注册会计师出具无保留意见审计报告；被出具保留意见、否定意见或者无法表示意见的审计报告的，须经注册会计师专项核查确认，该保留意见、否定意见或者无法表示意见所涉及事项的重大影响已经消除或者将通过本次交易予以消除；

③上市公司及其现任董事、高级管理人员不存在因涉嫌犯罪正被司法机关立案侦查或涉嫌违法违规正被中国证监会立案调查的情形，但是，涉嫌犯罪或违法违规的行为已经终止满3年，交易方案有助于消除该行为可能造成的不良后果，且不影响对相关行为人追究责任的除外；

④充分说明并披露上市公司发行股份所购买的资产为权属清晰的经营性资产，并能在约定期限内办理完毕权属转移手续；

⑤中国证监会规定的其他条件。

（2）上市公司发行股份的价格不得低于市场参考价的90%。市场参考价为本次发行股份购买资产的董事会决议公告日前20个交易日、60个交易日或者120个交易日的公司股票交易均价之一。本次发行股份购买资产的董事会决议应当说明市场参考价的选择依据。这里所称交易均价的计算公式为：董事会决议公告日前若干个交易日公司股票交易均价＝决议公告日前若干个交易日公司股票交易总额/决议公告日前若干个交易日公司股票交易总量。

（3）特定对象以资产认购而取得的上市公司股份，自股份发行结束之日起12个月内不得转让；属于下列情形之一的，36个月内不得转让：

①特定对象为上市公司控股股东、实际控制人或者其控制的关联人；

②特定对象通过认购本次发行的股份取得上市公司的实际控制权；

③特定对象取得本次发行的股份时，对其用于认购股份的资产持续拥有权益的时间不足12个月。

属于特殊重大资产重组（即“借壳上市”交易情形）的，上市公司原控股股东、原实际控制人及其控制的关联人，以及在交易过程中从该等主体直接或间接受让该上市公司股份的特定对象应当公开承诺，在本次交易完成后36个月内不转让其在该上市公司中拥有权益的股份；除收购人及其关联人以外的特定对象应当公开承诺，其以资产认购而取得的上市公司股份自股份发行结束之日起24个月内不得转让。

5. 信息披露与公司决议

（1）信息披露。

上市公司实施重大资产重组，应当就本次交易符合下列要求作出充分说明，并予以披露：①符合国家产业政策和有关环境保护、土地管理、反垄断等法律和行政法规的规定；②不会导致上市公司不符合股票上市条件；③重大资产重组所涉及的资产定价公允，不存在损害上市公司和股东合法权益的情形；④重大资产重组所涉及的资产权属清晰，资产过户或者转移不存在法律障碍，相关债权债务处理合法；⑤有利于上市公司增强持续经营能力，不存在可能导致上市公司重组后主要资产为现金或者无具体经营业务的情形；⑥有利于上市公司在业务、资产、财务、人员、机构等方面与实际控制人及其关联人保持独立，符合中国证监会关于上市公司独立性的相关规定；⑦有利于上市公司形成或者保持健全有效的法人治理结构。

（2）公司决议。

上市公司股东大会就重大资产重组事项作出决议，必须经出席会议的股东所持表决权的2/3以上通过。

上市公司重大资产重组事宜与本公司股东或者其关联人存在关联关系的，股东大会就重大资产重组事项进行表决时，关联股东应当回避表决。交易对方已经与上市公司控股股东就受让上市公司股权或者向上市公司推荐董事达成协议或者默契，可能导致上市公司的实际控制权发生变化的，上市公司控股股东及其关联人应当回避表决。

6. 证监会核准

上市公司应该在股东大会作出重大资产重组决议后的次一工作日公告该决议。中国证监会依照法定条件和程序作出予以核准或者不予核准的决定。

高频考点30：虚假陈述★★★

1. 虚假陈述行为的界定

虚假陈述是指信息披露义务人违反证券法律规定，在证券发行或者交易过程中，对重大事件作出违背事实真相的虚假记载、误导性陈述，或者在披露信息时发生重大遗漏、不正当披露信息的行为。包括：

（1）发行人、上市公司和其他信息披露义务人在招股说明书、公司债券募集办法、上市公告书、公司定期报告、临时报告及其他文件中作出虚假陈述。

（2）律师事务所、会计师事务所、资产评估机构等专业性证券服务机构在其出具的法律意见书、审计报告、资产评估报告及参与制作的其他文件中作出虚假陈述。

（3）上述人等在向证券监管部门提交的各种文件、报告和说明中作出虚假陈述。

（4）发行人、上市公司和其他信息披露义务人未按照规定披露信息，包括未按照规定的方式进行披露、未及时披露等。

（5）在证券发行、交易及其相关活动中的其他虚假陈述。

虚假陈述分为虚假记载、误导性陈述、重大遗漏。

“未按照规定披露信息”也可能构成虚假

陈述。

原告以信息披露文件中的盈利预测、发展规划等预测性信息与实际经营情况存在重大差异为由主张发行人实施虚假陈述的，人民法院不予支持，但有下列情形之一的除外：①信息披露文件未对影响该预测实现的重要因素进行充分风险提示的；②预测性信息所依据的基本假设、选用的会计政策等编制基础明显不合理的；③预测性信息所依据的前提发生重大变化时，未及时履行更正义务的。前款所称的重大差异，可以参照监管部门和证券交易场所的有关规定认定。

虚假陈述还分为诱多型虚假陈述和诱空型虚假陈述。

诱多型虚假陈述，是指行为人发布虚假的利多消息，或隐瞒实质的利空消息不予公布或不及时公布，使投资者在股价处于相对高位时进行投资追涨，属于最常见的虚假陈述表现形式。

诱空型虚假陈述，是指行为人发布虚假的消极利空消息，或者隐瞒实质性的利好消息不予公布、不及时公布等，使得投资者以低于股票真实价值的不适当股价消极卖出甚至空仓的行为。

以上在学理中都属于积极信息披露义务人的虚假陈述。相应地，还有消极信息披露义务人的虚假陈述行为。消极信息披露人，是指根据证券法律制度并不负有信息披露义务的主体，即使知悉相关应予披露的信息，其沉默本身不构成虚假陈述，因其并没有法定义务披露；即使将相关信息予以公开，通常也不构成法定的信息披露，而是信息泄露。但是如果主动编造、传播虚假信息或误导性信息，则违反了证券法。

2. 虚假陈述的法律责任

（1）行政责任。

信息披露义务人未按规定报送有关报告或者履行信息披露义务的，责令改正，给予警告，并处以 50 万元以上 500 万元以下的罚款；对直接负责的主管人员和其他直接责任人员给予警告，并处以 20 万元以上 200 万元以下的罚款。发行人的控股股东实际控制人组织、指使从事上述违法行为，或者隐瞒相关事项导致发生上述情形的，处以 50 万元以上 500 万元以下的罚款；对直接负责的主管人员和其他直接责任人员，处以 20 万元以上 200 万元以下的罚款。

信息披露义务人报送的报告或者披露的信息有虚假记载、误导性陈述或者重大遗漏的，责令改正，给予警告，并处以 100 万元以上 1 000万元以下的罚款；对直接负责的主管人员和其他直接责任人员给予警告，并处以 50 万元以上 500 万元以下的罚款。发行人的控股股东、实际控制人组织、指使从事上述违法行为，或者隐瞒相关事项导致发生上述情形的，处以 100 万元以上 1 000 万元以下的罚款；对直接负责的主管人员和其他直接责任人员，处以 50 万元以上 500 万元以下的罚款。

（2）刑事责任。

《刑法》分别针对发行时的虚假陈述行为和上市公司的虚假陈述行为，规定了两种不同的罪名，欺诈发行股票、债券罪和违规披露、不披露重要信息罪。

（3）民事责任。

虚假陈述行为导致发行人或者上市公司的信息披露虚假，投资者可能据此作出了错误的投资决策，造成了投资损失。

①虚假陈述民事责任的承担主体包括：信息披露义务人；发行人的控股股东、实际控制人、董事、监事、高级管理人员和其他直接责任人员以及保荐人、承销的证券公司及其直接责任人员；证券服务机构。

a. 信息披露义务人未按照规定披露信息，或者公告的证券发行文件、定期报告、临时报告及其他信息披露资料存在虚假记载、误导性陈述或者重大遗漏，致使投资者在证券交易中遭受损失的，信息披露义务人应当承担赔偿责任；发行人的控股股东、实际控制人、董事、监事、高级管理人员和其他直接责任人员以及保荐人、承销的证券公司及其直接责任人员，应当与发行人承担连带赔偿责任，但是能够证明自己没有过错的除外。b. 证券服务机构为证券的发行、上市、交易等证券业务活动制作、出具审计报告及其他鉴证报告、资产评估报告、财务顾问报告、资信评级报告或者法律意见书等文件，应当勤勉尽责，对所制作、出具的文件内容的真实性、准确性、完整性进行核查和验证。其制作、出具的文件有虚假记载、误导性陈述或者重大遗漏，给他人造成损失的，应当与发行人、上市公司承担连带赔偿责任，但是能够证明自己没有过错的除外。

②民事责任构成要件

作为特殊的侵权责任，虚假陈述民事责任的构成要件包括：a. 客观的侵权行为（即虚假陈述的行为）；b. 主观要件；c. 侵权行为与投资者交易行为之间的交易因果关系（信赖），即因侵权人的虚假陈述行为，投资者才进行了相关证券的交易；d. 客观的损害后果，即投资者受到客观损失；e. 损失因果关系或事实因果关系，即侵权行为与损害后果之间的因果关系。

第一，客观的侵权行为要件。提起虚假陈述民事诉讼的原告应承担证明被告存在侵权行为的举证责任。

第二，不同责任主体的主观归责原则有所区别。发行人、上市公司作为信息披露首要义务人，对虚假陈述民事责任承担严格责任，即不问主观过错。对于发行人的控股股东、实际控制人、董事、监事、高级管理人员和其他直接责任人员以及保荐人、承销的证券公司及其直接责任人员、证券服务机构，其归责原则是“过错推定”，即应当与发行人、上市公司承担连带赔偿责任，但是能够证明自己没有过错的除外。

第三，交易因果关系的推定。对交易因果关系采取了推定的方式，推定原告在符合规定的情形下就是信赖了诉争虚假信息才进行了交易，极大地减少了原告投资者在这方面的举证责任。

原告能够证明下列情形的，人民法院应当认定原告的投资决定与虚假陈述之间的交易因果关系成立：

a. 信息披露义务人实施了虚假陈述；

b. 原告交易的是与虚假陈述直接关联的证券；

c. 原告在虚假陈述实施日之后、揭露日或更正日之前实施了相应的交易行为，即在诱多型虚假陈述中买入了相关证券，或者在诱空型虚假陈述中卖出了相关证券。

被告可以举证推翻以上交易因果关系的推定。被告能够证明下列情形之一的，人民法院应当认定交易因果关系不成立：

a. 原告的交易行为发生在虚假陈述实施前，或者是在揭露或更正之后；

b. 原告在交易时知道或者应当知道存在虚假陈述，或者虚假陈述已经被证券市场广泛知悉；

c. 原告的交易行为是受到虚假陈述实施后发生的上市公司的收购、重大资产重组等其他重大事件的影响；

d. 原告的交易行为构成内幕交易、操纵证券市场等证券违法行为的；

e. 原告的交易行为与虚假陈述不具有交易因果关系的其他情形。

名师解惑

要想实现交易因果关系的推定，必须首先确定几个关键时间点，包括虚假陈述实施日、虚假陈述揭露日或更正日。

虚假陈述实施日，是指信息披露义务人作出虚假陈述或者发生虚假陈述之日。信息披露义务人在证券交易场所的网站或者符合监管部门规定条件的媒体上公告发布具有虚假陈述内容的信息披露文件，以披露日为实施日；通过召开业绩说明会、接受新闻媒体采访等方式实施虚假陈述的，以该虚假陈述的内容在具有全国性影响的媒体上首次公布之日为实施日。信息披露文件或者相关报导内容在交易日收市后发布的，以其后的第一个交易日为实施日。因未及时披露相关更正、确认信息构成误导性陈述，或者未及时披露重大事件或者重要事项等构成重大遗漏的，以应当披露相关信息期限届满后的第一个交易日为实施日。

虚假陈述揭露日，是指虚假陈述在具有全国性影响的报刊、电台、电视台或监管部门网站、交易场所网站、主要门户网站、行业知名的自媒体等媒体上，首次被公开揭露并为证券市场知悉之日。人民法院应当根据公开交易市场对相关信息的反应等证据，判断投资者是否知悉了虚假陈述。除当事人有相反证据足以反驳外，下列日期应当认定为揭露日：a. 监管部门以涉嫌信息披露违法为由对信息披露义务人立案调查的信息公开之日；b. 证券交易场所等自律管理组织因虚假陈述对信息披露义务人等责任主体采取自律管理措施的信息公布之日。信息披露义务人实施的虚假陈述呈连续状态的，以首次被公开揭露并为证券市场知悉之日为揭露日。信息披露义务人实施多个相互独立的虚假陈述的，人民法院应当分别认定其揭露日。

虚假陈述更正日，是指信息披露义务人在证券交易场所网站或者符合监管部门规定条件的媒体上，自行更正虚假陈述之日。

第四，损失及损失因果关系的证明。虚假陈述行为人在证券交易市场承担民事赔偿责任的范围，以投资人因虚假陈述而实际发生的损失为限。原告实际损失包括投资差额损失、投资差额损失部分的佣金和印花税。

3. 虚假陈述民事诉讼的诉讼方式

目前我国虚假陈述民事诉讼的诉讼方式主要表现为三种：

（1）投资者的单独诉讼。这是传统的诉讼形式。

（2）普通代表人诉讼。

（3）特别代表人诉讼，采用的是“默认加入、明示退出”的方式。

4. 虚假陈述民事诉讼的诉讼时效

（1）当事人主张以揭露日或更正日起算诉讼时效的，人民法院应当予以支持。揭露日与更正日不一致的，以在先的为准。对于虚假陈述责任人中的一人发生诉讼时效中断效力的事由，应当认定对其他连带责任人也发生诉讼时效中断的效力。

（2）在诉讼时效期间内，部分投资者向人民法院提起人数不确定的普通代表人诉讼的，人民法院应当认定该起诉行为对所有具有同类诉讼请求的权利人发生时效中断的效果。在普通代表人诉讼中，未向人民法院登记权利的投资者，其诉讼时效自权利登记期间届满后重新开始计算。向人民法院登记权利后申请撤回权利登记的投资者，其诉讼时效自撤回权利登记之次日重新开始计算。

（3）投资者保护机构依照《证券法》第九十五条第三款的规定作为代表人参加诉讼后，投资者声明退出诉讼的，其诉讼时效自声明退出之次日起重新开始计算。

经典例题

【真题·案例分析题】（2022）万能科技系上市公司。2015 年至 2018 年 6 月 30 日期间，万能科技与若干关联经销商之间发生持续、大额关联交易，但万能科技在相关各期年报及 2018 年半年报中均未披露上述关联关系和关联交易。2020 年 6 月 5 日，万能科技公告称收到中国证监会《立案通知书》：因涉嫌未按规定披露关联交易，中国证监会决定对万能科技立案调查。当日，万能科技股票盘中一度跌停，收盘跌幅 5%。

2021 年 7 月 2 日，万能科技公告称其收到中国证监会的《行政处罚决定书》。当日，万能科技股票未出现明显波动。

2022 年 2 月，投资者甲和乙分别以万能科技及其全体董事为被告向人民法院提起诉讼。甲于 2019 年 2 月多次购入万能科技股票，并于 2020 年 7 月一次性全部卖出，出现投资损失。乙曾于 2018 年 6 月多次购入万能科技股票，并于 2018 年 12 月一次性全部卖出，出现投资损失；后又于 2020 年 6 月 8 日购入万能科技股票，并一直持有至诉讼期间。

在甲提起的诉讼中，甲主张以2020年6月5日《立案通知书》公告日为虚假陈述揭露日。万能科技则认为：与其他虚增业绩、隐瞒亏损等行为不同，未披露关联关系和关联交易不会对投资者造成重大误导，因此不具有“重大性”，原告主张的侵权行为不成立。

在乙提起的诉讼中，乙主张其可请求的投资差额损失为：2020年6月8日买入股票的平均价格与2018年12月卖出价格的差额，乘以2020年6月8日买入的股票数量。

万能科技董事丙在诉讼中提出：其对万能科技与经销商之间存在关联关系的事实并不知情，且无相关职业背景和专业知识对此予以查知，其履职并无过错，不应承担责任。

独立董事丁在诉讼中提出：其于2018年5月开始担任万能科技独立董事，并在公司发布2018年半年报时，已明确声称其无法保证文件内容的真实性、准确性、完整性且披露了具体的异议理由，因此其履职并无过错，不应承担责任。

人民法院查明：丁在审议2018年半年报的董事会决议时虽表达了异议，但最终投了赞成票。人民法院将2020年8月7日定为基准日。

要求：根据上述内容，分别回答下列问题：

（1）甲关于“以2020年6月5日《立案通知书》公告日为虚假陈述揭露日”的主张是否符合证券法律制度的规定？并说明理由。

（2）万能科技关于“未披露关联关系和关联交易不具有‘重大性’”的主张是否符合证券法律制度的规定？并说明理由。

（3）根据证券法律制度的规定，甲的投资差额损失应如何计算？并说明理由。

（4）乙关于投资差额损失的主张是否符合证券法律制度的规定？并说明理由。

（5）丙关于“其履职并无过错，不应承担责任”的主张是否符合证券法律制度的规定？并说明理由。

（6）丁关于“其履职并无过错，不应承担责任”的主张是否符合证券法律制度的规定？并说明理由。

【答案及解析】

（1）甲关于“以2020年6月5日《立案通知书》公告日为虚假陈述揭露日”的主张，符合证券法律制度的规定。根据证券法律制度的规定，除当事人有相反证据足以反驳外，监管部门以涉嫌信息披露违法为由对信息披露义务人立案调查的信息公开之日，应当认定为揭露日。

（2）万能科技关于“未披露关联关系和关联交易不具有‘重大性’”的主张，不符合证券法律制度的规定。根据证券法律制度的规定，虚假陈述的内容属于《证券法》第80条第二款、第81条第二款规定的重大事件，或虚假陈述的内容属于监管部门制定的规章和规范性文件中要求披露的重大事件或者重要事项的，或虚假陈述的实施、揭露或更正导致证券交易价格产生明显的变化的，应当认定虚假陈述的内容具有重大性。

（3）甲的投资差额损失为：2019年2月买入股票的平均价格与2020年7月卖出价格之间的差额，乘以已卖出的股票数量。根据证券法律制度的规定，原告在实施日之后、揭露日之前买入，在揭露日之后、基准日之前卖出的股票，按买入股票的平均价格与卖出股票的平均价格之间的差额，乘以已卖出的股票数量计算。

（4）乙关于投资差额损失的主张，不符合证券法律制度的规定。乙于2020年6月8日的买入行为是在揭露日之后，其投资决定与虚假陈述之间没有交易因果关系。

（5）丙关于“其履职并无过错，不应承担责任”的主张，不符合证券法律制度的规定。根据证券法律制度的规定，发行人的董事、监事、高级管理人员和其他直接责任人员主张对虚假陈述没有过错，但不能提供勤勉尽责的相应证据，仅以其不从事日常经营管理、无相关职业背景和专业知识等理由主张其没有过错的，人民法院不予支持。

（6）丁关于“其履职并无过错，不应承

担责任”的主张，不符合证券法律制度的规定。根据证券法律制度的规定，独立董事在独立意见中对虚假陈述事项发表保留意见、反对意见或无法表示意见并说明具体理由的，人民法院应当认定其没有过错，但独立董事在审议、审核相关文件时投赞成票的除外。

高频考点31：内幕交易行为★★★

内幕交易是指证券交易内幕信息的知情人员利用内幕信息进行证券交易的行为。

1. 内幕信息

证券交易活动中涉及发行人的经营，财务或者对该发行人证券的市场价格有重大影响的尚未公开的信息，为内幕信息。

2. 内幕交易行为的认定

在内幕信息敏感期内，内幕信息的知情人员和非法获取内幕信息的人，不得买卖该公司的证券，或者泄露内幕信息，或者建议他人买卖该证券，否则就构成了内幕交易。

（1）证券交易的内幕信息知情人：

①发行人的董事、监事、高级管理人员。

②持有上市公司5%以上股份的股东及其董事、监事、高级管理人员，公司的实际控制人及其董事、监事、高级管理人员。

③发行人控股或者实际控制的公司及其董事、监事、高级管理人员。

④由于所任公司职务或者因与公司业务往来可以获取公司有关内幕信息的人员。

⑤上市公司收购人或者重大资产交易方及其控股股东、实际控制人、董事、监事和高级管理人员。

⑥因职务、工作可以获取内幕信息的证券交易所、证券登记结算机构、证券公司、证券服务机构的有关人员。

⑦因职责、工作可以获取内幕信息的证券监督管理机构工作人员。

⑧因法定职责对证券的发行、交易或者对上市公司及其收购、重大资产交易进行管理可以获取内幕信息的有关主管部门、监管机构的工作人员。

⑨可以获取内幕信息的其他人员。

（2）非法获取证券内幕信息的人员：

①利用窃取、骗取、套取、窃听、利诱、刺探或者私下交易等手段获取内幕信息的。

②内幕信息知情人员的近亲属或者其他与内幕信息知情人员关系密切的人员，在内幕信息敏感期内，从事或者明示、暗示他人从事，或者泄露内幕信息导致他人从事与该内幕信息有关的证券、期货交易，相关交易行为明显异常，且无正当理由或者正当信息来源的。

③在内幕信息敏感期内，与内幕信息知情人员联络、接触，从事或者明示、暗示他人从事，或者泄露内幕信息导致他人从事与该内幕信息有关的证券、期货交易，相关交易行为明显异常，且无正当理由或者正当信息来源的。

（3）内幕交易的客观行为表现：

①自行买卖：行为人在内幕信息敏感期内，自行买卖与内幕信息直接相关的发行人的证券。

②建议买卖：行为人在内幕信息敏感期内，（明示或暗示）建议他人买卖与内幕信息直接相关的发行人证券。建议买卖有如下构成要件：建议人为内幕信息知情人或非法获取内幕信息的人；建议人推荐、劝说或怂恿他人买卖证券；被建议人知道或应当知道建议人掌握内幕信息；建议行为导致了相关证券的买卖行为。

③泄露内幕信息：行为人在内幕信息敏感期内，泄露内幕信息（并导致他人买卖），而不论其泄露时的主观状态。泄露内幕信息的构成要件有：有泄露行为，包括非法获取内幕信息的人再次进行“信息传递”，但合法履行义务或职责的除外；信息接收者知道或应当知道其接受的信息是内幕信息，信息传递的次数和层级不影响内幕交易构成。但是，如果信息接收者仅仅只是单纯接收信息，既未再次泄露、也未自行买卖或建议他人买卖行为，则不属于内幕交易、泄露内幕信息的范畴。

（4）责任推定。

只要监管机构提供的证据能够证明以下情形之一，就可以确认内幕交易行为成立：

①证券交易内幕信息知情人员，进行了与该内幕信息有关的证券交易活动；

②内幕信息知情人员的配偶、父母、子女以及其他有密切关系的人，其证券交易活动与该内幕信息基本吻合；

③因履行工作职责知悉上述内幕信息并进行了与该信息有关的证券交易活动；

④非法获取内幕信息，并进行了与该内幕信息有关的证券交易活动；

⑤内幕信息公开前与内幕信息知情人员或者知晓该内幕信息的人员联络、接触，其证券交易活动与内幕信息高度吻合。

（5）不构成“内幕交易罪”的情况。

具有下列情形之一的，不构成“内幕交易罪”：

①持有或者通过协议、其他安排与他人共同持有上市公司5%以上股份的自然人、法人或者其他组织收购该上市公司股份的；

②按照事先订立的书面合同、指令、计划从事相关证券、期货交易的；

③依据已被他人披露的信息而交易的；

④交易具有其他正当理由或者正当信息来源的。

3. 短线交易

上市公司、股票在国务院批准的其他全国性证券交易场所交易的公司的董事、监事、高级管理人员持有或者通过协议、其他安排与他人共同持有该公司5%以上的股东，将其持有的该公司的股票或者其他具有股权性质的证券在买入后6个月内卖出，或者在卖出后6个月内又买入，由此所得收益归公司所有，公司董事会应当收回其所得收益。但是，证券公司因包销购入售后剩余股票而持有5%以上股份，以及有国务院证券监督管理机构规定的其他情形除外。

前款所称董事、监事、高级管理人员、自然人股东所持有的股票或者其他具有股权性质的证券，包括其配偶、父母、子女所持有及其利用他人账户持有的股票或者其他具有股权性质的证券。

公司董事会不按照第一款规定执行的，股东有权要求董事会在30日内执行。公司董事会未在上述期限内执行的，股东有权为了公司的利益以自己的名义直接向人民法院提起诉讼。

公司董事会不按照第一款的规定执行的，负有责任的董事依法承担连带责任。

前述诉讼形式应为股东派生诉讼，因此提起诉讼的股东应符合《公司法》中关于股东派生诉讼原告持股条件和持股期限的规定。

4. 利用未公开信息交易

禁止证券交易场所、证券公司、证券登记结算机构、证券服务机构和其他金融机构的从业人员，以及有关监管部门或者行业协会的工作人员，利用因职务便利获取的内幕信息以外的其他未公开的信息，违反规定，从事与该信息相关的证券交易活动，或者明示、暗示他人从事相关交易活动。

经典例题

【真题·单选题】（2018）甲为某上市公司董事。2018年1月8日和22日，甲通过其配偶的证券账户以20元/股和21元/股的价格，先后买入本公司股票2万股和4万股。同年7月9日，甲以22元/股的价格将6万股全部卖出。根据证券法律制度的规定，甲通过上述交易所得收益中，应当归入该上市公司的金额是（　　）万元。

A. 2　　B. 4

C. 6　　D. 0

【答案】B

【解析】本题考核短线交易。甲于2018年1月8日买入，7月9日卖出的2万股股票已经超过了6个月，不构成短线交易；于1月22日买入，7月9日卖出的4万股未超过6个月，构成短线交易，其收益=4万股×（22元－21元）=4（万元），应当归上市公司所有。

高频考点32：操纵证券市场行为★★★

禁止任何人以下列手段操纵证券市场，影响或者意图影响证券交易价格或者证券交易量：

（1）单独或者通过合谋，集中资金优势、持股优势或者利用信息优势联合或者连续买卖，操纵证券交易价格或者证券交易量。

（2）与他人串通，以事先约定的时间、价格和方式相互进行证券交易，影响证券交易价格或者证券交易量。

（3）在自己实际控制的账户之间进行证券交易，影响证券交易价格或者证券交易量。

（4）不以成交为目的，频繁或大量申报并撤销申报。

（5）利用虚假或者不确定的重大信息，诱导投资者进行证券交易。

（6）对证券、发行人公开作出评价、预测或者投资建议，并进行反向证券交易。

（7）利用在其他相关市场的活动操纵证券市场。

（8）操纵证券市场的其他手段。

第（1）项行为属于通过真实的交易影响证券交易价格或者证券交易量的行为，通常被称为联合或连续买卖式操纵。认定该类操纵行为的关键是辨别其中的操纵意图。

第（2）项和第（3）项都是以虚假交易影响证券交易价格或者证券交易量，第（2）项通常被称为“对敲”，第（3）项通常被称为“自买自卖”或“洗售”。由于该两类行为并不是通过真实的交易行为进行操纵，其操纵意图比之联合或连续买卖式操纵较易认定。但需要注意，该认定是推定性的，如果当事人能够证明自己虽然发生了第（2）项和第（3）项交易，但是由于其他原因，并没有操纵意图，即不会被认定为操纵市场。

第（4）项通常被称为虚假申报操纵，即行为人不以成交为目的，频繁申报、撤单或者大额申报、撤单，误导投资者作出投资决策，影响证券交易价格或者证券交易量。对于市场来说，申报本身就是价格信号，行为人通过不断频繁提交买入或卖出特定证券的申报，人为营造相关证券受到市场资金重点关注、交易气氛活跃的假象，诱使其他投资者跟风买入或卖出，从而影响证券的交易价格或交易量。实践中，行为人通常会在影响证券交易价格或证券交易量后进行与申报相反的交易来谋利，但虚假申报操纵的认定并不以是否有反向交易为要件。

以上第（5）项通常被称为蛊惑交易操纵。由于第（1）项联合或连续买卖式操纵中也涉及“利用信息优势”，因此有必要区分这两种操纵行为。第（1）项主要是指有信息优势的“内部人”利用该优势，影响或者意图影响证券交易价格或者证券交易量的行为（该操纵意图也使得“利用信息优势”操纵与内幕交易相区分），其所利用的信息通常是真实的或确定的、重大的，但尚未公布的内幕信息。而第（5）项中的行为人利用的通常是虚假的或不确定的重大信息，误导投资者作出投资决策，故而被称为“蛊惑交易”。

第（5）项“蛊惑交易”操纵也应与虚假陈述予以区分。二者的联系点在于都涉及虚假的或不确定的重大信息。但“蛊惑交易”操纵行为主体没有限定，且有操纵意图的主观要件和影响证券交易价格和交易量的结果要件。虚假陈述的行为人通常是积极的信息披露义务人，且不具备操纵意图的主观要件和结果要件。

第（5）项“蛊惑交易”操纵与编造、传播虚假信息或者误导性信息的区别在于主观目的和行为表现的不同。“蛊惑交易”操纵的认定要看行为人的操纵的意图和操纵的结果；但编造、传播虚假信息或者误导性信息的主要行为模式表现为编造和/或传播虚假的信息或者误导性信息，除非能够证明行为人有操纵意图并有操纵结果，否则并不构成操纵。

第（6）项通常被称为抢先交易操纵，其的操纵模式主要表现为：对证券、发行人公开作出评价、预测或者投资建议，同时提前反向交易。行为人评价、测评信息或建议内容的真假性不论，也有可能为对真实性的既有公开信息的解读，关键是通过这种评价、测评、建议甚至是解读，来对投资者进行“印象形成”。值得注意的是，如果没有提前反向交易，仅进行公开测评、评价、建议、解读等行为，并影响了证券交易价格或证券交易量，则可能构成第（5）项的“蛊惑交易”操纵。

经典例题

【真题·单选题】（2022）刘某是知名财经记者。在买入某上市公司股票后，刘某将该公司已经公布的年报内容在其任职的财经媒体上集中报道、积极评价，以吸引投资者买入。因刘某的报道和评价，该股票价格明显上涨，刘某趁机将之前所购股票全部卖出。根据证券法律制度的规定，下列关于刘某的行为性质的表述中，正确的是（　　）。

A. 刘某的行为构成“老鼠仓”交易

B. 刘某的行为构成内幕交易

C. 刘某的行为构成消极信息披露人的虚假陈述

D. 刘某的行为构成操纵证券市场

【答案】D

【解析】题中所述情形属于“对证券、发行人公开作出评价、预测或者投资建议，并进行反向证券交易”的操纵证券市场行为。

【真题·单选题】（2020）根据证券法律制度的规定，对证券、发行人公开作出评价、预测或者投资建议，并进行反向证券交易，影响或者意图影响证券交易价格的行为是（　　）。

A. 内幕交易行为

B. 虚假陈述行为

C. 操纵市场行为

D. 编造、传播虚假信息的行为

【答案】C

【解析】对证券、发行人公开作出评价、预测或者投资建议，并进行反向证券交易是操纵市场的手段之一。

【例题·单选题】汪某为某知名证券投资咨询公司的负责人，该公司经常在重要媒体和互联网平台免费公开发布咨询报告，并向公众推荐股票，已经买入的股票在公司咨询报告中予以推荐，咨询报告发布会后将股票卖出。根据证券法律制度的规定，汪某的行为构成（　　）。

A. 内幕交易　　B. 虚假陈述

C. 操纵证券市场　D. 欺诈客户

【答案】C

【解析】汪某的行为属于以其他手段操纵证券市场。

【真题·案例分析题】（2019）新银公司为A股上市公司，股本总额为2亿股。2015年5月22日，新银公司召开临时股东大会，审议通过了《非公开发行股票议案》。该议案确定本次非公开发行对象为公司股东物灵公司、宝华公司与元基公司；股票发行数量不超过5 000万股；物灵公司认购4 000万股，宝华公司和元基公司共认购1 000万股，发行价格为7.5元/股。5月26日，新银公司与三股东正式签订非公开发行股票认购协议。协议签订前，物灵公司持有新银公司的股份比例为28%；宝华公司和元基公司签有一致行动人协议，合计持股比例为10%；新银公司董事、监事及高级管理人员及其一致行动人合计持股比例为12%。宝华公司和元基公司承诺在此次非公开发行实施完毕前，不以任何形式增持新银公司股份。

自2015年6月起，宝华公司旗下管理的基金账户通过场内交易增持新银公司股份。截至2015年12月8日，宝华公司和元基公司合计持股比例达到29%。物灵公司认为，宝华公司和元基公司不属于“社会公众股东”，在宝华公司通过场内交易增持后，新银公司如仍按《非公开发行股票议案》增资扩股，将导致新银公司的股份分布违反《证券法》的规定。董事会决定调整非公开发行方案。2015年12月16日，新银公司发布公告称，证监会已同意公司暂停非公开发行股票的申请。

新银公司董事会经与物灵公司协商，形成如下意见：鉴于宝华公司和元基公司的失信行为，不再将其作为本次非公开发行的认购对象，调整后的股票发行数量为3 000万股，由物灵公司全额认购。物灵公司认购后，所持新银公司的股份比例将超过30%，会触发强制要约收购义务，物灵公司认为，因其已承诺3年内不转让本次非公开发行的股票，所以只要新银公司股东大会的非关联股东豁免要约收购即可，无须向证监会申请豁免。根据以上意见，2016年2月1日，新银公司董事会审议通过《关于调整非公开发行股票发行对象、发行数量及募集资金数额的议案》（以下简称“议案1”）。次日，新银公司发布公告：公司将于2月19日召开临时股东大会审议该议案，物灵公司、宝华公司和元基公司应当对该议案表决予以回避。2016年2月5日，宝华公司和元基公司向新银公司董事会提交《关于调整非公开发行股票方案的议案》（以下简称“议案2”），提议宝华公司和元基公司全额认购拟非公开发行的3 000万股。同时，对上述关于回避表决的要求提出异议。

2016年2月19日，宝华公司和元基公司参加临时股东大会并进行表决，对议案1投了反对票，对议案2投了赞成票。议案2获得出席股东大会的股东所持表决权过半数通过，议案1未获通过。物灵公司未参加此次股东大会表决，但在会后向董事会提出质疑：宝华公司和元基公司无权提出临时议案，更无权参与此次股东大会并对议案1和议案2进行表决。

物灵公司认为，关联股东未回避表决属于股东大会决议撤销之诉的事由，故而于2016年4月29日向法院提出诉讼，请求撤销2月19日新银公司临时股东大会对议案2的决议。

要求：根据上述内容，分别回答下列问题。

（1）物灵公司认为宝华公司和元基公司不属于“社会公众股东”的观点是否正确？并说明理由。

（2）物灵公司关于“在宝华公司通过场内交易增持后，新银公司如仍按《非公开发行股票议案》增资扩股，将导致新银公司的股份分布违反证券法的规定”的观点是否正确？并说明理由。

（3）物灵公司关于“因其已承诺3年内不转让本次非公开发行的股票，所以只要新银公司股东大会非关联股东豁免要约收购即可，无须向证监会申请豁免”的观点，是否符合证券法律制度的规定？并说明理由。

（4）宝华公司和元基公司参加新银公司临时股东大会并对议案1进行表决，是否符合证券法律制度的规定？并说明理由。

（5）宝华公司和元基公司参加新银公司临时股东大会并对议案2进行表决，是否符合证券法律制度的规定？并说明理由。

（6）物灵公司关于“宝华公司和元基公司无权提出临时提案”的观点，是否符合公司法律制度的规定？并说明理由。

（7）物灵公司提起股东大会决议撤销之诉的日期是否符合公司法律制度的规定？并说明理由。

【答案及解析】

（1）该观点正确。根据规定，社会公众股东，是指不包括下列股东的上市公司其他股东：①持有上市公司10%以上股份的股东及其一致行动人；②上市公司的董事、监事、高级管理人员及其关联人。宝华公司和元基公司合计持有29%的股份且是一致行动人，不属于社会公众股东。

（2）该观点正确。根据规定，上市条件中股权分布比例规定是：公开发行的股份达到公司股份总数的25%以上；公司股本总额超过人民币4亿元的，公开发行股份的比例为10%以上。题目中股份总数未超过4亿股，公开发行比例应当在25%以上。定向增发后，公司总股本2.5亿股，物灵公司持有2亿股的28%＋定增的4 000万股＝0.56＋0.4＝0.96（亿股），宝华公司和元基公司持有2亿股的29%＋定增的1 000万股＝0.58＋0.1＝0.68（亿股），董监高及一致行动人持有2亿股的12%＝0.24（亿股），这些合计＝0.96＋0.68＋0.24＝1.88（亿股），那么公开发行的股份数是2.5－1.88＝0.62（亿股），0.62÷2.5×100%＝

24.8%，即公开发行比例不足25%，导致股份分布将不符合上市条件。

（3）该观点符合规定。根据规定，经上市公司股东大会非关联股东批准，投资者取得上市公司向其发行的新股，导致其在该公司拥有权益的股份超过该公司已发行股份的30%，投资者承诺3年内不转让本次向其发行的新股，且公司股东大会同意投资者免于发出要约，则可以免于申请，可直接向证券交易所和证券登记结算机构申请办理股份转让和过户登记手续。题目中物灵公司承诺3年内不转让本次向其发行的新股，所以经股东大会非关联股东审议可以豁免。

（4）符合规定。股东大会就发行事项作出决议，必须经出席会议的股东所持表决权的2/3以上通过。向本公司特定的股东及其关联人发行的，股东大会就发行方案进行表决时，关联股东应当回避。议案1是向原股东物灵公司发行，不涉及宝华公司、元基公司，所以宝华公司、元基公司参加表决符合规定。

（5）不符合规定。股东大会就非公开发行股东作出的决定，涉及关联股东的，关联股东应当回避表决。关联股东是指董事会决议已确定为本次发行对象的股东及其关联人。议案2是向原股东宝华公司、元基公司发行，因此宝华公司、元基公司不能参与表决。

（6）该观点不符合规定。根据规定，单独或者合计持有公司3%以上股份的股东，可以在股东大会召开10日前提出临时提案并书面提交董事会；董事会应当在收到提案后2日内通知其他股东，并将该临时提案提交股东大会审议。

（7）不符合法定期间的要求。根据规定，股东会或者股东大会、董事会的会议召集程序、表决方式违反法律、行政法规或者公司章程，或者决议内容违反公司章程的，股东可以自决议作出之日起60日内，请求人民法院撤销。决议作出之日是2月19日，请求撤销之日是4月29日，超过了60天。

【真题·案例分析题】（2019）福明公司为A股上市公司。2018年1月25日，福明公司实际控制人、董事长李某根据公司2017年度业绩情况，向董事会秘书赵某提出在当期实施股票“高送转”的利润分配动议。赵某起草了《高送转预期利润分配预案》等文件提交董事会审议，但由于董事会对具体实施方案存在较大分歧、未能形成有效决议，该方案未予披露。

孙某为赵某好友，2018年1月底，孙某在一次商业宴会上向赵某打听福明公司2017年度业绩和利润分配情况，赵某告知孙某“业绩不错，可能会做‘高送转’，但董事会还没通过，具体还不好说”。得此答复后，孙某于2018年2月2日买入福明公司股票。

2018年2月5日，赵某根据董事会意见修改了利润分配方案。2018年2月26日（星期一），福明公司召开董事会通过了修改后的利润分配方案。根据该方案，以盈余公积金向全体股东每10股转增10股，并派发2元红利。3月1日公司告知董事会决议。

赵某将“高送转”信息告知妻子程某。随后，程某又将该信息转告福明公司股东王某。王某通过其控制的越野投资有限公司（以下简称“越野投资”）于2018年2月中旬多次买入福明公司股票。此前，王某已持有福明公司2%的股份，越野投资不持有福明公司股份。

2019年3月起，证监会对福明公司内幕交易案立案调查，孙某在内幕交易调查中抗辩：福明公司的“高送转”方案在2018年1月底时董事会尚未通过，赵某于2月5日才修改“高送转”方案；孙某在2月2日买入股票时内幕信息尚未形成，故意买入行为不构成内幕交易。调查期间，证监会认定王某与越野投资在2018年2月购入福明公司股票时，构成一致行动人，购入后二者合计持股比例为5.9%，未按规定履行重大持股信息披露义务，王某在内幕交易调查中未对自己的买入行为给出正当理由，但辩称：其于2018年2月的股票买入行为，属于相关司法解释中规定的“持有或通过协议、其他安排与他人共同持有上市公司5%以上股份的自然人、法人或者其他组织收购该上市公司股份”的情形，不构成内幕交易。

要求：根据上述内容，分别回答下列问题。

（1）本案“高送转”的利润分配方案是否构成内幕信息？并说明理由。

（2）赵某告知孙某“可能会做‘高送转’”的行为是否构成内幕交易？并说明理由。

（3）福明公司以盈余公积金转增股本的做法是否符合公司法律制度的规定？并说明理由。

（4）福明公司于2018年3月1日公告董事会决议，是否符合证券法律制度的规定？并说明理由。

（5）孙某关于其在“在2月2日买入股票时内幕信息尚未形成”的抗辩是否成立？并说明理由。

（6）程某告知王某“福明公司可能将做‘高转送’”的行为是否构成内幕交易？并说明理由。

（7）王某称“其于2018年2月的股票买入行为属于收购，不构成内幕交易”的抗辩理由是否成立？并说明理由。

【答案及解析】

（1）该方案构成内幕信息。根据规定，公司分配股利或者增资的计划属于内幕信息。

（2）赵某的行为构成内幕交易。根据规定，在内幕信息敏感期内，内幕信息的知情人和非法获取内幕信息的人，不得买卖该公司的证券，或者泄露消息，或者建议他人买卖该证券。赵某属于内幕信息知情人，其在内幕信息敏感期内泄露信息，构成内幕交易行为。

（3）福明公司的做法符合规定。根据规定，公司的公积金可用于弥补公司的亏损、扩大公司生产经营或者转为增加公司资本。

（4）福明公司的做法不符合规定，根据规定，董事会就发行新股形成相关决议属于重大事件，上市公司应当在董事会形成决议的2个交易日内履行披露义务。题目中董事会于2月26日形成决议，至3月1日已经超过2个交易日。

（5）孙某的抗辩不成立。根据规定，影响内幕信息形成的动议、筹划、决策或者执行人员，其动议、筹划、决策或者执行初始时间，应当认定为内幕信息的形成之时。2018年1月25日，董事长李某向董事会秘书赵某提出在当期实施股票“高送转”的利润分配动议，这是动议初始时间，是内幕信息形成之时。

（6）程某的行为构成内幕交易。根据规定，内幕信息知情人员的近亲属，在内幕信息敏感期内，从事或者明示、暗示他人从事与该内幕信息有关的证券、期货交易，相关交易行为明显异常，且无正当理由或者正当信息来源的，属于内幕交易。

（7）王某的抗辩不成立。持有或通过协议、其他安排与他人共同持有上市公司5%以上股份的自然人、法人或者其他组织收购该上市公司股份的，不属于内幕交易行为。但王某在2月买入股票之前，持股只有2%，不属于“持股5%以上的股东”，不符合该要求。王某在内幕信息敏感期内买卖上市公司股票，属于内幕交易。

进阶练习

（一）单选题

1. 根据上海证券交易所《股票上市规则》的规定，发行人首次公开发行股票后申请其股票在主板上市，应当符合的条件不包括（　　）。

A. 具有持续经营能力

B. 公司股本总额不少于人民币5 000万元

C. 公司股本总额未超过人民币4亿元的，

公开发行的股份达到公司股份总数的25%以上

D. 公司股本总额超过人民币4亿元的，公开发行股份的比例为15%以上

2. 信息披露义务人未按《证券法》规定报送有关报告或者履行信息披露义务的，责令改正，给予警告并处（　　）。

A. 20万元以上200万元以下的罚款

B. 30万元以上300万元以下的罚款

C. 40万元以上400万元以下的罚款

D. 50万元以上500万元以下的罚款

3. 证券在证券交易所上市交易，应当采用公开的（　　）或者国务院证券监督管理机构批准的其他方式。

A. 集中交易　　B. 连续竞价

C. 集合竞价　　D. 大宗交易

4. 我国科创板和创业板首次公开发行股票适用（　　）。

A. 核准制　　B. 备案制

C. 注册制　　D. 审核制

5. 根据证券法律制度的规定，下列各项中不属于证券公开发行情形的是（　　）。

A. 向不特定对象发行证券

B. 向累计不超过200人的不特定对象发行证券

C. 向累计不超过200人的特定对象发行证券

D. 采用电视广告方式发行证券

6. 根据证券法律制度的规定，下列情形中无须经中国证监会核准的是（　　）。

A. 甲上市公司拟公开发行公司债券

B. 乙上市公司拟非公开发行公司债券

C. 丙上市公司拟公开发行优先股

D. 丁上市公司拟非公开发行优先股

7. 非公开发行股票的特定对象不超过（　　）名。

A. 10　　B. 35

C. 50　　D. 200

8. 根据证券法律制度的规定，下列各项中不属于重大事件的是（　　）。

A. 上市公司30%的董事发生变动

B. 上市公司30%的监事发生变动

C. 上市公司董事长无法履行职责

D. 上市公司经理发生变动

9. 根据证券法的规定，甲上市公司发生的下列事项中不属于内幕信息的是（　　）。

A. 只有1%股份的股东王某增持股份达4%

B. 董事长张某病重无法履行职责

C. 总经理赖某辞职

D. 甲公司涉嫌违法经营被立案调查

10. 下列关于全国中小企业股份转让系统的表述中错误的是（　　）。

A. 公开发行的公司债券应当在全国中小企业股份转让系统转让

B. 非公开发行的公司债券可以申请在全国中小企业股份转让系统转让

C. 强制退市的上市公司股票应当统一在全国中小企业股份转让系统设立的专门挂牌转让

D. 非上市公众公司公开转让股票应当在全国中小企业股份转让系统进行

11. 关于上市公司发行优先股，说法正确的是（　　）。

A. 上市公司发行优先股，最近3个会计年度实现的年均可分配利润应当不少于优先股一年的股息

B. 公开发行优先股，最近一年财务报表被注册会计师出具的审计报告应当为标准审计报告或带强调事项段的无保留意见的审计报告

C. 上市公司同一次发行的优先股，条款可以不相同

D. 公司及其控股股东或实际控制人最近12个月内存在违反向投资者作出的公开承诺的行为的，可以公开发行优先股

12. 上市公司、股票在国务院批准的其他全国性证券交易场所交易的公司的董事、监事、高级管理人员、持有或者通过协议、其他安排与他人共同持有该公司股份5%以上的股东，将其持有的该公司的股票或者其他具有股

权性质的证券在买入后（　　）内卖出，或者在卖出后（　　）内又买入，由此所得收益归该公司所有，公司董事会应当收回其所得收益。

A. 3 个月；3 个月

B. 3 个月；6 个月

C. 6 个月；3 个月

D. 6 个月；6 个月

13. 以下关于证券承销的说法中错误的是（　　）。

A. 公众公司公开发行股票，应当聘请具有证券承销业务资格的证券公司承销

B. 证券承销业务采取代销或包销方式

C. 保荐人持续督导期间为公开发行完成后当年剩余时间及其后 2 个完整会计年度

D. 证券的代销、包销期限最长不得超过 180 日

14. 上市公司非公开发行股票，应当符合的规定不包括（　　）。

A. 发行价格不低于定价基准日前 20 个交易日公司股票均价的 80%

B. 本次发行的股份自发行结束之日起，12 个月内不得转让；控股股东、实际控制人及其控制的企业认购的股份，24 个月内不得转让

C. 募集资金使用符合《发行管理办法》的相关规定

D. 本次发行将导致上市公司控制权发生变化的，还应当符合中国证监会的其他规定

15. 自中国证监会核准发行之日起，上市公司应在（　　）内发行证券；超过（　　）未发行的，核准文件失效，须重新经中国证监会核准后方可发行。

A. 3 个月；6 个月

B. 3 个月；3 个月

C. 6 个月；6 个月

D. 12 个月；12 个月

16. 任何人不得事先约定证券交易价格、时间和方式，进行证券交易影响证券交易量和交易价格，否则属于（　　）违法行为。

A. 编造传播虚假信息

B. 虚假陈述

C. 操纵市场

D. 内幕交易

17. 根据证券法律制度的规定，上市公司拟配售股份数量不得超过本次配售股份前股本总额的一定比例，该比例为（　　）。

A. 5%　　B. 10%

C. 20%　　D. 30%

18. 某公司首次公开发行股份时，股东王某欲公开发售其股份。根据证券法律制度的规定，王某所持股份应满足一定的持有时间要求方可公开发售。该持有时间至少为（　　）个月。

A. 18　　B. 24

C. 30　　D. 36

（二）多选题

1. 关于虚假陈述的民事责任，表述正确的有（　　）。

A. 发行人、上市公司作为信息披露首要义务人，对虚假陈述民事责任承担严格责任，即不问主观过错

B. 对于发行人的控股股东、实际控制人、董事、监事、高级管理人员和其他直接责任人员以及保荐人、承销的证券公司及其直接责任人员、证券服务机构，其归责原则是“过错推定”，即应当与发行人、上市公司承担连带赔偿责任，但是能够证明自己没有过错的除外

C. 目前我国虚假陈述民事诉讼的诉讼方式主要表现为三种：投资者单独诉讼、普通代表人诉讼、特别代表人诉讼

D. 对于特别代表人诉讼，采用的是“默认加入、明示退出”的方式

2. 某上市公司的下列事项中，属于证券交易内幕信息的有（　　）。

A. 增加注册资本的计划

B. 股权结构的重大变化

C. 财务总监发生变动

D. 监事会共 5 名监事，其中 2 名发生变动

3. 下列人员中属于证券交易内幕信息的知情人员的有（　　）。

A. 上市公司的总会计师

B. 持有上市公司3%股份的股东

C. 上市公司控股的公司的董事

D. 上市公司的监事

4. 李某为甲上市公司的董事。李某将其持有的甲公司股票在买入后的第5个月卖出，获利100万元。根据证券法律制度的规定，下列表述中正确的有（　　）。

A. 该收益应当全部归甲公司所有

B. 该收益应由甲公司董事会负责收回

C. 如果董事会不收回该收益的，股东有权要求董事会限期收回

D. 如果董事会未在规定期限内执行股东关于收回李某收益的要求的，股东有权以甲公司的名义直接向人民法院提起收回该收益的诉讼

5. 下列有关会计师事务所、律师事务所虚假陈述行为的法律责任的表述中正确的有（　　）。

A. 会计师事务所、律师事务所违反证券法规定从事证券业务，未报备案的，责令改正，可处20万元以下的罚款

B. 证券服务机构违反证券法规定未勤勉尽责，所制作出具的文件有虚假记载、误导性陈述或者重大遗漏的，责令改正，没收业务收入，并处以业务收入1倍以上10倍以下的罚款

C. 没有业务收入或者业务收入不足50万元的，处以50万元以上500万元以下的罚款；情节严重的，并处暂停或者禁止从事证券服务业务

D. 对直接负责的主管人员和其他直接责任人员给予警告，并处以20万元以上200万元以下的罚款

6. 相关人员在信息披露工作中应当履行相应的职责，下列有关相关人员职责的表述中，符合法律规定的有（　　）。

A. 发行人的董事应当对证券发行文件和定期报告签署书面确认意见

B. 发行人的高级管理人员应当对证券发行文件和定期报告签署书面确认意见

C. 发行人的监事会应当对证券发行文件和定期报告签署书面确认意见

D. 发行人的监事应当对证券发行文件和定期报告签署书面确认意见

7. 根据证券法规定，下列以要约方式收购非上市公众公司的表述中正确的有（　　）。

A. 在收购要约约定的承诺期限内，收购人不得撤销其收购要约

B. 收购要约期限届满前15日内，收购人不得变更收购要约；但是出现竞争要约的除外

C. 在要约收购期限届满前3日内，预受股东不得撤回其对要约的接受

D. 在要约收购期间，被收购公司董事不得辞职

8. 下列不属于证券法中的证券的有（　　）。

A. 股票

B. 资产支持证券

C. 存托凭证

D. 资产管理产品

9. 下列属于公司首次公开发行新股应当符合的条件有（　　）。

A. 具备健全且运行良好的组织机构

B. 有持续经营能力

C. 最近3年财务会计报告被出具无保留意见审计报告

D. 发行人及其控股股东、实际控制人最近3年不存在贪污、贿赂、侵占财产、挪用财产或者破坏社会主义市场经济秩序的刑事犯罪

10. 下列属于公开发行优先股的公司必须在章程中规定的事项有（　　）。

A. 采取固定股息率

B. 在有可分配税后利润的情况下，必须向优先股股东分配股息

C. 未向优先股股东足额派发股息的差额部分应当积累到下一个会计年度

D. 优先股股东按照约定的股息率分配股

息后，不再同普通股股东一起参加剩余利润分配

11. 我国的投资者保护机构履行相应投资者保护的职能主要有（　　）方面。

A. 表决权征集

B. 证券纠纷调解

C. 证券支持诉讼

D. 股东派生诉讼

12. 关于股票的首次公开发行，表述正确的有（　　）。

A. 首次公开发行股票的网下发行应和网上发行同时进行

B. 首次公开发行股票，可以通过向网下投资者询价的方式确定股票发行价格，也可以通过发行人与主承销商自主协商直接定价等其他合法可行的方式确定发行价格

C. 首次公开发行股票采用询价方式的，公开发行股票后总股本4亿股（含）以下的，网下初始发行比例不低于本次公开发行股票数量的50%；发行后总股本超过4亿股的，网下初始发行比例不低于本次公开发行股票数量的60%

D. 首次公开发行股票数量在4亿股以上的，可以向战略投资者配售股票

13. 科创板和创业板上市公司发行可转换债券的特殊规定有（　　）。

A. 具备健全且运行良好的组织机构

B. 最近5年平均可分配利润足以支付公司债券1年的利息

C. 最近3年平均可分配利润足以支付公司债券1年的利息

D. 具有合理的资产负债结构和正常的现金流量

14. 关于我国股票场内交易，表述正确的有（　　）。

A. 投资者应当使用实名开立的账户进行交易

B. 一对一磋商的协议转让属于集中交易

C. 证券交易按价格优先、时间优先的原则竞价撮合成交

D. 大宗交易最初始的表现形式就是交易对手方的事先锁定和价格的协商

15. 收购人需要变更收购要约的，必须及时公告，载明具体变更事项，并通知被收购公司。变更收购要约不得存在的情形有（　　）。

A. 降低收购价格

B. 提高收购价格

C. 缩短收购期限

D. 减少预定收购股份数额

16. 根据上市公司证券发行的有关规定，以下关于上市公司非公开发行股票的表述中，正确的有（　　）。

A. 发行对象不得超过200人

B. 发行价格不得低于市场交易价格

C. 控股股东认购的股份18个月内不得转让

D. 本次发行的股份自发行结束之日起6个月内不得转让

17. 根据证券法律制度的规定，甲上市公司的下列机构或人员中，可以作为征集人自行或委托证券公司、证券服务机构，公开请求上市公司股份委托其代为出席股东大会，并代为行使提案权、表决权等股东权利的有（　　）。

A. 甲公司董事会

B. 独立董事刘某

C. 职工监事张某

D. 持有甲公司5%表决权股份的股东李某

18. 根据证券法律制度的规定，上市公司发生以下情形时，属于证券法律制度禁止其增发股票的有（　　）。

A. 公司在3年前曾经公开发行过可转换公司债券

B. 公司现任监事在最近36个月内曾经受到过中国证监会的行政处分

C. 公司最近1期财务报告被注册会计师出具保留意见

D. 公司现任董事因涉嫌违法已被中国证监会立案调查

（三）案例分析题

1. 2021年4月，甲上市公司与乙有限责

任公司达成合并意向。甲公司董事会初步拟定的合并及配套融资方案包括以下要点：

（1）甲公司吸收合并乙公司，合并完成后，甲公司存续、承接乙公司全部资产和负债，乙公司注销，乙公司原股东获得现金补偿。

（2）根据合并双方审计报告，截至2021年底，乙公司资产总额占甲公司同期经审计资产总额的比例超过50%，但该年度公司营业收入占甲公司同期经审计营业收入的比例低于50%，故本次合并不构成甲公司重大资产重组。

（3）出席股东大会并对合并方案投反对票的股东，享有异议股东股份回购请求权，有权要求甲公司以合理的价格回购其股票。

（4）为筹集实施合并所需资金，甲公司拟向本公司控股股东A公司非公开发行股票，发行价格不低于定价基准日前20个交易日公司股票均价的80%。具体发行价格由董事会决议确定，并经股东大会批准，A公司认购的股份自发行结束之日起12个月内不得转让。

甲公司董事会根据中介机构的意见，修订方案初稿后，予以公告。

2021年6月1日，甲公司临时股东大会通过合并决议和非公开发行股票融资决议。同日，乙公司临时股东会也通过了合并决议。6月15日，中国证监会批准了甲公司的合并与配套融资方案。

B银行对甲公司享有一笔2022年6月底到期的借款债权，接到甲公司合并通知后，B银行于6月20日向甲公司提出偿债请求，甲公司以债务未到期为由，予以拒绝。

2021年6月22日，乙公司股东贾某以“股东会召集程序违反公司章程”为由提起诉讼，请求人民法院撤销乙公司股东会6月1日通过的合并决议。经查，乙公司章程规定，召开股东会应当以电子邮件方式通知股东，但乙公司并未向贾某发送电子邮件，而是以手机短信方式通知。贾某及其他股东均出席了6月1日的股东会会议并表决。人民法院认为乙公司股东会召集程序确有不符合公司章程之处，但仍然驳回了贾某的诉讼请求。甲公司股东周某反对甲、乙公司合并，于2021年5月底向甲公司董事会邮寄了书面反对意见，但周某并未出席甲公司6月1日召开的临时股东大会，也未委托他人表决。6月6日，周某向甲公司提出行使异议股东股份回购请求权。遭甲公司拒绝，拒绝理由是：只有出席股东大会并对合并事项投反对票的股东，才享有异议股东股份回购请求权。

2021年10月7日，中国证监会接到举报称，甲公司董事雷某涉嫌内幕交易。经查，雷某于2021年2月1日、2月10日、3月2日先后购入甲公司股票10万股、20万股、40万股，并于2021年8月5日和25日全部卖出，获利100余万元。根据以上事实，中国证监会认定雷某的行为违反证券法律制度，构成短线交易。

要求：根据上述内容，分别回答下列问题。

（1）基于方案初稿所述情况，本次合并是否构成甲公司的重大资产重组？并说明理由。

（2）方案初稿中关于非公开发行股票的内容，是否符合证券法律制度的规定？并说明理由。

（3）甲公司拒绝B银行偿债请求的理由是否成立？并说明理由。

（4）人民法院认为以公司股东会召集程序确有不符合公司章程之处，但仍然驳回甲某的诉讼请求，是否符合公司法律制度的规定？并说明理由。

（5）甲公司拒绝周某异议股东股份回购请求的理由是否成立？并说明理由。

（6）计算雷某因短线交易所获利润时，应当以多少股份数为基数？并说明理由。

（7）雷某短线交易所获利润应当归谁所有？并说明理由。

2. 林森木业是在深圳证券交易所挂牌上市公司。林木集团系林森木业控股股东，持股比例为45%。

2020年10月27日，人民法院裁定受理林木集团的破产重整申请。2021年5月，林木集团第一股东赵某与新民投资开始实质性磋商，由新民投资向林木集团注资的方式参与重整。2021年9月18日，新民投资与赵某等林木集团股东签署重组框架协议。9月21日，林森木业对该重组框架协议签订事宜予以公告。

2021年12月26日，人民法院裁定批准林木集团的破产重整计划草案。根据该破产重整计划，新民投资向林木集团注资后，将持有重整后的林木集团85%的股权。

2022年2月12日，新民投资公布要约收购报告书，向林森木业除林木集团以外的所有股东发出收购其所持全部无限售流通股的要约。新民投资发布的要约收购报告书摘要的提示性公告显示：此次要约收购有效期为2022年2月14日至2022年4月10日；预定收购股份数量为6亿股；收购价格为每股9.77元；提示性公告日前6个月内，新民投资未买入林森木业任何股票。2月12日前30个交易日内，林森木业每日加权平均价格的算术平均值为每股9.76元。

2022年3月，林森木业独立董事钱某因个人健康原因向董事会提出辞职。

2022年4月9日，林森木业董事会发布《致全体股东报告书》，对股东是否接受新民投资的要约提出建议。

持有林森木业股票的孙某于2022年3月30日委托其开户的证券公司办理接受前述收购要约的预售手续。4月9日，孙某反悔前述预售承诺，并委托证券公司撤回预受。

2022年5月，中国证监会因新民投资副董事长李某涉嫌内幕交易对其立案调查。经查，李某于2017年9月15日以每股7.8元的价格买入林森木业10万股，并于要约收购有效期内接受了要约。李某辩称，其买入林森木业股票时，不仅重组框架协议尚未签署，林木集团重整计划草案能否获得通过，也不确定，故新民投资向林木集团注资一事尚未形成内幕信息。李某对其买入行为未给出其他理由。

要求：根据上述内容，分别回答下列问题。

（1）新民投资按照重整计划向林木集团注资，是否构成对林森木业的收购？并说明理由。

（2）新民投资按照重整计划向林木集团注资，是否必须向林森木业其他所有股东发出收购要约？并说明理由。

（3）新民投资对林木集团的要约收购价格是否符合证券法律制度的规定？并说明理由。

（4）钱某能否辞去独立董事职务？并说明理由。

（5）林森木业发布《致全体股东报告书》的时间是否符合证券法律制度的规定？并说明理由。

（6）孙某能否撤回预售？并说明理由。

（7）李某关于其购买股票时内幕信息尚未形成的主张是否成立？李某的行为是否构成内幕交易？并分别说明理由。

3. 甲公司为上市公司。2019年5月，以甲公司董事长为首的8名董事和高管所持公司股票的限售期到期。

2019年5月底，农业农村部向社会通报猪瘟疫情。6月5日，财经媒体大同财经发布新闻报道称，甲公司正在与某科研机构合作研发“可有效预防非洲猪瘟的疫苗”。当日，甲公司股票交易价格明显上涨。6月18日，甲公司发布重大合同公告，声称公司研发的兽用疫苗注射液将投入产业化生产，对猪瘟的预防率达到100%，并将给公司带来显著业绩增长；当日，甲公司股票涨停，交易量显著增多，8名董事和高管各自售出部分股票。

6月19日，农业农村部发布公告称“目前尚未有任何猪瘟商品化疫苗获批或上市，且目前尚无预防率为100%的猪瘟疫苗”。证券交易所也于同日就甲公司6月18日披露的公告向甲公司发出问询函。甲公司回复称，6月18日的公告误将“兽用注射液”写成“兽用

第七章

疫苗注射液”。当日，甲公司股票跌停。

2020年2月4日，甲公司发布公告称：因公司涉嫌证券违法行为，证监会决定对甲公司立案调查。

投资者李某于2019年6月5日买入甲公司股票，于2019年6月19日卖出。投资者赵某于2019年6月18日买入甲公司股票，并一直持有。投资者孙某于2019年6月3日买入甲公司股票，于2020年3月陆续卖出。

2020年5月，李某、赵某和孙某分别向人民法院提起虚假陈述民事赔偿诉讼，要求甲公司及其董事、高管赔偿投资损失。

李某向人民法院主张：虚假陈述实施日为2019年6月5日。孙某向人民法院主张：虚假陈述揭露日为2020年2月4日证监会立案调查公告之日。

人民法院查明：公司股票价格自2019年6月19日跌停后，一直处于相对低位；2020年2月4日公司股票没有明显下跌。人民法院将2019年6月19日认定为虚假陈述揭露日，并驳回李某和孙某的起诉。

在赵某提起的诉讼中，甲公司董事长等人提出：虚假陈述行为人是甲公司，公司董事和高管不应当作为虚假陈述民事赔偿诉讼的共同被告。

证监会在调查中发现：甲公司8名董事和高管在6月初向交易所报备减持计划的同时，授意大同财经记者袁某发布公司研发“非洲猪瘟疫苗”的新闻，有证据表明袁某应当知道该新闻是不真实的。稽查人员认为：甲公司8名董事和高管的行为构成操纵市场；袁某也违反了证券法的相关规定。袁某辩称：他不是信息披露义务人，其作为记者有权进行财经新闻报道，没有义务核实信息的真实性，因此没有违反证券法。

要求：根据上述内容，分别回答下列问题。

（1）甲公司6月18日的公告构成哪些类型的信息披露违法行为？并分别说明理由。

（2）甲公司董事长关于“公司董事和高管不应该作为共同被告”的主张是否成立？并说明理由。

（3）李某关于“虚假陈述实施日为2019年6月5日”的主张是否成立？并说明理由。

（4）法院将2019年6月19日认定为虚假陈述揭露日，是否符合证券法律制度的规定？并说明理由。

（5）法院认可投资者赵某的原告资格，是否符合证券法律制度的规定？并说明理由。

（6）甲公司董事和高管的行为是否构成操纵市场？并说明理由。

（7）袁某关于“他不是信息披露义务人”“没有义务核实信息的真实性”的辩解是否成立？并说明理由。

4. 恒发公司是上市公司，明芳公司持有恒发公司29.9%的股份，是其控股股东。

2021年8月，明芳公司管理层与朱亚集团接触，拟将其持有的恒发公司全部股份转让给朱亚集团。8月16日，市场出现传闻，称明芳公司拟将其持有的恒发公司股份售出以偿还质押融资款，恒发公司股价发生波动。恒发公司就市场传闻向明芳公司发函问询，明芳公司认为股价波动与明芳公司无关，故未作回复。

10月8日，明芳公司与朱亚集团签署“股份转让框架协议”并通知了恒发公司，同日，恒发公司发布提示性公告。11月6日，明芳公司与朱亚集团签署“股份转让协议”。恒发公司在准备公告文件过程中发现：

（1）朱亚集团的权益变动报告书表明了未来12个月内继续增持的意图，但拒绝提供未来12个月内对恒发公司的业务、人员等是否进行调整的后续计划且未说明理由。恒发公司要求朱亚集团补充相关内容，朱亚集团则认为自己没有义务披露是否调整恒发公司业务等后续计划。

（2）明芳公司的权益变动报告书未说明其是否了解朱亚集团的诚信情况和收购意图。

朱亚集团要求明芳公司在股份过户之前将恒发公司董事会半数以上成员更换为朱亚集团委派的人员。明芳公司表示拒绝。

朱亚集团拟在协议收购恒发公司股份之后再通过场内交易的方式增持恒发公司股份，预计最终持股比例为34.9%。

2022年6月，明芳公司与朱亚集团无法就股份收购事项达成最终一致意见。8月6日，恒发公司发布“股份转让协议之终止协议的公告”。

朱亚集团董事张某的丈夫刘某是月环基金的产品经理，“月环1号”是刘某负责管理的基金产品。“月环1号”自2021年12月24日之后大量买入恒发公司的股票，但于2022年7月12日全部卖出。2022年12月，中国证监会对张某、刘某等人涉嫌内幕交易展开调查。张某辩称“月环1号”在7月12日全部卖出恒发公司股票的投资决策与自己无关，朱亚集团收购恒发公司的消息于2021年10月8日就已经公开，之后并不存在内幕消息，因此不存在内幕交易。

证监会在调查中还发现，月环基金投研部门的研发人王某在工作中获知“月环1号”的投资信息，遂利用他人股票账户，与“月环1号”几乎同步买入、卖出恒发公司的股票，但没有证据证明王某与刘某之间存在关于朱亚集团终止收购的信息交流。稽查人员认为，王某与“月环1号”的趋同交易虽然不构成内幕交易，但仍然违反了证券法律制度。

要求：请根据上述内容，回答下列问题。

（1）明芳公司对恒发公司问询函不予回复，是否符合证券法律制度的规定？并说明理由。

（2）朱亚集团拒绝披露未来12个月内对恒发公司业务、人员等是否进行后续调整的行为，是否符合证券法律制度的规定？并说明理由。

（3）明芳公司的权益变动报告书中未说明其是否了解朱亚集团的诚信情况和收购意图，是否符合证券法律制度的规定？并说明理由。

（4）朱亚集团在股份过户之前就要求改选恒发公司半数以上董事会成员，是否符合证券法律制度的规定？并说明理由。

（5）朱亚集团拟在协议收购后再通过场内交易的方式继续增持恒发公司股份至34.9%的计划，是否符合证券法律制度的规定？并说明理由。

（6）张某关于“2021年10月8日之后不存在内幕消息”的辩解是否成立？并说明理由。

（7）王某与“月环1号”的趋同交易行为是否违反证券法律的规定？并说明理由。

5. W是上市公司，其在2015年至2018年6月持续、大量的与关联经销商有关联交易，但在相关年份的年报、半年报中未披露，2020年6月收到证监会公告《立案决定书》，2021年7月收到证监会公告《行政处罚决定书》。

投资方甲和乙因投资损失对该上市公司及其全体董事提起诉讼。甲于2019年2月买入上市公司股票，2020年7月卖出，损失。乙于2018年6月买入，2018年12月卖出，损失，但于2020年6月再次买入，持股直至诉讼期间。乙是以2018年12月的卖价与2020年6月的买价之间的差价乘以2020年6月买入的股数计算损失。

董事丙自认为因其不知情、无职业背景、无专业知识，故不担责。

独立董事丁于2018年5月入职，其自认为其因于2018年半年报时已声明不保证真实准确完整，且对未披露提出了异议，故不担责。

人民法院指出丁虽有提出异议，但投了赞成票。

要求：根据上述资料，结合证券法律制度的相关规定，回答下列问题。

（1）甲称2020年6月的公告日为虚假陈述揭露日，是否符合证券法制度规定？说明理由。

（2）该上市公司认为其未披露关联交易信息不具有重大性，是否符合证券法律制度规定？说明理由。

（3）甲的投资差额损失如何计算？

(4) 乙的投资差额损失计算是否符合证券法制度规定？说明理由。

(5) 丙的不担责理由是否符合证券法制度规定？说明理由。

(6) 丁的不担责理由是否符合证券法制度规定？说明理由。

进阶练习答案及解析

(一) 单选题

1.【答案】D

【解析】根据上海证券交易所《股票上市规则》的规定，发行人首次公开发行股票后申请其股票在主板上市，应当符合下列条件：(1) 股票经中国证监会核准已公开发行；(2) 具备健全且运行良好的组织机构；(3) 具有持续经营能力；(4) 公司股本总额不少于人民币 5 000 万元；(5) 公开发行的股份达到公司股份总数的 25% 以上；公司股本总额超过人民币 4 亿元的，公开发行股份的比例为 10% 以上；(6) 公司及其控股股东、实际控制人最近 3 年不存在贪污、贿赂、侵占财产、挪用财产或者破坏社会主义市场经济秩序的刑事犯罪；(7) 最近 3 个会计年度财务会计报告均被出具无保留意见审计报告；(8) 本所要求的其他条件。

2.【答案】D

【解析】信息披露义务人未按《证券法》规定报送有关报告或者履行信息披露义务的，责令改正，给予警告并处 50 万元以上 500 万元以下的罚款。

3.【答案】A

【解析】证券在证券交易所上市交易，应当采用公开的集中交易方式或国务院证券监督管理机构批准的其他方式，集中交易主要表现为集中竞价或集中报价撮合。

4.【答案】C

【解析】公开发行证券必须符合法律行政法规规定的条件，并依法报经国务院证券监督管理机构或者国务院授权的部门注册。未经依法注册，任何单位和个人不得公开发行证券。证券发行注册制的具体范围、实施步骤，由国务院规定。

按照《证券法》的规定，我国证券公开发行审核制度为注册制，这意味着在上海证券交易所主板、深圳证券交易所主板（含中小板）和创业板，以及证券交易所根据证券品种、行业特点、公司规模等因素所设立的其他层次的市场板块的首次公开发行及上市都将使用注册制。

5.【答案】C

【解析】选项 C，向累计超过 200 人的特定对象发行证券，才构成公开发行。

6.【答案】B

【解析】(1) 非公众公司非公开发行股票。这是指发行后发行人股东人数不超过 200 人，发行方式也没有采用股票的公开发行方式。此种股票发行不需要报经证监会的核准，发行人可以自行决定。(2) 非公众公司申请股票以公开方式向社会公众公开转让。本来股东转让股票并不构成股票发行行为，但为了防止有人利用股份转让规避公开发行监管，这种行为就构成了变相公开发行股票。因此，公司拟申请其股票以公开方式向社会公众公开转让的，需要报经中国证监会核准，核准后该公司被定性为非上市公众公司。(3) 非上市公众公司的定向发行。这种股票发行需要经过中国证监会的核准。(4) 上市公司发行新股。上市公司无论是公开发行新股还是非公开发行新股，都必须符合法定条件，依法履行法定的注册程序。

7.【答案】B

【解析】非公开发行股票的特定对象应符合下列规定：(1) 特定对象符合股东大会决议规定的条件；(2) 发行对象不超过 35 名。

8.【答案】B

【解析】选项 B，1/3 以上监事的变动构成重大事项。

9. 【答案】A

【解析】选项A，持股5%以上股份的股东持股情况的变化属于内幕信息。

10. 【答案】A

【解析】选项A，公开发行公司债券，应当在依法设立的证券交易所上市交易或在全国中小企业股份转让系统或者经国务院批准的其他证券交易场所转让。

11. 【答案】A

【解析】选项B，公开发行优先股，最近3年财务报表被注册会计师出具的审计报告应当为标准审计报告或带强调事项段的无保留意见的审计报告；选项C，上市公司同一次发行的优先股，条款应当相同；选项D，上市公司公开发行优先股的，公司及其控股股东或实际控制人最近12个月内应当不存在违反向投资者作出的公开承诺的行为。

12. 【答案】D

【解析】本题考核短线交易，请记牢时间期限，即买入后6个月内卖出，或者卖出后6个月内买入。

13. 【答案】D

【解析】根据《证券法》的规定，证券的代销、包销期限最长不得超过90日。

14. 【答案】B

【解析】本次发行的股份自发行结束之日起，6个月内不得转让；控股股东、实际控制人及其控制的企业认购的股份，18个月内不得转让。

15. 【答案】D

【解析】自中国证监会核准发行之日起，上市公司应当在12个月内发行证券，超过12个月未发行的，核准文件失效，须重新经证监会核准后方可发行。

16. 【答案】C

【解析】本题考核操纵市场行为。禁止任何人以下列手段操纵证券市场，影响或者意图影响证券交易价格或者证券交易量：（1）单独或者通过合谋，集中资金优势、持股优势或者利用信息优势联合或者连续买卖；（2）与他人串通，以事先约定的时间、价格和方式相互进行证券交易；（3）在自己实际控制的账户之间进行证券交易；（4）不以成交为目的，频繁或者大量申报并撤销申报；（5）利用虚假或者不确定的重大信息，诱导投资者进行证券交易；（6）对证券、发行人公开作出评价、预测或者投资建议，并进行反向证券交易；（7）利用在其他相关市场的活动操纵证券市场；（8）操纵证券市场的其他手段。本题即属于（2）的情形。

17. 【答案】D

【解析】本题考核上市公司配股。根据证券法律制度的规定，上市公司向原股东配股，拟配售股份数量不超过本次配售股份前股本总额的30%。

18. 【答案】D

【解析】公司首次公开发行股份，公司股东公开发售股份，应当持有公司股份36个月以上。

（二）多选题

1. 【答案】ABCD

【解析】本题考核虚假陈述的民事责任，四个选项均正确。

2. 【答案】ABD

【解析】公司的董事、1/3以上监事或者经理发生变动，属于重大事件，不包括财务负责人，选项C不属于内幕信息。

3. 【答案】ACD

【解析】持有公司5%以上股份的股东属于证券交易内幕信息的知情人员，选项B错误。

4. 【答案】ABC

【解析】选项D中，股东应当以“自己的名义”向人民法院起诉。

5. 【答案】ABCD

【解析】会计师事务所、律师事务所以及从事资产评估、资信评级、财务顾问、信息技术系统服务的机构违反法律规定，从事证券服务业务未报备案的，责令改正，可以处20万元以下的罚款。证券服务机构违反规定，未勤勉尽责，所制作出具的文件有虚假记载、误导性陈述或者重大遗漏的，责令改正，没收业务收入，并处以业务收入1倍以上10倍以下的罚款；没有业务收入或者业务收入不足50万元的，处以50万元以上500万元以下的罚款；情节严重的，并处暂停或者禁止从事证券服务业务。对直接负责的主管人员和其他直接责任人员给予警告，并处以20万元以上200万元以下的罚款。

6. 【答案】ABD

【解析】选项C，发行人的监事会应当对董事会编制的证券发行文件和定期报告进行审核并提出书面审核意见。

7. 【答案】ABCD

【解析】以要约方式收购非上市公众公司，在收购要约约定的承诺期限内，收购人不得撤销其收购要约。收购要约期限届满前15日内，收购人不得变更收购要约，但是出现竞争要约的除外。在要约收购期限届满前3日内，预售股东不得撤回其对要约的接受。在要约收购期间，被收购公司董事不得辞职。

8. 【答案】BD

【解析】《证券法》第二条第三款规定，"资产支持证券、资产管理产品发行、交易的管理办法，由国务院依照本法的原则规定"。这意味着，资产支持证券和资产管理产品目前虽然不属于《证券法》意义上的"证券"，但其发行和交易规则应由国务院依照《证券法》的原则予以制定，可以看作类证券产品或"准证券"。

9. 【答案】ABCD

【解析】公司首次公开发行新股，应当符合下列条件：（1）具备健全且运行良好的组织机构；（2）有持续经营能力；（3）最近3年财务会计报告被出具无保留意见审计报告；（4）发行人及其控股股东、实际控制人最近3年不存在贪污、贿赂、侵占财产、挪用财产或者破坏社会主义市场经济秩序的刑事犯罪；（5）经国务院批准的国务院证券监督管理机构规定的其他条件。

10. 【答案】ABCD

【解析】上市公司公开发行优先股时的特殊要求：（1）采取固定股息率；（2）在有可分配税后利润的情况下必须向优先股股东分配股息；（3）未向优先股股东足额派发股息的差额部分必须累计到下一会计年度；（4）优先股股东按照约定的股息率分配股息后，不再同普通股股东一起参加剩余利润分配。

11. 【答案】ABCD

【解析】投资者保护职能包括表决权征集、证券纠纷调解、证券支持诉讼、股东派生诉讼和代表人诉讼。

12. 【答案】ABD

【解析】首次公开发行股票采用询价方式的，公开发行股票后总股本4亿股（含）以下的，网下初始发行比例不低于本次公开发行股票数量的60%；发行后总股本超过4亿股的，网下初始发行比例不低于本次公开发行股票数量的70%。

13. 【答案】ACD

【解析】选项B，应为最近3年平均可分配利润足以支付公司债券1年的利息。

14. 【答案】ACD

【解析】集中交易主要表现为集中竞价或集中报价撮合；非集中交易主要表现为协议转让，价格形成于非集中的、一对一的磋商。

15. 【答案】ACD

【解析】收购人需要变更收购要约的，必须及时公告，载明具体变更事项，并通知被收购公司。变更收购要约不得存在下列情形：（1）降低收购价格；（2）减少预定收购股份数额；（3）缩短收购期限；（4）中国证监会规定的其他情形。

16. 【答案】CD

【解析】此题考核上市公司非公开发行股票的相关规定。按照《上市公司非公开发行股票实施细则》（2020年修正），发行对象不超过35名，选项A错误；发行价格不低于定价基准日前20个交易日公司股票均价的80%，选项B错误。

17. 【答案】ABD

【解析】根据《证券法》第九十条规定，上市公司董事会、独立董事、持有1%以上有表决权股份的股东或者依照法律、行政法规或者国务院证券监督管理机构的规定设立的投资者保护机构，可以作为征集人，自行或委托证券公司、证券服务机构，公开请求上市公司股份委托其代为出席股东大会，并代为行使提案权、表决权等股东权利，所以选项C错误。

18. 【答案】BCD

【解析】根据证券法律制度的规定，上市公司存在下列情形之一的，不得非公开发行股票：

（1）本次发行申请文件有虚假记载、误导性陈述或重大遗漏。（2）上市公司的权益被控股股东或实际控制人严重损害且尚未消除。（3）上市公司及其附属公司违规对外提供担保且尚未解除。（4）现任董事、高级管理人员最近36个月内受到过中国证监会的行政处罚，或者最近12个月内受到过证券交易所公开谴责。（5）上市公司或其现任董事、高级管理人员因涉嫌犯罪正被司法机关立案侦查或涉嫌违法违规正被证监会立案调查。（6）最近1年及1期财务报表被注册会计师出具保留意见、否定意见或无法表示意见的审计报告。保留意见、否定意见或无法表示意见所涉及事项的重大影响已经消除或者本次发行涉及重大重组的除外。（7）严重损害投资者合法权益和社会公共利益的其他情形。选项A并不在禁止公开发行股票之列。

（三）案例分析题

1. 【答案】

（1）本次合并构成甲公司的重大资产重组。根据规定，上市公司及其控股股东或者控制的公司购买、出售资产总额占上市公司最近一个会计年度经审计的合并财务会计报告期末资产总额的比例达到50%以上的，构成重大资产重组。

（2）不符合规定之处有以下两点：①发行定价不符合规定。根据规定，上市公司非公开发行股票的，发行价格不得低于定价基准日前20个交易日公司股票均价的80%。②股份锁定期不符合规定。根据规定，发行对象为上市公司的控股股东、实际控制人或者其控制的关联人的，其认购的股份应当自发行结束之日起18个月内不得转让。

（3）甲公司的理由成立。根据规定，公司决定合并的，应当在作出合并决议之日起10日内通知债权人，并于30日内在报纸上公告。债权人自接到通知之日起30日内，未接到通知书的自公告之日起45日内，可以要求公司清偿债务或者提供相应的担保，无论债权是否到期。

（4）人民法院的做法符合规定。根据规定，会议召集程序或者表决方式仅有轻微瑕疵，且对决议未产生实质影响，股东请求撤销的，人民法院不予支持。

（5）甲公司的理由成立。根据规定，异议股东股份回购请求权中的异议应当通过出席会议并参与决议提出，周某表达异议的途径不符合要求，甲公司有权拒绝其回购请求。

（6）应当以40万股为基数。根据规定，相关人员将所持股份买入后6个月内卖出，或者卖出后6个月内买入，构成短线交易。在本题中，雷某于2021年3月2日购入甲公司股票40万股，于2021年8月25日卖出时，持有时间不足6个月，构成短线交易。雷某之前购入的10万股、20万股，卖出时持有时间均已超过6个月，不构成短线交易。

（7）雷某短线交易所获利润应当归甲公司所有。根据规定，上市公司董事、监事、高级管理人员以及持有上市公司股份5%以上的股东将其持有的该公司的股票在买入后6个月内卖出，或者在卖出后6个月内又买入，其所得收益归该公司所有，公司董事会应当收回其所得收益。

2. 【答案】

（1）新民投资的注资构成对林森木业的收购。根据规定，收购人通过协议、其他安排的方式获得上市公司控制权的，构成间接收购；投资人如实际支配上市公司股份表决权超过30%，即可认为获得上市公司控制权。

（2）新民投资必须向其他所有股东发出收购要约。根据规定，收购人虽不是上市公司的股东，但通过投资关系、协议、其他安排导致其拥有权益的股份达到或者超过一个上市公司已发行股份的30%的，应当向该公司所有股东发出全面要约。

（3）该要约收购价格符合规定。在本题中，新民投资在要约收购提示性公告日前6个月内，并未取得过被收购人的股票，且要约价格高于提示性公告日前30个交易日该种股票的每日加权平均价格的算术平均值。

（4）钱某不能辞去独立董事职务。根据规定，在要约收购期间，被收购公司董事不得辞职。

（5）该时间不符合规定。根据规定，在收购人公告要约收购报告书后20日内，被收购公司董事会应当将被收购公司董事会报告书与独立财务顾问的专业意见报送中国证监会，同时抄送证券交易所，并予公告。

（6）孙某不能撤回预售。根据规定，在要约收购期限届满前3个交易日，预售股东不得撤回其对要约的接受。

（7）①李某的主张不成立。根据规定，影响内幕信息形成的动议、策划、决策或者执行人员，其动议、策划、决策或者执行初始时间，应当认定为内幕信息的形成之时。本题中，赵某与新民投资于2021年5月已经开始实质性磋商，应当认定内幕信息此时已经形成。②李某的行为构成内幕交易。根据规定，证券交易内幕信息的知情人员和非法获取内幕信息的人员，在内幕信息公开前，不得买卖该公司的证券，或者泄露该信息，或者建议他人买卖该证券。本题中，李某为内幕信息知情人员，在内幕信息敏感期内买卖与内幕信息相吻合的证券，又无法给出合理理由，因此，构成内幕交易。

3. 【答案】

（1）甲公司6月18日的公告构成：①未按规定披露信息的虚假陈述行为；②严重误导的虚假陈述行为。第一，根据规定，上市公司重大事件已经泄露或者市场出现传闻，公司证券及其衍生品种出现异常交易情况时，上市公司应当及时披露相关事项的现状、可能影响事件进展的风险因素。“及时”应当是在2个工作日内披露。本题中6月5日消息泄露且股价异常交易，甲公司应在6月7日前发布公告，而其在6月18日才发布公告，属于未按规定披露信息的虚假陈述行为；第二，根据规定，上市公司及其他信息披露义务人应当真实、准确、完整、及时地向所有投资者公开披露信息，不得有虚假记载、误导性陈述或者重大遗漏。本题中，甲公司6月18日的公告将“兽用注射液”写成“兽用疫苗注射液”，严重误导投资者，属于虚假陈述。

（2）不成立。根据规定，信息披露义务人未按照规定披露信息，或者公告的证券发行文件、定期报告、临时报告及其他信息披露资料存在虚假记载、误导性陈述或者重大遗漏，致使投资者在证券交易中遭受损失的，信息披露义务人应当承担赔偿责任；发行人的控股股东、实际控制人、董事、监事、高级管理人员和其他直接责任人员以及保荐人、承销的证券公司及其直接责任人员，应当与发行人承担连带赔偿责任，但是能够证明自己没有过错的除外。

（3）不成立。根据规定，对于虚假记载、误导性陈述等积极虚假陈述行为，虚假陈述实施日即信息披露公布日。对于隐瞒和不履行信息披露义务的，则应以法定期限的最后一个期日为虚假陈述实施日。本题中，6月5日消息泄露且股价异常交易，应当在2个交易日内披露，即6月7日前披露，6月7日是法定期限的最后一个期日，是虚假陈述实施日。而6月18日的公告含有误导，也是虚假陈述实施日。

（4）符合。根据规定，只要交易市场对监管部门立案调查、权威媒体刊载揭露文章等信息存在着明显反应的，应认定市场已经知悉虚假陈述。本题中，6月19日，农业农村部发布公告导致甲公司股票跌停，说明市场已出现明显反应，应当认定为虚假陈述揭露日。

（5）符合。根据规定，投资者在虚假陈述实施日及以后，至揭露日或者更正日之前买入该证券，且在虚假陈述揭露日或更正日及以后，因卖出该证券发生亏损，或者因持续持有该证券而发生亏损，即推定投资者的损失与虚假陈述行为之间存在因果关系。本题中，赵某是在虚假陈述实施日后买入股票，在揭露日后因持续持有该证券产生亏损，构成因果关系，因此应当认定赵某的投资者资格。

（6）构成。根据规定，利用虚假或者不确定的重大信息，诱导投资者进行证券交易，影响或者意图影响证券交易价格或者证券交易量的，属于操纵市场行为。

（7）不成立。根据规定，禁止任何单位和个人编造、传播虚假信息或者误导性信息，扰乱证券市场，给投资者造成损失的，应当依法承担赔偿责任。本题中，袁某明知不真实而发布新闻报道，属于编造、传播虚假信息的行为。

4. 【答案】

（1）不符合。根据规定，持有公司5%以上股份的股东或者实际控制人，其持有股份或者控制公司的情况发生较大变化的，上市公司的股东、实际控制人应当主动告知上市公司董事会，并配合上市公司履行信息披露义务。

（2）不符合。根据规定，投资者拥有的股份达到或者超过20%未超过30%的，投资者应当编制详式权益变动报告书。详式权益变动报告书的内容应当包括“未来12个月内对上市公司资产、业务、人员、组织结构、公司章程等进行调整的后续计划”。

（3）不符合。根据规定，被收购公司控股股东向收购人协议转让其所持有的上市公司股份的，应当对收购人的主体资格、诚信情况及收购意图进行调查，并在其权益变动报告书中披露有关调查情况。

（4）不符合。根据规定，以协议方式进行上市公司收购的，自签订收购协议起至股份完成过户的期间为上市公司收购过渡期。在过渡期内，收购人不得通过控股股东提议改选上市公司董事会；确有充分理由改选董事会的，来自收购人的董事不得超过董事会成员的1/3。

（5）不符合。根据规定，投资者持有或者通过协议、其他安排与他人共同持有一个上市公司已发行的有表决权的股份达到30%时，继续进行收购的，应当依法向该上市公司所有股东发出收购上市公司全部或者部分股份的要约。本题中，朱亚集团协议收购了上市公司29.9%的股份，通过证券交易所的证券交易达到30%时，继续收购的，应当进行要约收购。

（6）不成立。根据规定，证券交易活动中，涉及发行人的经营、财务或者对该发行人证券的市场价格有重大影响的尚未公开的信息，为内幕信息。本题中，恒发公司已经对“明芳公司与朱亚集团进行股份转让”发布了提示性公告，之后明芳公司与朱亚集团终止转让协议，会对上市公司的股票交易价格产生重大影响，属于内幕信息。在8月6日恒发公司发布“股份转让协议之终止协议的公告”之前，张某不得买卖该上市公司的证券，或者泄露该信息，或者建议他人买卖该证券。

（7）违反。根据规定，禁止证券交易场所、证券公司、证券登记结算机构、证券公司、证券服务机构的从业人员、有关监管部门或者行业协会的工作人员，利用职务、工作便利获取的内幕信息以外的其他未公开的信息，违反规定从事与该信息相关的证券交易活动，或者明示、暗示他人从事相关交易活动。本题中，王某是基金公司工作人员，基金公司对上市公司的投资信息属于内幕信息以外的其他未公开信息，王某利用该未公开信息实施证券交易，属于利用未公开信息交易的行为。

5. 【答案】

（1）甲称2020年6月的公告日为虚假陈述揭露日，符合规定。

根据规定，除当事人有相反证据足以反驳外，监管部门以涉嫌信息披露违法为由对信息披露义务人立案调查的信息公开之日，为揭露日。

（2）该上市公司认为其未披露关联交易信息不具有重大性，不符合规定。根据规定，虚假陈述的内容属于证券法规定的重大事件的，人民法院应当认定虚假陈述的内容具有重大性。而公司从事关联交易，可能对公司的资产、负债、权益和经营成果产生重要影响，属于重大事件。因此上市公司未披露关联交易信息具有重大性。

（3）甲的投资差额损失，是用买入股票的平均价格与卖出股票的平均价格之间的差额，乘以已卖出的股票数量。

根据规定，在采用集中竞价的交易市场中，原告因虚假陈述买入相关股票所造成的投资差额损失，按照下列方法计算：原告在实施日之后、揭露日或更正日之前买入，在揭露日或更正日之后、基准日之前卖出的股票，按买入股票的平均价格与卖出股票的平均价格之间的差额，乘以已卖出的股票数量。

（4）乙的投资差额损失计算，不符合规定。

原告的交易行为发生在虚假陈述实施前，或者是在揭露或更正之后，人民法院应当认定交易因果关系不成立。乙于2020年6月再次买入，是在揭露日之后，因此不成立因果关系，不能要求赔偿损失。

（5）丙的不担责理由不符合规定。

根据规定，发行人的董事、监事、高级管理人员和其他直接责任人员不能提供勤勉尽责的相应证据，仅以其不从事日常经营管理、无相关职业背景和专业知识、相信发行人或者管理层提供的资料、相信证券服务机构出具的专业意见等理由主张其没有过错的，人民法院不予支持。

（6）丁的不担责理由不符合规定。

根据规定，独立董事在独立意见中对虚假陈述事项发表保留意见、反对意见或者无法表示意见并说明具体理由的，法院应当认定其没有过错；但在审议、审核相关文件时投赞成票的除外。题目中独立董事丁虽然已声明不保证真实准确完整，且对未披露提出了异议，但在审议时投了赞成票，是有过错的。

第八章　企业破产法律制度

2023 年教材内容主要变化

本章教材变化不大，对部分语句有所调整。

本章近五年考试高频考点分布

高频考点内容	年度及题型分布
破产原因	2019 年案例分析题、2018 年案例分析题
破产申请	2019 年案例分析题
破产申请受理	2019 年案例分析题
执行案件的移送破产审查	2018 年案例分析题
管理人制度	2022 年案例分析题、2019 年单选题、2018 年案例分析题
债务人财产	2022 年案例分析题、2018 年案例分析题
撤销权	2018 年案例分析题
取回权	2019 年案例分析题
破产债权	2022 年单选题、2022 年案例分析题、2018 年案例分析题
破产重整计划	2020 年案例分析题、2019 年单选题、2019 年案例分析题
所有权保留买卖合同的处理	2022 年案例分析题、2019 年案例分析题

高频考点精讲

本章属于重要考试章节，主要包括《中华人民共和国企业破产法》（以下简称《企业破产法》）的适用范围、破产原因、破产申请与受理、管理人制度、债务人财产、破产债权、债权人会议、重整制度、和解制度、破产清算制度与关联企业的合并破产制度。

高频考点1：《企业破产法》的适用范围★★

1. 主体适用范围

主体适用范围是所有的企业法人。同时，该法规定，其他法律规定企业法人以外的组织清算等属于破产清算的，参照本法规定的程序适用。可以参照适用破产法的主体，主要是合伙企业、农民专业合作社、资不抵债的民办学校。个人独资企业在不能清偿到期债务，并且资产不足以清偿全部债务或者明显缺乏偿债能力的情况下，可以参照适用破产清算程序进行清算。

2. 地域适用范围

一国的破产立法自然适用于本国司法领域。《企业破产法》的地域适用范围主要是指破产法的域外效力问题。

我国《企业破产法》采取有限制的普及主义原则。依照本法开始的破产程序，对债务人在中华人民共和国领域外的财产发生效力，对外国法院作出的发生法律效力的破产案件的判决、裁定，涉及债务人在中华人民共和国领域内的财产申请或者请求人民法院承认和执行的，人民法院依照中华人民共和国缔结或者参加的国际条约或者按照互惠原则进行审查，认为不违反中华人民共和国法律的基本原则，不损害国家主权、安全和社会公共利益，不损害中华人民共和国领域内债权人的合法权益的，裁定承认和执行。

经典例题

【例题·多选题】以下可以适用《企业破产法》进行破产清算的主体有（　　）。

A. 企业法人

B. 合伙企业

C. 农民专业合作社

D. 资不抵债的民办学校

【答案】ABCD

【解析】《企业破产法》适用所有的企业法人，选项B、C、D可以参照适用。

高频考点2：破产原因（破产界限）★★★

企业法人的破产原因是不能清偿到期债务，并且资产不足以清偿全部债务或者明显缺乏清偿能力。

1. 破产原因

（1）企业法人不能清偿到期债务，并且资不抵债；

（2）企业法人不能清偿到期债务，并且明显缺乏清偿能力。

2. “不能清偿到期债务”的认定

下列情形同时存在的，人民法院应当认定债务人不能清偿到期债务：

（1）债权债务关系依法成立；

（2）债务履行期限已经届满；

（3）债务人未完全清偿债务。

3. “资不抵债”的认定

债务人的资产负债表，或者审计报告、资产评估报告等显示其全部资产不足以偿付全部负债的，人民法院应当认定债务人资产不足以清偿全部债务，但有相反证据足以证明债务人资产能够偿付全部负债的除外。

4. “明显缺乏清偿能力”的认定

债务人账面资产虽大于负债，但存在下列情形之一的，人民法院应当认定其明显缺乏清偿能力：

（1）因资金严重不足或者财产不能变现等原因，无法清偿债务；

（2）法定代表人下落不明且无其他人员负责管理财产，无法清偿债务；

（3）经人民法院强制执行，无法清偿债务；

（4）长期亏损且经营扭曲困难，无法清偿债务；

（5）导致债务人丧失清偿能力的其他情形。

小贴士 此考点经常出现在案例分析题中，请考生一定要注意具体知识点的运用。

高频考点3：破产申请的提出★★

1. 提出破产申请的当事人

（1）债务人。债务人发生破产原因，可以向人民法院提出重整、和解或者破产清算申请。

（2）债权人。债务人不能清偿到期债务，债权人可以向人民法院提出对债务人进行重整或者破产清算的申请，但不能提出和解申请。①没有物权担保的普通债权人享有破产申请权，对破产人的特定财产享有担保权的债权人同样享有破产申请权。②税务机关和社会保险机构享有对债务人的破产清算申请权，不宜享有重整申请权，但他们可以参加重整程序。③破产企业的职工作为债权人可以申请债务人企业破产清算或者重整。但职工提出破产申请应经职工代表大会或者全体职工（会议）多数决议通过。

（3）依法负有清算责任的人。企业法人已解散但未清算或者未清算完毕，资产不足以清偿债务的，依法负有清算责任的人应当向人民法院申请破产清算。①清算组在清理公司财产、编制资产负债表和财产清单后，发现公司财产不足以清偿债务的，应当依法向人民法院申请宣告破产。②人民法院指定的清算组在清理公司财产、编制资产负债表和财产清单时，发现公司财产不足以清偿债务的，可以与债权人协商制作有关债务清偿方案。债务清偿方案经全体债权人确认且不损害其他利害关系人利益的，人民法院可依清算组的申请裁定予以认可。清算组依据该清偿方案清偿债务后，应当向人民法院申请裁定终结清算程序。债权人对债务清偿方案不予确认或者人民法院不予认可的，清算组应当依法向人民法院申请宣告破产。③企业法人已解散但未清算或者未在合理期限内清算完毕，债权人申请债务人破产清算的，除债务人在法定异议期限内举证证明其未出现破产原因外，人民法院应当受理。

要依法区分公司解散清算与破产清算的不同功能和不同适用条件。债务人同时符合破产清算条件和强制清算条件的，应当及时适用破产清算程序，实现对债权人利益的公平保护，债权人对符合破产清算条件的债务人提起公司强制清算申请，经人民法院释明，债权人仍然坚持申请对债务人的强制清算的，人民法院应当裁定不予受理。

（4）金融监督管理机构。商业银行、证券公司、保险公司等金融机构有出现破产原因情形的，国务院金融监督管理机构可以向人民法院提出对该金融机构进行重整或者破产清算的申请。

名师解惑

债务人、债权人、依法负有清算责任的人可以对所有公司类型向人民法院提出破产申请，而金融监管机构只能对商业银行、证券公司、保险公司等金融机构出现破产原因情形的，提出破产申请。

2. 破产案件的管辖

破产案件由债务人住所地人民法院管辖。债务人住所地指债务人的主要办事机构所在地。债务人主要办事机构所在地不明确、存在争议的，由其注册登记地人民法院管辖。

3. 当事人提出破产申请时的举证责任

债权人提出破产申请时，应当提交债务人不能清偿到期债务的有关证据。债务人提出申请的，还应当向人民法院提交企业财产状况说明、债务清册、债权清册、有关财务会计报告、职工安置预案以及职工工资的支付和社会保险费用的缴纳情况等有关材料。

申请人申请债务人破产重整的，除提交上述材料外，还应当提交债务人具有重整可行性的报告。申请人申请上市公司破产重整的，应当提交关于上市公司具有重整可行性的报告、上市公司住所地省级人民政府向证券监督管理部门的通报情况材料以及证券监管部门的意见、上市公司住所地人民政府出具的维稳预案等。

破产申请提交后，在人民法院受理破产申请前，申请人可以请求撤回申请。

高频考点4：破产申请的受理★★★

（1）债权人申请债务人破产的，应当提交债务人不能清偿到期债务的有关证据。债务人对债权人提出的破产申请有异议的，应当自收到人民法院的通知之日起7日内向人民法院提出，并提交相关证据材料。人民法院应当自异议期满之日起10日内裁定是否受理。除上述情形外，人民法院应当自收到破产申请之日起15日内裁定是否受理。有特殊情况需要延长受理案件期限的，经上一级人民法院批准，可以延长15日。

（2）人民法院裁定受理破产申请的，应当将裁定自作出之日起5日内送达债务人。人民法院裁定不受理破产申请的，应当将裁定作出之日起5日内送达申请人并说明理由。申请人对裁定不服的，可以自裁定送达之日起10日内向上一级人民法院提起上诉。

（3）人民法院裁定受理破产申请的，应当同时指定管理人，并在裁定受理破产申请之日起25日内通知已知债权人，并予以公告。

自人民法院受理破产申请的裁定送达债务人之日起至破产程序终结之日，债务人的有关人员承担下列义务：①妥善保管其占有和管理的财产印章和账簿、文书等资料；②根据人民法院、管理人的要求进行工作，并如实回答询问；③列席债权人会议并如实回答债权人的询问；④未经人民法院许可，不得离开住所地；⑤不得新任其他企业的董事、监事、高级管理人员。所谓债务人的有关人员指企业的法定代表人；经人民法院决定，可以包括企业的财务管理人员和其他经营管理人员。债务人的有关人员违反法律规定，擅自离开住所地的，人民法院可以予以训诫、拘留，可以依法并处罚款。

（4）人民法院受理破产申请后至破产宣告前，经审查发现案件受理时，债务人未发生破产原因的，可以裁定驳回申请。

（5）上诉，在整个破产程序中，当事人可以提起上诉的仅限于“不予受理”和“驳回申请”两个裁定。当事人对人民法院的其他裁定（如宣告破产的裁定、对破产财产分配方案的裁定等）不服的，不能提起上诉。

①申请人对人民法院不予受理的裁定不服的，可以自裁定送达之日起10日内向上一级人民法院提起上诉。②申请人对人民法院驳回申请的裁定不服的，可以自裁定送达之日起10日内向上一级人民法院提起上诉。

当事人还可以在“全国企业破产重整案件信息网”上预约破产立案、上传申请材料等，取得向法院提交破产申请的证据，以维护其破产申请权利。

为了更好地提升我国的营商环境，经最高人民法院批准，2019年起，在深圳、北京、上海、天津、广州、温州、重庆、杭州、济南、青岛、南京、厦门、苏州等地相继设立破产法庭。

（6）异议不成立的情形。

①当债权人申请债务人破产时，债务人以其具有清偿能力或者资产超过负债为由提出异议，但又不能立即清偿债务或者与债权人达成和解的，其异议不能成立。

②当债权人申请债务人破产时，债务人对债权人享有债权的数额提出异议时，如果存在双方无争议的部分债权数额，且债务人对该数额的债务已经丧失清偿能力，则此项异议不能阻止法院受理破产申请。

③当债权人申请债务人破产时，债务人对债权人的债权是否存在担保等提出异议，因其不影响破产原因的成立，该异议不影响人民法院对破产申请的受理。

④人民法院受理破产申请后至破产宣告前，由于债务人财产的市场价值发生变化导致其在案件受理后资产超过负债乃至破产原因消失的，不影响破产案件的受理和继续审理，人民法院不得裁定驳回申请。债务人如不愿意进行破产清算，可以通过和解、重整等方式清偿债务、结束破产清算程序。

⑤破产案件的诉讼费用，应计入破产费用，由债务人财产随时清偿，无须预交。相关当事人以申请人未预先交纳诉讼费用为由，对破产申请提出异议的，人民法院不予支持。

小贴士 此考点经常出现在案例分析题中，请考生一定要注意具体知识点的运用。

经典例题

【例题·多选题】为优化营商环境，下列各地经最高人民法院批准设立破产法庭的有（　　）。

A. 杭州　　B. 温州

C. 常州　　D. 广州

【答案】ABD

【解析】设立破产法庭的城市包括深圳、北京、上海、天津、广州、温州、杭州、重庆、济南、青岛、南京、厦门、苏州。

高频考点5：破产申请受理的效力

★★★

1. 基本规定

（1）人民法院受理破产申请的时间，是指人民法院裁定受理破产申请之日，而不是受理裁定送达债务人之日。

（2）自人民法院受理破产申请的裁定送达债务人之日起至破产程序终结之日，债务人的有关人员（指企业的法定代表人，经人民法院决定，可以包括企业的财务管理人员和其他经营管理人员）应承担下列义务：

①妥善保管其占有和管理的财产、印章和账簿、文书等资料；

②根据人民法院、管理人的要求进行工作，并如实回答询问；

③列席债权人会议并如实回答债权人的询问；

④未经人民法院许可，不得离开住所地；

⑤不得新任其他企业的董事、监事、高级管理人员。

2. 关于债务清偿的规定

（1）人民法院受理破产申请后，债务人对个别债权人的债务清偿无效。但是，债务人以其财产向债权人提供物权担保的，其在担保物市场价值内向债权人所作的债务清偿，不受上述规定限制。

（2）人民法院受理破产申请后，即破产程序开始后，债务人财产要公平地清偿全体债权人，因此，对无财产担保的债权人进行的个别清偿肯定无效。但其在担保物市场价值内向有财产担保的债权人进行的个别清偿，并不违反公平原则。

（3）人民法院受理破产申请后，债务人的债务人或者财产持有人应当向管理人（而非债务人）清偿债务或者交付财产。

①破产企业租用他人的设备，出租人通过“管理人”取回；

②他人租用破产企业的设备，承租人应当向“管理人”交回。

（4）如果当事人故意违反法律规定向债务人清偿债务或者交付财产，使债权人受到损失的，不免除其清偿债务或者交付财产的义务。所谓“不免除其清偿债务或者交付财产的义务”，是以债权人因此受到损失的范围为限。如果债务人的债务人或者财产持有人虽向债务人清偿了债务或者交付财产，但债务人将收到的清偿款项或者财产及时全部上交给管理人，债权人并未受到损失，则不必再承担民事责任。

3. 关于财产保全的规定

（1）人民法院受理破产申请后，有关债务人财产的保全措施应当解除，执行程序应当中止。

（2）对债务人财产已采取保全措施的相关单位，在知悉人民法院已裁定受理有关债务人的破产申请后，应当依法及时解除对债务人财产的保全措施。人民法院受理破产申请后至破产宣告前裁定驳回破产申请，或者裁定终结破产程序的，应当及时通知原已采取保全措施并已依法解除保全措施的单位按照原保全顺位恢复相关保全措施。在已依法解除保全的单位恢复保全措施或者表示不再恢复之前，受理破产申请的人民法院不得解除对债务人财产的保全措施。

（3）人民法院裁定受理企业破产案件后，管理人持受理破产申请裁定书和指定管理人决定书，依法向有关部门、金融机构申请解除对破产企业财产的查封、扣押、冻结等保全措施的，相关部门和单位应当根据企业破产法规定予以支持配合。保全措施解除后，管理人应当及时通知原采取保全措施的相关部门和单位。管理人申请接管、处置海关监管货物的，应当先行办结海关手续，海关应当对管理人办理相关手续提供便利并予以指导。

（4）人民法院在受理破产申请后，对于可能因有关利益相关人的行为或者其他原因，影响破产程序依法进行的，可以根据管理人的申请或者依职权，对债务人的全部或者部分财产采取保全措施。

（5）应当解除的保全措施包括下列三种：

①民事诉讼保全措施。

②在行政处罚程序中的保全措施（如海关、工商部门对债务人财产采取的查封、扣押措施）。

③刑事诉讼中公安、检察机关等采取的相关措施。

4. 尚未审结的民事案件

（1）人民法院受理破产申请后，已经开始而尚未终结的有关债务人的民事诉讼或者仲裁应当中止；在管理人接管债务人财产、掌握诉讼情况后能够继续进行时，该诉讼或者仲裁继续进行。

（2）人民法院受理破产申请后，已经开始而尚未终结的有关债务人的民事诉讼，在管理人接管债务人财产和诉讼事务后继续进行。债权人已经对债务人提起的给付之诉，破产申请受理后，人民法院应当继续审理，但是在判定相关当事人实体权利义务时，应当注意与企业破产法及其司法解释的规定相协调。上述裁判作出并生效前，债权人可以同时向管理人申报债权，但其作为债权尚未确定的债权人，原则上不得行使表决权，除非人民法院临时确定其债权额。上述裁判生效后，债权人应当根据裁判认定的债权数额在破产程序中依法统一受偿，其对债务人享有的债权利息，应当按规定停止计算。

（3）人民法院受理破产申请后，债权人新提起的要求债务人清偿的民事诉讼，人民法院不予受理，同时告知债权人应当向管理人申报债权。债权人申报债权后，对管理人编制的债权登记表记载有异议的，可以根据规定，提起债权确认之诉。

5. 尚未履行完毕的合同

人民法院受理破产申请后，管理人对破产申请受理前成立而债务人和对方当事人均未履行完毕的合同有权决定解除或者继续履行，并通知对方当事人。

（1）继续履行。

①因管理人请求对方当事人履行双方均未履行完毕的合同所产生的债务，属于共益债务。②共益债务的清偿顺序优先于普通破产债权，因此，在第一次债权人会议召开前，管理人决定继续履行债务人和对方当事人均未履行完毕的合同，应当征得人民法院的许可。③管理人对合同的选择履行权只能行使一次，不得反向再次行使或者多次行使，尤其是不得在决定履行合同后又决定解除合同。

（2）解除合同。

①管理人决定继续履行合同的，对方当事人应当履行；但是，对方当事人有权要求管理人提供担保。管理人不提供担保的，视为解除合同。②管理人自破产申请受理之日起 2 个月内未通知对方当事人，或者自收到对方当事人催告之日起 30 日内未答复的，视为解除合同。③管理人依照《企业破产法》规定解除合同

的，对方当事人以因合同解除产生的损害赔偿请求权申报债权。对方当事人申报的破产债权以实际损失为限，违约金不得作为破产债权申报。④对于破产企业为他人提供担保的合同，管理人无权选择解除合同。⑤对于破产企业对外出租不动产（如房屋）的合同，管理人不得解除合同，在变价财产时，房屋应当带租约出售，承租人在同等条件下享有优先购买权。

6. 基于债务人财产的诉讼

（1）破产申请受理前，债权人就债务人财产提起下列诉讼，破产申请受理时案件尚未审结的，人民法院应当中止审理：①主张次债务人代替债务人直接向其偿还债务的；②主张债务人的出资人、发起人和负有监督股东履行出资义务的董事、高级管理人员，或者协助抽逃出资的其他股东、董事、高级管理人员、实际控制人等直接向其承担出资不实或者抽逃出资责任的；③以债务人的股东与债务人法人人格严重混同为由，主张债务人的股东直接向其偿还债务人对其所负债务的；④其他就债务人财产提起的个别清偿诉讼。

（2）破产申请受理后，债权人就债务人财产向人民法院提起上述诉讼的，人民法院不予受理。

小贴士 此考点经常出现在案例分析题中，请考生一定要注意具体知识点的运用。

经典例题

【例题·单选题】2022年9月，X市人民法院受理了甲公司诉乙公司合同纠纷一案。2022年12月，Y市人民法院受理了债务人乙公司的破产申请，此时，甲、乙公司之间的合同纠纷尚未审结。根据企业破产法律制度的规定，下列关于该合同纠纷案的表述中，正确的是（　　）。

A. 甲、乙公司之间的合同纠纷案应当终止审理

B. 甲、乙公司之间的合同纠纷案应当移送至Y市人民法院继续审理

C. 甲、乙公司之间的合同纠纷案应当中止审理，并由甲公司向管理人申报债权

D. 甲、乙公司之间的合同纠纷案应当中止审理，在管理人接管乙公司财产后由X市人民法院继续审理

【答案】D

【解析】人民法院受理破产申请后，已经开始而尚未终结的有关债务人的民事诉讼应当“中止审理”（选项A错误）；在管理人接管债务人财产、掌握诉讼情况后能够继续进行时，该诉讼由“X市人民法院”继续审理（选项B错误）。在X市人民法院继续审理过程中，对于诉讼未决的债权，甲公司可以向管理人申报债权，但选项C的意思是“中止审理后由甲公司直接向管理人申报债权，与X市人民法院无关了”，该说法不符合规定。

【例题·单选题】2022年7月，甲、乙两公司签订一份买卖合同。按照合同约定，双方已于2022年8月底前各自履行了合同义务的50%，并应于2022年底将各自剩余的50%的合同义务履行完毕。2022年10月，人民法院受理了债务人甲公司的破产申请。2022年10月31日，甲公司管理人收到了乙公司关于是否继续履行该买卖合同的催告，但直至2022年12月初，管理人尚未对乙公司的催告作出答复。根据企业破产法律制度的规定，下列关于该买卖合同的表述中，正确的是（　　）。

A. 乙公司应当继续履行合同

B. 乙公司无须继续履行合同

C. 乙公司有权要求管理人就合同履行提供担保

D. 乙公司有权就合同约定的违约金申报债权

【答案】B

【解析】选项A、B、D，管理人自收到乙公司催告之日起30日内未予以答复，视为解除合同，但对方当事人申报的破产债权以实际损失为限，违约金不得作为破产债权申报；选项C，只有当管理人决定继续履行合同时，乙公司才有权要求管理人提供担保。

高频考点6：执行案件的移送破产审查★★★

执行案件移送破产审查，简称“执转破”，是实现执行程序与破产程序衔接的重要措施。

1. 执行案件移送破产审查，应同时符合以下条件

（1）被执行人为企业法人；

（2）被执行人或者有关被执行人的任何一个执行案件的申请执行人书面同意将执行案件移送破产审查；

（3）被执行人不能清偿到期债务，并且资产不足以清偿全部债务或者明显缺乏清偿能力。

2. 执行案件移送破产审查的管辖

（1）在地域管辖上，执行案件移送破产审查，由被执行人住所地人民法院管辖。

（2）在级别管辖上，实行以中级人民法院管辖为原则、基层人民法院管辖为例外的管辖制度。中级人民法院经高级人民法院批准，也可以将案件交由具备审理条件的基层人民法院审理。

3. 执行法院的征询、决定程序

（1）执行法院采取财产调查措施后，发现作为被执行人的企业法人符合破产条件的，应当及时询问申请执行人、被执行人是否同意将案件移送破产审查并释明法律后果。

（2）执行部门应严格遵守执行案件移送破产审查的内部决定程序。承办人认为执行案件符合移送破产审查条件的，应提出审查意见，经合议庭评议同意后，由执行法院院长签署移送决定。

（3）为减少异地法院之间移送的随意性，基层人民法院拟将执行案件移送异地中级人民法院进行破产审查的，在作出移送决定前，应先报请其所在地中级人民法院执行部门审核同意。

（4）执行法院作出移送决定后，应当于5日内送达申请执行人和被执行人。申请执行人或者被执行人对决定有异议的，可以在受移送法院破产审查期间提出，由受移送法院一并处理。

（5）执行法院作出移送决定后，应当书面通知所有已知执行法院，执行法院均应中止对被执行人的执行程序。但是，对被执行人的季节性商品、鲜活、易腐烂变质以及其他不宜长期保存的物品，执行法院应当及时变价处置，处置的价款不作分配。受移送法院裁定受理破产案件的，执行法院应当在收到裁定书之日起7日内，将该价款移交受理破产案件的法院。

（6）为确保对被执行人财产的查封、扣押、冻结措施的连续性，执行法院决定移送后、受移送法院裁定受理破产案件之前，对被执行人的查封、扣押、冻结措施不解除。查封、扣押、冻结期限在破产审查期间届满的，申请执行人可以向执行法院申请延长期限，由执行法院负责办理。

4. 受移送法院破产审查与受理

（1）执行法院移送破产审查的材料，由受移送法院立案部门负责接收。受移送法院不得以材料不完备等为由拒绝接收。立案部门经审核认为移送材料完备的应登记立案，并及时将案件移送破产审判部门进行破产审查。受移送法院应当认真审核并及时反馈意见，不得无故不予接收或暂缓立案。

（2）受移送法院的破产审判部门应当自收到移送的材料之日起30日内作出是否受理的裁定。受移送法院作出裁定后，应当在5日内送达申请执行人、被执行人，并送交执行法院。

（3）受移送法院裁定受理破产案件的，在此前的执行程序中产生的评估费、公告费、保管费等执行费用，可以参照破产费用的规定，从债务人财产中随时清偿。

（4）执行法院收到破产受理裁定后，应当解除对债务人财产的查封、扣押、冻结措施；或者根据破产受理法院的要求，出具函件将查封、扣押、冻结财产的处置权交破产受理法院。破产受理法院可以持执行法院的移送处

置函件进行续行查封、扣押、冻结，解除查封、扣押、冻结，或者予以处置。执行法院收到破产受理裁定拒不解除查封、扣押、冻结措施的，破产受理法院可以请求执行法院的上级法院依法予以纠正。

（5）执行法院收到受移送法院受理裁定后，应当于7日内将已经扣划到账的银行存款、实际扣押的动产、有价证券等被执行人财产移交给受理破产案件的法院或者管理人。

（6）执行法院收到受移送法院受理裁定时，已通过拍卖程序处置且成交裁定已送达买受人的拍卖财产，通过以物抵债偿还债务且抵债裁定已送达债权人的抵债财产，已完成转账、汇款、现金交付的执行款，因财产所有权已经发生变动，不属于被执行人的财产，不再移交。

5. 受移送法院不予受理或者驳回申请的处理

（1）受移送法院作出不予受理或者驳回申请裁定的，应当在裁定生效后7日内将接收的材料、被执行人的财产退回执行法院，执行法院应当恢复对被执行人的执行。

（2）受移送法院作出不予受理或者驳回申请的裁定后，人民法院不得重复启动执行案件移送破产审查程序。申请执行人或者被执行人以有新证据足以证明被执行人已经具备了破产原因为由，再次要求将执行案件移送破产审查的，人民法院不予支持。但是，申请执行人或者被执行人可以直接向具有管辖权的人民法院提出破产申请。

（3）受移送法院裁定宣告被执行人破产或者裁定终止和解程序、重整程序的，应当自裁定作出之日起5日内送交执行法院，执行法院应当裁定终结对被执行人的执行。

小贴士 *此考点经常出现在案例分析题中，请考生一定要注意具体知识点的运用。*

高频考点7：管理人的资格与指定 ★★★

1. 管理人的资格

（1）管理人可以由有关部门、机构的人员组成的清算组或者依法设立的律师事务所、会计师事务所、破产清算事务所等社会中介机构担任。

（2）对于事实清楚、债权债务关系简单、债务人财产相对集中的企业破产案件，人民法院可以指定管理人名册中的个人为管理人。个人担任管理人的，应当参加执业责任保险，可以聘任必要的工作人员。

2. 不得担任管理人的情形

（1）因故意犯罪受过刑事处罚；（2）曾被吊销相关专业执业证书；（3）与本案有利害关系；（4）人民法院认为不宜担任管理人的其他情形。

3. 管理人的指定、更换与辞去职务

（1）管理人由人民法院指定，债权人会议可以申请人民法院予以更换。

（2）人民法院指定管理人主要有三种方式，分别为随机、竞争和接受推荐。

（3）管理人没有正当理由，不得辞去职务，管理人辞去职务应当经人民法院许可。

4. 管理人与人民法院、债权人会议的关系

（1）管理人向人民法院报告工作，并接受债权人会议和债权人委员会的监督。

（2）管理人应列席债权人会议，向债权人会议报告职务执行情况，并回答询问。

5. 对“利害关系”的司法解释

（1）判断社会中介机构、清算组成员是否存在利害关系。

①与债务人、债权人有未了结的债权债务关系；②在人民法院受理破产申请前3年内，曾为债务人提供相对固定的中介服务；③现在是或者在人民法院受理破产申请前3年内曾经是债务人、债权人的控股股东或者实际控制人；④现在担任或者在人民法院受理破产申请前3年内曾经担任债务人、债权人的财务顾问、法律顾问；⑤人民法院认为可能影响其忠实履行管理人职责的其他情形。

（2）判断清算组成员的派出人员、社会中介机构的派出人员、个人管理人是否存在利害关系，包括以上五条，以及：

①现在担任或者在人民法院受理破产申请前3年内曾经担任债务人、债权人的董事、监事、高级管理人员；②与债权人或者债务人的控股股东、董事、监事、高级管理人员存在夫妻、直系血亲、三代以内旁系血亲或者近姻亲关系；③人民法院认为可能影响其公众履行管理人职责的其他情形。

小贴士 此考点经常出现在案例分析题中，请考生一定要注意具体知识点的运用。

经典例题

【例题·单选题】根据企业破产法律制度的规定，下列主体中，可以担任管理人的是（　　）。

A. 与债权人有尚未了结债务的人

B. 曾被吊销注册会计师证书的人

C. 破产案件受理的4年前曾担任债务人董事的人

D. 破产案件受理前2年内曾担任债务人法律顾问的人

【答案】C

【解析】选项A、D属于与破产案件有利害关系的情形。

【例题·多选题】根据企业破产法律制度的规定，下列注册会计师中，不得担任管理人的有（　　）。

A. 注册会计师甲曾担任债务人公司的独立董事至人民法院受理破产申请2年前卸任

B. 注册会计师乙的父亲是债务人公司的控股股东

C. 注册会计师丙因个人原因负债数额巨大，但与债务人公司无关

D. 注册会计师丁最近3年来一直为债务人公司作外部审计工作，熟悉该企业情况

【答案】ABD

【解析】选项C，与债务人、债权人有未了结的债权债务关系，不得担任管理人；丙的债务与债务人公司无关，可以担任管理人。

【例题·单选题】2022年6月1日，人民法院受理了对甲公司提起的破产申请。根据企业破产法律制度的规定，下列人员中，有资格担任管理人的是（　　）。

A. 曾于2017年1月1日至2018年12月31日担任甲公司法律顾问的丙律师事务所

B. 甲公司董事丁

C. 3年前被吊销执业证书，但现已重获执业资格的注册会计师乙

D. 甲公司监事会主席的妻子戊

【答案】A

【解析】选项A，现在担任或者在人民法院受理破产申请前3年内曾经担任债务人、债权人的财务顾问、法律顾问，不得担任管理人，丙律师事务所在甲公司担任法律顾问已经超过了3年；选项B，现在担任或者在人民法院受理破产申请前3年内曾经担任债务人、债权人的董事、监事和高级管理人员，不得担任管理人；选项C，曾被吊销相关专业执业证书的，终身不得担任管理人（与现在是否重新取得无关）；选项D，与债权人或者债务人的控股股东、董事、监事、高级管理人员存在夫妻、直系血亲、三代以内旁系血亲或者近姻亲关系，不得担任管理人。

高频考点8：管理人的报酬★★★

（1）管理人的报酬由人民法院确定。管理人应当在第一次债权人会议上报告管理人报酬方案内容。管理人、债权人会议对管理人报酬方案有不用意见，可以进行协商。债权人会议对管理人的报酬有异议并且无法与管理人协商一致的，应当向人民法院书面提出具体的请求和理由。异议书应当附有相应的债权人会议决议。人民法院应当自收到债权人会议异议书之日起10日内，就是否调整管理人报酬问题书面通知管理人、债权人委员会或者债权人会议主席。

①管理人获得的报酬是纯报酬，不包括其因执行职务、进行破产管理工作中需支付的其他费用，如公告费用、变价财产费用等。

②管理人报酬原则上应当根据破产案件审理进度和管理人履职情况分期支付。案情简

单、耗时较短的破产案件，可以在破产程序终结后一次性向管理人支付报酬。

（2）管理人经人民法院许可，可以聘用必要的工作人员。管理人执行职务的费用、报酬和聘用工作人员的费用均计入破产费用。

（3）清算组中有关政府部门派出的工作人员参与工作的，不收取报酬。其他机构或人员的报酬根据其履行职责的情况确定。

（4）为防止重复计酬，律师事务所、会计师事务所通过聘用本专业的其他社会中介机构或者人员协助履行管理人职责的，所需费用从其报酬中支付；破产清算事务所通过聘用其他社会中介机构或者人员协助履行管理人职责的，所需费用从其报酬中支付。

（5）管理人经人民法院许可聘用企业经营管理人员，或者管理人确有必要聘请其他社会中介机构或者人员处理重大诉讼、仲裁、执行或者审计等专业性较强工作，如所需费用需要列入破产费用的，应当经债权人会议同意。

（6）人民法院应根据债务人最终清偿的财产价值总额，在司法解释规定的比例范围内，分段确定管理人报酬。

（7）担保权人优先受偿的担保物价值，不计入债务人最终清偿的财产价值总额。但是，管理人对担保物的维护、变现、交付等管理工作付出合理劳动的，有权向担保权人收取适当的报酬。

（8）对于债务人财产不足以支付破产费用或者对债权人没有财产可供清偿分配的案件，人民法院可以考虑根据管理人工作的时间等情况确定其相应报酬。

（9）管理人发生更换的，人民法院应当分别确定更换前后的管理人报酬。

经典例题

【例题·多选题】根据企业破产法律制度的规定，下列关于破产管理人报酬的表述中，正确的有（　　）。

A. 人民法院采取公开竞争方式指定管理人的，其报酬方案由市场决定，不受有关司法解释关于管理人报酬比例范围的限制

B. 在指定清算组担任管理人时，有关政府部门派出的工作人员参与工作的，不收取报酬

C. 担保权人优先受偿的担保物价值原则上不计入管理人报酬的计酬基数

D. 担任管理人的会计师事务所聘用本专业的其他社会中介机构协助变现担保物的，所需费用可由担保权人承担

【答案】BC

【解析】选项A，人民法院采取公开竞争方式指定管理人的，可以根据社会中介机构提出的报价确定管理人报酬方案，但报酬比例不得超出司法解释的限制范围；选项D，会计师事务所通过聘用本专业的其他社会中介机构或者人员协助履行管理人职责的，所需费用从其报酬中支付（而非由担保权人承担）；但管理人（会计师事务所）对担保物的维护、变现、交付等管理工作付出合理劳动的，有权向担保权人收取适当的报酬。

【例题·多选题】甲破产清算事务所被人民法院指定为乙企业破产案件中的管理人，甲向债权人会议报告的有关报酬方案的下列内容中，符合企业破产法律制度规定的有（　　）。

A. 对受当地政府有关部门指派参与破产企业清算工作的政府官员不发放报酬

B. 甲聘用外部专家协助履行管理人职责所需费用从其报酬中支付

C. 将乙企业为他人设定抵押权的财产价值计入计酬基数

D. 甲就自己为将乙的抵押财产变现而付出的合理劳动向担保权人收取适当报酬

【答案】ABD

【解析】选项C，担保权人优先受偿的担保物价值原则上不计入管理人报酬的计酬基数。

高频考点9：管理人的职责与责任

★★★

1. 管理人的职责

管理人应当勤勉尽责，忠实执行职务。根

据《企业破产法》的规定，管理人应履行下列职责：

（1）接管债务人的财产、印章和账簿、文书等资料。

（2）调查债务人财产状况，制作财产状况报告。

（3）决定债务人的内部管理事务。

（4）决定债务人的日常开支和其他必要开支。

（5）在第一次债权人会议召开之前，决定继续或者停止债务人的营业。

（6）管理和处分债务人的财产。

（7）代表债务人参加诉讼、仲裁或者其他法律程序。

（8）提议召开债权人会议。

（9）人民法院认为管理人应当履行的其他职责。

此外，《企业破产法》对管理人在重整等程序中的职责另有具体规定。

管理人可以凭人民法院破产申请受理裁定书、指定管理人决定书及管理人负责人身份证明材料，向银行申请开立管理人账户。管理人可以凭人民法院破产申请受理裁定书、指定管理人决定书接管破产企业账户，依法办理破产企业账户资金划转，非正常户激活或注销，司法冻结状态等账户信息、交易明细、征信信息查询等业务，金融机构应当予以配合并及时办理。

破产程序中的企业应当接受税务机关的税务管理，管理人负责管理企业财产和营业事务的，由管理人代表破产企业履行法律规定的相关纳税义务。破产企业因履行合同、处置财产或继续营业等原因在破产程序中确需使用发票的，管理人可以以纳税人名义到税务部门申领、开具发票。税务部门在督促纳税人就新产生的纳税义务足额纳税的同时，按照有关规定满足其合理发票领用需要，不得以破产企业存在欠税情形为由拒绝。

企业董事、监事或高级管理人员违反忠实勤勉义务，未履职尽责，致使所在企业破产，被人民法院判令承担相应责任的，管理人可以凭生效法律文书，通过全国企业破产重整案件信息网向市场监管、金融管理等部门申请对相关人员的任职资格限制进行登记。破产企业的有关人员可能涉嫌犯罪的，管理人应当及时将犯罪线索报送司法或监察机关。

要合理区分人民法院和管理人在委托审计、评估等财产管理工作中的职责。破产程序中确实需要聘请中介机构对债务人财产进行审计、评估的，依据法律规定，经人民法院许可后，管理人可以自行公开聘请。但是应当对其聘请的中介机构的相关行为进行监督。上述中介机构因不当履行职责给债务人、债权人或者第三人造成损害的，应当承担赔偿责任。管理人在聘用过程中存在过错的，应当在其过错范围内承担相应的补充赔偿责任。

2. 管理人的责任

（1）管理人应当依法管理和处分债务人财产，审慎决定债务人内部管理事务，不得将自己的职责全部或者部分转让给他人。

（2）管理人依法执行职务，向人民法院报告工作，并接受债权人会议和债权人委员会的监督。管理人应当列席债权人会议，向债权人会议报告职务执行情况，并回答询问。管理人没有正当理由不得辞去职务。管理人辞去职务应当经人民法院许可。

（3）管理人未依法勤勉尽责，忠实执行职务的，人民法院可以依法处以罚款；给债权人、债务人或者第三人造成损失的，依法承担赔偿责任。

高频考点10：债务人财产的范围★★★

1. 债务人财产

（1）债务人财产包括破产申请受理时属于债务人的全部财产，以及破产申请受理后至破产程序终结前债务人取得的财产。

（2）除债务人所有的货币、实物外，债务人依法享有的可以用货币估价并可以依法转让的债权、股权、知识产权、用益物权等财产和财产权益，人民法院均应认定为债务人财产。

（3）债务人已依法设定担保物权的特定财产，人民法院应当认定为债务人财产。

（4）债务人对按份享有所有权的共有财产的相关份额，或者共同享有所有权的共有财产的相应财产权利，以及依法分割共有财产所得部分，人民法院均应认定为债务人财产。

2. 非债务人财产

（1）债务人基于仓储、保管、承揽、代销、借用、寄存、租赁等合同或者其他法律关系占有、使用的他人财产；

（2）债务人在所有权保留买卖中尚未取得所有权的财产；

（3）所有权专属于国家且不得转让的财产；

（4）其他依照法律、行政法规不属于债务人的财产。

3. 债务人的共有财产

债务人对按份享有所有权的共有财产的相关份额，或者共同享有所有权的共有财产的相应财产权利，以及依法分割共有财产所得部分，人民法院均应认定为债务人财产。人民法院宣告债务人破产清算，属于共有财产分割的法定事由。

基于重整或者和解的需要必须分割共有财产，管理人请求分割的，人民法院应予准许。因分割共有财产导致其他共有人损害产生的债务，其他共有人请求作为共益债务清偿的，人民法院应予支持。

名师解惑

债务人财产的范围这一知识点，考生无须“死记硬背”，根据第三章物权法有关所有权部分的相关规定，结合常识即可判断出题目中给出的财产是否属于“破产企业”的财产范围。

经典例题

【例题·多选题】根据企业破产法律制度的规定，下列财产中，属于债务人财产的有（　　）。

A. 破产申请受理时属于债务人的房屋

B. 破产宣告后破产人得到的银行存款利息

C. 破产申请受理时债务人用于抵押担保的财产

D. 破产申请受理后至破产程序终结前债务人取得的财产

【答案】ABCD

【解析】债务人财产包括破产申请受理时属于债务人的全部财产（选项 A、C），以及破产申请受理后至破产程序终结前债务人取得的财产（选项 B、D）。

高频考点 11：债务人财产的收回★★★

1. 出资人

（1）人民法院受理破产申请后，债务人的出资人尚未完全履行出资义务的，管理人应当要求该出资人缴纳所认缴的出资，而不受出资期限的限制。

（2）管理人代表债务人提起诉讼，主张出资人向债务人依法缴付未履行的出资或者返还抽逃的出资本息，出资人以认缴出资尚未届至公司章程规定的缴纳期限或者违反出资义务已经超过诉讼时效为由抗辩的，人民法院不予支持。

（3）管理人依据《公司法》的相关规定代表债务人提起诉讼，主张公司的发起人和负有监督股东履行出资义务的董事、高级管理人员，或者协助抽逃出资的其他股东、董事、高级管理人员、实际控制人等，对股东违反出资义务或者抽逃出资承担相应责任，并将财产归入债务人财产的，人民法院应予支持。

①股东在公司设立时未履行或者未全面履行出资义务，发起人与被告股东承担连带责任。

②股东在公司增资时未履行或者未全面履行出资义务，原告请求未尽忠实义务和勤勉义

务而使出资未缴足的董事、高级管理人员承担相应责任的，人民法院应予支持。

③股东抽逃出资，公司债权人请求抽逃出资的股东在抽逃出资本息范围内对公司债务不能清偿的部分承担补充赔偿责任，协助抽逃出资的其他股东、董事、高级管理人员或者实际控制人对此承担连带责任的，人民法院应予支持。

2. 董事、监事和高级管理人员

（1）债务人的董事、监事和高级管理人员利用职权从企业获取的非正常收入和侵占的企业财产，管理人应当追回。

（2）债务人出现破产原因，债务人的董事、监事和高级管理人员利用职权获取的以下收入，人民法院应当认定为非正常收入：

①绩效奖金；

②普遍拖欠职工工资情况下获取的工资性收入；

③其他非正常收入。

3. 债权

（1）债务人的董事、监事和高级管理人员因返还“绩效奖金”和“其他非正常收入”形成的债权，可以作为普通破产债权清偿。

（2）因返还“普遍拖欠职工工资情况下获取的工资性收入”形成的债权，按照该企业职工平均工资计算的部分作为拖欠职工工资清偿；高出该企业职工平均工资计算的部分，可以作为普通破产债权清偿。

4. 取回质物、留置物

（1）在人民法院受理破产申请后，管理人可以通过清偿债务或者提供为债权人接受的担保，取回质物、留置物。

（2）管理人拟通过清偿债务取回质物、留置物的，应当及时报告债权人委员会。未设立债权人委员会的，管理人应当及时报告人民法院。

（3）在清偿债务时，如果质物或者留置物的价值低于被担保的债权额，以该质物或者留置物当时的市场价值为限。

高频考点 12：破产撤销权★★★

人民法院受理破产申请前 1 年内，涉及债务人财产的下列行为，管理人有权请求人民法院予以撤销：

（1）无偿转让财产的；

（2）以明显不合理的价格进行交易的；

（3）对没有财产担保的债务提供财产担保的；

（4）对未到期的债务提前清偿的；

（5）放弃债权的。

撤销权原则上应由管理人统一行使。

名师解惑

债务人的上述五种行为，只要发生在法定期间内（人民法院受理破产申请前 1 年内），即可撤销，至于该行为实施时债务人是否存在破产原因、债务人与第三人主观上是恶意还是善意，原则上不影响撤销权的行使。

经典例题

【例题·单选题】 人民法院于 2022 年 5 月 16 日受理了债权人甲公司申请债务人乙公司破产案。管理人在对乙公司的债权债务进行清理时发现，乙公司曾于 2021 年 9 月 11 日为所欠丙公司的一笔原本没有财产担保的债务提供抵押担保。根据企业破产法律制度的规定，下列表述中，正确的是（　　）。

A. 若管理人能够证明丙公司知悉乙公司在为其债权提供担保时已濒临破产，则有权请求人民法院撤销该抵押担保行为

B. 管理人无须证明丙公司知悉乙公司在为其债权提供担保时已濒临破产，即可请求人民法院撤销该抵押担保行为

C. 若甲公司能够证明丙公司知悉乙公司在为其债权提供担保时已濒临破产，则有权请求人民法院撤销该抵押担保行为

D. 甲公司无须证明丙公司知悉乙公司在为其债权提供担保时已濒临破产，即可请求人民法院撤销该抵押担保行为

【答案】B

【解析】该担保属于对原来已经成立的无财产担保的债务在事后补充设置担保，只要补充设置担保的行为发生在人民法院受理破产申请前1年内，就可以撤销。至于该行为实施时债务人是否存在破产原因、债务人与第三人主观上是恶意还是善意，原则上不影响撤销权的行使。

高频考点13：无效行为★★

（1）涉及债务人财产的下列行为无效：

①为逃避债务而隐匿、转移财产的；

②虚构债务或者承认不真实的债务的。

其中，为逃避债务而隐匿、转移财产，是指债务人的行为客观上构成逃避债务的后果，而不是要求债务人主观上必须具有逃避债务的目的。

（2）在破产清算程序终结后2年内，债权人可以行使破产撤销权或者针对债务人的无效行为而追回财产。在此期间追回的财产，应当按照破产财产分配方案，对全体债权人进行追加分配。破产清算程序终结2年后，追回的财产不再用于对全体债权人清偿，而是用于对追回财产的债权人进行个别清偿。

（3）管理人依法提起诉讼，主张被隐匿、转移财产的实际占有人返还债务人财产，或主张债务人虚构债务或者承认不真实债务的行为无效并返还债务人财产的，人民法院应予支持。

经典例题

【例题·单选题】根据企业破产法律制度的规定，破产程序终结后，债权人发现破产人有应当供分配的其他财产，可以请求人民法院按照破产财产分配方案进行追加分配的法定期限是（　　）。

A. 破产程序终结后6个月内

B. 破产程序终结后1年内

C. 破产程序终结后2年内

D. 破产程序终结后3年内

【答案】C

【解析】在破产程序终结后2年内，债权人可以行使破产撤销权或者针对债务人的无效行为而追回财产。

高频考点14：对个别债权人的清偿★★★

1. 破产程序开始后的个别清偿

人民法院受理破产申请后，债务人对个别债权人的债务清偿无效。但是，债务人以其财产向债权人提供物权担保的，其在担保物市场价值内向债权人所作的债务清偿，不受上述规定的限制。

2. 危机期间的个别清偿

（1）人民法院受理破产申请前6个月内，债务人不能清偿到期债务，并且资产不足以清偿全部债务或者明显缺乏清偿能力，仍对个别债权人进行清偿的，管理人有权请求人民法院予以撤销。但是，个别清偿使债务人财产受益的除外。

（2）债务人对以自有财产设定担保物权的债权进行的个别清偿，管理人请求撤销的，人民法院不予支持。但是，债务清偿时担保财产的价值低于债权额的除外。

（3）债务人经诉讼、仲裁、执行程序对债权人进行的个别清偿，管理人请求撤销的，人民法院不予支持。但是，债务人与债权人恶意串通损害其他债权人利益的除外。

（4）债务人对债权人进行的以下个别清偿，管理人请求撤销的，人民法院不予支持：

①债务人为维系基本生产需要而支付水费、电费等的；②债务人支付劳动报酬、人身损害赔偿金的；③使债务人财产受益的其他个别清偿。

3. 对未到期的债务提前清偿的行为

（1）破产申请受理前1年内债务人提前清偿的未到期债务，在破产申请受理前已经到期，管理人请求撤销该清偿行为的，人民法院不予支持。但是，该清偿行为发生在破产申请受理前6个月内且债务人有《企业破产法》第二条第一款规定情形（企业法人不能清偿到期债务，并且资产不足以清偿全部债务或者明显缺乏清偿能力的）的除外。

（2）破产申请受理前1年内债务人提前清偿的未到期债务：

①清偿时尚未到期、破产申请受理前已经到期的，不能撤销。

②清偿时尚未到期、破产申请受理时也未到期的，可以撤销。

经典例题

【例题·单选题】根据企业破产法律制度的规定，人民法院受理破产申请前6个月内，涉及债务人财产的下列行为中，管理人有权请求人民法院予以撤销的是（　　）。

A. 支付职工劳动报酬

B. 支付人身损害赔偿金

C. 向他人无偿转让企业财产

D. 在设定债务的同时，为该债务提供财产担保

【答案】C

【解析】选项D，债务人在人民法院受理破产申请前1年内设定债务的同时提供的财产担保，属于对价行为，不能撤销。

高频考点15：债权人的撤销权★

（1）破产申请受理后，管理人未依据企业破产法的规定请求撤销债务人无偿转让财产、以明显不合理价格交易、放弃债权行为的，债权人依据《民法典》等规定提起诉讼，请求撤销债务人上述行为并将因此追回的财产归入债务人财产的，人民法院应予受理。

（2）相对人以债权人行使撤销权的范围超出债权人的债权抗辩的，人民法院不予支持。

（3）因债务人放弃其到期债权或者无偿转让财产，对债权人造成损害的，债权人可以请求人民法院撤销债务人的行为。债务人以明显不合理的低价转让财产，对债权人造成损害，并且受让人知道该情形的，债权人也可以请求人民法院撤销债务人的行为。撤销权的行使范围以债权人的债权为限。

（4）在破产清算程序终结后两年内，债权人可以行使破产撤销权或针对债务人的无效行为而追回财产。在此期间内追回的财产，应用于对全体债权人分配。在破产清算程序终结两年之后，债权人发现因无效行为而应追回的财产，或者可行使民法撤销权追回的财产时，仍可行使相应权利追回财产，但追回的财产一般不再按照破产法规定用于对全体债权人清偿，而是用于对追回财产的债权人个别清偿。

高频考点16：一般取回权★★★

（1）人民法院受理破产申请后，债务人占有的不属于债务人的财产，该财产的权利人可以通过管理人取回。

（2）权利人行使取回权，应当在破产财产变价方案或者和解协议、重整计划草案提交债权人会议表决前向管理人提出。权利人在上述期限后主张取回相关财产的，仍可行使取回权，但是应当承担迟延行使取回权增加的相关费用。

（3）权利人行使取回权时未依法向管理人支付相关的加工费、保管费、托运费、委托费、代销费等费用，管理人拒绝其取回相关财产的，人民法院应予支持。

（4）取回权的异议与诉讼。

①权利人依法向管理人主张取回相关财产，管理人不予认可，权利人有权以债务人为被告向人民法院提起诉讼请求行使取回权。

②权利人依据人民法院或者仲裁机关的相关生效法律文书向管理人主张取回所涉争议财产，管理人以生效法律文书错误为由拒绝其行使取回权的，人民法院不予支持。

（5）对债务人占有的权属不清的鲜活易腐等不易保管的财产或者不及时变现价值将严重贬损的财产，管理人应当及时变价并提存变价款，有关权利人可以就该变价款行使取回权。

名师解惑

此处所说的取回权并不是被申请破产的企

业享有的权利，而是指其他主体将存在于破产企业的其他主体所拥有的财产予以取回，避免被当作破产企业的财产进行分配。权利主体不要混淆。

高频考点17：他人财产被违法转让的取回权处理情况★★★

1. 违法转让+第三人善意取得

债务人占有的他人财产被违法转让给第三人，依据《民法典》第三百一十一条的规定，第三人已善意取得财产所有权，原权利人无法取回该财产的，人民法院应当按照以下规定处理：

（1）转让行为发生在破产申请受理前的，原权利人因财产损失形成的债权，作为普通破产债权清偿。

（2）转让行为发生在破产申请受理后的，因管理人或者相关人员执行职务导致原权利人损害产生的债务，作为共益债务清偿。

2. 违法转让+第三人未善意取得

债务人占有的他人财产被违法转让给第三人，第三人已向债务人支付了转让价款，但依据《民法典》第三百一十一条的规定未取得财产所有权，原权利人依法追回转让财产的，对因第三人已支付对价而产生的债务，人民法院应当按照以下规定处理：

（1）转让行为发生在破产申请受理前的，作为普通破产债权清偿。

（2）转让行为发生在破产申请受理后的，作为共益债务清偿。

高频考点18：代偿取回权★★★

1. 可以行使代偿取回权的情形

债务人占有的他人财产毁损、灭失，因此获得的保险金、赔偿金、代偿物尚未交付给债务人，或者代偿物虽已交付给债务人但能与债务人财产予以区分的，权利人主张取回就此获得的保险金、赔偿金、代偿物的，人民法院应予支持。

2. 不能行使代偿取回权的情形

债务人占有的他人财产毁损、灭失，因此获得的保险金、赔偿金已经交付给债务人，或者代偿物已经交付给债务人且不能与债务人财产予以区分的，人民法院应当按照以下规定处理：

（1）财产毁损、灭失发生在破产申请受理前的，权利人因财产损失形成的债权，作为普通破产债权清偿。

（2）财产毁损、灭失发生在破产申请受理后的，因管理人或者相关人员执行职务导致权利人损害产生的债务，作为共益债务清偿。

高频考点19：出卖人取回权★★★

（1）人民法院受理破产申请时，出卖人已将买卖标的物向作为买受人的债务人发运，债务人尚未收到且未付清全部价款的，出卖人可以取回在运途中的标的物。但是，管理人可以支付全部价款，请求出卖人交付标的物。

（2）出卖人通过通知承运人或者实际占有人中止运输、返还货物、变更到达地，或者将货物交给其他收货人等方式，对在运途中标的物主张了取回权但未能实现，或者在货物未达管理人前已向管理人主张取回在运途中标的物，在买卖标的物到达管理人后，出卖人向管理人主张取回的，管理人应予准许。出卖人对在运途中标的物未及时行使取回权，在买卖标的物到达管理人后向管理人行使在运途中标的物取回权的，管理人不应准许。

经典例题

【例题·单选题】人民法院受理债务人甲公司破产申请时，乙公司依照其与甲公司之间的买卖合同已向买受人甲公司发运了该合同项下的货物，但甲公司尚未支付价款。乙公司得知甲公司破产申请被受理后，立即通过传真向甲公司的管理人要求取回在运途中的货物。管理人收到乙公司传真后不久，即收到了乙公司发运的货物。根据企业破产法律制度的规定，下列表述中，正确的是（　　）。

A. 乙公司有权取回该批货物

B. 乙公司无权取回该批货物，但可以就

买卖合同价款向管理人申报债权

C. 管理人已取得该批货物的所有权，但乙公司有权要求管理人立即支付全部价款

D. 管理人已取得该批货物的所有权，但乙公司有权要求管理人就价款支付提供担保

【答案】A

【解析】人民法院受理破产申请时，出卖人已将买卖标的物向作为买受人的债务人发运，债务人尚未收到且未付清全部价款的，出卖人可以取回在运途中的标的物。

高频考点 20：所有权保留买卖合同中的取回权★★★

所有权保留买卖合同，是当事人约定买受人未履行支付价款或者其他义务，标的物的所有权属于出卖人的买卖合同。**所有权保留买卖合同的标的物，不适用于不动产。出卖人对标的物保留的所有权，未经登记，不得对抗善意第三人。**在所有权保留买卖合同的标的物所有权未依法转移给买受人前，一方当事人破产的，该买卖合同属于双方均未履行完毕的合同，管理人有权依法决定解除或者继续履行合同。

1. 出卖人破产时，其管理人决定继续履行合同的

（1）买受人应当按照原合同的约定支付价款或者履行其他义务。

（2）买受人未依约支付价款或者履行完毕其他义务，或者将标的物出卖、出质或者作出其他不当处分，给出卖人造成损害，出卖人管理人依法主张取回标的物的，人民法院应予支持。但是，买受人已经支付标的物总价款 75% 以上或者第三人善意取得标的物所有权或者其他物权的除外。

（3）因上述原因出卖人未能取回标的物，出卖人管理人依法主张买受人继续支付价款、履行完毕其他义务，以及承担相应赔偿责任的，人民法院应予支持。

2. 出卖人破产，其管理人决定解除合同的

（1）出卖人破产，其管理人决定解除所有权保留买卖合同的，有权依法要求买受人向其交付买卖标的物。买受人以其不存在未依约支付价款或者履行完毕其他义务，或者将标的物出卖、出质或者作出其他不当处分情形抗辩的，人民法院不予支持。

（2）买受人依法履行合同义务并将买卖标的物交付出卖人管理人后，买受人已支付价款损失形成的债权作为共益债务清偿。但是，买受人违反合同约定，出卖人管理人主张上述债权作为普通破产债权清偿的，人民法院应予支持。

3. 买受人破产，其管理人决定继续履行合同的

（1）买受人破产，其管理人决定继续履行所有权保留买卖合同的，原买卖合同中约定的买受人支付价款或者履行其他义务的期限在破产申请受理时视为到期，买受人管理人应当及时向出卖人支付价款或者履行其他义务。

（2）买受人管理人无正当理由未及时支付价款或者履行完毕其他义务，或者将标的物出卖、出质或者作出其他不当处分，给出卖人造成损害，出卖人主张取回标的物的，人民法院应予支持。但是，买受人已支付标的物总价款 75% 以上或者第三人善意取得标的物所有权或者其他物权的除外。

（3）因上述原因未能取回标的物，出卖人依法主张买受人继续支付价款、履行完毕其他义务，以及承担相应赔偿责任的，人民法院应予支持。对因买受人未支付价款或者未履行完毕其他义务，以及买受人管理人将标的物出卖、出质或者作出其他不当处分导致出卖人损害产生的债务，出卖人主张作为共益债务清偿的，人民法院应予支持。

4. 买受人破产，其管理人决定解除合同的

（1）买受人破产，其管理人决定解除所有权保留买卖合同的，出卖人有权主张取回买卖标的物。

（2）出卖人取回买卖标的物的，买受人管理人有权主张出卖人返还已支付价款。取回

的标的物价值明显减少给出卖人造成损失的，出卖人可从买受人已支付价款中优先予以抵扣，剩余部分返还给买受人；对买受人已支付价款不足以弥补出卖人标的物价值减损损失形成的债权，作为共益债务清偿。

高频考点21：破产抵销权★★★

（1）破产抵销权，是指债权人在破产申请受理前对债务人即破产人负有债务的，无论是否已到清偿期限、标的是否相同，均可在破产财产最终分配确定前向管理人主张相互抵销的权利。

（2）破产抵销权只能由债权人向管理人提出行使，管理人（或债务人）不得主动主张债务抵销。债务人在重整程序中自行管理财产的，也应受不得主动主张抵销权的限制。

（3）债权人应当在破产财产最终归分配确定之前向管理人主张破产抵销。

（4）破产抵销的生效。

①管理人收到债权人提出的主张债务抵销的通知后，经审查无异议的，抵销自管理人收到通知之日起生效。

②管理人对抵销主张有异议的，应当在约定的异议期限内或者自收到主张债务抵销的通知之日起3个月内向人民法院提起诉讼。人民法院判决驳回管理人提起的抵销无效诉讼请求的，该抵销自管理人收到主张债务抵销的通知之日起生效。

（5）异议不成立的情形。

管理人以下列理由提出异议的，人民法院不予支持：

①破产申请受理时，债务人对债权人负有的债务尚未到期。

②破产申请受理时，债权人对债务人负有的债务尚未到期。

③双方互负债务标的物种类、品质不同。

（6）在破产程序中禁止抵销的几种情形。

①债务人的债务人在破产申请受理后取得他人对债务人的债权的。

②债权人已知债务人有不能清偿到期债务或者破产申请的事实，对债务人负担债务的。

③债务人的债务人已知债务人有不能清偿到期债务或者破产申请的事实，对债务人取得债权的；但是，债务人的债务人因为法律规定或者有破产申请1年前所发生的原因而取得债权的除外。

（7）股东的特定债务禁止抵销。

债务人的股东主张以下列债务与债务人对其负有的债务抵销，债务人的管理人提出异议的，人民法院应予支持：

①债务人股东因欠缴债务人的出资或者抽逃出资对债务人所负的债务；

②债务人股东滥用股东权利或者关联关系损害公司利益对债务人所负的债务。

（8）如果当事人违反法律禁止抵销规定进行了抵销，管理人可以向法院申请认定抵销无效。

经典例题

【例题·单选题】根据企业破产法律制度的规定，下列情形中，债权人可以行使抵销权的是（　　）。

A. 甲享有债务人120万元的债权，同时又是债权人股东，在债务人破产时，甲尚有100万元的分期出资额未缴纳

B. 乙享有债务人120万元的债权，但在听说债务人申请破产后，购买了债务人100万元的货物并拒绝支付货款而形成的债务

C. 丙应付债务人100万元的货款，在债务人的破产申请被受理后，从另一债务人手中以六折的价格买入了100万元的债权

D. 丁应付债务人100万元的货款，债务人应付丁80万元的货款

【答案】D

【解析】选项A，股东的破产债权不得与其欠付的注册资本金相抵销；选项B，债权人已知债务人有不能清偿到期债务或者破产申请的事实，对债务人负担债务的，禁止抵销；选

项C，债务人的债务人在破产申请受理后，取得他人对债务人的债权的，禁止抵销。

高频考点22：破产费用与共益债务

★★★

1. 破产费用

破产费用，是破产程序中为全体债权人共同利益，因程序进行而支付的各项费用的总称。人民法院受理破产申请后发生的下列费用，为破产费用：

（1）破产案件的诉讼费用；

（2）管理、变价和分配债务人财产的费用；

（3）管理人执行职务的费用、报酬和聘用工作人员的费用。

人民法院裁定受理破产申请的，此前债务人尚未支付的公司强制清算费用、未终结的执行程序中产生的评估费、公告费、保管费等执行费用，可以参照《企业破产法》关于破产费用的规定，由债务人财产随时清偿。此前债务人尚未支付的案件受理费、执行申请费，可以作为破产债权清偿。

2. 共益债务

共益债务，是在破产程序中发生的应由债务人财产负担的债务的总称。人民法院受理破产申请后发生的下列债务，为共益债务：

（1）因管理人或者债务人请求对方当事人履行双方均未履行完毕的合同所产生的债务；

（2）债务人财产受无因管理所产生的债务；

（3）因债务人不当得利所产生的债务；

（4）为债务人继续营业而应支付的劳动报酬和社会保险费用以及由此产生的其他债务；

（5）管理人或者相关人员执行职务致人损害所产生的债务；

（6）债务人财产致人损害所产生的债务。

破产申请受理后，经债权人会议决议通过，或者第一次债权人会议召开前经人民法院许可，管理人或者自行管理的债务人可以为债务人继续营业而借款。提供借款的债权人主张参照《企业破产法》第四十二条第四项的规定优先于普通破产债权清偿的，人民法院应予支持，但其主张优先于此前已就债务人特定财产享有担保的债权清偿的，人民法院不予支持。管理人或者自行管理的债务人可以为前述借款设定抵押担保，抵押物在破产申请受理前已为其他债权人设定抵押的，债权人主张按照《民法典》第四百一十四条规定的顺序清偿，人民法院应予支持。

3. 破产费用和共益债务的清偿

（1）破产费用和共益债务由债务人财产随时清偿。

（2）债务人财产不足以清偿所有破产费用和共益债务的，先行清偿破产费用。

（3）债务人财产不足以清偿所有破产费用或者共益债务的，按照比例清偿。

（4）债务人财产不足以清偿破产费用的，管理人应当提请人民法院终结破产程序。

（5）在债权人或者债务人等提出破产清算申请时，人民法院即发现债务人财产可能不足以支付破产费用、无财产可供分配的，应当先受理破产案件，在对此情况审查确认后作出破产宣告，同时作出终结破产程序的裁定。

经典例题

【例题·单选题】根据企业破产法律制度的规定，下列关于破产案件诉讼费用承担的表述中，正确的是（　　）。

A. 由破产申请人预先支付

B. 由全体债权人按比例分担

C. 从债务人财产中随时拨付

D. 由债权人和债务人分担

【答案】C

【解析】破产案件诉讼费用应计入破产费用，由债务人财产随时清偿，无须预交。

【例题·多选题】下列关于破产费用与共益债务清偿的表述中，符合《企业破产法》

规定的有（ ）。

A. 破产费用和共益债务由债务人财产随时清偿

B. 债务人财产不足以清偿所有破产费用和共益债务的，先行清偿共益债务

C. 债务人财产不足以清偿所有共益债务的，按照比例清偿

D. 债务人财产不足以清偿所有破产费用的，在按照比例清偿后，管理人应当提请人民法院终结破产程序

【答案】ACD

【解析】债务人财产不足以清偿所有破产费用和共益债务的，先行清偿破产费用，因此选项B错误。

高频考点23：破产债权申报的一般规则★★★

（1）人民法院受理破产申请时对债务人享有的债权称为破产债权。

（2）人民法院受理破产申请后，应当确定债权人申报债权的期限。债权申报期限自人民法院发布受理破产申请公告之日起计算，最短不得少于30日，最长不得超过3个月。在法律规定的时间内，人民法院可以根据案件的具体情况确定申报债权的期限。

（3）在人民法院确定的债权申报期限内，债权人未申报债权的，可以在破产财产最后分配前补充申报；但是，此前已进行的分配，不再对其补充分配。为审查和确认补充申报债权的费用，由补充申报人承担。

（4）职工债权无须申报。

债务人所欠职工的工资和医疗、伤残补助、抚恤费用，所欠的应当划入职工个人账户的基本养老保险、基本医疗保险费用，以及法律、行政法规规定应当支付给职工的补偿金，不必申报，由管理人调查后列出清单并予以公示。

职工对清单记载有异议的，可以要求管理人更正；管理人不予更正的，职工可以向人民法院提起诉讼。据此，**职工劳动债权是免申报的债权**。除此之外，其他债权如税收债权、社会保障债权以及对债务人特定财产享有担保权的债权等均需依法申报。

小贴士 其他债权如税收债权、社会保障债权以及对债务人特定财产享有担保权的债权等，均需依法申报。

（5）未到期的债权，在破产申请受理时视为到期。附利息的债权自破产申请受理时起停止计息。无利息的债权，无论是否到期均以本金申报债权。附条件、附期限的债权和诉讼、仲裁未决的债权，债权人也可以申报。职工劳动债权计算到解除劳动合同时止。

（6）人民法院受理债务人破产案件后，债权人请求担保人承担担保责任，担保人主张担保债务自人民法院受理破产申请之日起停止计息的，人民法院对担保人的主张应予支持。

（7）债权人的债权到期前，债务人的债权或者与该债权有关的从权利存在诉讼时效期间即将届满或者未及时申报破产债权等情形，影响债权人的债权实现的，债权人可以代位向债务人的相对人请求其向债务人履行、向破产管理人申报或者作出其他必要的行为。

高频考点24：破产债权申报的特别规定★★★

（1）连带债权人可以由其中一人代表全体连带债权人申报债权，也可以共同申报债权。

（2）债务人的保证人或者其他连带债务人已经代替债务人清偿债务的，以其对债务人的求偿权申报债权；尚未代替债务人清偿债务的，以其对债务人的将来求偿权预先申报债权。

（3）管理人解除双方均未履行完毕的合同，对方当事人以因合同解除所产生的损害赔偿请求权申报债权。对方当事人申报的破产债权以实际损失为限，违约金不得作为破产债权申报。

（4）委托合同。

①债务人是委托合同的委托人，其破产案件被人民法院受理，受托人不知该事实，继续

处理委托事务的，受托人以由此产生的请求权申报破产债权。

②如果受托人已知该事实，但为了债务人即全体债权人利益，在无法向管理人移交事务的紧急情况下应当继续处理委托事务。为此，《民法典》第九百三十五条规定：“因委托人死亡或者被宣告破产、解散，致使委托合同终止将损害委托人利益的，在委托人的继承人、遗产管理人或者清算人承受委托事务之前，受托人应当继续处理委托事务。”受托人由此产生的请求权作为共益债务优先清偿。

③如果受托人已知委托人破产之事实，无必要地继续处理委托事务，以不当增加委托费用与报酬数额的，由此而产生的债权，不得作为破产债权受偿。为保障委托人的利益，《民法典》第九百三十六条还规定：“因受托人死亡、丧失民事行为能力或者被宣告破产、解散，致使委托合同终止的，受托人的继承人、遗产管理人、法定代理人或者清算人应当及时通知委托人。因委托合同终止将损害委托人利益的，在委托人作出善后处理之前，受托人的继承人、遗产管理人、法定代理人或者清算人应当采取必要措施。”

（5）债务人是票据的出票人，其破产案件被人民法院受理，该票据的付款人继续付款或者承兑的，付款人以由此产生的请求权申报债权。

（6）破产申请受理后，债务人欠缴款项产生的滞纳金，包括债务人未履行生效法律文书应当加倍支付的迟延利息和劳动保险金的滞纳金，债权人作为破产债权申报的，人民法院不予确认。

经典例题

【例题·多选题】根据企业破产法律制度的规定，人民法院受理破产申请后，下列债权中，需在人民法院确定的期限内进行申报的有（　　）。

A. 税收债权

B. 社会保障债权

C. 职工劳动债权

D. 对债务人的特定财产享有担保权的债权

【答案】ABD

【解析】选项C职工劳动债权不必申报。

【例题·多选题】根据企业破产法律制度的规定，下列债务中，债权人应在人民法院确定的期限内进行债权申报的有（　　）。

A. 债务人所欠银行未到清偿期的借款

B. 债务人所欠职工工资

C. 债务人所欠税款

D. 债务人所欠职工医疗费

【答案】AC

【解析】选项B、D，属于职工债权，不必申报。

【例题·单选题】根据企业破产法律制度的规定，债权人申报的债权属于应当受偿的破产债权的是（　　）。

A. 债权人甲的保证人，以其对债务人丁公司的将来求偿权进行的债权申报

B. 债权人乙，以其已超过诉讼时效的债权进行的债权申报

C. 债权人丙，要求丁公司作为承揽人继续履行承揽合同进行的债权申报

D. 某海关，以其对丁公司进行处罚尚未收取的罚款进行的债权申报

【答案】A

【解析】债务人的保证人或者其他连带债务人尚未代替债务人清偿债务的，以其对债务人的将来求偿权申报债权。但是，债权人已经向管理人申报全部债权的除外。因此，选项A正确。

高频考点25：被保证人破产★★★

1. 有担保人的情况

（1）人民法院受理债务人破产案件，债权人在破产程序中申报债权后又向人民法院提起诉讼，请求担保人承担担保责任的，人民法院依法予以支持。担保人清偿债权人的全部债权后，可以代替债权人在破产程序中受偿；在债权人的债权未获全部清偿前，担保人不得代替债权人在破产程序中受偿，但是有权就债权人通过破产分配和实现担保债权等方式获得清偿总额中超出债权的部分，在其承担担保责任的范围内请求债权人返还。

债权人在债务人破产程序中未获全部清偿，请求担保人继续承担担保责任的，人民法院应予支持；担保人承担担保责任后，向和解协议或者重整计划执行完毕后的债务人追偿的，人民法院不予支持。

（2）债权人知道或者应当知道债务人破产，既未申报债权也未通知担保人，致使担保人不能预先行使追偿权的，担保人就该债权在破产程序中可能受偿的范围内免除担保责任，但是担保人因自身过错未行使追偿权的除外。

2. 一般保证

一般保证的保证人在主合同纠纷未经审判或者仲裁，并就债务人财产依法强制执行仍不能履行债务前，有权拒绝向债权人承担保证责任，即可享有先诉抗辩权。

但在人民法院受理债务人破产案件后，一般保证人不得行使先诉抗辩权。因此时债权人已不能通过对债务人财产的个别执行先行向债务人行使权利，所以可以直接向负补充责任的保证人追偿。

高频考点 26：保证人破产★★★

1. 人民法院受理保证人破产案件的，保证人的保证责任不得因其破产而免除。保证债务已到期时，债权人可依保证合同的约定向保证人申报债权追偿。

2. 主债务未到期的，保证债权在保证人破产申请受理时视为到期。一般保证的保证人主张行使先诉抗辩权的，人民法院不予支持，但债权人在一般保证人破产程序中的分配额应予提存，待一般保证人应承担的保证责任确定后再按照破产清偿比例予以分配。保证人被确定应当承担保证责任的，保证人的管理人可以就保证人实际承担的清偿额向主债务人或其他债务人行使求偿权。

3. 债务人、保证人均被裁定进入破产程序的，债权人有权向债务人、保证人分别申报债权。债权人向债务人、保证人均申报全部债权的，从一方破产程序中获得清偿后，其对另一方的债权额不作调整，但债权人的受偿额不得超出其债权总额。保证人履行保证责任后不再享有求偿权。

高频考点 27：破产债权的确认★★★

1. 债权人申报的债权须经审查确认后才能在破产程序中行使权利

2. 债权审查的判断原则

（1）未经发生法律效力的法律文书所确定的债权均需审查确认。

（2）已经发生法律效力的法律文书所确认的债权，原则上不需审查确认。但确有证据证明该债权是虚构的、不真实的，或依据破产法应作特殊调整的除外。

3. 债权登记确认表

（1）管理人收到债权申报材料后，应当登记造册，对申报的债权进行审查，并编制债权登记表。管理人必须将申报的债权全部登记在债权登记表上，不允许以其认为申报债权超过诉讼时效或者不能成立等为由拒绝编入债权登记表。

（2）债权登记表和债权申报材料由管理人保存，供利害关系人查阅。

（3）管理人依法编制的债权登记表，应当提交第一次债权人会议核查。

①经核查后，管理人、债务人、其他债权人等对债权无异议的，列入债权确认表中。

②经核查后仍存在异议的债权，由人民法院裁定该异议债权是否列入债权确认表中。该项裁定不影响债权人等利害关系人提起债权确认诉讼的权利。

债务人、债权人对债权表记载的债权有异议的。应当说明理由和法律依据。经管理人解释和调整后，异议人仍然不服的，或者管理人不予解释和调整的，异议人应当在债权人会议核查结束后 15 日内向人民法院提起债权确认诉讼。当事人之间在破产申请受理前订立有仲裁条款或仲裁协议的，应当向选定的仲裁机构申请确认债权债务关系。

债务人对债权表记载的债权有异议向人民法院提起诉讼的，应当将被异议债权人列为被告。债权人对债权表记载的他人债权有异议的，应将被异议债权人列为被告；债权人对债权表记载的本人债权有异议的，应将债务人列为被告。对同一笔债权存在多个异议人，其他异议人申请参加诉讼的，应当列为共同原告。

经典例题

【真题·单选题】（2018）根据企业破产法律制度的规定，管理人依法编制的债权登记表，应当提交特定主体核查。该特定主体是（　　）。

A. 债权人委员会　B. 债权人会议主席

C. 人民法院　　　D. 第一次债权人会议

【答案】D

【解析】管理人依法编制的债权登记表，应当提交第一次债权人会议核查。

高频考点 28：债权人会议★★★

债权人会议仅在破产程序中与法院、管理人、债务人或破产人等有关当事人进行交涉，不能与破产程序之外的主体发生法律关系。债权人会议不能与破产程序之外的主体发生法律关系；不是常设机构，而是会议体机构；仅为决议机关，无执行功能，其所作出的相关决议一般由管理人、债权人委员会负责执行。

1. 债权人会议的成员与权利

依法申报债权的债权人为债权人会议的成员，有权参加债权人会议，享有表决权；每个债权人都享有在破产程序中的知情权；债权人可以自己出席会议，也可以委托代理人出席会议，行使表决权；债权人会议应当有债务人的职工和工会代表参加。

债权人会议设主席一人，由人民法院在有表决权的债权人中指定。

2. 债权人会议的召集

债权人会议是依召集方式活动，依表决决议方式作出决策的决议机关。第一次会议由人民法院召集，自债权申报期限届满之日起 15 日内召开；以后的会议，在人民法院认为必要时，或者管理人、债权人委员会、占债权总额 1/4 以上的债权人向债权人会议主席提议时召开。

3. 债权人会议的职权

债权人会议行使下列职权：①核查债权；②申请人民法院更换管理人，审查管理人的费用和报酬；③监督管理人；④选任和更换债权人委员会成员；⑤决定继续或者停止债务人的营业；⑥通过重整计划；⑦通过和解协议；⑧通过债务人财产的管理方案；⑨通过破产财产的变价方案；⑩通过破产财产的分配方案；⑪人民法院认为应当由债权人会议行使的其他职权。

4. 表决权

（1）凡是申报债权者均有权参加第一次债权人会议，有权参加对其债权的核查、确认活动，并可依法提出异议。对于在第一次会议上确认债权以后的债权人会议，只有债权得到确认者才有权行使表决权。

（2）因债权存在争议而未被列入债权表者，如果已经提起债权确认诉讼，可以参加债权人会议；但债权尚未确定的债权人，除人民法院能够为其行使表决权而临时确定债权额者外，不得行使表决权。

（3）一般情况下，债务人的职工和工会代表在债权人会议上没有表决权。但是，如果职工劳动债权不能从破产财产中获得全额、及时优先受偿，或者在重整程序中债权人会议决议通过可能影响其清偿、就业利益的重整计划草案等情况时，职工债权人应享有表决权。

（4）对债务人的特定财产享有担保权的债权人，未放弃优先受偿权利的，对通过和解协议和破产财产的分配方案的事项不享有表决权。

债权人认为债权人会议的决议违反法律规定，损害其利益的，可以自债权人会议作出决议之日起 15 日内，请求人民法院裁定撤销该决议，责令债权人会议依法重新作出决议。

（5）债权人会议的决议具有以下情形之一，损害债权人利益，债权人申请撤销的，人民法院应予支持：①债权人会议的召开违反法定程序；②债权人会议的表决违反法定程序；③债权人会议的决议内容违法；④债权人会议的决议超出债权人会议的职权范围。

（6）人民法院可以裁定撤销全部或者部分事项决议，责令债权人会议依法重新作出决议。债权人申请撤销债权人会议决议的，应当提出书面申请。债权人会议采取通信、网络投票等非现场方式进行表决的，债权人申请撤销的期限自债权人收到通知之日起算。

5. 知情权

每个债权人都享有在破产程序中的知情权。单个债权人有权查阅债务人财产状况报告、债权人会议决议、债权人委员会决议、管理人监督报告等参与破产程序所必需的债务人财务和经营信息资料。管理人无正当理由不予提供的，债权人可以请求人民法院作出决定；人民法院应当在5日内作出决定。

上述信息资料涉及商业秘密的，债权人应当依法承担保密义务或者签署保密协议；涉及国家秘密的，应当依照相关法律规定处理。

6. 债权人会议主席

债权人会议设主席一人，由人民法院在有表决权的债权人中指定。债权人会议主席依法行使职权，负责债权人会议的召集、主持等工作。

7. 临时债权人会议的召开条件

（1）人民法院认为必要时；

（2）管理人向债权人会议主席提议时；

（3）债权人委员会向债权人会议主席提议时；

（4）占债权总额1/4以上的债权人向债权人会议主席提议时。

8. 人民法院的裁定

（1）债权人会议表决债务人财产的管理方案和通过破产财产的变价方案时未通过的，由人民法院裁定。债权人对人民法院作出的裁定不服的，可以自裁定宣布之日或者收到通知之日起15日内向该人民法院申请复议，复议期间不停止裁定的执行。

（2）债权人会议表决破产财产的分配方案时，经两次表决仍未通过的，由人民法院裁定。债权额占无财产担保债权总额1/2以上的债权人对人民法院作出的裁定不服的，可以自裁定宣布之日或者收到通知之日起15日内向该人民法院申请复议，复议期间不停止裁定的执行。

9. 债权人会议决议方式

（1）和解协议。和解协议由出席会议的有表决权的债权人过半数同意，并且其所代表的债权额占无财产担保债权总额的2/3以上。

（2）重整计划。重整计划的分组表决要求：出席会议的同一表决组的债权人过半数同意，并且其所代表的债权额占该组债权总额的2/3以上。

（3）其他决议。由出席会议的有表决权的债权人过半数通过，并且其所代表的债权额占无财产担保债权总额的1/2以上。

经典例题

【例题·多选题】根据企业破产法律制度的规定，债权人会议表决的下列事项中，对债务人的特定财产享有担保权且未放弃优先受偿权利的债权人享有表决权的有（　　）。

A. 通过重整计划

B. 通过和解协议

C. 通过破产财产的分配方案

D. 通过破产财产的变价方案

【答案】AD

【解析】对债务人的特定财产享有担保权的债权人，未放弃优先受偿权利的，对通过和解协议和破产财产的分配方案的事项不享有表决权。

【例题·单选题】在破产程序中，债权人会议未能依法通过管理人的财产分配方案时，由人民法院裁定。根据企业破产法律制度的规定，有权对该裁定提出复议的债权人是（　　）。

A. 占全部债权总额1/2以上的债权人

B. 占无财产担保债权总额1/2以上的债权人

C. 占全部债权人人数1/2以上的债权人

D. 占全部债权人人数2/3以上的债权人

【答案】B

【解析】债权额占无财产担保债权总额

1/2 以上的债权人对人民法院作出的裁定不服的，可以申请复议。

【例题·单选题】根据企业破产法律制度的规定，下列各项中，属于债权人会议职权的是（　　）。

A. 调查债务人的财产状况，制作财产状况报告

B. 决定债务人的日常开支

C. 决定债务人的内部管理事务

D. 通过债务人财产的管理方案

【答案】D

【解析】选项 A、B、C 属于管理人的职责。

高频考点 29：债权人委员会★★★

（1）债权人委员会的设立与组成。

债权人委员会是遵循债权人的共同意志，代表债权人会议监督管理人行为以及破产程序合法、公正进行，处理破产程序中的有关事项，维护债权人利益的常设监督机构。

①债权人委员会是破产程序中的选任机关，由债权人会议根据案件具体情况决定是否设置。

②债权人委员会中的债权人代表由债权人会议选任、罢免。

③债权人委员会中应当有一名债务人企业的职工代表或者工会代表。

④债权人委员会由债权人会议选任的债权人代表和 1 名债务人企业的职工代表或者工会代表组成，债权人委员会成员不得超过 9 人。

⑤出任债权人委员会的成员应当经人民法院书面认可。

（2）债权人委员会的职权。

①监督债务人财产的管理和处分；

②监督破产财产分配；

③提议召开债权人会议；

④债权人会议委托的其他职权。

小贴士 债权人会议可以依照《企业破产法》的规定，委托债权人委员会行使《企业破产法》规定的部分债权人会议的职权。但债权人会议不得作出概括性授权，委托其行使债权人会议所有职权。

（3）债权人委员会决定所议事项应获得全体成员过半数通过，并做成议事记录。债权人委员会成员对所议事项的决议有不同意见的，应当在记录中载明。债权人委员会行使职权应当接受债权人会议的监督，以适当的方式向债权人会议及时汇报工作，并接受人民法院的指导。

（4）管理人处分债务人重大财产的，应当事先制作财产管理或者变价方案，并提交债权人会议进行表决，债权人会议表决未通过的，管理人不得处分。管理人实施处分前，应当提前 10 日书面报告债权人委员会或者人民法院。债权人委员会可以要求管理人对处分行为作出相应说明，或者提供有关文件依据。债权人委员会认为管理人实施的处分行为不符合债权人会议通过的财产管理或变价方案的，有权要求管理人纠正。管理人拒绝纠正的，债权人委员会可以请求人民法院作出决定。人民法院认为管理人实施的处分行为不符合债权人会议通过的财产管理和变价方案的，应当责令管理人停止处分行为。管理人应当予以纠正，或者提交债权人会议重新表决通过后实施。

管理人实施下列行为，应当及时报告债权人委员会：①涉及土地、房屋等不动产权益的转让；②探矿权、采矿权、知识产权等财产权的转让；③全部库存或者营业的转让；④借款；⑤设定财产担保；⑥债权和有价证券的转让；⑦履行债务人和对方当事人均未履行完毕的合同；⑧放弃权利；⑨担保物的收回；⑩对债权人利益有重大影响的其他财产处分行为。未设立债权人委员会的，管理人实施上述行为应当及时报告人民法院。

经典例题

【例题·单选题】根据企业破产法律制度的规定，下列关于债权人委员会的表述中，正确的是（　　）。

A. 在债权人会议中应当设置债权人委员会

B. 债权人委员会的成员人数最多不得超过7人

C. 债权人委员会中的债权人代表由人民法院指定

D. 债权人委员会中应当有1名债务人企业的职工代表或者工会代表

【答案】D

【解析】选项C，债权人委员会中的债权人代表由“债权人会议”选任（并非由人民法院指定）。

高频考点30：重整制度的一般理论★

（1）重整制度的特点：

①重整申请时间提前、启动多元化；

②参与重整活动的主体多元化、重整措施多样化；

③担保物权受限；

④重整程序具有强制性；

⑤债务人可负责制定、执行重整计划。

（2）上市公司的破产重整案件较为特殊，审理上市公司破产重整案件应遵循以下原则。

①依法公正审理原则。

②挽救危困企业原则。

③维护社会稳定原则。

高频考点31：重整申请★★★

1. 重整申请的提出

（1）债务人或者债权人可以依法直接向人民法院申请对债务人进行重整。债权人申请对债务人进行破产清算的，在人民法院受理破产申请后、宣告债务人破产前，债务人或者出资额占债务人注册资本1/10以上的出资人，可以向人民法院申请重整。其他债权人也可以申请对债务人进行重整。

（2）国务院金融监督管理机构可以向人民法院提出对金融机构进行重整的申请。债务人提出重整申请，除应提交《企业破产法》规定的材料外，还应当提交债务人通过重整程序，能够持续经营，可能获得新的投资或经营收益以偿还债务，摆脱困境的重整可行性报告。

2. 重整申请的审查

（1）对于债权债务关系复杂、债务规模较大，或者涉及上市公司重整的案件，人民法院在审查重整申请时，可以组织申请人、被申请人听证。债权人、出资人、重整投资人等利害关系人经人民法院准许，也可以参加听证。

（2）听证期间不计入重整申请审查期限。

（3）人民法院应当建立对重整企业的识别审查机制与标准。人民法院在审查重整申请时，根据债务人的资产状况、技术工艺、生产销售、行业前景等因素，能够认定债务人明显不具备重整价值以及拯救可能性的，应裁定不予受理。

3. 公告

人民法院经审查认为重整申请符合法律规定的，应该裁定债务人重整，并予以公告。

高频考点32：重整期间★★★

1. 重整期间

重整期间自人民法院裁定债务人重整之日起至重整程序终止，为重整期间。

名师解惑

重整期间仅指重整申请受理至重整计划草案得到债权人会议分组表决通过和人民法院批准，或重整计划草案未能得到债权人会议分组表决通过或人民法院不予批准的期间，不包括重整计划得到批准后的执行期间。

2. 重整期间的相关事务

（1）在重整期间，债务人的财产管理和营业事务执行，可以由管理人或者债务人负责。经债务人申请，人民法院批准，债务人可以在管理人的监督下自行管理财产和营业事务。

重整期间，债务人同时符合下列条件的，经申请，人民法院可以批准债务人在管理人的监督下自行管理财产和营业事务：①债务人的内部治理机制仍正常运转；②债务人自行管理有利于债务人继续经营；③债务人不存在隐匿、转移财产的行为；④债务人不存在其他严重损害债权人利益的行为。

债务人提出重整申请时，可以一并提出自行管理的申请。经人民法院批准，由债务人自行管理财产和营业事务的，《企业破产法》规定的管理人职权中有关财产管理和营业经营的职权应当由债务人行使。

管理人应当对债务人的自行管理行为进行监督。管理人发现债务人存在严重损害债权人利益的行为，或者有其他不适宜自行管理情形的，可以申请人民法院作出终止债务人自行管理的决定。人民法院决定终止的，应当通知管理人接管债务人的财产和营业事务。债务人有上述行为而管理人未申请人民法院作出终止决定的，债权人等利害关系人可以向人民法院提出申请。

重整案件受理后法院批准债务人自行管理的，管理人应当向债务人移交财产和营业事务，人民法院要督促管理人制定监督债务人的具体制度。管理人负责管理财产和营业事务的，可以聘任债务人的经营管理人员负责营业等事务。

（2）在重整期间，对债务人的特定财产享有的担保权暂停行使。但是，对企业重整无保留必要的担保财产，经债务人或者管理人同意，担保权人可以行使担保权。

（3）在重整期间，债务人或者管理人为继续营业而借款的，可以参照共益债务优先受偿，还可以以债务人财产为该借款设定担保。

（4）在重整期间，债务人的出资人不得请求投资收益分配。债务人的董事、监事、高级管理人员不得向第三人转让其持有的债务人的股权，但是，经人民法院同意的除外。

（5）债务人合法占有的他人财产，该财产的权利人在重整期间要求取回的，应当符合事先约定的条件。

3. 终止重整程序

在重整期间，有下列情形之一的，经管理人或者利害关系人请求，人民法院应当裁定终止重整程序，并宣告债务人破产：（1）债务人的经营状况和财产状况继续恶化，缺乏挽救的可能性。（2）债务人有欺诈、恶意减少债务人财产或者其他显著不利于债权人的行为。（3）由于债务人的行为致使管理人无法执行职务。

高频考点33：重整计划的制定★★★

1. 重整计划的制定主体

（1）债务人。债务人企业在重整申请受理之后，债务人自行管理财产和营业事务的，由债务人制定重整计划草案。

（2）管理人。债务人企业在重整申请受理之后，管理人负责管理财产和营业事务的，由管理人制定重整计划草案。

2. 重整计划的制定期限

（1）债务人或者管理人应当自人民法院裁定债务人重整之日起6个月内，同时向人民法院和债权人会议提交重整计划草案。

（2）期限届满，经债务人或者管理人请求，有正当理由的，人民法院可以裁定延期3个月。

（3）债务人或者管理人未按期提出重整计划草案的，人民法院应当裁定终止重整程序，并宣告债务人破产。

高频考点34：重整计划草案的表决★★★

1. 分组表决

（1）重整计划草案在债权人会议上进行分组表决。表决组的划分要充分体现当事人在重整计划中的差别利益。

（2）《企业破产法》规定，债权人参加讨论重整计划草案的债权人会议，依照下列债权分类，分组对重整计划草案进行表决：①对债务人的特定财产享有担保权的债权；②职工债权；③债务人所欠税款；④普通债权。

（3）重整计划不得规定减免纳入社会统筹账户的社会保险费用，该项费用的债权人不参加重整计划草案的表决。

为重整计划草案进行分组表决时，权益因

重整计划草案受到调整或者影响的债权人或者股东有权参加表决，权益未受到调整或者影响的债权人和股东参照《企业破产法》第八十三条的规定，不参加重整计划草案的表决。

2. 分组表决的指导性

（1）《企业破产法》规定的债权分组是指导性的，除列举的组别划分外，人民法院还可以根据案件具体情况，决定设置其他分组。

（2）债务人的出资人代表可以列席讨论重整计划草案的债权人会议。重整计划草案涉及出资人权益调整事项的，应当单设出资人组，该组进行表决时，应按出资比例行使表决权，与人数无关。

（3）人民法院在必要时可以决定在普通债权组中设小额债权组对重整计划草案进行表决。在司法实践中，更为常见的做法是设定统一的数额标准，对每个普通债权该数额以下的部分均给予较高比例的清偿。

高频考点35：重整计划的批准★★★

1. 正常批准

（1）出席会议的同一表决组的债权人过半数同意重整计划草案，并且其所代表的债权额占该组债权总额的2/3以上的，即为该组通过重整计划草案。各表决组均通过重整计划草案时，重整计划即为通过。

（2）自重整计划通过之日起10日内，债务人或者管理人应当向人民法院提出批准重整计划的申请。企业的重整不仅是债务减免和财务调整，重整的重点是维持企业的营运价值。人民法院在审查重整计划时，除合法性审查外，还应审查其中的经营方案是否具有可行性。

（3）重整计划中关于企业重新获得盈利能力的经营方案具有可行性、表决程序合法、内容不损害各表决组中反对者的清偿利益的，人民法院应当自收到申请之日起30日内裁定批准，终止重整程序，并予以公告。

2. 强制批准

部分表决组未通过重整计划草案的，重整计划草案符合下列条件的，债务人或者管理人可以申请人民法院批准重整计划草案：

（1）按照重整计划草案，对债务人的特定财产享有担保权的债权就该特定财产将获得全额清偿，其因延期清偿所受的损失将得到公平补偿，并且其担保权未受到实质性损害，或者该表决组已经通过重整计划草案。

（2）按照重整计划草案，职工债权和债务人所欠税款将获得全额清偿，或者相应表决组已经通过重整计划草案。

（3）按照重整计划草案，普通债权所获得的清偿比例，不低于其在重整计划草案被提请批准时依照破产清算程序所能获得的清偿比例，或者该表决组已经通过重整计划草案。

（4）重整计划草案对出资人权益的调整公平、公正，或者出资人组已经通过重整计划草案。

（5）重整计划草案公平对待同一表决组的成员，并且所规定的债权清偿顺序不违反《企业破产法》的规定。

（6）债务人的经营方案具有可行性。

人民法院经审查认为重整计划草案符合上述规定的，应当自收到申请之日起30日内裁定批准，终止重整程序，并予以公告。

人民法院不得滥用强制批准权，确需强制批准重整计划草案的，重整计划草案除应当符合《企业破产法》的规定外，如债权人分多组的，还应当至少有一组已经通过重整计划草案，且各表决组中反对者能够获得的清偿利益不低于依照破产清算程序所能获得的利益。

重整程序因人民法院裁定批准重整计划草案而终止的，重整案件可作结案处理。重整计划执行完毕后，人民法院可以根据管理人等利害关系人申请，作出重整程序终结的裁定。

3. 未批准

重整计划草案未获得债权人会议通过且未获得人民法院的强制批准，或者债权人会议通过的重整计划未获得人民法院批准的，人民法院应当裁定终止重整程序，并宣告债务人破产。

小贴士 根据《保障管理人履职意见》规定，人民法院裁定批准重整计划或重整计划执行完毕后，重整企业或管理人可以凭人民法院出具的相应裁定书，申请在金融信用信息基础数据库中添加相关信息，及时反映企业重整情况。

高频考点36：重整计划的执行★★★

（1）重整计划经人民法院批准后由债务人执行。

为此，在重整计划草案的制定、审查、表决过程中，必须考虑在重整计划草案中对债务人董事、监事、经理等高级管理人员中有违法行为者及不称职者进行更换，以免在债务人执行重整计划草案过程中因人员不当而发生问题。

（2）人民法院裁定批准重整计划后，已接管财产和营业事务的管理人应当向债务人移交财产和营业事务。

（3）在重整或和解程序中，税务机关依法受偿后，管理人或破产企业可以向税务机关提出纳税信用修复申请，税务机关根据人民法院出具的批准重整计划或认可和解协议的裁定书评价其纳税信用级别。已被公布重大税收违法失信案件信息的上述破产企业，经税务机关确认后，停止公布并从公告栏中撤出，并将相关情况及时通知实施联合惩戒和管理的部门。有关部门应当依据各自法定职责，按照法律法规和有关规定解除惩戒，保障企业正常经营和后续发展。

经典例题

【真题·单选题】（2019）根据企业破产法律制度的规定，破产重整计划的执行主体是（　　）。

A. 债务人

B. 管理人

C. 债权人会议的普通债权组

D. 人民法院

【答案】A

【解析】重整计划经人民法院批准后由债务人执行。即使重整计划草案是由管理人负责制定的，在批准后也要由债务人负责执行。

高频考点37：重整计划的监督★★

（1）自人民法院裁定批准重整计划之日起，在重整计划规定的监督期内，由管理人监督重整计划的执行，债务人应当向管理人报告重整计划执行情况和债务人财产状况。

（2）在重整计划规定的监督期内，管理人应当代表债务人参加监督期开始前已经启动而尚未终结的诉讼、仲裁活动。

（3）重整计划的执行期间和监督期间原则上应当一致。二者不一致的，人民法院在确定和调整重整程序中的管理人报酬方案时，应当根据重整期间和重整计划监督期间管理人工作量的不同予以区别对待。其中，重整期间的管理人报酬应当根据管理人对重整发挥的实际作用等因素予以确定和支付；

（4）重整计划监督期间管理人报酬的支付比例和支付时间，应当根据管理人监督职责的履行情况，与债权人按照重整计划实际受偿比例和受偿时间相匹配。

（5）重整计划执行期间，因重整程序终止后新发生的事实或者事件引发的有关债务人的民事诉讼，不适用有关集中管辖的规定。除重整计划有明确约定外，上述纠纷引发的诉讼，不再由管理人代表债务人进行。

（6）监督期届满时，管理人应当向人民法院提交监督报告。重整计划的利害关系人有权查阅该报告。

（7）经管理人申请，人民法院可以裁定延长重整计划执行的监督期限。

高频考点38：重整计划的效力★★★

（1）经人民法院裁定批准的重整计划，对债务人和全体债权人均有约束力，包括对债务人的特定财产享有担保权的债权人。

（2）债权人对债务人的保证人和其他连带债务人所享有的权利，不受重整计划的影响。

(3) 债权人未依照法律规定申报债权的，可以继续申报债权，但在重整计划执行期间不得行使受偿权利；在重整计划执行完毕后，可以按照重整计划规定的同类债权的清偿条件行使权利。

(4) 债务人不能执行或者不执行重整计划的，人民法院经管理人或者利害关系人请求，应当裁定终止重整计划的执行，并宣告债务人破产。

重整期间或者重整计划执行期间，债务人因法定事由被宣告破产的，人民法院不再另立新的案号，原重审程序的管理人原则上应当继续履行破产清算程序中的职责。原重整程序的管理人不能继续履行职责或者不适宜继续担任管理人的，人民法院应当依法重新指定管理人。重整程序转破产清算案件中的管理人报酬，应当综合管理人为重整工作和清算工作分别发挥的实际作用等因素合理确定。重整期间因法定事由转入破产清算程序的，应当按照破产清算案件确定管理人报酬。重整计划执行期间因法定事由转入破产清算程序的，后续破产清算阶段的管理人报酬应当根据管理人实际工作量予以确定，不能简单根据债务人最终清偿的财产价值总额计算。

(5) 人民法院裁定终止重整计划执行的，债权人在重整计划中作出的债权调整的承诺失去效力，但为重整计划的执行提供的担保继续有效。

(6) 债权人因执行重整计划所受的清偿仍然有效，债权未受清偿的部分作为破产债权。

(7) 在重整计划执行中已经接受清偿的债权人，只有在其他同顺位债权人同自己所受的清偿达到同一比例时，才能继续接受破产分配。

高频考点39：和解制度★★★

和解是具有避免债务人破产功能的法律制度之一，并具有简便快速清理债权债务关系的效用。

1. 和解申请

在发生破产原因时，债务人可以直接向人民法院申请和解；也可以在人民法院受理破产申请后、宣告债务人破产前，向人民法院申请和解。和解是预防债务人破产的法律制度之一。

小贴士 和解申请只能由债务人一方提出，与破产清算申请和重整申请的提出主体有所不同。

2. 和解程序

(1) 人民法院经查认为和解申请符合法律规定的，应当受理其申请，裁定和解，予以公告，并召集债权人会议讨论表决和解协议草案。

(2) 债权人会议通过和解协议的决议，由出席会议的有表决权的债权人过半数同意，并且其所代表的债权额占无财产担保债权总额的2/3以上。

①债权人会议通过和解协议的，由人民法院裁定认可，终止和解程序，并予以公告。

②和解协议草案经债权人会议表决未获得通过，或者已经债权人会议通过的和解协议未获得人民法院认可的，人民法院应当裁定终止和解程序，并宣告债务人破产。

3. 和解协议的效力

(1) 经人民法院裁定认可的和解协议，对债务人和全体和解债权人均有约束力。

(2) 和解债权人对债务人的保证人和其他连带债务人所享有的权利，不受和解协议的影响。

(3) 和解债权人未依照规定申报债权的，在债务人向债权人会议提交的和解协议草案付诸表决后，可以继续申报债权，但在和解协议执行期间不得行使权利；在和解协议执行完毕后，可以按照和解协议规定的清偿条件行使权利。

(4) 债务人不能执行或者不执行和解协议的，人民法院经和解债权人请求，应当裁定终止和解协议的执行，并宣告债务人破产。

(5) 人民法院裁定终止和解协议的执行的，和解债权人在和解协议中作出的债权调整的承诺失去效力，但债务人为和解协议的执行提供的担保继续有效。和解债权人因执行和解协议所受的清偿仍然有效，不予退回，和解债权未受清偿的部分作为破产债权。在和解协议执行中已经接受清偿的债权人，只有在其他债权人同其原债权所受的和解清偿达到同一比例时，才能继续接受破产分配。

4. 和解协议的终止

（1）因债务人的欺诈或者其他违法行为而成立的和解协议，人民法院应当裁定无效，并宣告债务人破产。有上述情形的，和解债权人因执行和解协议所受的清偿，在其他债权人所受清偿同等比例的范围内，不需要返还，这是与一般合同无效时双方应完全返回财产不同的。

（2）债务人不能执行或者不执行和解协议的，人民法院经和解债权人请求，应当裁定终止和解协议的执行，并宣告债务人破产。破产法上的和解协议只具有程序法上的意义，没有强制执行的效力。债务人不履行和解协议时，债权人只能向法院申请终止和解协议，宣告其破产，依照破产清算程序获得清偿，而不能提起对和解协议的强制执行程序，否则又可能出现债务人的财产全部被部分债权人执行完毕，而其他债权人得不到清偿的不公现象。

（3）人民法院裁定终止和解协议执行的，和解债权人在和解协议中作出的债权调整的承诺失去效力，但债务人方面为和解协议的执行提供的担保继续有效。和解债权人因执行和解协议所受的清偿仍然有效，不予退回，和解债权未受清偿的部分作为破产债权。上述债权人只有在其他债权人同其原债权所受的和解清偿达到同一比例时，才能继续接受破产分配。

（4）人民法院受理破产申请后，债务人与全体债权人就债权债务的处理自行达成协议的，可以请求人民法院裁定认可，并终结破产程序。

经典例题

【例题·多选题】下列关于和解的表述中，符合企业破产法律制度规定的有（　　）。

A. 和解申请只能由债务人一方提出

B. 和解申请只能由债权人一方提出

C. 在和解程序中，对债务人特定财产享有的担保权暂停行使

D. 和解债权人未依照法律规定申报债权的，在和解协议执行完毕后，仍可按和解协议规定的清偿条件行使权利

【答案】AD

【解析】和解程序对就债务人特定财产享有担保权的权利人无约束力，该权利人自人民法院裁定和解之日即受理和解申请之日起，可以对担保物行使权利。

高频考点40：破产宣告★★

（1）相关主体向人民法院提出破产申请的，人民法院应当自收到申请之日起7日内作出破产宣告裁定并进行公告。人民法院依法宣告债务人破产，应当自裁定作出之日起5日内送达债务人和管理人，自裁定作出之日起10日内通知已知债权人，并予以公告。

（2）债务人被宣告破产后，债务人称为破产人，债务人财产称为破产财产，破产申请受理时对债务人享有的债权称为破产债权。

（3）破产宣告前，有下列情形之一的，人民法院应当裁定终结破产程序，并予以公告：

①第三人为债务人提供足额担保或者为债务人清偿全部到期债务的；

②债务人已清偿全部到期债务的。

高频考点41：别除权★★★

别除权是指对破产企业的特定财产享有担保权的权利人，对该特定财产享有优先受偿的权利。

小贴士 别除权的基础权利是担保物权和法定特别优先权。《民法典》第三百八十八条第一款规定："设立担保物权，应当依照本法和其他法律的规定订立担保合同。担保合同包括抵押合同、质押合同和其他具有担保功能的合同。"我国法律规定的担保物权中被公认

在破产程序中可享有别除权的有抵押权、质权和留置权。

1. 破产企业以自己的财产为自己的债务提供抵押担保

（1）如果有财产担保的债权人放弃优先受偿权利的，其债权作为普通破产债权。

（2）如果有财产担保的债权人不放弃优先受偿权利，债权人行使优先受偿权利未能完全受偿的，其未受偿的债权作为普通破产债权。

2. 破产企业以自己的财产为他人债务提供抵押担保

（1）如破产企业仅作为担保人为他人债务提供物权担保，担保债权人的债权虽然在破产程序中可以构成别除权，但因破产企业不是主债务人，在担保物价款不足以清偿担保债权额时，余债不得作为破产债权向破产企业要求清偿，只能向原主债务人求偿。

（2）别除权人如放弃优先受偿权利，其债权也不能转为对破产企业的破产债权，因二人之间只有担保关系，无基础债务关系。

3. 承包人的建设工程款债权

《民法典》第八百零七条规定："发包人未按照约定支付价款的，承包人可以催告发包人在合理期限内支付价款。发包人逾期不支付的，除根据建设工程的性质不宜折价、拍卖外，承包人可以与发包人协议将该工程折价，也可以请求人民法院将该工程依法拍卖。建设工程的价款就该工程折价或者拍卖的价款优先受偿。"

4. 以划拨方式取得的国有土地使用权

企业对其以划拨方式取得的国有土地使用权无处分权，以该土地使用权设定抵押，未经有审批权限的人民政府或土地行政管理部门批准的，不影响抵押合同效力；履行了法定的审批手续，并依法办理抵押登记的，抵押权自登记时设立。抵押权人只有在以抵押标的物折价或拍卖、变卖所得价款缴纳相当于土地使用权出让金的款项后，对剩余部分方可享有优先受偿权。但纳入国家兼并破产计划的国有企业，其用以划拨方式取得的国有土地使用权设定抵押的，应依据国务院有关文件规定办理。国家对应缴纳的"土地使用权出让金"，优先于抵押权人等其他债权人受偿，此项权利也属于优先权。

高频考点42：破产财产的变价★★★

（1）破产财产的分配以货币分配为基本方式。在破产宣告后，管理人应当及时拟订破产财产变价方案，提交债权人会议讨论。管理人应当按照债权人会议通过的或者人民法院依法裁定的破产财产变价方案，适时变价出售破产财产。

（2）破产财产处置应当以价值最大化为原则，兼顾处置效率。

（3）变价出售破产财产原则上以拍卖方式进行，但债权人会议另有决议的除外。采用拍卖方式进行处置的，拍卖所得预计不足以支付评估拍卖费用，或者拍卖不成的，经债权人会议决议，可以采取作价变卖或者实物分配方式。变卖或者实物分配的方案经债权人会议两次表决仍未通过的，由人民法院裁定处理。

（4）人民法院要积极探索更为有效的破产财产处置方式和渠道，最大限度提升破产财产变价率。

（5）破产财产的变价出售必须以价值最大化即债权人利益最大化为原则，不能与破产企业职工安置挂钩，职工安置是政府应负责解决的问题，不允许以低价向购买者出售破产财产的方式换取其对职工的就业安置，以损害债权人利益的方式解决政府的财政与工作问题。

高频考点43：破产财产的分配★★★

1. 破产财产的分配应当遵守法定的分配顺序和分配方法

（1）根据破产财产的多少、变价难易等情况可以进行一次分配或多次分配；

（2）根据破产财产分配进行的时间不同，可以分为中间分配、最后分配和追加分配。

2. 破产财产的清偿顺序

（1）有财产担保的债权；

（2）破产费用和共益债务；

（3）职工债权（破产人所欠职工的工资和医疗、伤残补助、抚恤费用，所欠的应当划入职工个人账户的基本养老保险、基本医疗保险费用，以及法律、行政法规规定应当支付给职工的补偿金）；

（4）纳入社会统筹账户的社会保险费用和破产人所欠税款；

（5）无财产担保的普通债权。

破产财产不足以清偿同一顺序的清偿要求的，按照比例分配。破产企业的董事、监事和高级管理人员的工资按照该企业职工的平均工资计算。

【注意】由第三方垫付的职工债权，原则上按照垫付的职工债权性质进行清偿。债务人欠缴的住房公积金，按照债务人拖欠的职工工资性质清偿。

3. 法律未明文规定清偿顺序的

对于法律没有明确规定清偿顺序的债权，人民法院可以按照人身损害赔偿债权优先于财产性债权、私法债权优先于公法债权、补偿性债权优先于惩罚性债权的原则合理确定清偿顺序。破产财产依法清偿后仍有剩余的，可依次用于清偿破产受理前产生的民事惩罚性赔偿金、行政罚款、刑事罚金等惩罚性债权。

4. 特殊规定

（1）债务人的董事、监事和高级管理人员因返还绩效奖金形成的债权，可以作为普通破产债权清偿；因返还普遍拖欠职工工资情况下获取的工资性收入形成的债权，按照该企业职工平均工资计算的部分作为拖欠职工工资清偿；高出该企业职工平均工资计算的部分，可以作为普通破产债权清偿。

（2）在破产案件受理前因欠缴税款产生的滞纳金属于普通破产债权，不享有与欠缴税款相同的优先受偿地位；在破产案件受理后因欠缴税款产生的滞纳金，不属于破产债权，在破产程序中不予清偿。

（3）商业银行破产清算时，在支付清算费用、所欠职工工资和劳动保险费用后，应当优先支付个人储蓄存款的本金和利息。

（4）农民专业合作社破产清算时，在清偿破产费用和共益债务后，应当优先清偿破产前与农民成员已发生交易但尚未结清的款项。

经典例题

【真题·单选题】（2022）根据企业破产法律制度的规定，下列破产案件受理前产生的各项债权中，应当最优先获得清偿的是（　　）。

A. 人身损害赔偿金

B. 刑事罚金

C. 民事惩罚性赔偿金

D. 行政罚款

【答案】A

【解析】对于法律没有明确规定清偿顺序的债权，人民法院可以按照人身损害赔偿债权优先于财产性债权、私法债权优先于公法债权、补偿性债权优先于惩罚性债权的原则合理确定清偿顺序。破产财产依法清偿后仍有剩余的，可依次用于清偿破产受理前产生的民事惩罚性赔偿金、行政罚款、刑事罚金等惩罚性债权。

【真题·单选题】（2019）根据合伙企业破产法律制度的规定，合伙企业在清算时，企业财产在支付清算费用后，应当优先清偿（　　）。

A. 法定补偿金　　B. 职工工资

C. 所欠税款　　D. 社会保险费用

【答案】B

【解析】合伙企业财产在支付清算费用和职工工资、社会保险费用、法定补偿金以及缴纳所欠税款、清偿债务后的剩余财产，依照规定进行分配。

【例题·单选题】根据企业破产法律制度的规定，下列债务中，在清偿破产费用和共益债务后，应从破产财产中按第一顺位获得清偿的是（　　）。

A. 破产人所欠职工的伤残补助

B. 破产人所欠税款

C. 破产人所欠红十字会的捐款

D. 破产人所欠环保部门的罚款

【答案】A

【解析】根据破产财产的清偿顺序，在破产费用和共益债务之后，应清偿职工债权，包括应当支付的伤残补助。

【例题·单选题】根据企业破产法律制度的规定，下列关于商业银行破产分配顺序的表述中，正确的是（　　）。

A. 破产财产优先支付个人储蓄存款本息

B. 破产财产在支付清算费用后，优先支付个人储蓄存款本息

C. 破产财产在支付清算费用、所欠职工工资和劳动保险费用后，优先支付个人储蓄存款本息

D. 破产财产在支付清算费用、所欠职工工资和劳动保险费用、所欠税款后，优先支付个人储蓄存款本息

【答案】C

【解析】商业银行破产清算时，在支付清算费用、职工工资和劳动保险费用后，应当优先支付个人储蓄存款的本金和利息。

【例题·单选题】甲商业银行破产清算时，已支付清算费用、所欠职工工资和劳动保险费用。根据企业破产法律制度的规定，其尚未清偿的下列债务中，应当优先偿还的是（　　）。

A. 购买办公设备所欠货款

B. 企业账户中的存款本金及利息

C. 个人储蓄存款的本金及利息

D. 欠缴监管机构的罚款

【答案】C

【解析】商业银行破产清算时，在支付清算费用、职工工资和劳动保险费用后，应当优先支付个人储蓄存款的本金和利息。

【例题·单选题】破产企业甲公司在破产案件受理前因欠缴税款产生滞纳金，下列关于该滞纳金在破产程序中清偿顺位的表述中，符合企业破产法律制度规定的是（　　）。

A. 该滞纳金属于普通债权，受偿顺位劣后于欠缴税款

B. 该滞纳金劣后于普通债权受偿

C. 该滞纳金与欠缴税款处于相同受偿顺位

D. 该滞纳金不属于破产债权，在破产程序中不予清偿

【答案】A

【解析】在破产案件受理前因欠缴税款产生的滞纳金属于普通破产债权，不享有与欠缴税款相同的优先受偿地位。

高频考点 44：破产财产分配方案的实施★★★

（1）债权人会议表决通过破产财产分配方案后，由管理人将该方案提请人民法院裁定认可，经人民法院裁定认可后，由管理人执行。

（2）管理人按照破产财产分配方案实施多次分配的，应当公告本次分配的财产额和债权额；管理人实施最后分配的，应当在公告中指明，并载明法律规定的事项。

（3）管理人实施分配，应当通知所有债权人。无法通知且无法直接交付或者经通知债权人还是无法直接交付的破产财产分配额，管理人应当提存。该债权人自最后分配公告之日起满 2 个月仍不领取的，视为放弃受领分配的权利，管理人或者人民法院应当将提存的分配额分配给其他债权人。

（4）对于附生效条件或者解除条件的债权，管理人应当将其分配额提存。在最后分配公告日，生效条件未成就或者解除条件成就的，应当分配给其他债权人；在最后分配公告日，生效条件成就或者解除条件未成就的，提存的分配额应当交付给该债权人。

（5）破产财产分配时，对于诉讼或者仲裁未决的债权，管理人应当依争议标的额将其分配额提存，按照诉讼或者仲裁结果处理。自破产程序终结之日起满 2 年仍不能受领分配的，人民法院应当将提存的分配额分配给其他

债权人。

高频考点 45：破产程序的终结★★★

1. 破产终结程序

破产终结的方式有四种：

（1）因和解、重整程序顺利完成而终结；

（2）因债务人以其他方式解决债务清偿问题（包括第三人代为清偿债务、自行和解）而终结；

（3）因债务人的破产财产不足以支付破产费用而终结；

（4）因破产财产分配完毕而终结。

人民法院终结破产清算程序应当以查明债务人财产状况、明确债务人财产的分配方案、确保破产债权获得依法清偿为基础。

管理人应当自破产程序终结之日起 10 日内，持人民法院终结破产程序的裁定，向破产人的原登记机关办理注销登记。

根据《保障管理人履职意见》的规定，经人民法院裁定宣告破产的企业，管理人持人民法院终结破产清算程序裁定书申请税务注销的，税务部门应即时出具清税文书，按照有关规定核销“死欠”，不得违反规定要求额外提供证明文件，或以税款未获全部清偿为由拒绝办理。管理人可以凭企业注销登记申请书、人民法院终结破产程序裁定书申请办理破产企业注销，市场监管部门不额外设置简易注销条件。申请简易注销的破产企业营业执照遗失的，通过国家企业信用信息公示系统免费发布营业执照作废声明或在报纸刊登遗失公告后，破产企业或管理人可不再补领营业执照。在破产清算程序终结以及重整或和解程序终止前，非经破产案件审理法院同意或管理人申请，市场监管等部门不得办理企业登记事项变更手续。

2. 遗留事务的处理

在破产程序因债务人财产不足以支付破产费用而终结，或者因破产人无财产可供分配或破产财产分配完毕而终结时，自终结之日起 2 年内，有下列情形之一的，债权人可以请求人民法院按照破产财产分配方案进行追加分配：

（1）发现在破产案件中有可撤销行为、无效行为或者债务人的董事、监事和高级管理人员利用职权从企业获取非正常收入和侵占企业财产的情况，应当追回财产的。

（2）发现破产人有应当供分配的其他财产的。

有上述情形，但财产数量不足以支付分配费用的，不再进行追加分配，由人民法院将其上交国库。

3. 无法清算破产案件的审理与责任承担

人民法院在审理债务人相关人员下落不明，或者财产状况不清的破产案件时，应当充分贯彻债权人利益保护原则，避免债务人通过破产程序不当损害债权人利益，同时也要避免不当突破股东有限责任原则。

在破产清算程序中，负有妥善保管并向管理人移交公司财产、账册、重要文件等资料义务者，是公司的法定代表人以及财务管理人员和其他经营管理人员等配合清算义务人，而不是清算义务人。

判定债务人相关人员承担责任时，应当依照企业破产法相关规定来确定相关主体的义务、内容和责任范围。

上述破产清算案件被裁定终结后，相关主体以债务人主要财产、账册、重要文件等重新出现为由，申请对破产清算程序启动审判监督的，人民法院不予受理。但符合法律规定时，债权人可以请求人民法院追加分配。

高频考点 46：关联企业合并破产★★

1. 实质合并与程序合并的区别

关联企业合并破产分为实质合并与程序合并两种模式。

（1）实质合并是对关联企业资产与负债的合并，即将多个关联企业视为一个单一企业，在统一财产分配与债务清偿的基础上进行破产程序，所有企业同类债权人的清偿率按相同原则确定，各企业的法人人格在破产程序进行的期间内不再独立。在目前我国的实践中，实质合并主要以各关联企业资产与负债严重混同导致法人人格混同等为适用条件。

（2）程序合并是多个破产案件程序的合并审理，体现为对不同法院管辖的多个企业破产案件的程序并案审理、整体重整或者破产清算，通过统一制订集团各企业相互协调衔接的重整计划、清算方案乃至整个集团企业合一的整体重整计划，达到企业挽救目的，或者使破产财产实现更高的价值。在程序合并中，各关联企业仍保持法人人格的独立，资产与债务清偿比例等分别确定。

2. 关联企业实质合并破产

（1）人民法院在审理企业破产案件时，应当尊重企业法人人格的独立性，以对关联企业成员的破产原因进行单独判断并适用单个破产程序为基本原则。当关联企业成员之间存在法人人格高度混同、区分各关联企业成员财产的成本过高、严重损害债权人公平清偿利益时，可例外适用关联企业实质合并破产方式进行审理。

（2）人民法院收到实质合并申请后，应当及时通知相关利害关系人并组织听证，听证时间不计入审查时间。人民法院在审查实质合并申请过程中，可以综合考虑关联企业之间资产的混同程度及其持续时间、各企业之间的利益关系、债权人整体清偿利益、增加企业重整的可能性等因素，在收到申请之日起 30 日内作出是否实质合并审理的裁定。

（3）相关利害关系人对受理法院作出的实质合并审理裁定不服的，可以自裁定书送达之日起 15 日内向受理法院的上一级人民法院申请复议。

（4）采用实质合并方式审理关联企业破产案件的，应由关联企业中的核心控制企业住所地人民法院管辖。核心控制企业不明确的，由关联企业主要财产所在地人民法院管辖。多个人民法院之间对管辖权发生争议的，应当报请共同的上级人民法院指定管辖。

（5）人民法院裁定采用实质合并方式审理破产案件的，各关联企业成员之间的债权债务归于消灭，各成员的财产作为合并后统一的破产财产，由各成员的债权人在同一程序中按照法定顺序公平受偿。采用实质合并方式进行重整的，重整计划草案中应当制定统一的债权分类、债权调整和债权受偿方案。

3. 关联企业程序合并破产

（1）程序合并破产在《破产审判会议纪要》中称为协调审理。根据该纪要规定，多个关联企业成员均存在破产原因但不符合实质合并条件的，人民法院可根据相关主体的申请对多个破产程序进行协调审理，并可根据程序协调的需要，综合考虑破产案件审理的效率、破产申请的先后顺序、成员负债规模大小、核心控制企业住所地等因素，由共同的上级法院确定一家法院集中管辖。

（2）协调审理不消灭关联企业成员之间的债权债务关系，不对关联企业成员的财产进行合并，各关联企业成员的债权人仍以该企业成员财产为限依法获得清偿。

（3）在程序合并中，同时也要利用其他法律手段解决关联企业成员之间尚不构成法人人格严重混同的不当资源配置关系，如关联企业成员之间不当利用关联控制关系形成的债权，应当劣后于其他普通债权顺序清偿，且该劣后债权人不得就其他关联企业成员提供的特定财产优先受偿，即物权担保失效。

经典例题

【真题·案例分析题】（2022）2021 年 9 月 14 日，甲公司因不能清偿到期债务且资产不足以清偿全部债务，向人民法院提出破产申请。9 月 28 日，人民法院受理破产案件，并指定管理人。管理人在履行职责过程中，发现下列事实：

（1）2017 年 5 月，甲公司股东李某在公司高管王某协助下，抽逃出资 40 万元。管理人起诉要求李某和王某承担返还抽逃出资的责任。李某和王某以超过诉讼时效为由提出抗辩。

（2）2021 年 6 月，甲公司将总价值 140 万元的 5 台工程机械抵押给乙银行，担保借款本息总计 123 万元，并办理了抵押登记。

（3）2021 年 8 月底，甲公司销售一批价值 100 万元的产品给丙公司，约定丙公司付清价款之前甲公司保留所有权。9 月 5 日，甲公司按约交付产品。人民法院受理破产案件后，管理人决定继续履行该合同。丙公司得知甲公司进入破产程序后，拒绝支付剩余的 20 万元货款。了解到该批产品仍在丙公司处，管理人主张取回该批产品。

（4）自 2020 年 3 月起，甲公司一直拖欠应当划入职工个人账户的职工基本养老保险费用。甲公司工会要求代表职工向管理人申报债权。

（5）管理人将债权登记表提交债权人会议核查时，债权人赵某对债权登记表中记载的丁公司 300 万元的债权表示异议，但管理人对此不予解释和调整。赵某遂向人民法院提起诉讼。

要求：根据上述内容，分别回答下列问题。

（1）李某和王某关于返还抽逃出资的义务“已超过诉讼时效”的抗辩是否成立？并说明理由。

（2）甲公司抵押给乙银行的 5 台工程机械是否属于债务人财产？并说明理由。

（3）管理人能否取回销售给丙公司的产品？并说明理由。

（4）甲公司拖欠的职工基本养老保险费用是否需要进行债权申报？管理人对该债权应如何操作？

（5）赵某应当向人民法院提起何种类型的诉讼？该诉讼的被告是谁？

【答案与解析】

（1）李某和王某关于返还抽逃出资的义务“已超过诉讼时效”的抗辩不能成立。管理人代表债务人提起诉讼，主张返还抽逃出资的本息，出资人以违反出资义务已经超过诉讼时效为由抗辩的，人民法院不予支持。

（2）甲公司抵押给乙银行的 5 台工程机械属于债务人财产。债务人已依法设定担保物权的特定财产，属于债务人财产。

（3）管理人不能取回销售给丙公司的产品。在所有权保留买卖中，出卖人破产时，管理人决定继续履行合同的，买受人未依约支付价款给出卖人造成损害，出卖人的管理人依法主张取回标的物的，人民法院应予支持。但是，买受人已经支付标的物总价款 75% 以上的除外。

（4）甲公司拖欠的职工基本养老保险费用无须进行债权申报。债务人所欠的应当划入职工个人账户的基本养老保险费用，不必申报，由管理人调查后列出清单并予以公示。

（5）赵某应当向人民法院提起债权确认诉讼。该诉讼应当将被异议债权人即丁公司列为被告。

【真题·案例分析题】（2021）2020 年 10 月 15 日，甲公司因陷入财务困境无法清偿到期债务而向人民法院提出破产申请。此前一周，甲公司职工李某被拖欠多月工资，径行向人民法院提出针对甲公司的破产申请。

2020 年 11 月 10 日，人民法院裁定受理甲公司破产案件，并采用竞争方式确定 A 会计师事务所担任管理人，同时确定 B 会计师事务所作为管理人的接替人选。甲公司曾于 2016 年 9 月 1 日聘用 A 会计师事务所担任其财务顾问，聘期 1 年。

管理人在清理债务人财产过程中发现：

（1）甲公司于 2020 年 5 月 8 日提前向乙公司清偿债务 100 万元，该笔债务本应于 2020 年 10 月 10 日到期。

（2）甲公司于 2020 年 10 月 10 日向丙公司订购了一套生产设备，约定货到付款。丙公司于 11 月 9 日向甲公司发出该设备。在货物运送途中，丙公司于 11 月 12 日得知人民法院受理甲公司破产案件，向承运人及管理人要求将设备运回，但未能实现。该设备于 11 月 13 日到达管理人。

（3）甲公司章程记载其股东王某应于

2021 年 5 月 31 日前向公司缴清价值 50 万元的实物出资。王某已向公司交付一批价值 35 万元的机械设备以履行出资义务。进入破产程序后，管理人要求王某补缴剩余 15 万元出资，王某以其出资期限尚未届满为由拒绝。

要求：根据上述内容，分别回答下列问题。

（1）人民法院是否应当受理甲公司职工李某径行提起的破产申请？并说明理由。

（2）A 会计师事务所与本案是否存在影响其忠实履行管理人职责的利害关系？并说明理由。

（3）管理人是否有权要求撤销甲公司向乙公司的提前清偿行为？并说明理由。

（4）管理人是否应当准许丙公司取回生产设备？并说明理由。

（5）王某是否有权以出资期限尚未届满为由拒绝补缴出资？并说明理由。

【答案与解析】

（1）人民法院不应当受理甲公司职工李某径行提起的破产申请。根据企业破产法律制度的规定，职工提出破产申请应经职工代表大会或者全体职工（会议）多数决议通过。

（2）A 会计师事务所与本案不存在影响其忠实履行管理人职责的利害关系。根据企业破产法律制度的规定，社会中介机构在人民法院受理破产申请前 3 年内，曾经担任债务人、债权人的财务顾问、法律顾问，人民法院可以认定为存在利害关系。本案中 A 会计师事务所并不存在此种情况。

（3）管理人无权要求撤销甲公司向乙公司的提前清偿行为。根据企业破产法律制度的规定，破产申请受理前 1 年内债务人提前清偿的未到期债务，在破产申请受理前已经到期，管理人请求撤销该清偿行为的，人民法院不予支持。

（4）管理人应当准许丙公司取回生产设备。根据企业破产法律制度的规定，人民法院受理破产申请时，出卖人已将买卖标的物向作为买受人的债务人发运，债务人尚未收到且未付清全部价款的，出卖人对在运途中标的物主张了取回权但未能实现，在买卖标的物到达管理人后，出卖人向管理人主张取回的，管理人应予准许。

（5）王某无权以出资期限尚未届满为由拒绝补缴出资。根据企业破产法律制度的规定，在企业破产时，出资人必须立即缴纳所认缴的出资，而不受原出资期限是否已到的限制。

【真题·案例分析题】（2020）2019 年 9 月 5 日，人民法院受理债权人针对债务人甲公司提出的破产申请。随后，甲公司及甲公司股东张某（出资额占甲公司注册资本的比例为 15%）均向人民法院提出重整申请，甲公司同时提出自行管理财产和营业事务的申请。9 月 18 日，人民法院裁定甲公司重整，批准甲公司自行管理财产和营业事务，并指定乙会计师事务所为管理人。

重整计划草案调减了甲公司出资人的相应权益，需债权人会议出资人组对此进行表决。甲公司共有股东 20 人，其中 10 名股东赞成重整计划草案，合计出资比例为 45%；4 名股东反对重整计划草案，合计出资比例为 15%；其余股东未参加表决。

重整期间，甲公司所欠丙银行一笔借款到期，该笔借款以甲公司正在使用的一台生产设备为抵押担保。丙银行要求将该设备变卖以实现其抵押权。

重整期间，甲公司擅自将存放于公司仓库的一批贵重原材料转移给其关联企业。部分债权人将此情况报告了管理人乙会计师事务所。乙会计师事务所认为，人民法院已批准甲公司自行管理财产和营业事务，因此管理人不再负有义务。

要求：根据上述内容，分别回答下列问题。

（1）张某是否有资格向人民法院提出重整申请？并说明理由。

（2）重整计划草案是否通过了出资人组表决？并说明理由。

（3）重整期间，丙银行能否就甲公司抵押的设备实现抵押权？并说明理由。

（4）乙会计师事务所关于“人民法院已批准甲公司自行管理财产和营业事务，因此管理人不再负有义务”的观点是否正确？并说明理由。

（5）对于甲公司擅自转移财产的行为，债权人可以通过何种途径获得法律救济？并说明理由。

【答案与解析】

（1）张某有资格向人民法院提出破产重整申请。根据企业破产法律制度的规定，债权人申请对债务人进行破产清算的，在人民法院受理破产申请后、宣告债务人破产前，债务人或者出资额占债务人注册资本1/10以上的出资人，可以向人民法院申请重整。

（2）重整计划草案通过了出资人组的表决。根据破产法律制度的规定，出资人组对重整计划草案中涉及出资人权益调整事项的表决，经参与表决的出资人所持表决权2/3以上通过的，即为该组通过重整计划草案。参加表决股东的合计出资比例为60%，其中投赞成票的股东的合计出资比例为45%，超过了法定比例。

（3）重整期间，丙银行不能就甲公司抵押的设备实现抵押权。根据企业破产法律制度的规定，重整期间，为了不因以担保财产清偿执行而影响债务人生产经营，原则上对债务人的特定财产享有的担保权暂停行使。

（4）乙会计师事务所关于“人民法院已批准甲公司自行管理财产和营业事务，因此管理人不再负有义务”的观点不正确。根据企业破产法律制度的规定，经人民法院批准由债务人自行管理财产和营业事务的，管理人应当对债务人的自行管理行为进行监督。

（5）债权人可以向人民法院提出申请，作出终止债务人自行管理的决定。根据企业破产法律制度的规定，甲公司擅自转移财产属于严重损害债权人利益的行为，管理人应当申请人民法院作出终止债务人自行管理的决定。本案中，由于管理人怠于履行其监督义务，债权人可以直接向人民法院提出申请。

【真题·案例分析题】（2019）2018年9月5日，债务人A公司向法院申请破产重整，并提交破产申请书等相关材料。9月18日，法院裁定受理，并指定B会计师事务所担任管理人，负责接管A公司的财产和营业事务。A公司认为破产重整申请是自己提出的，也应当由自己制定重整计划草案。

重整期间，管理人经查明，A公司存在拖欠税款、拖欠职工工资和补偿金、无法支付供应商的货款、无法向预付款客户返还押金和未消费储值金等情况。管理人提议，设立普通债权组、职工债权组、税收债权组，对重整计划草案进行分组表决；但是预付款押金、未消费储值金债权人有异议，认为应当保护消费者权益，要求在普通债权组下设立小额债权组，对重整计划草案进行表决。

重整计划草案经多轮调整后提交表决，由于重整计划草案涉及A公司出资人权益调整事项，所以在表决时设立出资人组，该组对重整事项表决情况如下：出席会议的出资人为28人，占公司全部出资人人数的70%，出席会议出资人所持出资额占公司全部出资额的80%，对重整计划草案投赞成票的出资人为15人，所持出资额占A公司全部出资额的60%。

重整计划执行期间，有数名预付款客户提出，其刚知道A公司重整，要求继续申报债权，立即退还押金。

要求：根据上述内容，分别回答下列问题。

（1）破产申请书应载明哪些事项？

（2）A公司关于由自己制定重整计划草案的主张是否成立？说明理由。

（3）预付款押金、未消费储值金的债权人主张设立小额债权组是否成立？是否设立应由谁决定？

（4）根据会议表决情况，A公司重整计划草案涉及出资人权益调整事项的表决是否获得通过？说明理由。

（5）对于数名预付款客户主张“申报债

权，立即退还押金”的要求，是否符合法律规定？说明理由。

【答案与解析】

（1）破产申请书应当载明下列事项：申请人、被申请人的基本情况；申请目的；申请的事实和理由；人民法院认为应当载明的其他事项。

（2）A公司该主张不成立。债务人自行管理财产和营业事务的，由债务人制定重整计划草案。管理人负责管理财产和营业事务的，由管理人制定重整计划草案。本题中是管理人负责管理财产和营业事务，应当由管理人制定重整计划草案。

（3）预付款押金、未消费储值金的债权人的主张成立，由法院决定是否设立小额债权组。根据规定，人民法院在必要时可以决定在普通债权组中设小额债权组，对重整计划草案进行表决。

（4）表决通过。根据规定，出资人组的表决按照出资比例行使表决权，须经参与表决的出资人所持表决权2/3以上通过，即为该组通过重整计划草案。题目中，出席会议的出资人占公司全部出资80%，通过重整计划的出资人占公司全部出资60%，即参与表决的出资人中75%表决通过，达到2/3以上，符合规定。

（5）客户的该要求不成立。根据规定，债权人未依照规定申报债权的，在重整计划执行期间不得行使权利，在重整计划执行完毕后，可以按照重整计划规定的同类债权的清偿条件行使权利。

【真题·案例分析题】（2019）2018年9月3日，债务人甲公司出现不能清偿到期债务且明显缺乏清偿能力的情况：10月15日，债权人乙公司向人民法院提出针对甲公司破产申请。甲公司对破产申请提出异议，理由是：(1) 甲公司的账面资产大于负债，只是难以变现，不构成明显缺乏清偿能力；(2) 乙公司未预先缴纳诉讼费用，不应立案。

11月1日，人民法院受理甲公司破产案件，并指定管理人。管理人调查甲公司财产状况时发现：当年8月，甲公司向丙公司购买起重机5台，总金额50万元，约定分两期付款，第二期付款日为2018年12月31日，在甲公司付清价款前，丙公司保留起重机的所有权。至人民法院指定管理人之时，甲公司已经收到5台起重机并投入使用，甲公司已经支付价款总计40万元。11月3日，管理人决定继续履行起重机买卖合同并通知丙公司，丙公司立即要求管理人支付剩余10万元起重机价款。管理人以第二期付款期限尚未届至为由拒绝。丙公司遂要求收回起重机。

此外，当年8月，甲公司与丁公司签订购买原材料合同，约定交货时间为11月30日之前。

10月20日，丁公司发货，甲公司于11月5日收到货物。11月8日，丁公司向甲公司催收货款时发现，甲公司破产案件已为人民法院受理，遂要求取回该批货物。

要求：根据上述内容，分别回答下列问题。

（1）甲公司关于“其账面资产大于负债，只是难以变现，不构成明显缺乏清偿能力”的异议是否成立？

（2）甲公司关于“乙公司未预先缴纳诉讼费用，人民法院不应立案”的异议是否成立？并说明理由。

（3）管理人是否有权以付款期限尚未届至为由拒绝支付甲公司所欠丙公司剩余10万元起重机价款？并说明理由。

（4）在管理人以第二期付款期限尚未届至为由拒绝付款的情况下，丙公司是否有权收回起重机？并说明理由。

（5）丁公司是否有权要求取回已交付的原材料？并说明理由。

【答案与解析】

（1）本题考核破产原因。该异议不成立。根据规定，债务人账面资产虽大于负债，但因资金严重不足或者财产不能变现等原因，无法清偿债务的，人民法院应当认定其明显缺乏清偿能力。

（2）本题考核破产受理程序。该异议不成立。根据规定，破产案件的诉讼费用，属于破产费用，从债务人财产中拨付。相关当事人以申请人未预先交纳诉讼费用为由，对破产申请提出异议的，人民法院不予支持。

（3）本题考核所有权保留买卖合同的处理。管理人无权以未到期为由拒绝付款。根据规定，买受人破产，其管理人决定继续履行所有权保留买卖合同的，原买卖合同中约定的买受人支付价款的期限在破产申请受理时视为到期，买受人、管理人应当及时向出卖人支付价款。

（4）本题考核所有权保留买卖合同的处理。丙公司无权取回起重机。根据规定，买受人、管理人无正当理由未及时支付价款，给出卖人造成损害的，出卖人有权依法主张取回标的物。但是，买受人已支付标的物总价款75%以上或者第三人善意取得标的物所有权或者其他物权的除外。题目中买受人已经付款75%以上，丙不能取回起重机。

（5）本题考核出卖人取回权。丁公司无权取回。根据规定，出卖人对在运途中标的物未及时行使取回权，在买卖标的物到达管理人后向管理人行使在运途中标的物取回权的，管理人不应准许。

【真题·案例分析题】（2018）2017年4月，申请执行人B公司请求甲地级市乙县人民法院执行A公司（住所地为丙地级市丁县）位于乙县的X房产。乙县人民法院在执行中发现，A公司不能清偿到期债务且资产不足以清偿全部债务。后经A公司书面同意，该执行案件移送破产审查。同年5月，受移送人民法院确定受理A公司破产案件，并制定了破产管理人。

在破产案件审理中，查明下列事实：

（1）A公司在X房产上为其所欠B公司300万元债务设定了抵押担保。抵押时，X房产的市场价值约为350万元，现该房产市场价值约为400万元。除上述抵押外，该房产上没有其他权利负担。

（2）2016年8月，A公司因正常生产经营所需与C公司约定：A公司从当年9月开始每月从C公司采购原材料，货款按季度结算，A公司以其专用存款账户质押担保。之后，A公司依约提供了质押担保。破产案件审理中，其他债权人提出，A公司为C公司提供质押担保的行为发生于破产申请受理前1年内，因此，管理人应请求人民法院予以撤销。

在破产案件审理期间，因国家税收政策调整及不动产市场价格上涨，A公司资产超过负债。A公司认为破产原因消失，希望通过变卖部分不动产清偿债务，遂向人民法院提出终止破产程序的申请。

要求：根据上述内容，分别回答下列问题。

（1）乙县人民法院移送的A公司破产案件，根据级别管辖和地域管辖的规则，应当由哪个人民法院管辖？并说明理由。

（2）乙县人民法院在作出执行案件移送破产审查决定前，应当履行何种审核程序？

（3）X房产应以多少财产价值计入管理人报酬基数？并说明理由。

（4）A公司为C公司提供质押担保的行为应否撤销？并说明理由。

（5）对于A公司提出的终止破产程序的申请，人民法院应否支持？并说明理由。

【答案与解析】

（1）应由丙市中级人民法院管辖。执行案件移送破产审查，由被执行人住所地人民法院管辖。在级别管辖上，实行以中级人民法院管辖为原则、基层人民法院管辖为例外的制度。

（2）应先报其所在地中级人民法院执行部门审核同意。

（3）X房产应以100万元计入管理人报酬基数。因为担保权人优先受偿的担保物价值不计入债务人最终清偿的财产价值总额。

（4）该行为不应撤销。因为对没有财产担保的债务提供财产担保的，是指对原来已经成立的无财产担保的债务时候补充担保，只要补充担保的行为发生在人民法院受理破产申请前1年内，就可以撤销；但不包括债务人在可撤销期间内设定债务的同时提供的财产担保。

（5）人民法院不予支持。根据法律规定，人民法院受理破产申请后至破产宣告前，由于债务人财产的市场价值发生变化导致其在案件受理后资产超过负债乃至破产原因消失的，不影响破产案件的受理和继续审理，人民法院不得裁定驳回申请。

【真题·案例分析题】（2018）2017年9月以来，债务人A公司出现不能清偿到期债务且明显缺乏清偿能力的情形。同年10月23日，债权人B公司向人民法院提出对A公司进行破产清算的申请。A公司向人民法院提出异议，认为所欠B公司债务有C公司提供的连带保证担保，且C公司有能力承担保证责任，因此，人民法院不应受理破产申请。

2017年11月2日，人民法院裁定受理A公司破产案件。在选择管理人时，D会计师事务所和E律师事务所参与投标，其中D会计师事务所曾于2013年1月至2014年10月担任A公司的财务顾问，E律师事务所曾于2014年度担任B公司的法律顾问。

清理债务人时，管理人发现，A公司自2016年下半年起存在普遍拖欠职工工资的情形，截至2017年底，A公司董事仍正常领取工资，但未领取2016年、2017年的绩效奖金。

确定破产债权时，管理人对A公司所欠职工工资和医疗、伤残补助、抚恤费用，以及应当列入职工个人账户的基本养老金和医疗保险费用等列出清单，进行公示。A公司职工对清单记载的所欠基本养老保险等费用提出异议，要求管理人予以更正，但管理人既未更正，也未作出合理解释和说明。

破产宣告前，由于A公司的一土地使用权市场价值大幅度上升，公司资产价值整体超过负债总数，因此A公司请求人民法院裁定驳回破产申请。

要求：根据上述内容，分别回答下列问题。

（1）A公司对破产申请提出的异议是否成立？并说明理由。

（2）D会计师事务所和E律师事务所，谁不得担任本案的破产管理人？并说明理由。

（3）对于A公司董事领取的2017年9月后的工资，管理人应当如何处理？并说明理由。

（4）A公司职工对管理人列出的职工债权清单提出异议并要求更正后，管理人未予更正，对此，有何法律救济途径？

（5）对于A公司基于公司资产价值整体超过负债总数这一情况提出的驳回破产申请的请求，人民法院应否支持？并说明理由。

【答案与解析】

（1）A公司提出的异议不成立。根据法律规定，相关当事人以对债务人的债务负有连带责任的人未丧失清偿能力为由，主张债务人不具备破产原因的，人民法院不予支持。

（2）E律师事务所不得担任破产管理人。根据法律规定，现在担任或者在人民法院受理破产申请前3年内曾经担任债务人、债权人的法律顾问、财务顾问的，不得担任债务人的破产管理人。本题中，人民法院受理破产申请为2017年11月2日，E律师事务所担任法律顾问的时间距今不足3年。

（3）管理人对该工资应予以追回。债务人发生破产原因时，债务人的董事、监事和高级管理人员在普遍拖欠职工工资情况下获取的工资性收入，应当认定为非正常收入，管理人应当追回。

（4）职工可以向人民法院提起债权确认之诉。

（5）人民法院不予支持。人民法院受理破产申请后至破产宣告前，由于债务人财产的市场价值发生变化导致其在案件受理后资产超过负债乃至破产原因消失，不影响破产案件的受理和继续审理，人民法院不得裁定驳回申请。

进阶练习

（一）单选题

1. 人民法院裁定受理甲公司的破产申请后，乙公司拟对其出租给甲公司的机器设备行使取回权。乙公司行使取回权的下列方式中，符合法律规定的是（　　）。

A. 自行取回

B. 通过债权人会议取回

C. 通过管理人取回

D. 申请人民法院裁定取回

2. 下列有关企业债权申报的表述中，正确的是（　　）。

A. 诉讼未决的债权不得申报

B. 对债务人特定财产享有担保权的债权不必申报

C. 附条件的债权可以申报

D. 连带债权的债权人必须共同申报

3. 下列对债权申报期限的表述中，正确的是（　　）。

A. 最短不得少于 7 日，最长不得超过 1 个月

B. 最短不得少于 15 日，最长不得超过 2 个月

C. 最短不得少于 30 日，最长不得超过 3 个月

D. 最短不得少于 45 日，最长不得超过 6 个月

4. 下列债务中，债权人应在人民法院确定的期限内进行债权申报的是（　　）。

A. 债务人所欠税款

B. 债务人所欠职工工资

C. 破产人所欠职工的医疗伤残补助

D. 破产人所欠职工的抚恤费用

5. 下列各项中，属于共益债务的是（　　）。

A. 破产案件的诉讼费用

B. 管理人聘用工作人员的费用

C. 管理人执行职务的费用

D. 因债务人不当得利所产生的债务

6. 下列关于执行案件移送破产审查的表述中，错误的是（　　）。

A. 执行案件移送破产审查，由被执行人住所地的人民法院管辖

B. 在级别管辖上，实行以中级人民法院管辖为原则，基层人民法院管辖为例外的管辖制度

C. 执行法院决定移送后，受移送法院裁定受理破产案件之前，对被执行人的查封、扣押、冻结措施应当解除

D. 受移送法院裁定受理破产案件的，在此前的执行程序中产生的评估费、公告费、保管费等执行费用，可以参照破产费用的规定，从债务人财产中随时清偿

7. 下列各项中属于债权人会议职权的是（　　）。

A. 决定债务人的内部管理事务

B. 决定破产财产的分配方案

C. 提议召开债权人会议

D. 代表债务人参加诉讼、仲裁

8. 下列有关经人民法院裁定批准的重整计划的效力的表述中，错误的是（　　）。

A. 对债务人有约束力

B. 对无财产担保的债权人有约束力

C. 对有财产担保的债权人有约束力

D. 对债务人的保证人有约束力

9. 下列有关和解程序的表述中，正确的是（　　）。

A. 对债务人的特定财产享有担保权的权利人，自人民法院裁定和解之日起可行使担保权

B. 债权人、债务人均可提出和解申请

C. 债务人提出的和解协议草案未获债权人会议通过的，人民法院应当裁定中止和解程序

D. 债权人会议通过的和解协议未获得人民法院认可的，人民法院应当裁定中止和解

程序

10. 下列有关债权申报的表述中，错误的是（　　）。

A. 债务人所欠职工的工资和医疗、伤残补助、抚恤费用不必申报，由管理人调查后列出清单并予以公示

B. 债务人的保证人或者其他连带债务人已经代替债务人清偿债务的，以其对债务人的求偿权申报破产债权

C. 管理人依照规定解除双方均未履行完毕的合同，对方当事人可以合同约定的违约金申报破产债权

D. 债务人是委托合同的委托人，其破产案件被人民法院受理，受托人不知道事实，继续处理委托事务的，受托人以由此产生的请求权申报破产债权

11. 下列不属于优先受偿权的是（　　）。

A. 承包人的建设工程款债权

B. 抵押权人只有在以抵押标的物折价或拍卖、变卖所得价款缴纳相当于土地使用权出让金的款项后，对剩余部分方可享有优先受偿权

C. 国家对应缴纳的“土地使用权出让金”，优先于抵押权人等其他债权人受偿

D. 普通债权

12. 根据破产法律制度的规定，下列会计师事务所与债务人不存在“利害关系”的是（　　）。

A. 甲会计师事务所与债务人企业存在未了解的债权债务纠纷，正在诉讼中

B. 人民法院受理破产申请 5 年前，乙会计师事务所曾经为债务人提供过相对固定的审计业务

C. 丙会计师事务所是债务人企业的控股股东

D. 丁会计师事务所在人民法院受理破产申请前一年度为债务人企业的财务顾问

13. 根据破产法律制度，下列关于破产申请受理的表述中，正确的是（　　）。

A. 人民法院应当自收到破产申请之日起 7 个工作日内裁定是否受理

B. 人民法院裁定受理破产申请的，应当将裁定自作出之日起 5 日内送达债务人

C. 人民法院裁定受理破产申请后 7 日内指定管理人

D. 人民法院在裁定受理破产申请之日起 30 日内通知已知债权人并予以公告

14. 下列主体中，第一次债权人会议召集人是（　　）。

A. 债权占债权总额 1/4 以上的债权人

B. 人民法院

C. 债权人委员会

D. 管理人

15. 根据企业破产法的规定，以下主体中，可以担任管理人的是（　　）。

A. 与债权人有尚未了结债务的人

B. 曾被撤销注册会计师资格证书的人

C. 破产案件受理的 4 年前曾担任债务人董事的人

D. 破产案件受理前 2 年内层担任债务人法律顾问的人

16. 根据企业破产法的规定，破产程序终结后，债权人发现破产人有应当供分配的其他财产，可以请求人民法院按照破产财产分配方案进行追加分配的法定期间是（　　）。

A. 破产程序终结后半年内

B. 破产程序终结后一年内

C. 破产程序终结后二年内

D. 破产程序终结后三年内

17. 在破产程序中，债权人会议未能依法通过管理人的财产分配方案时，由人民法院裁定。根据企业破产法律制度的规定，有权对该裁定提出复议的债权人是（　　）。

A. 占全部债权总额 1/2 以上的债权人

B. 占无财产担保债权总额 1/2 以上的债权人

C. 占全部债权人人数 1/2 一以上的债权人

D. 占全部债权人人数 2/3 以上的债权人

18. 下列破产债权中，最先获得清偿的是（　　）。

A. 行政罚款

B. 民事惩罚性赔偿金

C. 债务人侵权行为的人身损害赔偿

D. 刑事罚金

（二）多选题

1. 下列关于债权人会议的表述中，正确的有（　　）。

A. 凡是申报债权者均有权参加第一次债权人会议

B. 债权人不得委托代理人出席债权人会议并行使表决权

C. 未放弃优先受偿权的有财产担保的债权人对通过和解协议的事项无表决权

D. 债权人会议主席由人民法院从有完全表决权的债权人中指定

2. 下列有关和解协议效力的表述中，正确的有（　　）。

A. 经人民法院裁定认可的和解协议，对债务人有约束力

B. 经人民法院裁定认可的和解协议，对全体和解债权人有约束力

C. 和解协议对债务人的保证人和其他连带债务人无效

D. 债务人不履行人民法院裁定认可的和解协议的，债权人可以请求人民法院强制执行

3. 人民法院作出的下列裁定中，当事人可以提出上诉的有（　　）。

A. 不予受理破产申请的裁定

B. 驳回破产申请的裁定

C. 破产宣告的裁定

D. 破产程序终结的裁定

4. 甲公司向银行贷款，丙公司为一般保证人。人民法院裁定受理了丙公司的破产案件。根据企业破产法律制度的规定，下列表述中正确的有（　　）。

A. 人民法院受理丙公司的破产案件后，丙公司的保证责任免除

B. 人民法院受理丙公司的破产案件后，丙公司的保证责任不得因其破产而免除

C. 丙公司的补充保证责任应按银行申报的破产债权数额确定

D. 丙公司的补充保证责任应按银行实际分配的财产数额确定

5. 债务人甲公司破产，乙公司依法对甲公司的机器设备享有抵押权，乙公司未放弃优先受偿的权利。根据企业破产法律制度的规定，在债权人会议上乙公司可以行使表决权的事项有（　　）。

A. 通过和解协议

B. 决定继续或者停止债务人的营业

C. 通过债务人财产的管理方案

D. 通过破产财产的分配方案

6. 根据企业破产法律制度的规定，下列情形中应当召开临时债权人会议的有（　　）。

A. 人民法院认为必要时

B. 管理人向债权人会议主席提议时

C. 债权人委员会向债权人会议主席提议时

D. 占债权总额1/4以上的债权人，向债权人会议主席提议时

7. 根据企业破产法律制度的规定，下列各项中属于债权人会议职权的有（　　）。

A. 更换管理人

B. 对破产申请受理前成立的，债务人和对方当事人均未履行完毕的合同，有权决定解除或者继续履行

C. 选任和更换债权人委员会中的债权人成员

D. 决定继续或者停止债务人的营业

8. 根据企业破产法律制度的规定，下列债务中，在清偿破产费用和共益债务后，应从破产财产中按第一顺位进行清偿的有（　　）。

A. 破产人所欠职工的医疗、伤残补助

B. 破产人所欠职工的抚恤费用

C. 破产人所欠的应当划入职工个人账户的基本养老保险、基本医疗保险费用

D. 破产人所欠税款

9. 根据企业破产法律制度的规定，下列情形中，人民法院应当裁定终止重整程序的有（　　）。

A. 债权人会议通过的重整计划未获得人民法院的批准

B. 重整计划草案未获得债权人会议通过，且未获得人民法院的批准

C. 债务人或者管理人未按期提出重整计划草案

D. 在重整期间，债务人的行为致使管理人无法执行职务，管理人请求人民法院终止重整程序

10. 企业宣告破产后，下列选项中构成别除权的情形有（　　）。

A. 第三人为破产人的债务提供抵押担保

B. 破产人为其他债务人的债务提供连带责任保证担保

C. 破产人为自己的债务提供质押担保

D. 破产人为其他债务人的债务提供抵押担保

11. 甲公司对外出租房屋，如果甲公司破产，关于正在出租的房屋，表述正确的有（　　）。

A. 管理人可以解除房屋租赁合同

B. 在变价财产时，房屋应当带租约出售

C. 该房屋不得出售

D. 承租人在同等条件下享有优先购买权

12. 关于债务人对按份享有的所有权的共有财产的相关份额，表述正确的有（　　）。

A. 债务人对按份享有所有权的共有财产的相关份额，人民法院均应认定为债务人财产。

B. 人民法院宣告债务人破产清算，属于共有财产分割的法定事由

C. 基于重整或者和解的需要必须分割共有财产，管理人请求分割的，人民法院应予准许

D. 因分割共有财产导致其他共有人损害产生的债务，其他共有人请求作为共益债务清偿的，人民法院不予支持

13. 债务人占有的他人财产被违法转让给第三人，应当按照以下（　　）规定处理。

A. 第三人已善意取得财产所有权，原权利人无法取回该财产的，转让行为发生在破产申请受理前的，原权利人因财产损失形成的债权，作为普通破产债权清偿

B. 第三人已善意取得财产所有权，原权利人无法取回该财产的，转让行为发生在破产申请受理后的，因管理人或者相关人员执行职务导致原权利人损害产生的债务，作为共益债务清偿

C. 第三人已向债务人支付了转让价款，但依规定未取得财产所有权，原权利人依法追回转让财产的，对因第三人已支付对价而产生的债务，如果转让行为发生在破产申请受理前的，作为普通破产债权清偿

D. 第三人已向债务人支付了转让价款，但依规定未取得财产所有权，原权利人依法追回转让财产的，对因第三人已支付对价而产生的债务，转让行为发生在破产申请受理后的，作为共益债务清偿

14. 关于破产案件中的担保事项，表述正确的有（　　）。

A. 人民法院受理债务人破产案件，债权人在破产程序中申报债权后又向人民法院提起诉讼，请求担保人承担担保责任的，人民法院依法予以支持。

B. 担保人清偿债权人的全部债权后，可以代替债权人在破产程序中受偿

C. 在债权人的债权未获全部清偿前，担保人可以代替债权人在破产程序中受偿

D. 债权人知道或者应当知道债务人破产，既未申报债权也未通知担保人，致使担保人不能预先行使追偿权的，担保人就该债权在破产程序中可能受偿的范围内免除担保责任，但是担保人因自身过错未行使追偿权的除外

15. 根据企业破产法律制度的规定，债务人账面资产虽大于负债，但人民法院应当认定债务人明显缺乏清偿能力的情形有（　　）。

A. 法定代表人下落不明且无其他人员负责管理财产，无法清偿债务

B. 因资金严重不足或者财产不能变现等原因，无法清偿债务

C. 长期亏损且经营扭亏困难，无法清偿债务

D. 经人民法院强制执行，无法清偿债务

16. 根据企业破产法的规定，对破产人的特定财产享有担保权的权利人，对该特定财产享有优先受偿权。下列选项中，构成优先受偿权的有（　　）。

A. 破产人为他人债务提供的保证担保

B. 破产人为自己的债务提供的质押担保

C. 破产人为他人债务提供的抵押担保

D. 第三人为破产人的债务提供的抵押担保

17. 根据企业破产法的规定，以下财产中，属于债务人财产的有（　　）。

A. 破产申请受理时属于债务人的房屋

B. 破产宣告后破产人得到的银行存款利息

C. 破产申请受理时债务人用于抵押担保的财产

D. 破产申请受理后至破产程序终结前债务人取得的财产

18. 根据企业破产法的规定，下列可以作为破产债权申报的有（　　）。

A. 管理人决定解除破产企业未履行的合同，除实际损失之外，依合同约定应支付给对方当事人的违约金

B. 破产案件受理前成立的有财产担保的债权

C. 破产宣告时附停止条件的债权

D. 破产宣告时尚未到期的债权

（三）案例分析题

1. 人民法院于2019年11月5日受理了债权人提出的针对A公司的破产申请。法院向A公司送达受理裁定，并要求其在15日内提交财产状况说明、债务清册、债权清册等有关资料，A公司以企业管理不善、资料保存不全为由拒绝。

管理人在调查债务人财产状况时发现下述情况：

（1）2019年1月，A公司向B公司出售机床，B公司验货后，将机床暂存于A公司库房。双方约定，在B公司付清全部价款前，A公司保留机床所有权。2019年10月，B公司付清全部价款，但尚未提货。

（2）2019年2月，A公司向C银行借款20万元，由D公司承担连带责任保证。借款到期后A公司未能清偿，C银行已就20万元借款及利息向管理人申报了债权，同时要求D公司承担连带责任保证，D公司遂向管理人预先申报此笔债权，遭到拒绝。

在债权人会议对破产财产的变价方案进行表决时，出席会议并参与表决的债权人共计30人（全体债权人人数为45人），债权额占全部无财产担保债权总额的60%，其中赞成的为28人，代表债权额占全部无财产担保债权总额的45%。在人民法院对本案作出破产宣告前，当地社会保险机构以债权人名义提出对A公司进行重整的申请。

要求：根据上述内容，分别回答下列问题。

（1）A公司拒不提交相关材料，人民法院可对其采取何种处罚措施？

（2）A公司销售给B公司的机床是否属于债务人财产？并说明理由。

（3）管理人拒绝D公司预先申报债权，是否符合企业破产法律制度的规定？并说明理由。

（4）债权人会议关于破产财产变价方案的表决结果，是否达到通过表决方案的法定最低比例要求？并说明理由。

（5）当地社会保险机构是否有权提出重整申请？并说明理由。

2. A公司因不能清偿到期债务，且明显缺乏清偿能力，主动向人民法院申请破产。2022年4月1日，人民法院裁定受理A公司的

破产申请，并指定某会计师事务所为管理人。

管理人在清理A公司资产过程中发现，A公司的股东甲于2020年3月认缴增资200万元，根据公司章程的规定，甲应于2020年4月，至多分4次缴足出资，每次不低于50万元。截至2022年4月1日，甲已经实缴100万元出资。2022年4月6日，管理人要求甲缴纳剩余出资100万元，甲以其出资义务尚未到期为由拒绝。

2022年4月7日，B公司获悉A公司申请破产的消息后，要求取回其委托A公司加工定做的一套高档古典家具，由于B公司尚未支付加工费，管理人以此为由拒绝其取回家具。

2022年4月11日，C公司申报债权。管理人认为，C公司所主张的对A公司的50万元债权，未得到A公司原负责人认可，故以该债权有争议为由拒绝将之编入债权登记表。C公司对此提出异议，管理人研究后提出如下处理方案：先将C公司主张的债权列入债权登记表，交由第一次债权人会议核查是否成立，但C公司不得参加第一次债权人会议。

债权申报工作结束后，管理人指定本所一名资深注册会计师担任债权人会议主席。

要求：根据上述内容，分别回答下列问题。

（1）甲拒绝缴纳剩余100万元出资的理由是否成立？并说明理由。

（2）管理人拒绝B公司取回家具的理由是否成立？并说明理由。

（3）管理人拒绝将C公司主张的债权编入债权登记表的理由是否成立？并说明理由。

（4）管理人拒绝C公司参加第一次债权人会议是否符合企业破产法律制度的规定？并说明理由。

（5）管理人指定本所注册会计师为债权人会议主席是否符合企业破产法律制度的规定？并说明理由。

3. A公司是一家拥有200多名职工的中型企业。自2020年底开始，A公司生产经营停滞，无力偿还银行贷款本息，并持续拖欠职工工资。2022年1月，A公司20名职工联名向人民法院提出对A公司的破产申请，人民法院认为该20名职工无破产申请权，作出不予受理的裁定。2022年2月，A公司的债权人B银行向人民法院申请A公司破产，A公司提出异议，称A公司账面资产总额超过负债总额，并未丧失清偿能力。在此情形下，人民法院召集A公司和B银行代表磋商偿还贷款事宜，但A公司坚持要求B银行再给其半年还款缓冲期，争取恢复生产，收回货款后再清偿贷款，B银行则要求A公司立即清偿债务，双方谈判破裂。人民法院认为，A公司的抗辩异议不成立，于5日后作出受理破产申请的裁定，并指定了破产管理人。在管理人接管A公司、清理财产和债权债务期间，发生如下事项：

（1）C公司欠A公司的20万元货款到期，C公司经理在得知A公司进入破产程序的情况下，因被A公司经理收买，直接将货款交付A公司财务人员。A公司财务人员收到货款后，迅速转交给A公司的股东。

（2）A公司经管理人同意，向其债权人D公司清偿10万元债务，A公司此前为担保该笔债务而以市值50万元的机器设备设定抵押，也因此解除。

管理人清理债权债务时还发现，A公司的部分财产已在破产申请受理前发生的多宗民事诉讼案件中被人民法院采取保全措施或者已进入强制执行程序。

要求：根据上述内容，分别回答下列问题。

（1）人民法院认为A公司20名职工无破产申请权，是否符合企业破产法律制度的规定？并说明理由。

（2）人民法院驳回A公司的抗辩异议，是否符合企业破产法律制度的规定？并说明理由。

（3）根据企业破产法律制度的规定，C公司向A公司财务人员交付20万元货款的行为是否产生债务清偿效果？并说明理由。

（4）根据企业破产法律制度的规定，A公

司向D公司的清偿行为是否应当认定为无效?并说明理由。

(5)根据企业破产法律制度的规定，A公司破产申请受理前人民法院对其部分财产所采取的保全措施以及强制执行程序，应如何处理?

4. 2019年6月3日，人民法院裁定受理债务人甲公司的破产申请。同日，人民法院发布受理破产申请的公告，确定债权人申报债权的期限。在此期限内，管理人收到以下债权申报：

(1)A公司曾为甲公司的50万元银行借款提供连带保证。2019年3月，因甲公司无力偿还借款，A公司承担连带保证责任，向银行支付50万元借款本息。A公司因此向管理人申报50万元借款本息的债权。

(2)甲公司欠B信用社60万元借款未还。C公司为该笔借款提供连带保证，但尚未承担保证责任。B信用社向管理人申报60万元借款本息的债权后，C公司也提出相同金额债权的申报。

(3)甲公司的关联企业乙公司也进入破产程序。甲公司和乙公司对D公司负有70万元的连带债务。D公司向乙公司管理人申报70万元债权后，又向甲公司管理人申报该70万元债权。

(4)甲公司长期拖欠E公司货款，累计20万元。E公司申报20万元本息的债权。甲公司管理人收到上述申报后，审查了A、B、C、D、E五家债权人的相关资料，认为E公司主张的债权已经超过诉讼时效期间，故未将E公司申报的债权编入债权登记表。

要求：根据上述内容，分别回答下列问题。

(1)根据企业破产法律制度的规定，债权人申报债权的最短期限和最长期限分别是多少?

(2)甲公司管理人对A公司申报的50万元借款本息债权应否确认?并说明理由。

(3)甲公司管理人对C公司申报的60万元借款本息债权应否确认?并说明理由。

(4)甲公司管理人对D公司申报的70万元债权应否确认?并说明理由。

(5)甲公司管理人不将E公司债权编入债权登记表的理由是否成立?并说明理由。

5. 2020年3月5日，债权人B公司向人民法院提出了针对A公司的破产申请。A公司与B公司协商和解不成，遂向人民法院提出异议，称公司目前只是暂时资金周转困难，其实资产远超负债，一个月后即可偿付B公司债务，因此，人民法院不应受理破产申请。

人民法院于2020年3月20日裁定受理对A公司的破产申请并指定管理人。管理人接管A公司后发现以下情况：

(1)管理人发现，A公司于2020年3月21日擅自向C公司清偿到期债务50万元。在该笔债务设定之时，A公司以其厂房为其中30万元债务设立了抵押担保，并办理了抵押登记。目前，该厂房的市场价值为200万元。

(2)A公司与2019年9月15日向D公司提前清偿一笔债务，该债务原本于2020年3月10日到期。有债权人提出，管理人应向人民法院申请撤销A公司对该笔债务的清偿行为。

(3)A公司于2020年2月向E公司订购了一批货物，并支付了部分货款。E公司与2020年3月19日向A公司发货。3月25日货物到达A公司后，E公司得知人民法院已受理A公司破产案件，于是向管理人要求取回货物。

(4)A公司的仓库中储存了一批F公司寄存的高档水果，且已有部分出现变质，管理人遂将其变卖。F公司向管理人主张取回水果变卖价款。

要求：根据上述内容，分别回答下列问题。

（1）A公司对破产申请提出的异议是否成立？并说明理由。

（2）A公司对C公司债务的清偿行为是否有效？并说明理由。

（3）管理人是否有权请求人民法院撤销A公司对D公司债务的清偿行为？并说明理由。

（4）管理人是否应当准许E公司取回货物？并说明理由。

（5）F公司是否取得水果变卖价款？并说明理由。

6. 2022年3月19日，因甲有限责任公司（以下简称“甲公司”）出现无法清偿到期债务的事实，人民法院受理了由债权人提出的对甲公司进行破产清算的申请。管理人接管甲公司后，对其债权债务进行了清理。其中，包括以下事实：

（1）2021年1月7日，鉴于与乙公司之间的长期业务合作关系，甲公司向乙公司赠送复印机一台，价值2.5万元。

（2）2021年1月15日，甲公司以其部分设备作抵押，为乙公司所欠丙公司80万元货款提供了担保，并办理了抵押登记。后乙公司未能在约定期限内清偿所欠丙公司货款。2021年3月30日，经甲、乙、丙三方协商，甲公司将抵押设备依法变现70万元，价款全部用于归还丙公司后，丙公司仍有10万元货款未得到清偿。

（3）2021年5月7日，甲公司与丁公司订立合同，从丁公司处租赁机床一台，双方约定：租期1年，租金5万元。当日，甲公司向丁公司支付5万元租金，丁公司向甲公司交付机床。2022年3月8日，甲公司故意隐瞒事实，以机床所有人的身份将该机床以20万元的市场价格卖给戊公司，双方约定，戊公司应于2022年5月1日前付清全部价款。当日，甲公司向戊公司交付了机床。人民法院受理甲公司破产清算申请后，丁公司向管理人要求返还其出租给甲公司的机床时，得知机床已被甲公司卖给戊公司而戊公司尚未支付20万元价款的事实。

（4）2021年12月1日，甲公司向A银行借款100万元，期限1年，庚公司为该笔借款向A银行提供了连带责任保证。2022年4月5日，由于甲公司申请的一项国家一类新药获得批准证，经营出现转机，遂向人民法院申请和解，同时提交了和解协议草案。人民法院审查后受理了甲公司的和解申请，并裁定和解。2022年6月23日，债权人会议通过了和解协议，主要内容如下：除对甲公司特定财产享有担保物权的债权人外，其他债权人均按30%的比例减免甲公司债务；自和解协议执行完毕之日起，甲公司不再承担清偿责任；甲公司与主要债权人建立战略性合作安排等。2022年8月31日，和解协议执行完毕。A银行就甲公司所欠其100万元借款本息申报债权后，通过和解程序获偿70%。随后，A银行致函庚公司，要求其承担保证责任，清偿其剩余30%未获偿借款本息，庚公司回函拒绝，理由是：A银行等债权人已与甲公司达成减免债务的和解协议，主债务减免后，保证债务亦应按相应比例减免。

要求：根据上述内容，结合企业破产法律制度的规定，分别回答以下问题。

（1）管理人是否有权请求人民法院撤销甲公司向乙公司赠送复印机的行为？并说明理由。

（2）丙公司是否有权就其未清偿的10万元货款向管理人申报债权，要求甲公司继续归还？并说明理由。

（3）丁公司是否有权要求戊公司返还机床？并说明理由。

（4）公司是否有权要求管理人请求人民法院撤销甲公司与戊公司之间的机床买卖行为？并说明理由。

（5）公司是否有权要求公司将20万元机床价款直接支付给自己？并说明理由。

（6）庚公司拒绝对A银行未获清偿的30%借款本息承当保证责任的理由是否成立？并说明理由。

进阶练习答案及解析

（一）单选题

1.【答案】C

【解析】行使取回权须通过管理人取回。

2.【答案】C

【解析】选项D，连带债权人可以由其中一人申报，也可以共同申报。

3.【答案】C

【解析】债权申报期限为最短不得少于30日，最长不得超过3个月。在法律规定的时间内，人民法院可以根据案件的具体情况确定申报债权的期限。

4.【答案】A

【解析】选项B、C、D属于职工债权，不必申报。

5.【答案】D

【解析】选项A、B、C属于破产费用。

6.【答案】C

【解析】选项C，执行法院决定移送后，受移送法院裁定受理破产案件之前，对被执行人的查封、扣押、冻结措施不得解除。

7.【答案】B

【解析】选项A、C、D属于管理人职责。

8.【答案】D

【解析】选项D，债权人对债务人的保证人和其他连带债务人所享有的权利，不受重整计划的影响。

9.【答案】A

【解析】选项B，和解申请只能由债务人提出；选项C、D表述中均应为“终止和解程序”。

10.【答案】C

【解析】选项C，只能以实际损失申报债权，不包括合同约定的违约金。

11.【答案】D

【解析】选项A，《民法典》第八百零七条规定：“发包人未按照约定支付价款的，承包人可以催告发包人在合理期限内支付价款。发包人逾期不支付的，除根据建设工程的性质不宜折价、拍卖外，承包人可以与发包人协议将该工程折价，也可以请求人民法院将该工程依法拍卖。建设工程的价款就该工程折价或者拍卖的价款优先受偿。”承包人的建设工程款债权属于特别优先权。选项B，根据《中华人民共和国城市房地产管理法》第五十一条的规定，抵押权人只有在以抵押标的物折价或拍卖、变卖所得价款缴纳相当于土地使用权出让金的款项后，对剩余部分方可享有优先受偿权。选项C，国家对应缴纳的“土地使用权出让金”，优先于抵押权人等其他债权人受偿，此项权利也属于优先权。

12.【答案】B

【解析】正确的表述应为人民法院受理破产申请前3年内，曾经为债务人提供相对固定的中介服务。

13.【答案】B

【解析】选项A，人民法院应当自收到破产申请之日起15个工作日内裁定是否受理；选项C，人民法院裁定受理破产申请后的，应当同时指定管理人；选项D，人民法院在裁定受理破产申请之日起25日内通知已知债权人并予以公告。

14.【答案】B

【解析】本题考核债权人会议的召集。第一次债权人会议由人民法院召集，自债权申报期限届满之日起十日内召开。

15.【答案】C

【解析】本题考核管理人的任职资格。选项C已超过3年，所以可以。选项A、D为利害关系人。

16.【答案】C

【解析】本题考核破产财产的追加分配。根据规定，自破产程序终结之日起二年内，发现破产人有应当供分配的其他财产的，债权人可以请求人民法院按照破产财产分配方案进行追加分配，因此选项 C 正确。

17.【答案】B

【解析】本题考核破产程序中债权人提出行政复议的条件。根据规定，债权额占无财产担保债权总额 1/2 以上的债权人对人民法院依照企业破产法规定对破产财产分配方案作出的裁定不服的，可以自裁定宣布之日或者收到通知之日起 15 日内向该人民法院申请复议。

18.【答案】C

【解析】本题考核破产财产的清偿顺序。在法律没有明确规定清偿顺序的债权，可以按照人身损害赔偿债权优先于财产性债权、私法优先于公法债权、补偿性债权优先于惩罚性债权的原则确定清偿顺序，因此本题选项 C 应被最先受偿。

（二）多选题

1.【答案】ACD

【解析】选项 B，债权人可以自己出席会议，也可以委托代理人出席债权人会议，行使表决权。

2.【答案】ABC

【解析】选项 D，和解协议无强制执行的效力，如债务人不履行和解协议，债权人只能请求人民法院终止和解协议的执行，宣告破产。

3.【答案】AB

【解析】在整个破产程序中，当事人可以提起上诉的仅限于“不予受理”和“驳回申请”两个裁定。当事人对人民法院的其他裁定（如宣告破产的裁定、对破产财产分配方案的裁定等）不服的，不能提起上诉。

4.【答案】BC

【解析】人民法院受理保证人破产案件的，保证人的保证责任不得因其破产而免除。保证债务已到期时，债权人可依保证合同的约定向保证人申报债权追偿。保证债务尚未到期的，可适用《企业破产法》第四十六条的规定，将其未到期之保证责任视为已到期，提前予以清偿。由于债权人尚未获得主债务人的清偿，申报债权时无法确定保证人应承担补充责任的范围，故可先以保证债权额的全部向保证人申报债权。

5.【答案】BC

【解析】根据《企业破产法》第五十九条第三款规定：“对债务人的特定财产享有担保权的债权人，未放弃优先受偿权利的，对于本法第六十一条第一款第七项（通过和解协议）、第十项（通过破产财产的分配方案）规定的事项不享有表决权。”据此，对债务人的特定财产享有担保权的债权人也属于债权人会议成员，且享有法定的表决权。

6.【答案】ABCD

【解析】第一次债权人会议由人民法院召集，自债权申报期限届满之日起 15 日内召开。以后的债权人会议，在人民法院认为必要时，或者管理人、债权人委员会、占债权总额 1/4 以上的债权人向债权人会议主席提议时召开。这里的提议召开，应理解为有提议即应召开，债权人会议主席无权拒绝召开会议。召开债权人会议，管理人应当提前 15 日通知已知的债权人。

7.【答案】CD

【解析】选项 A，为人民法院的职权；选项 B，为管理人的职权。

8.【答案】ABC

【解析】破产财产在优先清偿破产费用和共益债务后，依照下列顺序清偿：（1）破产人所欠职工的工资和医疗、伤残补助、抚恤费用，所欠的应当划入职工个人账户的基本养老保险、基本医疗保险费用，以及法律、行政法规规定应当支付给职工的补偿金。（2）破产人欠缴的除前项规定以外的社会保险费用和破产人所欠税款。（3）普通破产债权。破产财产不足以清偿同一顺序的清偿要求的，按照比例分配。

9.【答案】ABCD

【解析】重整计划草案未获得债权人会议通过且未获得人民法院的强制批准，或者债权人会议通过的重整计划未获得人民法院批准的，人民法院应当裁定终止重整程序，并宣告债务人破产。债务人或者管理人未按期提出重整计划草案的，人民法院应当裁定终止重整程序，并宣告债务人破产。在重整期间，债务人的行为致使管理人无法执行职务，管理人可以请求人民法院终止重整程序。

10. 【答案】CD

【解析】选项 A，抵押物属于第三人时，不构成别除权；选项 B，别除权只适用于财产担保，不适用于保证。

11. 【答案】BD

【解析】《民法典》第七百二十五条规定：“租赁物在承租人按照租赁合同占有期限内发生所有权变动的，不影响租赁合同的效力。”据此，破产企业对外出租不动产如房屋的，管理人不得解除合同，在变价财产时，房屋应当带租约出售，承租人在同等条件下享有优先购买权。

12. 【答案】ABC

【解析】债务人对按份享有所有权的共有财产的相关份额，或者共同享有所有权的共有财产的相应财产权利，以及依法分割共有财产所得部分，人民法院均应认定为债务人财产。人民法院宣告债务人破产清算，属于共有财产分割的法定事由。人民法院裁定债务人重整或者和解的，共有财产的分割应当依据《民法典》第三百零三条的规定进行；基于重整或者和解的需要必须分割共有财产，管理人请求分割的，人民法院应予准许。因分割共有财产导致其他共有人损害产生的债务，其他共有人请求作为共益债务清偿的，人民法院应予支持。

13. 【答案】ABCD

【解析】《破产法司法解释（二）》第三十条规定：“债务人占有的他人财产被违法转让给第三人，依据《民法典》第三百一十一条的规定第三人已善意取得财产所有权，原权利人无法取回该财产的，人民法院应当按照以下规定处理：（1）转让行为发生在破产申请受理前的，原权利人因财产损失形成的债权，作为普通破产债权清偿；（2）转让行为发生在破产申请受理后的，因管理人或者相关人员执行职务导致原权利人损害产生的债务，作为共益债务清偿。”第三十一条规定：“债务人占有的他人财产被违法转让给第三人，第三人已向债务人支付了转让价款，但依据《民法典》第三百一十一条的规定未取得财产所有权，原权利人依法追回转让财产的，对因第三人已支付对价而产生的债务，人民法院应当按照以下规定处理：（1）转让行为发生在破产申请受理前的，作为普通破产债权清偿；（2）转让行为发生在破产申请受理后的，作为共益债务清偿。”

14. 【答案】ABD

【解析】在债权人的债权未获全部清偿前，担保人不得代替债权人在破产程序中受偿，但是有权就债权人通过破产分配和实现担保债权等方式获得清偿总额中超出债权的部分，在其承担担保责任的范围内请求债权人返还。

15. 【答案】ABCD

【解析】债务人账面资产虽大于负债，但存在下列情形之一的，人民法院应当认定债务人明显缺乏清偿能力：（1）因资金严重不足或者财产不能变现等原因，无法清偿债务；（2）法定代表人下落不明且无其他人员负责管理财产，无法清偿债务；（3）经人民法院强制执行，无法清偿债务；（4）长期亏损且经营扭亏困难，无法清偿债务；（5）导致债务人丧失清偿能力的其他情形。

16. 【答案】BC

【解析】此题考核别除权。我国法律规定的担保物权中，被公认在破产程序中可享有被除权的有抵押权、质权和留置权，不包括保证，因此选项 A 错误；而别除权针对的是破产债务人的财产产生的，因此选项 D 中第三人的财产设定的担保不适用别除权的规定。

17. 【答案】ABCD

【解析】此题考核债务人财产的范围。该财产的界定的时间点是破产申请受理时至破产程序终结前债务人取得的财产。

18. 【答案】BCD

【解析】本题考核破产债权的申报范围。管理人或者债务人依照破产法规定解除双方均未履行完毕的合同，对方当事人可以以因合同解除所产生的损害赔偿请求权申报债权，可申报的债权以实际损失为限，不包括违约金，因此选项 A 错误。

（三）案例分析题

1.【答案】

（1）人民法院可以对债务人的直接责任人员采取罚款等强制措施。

（2）该机床不属于债务人财产。根据规定，债务人基于仓储、保管等法律关系占有、使用的他人财产，不属于债务人财产。

（3）该做法符合规定。根据规定，对于保证债权，债权人已向管理人申报全部债权的，保证人（D 公司）不能再申报债权。

（4）表决结果未达到法定最低比例要求。根据规定，债权人会议对破产财产变价方案作出的决议，应由出席会议的有表决权的债权人过半数通过，并且其所代表的债权额占无财产担保债权总额的 1/2 以上。在本题中，赞成该决议的人数为 28 人，超过出席会议的有表决权的债权人的半数；但是其所代表的债权额仅占全部无财产担保债权总额的 45%，不足 1/2 的法定要求。

（5）当地社会保险机构无权提出重整申请。根据规定，社会保险机构只享有对债务人的破产清算申请权，但一般认为其不宜享有重整申请权。

2.【答案】

（1）甲的拒绝理由不成立。根据规定，人民法院受理破产申请后，债务人的出资人尚未完全履行出资义务的，管理人应当要求该出资人缴纳所认缴的出资，而不受出资期限的限制。

（2）管理人的拒绝理由成立。根据规定，权利人行使取回权时未依法向管理人支付相关的加工费等费用，管理人拒绝其取回相关财产的，人民法院应予以支持。

（3）管理人的拒绝理由不成立。根据规定，管理人必须将申报的债权全部登记在债权登记表上，不允许以其认为债权超过诉讼时效或者不能成立等为由拒绝编入债权登记表。

（4）管理人的拒绝理由不符合规定。根据规定，凡是申报债权者均有权参加第一次债权人会议，有权参加对其债权的核查、确认活动，并可依法提出异议。

（5）管理人的做法不符合规定。根据规定，债权人会议主席由人民法院在有表决权的债权人中指定，管理人无权指定债权人会议主席。

3.【答案】

（1）人民法院该做法符合规定。根据规定，职工提出破产申请应经职工代表大会或者全体职工会议多数决议通过。

（2）人民法院该做法符合规定。根据规定，债务人以其具有清偿能力或者资产超过负债为由提出抗辩异议，但又不能立即清偿债务或者与债权人达成和解的，其异议不能成立。

（3）C 公司该行为不产生债务清偿效果。根据规定，人民法院受理破产申请后，债务人的债务人或者财产持有人应当向管理人清偿债务或者交付财产，如其故意违反法律规定向债务人清偿债务或者交付财产，使债权人受到损失的，不免除其清偿债务或者交付财产的义务。

（4）A 公司的清偿行为不应当认定为无效。根据规定，人民法院受理破产申请后，债务人对个别债权人的债务清偿无效；但是，债务人以其财产向债权人提供物权担保的，其在担保物市场价值内向债权人所作的债务清偿，不受上述规定的限制。

（5）人民法院受理破产申请后，有关债务人财产的保全措施应当解除，执行程序应当中止。

4.【答案】

（1）债权人申报债权的期限，最短不得少于 30 日，最长不得超过 3 个月。

（2）甲公司管理人对该债权应予确认。根据规定，债务人的保证人已经代替债务人清偿债务的，以其对债务人的求偿权申报债权。

（3）甲公司管理人对该债权不应确认。根据规定，债权人已向管理人申报全部债权的，保证人不能再申报债权。

（4）甲公司管理人对该债权应予确认。根据规定，连带债务人数人均被裁定适用破产程序的，其债权人有权就全部债权分别在各破产案件中申报债权。

（5）甲公司管理人的该理由不成立。根据规定，管理人必须将申报的债权全部登记在债权登记表上，不允许以其认为债权超过诉讼时效或者不能成立等为由拒绝编入债权登记表。

5.【答案】

（1）不成立。根据规定，债务人以其具有清偿能力或资产超过负债为由提出抗辩异议，但又不能立即清偿债务或与债权人达成和解的，其异议不能成立。

（2）A 公司的清偿行为中 30 万元有效、20 万元无效。根据规定，人民法院受理破产申请后，债务人对个别债权人的债务清偿无效。但是，债务人以其财产向债权人提供物权担保的，其在担保市场价值内向债权人所作的债务清偿，不受上述规定的限制。C 公司的 50 万元债务中有 30 万元由债务人财产提供抵押，因此这部分清偿有效；剩余 20 万元没有财产担保，这部分清偿无效。

（3）无权。根据规定，破产申请受理前 1 年内债务人提前清偿的未到期债务，在破产申请受理前已经到期，管理人请求撤销该清偿行为的，人民法院不予支持。

（4）不应当。根据规定，人民法院受理破产申请时，出卖人已将买卖标的物向作为买受人的债务人发运，债务人尚未收到且未付清全部价款的，出卖人可以取回在途中的标的物。出卖人对在途标的物未及时行使取回权，在买卖标的物达到管理人后向管理人行使在运途中标的物取回权的，管理人不应准许。

（5）有权。根据规定，对债务人占有的权属不清的鲜活易腐等不易保管的财产或者不及时变现价值将严重贬损的财产，管理人应当及时变价并提存变价款，有关权利人可以就该变价款行使取回权。

6.【答案】

（1）管理人无权撤销甲公司向乙公司赠送复印机的行为。根据规定，人民法院受理破产申请前 1 年内，债务人无偿转让财产的，管理人有权请求人民法院予以撤销。在此题中，甲公司向乙公司赠送复印机的行为发生于破产受理 1 年之前。

（2）丙公司无权就其未获清偿的 10 万元货款向管理人申报债权。根据规定，破产人仅作为担保人为他人债务提供物权担保，担保债权人的债权虽然在破产程序中可以构成别除权，但因破产人不是主债务人，在担保物价款缺乏以清偿担保债额时，余债不得作为破产债权向破产人要求清偿，只能向原主债务人求偿。

（3）丁公司无权要求戊公司返还机床。因为戊公司受让财产时主观上为善意、以合理价格有偿受让，且机床已经交付，戊公司有权主张善意取得该机床的所有权。

（4）丁公司无权要求管理人请求人民法院撤销甲公司与戊公司之间的机床买卖行为。根据规定，人民法院受理破产申请前 1 年内，以明显不合理价格进行交易的，管理人有权请求人民法院予以撤销。在此题中，戊公司受让丁公司机床的价格合理。

（5）丁公司有权要求公司将 20 万元机床价款直接支付给自己。根据规定，如果转让其财产的对待给付财产尚未支付或存在补偿金等，该财产的权利人有权取回代偿物。在此题中，戊公司购置机床的价款尚未支付，丁公司有权行使代偿取回权。

（6）庚公司的理由不成立。根据规定，和解债权人对债务人的保证人和其他连带债务人所享有的权利，不受和解协议的影响。

第九章　票据与支付结算法律制度

2023 年教材内容主要变化

本章根据《中国人民银行关于推进信用卡透支利率市场化改革的通知》对信用卡透支利率进行调整；同时删除一些语句，调整了个别词语，内容上基本没有变化。

本章近五年考试高频考点分布

高频考点内容	年度及题型分布
支票	2019 年多选题、2018 年单选题
银行本票	2018 年多选题
汇票	2022 年单选题
票据关系	2022 年案例分析题、2021 年单选题、2019 年单选题
票据基础关系对票据行为效力的影响	2022 年案例分析题、2020 年单选题、2019 年单选题
背书	2019 年案例分析题、2018 年案例分析题
承兑	2020 年多选题、2018 年案例分析题
保证	2018 年案例分析题
票据权利的取得	2020 年案例分析题、2018 年案例分析题
票据权利的善意取得	2018 年案例分析题
票据抗辩	2022 年案例分析题、2019 年案例分析题、2018 年案例分析题
票据的伪造	2019 年案例分析题
票据责任	2020 年案例分析题、2019 年案例分析题
国内信用证	2022 年多选题

高频考点精讲

本章属于重要考试章节，主要包括支付结算概述、票据与票据法概述、非票据关系、票据权利、票据行为、票据伪造、票据变造、票据抗辩、票据丧失补救、汇票法律制度、支票法律制度、本票法律制度、非票据结算方式等。从历年考情分析，本章重点仍为票据与信用证，考生可有针对性的重点复习。

高频考点1：支付结算★

1. 概念

支付结算，是指单位、个人在社会经济活动中使用票据、银行卡、汇兑、托收承付、委托收款、信用证、电子支付等结算方式进行货币给付及资金清算的行为。

2. 分类

支付结算的方式，依不同的标准，可作不同的分类。

（1）银行本票和支票是同城结算方式，托收承付、银行汇票是异地结算方式，汇兑、商业汇票、委托收款、银行卡等是同城和异地均可采用的结算方式。

（2）根据支付工具在支付结算中的职能，汇兑、委托收款、托收承付是贷记支付工具，银行汇票、银行本票、支票是借记支付工具。

（3）从支付结算方式的法律特征考虑，可将其分为票据结算方式和非票据结算方式。

3. 特征

（1）支付结算必须通过法律规定的中介机构进行。

银行（包括农村信用合作社）是支付结算和资金清算的主要中介机构。未经中国人民银行批准的非银行金融机构和其他单位不得作为中介机构经营支付结算业务。

（2）支付结算必须遵循法律规定的特定形式要求。

支付结算行为具有要式性。单位、个人和银行办理支付结算，必须使用按中国人民银行统一规定印制的票据凭证和结算凭证。

4. 原则

（1）“恪守信用，履约付款”原则；

（2）“谁的钱进谁的账，由谁支配”原则；

（3）“银行不垫款”原则。

5. 银行结算账户

银行结算账户是指银行为存款人开立的办理资金收付结算的人民币活期存款账户。银行结算账户办理的是人民币业务，与外币账户不同；银行结算账户办理的是资金收付结算业务，与普通的储蓄账户不同；银行结算账户是活期存款账户，与定期存款账户不同。存款人可以自主选择银行开立银行结算账户。

（1）银行结算账务的种类。

按存款人不同，银行结算账户可分为单位银行结算账户和个人银行结算账户。

①单位银行结算账户。存款人以单位名称开立的银行结算账户为单位银行结算账户。境内依法设立的企业法人、非法人企业、个体工商户（以下统称“企业”）在银行办理基本存款账户、临时存款账户业务，由核准制改为备案制，人民银行不再核发开户许可证。银行为企业开立、变更、撤销基本存款账户、临时存款账户，要通过人民币银行结算账户管理系统向人民银行当地分支机构备案。机关、事业单位等其他单位办理银行账户业务，仍按原银行账户管理制度执行。机关实行预算管理的事业单位开立基本存款账户、临时存款账户和专用存款账户，应经财政部门批准并经人民银行核准，另有规定的除外。

②个人银行结算账户。存款人因投资、消费、结算等凭个人身份证件，以自然人名称开立的可办理支付结算的银行结算账户，为个人银行结算账户。

（2）基本存款账户。

基本存款账户是指存款人因办理日常转账结算和现金收付需要而开立的银行账户，是其主办账户。

取消企业银行账户许可后，银行完成企业基本存款账户信息备案后，账户管理系统生成基本存款账号编号，并在企业基本信息“经营范围”中标注“取消开户许可证核发”字样。银行应当通过账户管理系统打印《基本存款账户信息》和存款人查询密码，并交付企业。基本存款账户编号代替原基本存款账户核准号使用。企业申请开立一般存款账户、专用存款账户、临时存款账户的，应当向银行提供基本存款账户编号。

（3）一般存款账户。

一般存款账户是指存款人在基本存款账户开户银行以外的银行营业机构开立的用于办理借款转存、借款归还和其他结算的银行结算账户。该账户可以办理现金缴存，但不得办理现金支取。开立基本存款账户的存款人都可以开立一般存款账户。

（4）专用存款账户。

专用存款账户是指存款人按照法律、行政法规和规章，为对其特定资金进行专项管理和使用而开立的银行结算账户。

存款人申请开立专用存款账户，应按规定向银行出具其开立基本存款账户所需的证明文件、基本存款账户开户许可证和法律规定的其他相关证明文件。

（5）临时存款账户。

临时存款账户是指存款人因临时需要并在规定期限内使用而开立的银行结算账户。临时存款账户根据有关开户证明文件确定的期限或存款人的需要确定其有效期限。临时存款账户的有效期最长不得超过2年。

（6）个人银行结算账户。

个人银行结算账户是自然人投资、消费、结算等而开立的可办理支付结算业务的存款账户。

自然人可根据需要申请开立个人银行结算账户，也可以在已经开立的储蓄账户中选择并向开户银行申请确认为个人银行结算账户。个人银行账户分为Ⅰ类银行账户（以下简称“Ⅰ类户”）、Ⅱ类银行账户（以下简称“Ⅱ类户”）和Ⅲ类银行账户（以下简称“Ⅲ类户”）。银行可通过Ⅰ类户为存款人提供存款、购买投资理财产品等金融产品、转账、消费和缴费支付、支取现金等服务。银行可通过Ⅱ类户为存款人提供存款、购买投资理财产品等金融产品、限定金额的消费和缴费支付等服务。银行可通过Ⅲ类户为存款人提供限定金额的消费和缴费支付服务。银行不得通过Ⅱ类户和Ⅲ类户为存款人提供存取现金服务，不得为Ⅱ类户和Ⅲ类户发放实体介质。

（7）异地存款账户。

存款人有下列情形之一的，可以在异地开立有关银行结算账户：

①营业执照注册地与经营地不在同一行政区域，需要开立基本存款账户的；②办理异地借款和其他结算需要开立一般存款账户的；③存款人因附属的非独立核算单位或派出机构发生的收入汇缴和业务支出需要开立专用存款账户的；④异地临时经营活动需要开立临时存款账户的；⑤自然人根据需要在异地开立个人银行结算账户的。

（8）银行结算账户的撤销。

银行结算账户的撤销是指存款人因开户资格或其他原因终止银行结算账户使用的行为。

发生下列事由之一的，存款人应向开户银行提出撤销银行结算账户的申请：

①被撤并、解散、宣告破产或关闭的；②注销、被吊销营业执照的；③因迁址需要变更开户银行的；④其他原因需要撤销银行结算账户的。

存款人因主体资格终止撤销银行结算账户的，应先撤销一般存款账户、专用存款账户、临时存款账户，将账户资金转入基本存款账户后，方可办理基本存款账户的撤销。

经典例题

【真题·单选题】（2022）根据支付结算法律制度的规定，下列各项中，属于同城和异地均可采用的结算方式的是（　　）。

A. 银行本票　　B. 托收承付

C. 银行汇票　　D. 商业汇票

【答案】D

【解析】银行本票和支票是同城结算方式，托收承付、银行汇票是异地结算方式，汇兑、商业汇票、委托收款、银行卡等是同城和异地均可采用的结算方式。

【例题·多选题】根据支付结算法律制度的规定，下列账户种类中，属于单位银行结算账户的有（　　）。

A. 基本存款账户　B. 一般存款账户

C. 专用存款账户　D. 临时存款账户

【答案】ABCD

【解析】四个选项均属于单位银行结算账户。

高频考点2：票据★★

1. 票据

票据是指出票人签发的、承诺由本人或者委托他人在见票时或者在票载日期无条件支付一定金额给持票人的有价证券。我国法律上的票据是汇票、本票和支票的合称。

（1）汇票是出票人签发的，委托付款人在见票时或者在指定日期无条件支付确定的金额给收款人或者持票人的票据。

（2）本票是出票人签发的，承诺自己在见票时无条件支付确定的金额给收款人或者持票人的票据。

（3）支票是指出票人签发的，委托办理支票存款业务的银行或者其他金融机构在见票时无条件支付确定的金额给收款人或者持票人的票据。

2. 票据的特征

（1）债权证券和金钱证券；

（2）设权证券；

（3）文义证券。

传统的票据均为纸质。中国人民银行近年来大力推行电子商业汇票业务（包括电子商业承兑汇票和电子银行承兑汇票），要求自2018年1月1日起，单张出票金额在100万元以上的商业汇票原则上全部通过电子商业汇票办理。中国人民银行批准建立了电子商业汇票系统（中国人民银行指定上海票据交易所予以建设和运营），这一系统依托网络和计算机技术，具有接收、存储、发送数据电文功能。

3. 票据的分类

根据出票人是否直接对票据付款，分为委托票据和自付票据；

根据票据所记载的到期日的不同，分为即期票据和远期票据。

4. 票据在经济上的职能

（1）支付职能；

（2）汇兑职能；

（3）信用职能；

（4）结算职能；

（5）融资职能。

高频考点3：票据关系与非票据关系★★

（1）票据关系，是指基于票据行为而发生的、以请求支付票据金额为内容的债权债务关系。内容为票据权利、票据义务或者票据责任。

①票据权利，是指持票人基于票据行为而取得的、向票据债务人请求支付票据金额的权利。包括付款请求权和追索权。

②票据责任，是指票据债务人基于其票据行为而发生的向持票人支付票据金额的义务。可区分为主债务人和次债务人。a. 主债务人是指本票出票人、汇票承兑人。b. 次债务人主要包括：汇票上的出票人、背书人、保证人；本票上的背书人、保证人；支票上的出票人、背书人、保证人。

（2）非票据关系，是指与票据有密切联系，但是并非基于票据行为而发生，并且不以请求支付票据金额为内容的法律关系。非票据关系又分为：

①票据法上的非票据关系，其中比较重要的是利益返还请求权关系。

②民法上的非票据关系，又称为票据基础关系，其中重要的是票据签发、转让的当事人之间的票据原因关系。

经典例题

【真题·单选题】（2021）根据票据法律制度的规定，下列属于汇票主债务人的是（ ）。

A. 背书人 B. 出票人

C. 承兑人 D. 保证人

【答案】C

【解析】本题考核汇票的主债务人。票据上的主债务人是指本票的出票人、汇票的承兑人。

【真题·单选题】（2020）根据票据法律制度的规定，下列主体中，属于票据上主债务人的是（ ）。

A. 支票出票人 B. 汇票承兑人

C. 汇票出票人 D. 支票付款人

【答案】B

【解析】本题考核汇票的主债务人。票据上的主债务人是指本票的出票人、汇票的承兑人。

高频考点4：票据权利的取得★★★

1. 依票据行为而取得票据权利

（1）依出票行为而取得。

（2）依转让而取得，最主要的情形是转让背书。以背书转让的票据，背书应当连续；持票人以背书的连续，证明其票据权利。非经背书转让，而以其他合法方式（如税收、继承、赠与、法人的合并或者分立）取得票据的，不受背书连续的限制，由持票人依法举证，证明其票据权利。

（3）依票据保证而取得。

（4）依票据质押而取得。

2. 依法律规定而直接取得票据权利

（1）依票据法上的规定而取得。例如，被追索人（含票据保证人）向持票人偿还票据金额、利息费用后，可以取得票据权利。

（2）依其他法律规定而取得。例如，因为继承、法人合并或者分立、税收等原因而取得票据权利。

3. 票据权利的善意取得

（1）票据权利善意取得的要件：①转让人是形式上的票据权利人；②转让人没有处分权；③受让人基于背书转让的方式取得票据，而且这一背书需符合一般背书行为的形式和实质要件；④受让人善意且无重大过失；⑤受让人必须付出相当对价。因税收、继承、赠与依法无偿取得票据的，不受给付对价的限制，但所享有的票据权利不得优于其前手的权利。

（2）票据权利善意取得的法律后果：①受让人取得票据权利；②原权利人丧失票据权利；③无权处分人的行为导致原权利人的权利消灭，其应承担何种责任需要适用其他规定来解决。

（3）票据善意取得的类推适用：①形式合法的但实质上无效的出票行为所记载的收款人，将其背书转让给他人；②出票人完成记载后票据遗失或者被盗；③票据质权的善意取得。

小贴士 善意取得制度是票据法中考察频次较高的知识点，可能出现在选择题中也可能出现在案例分析题中。判断是否构成善意取得其实也可以按照物权法章节关于善意取得的要件要求来判断。可以将知识点进行融会贯通。

经典例题

【例题·多选题】甲受乙胁迫开出一张以甲为付款人，以乙为收款人的汇票，之后乙通过背书将该汇票赠与丙，丙又将该汇票背书转让与丁，以支付货款。丙、丁对乙胁迫甲取得票据一事毫不知情。根据票据法律制度的规定，下列说法中，正确的有（ ）。

A. 甲有权请求丁返还汇票

B. 乙不享有该汇票的票据权利

C. 丙不享有该汇票的票据权利

D. 丁不享有该汇票的票据权利

【答案】BC

【解析】选项B，乙因胁迫而取得票据，

第九章

不得享有票据权利；选项C，丙无对价取得票据，尽管属于善意取得，但必须承受其前手的权利瑕疵；因其前手乙不享有票据权利，丙也不享有票据权利；选项A、D，丁属于善意、已付对价的正当持票人，享有100%的票据权利，甲无权请求丁返还票据。

高频考点5：票据行为★★★

我国票据法上的票据行为包括出票、背书、承兑、保证四种，其中承兑为汇票所独有。

1. 票据行为的特点

和一般的民事法律行为相比，票据行为具有诸多的特点：

（1）票据行为是要式法律行为；

小贴士 对于电子商业汇票来说，由于不存在纸质载体，票据行为采取的是数据电文方式，即，票据行为人在电子商业汇票系统中，对于出票、转让等事项进行记载；以电子签名的方式进行“签章”；票据行为人拟交付票据时，在系统内将电子商业汇票发送给相对方，相对方若同意接受则签章并发送电子指令予以确认，交付完成。为简便起见，本书下文谈及各类票据行为时，仅考虑传统的纸质票据，不再对电子商业汇票的这些特殊形式进行说明。

（2）票据行为的解释以文义解释为主；

（3）票据行为是一种“格式”化的法律行为；

（4）票据行为的独立性；

（5）票据行为的无因性。

2. 票据行为的形式要件

票据行为的行为人，须以一定方式在票据上进行记载。

（1）票据凭证。票据凭证的格式和印制管理办法由中国人民银行规定。

（2）特定事项的记载方式。如票据金额、日期、收款人名称不得更改，更改的票据无效。票据金额以中文大写和数码同时记载，二者必须一致，二者不一致的，票据无效。

（3）签章方式。票据行为人必须在票据上签章。

（4）一定的款式。票据行为的款式是指票据法对各种票据行为的记载事项所作的要求。

（5）交付。票据行为首先表现为票据行为人在票据上进行记载。票据行为人还必须将进行了这种记载的票据交付给相对人，票据行为才成立。

3. 票据行为的实质要件

（1）票据行为能力。无民事行为能力人或者限制民事行为能力人在票据上签章的，其签章无效，但是不影响其他签章的效力。

（2）意思表示真实。以欺诈、胁迫手段取得票据的，不能取得票据权利。

（3）如果票据行为由代理人进行，则代理权的欠缺也会影响票据行为的效力。

（4）如果背书转让票据的背书人并不享有处分权，则背书行为无效。但如果符合善意取得的要件，则转让背书行为可以有效。

（5）基础关系对票据行为效力的影响。基于票据行为的无因性，票据基础关系的瑕疵，不影响票据行为的效力。但是基于赠与等无偿的原因而授受票据的，持票人所取得的票据权利不得优于其前手。

高频考点6：票据行为的代理★★

（1）票据行为是一种民事法律行为，可以由代理人进行，其法律效果归属于被代理人。

（2）票据代理行为的生效要件。

除满足票据行为的成立要件和其他生效要件外，还须满足法律对于票据代理行为特别规定的生效要件，具体包括：

①须明示被代理人的名义，并表明“代理”的意思；

②代理人签章；

③代理人有代理权。

（3）狭义的无权代理。

①没有代理权而以代理人名义在票据上签章的，如果本人（被代理人）事后表示追认，

票据行为对本人（被代理人）发生效力，并由本人（被代理人）承担票据责任。

②如果本人（被代理人）事后未追认，相对人不能取得票据权利，不论本人（被代理人）还是无权代理人均不承担票据责任。但是，相对人又对他人进行票据行为的，如果满足善意取得的要件，无权代理人必须对票据权利人承担票据责任，但本人（被代理人）仍然不承担票据责任。

（4）越权代理。

票据代理人超越代理权限的，应当就其超越权限的部分承担票据责任，在权限范围内的代理行为继续有效。

（5）表见代理。

没有代理权而以代理人名义在票据上签章的，如果善意相对人有理由相信其有代理权，则其代理的票据行为有效，本人（被代理人）应承担票据责任，无权代理人不承担票据责任。

（6）票据行为的代行。

票据行为的代行是指行为人在进行票据行为时在票据上记载他人之名，或者盖他人之章，而未签署自己的姓名或者盖自己的章。此种情形，不构成代理。其法律效力，类推适用有关代理的法律规定。

高频考点7：票据基础关系对票据行为效力的影响★★

（1）票据基础关系是指票据关系据以产生的、由民法规定的法律关系。最重要的票据基础关系是票据原因关系和票据资金关系。

①票据原因关系，是指作为票据当事人之间授受票据原因的法律关系。例如，为了支付货物买卖的价款、支付工程款、支付租金、缴纳税款、返还借款等。

②票据资金关系，是指出票人与承兑人或者付款人之间关于将来用于向持票人付款的资金安排的法律关系。通常来说，出票人与承兑人或者付款人之间在出票前会订立委托合同，对于承兑人或者付款人应在何种情形下付款、付款资金的安排进行约定。例如，银行承兑汇票的出票人（承兑申请人）应在票据到期前将全部票据金额支付给承兑人。

（2）票据行为的无因性。

①票据的签发、取得和转让，应当遵循诚实守信的原则，具有真实的交易关系和债权债务关系。即出票行为和背书转让行为，必须为了履行基于“真实的交易关系”而发生的债务。

②基于票据行为无因性理论，票据行为的内容如果与基础关系不一致，票据关系的内容只能依据票据行为来确定。

【注意】票据基础关系的瑕疵并不影响票据行为的效力。

③以赠与或者其他无偿法律关系为原因的出票和背书转让。

赠与等原因虽是票据授受的合法原因，但持票人所取得的票据权利不得优于其前手。

经典例题

【真题·单选题】（2019）甲公司向乙公司签发一张金额为35万元的银行承兑汇票，用于支付购买设备的价款。乙公司随即将汇票背书转让给丙公司，用于支付工程款。在丙公司提示付款前，甲、乙公司之间的设备买卖合同因乙公司欺诈而被人民法院撤销。甲公司的下列主张中，符合票据法律制度规定的是（　　）。

A. 请求乙公司返还汇票

B. 请求承兑银行对丙公司拒绝付款

C. 请求乙公司返还35万元

D. 请求丙公司返还汇票

【答案】C

【解析】票据基础关系的瑕疵并不影响票据行为的效力。甲不能要求丙或乙返还票据。

高频考点8：票据伪造与票据变造★★

1. 票据伪造

票据伪造是指假冒或者虚构他人名义而为的票据行为。票据的伪造仅限于“签章”。如果票据行为人指明本人的存在并以代理人的身份在票据上签章，即使其欠缺代理权，也不构成票据伪造，而是无权代理。

2. 票据伪造的构成要件

（1）伪造者的行为符合票据行为的形式要件；

（2）伪造者假冒或者虚构他人名义在票据上签章。

3. 票据伪造的法律后果

（1）票据行为的法律效力。

票据伪造的情形下，如果属于假冒他人名义，其法律效果应类似于无权代理。如果属于狭义无权代理的，则票据行为不生效力，但是如果其情形可以类推适用表见代理，则票据行为有效。如果票据伪造的情形属于虚构他人名义，票据行为应无效。如果伪造的票据行为无效，其他真实签章的效力不受影响。

（2）对被伪造人的法律后果。

在假冒他人名义的情形下，被伪造人不承担票据责任；在虚构他人名义的情形下，并不存在一个真正的被伪造人，因此不存在相应的法律后果承担问题。

（3）对伪造人的法律后果。

由于伪造人没有以自己的名义在票据上签章，因此不承担票据责任。但是，可能要承担刑事责任、行政责任、民事责任。

4. 票据的变造

票据的变造是指没有变更权限的人，变更票据上“签章”以外的其他记载事项的行为。票据金额、日期、收款人名称不得更改，更改的票据无效。对票据上的其他记载事项，原记载人可以更改，更改时应当由原记载人签章证明。

5. 票据变造的构成要件

（1）有变更票据上“签章”以外记载事项的行为；

（2）变更行为人没有变更权。

6. 票据变造的法律后果

（1）变造前在票据上签章的票据行为人，依照原记载事项负责；变造后在票据上签章的票据行为人，依照变造后的记载事项负责。

（2）如果无法辨别签章发生在变造之前还是之后，视同在变造之前签章。如果变造人也是票据上的签章人，变造人应解释为在变造后票据行为人。

经典例题

【例题·单选题】甲私刻乙公司的财务专用章，假冒乙公司名义签发一张转账支票交给收款人丙，丙将该支票背书转让给丁，丁又背书转让给戊。当戊主张票据权利时，根据票据法律制度的规定，下列表述中，正确的是（　　）。

A. 甲不承担票据责任

B. 乙公司承担票据责任

C. 丙不承担票据责任

D. 丁不承担票据责任

【答案】A

【解析】选项A，由于伪造人甲在票据上没有以自己的名义签章，因此不承担票据责任；选项B，在假冒他人名义的情形下，被伪造人乙公司不承担票据责任；选项C、D，票据上有伪造签章的，不影响票据上其他真实签章的效力，丙和丁属于在票据上真正签章的当事人，仍应对被伪造的票据的权利人承担票据责任。

【例题·单选题】甲签发一张票面金额为2万元的转账支票给乙，乙将该支票背书转让给丙，丙将票面金额改为5万元后背书转让给丁，丁又背书转让给戊。下列关于票据责任承担的表述中，正确的是（　　）。

A. 甲、乙、丁对2万元负责，丙对5万元负责

B. 乙、丙、丁对5万元负责，甲对2万元负责

C. 甲、乙对2万元负责，丙、丁对5万元负责

D. 甲、乙对5万元负责，丙、丁对2万元负责

【答案】C

【解析】甲、乙的签章在变造之前，应当按照原记载的内容（2万元）负责；丙、丁的签章在变造之后，应当按照变造后的记载内容（5万元）负责。

高频考点9：票据权利的消灭★★★

1. 票据权利的消灭事由

（1）一般消灭原因——付款。票据权利人向票据债务人主张权利，票据债务人向其付款的，其债务消灭。

（2）因为没有进行票据权利的保全而导致追索权消灭。

（3）消灭时效期间的经过。

2. 追索权因为未进行票据权利保全而消灭

按照票据法规定，票据权利原则上应当在规定的时间、地点，以规定的方法提示付款或者提示承兑（“遵期提示”）；并且在被拒绝时，应当依法取得相应的证明（“依法取证”）。否则，其追索权将因此而消灭。

（1）遵期提示。

①遵期提示承兑。见票即付的汇票无须承兑。定日付款或者出票后定期付款的汇票，持票人应当在汇票到期日前向付款人提示承兑；见票后定期付款的汇票，持票人应当自出票日起1个月内向付款人提示承兑。汇票未按照规定期限提示承兑的，持票人丧失对其前手的追索权。汇票的持票人未遵期提示承兑的，并不丧失对出票人的追索权。

②遵期提示付款。如果未在规定期限内提示付款，持票人即丧失对出票人、汇票承兑人之外的前手的追索权。

（2）依法取证。

持票人提示承兑或者提示付款被拒绝的，承兑人或者付款人必须出具拒绝证明，或者出具退票理由书。如果因为其他原因而导致持票人不能取得拒绝证明，或者汇票承兑人或者付款人破产，或者被责令终止业务活动，持票人可以以其他证明替代拒绝证明。如果持票人未能取得拒绝证明或者具有相同效力的其他证明，或者在行使追索权时不出示该证明，则不能行使其对前手的追索权，但仍享有对出票人、承兑人的追索权。

3. 票据时效

票据时效也就是票据权利的消灭时效，是指票据权利人如果未在法定期间内行使权利，其权利归于消灭的票据法律制度。

（1）付款请求权的消灭时效。

①持票人对汇票承兑人的付款请求权，消灭时效期间为2年，自票据到期日起算；见票即付的汇票，自出票日起算。

②持票人对本票出票人的付款请求权，消灭时效期间为2年，自出票日起算。

（2）追索权的消灭时效。

①汇票：持票人对汇票出票人、承兑人的追索权，消灭时效期间为2年，自票据到期日起算；见票即付的汇票，自出票日起算。

②本票：持票人对本票出票人的追索权，消灭时效期间为2年，自出票日起算。

③支票：持票人对支票出票人的追索权，消灭时效期间为6个月，自出票日起算。

④汇票、本票、支票的持票人对其他前手的追索权，消灭时效期间为6个月，自被拒绝承兑或者被拒绝付款之日起算。

⑤汇票、本票、支票的被追索人对前手的再追索权，消灭时效期间为3个月，自清偿日或者被提起诉讼之日起算。

（3）利益返还请求权。

持票人因超过票据权利时效或者因票据记载事项欠缺而丧失票据权利的，仍享有民事权利，可以请求出票人或者承兑人返还其与未支付的票据金额相当的利益。

①利益返还请求权关系的当事人为持票人。②成立要件：票据权利曾经有效存在；票据权利因为消灭时效期间的经过而消灭；出票人或者承兑人因为持票人的权利消灭而受有额外利益。③利益返还请求权的效力：持票人享有请求出票人或者汇票承兑人返还所受利益的权利。

经典例题

【例题·单选题】2020年6月5日，A公司向B公司开具一张金额为5万元的支票，B公司将支票背书转让给C公司。6月12日，C公司请求付款银行付款时，银行以A公司账户内只有5 000元为由拒绝付款。C公司遂要求B公司付款，B公司于6月15日向C公司付清了全部款项。根据票据法律制度的规定，B公司向A公司行使再追索权的期限为（ ）。

A. 2020年6月25日之前

B. 2020年8月15日之前

C. 2020年9月15日之前

D. 2020年12月5日之前

【答案】D

【解析】支票的持票人对出票人（A公司）的票据权利，自出票之日起（2020年6月5日）6个月内不行使而消灭。

【例题·单选题】丙公司持有一张以甲公司为出票人、乙银行为承兑人、丙公司为收款人的银行承兑汇票，汇票到期日为2017年6月5日，但是丙公司一直没有主张票据权利。根据票据法律制度的规定，丙公司对甲公司的票据权利的消灭时间是（ ）。

A. 2017年6月15日

B. 2017年12月5日

C. 2018年6月5日

D. 2019年6月5日

【答案】D

【解析】商业汇票的持票人对出票人（甲公司）的追索权，消灭时效期间为2年，自票据到期日（2017年6月5日）起算。

高频考点10：票据抗辩★★★

票据抗辩，是指票据债务人，包括出票人、承兑人、转让背书和质押背书人、保证人，基于合法事由对持票人拒绝履行票据债务的行为。

1. 物的抗辩（绝对的抗辩）

票据上的物的抗辩，是指票据所记载的债务人可以对任何持票人所主张的抗辩。其具体情形可以包括以下三类：

（1）票据所记载的全部票据权利均不存在：①出票行为因为法定形式要件的欠缺而无效；②票据权利已经消灭。

（2）票据上记载的特定债务人的债务不存在：①签章人是无民事行为能力或者限制民事行为能力人的，票据行为无效，不承担票据责任；②狭义无权代理情形下，本人不承担票据责任，或者仅对不超越代理权限的部分承担票据责任；③票据伪造的被伪造人，不承担票据责任；④票据被变造时，变造前在票据上签章的债务人，可以拒绝依照变造后的记载事项承担票据责任；⑤对特定债务人的票据时效期间经过，其票据债务消灭；⑥对特定票据债务人的追索权，因为持票人未进行票据权利的保全而丧失。

（3）票据权利的行使不符合债的内容：①票据权利人行使其权利的时间、地点、方式不符合票据记载或者法律规定；②法院经公示催告后作出除权判决的，票据权利人持票据主张权利。

小贴士 物的抗辩可以对“任何持票人”提出，但并非所有的票据债务人均有权提出对物抗辩，只有“享有抗辩权的人”才有权对“任何持票人”提出抗辩。

2. 人的抗辩（相对的抗辩）

票据上的人的抗辩，是指票据债务人仅可以对特定的持票人主张的抗辩事由，此类情形下，票据所记载的债务人是真正的债务人。

（1）票据债务人可以对不履行约定义务的与自己有直接债权债务关系的持票人，进行抗辩。

（2）票据债务人不得以自己与出票人之间的抗辩事由对抗持票人，但持票人明知存在抗辩事由而取得票据的除外。

（3）票据债务人不得以自己与持票人的前手之间的抗辩事由对抗持票人，但持票人明知存在抗辩事由而取得票据的除外。

（4）凡是善意的、已付对价的正当持票

人可以向任何票据债务人请求付款，不受其前手权利瑕疵和前手相互间抗辩的影响。

(5) 持票人取得的票据是无对价或者不相当对价的，只要持票人取得票据时是善意的，仍然享有票据权利，但其享有的票据权利不能优于其前手的权利。因此，票据债务人可以以对抗持票人前手的抗辩事由对抗该持票人。

(6) 背书不连续，持票人又不能证明背书中断之处，乃是由于其他合法原因而发生票据权利转移的，持票人不能证明其享有票据权利。

(7) 背书人记载了“不得转让”字样的情形下，记载人对于其直接后手的后手不承担票据责任。

3. 票据抗辩的切断

票据抗辩的切断是指，票据债务人原则上不得以自己与出票人或者与持票人的前手之间的抗辩事由对抗持票人。这使得持票人的权利通常不受前手之间的基础关系的影响，使其权利的受保障程度大大提高，极大地增加了票据的流通性。

(1) 在持票人无偿取得票据的情况下，如果其前手的权利已经获得了抗辩切断的保护，那么持票人的权利也受到抗辩切断的保护。

(2) 需要注意的是抗辩切断与善意取得之间的关系。尽管它们的目的均在于保障持票人的利益，但二者是两个不同的制度。善意取得制度所处理的问题是善意受让人是否可以：在无权处分的情形下取得票据权利，并同时导致原来的票据权利人丧失其权利。该制度并不直接涉及谁要承担票据责任，以及抗辩事由的问题。实际上，由于善意取得的构成要件包括了善意且无重大过失、给付相当的对价，善意受让人必然受到抗辩切断制度的保护，其取得的票据权利是无瑕疵的权利，前手之间的抗辩事由均不得对抗善意受让人。而在抗辩切断制度所涉及的问题之下，持票人的前手并非对其无权处分。

高频考点 11：票据的丧失及补救★★

票据丧失，是指持票人丧失对票据的占有。丧失了票据的票据权利人称为失票人。票据丧失的法律救济有三种，分别为：挂失止付、公示催告、提起民事诉讼。

1. 挂失止付

(1) 可以挂失止付的票据。

①已承兑的商业汇票；②支票；③填明“现金”字样和代理付款人的银行汇票；④填明“现金”字样的银行本票。

(2) 挂失止付的效力。

挂失止付并非票据丧失后票据权利补救的必经程序，它仅仅是失票人丧失票据后可以采取的一种暂时的预防措施，以防止票据被冒领或者骗取。失票人应当在通知挂失止付后 3 日内，依法向人民法院申请公示催告或者提起普通诉讼，也可以在票据丧失后直接向人民法院申请公示催告或者提起普通诉讼。

如果付款人或者代理付款人自收到挂失止付通知书之日起 12 日内未收到人民法院的止付通知书的，自第 13 日起，挂失止付通知书失效。

2. 公示催告

(1) 公示催告是指人民法院根据失票人的申请，以公示的方式催告利害关系人在一定期限内向人民法院申报权利，到期无人申报权利的，人民法院将根据申请人的申请作出除权判决，申请人可以持除权判决书行使票据权利。

(2) 失票人应当向票据付款地的基层人民法院提出书面的公示催告申请。

(3) 人民法院在受理公示催告申请的同时通知付款人或者代理付款人停止支付。付款人或者代理付款人应当停止支付，直到公示催告程序终结。

(4) 利害关系人在人民法院作出除权判决之前申报权利的，人民法院应通知其向人民法院出示票据，并通知公示催告申请人查看该票据。如果该票据就是申请人申请公示催告的票据，人民法院应裁定终结公示催告程序，并通知申请人和付款人。

（5）公示催告期间届满，且无应裁定终结公示催告程序的事由，申请人可以在届满次日起1个月内，申请人民法院作出除权判决。人民法院根据申请人的申请，作出除权判决，申请人可以持除权判决书行使票据权利。逾期未申请的，人民法院应终结公示催告程序。

（6）除权判决的效力：一确认申请人是票据权利人；二宣告票据失去效力，即票据权利与票据相分离，原票据凭证不再是票据权利的载体。

（7）除权判决的撤销。利害关系人因为正当理由不能在除权判决之前向法院及时申报权利的，自知道或者应当知道判决公告之日起1年内，可以向作出除权判决的法院起诉，请求撤销除权判决。

3. 提起民事诉讼

票据权利人丧失票据后，除了以公示催告程序证明自己的票据权利外，还可以提起普通民事诉讼来实现其权利。

经典例题

【例题·多选题】根据票据法律制度的规定，下列各项中，属于不可以挂失止付的票据的有（　　）。

A. 已承兑的商业汇票

B. 未记载付款人的汇票

C. 未填明“现金”字样的银行汇票

D. 未填明“现金”字样的银行本票

【答案】BCD

【解析】可以挂失止付的票据包括：已承兑的商业汇票；支票；填明“现金”字样和代理付款人的银行汇票；填明“现金”字样的银行本票。

高频考点12：汇票的出票★★★

1. 汇票的类型

（1）根据出票人的不同，汇票分为银行汇票和商业汇票。

（2）商业汇票根据承兑人的不同，分为商业承兑汇票和银行承兑汇票。

（3）商业汇票根据付款日期的不同，分为即期商业汇票和远期商业汇票。

2. 商业汇票的付款日期

商业汇票根据付款日期的不同，分为见票即付、定日付款、出票后定期付款和见票后定期付款四种类型。

3. 出票的记载事项

（1）绝对必要记载事项。

汇票的绝对必要记载事项包括：表明“汇票”的字样、无条件支付的委托、确定的金额、付款人名称、收款人名称、出票日期和出票人签章。未记载的，汇票无效。

①票据金额以中文大写和数码同时记载，二者必须一致，否则票据无效。

②金额必须是确定的数额，如果汇票上记载的金额是不确定的，票据无效。

③票据金额、出票日期、收款人名称不能更改，否则票据无效。

④支票的金额和收款人名称可以授权补记，但汇票和本票不能补记。

⑤在出票日期、背书日期、承兑日期、保证日期、付款日期中，只有出票日期属于绝对必要记载事项。

⑥汇票出票人的签章，应为该单位的财务专用章或者公章加其法定代表人或其授权的代理人的签名、盖章或者签名加盖章。出票人在票据上的签章不符合规定的，票据无效。

（2）相对必要记载事项。

①未记载付款日期的，视为见票即付。

②未记载付款地的，以付款人的营业场所、住所或者经常居住地为付款地。

③未记载出票地的，以出票人的营业场所、住所或者经常居住地为出票地。

（3）可以记载的事项（任意记载事项）。

出票人在汇票上记载“不得转让”字样的，汇票不得转让。如果收款人将该汇票背书转让（包括贴现）给他人，背书行为无效，取得票据的人并不能因此而取得票据权利。

对于出票人记载“不得转让”字样的汇票，其后手以此票据进行贴现、质押的，通过贴现、质押取得票据的持票人主张票据权利的，人民法院不予支持。

（4）不产生票据法上效力的记载事项。

出票人关于票据签发用途的记载，以及有关利息、违约金的记载，不具有汇票上的效力，这些记载是否具有民法上的效力，应根据民法进行判断。

4. 出票的效力

（1）对出票人的效力。

出票人成为票据债务人，承担担保承兑和担保付款的责任。

（2）对收款人的效力。

收款人取得票据权利，包括付款请求权和追索权，以及以背书等方式处分其票据权利的权利。

（3）对付款人的效力。

出票是出票人的行为，票据上虽然记载了“出票人委托付款人无条件支付票据金额”的内容，但这仅仅是出票人的记载，付款人自己并未在票据上签章。因此，付款人并不因此而承担票据责任。只有当付款人在票据上承兑签章之后，才基于该承兑行为而成为票据的主债务人。此时，其称谓即从“付款人”改为“承兑人”。

经典例题

【真题·多选题】（2019）根据票据法律制度的规定，支票的下列记载事项中，可以由出票人授权补记的有（　　）。

A. 收款人名称　　B. 付款人名称

C. 出票日期　　D. 票据金额

【答案】AD

【解析】支票的金额和收款人名称可以授权补记，但汇票和本票不能补记。

【例题·单选题】根据票据法律制度的规定，下列有关汇票未记载事项的表述中，正确的是（　　）。

A. 汇票上未记载付款日期的，为出票后三个月内付款

B. 汇票上未记载付款地的，以出票人的营业场所、住所或者经常居住地为付款地

C. 汇票上未记载收款人名称的，经出票人授权可以补记

D. 汇票上未记载出票日期的，该汇票无效

【答案】D

【解析】选项A，汇票上未记载“付款日期”的，视为见票即付；选项B，汇票上未记载“付款地”的，以付款人（而非出票人）的营业场所、住所或者经常居住地为付款地；选项C，“收款人名称”属于汇票的绝对必要记载事项，谈不上授权补记的问题，未记载的汇票无效；选项D，“出票日期”属于汇票的绝对必要记载事项，未记载的汇票无效。

【例题·单选题】根据票据法律制度的规定，某公司签发汇票时出现的下列情形中，导致该汇票无效的是（　　）。

A. 汇票上未记载付款日期

B. 汇票上金额记载为“不超过50万元”

C. 汇票上记载了该票据项下交易的合同号码

D. 签章时加盖了本公司公章，公司负责人仅签名而未盖章

【答案】B

【解析】选项A，“付款日期”属于相对必要记载事项，未记载的不影响汇票的效力；选项B，汇票金额应为“确定的金额”，否则汇票无效；选项C，“合同号码”属于不产生票据法上效力的记载事项，是否记载不影响汇票的效力；选项D，汇票出票人的签章，应为该单位的财务专用章或者公章加其法定代表人或其授权的代理人的签名、盖章或者签名加盖章。

【例题·多选题】根据票据法律制度的规定，下列有关汇票出票人记载事项的表述中，可以导致票据无效的有（　　）。

A. 附条件的支付委托

B. 票据不得转让

C. 票据金额仅以数码记载

D. 未记载付款地

【答案】AC

【解析】选项 A，“无条件支付的委托”属于绝对必要记载事项，附条件的支付委托导致票据无效；选项 B，“不得转让”字样属于任意记载事项，是否记载不影响汇票的效力；选项 C，票据金额以中文大写和数码同时记载，二者必须一致，否则票据无效；选项 D，“付款地”属于相对必要记载事项，未记载的，票据有效。

【例题·多选题】根据票据法律制度的规定，下列各项中，属于汇票上的绝对必要记载事项的有（　　）。

A. 汇票金额　　B. 收款人名称

C. 付款日期　　D. 出票日期

【答案】ABD

【解析】付款日期为相对必要记载事项。

【例题·多选题】甲公司与乙公司签订买卖合同后，为了支付价款，甲公司签发了一张以乙公司为收款人的银行承兑汇票，公司财务经理签字，并加盖了公司的合同专用章。承兑人丙银行的代理人签字并加盖了银行的汇票专用章。乙公司背书转让给丁公司后，丁公司在票据到期时向丙银行请求付款。根据票据法律制度的规定，下列表述中，错误的有（　　）。

A. 丙银行可以拒绝付款

B. 丙银行无权拒绝付款

C. 如果丙银行拒绝付款，丁公司可以向甲公司行使追索权

D. 如果丙银行拒绝付款，丁公司可以向乙公司行使追索权

【答案】BCD

【解析】选项 A、B，商业汇票出票人的签章，应为该单位的财务专用章或者公章（合同专用章不行）加其法定代表人或其授权的代理人的签名、盖章或者签名加盖章。出票人在票据上的签章不符合规定的，票据无效，丙银行有权拒绝付款；选项 C、D，由于票据无效，丁公司不享有票据权利，因此不享有对甲公司、乙公司的追索权。

【真题·多选题】（2020）根据票据法律制度的规定，下列各项中，属于汇票到期日记载方式的有（　　）。

A. 见票即付

B. 定日付款

C. 出票后定期付款

D. 见票后定期付款

【答案】ABCD

【解析】根据《票据法》第二十五条的规定，付款日期可以按照下列形式之一记载：（1）见票即付；（2）定日付款；（3）出票后定期付款；（4）见票后定期付款。本题中选项 A、B、C、D 即属于法律规定的四种形式。

高频考点 13：汇票的背书★★★

（1）背书是指持票人为将票据权利转让给他人或者将票据权利授予他人行使，在票据背面或者粘单上记载有关事项并签章，然后将票据交付给被背书人的票据行为。背书包括转让背书和非转让背书（委托收款背书和质押背书）。

小贴士　对于电子商业汇票来说，“背书”指的是在电子商业汇票系统中的相应行为，不存在物理意义上的“背面”或者“粘单”。

（2）背书行为的实质要件。

背书人必须将票据交付给被背书人，被背书人才取得票据权利。

（3）背书行为的形式要件。

①绝对必要记载事项：背书人的签章。

②相对必要记载事项：背书日期。

背书未记载日期的，视为在汇票到期日前背书。

③可以补记的事项：被背书人名称。

背书人未记载被背书人名称即将票据交付他人的，持票人在票据被背书人栏内记载自己的名称与背书人记载具有同等法律效力。

（4）附条件的背书。

背书时附有条件的，所附条件不具有汇票上的效力，即不影响背书行为本身的效力。

（5）部分背书、多头背书。

将汇票金额的一部分转让或者将汇票金额分别转让给二人以上的，背书无效。

（6）任意记载事项。

背书人在汇票上记载“不得转让”字样，其后手再背书转让的，原背书人对后手的被背书人不承担保证责任。

（7）背书连续。

①以背书转让的汇票，背书应当连续。持票人以背书的连续，证明其汇票权利。

②非经背书转让，而以其他合法方式（如税收、继承、赠与、法人的合并或者分立）取得汇票的，不受背书连续的限制，由持票人依法举证，证明其汇票权利。

（8）委托收款背书。

①委托收款背书，除了背书人签章之外，必须加上“委托收款”（或者“托收”“代理”）字样作为绝对必要记载事项。

②通过委托收款背书，被背书人取得代理权，但并未取得票据权利，因此，委托收款背书的被背书人不得再背书转让票据权利。

（9）质押背书。

①以汇票设定质押时，除了出质人签章之外，必须在汇票上记载“质押”（或者“设质”“担保”）字样作为绝对必要记载事项。如果出质人在汇票上只记载了“质押”字样但未在票据上签章的，或者出质人未在汇票、粘单上记载“质押”字样而另行签订质押合同、质押条款的，不构成票据质押。

②经质押背书，被背书人取得票据质权，票据质权人有权以相当于票据权利人的地位行使票据权利，包括行使付款请求权、追索权。但是，质押背书的被背书人并不享有对票据权利的处分权。因此，票据质权人再行转让背书或者质押背书的，背书行为无效。但是，被背书人可以再进行委托收款背书。

小贴士 电子商业汇票的出票人记载“不得转让”事项的，汇票无法进行背书转让。电子商业汇票的背书人记载“不得转让”事项的，汇票无法继续进行背书转让。

经典例题

【例题·单选题】甲公司为购买货物而将所持有的汇票背书转让给乙公司，但因担心以此方式付款后对方不交货，因此在背书栏中记载了“乙公司必须按期保质交货，否则不付款”的字样。乙公司在收到票据后没有按期交货。根据票据法律制度的规定，下列表述中，正确的是（　　）。

A. 背书无效

B. 背书有效，乙的后手持票人应受上述记载约束

C. 背书有效，但是上述记载没有汇票上的效力

D. 票据无效

【答案】C

【解析】背书时附有条件的，所附条件不具有汇票上的效力，即不影响背书行为本身的效力。

【例题·单选题】根据票据法律制度的规定，背书人在汇票上记载“不得转让”字样，其后手再背书转让的，将产生的法律后果是（　　）。

A. 该汇票无效

B. 该背书转让无效

C. 原背书人对后手的被背书人不承担保证责任

D. 原背书人对后手的被背书人承担保证责任

【答案】C

【解析】背书人在汇票上记载“不得转让”字样，其后手再背书转让的，原背书人对后手的被背书人不承担保证责任。

【例题·单选题】汇票背书人在票据上记载了“不得转让”字样，但其后手仍进行了背书转让。根据票据法律制度的规定，下列关

于票据责任承担的表述中，错误的是（　　）。

A. 不影响承兑人的票据责任

B. 不影响出票人的票据责任

C. 不影响原背书人之前手的票据责任

D. 不影响原背书人对后手的被背书人承担票据责任

【答案】D

【解析】该种情况下原背书人对后手的被背书人不承担保证责任，因此选项D错误。

【例题·单选题】甲公司是一张3个月以后到期的银行承兑汇票所记载的收款人。甲公司和乙公司合并为丙公司，丙公司于上述票据到期时向承兑人提示付款。根据票据法律制度的规定，下列表述中，正确的是（　　）。

A. 丙公司不能取得票据权利

B. 丙公司取得票据权利

C. 甲公司背书后，丙公司才能取得票据权利

D. 甲公司和乙公司共同背书后，丙公司才能取得票据权利

【答案】B

【解析】只要丙公司能够依法举证，证明其汇票权利，就能享有票据权利，而不受背书连续的限制。

【例题·单选题】根据票据法律制度的规定，下列选项中，不构成票据质押的是（　　）。

A. 出质人在汇票上记载了“质押”字样而未在汇票上签章的

B. 出质人在汇票粘单上记载了“质押”字样并在汇票粘单上签章的

C. 出质人在汇票上记载了“质押”字样并在汇票上签章，但是未记载背书日期的

D. 出质人在汇票上记载了“未担保”字样并在汇票上签章的

【答案】A

【解析】出质人签章为绝对必要记载事项。

【例题·单选题】甲公司对乙公司负有债务。为了担保其债务的履行，甲公司同意将一张以本公司为收款人的汇票质押给乙公司，为此，双方订立了书面的质押合同，并交付了票据。甲公司未按时履行债务，乙公司遂于该票据到期时持票据向承兑人提示付款。根据票据法律制度的规定，下列表述中，正确的是（　　）。

A. 承兑人应当向乙公司付款

B. 如果乙公司同时提供了书面质押合同证明自己的权利，承兑人应当付款

C. 如果甲公司书面证明票据质押的事实，承兑人应当付款

D. 承兑人可以拒绝付款

【答案】D

【解析】以汇票设定质押时，出质人未在汇票、粘单上记载“质押”字样而另行签订质押合同、质押条款的，不构成票据质押。在本题中，乙公司并不享有票据质权，因此甲公司未按时履行债务时，乙公司无权要求承兑人付款。

【例题·单选题】票据权利人为将票据权利出质给他人而进行背书时，如果未记载“质押”“设质”或者“担保”字样，只是签章并记载被背书人名称，则该背书行为的效力是（　　）。

A. 票据转让　　B. 票据承兑

C. 票据贴现　　D. 票据质押

【答案】A

【解析】质押背书，除了出质人签章之外，必须记载“质押”“设质”或者“担保”字样，否则构成转让背书。

【例题·多选题】根据票据法律制度的规定，票据质押背书的被背书人所为的下列背书行为中，无效的有（　　）。

A. 委托收款背书　B. 有偿转让背书

C. 再质押背书　　D. 无偿转让背书

【答案】BCD

【解析】票据质权人再行转让背书（包括有偿转让背书和无偿转让背书）或者质押背书的，背书行为无效。但是，被背书人可以再进

行委托收款背书。

【例题·多选题】根据票据法律制度的规定，下列关于票据质押背书的表述中，正确的有（　　）。

A. 被背书人可以行使付款请求权

B. 被背书人可以再进行转让背书

C. 被背书人可以再进行委托收款背书

D. 被背书人可以行使追索权

【答案】ACD

【解析】经质押背书，被背书人取得票据质权，票据质权人再行转让背书或者质押背书的，背书行为无效。

【例题·多选题】下列关于商业汇票的表述中，符合票据法律制度规定的有（　　）。

A. 汇票上未记载“付款日期”的，视为见票即付

B. 票据金额的中文大写与数码不一致的，票据无效

C. 出票人记载“不得转让”字样的票据，其后手以此票据进行贴现的，通过贴现取得票据的持票人享有票据权利

D. 背书人未记载“被背书人名称”即将票据交付他人的，持票人在票据被背书人栏内记载自己的名称与背书人记载具有同等法律效力

【答案】ABD

【解析】选项C，对于出票人记载“不得转让”字样的汇票，其后手以此票据进行贴现、质押的，通过贴现、质押取得票据的持票人主张票据权利的，人民法院不予支持。

【例题·单选题】根据票据法律制度的规定，下列关于票据背书的表述中，正确的是（　　）。

A. 背书时附有条件的，背书无效

B. 背书人未记载被背书人名称的，背书无效

C. 背书人将票据金额分别转让给2人以上的，背书无效

D. 背书人在票据上记载“不得转让”字样的，其后手的转让背书无效

【答案】C

【解析】选项A，条件无效、背书有效；选项B，被背书人名称可以补记，选项D，后手可以转让背书，但原背书人对后手的被背书人不承担保证责任。

高频考点14：汇票的承兑★★★

1. 承兑

承兑，是指远期汇票的付款人，在票据正面作出承诺在票据到期日无条件支付票据金额的记载并签章，然后将票据交付请求承兑之人的票据行为。

2. 承兑的程序

（1）提示承兑。即持票人向付款人出示汇票，要求付款人承诺付款（即“承兑”）的行为。

①定日付款、出票后定期付款的汇票，应当在汇票到期日前向付款人提示承兑。

②见票后定期付款的汇票，应当自出票日起1个月内向付款人提示承兑。

③即期汇票（见票即付的汇票）无须承兑。

④应提示承兑而未按期提示承兑的，持票人丧失对出票人之外的其他前手的追索权。

（2）付款人收到提示承兑的汇票时应签发回单，记明提示承兑的日期并签章。

（3）承兑或拒绝承兑。付款人应当自收到提示承兑的汇票之日起3日内承兑或者拒绝承兑。如果付款人在3日内不作承兑与否表示的，视为拒绝承兑。

3. 承兑的记载事项

（1）绝对必要记载事项。

承兑行为的绝对必要记载事项包括承兑文句（“承兑”字样）以及签章。

（2）相对必要记载事项。

承兑日期属于相对必要记载事项。如果未记载承兑日期的，则以承兑人收到提示承兑的汇票之日起的第3日为承兑日期。

4. 附条件的承兑

（1）付款人承兑汇票，不能附有条件；

承兑附有条件的，视为拒绝承兑。

（2）票据保证不得附条件，附条件的，不影响对汇票的保证责任。

（3）背书时附有条件的，所附条件不具有汇票上的效力，即不影响背书行为本身的效力。

高频考点15：汇票的保证★★★

（1）票据保证。

①票据保证，是指票据债务人之外的人，为担保特定票据债务人的债务履行，以负担同一内容的票据债务为目的，在票据上记载有关事项并签章的票据行为。

②票据保证是一种票据行为，必须在票据上记载有关事项，才能发生票据保证的效力。未在票据上进行记载，而是另行约定对特定票据债务人的票据债务提供保证的，可以具有民法上的保证的效力，但是并不发生票据保证的效力。

（2）票据保证的款式。

①绝对必要记载事项。票据保证的绝对必要记载事项包括3项：保证文句（表明“保证”的字样）、保证人签章、保证人的名称和住所。

②相对必要记载事项。被保证人的名称、保证日期是相对必要记载事项。

a. 保证人未记载被保证人的，已承兑的汇票，承兑人为被保证人；未承兑的汇票，出票人为被保证人。

b. 保证人未记载保证日期的，出票日期为保证日期。

（3）票据行为人的签章。

①出票人的签章不符合规定的，整个票据无效。

②承兑人、保证人在票据上的签章不符合规定的，其签章无效，但不影响其他符合规定签章的效力。

③背书人在票据上的签章不符合规定的，其签章无效，但不影响其前手符合规定签章的效力。

（4）保证责任。

①对保证人的效力。

汇票保证人与被保证人负有同一责任，持票人对被保证人可以主张的任何票据权利，均可向保证人行使，票据保证人不享有先诉抗辩权。

保证人为2人以上的，保证人之间承担连带责任。

保证不得附有条件；附有条件的，不影响对汇票的保证责任，即保证所附的条件不发生票据法上的效力。

②对持票人的效力。票据持票人的权利又多了一个票据债务人。

③对被保证人及其前手、后手的效力。保证人清偿汇票债务后，可以对被保证人及其前手行使追索权。

（5）如果被保证人的债务因形式要件（绝对必要记载事项）的欠缺而无效，保证人也不承担票据责任；如果被保证人的债务因实质要件的欠缺而无效（如当事人欠缺民事行为能力、签章伪造），则不影响票据保证的效力。

高频考点16：汇票的付款★★★

付款主要包括两个步骤：持票人的提示付款行为，以及付款人或者代理付款人支付票据金额的行为。

1. 提示付款

（1）提示付款的当事人。有权提示付款的是持票人，包括持有票据的票据权利人以及受委托收取票款的代理人。

提示付款的被提示人，也就是接受付款提示的人，可以是付款人本人，也可以是付款人的代理人，还可以是票据交换系统。

（2）提示付款时应提供文件。提示付款时，提示人应提交票据，还应提供合法身份证明或者有效证件。

（3）提示付款的期间。见票即付的汇票，自出票日起1个月内向付款人提示付款；定日付款、出票后定期付款或者见票后定期付款的汇票，自到期日起10日内向承兑人提示付款。

（4）提示付款的例外。如果票据权利人丧失了票据，就无法正常提交票据以请求付款，只能依照票据丧失的补救措施证明自己的权利，并持相应的法律文书请求付款。如果持票人在远期汇票提示承兑时被拒绝，在取得付款人的拒绝证明后，可以向前手行使追索权。

2. 付款

（1）付款人的审查。收到付款提示，后付款人应当进行审查。付款人的审查主要分两个方面：一是票据权利的真实性；二是提示付款人身份的真实性。经审查无误，后付款人即应足额付款。

（2）汇票的签收与缴回。付款人付款时，有权要求持票人在汇票上签收并交出汇票。

（3）付款的效力。付款人对票据权利人付款的，汇票上的票据关系全部消灭，全体票据债务人的债务消灭。

3. 错误付款

付款人及其代理付款人以恶意或者有重大过失付款的，应当自行承担责任。

高频考点 17：追索权★★★

（1）汇票的追索权，是指汇票到期不获付款、到期前不获承兑或者有其他法定原因时，持票人依法向汇票上的债务人请求偿还票据金额、利息和其他法定款项的票据权利。

（2）追索权的当事人。

①追索权人。

追索权人包括最初追索权人和再追索权人：a. 最初追索权人是指享有票据的最后持票人。b. 再追索权人是指背书人、出票人、保证人、承兑人。其中承兑人既是付款义务人又是被追索人。

②被追索人。

追索权人的追索权所针对的义务人或偿还义务人称为被追索人，负有偿还票据金额、利息和法定费用的义务。

（3）最初追索权的取得。

①到期追索权。

汇票到期被拒绝付款的，持票人可以行使追索权。

②期前追索权。a. 被拒绝承兑（包括承兑附条件）；b. 承兑人或者付款人死亡、逃匿；c. 承兑人或者付款人被宣告破产或者因违法被责令终止业务活动。

（4）最初追索权的权利保全。

持票人不能出示相关证明的，将丧失对其前手的追索权。但是，出票人和承兑人仍然应当承担票据责任。

（5）通知义务。

持票人应当自收到被拒绝承兑或者拒绝付款的有关证明之日起 3 日内，将被拒绝的事由书面通知其直接前手，还可以同时通知其他被追索人。未按照规定期限发出追索通知的，持票人仍可以行使追索权。但因延期通知给其前手或者出票人造成损失的，由其承担该损失的赔偿责任，但所赔偿的金额以汇票金额为限。

（6）追索金额。

①最初追索权的追索金额包括：a. 被拒绝付款的汇票金额；b. 汇票金额自到期日或者提示付款日起至清偿日止，按照中国人民银行规定的利率计算的利息；c. 取得有关拒绝证明和发出通知书的费用。

②再追索权的追索金额包括：a. 已清偿的全部金额及其自清偿日起至再追索清偿日止，按照中国人民银行规定的利率计算的利息；b. 发出通知书的费用。

（7）追索权的行使及其效力。

出票人、背书人、承兑人和保证人对持票人承担连带责任：

①持票人可以不按照汇票债务人的先后顺序，对其中任何一人、数人或者全体行使追索权。

②持票人对汇票债务人中的一人或者数人已经开始进行追索的，对其他汇票债务人仍然可以行使追索权。

③如果持票人未在法定期限内（10 日）提示付款的，则丧失对出票人、承兑人以外的前手（背书人及其保证人）的追索权。

④持票人未按照规定期限（3 日）发出追

索通知的，仍可以行使追索权。

⑤持票人对伪造人、被伪造人均无追索权。

⑥保证人清偿汇票债务后，可以对“被保证人及其前手”行使追索权。

⑦回头背书。

a. 持票人为出票人的，对其前手无追索权；b. 持票人为背书人的，对其后手无追索权。

经典例题

【例题·多选题】根据票据法律制度的规定，汇票持票人可以取得期前追索权的情形有（　　）。

A. 承兑人被宣告破产

B. 付款人被责令终止业务活动

C. 承兑附条件

D. 出票人被宣告破产

【答案】ABC

【解析】承兑附条件视为拒绝承兑，选项A、B、C均属于持票人可以取得期前追索权的情形。

高频考点18：本票★★★

（1）本票是指由出票人签发的，承诺自己在见票时无条件支付确定的金额给收款人或者持票人的票据。

①本票的基本当事人只包括出票人和收款人，因为出票银行自己是付款人。

②本票的出票人，是指经中国人民银行当地分支行批准办理本票业务的银行机构，向银行申请签发本票的当事人并非出票人。

（2）本票出票的款式。

①绝对必要记载事项。

本票的绝对必要记载事项包括：表明“本票”的字样、无条件支付的承诺、确定的金额、收款人名称、出票日期和出票人签章。

a. 票据金额以中文大写和数码同时记载，二者必须一致，二者不一致的，票据无效。

b. 票据金额、出票日期、收款人名称不得更改，更改的票据无效。

c. 支票的“金额和收款人名称”可以授权补记，本票和汇票谈不上补记的问题。

d. 出票人在票据上的签章不符合规定的，票据无效。

②相对必要记载事项。

a. 本票未记载付款地的，以出票人的营业场所为付款地。

b. 本票未记载出票地的，以出票人的营业场所为出票地。

③其他事项。

其他记载事项不发生票据法上的效力。需要注意的是，出票人如果记载了“不得转让”字样，该本票不得转让。

（3）本票的付款。

①本票自出票之日起，付款期限最长不得超过2个月。

②本票的持票人未按照规定期限提示付款的，即丧失对出票人以外的前手（背书人及其保证人）的追索权。

③本票限于见票即付，持票人可以自出票之日起2个月内随时提示付款。未按照规定期限提示付款的，持票人在票据权利时效内（自出票之日起2年）向出票银行作出说明，并提供相关证明，仍可以持本票向出票银行请求付款。

经典例题

【真题·多选题】（2018）下列关于本票的表述中，符合票据法律制度规定的有（　　）。

A. 本票为见票即付的票据

B. 本票的收款人名称可以授权补记

C. 我国现行法律规定的本票仅为银行本票

D. 本票未记载付款地的，以出票人的营业场所为付款地

【答案】ACD

【解析】选项B，支票的“金额和收款人名称”可以授权补记，但汇票和银行本票不能

授权补记。

【例题·多选题】甲出具一张本票给乙，乙将该本票背书转让给丙，丁作为乙的保证人在票据上签章。丙又将该本票背书转让给戊，戊作为持票人未按规定期限向出票人提示付款。根据票据法律制度的规定，下列选项中，戊不得行使追索权的有（　　）。

A. 甲　　B. 乙

C. 丙　　D. 丁

【答案】BCD

【解析】本票的持票人未按照规定期限提示付款的，即丧失对出票人以外的前手的追索权。

高频考点19：支票★★★

1. 支票出票的款式

（1）绝对必要记载事项。

支票的绝对必要记载事项包括：表明"支票"的字样、无条件支付的委托、确定的金额、付款人名称、出票日期和出票人签章。未记载的，支票无效。

①"无条件支付的委托"属于绝对必要记载事项，如果出票人记载了付款人支付票据金额的条件，应认为出票行为欠缺绝对必要记载事项，该支票无效。

②出票人在票据上的签章不符合规定的，票据无效。

③票据金额以中文大写和数码同时记载，二者必须一致，二者不一致的，票据无效。

④票据金额、出票日期和收款人名称不得更改，更改的票据无效。

⑤支票的"金额"属于绝对必要记载事项，但可以由出票人授权补记，未补记前不得背书转让和提示付款。即支票的"金额"只能由出票人授权（相对人）补记，相对人不能再授权他人补记。支票的"金额"经补记之后，才能背书转让和提示付款。

⑥支票的"收款人名称"并非绝对必要记载事项，可以由出票人授权补记，也可以由相对人再授权他人补记。例如，甲签发支票给乙，但是未记载收款人名称。乙为支付货款，直接将支票交付给丙，丙将自己的名称记载为收款人后，可以主张票据权利。

（2）相对必要记载事项。

①支票上未记载付款地的，以付款人的营业场所为付款地。

②支票上未记载出票地的，以出票人的营业场所、住所或者经常居住地为出票地。

（3）任意记载事项。

出票人可以记载"不得转让"字样，如有该记载，则支票不得转让。

（4）不发生票据法上效力的事项。

出票人可以在支票上记载"用途"（如偿还货款），但该记载不发生票据法上的效力。

（5）记载无效的事项。

支票限于见票即付，不得另行记载付款日期。另行记载付款日期的，该记载无效，支票仍然有效。

2. 付款人的责任

支票的付款人（出票人的开户银行）并未在票据上签章，并非票据债务人。持票人提示付款时，如果出票人在付款人处的存款金额足够支付支票金额的，则付款人应当足额付款；否则，付款人应当拒绝付款。

3. 支票的付款人可以拒绝付款的情形

（1）持票人未按照规定期限提示付款；

（2）出票人签发空头支票。

4. 支票的提示付款期限

（1）支票的持票人应当自出票日起10日内提示付款，超过该期限提示付款的，持票人丧失对出票人以外的前手的追索权。

（2）支票的持票人对出票人的票据权利，自出票之日起6个月不行使而消灭。

经典例题

【真题·单选题】（2018）根据票据法律制度的规定，下列票据记载事项中，可以更改的是（　　）。

A. 出票日期　　B. 付款人名称

C. 票据金额　　D. 收款人名称

【答案】B

【解析】票据金额、出票日期和收款人名称不得更改，更改的票据无效。

【例题·多选题】甲公司为了支付货款，签发了一张以本市的乙银行为付款人、以丙公司为收款人的转账支票。丙公司在出票日之后的第14天向乙银行提示付款。根据票据法律制度的规定，下列表述中，正确的有（　　）。

A. 如果甲公司在乙银行的存款足以支付支票金额，乙银行应当足额付款

B. 乙银行可以拒绝付款

C. 乙银行应当无条件付款

D. 如果乙银行拒绝付款，甲公司仍应承担票据责任

【答案】BD

【解析】支票的持票人应当自出票日起10日内提示付款，超过提示付款期限的，付款人（乙银行）可以不予付款；但出票人（甲公司）仍应当对持票人承担票据责任。

【例题·单选题】甲公司签发的支票上，中文大写记载的金额为“壹万玖仟捌佰元整”，而阿拉伯数字（数码）记载的金额为“19 810元”。根据票据法律制度的规定，下列关于支票的效力的表述中，正确的是（　　）。

A. 甲公司将金额更改为一致并签章后，支票有效

B. 支票无效

C. 支票有效，以中文记载为准

D. 支票有效，以阿拉伯数字（数码）记载为准

【答案】B

【解析】票据金额以中文大写和数码同时记载，两者必须一致，否则票据无效，且票据金额不得更改。

高频考点20：汇兑★

（1）汇兑是指汇款人委托银行将其款项支付给收款人的结算方式，汇兑适用于单位和个人的各种款项的结算。

（2）汇款回单只能作为汇出银行受理汇款的依据，不能作为该笔汇款已经转入收款人账户的证明；收账通知是银行将款项确已收入收款人账户的凭据。

（3）汇兑的撤销和退汇。

①汇兑的撤销。

汇款人对汇出银行尚未汇出的款项可以申请撤销。

②汇兑的退汇。

a. 汇款人对汇出银行已经汇出的款项可以申请退汇。

b. 对在汇入银行开立存款账户的收款人，由汇款人与收款人自行联系退汇。

c. 对未在汇入银行开立存款账户的收款人，汇款人应出具正式函件或者本人身份证件以及原信、电汇回单，由汇出银行通知汇入银行，经汇入银行核实汇款确未支付，并将款项汇回汇出银行，方可办理退汇。

d. 汇入银行对于收款人拒绝接受的汇款，应当立即办理退汇。

e. 汇入银行对于向收款人发出取款通知，经过2个月无法交付的汇款，应主动办理退汇。

高频考点21：托收承付★

（1）托收承付是指根据买卖合同由收款人发货后委托银行向异地付款人收取款项，由付款人向银行承认付款的结算方式。

（2）办理托收承付结算的款项，必须是商品交易以及因商品交易而产生的劳务供应的款项。代销、寄销、赊销商品的款项，不得办理托收承付结算。

（3）承付期。

①验单付款的承付期为3天，从付款人开户银行发出承付通知的次日算起（承付期内遇法定休假日顺延）。

②验货付款的承付期为10天，从运输部门向付款人发出提货通知的次日算起。

③付款人在承付期内，未向银行表示拒绝付款的，银行即视为承付，并在承付期满的次日（遇法定休假日顺延）上午银行开始营业

时，将款项主动从付款人的账户内付出，划给收款人。

（4）拒绝付款。

付款人在承付期内，对于以下情况，可向银行提出全部或部分拒绝付款，不属于以下情况的，付款人不得向银行提出拒绝付款：

①没有签订购销合同或者购销合同未订明托收承付结算方式的款项；

②未经双方事先达成协议，收款人提前交货或因逾期交货，付款人不再需要该项货物的款项；

③未按合同规定的到货地址发货的款项；

④代销、寄销、赊销商品的款项；

⑤验单付款，发现所列货物的品种、规格、数量、价格与合同规定不符；或者货物已到，经查验货物与合同规定或与发货清单不符的款项；

⑥验货付款，经查验货物与合同规定或与发货清单不符的款项；

⑦货款已经支付或计算错误的款项。

高频考点 22：委托收款★

（1）委托收款是收款人委托银行向付款人收取款项的结算方式。

（2）付款人应于接到通知的当日书面通知银行付款。如果付款人未在接到通知日的次日起 3 日内通知银行付款的，视同付款人同意付款，银行应于付款人接到通知日的次日起第 4 日上午开始营业时，将款项划给收款人。

（3）银行在办理划款时，发现付款人存款账户不足支付的，应通过被委托银行向收款人发出未付款通知书。

（4）拒绝付款。

付款人在审查有关债务证明后，对收款人委托收取的款项需要拒绝付款的、可以办理拒绝付款：

①以银行为付款人的，应自收到委托收款及债务证明的次日起 3 日内出具拒绝证明，连同有关债务证明、凭证寄给被委托银行，转交收款人；

②以单位为付款人的，应在付款人接到通知日的次日起 3 日内出具拒绝证明，持有债务证明的，应将其送交开户银行。银行将拒绝证明、债务证明和有关凭证一并寄给被委托银行，转交收款人。

高频考点 23：国内信用证★★★

（1）国内信用证（以下简称“信用证”）是指银行（包括政策性银行、商业银行、农村合作银行、村镇银行和农村信用社）依照申请人的申请开立的、对相符交单予以付款的承诺。

①我国的信用证是以人民币计价、不可撤销的跟单信用证。

②信用证结算方式适用于国内企事业单位之间的货物和服务贸易。

③汇兑、委托收款、银行汇票、银行本票、支票：单位和个人均可使用；国内信用证、托收承付、商业汇票：个人不能使用。

④信用证的开立和转让，应当具有真实的贸易背景。但是，在信用证业务中，银行处理的只是单据，而不是单据所涉及的货物或者服务。银行只对单据进行表面审核。银行收到单据时，应仅以单据本身为依据，认真审核信用证规定的所有单据，以确定是否为相符交单。银行不审核信用证没有规定的单据。

⑤信用证与作为其依据的贸易合同相互独立，即使信用证含有对此类合同的任何援引，银行也与该合同无关，且不受其约束。

（2）开证。

①开证申请人申请开立信用证，须提交其与受益人签订的贸易合同。

②开证行可要求申请人交存一定数额的保证金，并可根据申请人资信情况要求其提供抵押、质押、保证等合法有效的担保。

（3）保兑。

①保兑是指保兑行根据开证行的授权或者要求，在开证行承诺之外作出的对相符交单付款、确认到期付款或者议付的确定承诺。

②保兑行自对信用证加具保兑之时起即不

可撤销地承担对相符交单付款、确认到期付款或者议付的责任。

③指定银行拒绝对信用证加具保兑时，应及时通知开证行。开证行对保兑行的偿付义务不受开证行与受益人关系的约束。

（4）修改。

①开证申请人需对已开立的信用证内容修改的，应向开证行提出修改申请，明确修改的内容。

②增额修改的，开证行可要求申请人追加增额担保；付款期限修改的，不得超过法律规定的最长期限；开证行发出的信用证修改书中应注明本次修改的次数。

③信用证受益人同意或者拒绝接受修改的，应提供接受或者拒绝修改的通知。对同一修改的内容不允许部分接受，部分接受将被视作拒绝接受修改。

④开证行自开出信用证修改书之时起，即不可撤销地受修改内容的约束。

⑤保兑行有权选择是否将其保兑扩展至修改：扩展至修改的，自作出扩展通知时即不可撤销地受其约束；不对修改加具保兑的，应及时告知开证行并在给受益人的通知中告知受益人。

（5）通知。

①通知行可由开证申请人指定，如申请人未指定，开证行有权指定。

②通知行可自行决定是否通知：同意通知的，应于收到信用证次日起3个营业日内通知受益人；拒绝通知的，应于收到信用证次日起3个营业日内告知开证行。

（6）转让。

①转让是指由转让行应第一受益人的要求，将可转让信用证（特别标注“可转让”字样的信用证）的部分或者全部转为可由第二受益人兑用。

②对于可转让信用证，开证行必须指定转让行，转让行可为开证行。转让行无办理信用证转让的义务，除非其明确同意。转让行仅办理转让，并不承担信用证项下的付款责任，但转让行是保兑行或者开证行的除外。

③可转让信用证只能转让一次，即只能由第一受益人转让给第二受益人，已转让信用证不得应第二受益人的要求转让给任何其后的受益人，但第一受益人不视为其后的受益人。

（7）议付。

①议付是指可议付信用证项下单证相符或者在开证行或者保兑行已确认到期付款的情况下，议付行在收到开证行或者保兑行付款前购买单据、取得信用证项下索款权利，向受益人预付或者同意预付资金的行为。

②信用证未明示可议付，任何银行不得办理议付。明示可议付，如开证行仅指定一家议付行，未被指定为议付行的银行不得办理议付，被指定的议付行可自行决定是否办理议付。

③保兑行对以其为议付行的信用证加具保兑，在受益人请求议付时，须承担对受益人相符交单的议付责任。指定议付行非保兑行且未议付时，保兑行仅承担对受益人相符交单的付款责任。

④议付行议付时，必须与受益人书面约定是否有追索权。若约定有追索权，到期不获付款，议付行可向受益人追索。若约定无追索权，到期不获付款，议付行不得向受益人追索，议付行与受益人约定的例外情况或者受益人存在信用证欺诈的情形除外。保兑行议付时，对受益人不具有追索权，受益人存在信用证欺诈的情形除外。

（8）寄单索款。

受益人委托交单行交单，应在信用证交单期和有效期内填制信用证交单委托书，并提交单据和信用证正本及信用证通知书、信用证修改书正本及信用证修改通知书。交单行应在收单次日起5个营业日内对其审核相符的单据寄单。交单行应合理谨慎地审查单据是否相符，但非保兑行的交单行对单据相符性不承担责任，与受益人另有约定的除外。

（9）付款。

①开证行或者保兑行应在收到交单行寄交的单据及交单面函（寄单通知书）或者受益

人直接递交的单据的次日起5个营业日内，及时核对是否为相符交单。

a. 单证相符或者单证不符但开证行或者保兑行接受不符点的，对即期信用证，应于收到单据次日起5个营业日内支付相应款项给交单行或者受益人（受益人直接交单时）；

b. 对远期信用证，应于收到单据次日起5个营业日内发出到期付款确认书，并于到期日支付款项给交单行或者受益人。

②若受益人提交了相符单据或者开证行已发出付款承诺，即使申请人交存的保证金及其存款账户余额不足支付，开证行仍应在规定的时间内付款。对申请人提供抵押、质押、保函等担保的，按《中华人民共和国担保法》（以下简称《担保法》）、《物权法》的有关规定索偿。

③开证行或者保兑行付款后，对受益人不具有追索权，受益人存在信用证欺诈的情形除外。

（10）注销。

①信用证注销，是指开证行对信用证未支用的金额解除付款责任的行为。

②开证行、保兑行、议付行未在信用证有效期内收到单据的，开证行可在信用证逾有效期1个月后予以注销。具体处理办法由各银行自定。

经典例题

【真题·多选题】（2022）根据票据法律制度的规定，下列主体中，可以依照申请人的申请开立国内信用证的有（　　）。

A. 商业银行

B. 农村信用社

C. 政策性银行

D. 村镇银行

【答案】ABCD

【解析】国内信用证（以下简称“信用证”）是指银行（包括政策性银行、商业银行、农村合作银行、村镇银行和农村信用社）依照申请人的申请开立的、对相符交单予以付款的承诺。

高频考点24：银行卡★★

1. 银行卡的种类

（1）按币种不同，分为人民币卡和外币卡；

（2）按信息载体不同，分为磁条卡、芯片（IC）卡等；

（3）按使用对象不同，分为单位卡和个人卡；

（4）按结算方式不同，分为信用卡和借记卡。

2. 银行卡的发行

商业银行开办银行卡业务，应满足严格的基本条件，并经中国人民银行批准。

3. 银行卡的申领、挂失与销户

（1）申领。

①单位卡。单位人民币卡账户的资金一律从其基本存款账户转账存入，不得存取现金，不得将销货收入存入单位卡账户。单位外币卡账户的资金应当从其单位的外汇账户转账存入，不得在境内存取外币现钞。

②个人卡个人人民币卡账户的资金以其持有的现金存入或以其工资性款项、属于个人的合法的劳务报酬、投资回报等收入转账存入。

（2）挂失。

发卡银行应该提供24小时挂失服务，对储值卡和IC卡内的电子钱包可不予挂失。

（3）销户。

持卡人在还清全部交易款项、透支本息和有关费用后，可申请办理销户。销户时，单位人民币卡账户的资金应当转入其基本存款账户，单位外币卡账户的资金应当转回相应的外汇账户，不得提取现金；个人卡账户可以转账结清，也可以提取现金。

4. 银行卡的计息和收费

（1）发卡银行对准贷记卡及借记卡（不含储值卡）账户内的存款，按照中国人民银行规定的同期档次存款利率及计息办法计付利息。

（2）信用卡持卡人透支消费享受免息还

款期和最低还款额待遇的条件和标准等，由发卡机构自主确定。

（3）信用卡透支的计结息方式以及对信用卡溢缴款是否计付利息及其利率标准，由发卡银行自主确定。

（4）取消信用卡滞纳金，对于持卡人违约逾期未还款的行为，发卡机构应与持卡人通过协议约定是否收取违约金以及相关收取方式和标准。

（5）发卡机构向持卡人提供超过授信额度用卡服务的，不得收取超限费。

（6）发卡机构对向持卡人收取的违约金和年费、取现手续费、货币兑换费等服务费用，不得计收利息。

（7）根据《中国人民银行关于推进信用卡透支利率市场化改革的通知》，自 2021 年 1 月 1 日起，信用卡透支利率由发卡机构与持卡人自主协商确定，取消信用卡透支利率上限和下限管理（即上限为日利率万分之五，下限为日利率万分之五的 0.7 倍）。

小贴士 上述第（7）点为教材修改内容，请考生注意。

高频考点 25：预付卡★

预付卡是指发卡机构以特定载体和形式发行的、可在发卡机构之外购买商品或者服务的预付价值，但不包括：（1）仅限于发放社会保障金的预付卡；（2）仅限于乘坐公共交通工具的预付卡；（3）仅限于缴纳电话费等通信费用的预付卡；（4）发行机构与特约商户为同一法人的预付卡。

预付卡分为记名预付卡和不记名预付卡。记名预付卡可挂失、可赎回，不得设置有效期。不记名预付卡不挂失、不赎回，有效期不得低于 3 年，不具有透支功能。

高频考点 26：电子支付★

根据发起电子支付指令的电子终端不同，电子支付可以分为网上支付、电话支付、移动支付、销售点终端交易、自动柜员机交易和其他电子支付等类型；依托公共网络或专用网络在收付款人之间转移货币资金的支付方式，电子支付包括互联网支付（网上支付）、移动电话支付、固定电话支付、数字电视支付等，也被合称为网络支付。其中，使用最广泛的是网上支付和移动支付。

电子支付的当事人一般包括发出电子支付指令的客户、接受电子支付指令的客户、提供电子支付网络环境服务和移动通信服务的经营商、银行、支付机构等。电子支付的基本流程是电子支付指令的发起、确认、执行、接收。

经典例题

【真题·案例分析题】（2022）2021 年 3 月 15 日，A 公司为支付货款，在电子商业汇票系统中向 B 公司签发了一张银行承兑汇票，汇票到期日为 2021 年 9 月 14 日。甲银行作为承兑人与 A 公司签订承兑协议并在系统中签章。C 公司在系统中被登记为保证人。后甲银行因 A 公司在签订承兑协议过程中提供虚假证明材料，与 A 公司产生纠纷。

B 公司为了支付与 D 公司的买卖合同款项，在系统中将该汇票背书转让给 D 公司。后双方合同因不符合国家对特定物资的管制性要求被人民法院认定无效。D 公司在取得票据之后，为了支付工程款，又将该汇票背书转让给 E 公司。E 公司在进行票面审查时联系 B 公司，得知 B 公司与 D 公司的合同被认定无效，但是为了避免 D 公司拖欠工程款，仍然签收了该汇票。后由于 E 公司承建的工程存在较大质量问题，E、D 公司产生合同纠纷。

E 公司在汇票到期后向甲银行提示付款。甲银行以承兑协议存在瑕疵为由拒绝付款。E 公司又先后向 D、C、B 公司主张权利。D 公司以 E 公司违约为由拒绝承担票据责任。C 公司以其享有先诉抗辩权为由拒绝承担票据责任。B 公司以其与 D 公司的合同无效且 E 公司知悉此事为由，拒绝承担票据责任。

要求：根据上述内容，分别回答以下问题。

（1）甲银行以承兑协议存在瑕疵为由拒绝付款的主张是否成立？并说明理由。

（2）D公司以E公司违约为由拒绝承担票据责任的主张是否成立？并说明理由。

（3）C公司以其享有先诉抗辩权为由拒绝承担票据责任的主张是否成立？并说明理由。

（4）B公司以其与D公司的合同无效且E公司知悉此事为由拒绝承担票据责任的主张是否成立？并说明理由。

【答案与解析】

（1）甲银行以承兑协议存在瑕疵为由拒绝付款的主张不成立。根据票据法律制度的规定，票据基础关系的瑕疵并不影响票据行为的效力。

（2）D公司以E公司违约为由拒绝承担票据责任的主张成立。根据票据法律制度的规定，在票据行为的直接当事人之间，票据债务人可以基于基础关系上的事由对票据权利人进行抗辩。

（3）C公司以其享有先诉抗辩权为由拒绝承担票据责任的主张不成立。根据票据法律制度的规定，票据保证人不享有先诉抗辩权，持票人可以直接对其行使权利。

（4）B公司以其与D公司的合同无效且E公司知悉此事为由拒绝承担票据责任的主张成立。根据票据法律制度的规定，如果持票人明知票据债务人与持票人的前手之间存在抗辩事由，而仍然受让票据权利的，票据债务人可以该事由对抗持票人。

【真题·案例分析题】（2020）A公司为支付工程款，向B公司签发了一张以甲银行为承兑人、金额为50万元的银行承兑汇票。甲银行作为承兑人在票面上签章。

B公司财务人员项某利用职务之便将汇票盗出，伪造B公司财务专用章和法定代表人签章，将汇票背书转让给与其合谋的C公司。C公司又将该汇票背书转让给D公司，用于偿付货款。D公司对于汇票伪造一事不知情。后D公司被E公司吸收合并，E公司于汇票到期日向甲银行提示付款；甲银行以E公司不是汇票上的被背书人为由拒付，E公司遂向B公司、C公司追索。B公司拒绝，理由是：票据转让背书系项某与C公司合谋伪造，C公司及其后手D公司均未取得票据权利。

要求：根据上述内容，分别回答下列问题。

（1）C公司是否取得票据权利？并说明理由。

（2）D公司是否取得票据权利？并说明理由。

（3）B公司是否应当承担票据责任？并说明理由。

（4）C公司是否应当承担票据责任？并说明理由。

【答案与解析】

（1）C公司未取得票据权利。C公司与项某合谋，伪造的背书行为无效，故不能取得票据权利。

（2）D公司取得票据权利。虽然C公司并非票据权利人，但D公司善意且无重大过失，且支付了相应对价，故取得票据权利。

（3）B公司不应承担票据责任。由于B公司的签章系项某伪造，B公司并未在汇票上签章，因此不是票据义务人，不应承担票据责任。

（4）C公司应当承担票据责任。票据伪造行为虽为无效，但C公司的签章是真实的，该真实签章的效力不受伪造行为影响。

【真题·案例分析题】（2019）A公司向B公司购买一批生产设备。为支付货款，A公司向B公司签发一张以甲银行为承兑人、金额为500万元的银行承兑汇票。甲银行作为承兑人在票面上签章。B公司收到汇票后背书转让给C公司，用于偿还其所欠C公司的专利使用费，但未在被背书人栏内记载C公司的名称。C公司欠D公司一笔货款，遂直接将D公司记载为B公司的被背书人，并将汇票交给D公司，D公司随即将汇票背书转让给E公司，用于偿付工程款，并在汇票上注明："工程验收合格则转让生效"。E公司随即又将汇票背书转让给F公司，用于支付办公装修费用。后D公司与E公司因工程存在严重安全隐患，未能验收合格而发生纠纷。

B公司未在约定期间内向A公司发货，经催告后仍未发货。A公司遂向B公司主张解除合同、追还货款。

F公司于汇票到期日向银行提示付款，甲银行以A公司资信状况不佳、账户余额不足为由拒绝。F公司向前手行使追索权。A公司辩称因B公司根本违约，其已向B公司主张解除合同、退还货款，故不应承担任何票据责任。D公司辩称，根据其在汇票上注明的条件，D公司对E公司的背书转让并未生效，故D公司无须向F公司承担票据责任。

要求：根据上述内容，分别回答下列问题。

（1）甲银行拒绝向F公司付款的理由是否成立？并说明理由。

（2）A公司拒绝向F公司承担票据责任的理由是否成立？并说明理由。

（3）D公司对E公司的背书转让是否生效？并说明理由。

（4）C公司是否应当承担票据责任？并说明理由。

【答案与解析】

（1）甲银行拒绝付款的理由不成立。根据规定，票据债务人不得以自己与出票人之间的抗辩事由，对抗持票人。即承兑人不得以其与出票人之间的资金关系为由对抗持票人。

（2）A公司的理由不成立。根据规定，票据债务人可以对不履行约定义务的与自己有直接债权债务关系的持票人，进行抗辩。票据债务人不得以自己与持票人的前手之间的抗辩事由对抗持票人，但持票人明知存在抗辩事由而取得票据的除外。B公司根本违约，A可以以此为由对B公司抗辩，但不能以此为由对F公司抗辩。

（3）D公司的背书生效。根据规定，背书不得附有条件。背书时附有条件的，所附条件不具有汇票上的效力，即条件无效、背书有效。

（4）C公司不应承担票据责任。根据规定，C公司未在票据上签章，并非票据债务人，不承担票据责任。

【真题·案例分析题】（2019）A公司未结清欠款，向B公司开具一张金额为50万元的支票，并交付给B公司销售经理甲，甲偶然得知B公司欲辞退自己，心怀不满，甲知道B公司欠C公司50万元的货款，且与C公司负责人乙熟识，遂伪造B公司的财务专用章和财务负责人名章，将B公司记载于背书人栏，并交付给乙，但未在被背书人栏填写C公司的名称。C公司因欠D公司50万元的货款，直接将D公司记载于B公司的被背书人栏，并将票据交付给D公司。

D公司在提示付款日期内按支票记载的付款银行要求付款，银行发现B公司的财务专用章和财务负责人名章系伪造，于是拒付。D公司遂向A公司、B公司、C公司三公司追索。三公司均以票据为甲伪造为由拒绝付款。D公司向甲要求承担票据责任。

要求：根据上述内容，分别回答下列问题。

（1）A公司是否应当承担票据责任？并说明理由。

（2）B公司是否应当承担票据责任？并说明理由。

（3）C公司是否应当承担票据责任？并说明理由。

（4）甲是否应当承担票据责任？并说明理由。

【答案与解析】

（1）A公司应当承担票据责任。根据规定，票据上有伪造签章的，不影响票据上其他真实签章的效力。

（2）B公司不承担票据责任。根据规定，假冒他人名义签章的法律效果类似于无权代理，这里是狭义无权代理，票据行为无效，被伪造人B公司不承担票据责任。

(3) C公司不承担票据责任。根据规定，背书人未记载被背书人名称，即将票据交付他人的，持票人在票据被背书人栏内记载自己的名称，与背书人记载具有同等法律效力。

(4) 甲不承担票据责任。根据规定，伪造人并未以自己名义在票据上签章，不承担票据责任。

【真题·案例分析题】（2018）A公司为向B公司支付购买的钢材货款，向B公司签发了一张以甲银行为承兑人、金额为100万元的银行承兑汇票，甲银行作为承兑人在汇票上签章。B公司收到汇票后背书转让给C公司，用于偿还所欠租金。C公司为履行向D中学捐资助学的承诺，将该汇票背书转让给D中学，并在汇票上注明“不得转让”字样。D中学将该汇票背书转让给F公司，用于偿付工程款；应F公司的要求，D中学请E公司出具了担保函，承诺就D中学对F公司的票据债务承担保证责任，但未在票据上作任何记载。

A公司收到钢材后，发现钢材存在重大质量瑕疵，完全不符合买卖合同约定及行业通行标准，无法使用。

F公司于汇票到期日向甲银行提示付款，甲银行以A公司未在该银行存入足够资金为由拒付。F公司遂向A公司、B公司、C公司、E公司追索。A公司称，因钢材存在重大质量瑕疵，B公司构成根本违约，已向B公司主张解除合同、退还货款，故不应承担任何票据责任。C公司以汇票上记载有“不得转让”字样为由，拒绝承担票据责任。

要求：根据上述内容，分别回答下列问题。

(1) 甲银行拒绝向F公司付款的理由是否成立？并说明理由。

(2) A公司拒绝向F公司承担票据责任的理由是否成立？并说明理由。

(3) C公司拒绝向F公司承担票据责任的理由是否成立？并说明理由。

(4) E公司应否承担票据保证责任？并说明理由。

【答案与解析】

(1) 甲银行拒绝付款的理由不成立。承兑人不得以其与出票人之间的资金关系对抗持票人。

(2) A公司的理由不成立。票据债务人不得以自己与持票人前手之间的抗辩事由对抗持票人，但持票人明知存在抗辩事由而取得票据的除外。

(3) C公司的理由成立。背书人在汇票上记载“不得转让”字样，其后手再背书转让的，原背书人对后手的被背书人不承担保证责任。

(4) E公司不应承担票据保证责任。票据是文义证券，保证人未在票据上或者粘单上记载“保证”字样而另行签订保证合同或者保证条款的，不属于票据保证。

【真题·案例分析题】（2018）2018年3月5日，A公司为支付货款，向B公司签发一张200万元的银行承兑汇票，汇票到期日为2018年9月4日，甲银行与A公司签署承兑协议后，作为承兑人在票面上签章。后甲银行以对该承兑协议有重大误解为由向人民法院提起诉讼，请求人民法院撤销该承兑协议。

B公司收到汇票后，背书转让给C公司，用于支付房屋租金，但未在“被背书人”栏内记载C公司名称。C公司欠D公司一笔应付账款，遂直接向D公司记载B公司的被背书人，并将汇票交给D公司。

6月5日，D公司财务负责人员李某将其负责保管的该汇票盗出，并伪造D公司相关签章，持该汇票背书转让给与其相互串通的E公司。

7月5日，E公司将该汇票背书转让给F公司，用于支付货款，F公司知道E公司获得该汇票的详情，但仍予接受。F公司随即将该汇票背书转让给G公司，用于支付装修工程款。G公司对于李某的行为及E公司、F公司获得该汇票的经过均不知情。

9月4日，G公司持该汇票向甲银行提示付款，甲银行以其与A公司之间的承兑协议已被人民法院撤销为由拒绝付款。

要求：根据上述内容，分别回答下列问题。

（1）甲银行拒绝向G公司付款的理由是否成立？并说明理由。

（2）F公司是否取得票据权利？并说明理由。

（3）G公司是否取得票据权利？并说明理由。

（4）G公司是否有权向C公司追索？并说明理由。

【答案与解析】

（1）甲银行拒绝付款的理由不成立。票据债务人不得以自己与出票人之间的抗辩事由对抗持票人，但持票人明知存在抗辩事由而取得票据的除外。或者回答票据行为无因性；票据债务人已经承兑，应当付款等均可。

（2）F公司不能取得票据权利。以欺诈、偷盗或者胁迫等手段取得票据的，或者明知有前列情形，由于恶意取得票据的，不得享有票据权利。

（3）G公司取得票据权利。G公司符合票据善意取得的要件，可取得票据权利。

（4）G公司无权向C公司追索。票据属文义证券，C公司未在票据上签章，并非票据债务人，不承担票据责任。

进阶练习

（一）单选题

1. 根据票据法律制度的规定，支票的下列记载事项中，可以由出票人授权补记的是（　　）。

A. 出票日期　　B. 出票人签章

C. 付款人名称　　D. 支票的金额

2. 支票的持票人对出票人行使追索权的期限是（　　）。

A. 自出票日起2年

B. 自到期日起2年

C. 自出票日起6个月

D. 自出票日起3个月

3. 银行本票的持票人对出票人的权利行使期限是自出票日起（　　）。

A. 10日　　B. 3个月

C. 6个月　　D. 2年

4. 下列各项中属于商业汇票绝对必要记载事项的是（　　）。

A. 出票日期　　B. 背书日期

C. 承兑日期　　D. 保证日期

5. 下列有关汇票背书的表述中错误的是（　　）。

A. 背书日期为相对必要记载事项

B. 背书时附条件的，所附条件不具有汇票上的效力

C. 出票人在汇票上记载不得转让字样的汇票，不得转让

D. 委托收款背书的被背书人不可以再背书转让票据权利

6. 下列关于票据保证的表述中正确的是（　　）。

A. 票据上未记载保证日期的，被保证人的背书日期为保证日期

B. 保证人未在票据或者粘单上记载被保证人名称的，已承兑的票据，出票人为被保证人

C. 保证人为两人以上的，保证人之间承担一般保证责任

D. 保证人清偿票据债务后，可以对被保证人及其前手行使追索权

7. 下列票据行为人中，其签章不符合规定可导致票据无效的是（　　）。

A. 出票人　　B. 背书人

C. 承兑人　　D. 保证人

8. 下列关于信用卡的表述中，正确的是（　　）。

A. 发卡机构向信用卡持卡人按约定收取的违约金，不计收利息

B. 发卡机构向信用卡持卡人提供超过授信额度用卡的，应收取超限费

C. 发卡机构向信用卡持卡人收取的取现手续费，计收利息

D. 发卡机构向信用卡持卡人收取的年费计收利息

9. 下列关于支票的表述中错误的是（　　）。

A. 出票人可以记载“不得转让”字样，如有该记载，则支票不得转让

B. 出票人可以在支票上记载“用途”，但该记载不发生票据法上的效力

C. 支票上另行记载“付款日期”，该支票无效

D. 支票上未记载付款地的，该支票有效

10. 汇票持票人行使首次追索权时，不可以请求被追索人清偿的款项是（　　）。

A. 汇票金额自到期日起至清偿日止，按照中国人民银行规定的利率计算的利息

B. 发出通知书的费用

C. 取得有关拒绝证明的费用

D. 因汇票金额被拒绝支付而导致的利润损失

11. 根据票据法律制度的规定，下列票据行为人中，其签章不符合票据法规定导致票据无效的是（　　）。

A. 出票人　　B. 保证人

C. 背书人　　D. 承兑人

12. 根据票据法律制度的规定，下列关于票据背书的表述中，正确的是（　　）。

A. 背书人在票据上记载“不得转让”字样的，其后手的转让背书无效

B. 背书人将票据金额分别转让给 2 人以上的，背书无效

C. 背书人未记载被背书人名称的，背书无效

D. 背书时附有条件的，背书无效

13. 甲私刻乙公司的财务专用章，假冒乙公司名义签发一张转账支票交给收款人丙，丙将该支票背书转让给丁，丁又背书转让给戊。当戊主张票据权利时，以下表述中正确的是（　　）。

A. 甲不承担票据责任

B. 乙公司承担票据责任

C. 丙不承担票据责任

D. 丁不承担票据责任

14. 甲、乙签订了买卖合同，甲以乙为收款人开出一张票面金额为 5 万元的银行承兑汇票，作为预付款交付于乙，乙接受汇票后将其背书转让给丙。后当事人因不可抗力解除该合同。以下关于甲的权利主张的表述中，符合票据法规定的是（　　）。

A. 甲有权要求乙返还汇票

B. 甲有权要求丙返还汇票

C. 甲有权请求付款银行停止支付

D. 甲有权要求乙返还 5 万元预付款

15. 飞龙公司向金凤公司开出一张汇票。在出票的过程中，不慎将金凤公司的开户银行账号写错。飞龙公司将错误的账号涂掉，在汇票上重新填写了正确的账号，并在重填处签章。关于此行为，下列说法正确的是（　　）。

A. 因为上述行为，此汇票无效

B. 该行为属于票据伪造

C. 该行为属于票据变造

D. 该行为属于票据变更

16. 在票据上签章不符合《票据法》规定导致票据无效的是（　　）。

A. 承兑人　　B. 背书人

C. 出票人　　D. 保证人

17. 甲、乙签订了买卖合同，甲以乙为收款人开出一张票面金额为 5 万元的银行承兑汇票，作为预付款交付于乙，乙接受汇票后将其背书转让给丙。后当事人因不可抗力解除该合同。下列关于甲的权利主张的表述中，符合票据法规定的是（　　）。

A. 甲有权要求乙返还汇票

B. 甲有权要求丙返还汇票

C. 甲有权请求付款银行停止支付

D. 甲有权要求乙返还5万元预付款

18. 单位、个人、银行在票据上签章时，必须按照规定进行，下列签章不符合规定的是（　　）。

A. 单位在票据上使用该单位的财务专用章加其法定代表人授权的代理人的盖章

B. 个人在票据上使用该个人的签名

C. 银行本票的出票人在票据上仅使用经中国人民银行批准使用的该银行本票专用章

D. 支票的出票人在票据上使用其预留银行的签章

19. 甲公司因遗失一张汇票向A县法院申请公示催告，在公示催告期满后，乙公司向A县法院申报权利。经审查，乙公司的权利申报成立。根据票据法律制度的规定，下列各项中，正确的是（　　）。

A. 法院应当直接判决汇票权利归乙公司享有

B. 法院应当裁定将公示催告程序转为普通程序审理此案

C. 因乙公司未能在公示催告期间届满前申报权利，法院应当作出除权判决

D. 法院应当裁定终结公示催告程序

20. 根据票据法律制度的规定，下列各项中，不属于票据债务人可以对任何持票人行使票据抗辩的情形是（　　）。

A. 票据未记载绝对必要记载事项

B. 票据未记载相对必要记载事项

C. 票据债务人的签章被伪造

D. 票据债务人为无行为能力人

21. 根据《票据法》的规定，下列各项中，属于汇票债务人可以对持票人行使抗辩权的事由是（　　）。

A. 汇票债务人与出票人之间存在合同纠纷

B. 汇票债务人与持票人前手之间存在抵销关系

C. 汇票背书不连续

D. 出票人存入汇票债务人的资金不够

22. 根据《票据法》的规定，下列有关汇票的表述中，正确的是（　　）。

A. 汇票未记载收款人名称的，可由出票人授权补记

B. 汇票未记载付款日期的，为出票后10日内付款

C. 汇票未记载出票日期的，汇票无效

D. 汇票未记载付款地的，以出票人的营业场所、住所或经常居住地为付款地

23. 根据《票据法》的规定，对背书人记载“不得转让”字样的汇票，其后手再背书转让的，将产生的法律后果是（　　）。

A. 该汇票无效

B. 该背书转让无效

C. 背书人对后手的被背书人不承担保证责任

D. 背书人对后手的被背书人承担保证责任

（二）多选题

1. 根据票据法律制度的规定，支票的下列记载事项中，可以由出票人授权补记的有（　　）。

A. 出票日期　　B. 出票人签章

C. 收款人名称　　D. 支票的金额

2. 电子支付的基本流程包括（　　）。

A. 电子支付指令的发起

B. 电子支付指令的确认

C. 电子支付指令的执行

D. 电子支付指令的接收

3. 下列关于银行汇票的表述中正确的有（　　）。

A. 实际结算金额超过出票金额的银行汇票，银行不予受理

B. 未填明实际结算金额和多余金额的银行汇票，银行不予受理

C. 银行汇票的实际结算金额不得超过出票金额

D. 银行汇票的出票人为银行

4. 下列情形中背书无效的有（　　）。

A. 背书记载“不得转让”字样

B. 部分背书

C. 将票据金额分别背书给 2 个人

D. 背书附条件

5. 下列关于票据质押背书的表述中正确的有（　　）。

A. 被背书人可以行使付款请求权

B. 被背书人可以再进行委托收款背书

C. 被背书人可以再进行质押背书

D. 被背书人可以再进行转让背书

6. 下列关于商业汇票提示承兑的表述中正确的有（　　）。

A. 承兑附有条件的，视为拒绝承兑

B. 付款人自收到提示承兑的汇票之日起 3 日内不作出承兑与否表示的，视为拒绝承兑

C. 汇票上没有记载付款日期的，无须提示承兑

D. 汇票见票后定期付款的，持票人应当自出票日起 1 个月内向付款人提示承兑

7. 下列关于在票据上签章效力的表述中正确的有（　　）。

A. 出票人在票据上签章不符合规定的，票据无效

B. 承兑人在票据上签章不符合规定的，票据无效

C. 保证人在票据上签章不符合规定的，其签章无效，但不影响其他符合规定签章的效力

D. 背书人在票据上签章不符合规定的，其签章无效，但不影响其他符合规定签章的效力

8. 下列情形中，票据债务人可以对持票人行使票据抗辩权的有（　　）。

A. 票据上没有记载出票日期

B. 票据上没有记载付款地

C. 票据金额的中文大写与数码记载的内容不一致

D. 持票人向票据债务人交付的货物有严重的质量问题

9. 下列票据丢失后，可以申请挂失止付的有（　　）。

A. 尚未承兑的商业汇票

B. 支票

C. 填明“现金”字样和代理付款人的银行汇票

D. 填明“现金”字样的银行本票

10. 下列关于国内信用证的表述中，正确的有（　　）。

A. 国内信用证是以人民币计价，不可撤销的跟单信用证

B. 国内信用证结算方式，适用于国内企事业单位之间的货物和服务贸易

C. 可转让信用证只能转让一次

D. 国内信用证与作为其依据的贸易合同相互独立

11. 根据支付结算制度的规定，一般存款账户的存款人可以办理的事项有（　　）。

A. 借款转存　　B. 借款归还

C. 现金缴存　　D. 现金支取

12. 根据票据法律制度的规定，下列属于依票据行为而取得票据权利的情形有（　　）。

A. 出票　　B. 票据保证

C. 善意取得　　D. 票据质押

13. 根据票据法律制度的规定，下列属于票据权利善意取得的构成要件的有（　　）。

A. 受让人是形式上的票据权利人

B. 转让人没有处分权

C. 受让人依照票据法规定的转让方式取得票据，且支付相应的对价

D. 受让人善意且无重大过失

14. 甲受乙胁迫开出一张以甲为付款人，以乙为收款人的汇票，之后乙通过背书将该汇票赠与丙，丙又将该汇票背书转让与丁，以支付货款。丙、丁对乙胁迫甲取得票据之事毫不知情。以下说法中，正确的有（　　）。

A. 甲有权请求丁返还汇票

B. 乙不享有该汇票的票据权利

C. 丙不享有该汇票的票据权利

D. 丁不享有该汇票的票据权利

15. 以下关于票据文义记载的法律效果的表述中，符合相关法律规定的有（　　）。

A. 汇票上未记载付款日期的，为见票即付

B. 票据金额的中文大写与数码不一致的，票据无效

C. 出票人记载“不得转让”字样的票据，其后手以此票据进行贴现的，通过贴现取得票据的持票人享有票据权利

D. 背书人未记载被背书人名称即将票据交付他人的，持票人在票据被背书人栏内记载自己的名称与背书人记载具有同等法律效力

16. 甲公司在交易中取得汇票一张，金额10万元，汇票签发人为乙公司，甲公司在承兑时被拒绝。其后，甲公司在一次交易中需支付丙公司10万元货款，于是甲公司将该汇票背书转让给丙公司，丙公司承兑时亦被拒绝。根据《票据法》的规定，下列选项中，错误的有（　　）。

A. 丙公司有权要求甲公司给付汇票上的金额

B. 丙公司有权要求甲公司返还交易中的对价

C. 丙公司有权向乙公司行使追索权要求其给付汇票上的金额

D. 丙公司应当请求甲公司承担侵权赔偿责任

17. 如果持票人将出票人禁止背书的汇票转让，在汇票不获承兑时，下列有关出票人票据责任的表述错误的有（　　）。

A. 出票人对受让人不负任何票据责任

B. 出票人仍须对善意受让人负偿还票款的责任

C. 出票人与背书人对善意受让人负偿还票款的连带责任

D. 出票人与背书人、持票人共同负责

18. 根据支付结算法律制度的规定，以下银行结算账户中，不可以办理现金支取的有（　　）。

A. 基本存款账户

B. 一般存款账户

C. 财政预算外资金专用存款账户

D. 期货交易保证金专用存款账户

19. 根据支付结算法律制度的规定，以下有关填写结算凭证的表述中，正确的有（　　）。

A. 单位在结算凭证上的签章，为该单位的盖章加其法定代表人或其授权的代理人的签名或盖章

B. 结算凭证的金额不得更改；更改的，银行不予受理

C. 结算凭证金额须以中文大写和阿拉伯数字同时记载，两者不一致的，以中文大写为准

D. 少数民族地区根据实际需要，结算凭证金额大写可以使用少数民族文字

（三）案例分析题

1. 2022年3月1日，为支付工程款项，A公司向B公司签发一张以甲银行为承兑人、金额为150万元的银行承兑汇票，汇票到期日为2019年9月1日，甲银行作为承兑人在汇票票面上签章。

4月1日，B公司将该汇票背书转让给C公司，用于支付买卖合同价款。后因C公司向B公司出售的合同项下货物存在严重质量问题，双方发生纠纷。

5月1日，C公司为支付广告费，将该汇票背书转让给D公司。D公司负责人知悉B公司、C公司之间合同纠纷的详情，对该汇票产生疑虑，遂要求C公司的关联企业E公司与D公司签订了一份保证合同。保证合同约定，E公司就C公司对D公司承担的票据责任提供连带责任保证。但E公司未在汇票上记载有关保证事项，也未签章。

6月1日，D公司将该汇票背书转让给F公司，以偿还所欠F公司的租金。

9月2日，F公司持该汇票向甲银行提示付款，甲银行以A公司资信状况不佳、账户余额不足为由拒付。

F公司遂向B公司、D公司追索。B公司以C公司违反买卖合同为由，对F公司的追索

予以拒绝，D公司向F公司承担票据责任后，分别向B公司、E公司追索，B公司仍以C公司违反买卖合同为由，对D公司的追索予以拒绝，E公司也拒绝。

要求：根据上述内容，分别回答下列问题。

（1）甲银行的拒付理由是否成立？并说明理由。

（2）B公司拒绝F公司追索的理由是否成立？并说明理由。

（3）B公司拒绝D公司追索的理由是否成立？并说明理由。

（4）D公司能否要求E公司承担票据责任？能否依保证合同要求E公司承担保证责任？并分别说明理由。

2. 甲公司为支付货款，向乙公司签发一张以A银行为承兑人、金额为100万元的银行承兑汇票。A银行作为承兑人在汇票票面上签章，甲公司的股东B公司在汇票上以乙公司为被保证人，进行了票据保证的记载并签章。甲公司将汇票交付给乙公司工作人员孙某。

孙某将该汇票交回乙公司后，利用公司财务管理制度的疏漏，将汇票暗中取出，并伪造乙公司财务专用章和法定代表人签章，将汇票背书转让给与其相互串通的丙公司。丙公司随即将该汇票背书转让给丁公司，用于支付房屋租金，丁公司对于孙某伪造汇票之事不知情。

丁公司于汇票到期日向A银行提示付款。A银行在审核过程中发现汇票上的乙公司签章系伪造，故拒绝付款。丁公司遂向丙公司、乙公司和B公司追索，均遭拒绝。后丁公司知悉孙某伪造汇票之事，遂向其追索，也遭拒绝。

要求：根据上述内容，分别回答下列问题。

（1）丁公司能否取得票据权利？并说明理由。

（2）乙公司是否应当向丁公司承担票据责任？并说明理由。

（3）B公司是否应当向丁公司承担票据责任？并说明理由。

（4）孙某是否应当向丁公司承担票据责任？并说明理由。

3. 2020年2月10日，甲公司向乙公司签发一张金额为50万元的商业汇票，以支付所欠货款。汇票到期日为2020年8月10日。A银行作为承兑人在汇票票面上签章。

3月10日，乙公司将该汇票背书转让给丙公司，用于支付装修工程款，并在汇票上注明：“票据转让于工程验收合格后生效。”后丙公司施工的装修工程因存在严重质量问题未能通过验收。

4月10日，丙公司将该汇票背书转让给丁公司，用于支付房屋租金。丁公司随即将该汇票背书转让给戊公司，用于购买办公设备，并在汇票背书人栏内记载“不得转让”字样。

5月10日，戊公司将该汇票背书转让给庚公司，用于支付咨询服务费用，但未在汇票被背书人栏内记载庚公司名称。8月15日，庚公司持该汇票向A银行提示付款。A银行以庚公司名称未记载于汇票被背书人栏内为由拒付。庚公司在汇票被背书人栏内补记本公司名称后，再次向A银行提示付款。A银行以自行补记不具效力为由再次拒付。庚公司向乙公司、丙公司、丁公司、戊公司追索，均遭拒绝。其中，丙公司的拒绝理由是，丁公司在汇票背书人栏内记载有“不得转让”字样；乙公司的拒绝理由是，丙公司的装修工程未通过验收，不符合乙公司在汇票上注明的转让生效条件。

要求：根据上述内容，分别回答下列问题。

（1）A银行第一次拒付的理由是否成立？并说明理由。

（2）A银行第二次拒付的理由是否成立？并说明理由。

（3）丙公司拒绝庚公司追索的理由是否成立？并说明理由。

（4）乙公司拒绝庚公司追索的理由是否成立？并说明理由。

4. 甲公司向乙公司购买一批原材料，为支付货款向乙公司签发了一张以A银行为承兑人、金额为300万元的银行承兑汇票。A银行作为承兑人在票面上签章。乙公司财务人员褚某与丙公司合谋，利用职务之便将该汇票盗出，并伪造乙公司财务专用章和法定代表人签章，将该汇票背书转让给丙公司。丙公司又将该汇票背书转让给丁公司，用于偿付拖欠丁公司的工程款。丁公司对于汇票伪造一事不知情。

后丁公司被戊公司吸收合并，戊公司于汇票到期日向A银行提示付款。A银行以戊公司不是汇票上的被背书人为由拒付，戊公司遂向乙公司、丙公司追索。乙公司以“票据转让背书系褚某与丙公司合谋伪造，丙公司和丁公司均未取得票据权利”为由拒绝。

要求：根据上述内容，分别回答下列问题。

(1) 乙公司是否应当承担票据责任？并说明理由。

(2) 丙公司是否取得票据权利？并说明理由。

(3) 丙公司是否应当承担票据责任？并说明理由。

(4) 丁公司是否取得票据权利？并说明理由。

5. 甲公司为支付货款，向乙公司签发了一张以A银行为承兑人、金额为20万元的银行承兑汇票。A银行在票据承兑栏中进行了签章。乙公司为向丙公司支付租金，将该票据交付丙公司，但未在票据上背书和签章。丙公司因需向丁公司支付工程款，欲将该票据转让给丁公司。丁公司发现票据上无转让背书，遂提出异议。丙公司便私刻了乙公司法定代表人刘某的名章和乙公司公章，加盖于背书栏，并直接记载丁公司为被背书人。丁公司不知有假，接受了票据。之后，丁公司为偿付欠款将该票据背书转让给了戊公司。

要求：根据上述内容，结合票据法律制度，分别回答下列问题。

(1) A银行拒绝向公司付款的理由是否成立？并说明理由。

(2) A银行拒绝付款后，戊公司可以向哪些当事人进行追索？

(3) 假设公司在A银行拒绝付款后向甲公司进行追索，甲公司可否以与乙公司之间的买卖合同纠纷尚未解决为由拒绝向戊公司承当票据责任？并说明理由。

(4) 丙公司将私刻的刘某名章和公章加盖于背书栏，并直接记载丁公司为被背书人的行为属于票据法上的什么行为？应当承当何种法律责任？

进阶练习答案及解析

(一) 单选题

1. 【答案】D

【解析】支票的金额和收款人名称可以授权补记。

2. 【答案】B

【解析】支票持票人对出票人行使追索权的期限自到期日起2年。

3. 【答案】D

【解析】银行本票的持票人对出票人的权利行使期限是自出票日起2年。

4. 【答案】A

【解析】汇票的绝对必要记载事项包括：表明“汇票”的字样、无条件支付的委托、确定的金额、付款人名称、收款人名称、出票日期和出票人签章。未记载的，汇票无效。

5. 【答案】A

【解析】背书日期是绝对必要记载事项。

6. 【答案】D

【解析】选项A，票据上未记载保证日期的，出票日期为保证日期；选项B，保证人未在票据或者粘单上记载被保证人名称的，已承兑的票据，承兑人为被保证人；选项C，保证人为两人以上的，保证人之间承担连带责任。

7. 【答案】A

【解析】汇票的绝对必要记载事项包括：表明“汇票”的字样、无条件支付的委托、确定的金额、付款人名称、收款人名称、出票日期和出票人签章。未记载的，汇票无效。出票人的签章为绝对必要记载事项，出票人签章不符合规定的，可以导致票据无效。

8. 【答案】A

【解析】信用卡发卡机构对向持卡人收取的违约金和年费、取现手续费、货币兑换费等服务费用，不得计收利息。发卡机构向持卡人提供超过授信额度用卡服务的，不得收取超限费。

9. 【答案】C

【解析】选项C，支票上另行记载付款日期的，该记载无效，支票有效。

10. 【答案】D

【解析】最初追索权的追索金额包括：（1）被拒绝付款的汇票金额；（2）汇票金额自到期日或者提示付款日起至清偿日止，按照中国人民银行规定的利率计算的利息；（3）取得有关拒绝证明和发出通知书的费用。

11. 【答案】A

【解析】出票人签章是票据的绝对必要记载事项，欠缺或不符合规定会导致票据无效。

12. 【答案】B

【解析】背书人在票据上记载“不得转让”字样，其后手再背书转让的，原背书人对后手的被背书人不承担保证责任；背书未记载被背书人名称即将票据交付他人的，持票人在票据被背书人栏内记载自己的名称与背书人记载具有同等法律效力；背书附有条件的，所附条件不具有汇票上的效力。

13. 【答案】A

【解析】本题考查票据伪造。票据伪造行为中，对伪造人而言，由于票据上没有以自己名义所作的签章，因此不应承当票据责任。但是，如果伪造人的行为给他人造成损害的，必须承当民事责任，构成犯罪的，还应承当刑事责任。此题中，甲公司作为伪造人不承当票据责任，但不代表不承担相应的民事或刑事责任。因此选项A的表述正确。乙公司作为被伪造人由于没有以自己的真实意思在票据上签章，也不承当票据责任，但是丙公司和丁公司的签章是合法有效的，因此应该承当票据责任。

14. 【答案】D

【解析】本题考核票据基础关系与票据关系。票据关系一经形成，就与基础关系相分离，基础关系是否存在，是否有效，对票据关系都不起影响作用。这就是说，如果票据当事人违反票据法的上述规定而签发、取得和转让了没有真实的交易关系和债权债务关系的票据，该票据只要符合法定的形式要件，票据关系就是有效的，该票据关系的债务人就必须依票据上的记载事项对票据债权人承当票据责任，而不得以该票据没有真实的交易和债权债务关系为由进行抗辩。此题中，甲是不能对抗丙的，但是可以要求乙返还与票据金额相当的预付款。

15. 【答案】D

【解析】票据金额、日期、收款人名称不得更改，更改的票据无效。其他记载事项，原记载人可以更改。本题中的更改属于有更改权的原记载人的更改，既非伪造，也非变造，而是变更。因此，选项D正确。

16. 【答案】C

【解析】出票人在票据上的签章不符合规定的，票据无效；背书人、承兑人、保证人在票据上签章不符合规定的，其签章无效，但不影响票据上其他签章的效力。

17. 【答案】D

【解析】票据是无因证券，引起票据关系发生的基础关系不成立时，不影响票据效力。

18. 【答案】C

【解析】银行本票的出票人的签章，为该银行的本票专用章加其法定代表人或者授权的代理人的签名或者盖章。

19. 【答案】D

【解析】人民法院收到利害关系人的申报后，应当通知公示催告申请人在指定的期间查看票据，如果公示催告的票据与利害关系人出示的票据一致的，人民法院应当裁定终结公示催告程序。

20. 【答案】B

【解析】选项A、C、D，属于对物抗辩的情形，票据债务人可以对任何持票人行使票据抗辩；选项B，相对必要记载事项如果没有记载，不影响票据的效力，票据债务人不能行使票据抗辩。

21. 【答案】C

【解析】选项A、D，票据债务人不得以自己和出票人之间的抗辩事由对抗持票人（如出票人与票据债务人存在合同纠纷；出票人存入票据债务人的资金不够）；选项B，票据债务人不得以自己与持票人的前手之间的抗辩事由对抗持票人（如票据债务人与持票人的前手存在抵销关系）；选项C，属于“对物抗辩”，票据债务人可以对任何持票人提出抗辩。

22. 【答案】C

【解析】选项A，汇票上未记载收款人名称的汇票无效；选项B，汇票上未记载付款日期的视为见票即付；选项C，出票日期属于绝对应记载事项，未记载的汇票无效；选项D，汇票上未记载付款地的，以“付款人”的营业场所、住所或者经常居住地为付款地。

23. 【答案】C

【解析】背书人在汇票上记载“不得转让”字样，其后手再背书转让的，原背书人对其直接被背书人以后通过背书方式取得汇票的一切当事人，不负担保责任。

（二）多选题

1. 【答案】CD

【解析】支票的金额和收款人名称可以授权补记。

2. 【答案】ABCD

【解析】电子支付的基本流程是电子支付指令的发起、确认、执行、接收。

3. 【答案】ABCD

【解析】关于银行汇票的表述均正确。实际结算金额超过出票金额的银行汇票，银行不予受理；未填明实际结算金额和多余金额的银行汇票，银行不予受理；银行汇票的实际结算金额不得超过出票金额；银行汇票的出票人为银行。

4. 【答案】BC

【解析】选项B、C，将票据金额一部分转让或者将票据金额分别转让给两个以上的，背书无效。

5. 【答案】AB

【解析】选项C、D，票据质权人再行转让背书或者质押背书的，背书行为无效。但是被背书人可以再进行委托收款背书。

6. 【答案】ABCD

【解析】商业汇票承兑附有条件的，视为拒绝承兑；付款人自收到提示承兑的汇票之日起3日内不作出承兑与否表示的，视为拒绝承兑；汇票上没有记载付款日期的，无须提示承兑；汇票见票后定期付款的，持票人应当自出票日起1个月内向付款人提示承兑。

7. 【答案】AC

【解析】选项B，承兑人在票据上签章不符合规定的，其签章无效，但不影响其他符合规定签章的效力；选项D，背书人在票据上签章不符合规定的，其签章无效，但不影响其前手符合规定签章的效力。

8. 【答案】ACD

【解析】选项B，付款地属于相对必要记载事项，未记载的，不影响票据效力，票据债务人不能行使抗辩权。

9. 【答案】BCD

【解析】可以挂失止付的票据有：（1）已承兑的商业汇票；（2）支票；（3）填明“现金”字样和代理付款人的银行汇票；（4）填明“现金”字样的银行本票。

10. 【答案】ABCD

【解析】国内信用证是以人民币计价，不

可撤销的跟单信用证；国内信用证结算方式，适用于国内企事业单位之间的货物和服务贸易；可转让信用证只能转让一次；国内信用证与作为其依据的贸易合同相互独立。

11. 【答案】ABC

【解析】一般存款账户是指存款人在基本存款账户开户银行以外的银行营业机构开立的用于办理借款转存、借款归还和其他结算的银行结算账户。该账户可以办理现金缴存，但不得办理现金支取。

12. 【答案】ABD

【解析】善意取得权利并不是依票据行为而取得票据权利的。

13. 【答案】ABCD

【解析】票据权利善意取得的构成要件：受让人是形式上的票据权利人；转让人没有处分权；受让人依照票据法规定的转让方式取得票据；受让人善意且无重大过失；受让人须支付相应的对价。

14. 【答案】BC

【解析】本题考核票据权利的取得。根据规定，以欺诈、偷盗或者胁迫等手段取得票据的，或者明知有前列情形，出于恶意取得票据的，不得享有票据权利，因此选项B的说法是正确的。但凡无对价或无相当对价取得票据的，如果属于善意取得，仍然享有票据权利，但票据持有人必须承受其前手的权利瑕疵。如果前手的权利因违法或有瑕疵而受影响或丧失，该持票人的权利也因此而受影响或丧失。此题中，丙是接受赠与取得的票据，此时受前手乙的权利瑕疵影响，不享有票据权利。

15. 【答案】ABD

【解析】本题考核票据记载的相关规定。根据规定，对于记载“不得转让”字样的票据其后手以此票据进行贴现、质押的，通过贴现、质押取得票据的持票人主张票据权利的，人民法院不予支持，因此选项C的说法是错误的。

16. 【答案】BCD

【解析】汇票已经被拒绝承兑的，属于法定禁止背书。背书转让的，背书人应当承担票据责任。

17. 【答案】BCD

【解析】出票人在汇票上记载“不得转让”字样，其后手再背书转让的，该转让不发生票据法上的效力，而只具有普通债权让与的效力，出票人对受让人不承担票据责任。

18. 【答案】BCD

【解析】(1) 选项A，基本存款账户主要办理存款人日常经营活动的资金收付及其工资、奖金和现金的支取；(2) 选项B一般存款账户可以办理现金缴存但不得办理现金支取；(3) 选项C、D财政预算外资金、证券交易结算资金、期货交易保证金和信托基金专用存款账户，不得支取现金。

19. 【答案】ABD

【解析】选项C结算凭证金额须以中文大写和阿拉伯数字同时记载，两者必须一致，两者不一致的结算凭证，银行不予受理。

（三）案例分析题

1. 【答案】

(1) 甲银行的拒付理由不成立。根据规定，承兑人不得以其与出票人之间的资金关系对抗持票人。

(2) B公司的拒绝理由不成立。根据规定，票据债务人不得以自己与持票人的前手之间的抗辩事由对抗持票人，但持票人明知存在抗辩事由而取得票据的除外。在本题中，F公司不知情。

(3) B公司的拒绝理由成立。根据规定，票据债务人不得以自己与持票人的前手之间的抗辩事由对抗持票人，但持票人明知存在抗辩事由而取得票据的除外。在本题中，D公司知悉B公司与C公司之间的合同纠纷，B公司可以拒绝D公司的追索。

(4) ①D公司无权要求E公司承担票据责任。根据规定，如果保证人未在票据或者粘单上记载“保证”字样而另行签订保证合同或者保证条款的，不属于票据保证。在本题中，E公司未在票据上签章，无须承担票据责任。

②D 公司有权依保证合同要求 E 公司承担保证责任。根据规定，未在票据或者粘单上记载“保证”字样而另行签订的保证合同，虽不属于票据保证，但仍具有民法上保证的效力，因此，D 公司可依据保证合同要求 E 公司承担连带保证责任。

2. 【答案】

（1）丁公司能取得票据权利。丁公司符合善意取得制度的构成要件，能够取得票据权利。

（2）乙公司无须承担票据责任。根据规定，在假冒他人名义的情形下，被伪造人（乙公司）不承担票据责任。

（3）B 公司应当承担票据责任。根据规定，票据上有伪造签章的，不影响票据上其他真实签章的效力。在票据上真正签章的当事人（B 公司），仍应对被伪造的票据的权利人（丁公司）承担票据责任，票据债权人在提示承兑、提示付款或者行使追索权时，在票据上的真正签章人不能以伪造为由进行抗辩。

（4）孙某无须承担票据责任。根据规定，由于伪造人（孙某）没有以自己的名义在票据上签章，因此不承担票据责任。

3. 【答案】

（1）A 银行第一次拒付的理由成立。根据规定，被背书人名称是背书行为的绝对必要记载事项，有权提示付款的持票人应为票面上记载的权利人。在本题中，在补记之前，庚公司不享有票据权利，A 银行有权拒绝付款。

（2）A 银行第二次拒付的理由不成立。根据规定，背书人未记载被背书人名称即将票据交付他人的，持票人在票据被背书人栏内记载自己的名称与背书人记载具有同等法律效力。

（3）丙公司的拒绝理由不成立。根据规定，背书人在汇票上记载“不得转让”字样，其后手再背书转让的，原背书人（丁公司）对后手的被背书人不承担保证责任，但其他票据债务人（包括但不限于丙公司）仍应当对持票人承担票据责任。

（4）乙公司的拒绝理由不成立。根据规定，背书时附有条件的，所附条件不具有汇票上的效力。

4. 【答案】

（1）不承担。根据规定，票据伪造的被伪造人，不承担票据责任。本题中，乙公司为被伪造人，因此不承担票据责任。

（2）不能。根据规定，以欺诈、偷盗或者胁迫等手段取得票据的，或者明知有前列情形，出于恶意取得票据的，不得享有票据权利。本题中，丙公司与褚某合谋，是明知偷盗取得票据，因此，不能取得票据权利。

（3）应当承担票据责任。根据规定，票据上有伪造签章的，不影响其他真实签章的效力。本题中，戊公司通过吸收合并丁公司的方式取得票据权利，丙公司是票据上的背书人，在票据上有有效签章的，应当对戊公司承担票据责任。

（4）丁公司取得票据权利。根据规定，无处分权人处分他人票据权利，受让人依照票据法所规定的票据转让方式取得票据，并且善意且无重大过失，则可以取得票据权利。本题中，丁公司善意且支付了合理对价且经过背书取得票据，享有票据权利，构成了票据权利的善意取得。

5. 【答案】

（1）A 银行的理由不成立。根据规定，承兑人不得以其与出票人之间的资金关系对抗持票人。

（2）戊公司可以向甲公司、丁公司和 A 银行进行追索。

（3）不能。根据规定，票据债务人不得以自己与持票人前手之间的抗辩事由对抗持票人。

（4）属于票据伪造行为。如果伪造人的行为给他人造成损害的，必须承当民事责任；构成犯罪的，还应承当刑事责任。

第十章 企业国有资产法律制度

2023 年教材内容主要变化

本章内容改动较大的是第二节企业国有资产产权登记制度，其他节有个别词语的调整，对内容几乎无影响。

本章近五年考试高频考点分布

高频考点内容	年度及题型分布
企业国有资产产权登记	2022 年单选题
企业产权转让	2022 年多选题
企业国有资产的监督管理体制	2020 年多选题、2019 年单选题、2019 年多选题、2018 年单选题
国家出资企业管理者的选择和考核	2018 年单选题
对重大事项的管理	2018 年单选题
国有企业混合所有制改革	2019 年单选题
企业国有资产评估管理制度	2020 年单选题、2019 年单选题、2018 年多选题
上市公司国有股权变动管理	2019 年单选题
金融企业国有资产管理制度	2018 年单选题

高频考点精讲

本章属于非重要考试章节，主要包括企业国有资产法律制度概述、企业国有资产产权登记制度、企业国有资产评估管理制度、企业国有资产交易管理制度等内容。

高频考点1：企业国有资产的监督管理体制★★★

《企业国有资产法》对企业国有资产的监督管理体制作出了明确规定。主要内容包括：

（1）企业国有资产属于国家所有，国务院代表国家行使企业国有资产所有权。

（2）国务院和地方人民政府依照法律、行政法规的规定，分别代表国家对国家出资企业履行出资人职责，享有出资人权益。

（3）国务院和地方人民政府应当按照政企分开、社会公共管理职能与企业国有资产出资人职能分开、不干预企业依法自主经营的原则，依法履行出资人职责。

（4）国家采取措施，推动企业国有资本向关系国有经济命脉和国家安全的重要行业和关键领域集中，优化国有经济布局和结构，推动国有企业的改革和发展，提高国有经济的整体素质，增强国有经济的控制力、影响力。

（5）国家建立健全与社会主义市场经济发展要求相适应的企业国有资产管理与监督体制，建立健全企业国有资产保值增值考核和责任追究制度，落实企业国有资产保值增值责任。

（6）企业国有资产受法律保护，任何单位和个人不得侵害。

经典例题

【真题·单选题】（2019）根据企业国有资产法律制度的规定，代表国家行使企业国有资产所有权的是（　　）。

A. 国务院

B. 中国人民银行

C. 国有资产监督管理委员会

D. 财政部

【答案】A

【解析】本题考核企业国有资产的监督管理体制。企业国有资产属于国家所有，国务院代表国家行使企业国有资产所有权。

【真题·多选题】（2019）根据企业国有资产法律制度的规定，下列关于我国企业国有资产监督管理体制的表述中，正确的有（　　）。

A. 企业国有资产属于国家所有，国务院代表国家出资企业履行出资人职责

B. 履行出资人职责应当坚持政企分开、社会公共管理职能与企业国有资产出资人职能分开、不干预企业依法自主经营原则

C. 地方人民政府无权代表国家对国家出资企业履行出资人职责

D. 国有资本投资、运营公司可对授权范围内的国有资本履行出资人职责

【答案】BD

【解析】本题考核企业国有资产的监督管理体制。企业国有资产属于国家所有，国务院代表国家行使企业国有资产所有权；国务院和地方各级人民政府分别代表国家对国家出资企业履行出资人职责；选项A、C错误。

高频考点2：履行出资人职责的机构★★

1. 履行出资人职责的机构

履行出资人职责的机构是指根据本级人民政府的授权，代表本级人民政府对国家出资企业履行出资人职责的机构、部门。履行出资人职责的机构有以下几种：

（1）国务院国有资产监督管理机构，即国务院国有资产监督管理委员会。根据国务院的授权，其代表国务院对国家出资企业履行出资人职责，主要职责有：

①根据国务院授权，依照《公司法》等法律和行政法规履行出资人职责，监管中央所属企业（不含金融类企业）的国有资产，加强国有资产的管理工作。

②承担监督所监管企业国有资产保值增值的责任。建立和完善国有资产保值增值指标体系，制定考核标准，通过统计、稽核对所监管企业国有资产的保值增值情况进行监管，负责所监管企业工资分配管理工作，制定所监管企业负责人收入分配政策并组织实施。

③指导推进国有企业改革和重组、推进国有企业的现代企业制度建设，完善公司治理结构，推动国有经济布局和结构的战略性调整。

④通过法定程序对所监管企业负责人进行任免、考核并根据其经营业绩进行奖惩、建立符合社会主义市场经济体制和现代企业制度要求的选人、用人机制，完善经营者激励和约束制度。

⑤按照有关规定，代表国务院向所监管企业派出监事会，负责监事会的日常管理工作。

⑥负责组织所监管企业上交国有资本收益，参与制定国有资本经营预算有关管理制度和办法，按照有关规定负责国有资本经营预决算编制和执行等工作。

⑦按照出资人职责，负责督促检查所监管企业贯彻落实国家安全生产方针政策及有关法律法规、标准等工作。

⑧负责企业国有资产基础管理，起草国有资产管理的法律法规草案，制定有关规章制度，依法对地方国有资产管理工作进行指导和监督。

⑨承办国务院交办的其他事项。

（2）地方人民政府依照国务院的规定设立的国有资产监督管理机构。根据地方人民政府的授权，其代表地方人民政府对国家出资企业履行出资人职责。

（3）国务院和地方人民政府根据需要授权的其他部门、机构。

小贴士 以上代表本级人民政府履行出资人职责的机构、部门，统称为“履行出资人职责的机构”。

2. 履行出资人职责的机构的基本职责

（1）代表本级人民政府对国家出资企业依法享有资产收益、参与重大决策和选择管理者等出资人权利。

（2）依照法律、行政法规的规定，制定或者参与制定国家出资企业的章程。

（3）按照法律、行政法规和本级人民政府规定，对于须经本级人民政府批准的履行出资人职责的重大事项，报请本级人民政府批准。

（4）委派股东代表参加国有资本控股公司、国有资本参股公司召开的股东会会议、股东大会会议。被委派的股东代表应当按照委派机构的指示提出提案、发表意见、行使表决权，并将其履行职责的情况和结果及时报告委派机构。

（5）按照国家有关规定，定期向本级人民政府报告有关企业国有资产总量、结构、变动、收益等汇总分析的情况。

3. 履行出资人职责的机构的履职要求

（1）履行出资人职责的机构应当依照法律、行政法规以及企业章程履行出资人职责保障出资人权益，防止企业国有资产损失。

（2）履行出资人职责的机构应当维护企业作为市场主体依法享有的权利，除依法履行出资人职责外，不得干预企业经营活动。

（3）履行出资人职责的机构对本级人民政府负责，向本级人民政府报告履行出资人职责的情况，接受本级人民政府的监督和考核，对企业国有资产的保值增值负责。

高频考点3：国家出资企业的概念★

国家出资企业是指国家出资的国有独资企业、国有独资公司，以及国有资本控股公司、国有资本参股公司。

高频考点4：国家出资企业管理者的任职要求★★★

1. 国家出资企业管理者的任免范围

（1）任免国有独资企业的经理、副经理、财务负责人和其他高级管理人员；

（2）任免国有独资公司的董事长、副董事长、董事、监事会主席和监事；

（3）向国有资本控股公司、国有资本参股公司的股东会、股东大会提出董事、监事人选。

小贴士 国家出资企业中应当由职工代表出任的董事、监事，依照有关法律、行政法规的规定由职工民主选举产生。

2. 国家出资企业管理者的任职条件

履行出资人职责的机构任命或者建议任命的董事、监事、高级管理人员应当具备下列条件：（1）有良好的品行；（2）有符合职位要求的专业知识和工作能力；（3）有能够正常履行职责的身体条件；（4）法律、行政法规规定的其他条件。

3. 国家出资企业管理者的兼职限制

根据《企业国有资产法》的规定，未经履行出资人职责的机构同意，国有独资企业、国有独资公司的董事、高级管理人员不得在其他企业兼职；未经股东会、股东大会同意，国有资本控股公司、国有资本参股公司的董事、高级管理人员不得在经营同类业务的其他企业兼职；未经履行出资人职责的机构同意，国有独资公司的董事长不得兼任经理；未经股东会、股东大会同意，国有资本控股公司的董事长不得兼任经理；董事、高级管理人员不得兼任监事。

4. 国家出资企业管理者的义务

国家出资企业的董事、监事、高级管理人员，应当遵守法律、行政法规以及企业章程，对企业负有忠实义务和勤勉义务，不得利用职权收受贿赂或者取得其他非法收入和不当利益，不得侵占、挪用企业资产，不得超越职权或者违反程序决定企业重大事项，不得有其他侵害企业国有资产出资人权益的行为。

经典例题

【真题·单选题】（2018）根据企业国有资产法律制度的规定，下列国有独资公司的人员中，应当由履行出资人职责的机构任免的是（　　）。

A. 副董事长　　B. 副总经理

C. 总经理　　D. 财务负责人

【答案】A

【解析】本题考核国家出资企业管理者选择。根据规定，履行出资人职责的机构依照法律、行政法规以及企业章程的规定，任免“国有独资公司”的董事长、副董事长、董事、监事会主席和监事。任免“国有独资企业”的经理、副经理、财务负责人和其他高级管理人员。

【例题·单选题】根据企业国有资产法律制度的规定，履行出资人责任的机构对其任命的企业管理者的任期经营业绩考核周期为（　　）年。

A. 1　　B. 2

C. 3　　D. 5

【答案】C

【解析】国家出资企业管理者的考核，任期经营业绩考核以3年为考核期。

高频考点5：企业改制★★

1. 企业改制的类型

（1）国有独资企业改为国有独资公司；

（2）国有独资企业、国有独资公司改为国有资本控股公司或者非国有资本控股公司；

（3）国有资本控股公司改为非国有资本控股公司。

2. 企业改制的程序及方案

企业改制应当依照法定程序，由履行出资人职责的机构决定或者由股东会、股东大会决定；重要的国有独资企业、国有独资公司、国有资本控股公司的改制，履行出资人职责的机构在作出决定或者向其委派参加国有资本控股公司股东会会议、股东大会会议的股东代表作出指示之前，应当将改制方案报请本级人民政府批准。

3. 企业改制方案的制定

企业改制应当制定改制方案，载明改制后的企业组织形式、企业资产和债权债务处理方案、股权变动方案、改制的操作程序、资产评估和财务审计等中介机构的选聘等事项。企业改制涉及重新安置企业职工的，还应当制定职工安置方案，并经职工代表大会或者职工大会审议通过。

高频考点6：企业国有资产产权登记制度★★★

1. 企业国有资产产权登记范围

（1）国有企业、国有独资公司、持有国

家股权的单位以及以其他形式占有国有资产的企业，应当依照规定办理产权登记。

（2）在中华人民共和国境内或境外设立的占有国有金融资本的金融机构，应按本办法规定办理产权登记。国有控股金融机构拥有实际控制权的境内外各级企业及前述企业投资参股的企业，应当纳入产权登记范围，所属企业包括非金融企业。

小贴士 以上登记范围为教材修订的新表述，请考生注意！

国家出资企业、国家出资企业（不含国有资本参股公司）拥有实际控制权的境内外各级企业及其投资参股企业，应当纳入产权登记范围。国有出资企业所属事业单位视为子企业进行产权登记。但上述企业为交易目的持有的下列股权不进行产权登记：

（1）为了赚取差价从二级市场购入的上市公司股权；

（2）为了近期内（一年之内）出售而持有的其他股权。

上述所称拥有实际控制权，是指国家出资企业直接或者间接合计持股比例超过50%，或者持股比例虽然未超过50%，但为第一大股东，并通过股东协议、公司章程、董事会决议或者其他协议安排能够实际支配企业行为的情形。

2. 企业国有资产产权登记的内容

企业国有资产产权登记分为占有产权登记、变动产权登记和注销产权登记。

（1）占有产权登记。

根据有关规定，履行出资人职责的机构和履行出资人职责的企业，有下列情形之一的，应当办理占有产权登记：

①因投资、分立、合并而新设企业的；

②因收购、投资入股而首次取得企业股权的；

③其他应当办理占有产权登记的情形。

占有产权登记的主要内容包括：

①出资人名称、住所、出资金额及法定代表人；

②企业名称、住所及法定代表人；

③企业的资产、负债及所有者权益；

④企业实收资本、国有资本；

⑤企业投资情况；

⑥国务院国有资产监督管理机构规定的其他事项。

已取得法人资格的企业应当在向产权登记机关申办占有产权登记，填写《企业国有资产占有产权登记表》，并提交下列文件、资料：

①由出资人或母公司或上级单位批准设立的文件、投资协议书或出资证明文件；

②经注册会计师审计的或财政部门核定的企业上一年度财务报告；

③各出资人的企业法人营业执照副本、经注册会计师审计的或财政部门核定的企业上一年度财务报告，其中国有资本出资人还应当提交产权登记证副本；

④企业章程；

⑤《企业法人营业执照》副本；

⑥企业提供保证、定金或设置抵押、质押、留置以及资产被司法机关冻结的相关文件；

⑦申办产权登记的申请；

⑧产权登记机关要求提交的其他文件、资料。

小贴士 以上8点内容为修改内容，请考生注意。

申请取得法人资格的企业应当于申请办理注册登记前30日内，向财政（国有资产管理）部门办理产权登记，填写《企业国有资产占有产权登记表》，并提交下列文件、资料：

①出资人的母公司或上级单位批准设立的文件、投资协议书或出资证明文件；

②企业章程；

③《企业名称预先核准通知书》；

④各出资人的企业法人营业执照、经注册会计师审计的或财政部门核定的企业上一年度财务报告和提供保证、定金或设置抵押、质押、留置以及资产被司法机关冻结的相关文件；其中，国有资本出资人还应当提交产权登

记证副本；

⑤经注册会计师审核的验资报告，其中以货币投资的应当附银行进账单；以实物、无形资产投资的应当提交经财政（国有资产管理）部门合规性审核的资产评估报告；

⑥申办产权登记的申请；

⑦产权登记机关要求提交的其他文件、资料。

财政（国有资产管理）部门审定的产权登记表，是企业办理工商注册登记的资信证明文件。企业依据产权登记机关审定的产权登记表向市场监督管理部门申办注册登记，取得企业法人资格后 30 日内到原产权登记机关领取产权登记证，同时提交《企业法人营业执照》副本。

小贴士 以上 7 点内容为修改内容，请考生注意。同时，请考生注意区分：上面 8 点内容是已经取得法人资格的企业办理产权登记需要提交的文件资料，而后面 7 点内容是申请取得法人资格的企业办理产权登记应当提交的文件资料。

（2）变动产权登记。

企业发生下列情形之一的，应当申办变动产权登记：

①企业名称、住所或法定代表人改变的；

②企业组织形式发生变动的；

③企业国有资本额发生增减变动的；

④企业国有资本出资人发生变动的；

⑤产权登记机关规定的其他变动情形。

小贴士 上述第①、②表述有变化，请考生注意！

企业申办变动产权登记应当填写《企业国有资产变动产权登记表》，并提交下列文件和资料：

①政府有关部门或出资人的母公司或上级单位的批准文件、企业股东大会或董事会作出的书面决定及出资证明；

②修改后的企业章程；

③各出资人的企业法人营业执照、经注册会计师审计的或财政部门核定的企业上一年度财务报告和提供保证、定金或设置抵押、质押、留置以及资产被司法机关冻结的相关文件；其中，国有资本出资人还应当提交产权登记证副本；

④本企业的《企业法人营业执照》副本、经注册会计师审计的或财政部门核定的企业上一年度财务报告和提供保证、定金或设置抵押、质押、留置以及资产被司法机关冻结的相关文件和企业的产权登记证副本；

⑤经注册会计师审核的验资报告，其中以货币投资的应当附银行进账单；以实物、无形资产投资的应当提交经财政（国有资产管理）部门合规性审核的资产评估报告；

⑥企业发生企业国有资本额发生增减变动或者企业国有资本出资人发生变动情形且出资人是事业单位和社会团体法人的，应当提交《中华人民共和国国有资产产权登记证（行政事业单位）》和出资人上级单位批准的非经营性资产转经营性资产的可行性研究报告；

⑦企业兼并、转让或减少国有资本的，应当提交与债权银行、债权人签订的有关债务保全协议；

⑧经出资人的母公司或上级单位批准的转让国有产权的收入处置情况说明及有关文件；

⑨申办产权登记的申请；

⑩产权登记机关要求提交的其他文件、资料。产权登记机关核准企业变动产权登记后，相应办理企业产权登记证正本和副本的变更手续。

小贴士 以上 10 点内容为修改内容，请考生注意。

（3）注销产权登记。

企业发生下列情形之一的，应当申办注销产权登记：

①企业解散、被依法撤销或者被依法宣告破产的；

②企业转让全部国有资产产权或者改制后不再设置国有股权的；

③产权登记机关规定的其他情形。

企业申办注销产权登记时应当填写《企业

国有资产注销产权登记表》，并提交下列文件和资料：

①政府有关部门、出资人的母公司或上级单位、企业股东大会的批准文件，市场监督管理部门责令关闭的文件或法院宣告企业破产的裁定书；

②经注册会计师审计的或财政部门核定的企业上一年度财务报告；

③企业的财产清查、清算报告或经财政（国有资产管理）部门合规性审核的资产评估报告；

④企业有偿转让或整体改制的协议或方案；

⑤本企业的产权登记证正本、副本和《企业法人营业执照》副本和提供保证、定金或设置抵押、质押、留置以及资产被司法机关冻结的相关文件；

⑥受让企业的《企业法人营业执照》副本和经注册会计师审计的年度财务报告和提供保证、定金或设置抵押、质押、留置以及资产被司法机关冻结的相关文件；

⑦转让方、受让方与债权银行、债权人签订的债务保全的协议；

⑧经出资人的母公司或上级单位批准的资产处置或产权转让收入处置情况说明及相关文件；

⑨申办产权登记的申请；

⑩产权登记机关要求提交的其他文件、资料。

产权登记机关核准企业注销产权登记后，收回被注销企业的产权登记证正本和副本。

小贴士 以上10点内容为修改内容，请考生注意。

3. 产权登记程序

（1）企业申办产权登记，应当按规定填写相应的产权登记表，并向产权登记机关提交有关文献资料。

（2）企业申办产权登记必须经政府管理的企业或企业集团母公司（含政府授权经营的企业）出具审核意见；仍由政府有关部门、机构或国有社会团体管理的企业，由部门、机构或社团出具审核意见。企业未按上述规定取得审核意见的，产权登记机关不予受理产权登记。

（3）产权登记机关收到企业提交的符合规定的全部文件、资料后，发给《产权登记受理通知书》，并于10个工作日内对企业申报的产权登记作出准予登记或不予登记的决定。产权登记机关核准产权登记的，发给、换发或收缴企业的产权登记证正本和副本。产权登记机关不予登记的，应当自作出决定之日起3日内通知登记申请人，并说明原因。

小贴士 以上（2）、（3）内容为修改内容，均有变化，请考生注意。

4. 企业国有资产产权登记的管理

（1）产权登记机关是县级以上各级政府负责国有资产管理的部门。财政部主管全国产权登记工作，统一制定产权登记的各项政策法规。上级产权登记机关指导下级产权登记机关的产权登记工作。

小贴士 产权登记机关为新表述，请考生注意。

产权登记机关依法履行下列职责：

①依法确认企业产权归属，理顺企业集团内部产权关系；

②掌握企业国有资产占有、使用的状况；

③监管企业的国有产权变动；

④检查企业国有资产经营情况；

⑤监督国家授权投资机构、国有企业和国有独资公司的出资行为；

⑥备案企业的担保或资产被司法冻结等产权或有变动事项；

⑦在汇总、分析的基础上，编报并向同级政府和上级产权登记机关呈送产权登记与产权变动状况分析报告。

（2）财政部负责下列企业的产权登记工作：

①由国务院管辖的企业（含国家授权投资机构）；

②中央各部门、直属机构的机关后勤、事

业单位，各直属事业单位及全国性社会团体管辖的企业；

③中央国有企业、国有独资公司或国务院授权的国家授权投资机构投资设立的企业。

小贴士 以上财政部负责企业的产权登记内容为新表述，请考生注意。

（3）国有金融资本产权登记和管理机关为同级财政部门。

国有金融资本产权登记按照统一规制、分级管理的原则，由县级以上财政部门组织实施。财政部负责中央国有金融资本产权登记管理工作。县级以上地方财政部门负责本级国有金融资本产权登记管理工作。上级财政部门指导和监督下级财政部门的国有金融资本产权登记管理工作。财政部各地监管局根据财政部的委托，协助办理中央国有金融资本产权登记工作，开展属地国有金融资本产权登记监督管理工作。各级财政部门履行以下职责：

①依法确认金融机构国有产权归属、理顺产权关系，核发产权登记证（表）；

②监督国有控股金融机构的出资和产权变动及处置行为；

③对金融机构产权被司法冻结等产权或有变动事项进行备案；

④监督金融机构国有资本经营状况；

⑤统计、监测、汇总和分析国有金融资本占有、使用和变动情况；

⑥向上级财政部门报送国有金融资本产权登记情况与产权变动状况分析报告。

小贴士 以上关于国有金融资本的产权登记管理机关的内容为新表述，请考生注意。

5. 产权登记的年度检查

企业应当于每个公历年度终了后 90 日内，办理工商年检登记之前，向原产权登记机关申办产权登记年度检查。下级产权登记机关应当于每个公历年度终了后 150 日内，编制并向同级政府和上级产权登记机关报送产权登记与产权变动状况分析报告。

企业国有资产经营年度报告书是反映企业在检查年度内国有资产经营状况和产权变动状况的书面文件。主要报告以下内容：

（1）企业国有资产保值增值情况；

（2）企业国有资本金实际到位和增减变动情况；

（3）企业及其子公司、孙公司等发生产权变动情况及是否及时办理相应产权登记手续情况；

（4）企业对外投资及投资收益情况；

（5）企业及其子公司的担保、资产被司法机关冻结等产权或有变动情况；

（6）其他需要说明的问题。

小贴士 以上关于产权登记年检制度的内容为新表述，请考生注意。

经典例题

【真题·多选题】（2020）根据企业国有资产法律制度的规定，下列各项中，属于企业国有资产产权登记内容的有（　　）。

A. 出资人名称、住所

B. 企业的现金流

C. 企业的实收资本

D. 企业的投资情况

【答案】 ACD

【解析】 产权登记的主要内容包括：（1）出资人名称、住所、出资金额及法定代表人；（2）企业名称、住所及法定代表人；（3）企业的资产、负债及所有者权益；（4）企业实收资本、国有资本；（5）企业投资情况；（6）国务院国有资产监督管理机构规定的其他事项。

【例题·单选题】 根据企业国有资产法律制度的规定，国有金融资本产权登记和管理机关是（　　）。

A. 国资委

B. 中国人民银行

C. 同级财政部门

D. 银保监会

【答案】 C

【解析】 国有金融资本产权登记和管理机关为同级财政部门。

高频考点7：企业国有资产评估管理制度★★★

1. 企业国有资产评估的范围

（1）国家出资企业及其各级子企业有下列行为之一的，应当对相关资产进行资产评估：

①整体或者部分改建为有限责任公司或者股份有限公司；

②以非货币资产对外投资；

③合并、分立、破产、解散；

④非上市公司的国有股东股权比例变动；

⑤产权转让；

⑥资产转让、置换；

⑦整体资产或者部分资产租赁给非国有单位；

⑧以非货币资产偿还债务；

⑨资产涉讼；

⑩收购非国有单位的资产；

⑪接受非国有单位以非货币资产出资；

⑫接受非国有单位以非货币资产抵债；

⑬法律、行政法规规定的其他需要进行评估的事项。

（2）国家出资企业及其各级子企业有下列行为之一的，可以不对相关资产进行评估：

①经各级人民政府或者其国有资产监督管理机构批准，对企业整体或者部分资产实行无偿划转；

②国有独资企业与其下属独资企业（事业单位）之间或者其下属的独资企业（事业单位）之间的合并、资产（产权）置换和无偿划转。

（3）企业发生应当进行资产评估行为的，应当由其产权持有单位委托具有相应专业服务能力的资产评估机构进行评估。

企业产权持有单位委托的资产评估机构应当具备下列基本条件：

①遵守国家有关法律、法规、规章以及企业国有资产评估的政策规定，严格履行法定职责，近3年内没有违法、违规记录；

②具有与评估对象相适应的专业人员和专业特长；

③与企业负责人无经济利益关系；

④未向同一经济行为提供审计业务服务。

2. 企业国有资产评估的组织管理系统

企业国有资产评估的组织管理系统由履行出资人职责的机构和资产评估机构两部分组成。

（1）国有资产监督管理机构。

各级履行出资人职责的机构负责其所出资企业的国有资产评估监督工作。国务院国有资产监督管理机构主要负责对全国企业国有资产评估监管工作进行指导和监督。

（2）资产评估机构。

资产评估机构的组织形式为合伙制或者公司制。资产评估机构开展国有资产评估业务，应当按规定向省级财政部门备案，并遵守有关法律、行政法规和评估准则，遵循独立客观公正的原则。资产评估机构应当建立健全质量控制制度，保证资产评估报告的客观、真实、合理。

资产评估机构违反法律规定，有下列情形之一的，由有关评估行政管理部门予以警告，可以责令停业1个月以上6个月以下；有违法所得的，没收违法所得，并处违法所得1倍以上5倍以下罚款；情节严重的，由有关部门吊销营业执照；构成犯罪的，依法追究刑事责任：

①利用开展业务之便，谋取不正当利益的；

②允许其他机构以本机构名义开展业务，或者冒用其他机构名义开展业务的；

③以恶性压价、支付回扣、虚假宣传或者贬损、诋毁其他评估机构等不正当手段招揽业务的；

④受理与自身有利害关系的业务的；

⑤分别接受利益冲突双方的委托，对同一评估对象进行评估的；

⑥出具有重大遗漏的评估报告的；

⑦未按规定的期限保存评估档案的；

⑧聘用或者指定不符合规定的人员从事评

估业务的；

⑨对本机构的评估专业人员疏于管理，造成不良后果的。

资产评估机构违反法律规定，出具虚假评估报告的，由有关评估行政管理部门责令停业6个月以上1年以下；有违法所得的，没收违法所得，并处违法所得1倍以上5倍以下罚款；情节严重的，由市场监督管理部门吊销营业执照；构成犯罪的，依法追究刑事责任。

3. 核准制和备案制

（1）经各级人民政府批准经济行为的事项涉及的资产评估项目，分别由其国有资产监督管理机构负责核准。经国务院国有资产监督管理机构批准经济行为的事项涉及的资产评估项目，由国务院国有资产监督管理机构或国务院授权的部门负责备案。

（2）资产评估项目的核准按照下列程序进行：

①企业收到资产评估机构出具的评估报告后应当逐级上报初审，经初审同意后，自评估基准日起8个月内向履行出资人职责的机构提出核准申请。②履行出资人职责的机构收到核准申请后，对符合要求的，及时组织专家审核，在20个工作日内完成对评估报告的核准；对不符合要求的，予以退回。

履行出资人职责的机构应当对下列事项进行审核：资产评估项目所涉及的经济行为是否获得批准；资产评估机构是否具备相应评估资质；评估人员是否具备相应执业资格；评估基准日的选择是否适当，评估结果的使用有效期是否明示；资产评估范围与经济行为批准文件确定的资产范围是否一致；评估依据是否适当；企业是否就所提供的资产权属证明文件、财务会计资料及生产经营管理资料的真实性、合法性和完整性作出承诺；评估过程是否符合相关评估准则的规定；参与审核的专家是否达成一致意见。

（3）资产评估项目的备案按照下列程序进行：

①企业收到资产评估机构出具的评估报告后，将备案材料逐级报送给履行出资人职责的机构或其所出资企业，自评估基准日起9个月内提出备案申请。

②履行出资人职责的机构或者所出资企业收到备案材料后，对材料齐全的，在20个工作日内办理备案手续，必要时可组织有关专家参与备案评审。

履行出资人职责的机构及所出资企业根据下列情况确定是否对资产评估项目予以备案：资产评估所涉及的经济行为是否获得批准；资产评估机构是否具备相应评估资质，评估人员是否具备相应执业资格；评估基准日的选择是否适当，评估结果的使用有效期是否明示；资产评估范围与经济行为批准文件确定的资产范围是否一致；企业是否就所提供的资产权属证明文件、财务会计资料及生产经营管理资料的真实性、合法性和完整性作出承诺；评估程序是否符合相关评估准则的规定。

经典例题

【真题·单选题】（2020）根据企业国有资产法律制度的规定，国有金融企业经批准进行改组改制涉及资产评估的，其资产评估项目应经特定部门核准。该特定部门是（　　）。

A. 财政部门

B. 国有资产监督管理部门

C. 证券监督管理部门

D. 市场监督管理部门

【答案】 A

【解析】 中央金融企业资产评估项目报财政部核准，地方金融企业资产评估项目报本级财政部门核准。

【真题·单选题】（2019）根据企业国有资产法律制度的规定，国家出资企业及其各级子企业发生特定行为时，应当对相关资产进行评估。下列各项中，属于此类特定行为的是（　　）。

A. 经各级人民政府或其国有资产监督管理机构批准，对企业整体实施无偿划转

B. 国有独资公司与其下属独资企业之间

的资产置换

C. 国家出资企业整体或部分改制为有限责任公司或股份有限公司

D. 经各级人民政府或其国有资产监督管理机构批准，对企业部分实施无偿划转

【答案】C

【解析】本题考核企业国有资产评估的范围。可以不评估的情形有：（1）经各级人民政府或其国有资产监督机构批准，对企业整体或者部分资产实行无偿划转；（2）国有独资企业与其下属独资企业（事业单位）之间或者其下属的独资企业（事业单位）之间的合并、资产（产权）置换和无偿划转。选项C属于“整体或者部分改建为有限责任公司或者股份有限公司”应当经评估。

高频考点8：企业国有资产交易★★

1. 企业国有资产交易的概念

企业国有资产交易，是指履行出资人职责的机构、国有及国有控股企业、国有实际控制企业转让产权，或者增加资本、进行重大资产转让的活动。

2. 企业国有资产交易行为

（1）履行出资人职责的机构、国有及国有控股企业、国有实际控制企业转让其对企业各种形式出资所形成的权益行为（以下称“企业产权转让”）；

（2）国有及国有控股企业、国有实际控制企业增加资本的行为（以下称“企业增资”），政府以增加资本金方式，对国家出资企业的投入除外；

（3）国有及国有控股企业、国有实际控制企业的重大资产转让行为（以下称“企业资产转让”）。

高频考点9：企业产权转让★★★

1. 审核批准

履行出资人职责的机构负责审核国家出资企业的产权转让事项。其中，因产权转让致使国家不再拥有所出资企业控股权的，须由履行出资人职责的机构报本级人民政府批准。

国家出资企业应当制定其子企业产权转让管理制度，确定审批管理权限。对主业处于关系国家安全、国民经济命脉的重要行业和关键领域，主要承担重大专项任务子企业的产权转让，须由国家出资企业报同级履行出资人职责的机构批准。

产权转让应当由转让方按照企业章程和企业内部管理制度进行决策，形成书面决议。产权转让涉及职工安置事项的，安置方案应当经职工代表大会或职工大会审议通过。

2. 审计评估

产权转让事项经批准后，由转让方委托会计师事务所对转让标的企业进行审计，转让价格应当以经核准或备案的评估结果为基础确定。

3. 确定受让方

产权转让原则上通过产权市场公开进行。转让方可以根据企业实际情况和工作进度安排，采取信息预披露和正式披露相结合的方式，通过产权交易机构网站分阶段对外披露产权转让信息，公开征集受让方。其中，正式披露时间不得少于20个工作日。

产权转让原则上不得针对受让方设置资格条件，确需设置的，不得有明确指向性或违反公平竞争原则，所设资格条件相关内容应当在信息披露前报同级国有资产监督管理机构备案，国有资产监督管理机构在5个工作日内未反馈意见的，视为同意。

转让方应当按照要求向产权交易机构提供披露信息内容的纸质文档材料，并对披露内容和所提供材料的真实性、完整性、准确性负责。产权交易机构应当对信息披露的规范性负责。

产权转让项目首次正式信息披露的转让底价，不得低于经核准或备案的转让标的评估结果。信息披露期满未征集到意向受让方的，可以延期或在降低转让底价、变更受让条件后重新进行信息披露。重新披露信息的，披露时间不得少于20个工作日。新的转让底价低于评

估结果的90%时，应当经转让行为批准单位书面同意。

转让项目自首次正式披露信息之日起超过12个月未征集到合格受让方的，应当重新履行审计、资产评估以及信息披露等产权转让工作程序。

产权交易机构负责意向受让方的登记工作，对意向受让方是否符合受让条件提出意见并反馈给转让方。产权交易机构与转让方意见不一致的，由转让行为批准单位决定意向受让方是否符合受让条件。

产权转让信息披露期满产生符合条件的意向受让方的，按照披露的竞价方式组织竞价。竞价可以采取拍卖、招投标、网络竞价以及其他竞价方式，且不得违反国家法律法规的规定。

受让方确定后，转让方与受让方应当签订产权交易合同，双方不得以交易期间企业经营性损益等理由，对已达成的交易条件和交易价格进行调整。

4. 结算交易价款

交易价款应当以人民币计价，通过产权交易机构以货币进行结算，交易价款原则上应当自合同生效之日起5个工作日内一次付清。金额较大，一次付清确有困难的，可以采取分期付款方式。采用分期付款方式的，首期付款不得低于总价款的30%，并在合同生效之日起5个工作日内支付，其余款项应当提供转让方认可的合法有效担保，并按同期银行贷款利率支付延期付款期间的利息，付款期限不得超过1年。

产权交易合同生效后，产权交易机构应当将交易结果通过交易机构网站对外公告，公告期不少于5个工作日。

5. 非公开协议方式转让企业产权

以下情形的产权转让可以采取非公开协议转让方式：

（1）涉及主业处于国家安全，国民经济命脉的重要行业和关键领域，企业的重组整合对受让方有特殊要求，企业产权需要在国有及国有控股企业之间转让的，经国有资产监督管理机构批准，可以采取非公开协议转让方式。

（2）同一国家出资企业及其各级控股企业和实际控制企业之间因实施内部重组整合进行产权转让的，经该国家出资企业审议决策，可以采取非公开协议转让方式。

采取非公开协议转让方式转让企业产权的转让价格不得低于经核准或备案的评估结果。

经典例题

【真题·多选题】（2022）根据企业国有资产法律制度的规定，下列关于企业产权转让的表述中，正确的有（　　）。

A. 产权转让事项经批准后，应由受让方委托会计师事务所对转让标的企业进行审计

B. 产权转让原则上通过产权市场公开进行

C. 产权交易合同订立后，交易双方可以以交易期间企业经营性损益为由对交易价格进行适当调整

D. 交易价款金额较大、一次付清确有困难的，可以采取分期付款方式

【答案】 BD

【解析】 产权转让事项经批准后，由转让方委托会计师事务所对转让标的企业进行审计，不是受让方，因此，选项A错误；受让方确定后，转让方与受让方应当签订产权交易合同，双方不得以交易期间企业经营性损益等理由，对已达成的交易条件和交易价格进行调整，选项C错误。

高频考点10：企业增资★★

1. 审核批准

履行出资人职责的机构负责审核国家出资企业的增资行为。其中，因增资致使国家不再拥有所出资企业控股权的，须由履行出资人职责的机构报本级人民政府批准。

2. 审核评估

企业增资在完成决策批准程序后，应当由增资企业委托具有相应资质的中介机构开展审

计和资产评估。

3. 确定投资方

（1）企业增资通过产权交易机构网站对外披露信息公开征集投资方，时间不得少于40个工作日。

（2）企业增资涉及上市公司实际控制人发生变更的，应当同时遵守上市公司国有股权管理及证券监管的相关规定。

（3）产权交易机构接受增资企业的委托，提供项目推介服务，负责意向投资方的登记工作，协助企业开展投资方资格审查。通过资格审查的意向投资方数量较多时，可以采用竞价、竞争性谈判、综合评议等方式进行多轮次遴选。

（4）产权交易机构负责统一接收意向投资方的投标和报价文件，协助企业开展投资方遴选有关工作。

（5）企业董事会或者股东会以资产评估结果为基础，结合意向投资方的条件和报价等因素审议选定投资方。

（6）投资方以非货币资产出资的，应当经增资企业董事会或者股东会审议同意，并委托具有相应资质的评估机构进行评估，确认投资方的出资金额。

（7）增资协议签订并生效后，产权交易机构应当出具交易凭证，通过交易机构网站对外公告结果，公告期不少于5个工作日。

4. 非公开协议方式增资

（1）以下情形经同级国有资产监督管理机构批准，可以采取非公开协议方式进行增资：

①因国有资本布局结构调整需要，由特定的国有及国有控股企业或者国有实际控制企业参与增资；

②因国家出资企业与特定投资方建立战略合作伙伴或者利益共同体需要，由该投资方参与国家出资企业或者其子企业增资。

（2）以下情形经国家出资企业审议决策，可以采取非公开协议方式进行增资：

①国家出资企业直接或者指定其控股、实际控制的其他子企业参与增资；

②企业债权转为股权；

③企业原股东增资。

经典例题

【例题·单选题】国有资产监督管理机构负责审核国家出资企业的增资行为。其中，因增资致使国家不再拥有所出资企业控股权的，须由国有资产监督管理机构报特定主体批准。该特定主体是（　　）。

A. 上级人民政府

B. 本级人民政府

C. 国家出资企业所在地省级人民政府

D. 上级国有资产监督管理机构

【答案】B

【解析】本题考核企业增资审核批准问题。国有资产监督管理机构负责审核国家出资企业的增资行为。其中，因增资致使国家不再拥有所出资企业控股权的，须由国有资产监督管理机构报本级人民政府批准。

高频考点11：企业资产转让★

企业一定金额以上的生产设备、房产、在建工程以及土地使用权、债权、知识产权等资产对外转让，应当按照企业内部管理制度履行相应决策程序后，在产权交易机构公开进行。

转让方应当根据转让标的情况合理确定转让底价和转让信息公告期：

（1）转让底价高于100万元、低于1 000万元的资产转让项目，信息公告期应不少于10个工作日。

（2）转让底价高于1 000万元的资产转让信息项目，信息公告期应不少于20个工作日。

资产转让价款原则上一次性付清。

高频考点12：企业国有产权无偿划转★

（1）企业国有产权无偿划转是指企业国有产权在政府机构、事业单位、国有独资企业、国有独资公司之间的无偿转移行为。

企业国有产权无偿划转应当遵循以下原则：

①符合国家有关法律法规和产业政策的

规定；

②符合国有经济布局和结构调整的需要；

③有利于优化产业结构和提高企业核心竞争力；

④划转双方协商一致。

（2）企业国有产权无偿划转的程序。

①做好可行性研究。

②划转双方审议。划转双方应当在可行性研究的基础上，按照内部决策程序进行审议并形成书面决议，划入方（划出方）为国有独资企业的，应当由总经理办公会议审议；已设立董事会的，由董事会审议。划入方（划出方）为国有独资公司的，应当由董事会审议；尚未设立董事会的，由总经理办公会审议。所涉及的职工分流安置事项应当经被划转企业职工代表大会审议通过。

③审计或者清产核资。以中介机构出具的审计报告和经划出方国有资产监督管理机构批准的清产核资结果作为企业国有产权无偿划转的依据。

④签订划转协议。划转双方协商一致后，应当签订企业国有产权无偿划转协议，无偿划转事项按照规定程序批准后转让协议生效。

⑤办理产权登记手续。

（3）企业国有产权无偿划转的批准。

①确定批准机构。

企业国有产权在同一国有资产监督管理机构所出资企业之间无偿划转的，由所出资企业共同报国有资产监督管理机构批准，企业国有产权在不同国有资产监督管理机构所出资企业之间无偿划转的，依据划转双方的产权归属关系，由所出资企业分别报同级国有资产监督管理机构批准。实施政企分开的企业，其国有产权无偿划转所出资企业或其子企业持有的，由同级国有资产监督管理机构和主管部门分别批准。

②批准机构审查。

企业国有产权无偿划转事项经批准后，划出方和划入方调整产权划转比例或者划转协议有重大变化的，应当按照规定程序重新报批。有下列情况之一的，不得实施无偿划转：

a. 被划转企业主业不符合划入方主业及发展规划的；

b. 中介机构对被划转企业转让基准日的财务报告出具否定意见、无法表示意见和保留意见的审计报告的；

c. 无偿划转涉及的职工分流安置事项，未经被划转企业的职工代表大会审议通过的；

d. 被划转企业或有负债未有妥善解决方案的；

e. 划出方债务未有妥善处置方案的。

③由政府决定的无偿划转事项。

根据规定，下列国有产权无偿划转事项，依据中介机构出具的被划转企业上一年度或最近一次的审计报告和经国有资产监督管理机构批准的清产核资结果，直接进行账务调整，并按规定办理产权登记手续：

a. 由政府决定的所出资企业国有产权无偿划转本级国有资产监督管理机构其他所出资企业的；

b. 由上级政府决定的所出资企业国有产权在上、下级政府国有资产监督管理机构之间的无偿划转；

c. 由划入、划出方政府决定的所出资企业国有产权在互不隶属的政府国有资产监督管理机构之间的无偿划转；

d. 由政府决定的实施政企分开的企业，其国有产权无偿划转国有资产监督管理机构持有的；

e. 其他由政府和国有资产监督管理机构根据国有经济布局、结构调整和重组需要决定的无偿划转事项。

高频考点 13：上市公司国有股权变动管理★

（1）上市公司国有股权变动，是指上市公司国有股权持股主体、数量和比例等发生变化的行为。具体包括：

①国有股东所持上市公司股份通过证券交

易系统转让、公开征集转让、非公开协议转让、无偿划转、间接转让、国有股东发行可交换公司债券；

②国有股东通过证券交易系统增持、协议受让、间接受让、要约收购上市公司股份和认购上市公司发行股票；

③国有股东所控股上市公司吸收合并、发行证券；

④国有股东与上市公司进行资产重组等行为。

（2）上市公司国有股权变动管理的原则：

①上市公司国有股权变动行为应坚持公开、公平、公正原则，遵守国家有关法律、行政法规和规章制度规定，符合国家产业政策和国有经济布局结构调整方向，有利于国有资本保值增值，提高企业核心竞争力。

②上市公司国有股权变动涉及的股份应当权属清晰，不存在受法律法规规定限制的情形。

③国有股东所持上市公司股份变动应在作充分可行性研究的基础上制订方案，严格履行决策、审批程序，规范操作，按照证券监管的相关规定履行信息披露等义务。在上市公司国有股权变动信息披露前，各关联方要严格遵守保密规定。

④上市公司国有股权变动应当根据证券市场公开交易价格、可比公司股票交易价格、每股净资产值等因素合理定价。

高频考点14：国有股东所持上市公司股份的方式★★★

1. 通过交易系统转让

国有股东通过证券交易系统转让上市公司股份，按照国家出资企业内部决策程序决定，有以下情形之一的，应报国有资产监督管理机构审核批准：

（1）国有控股股东转让上市公司股份可能导致持股比例低于合理持股比例的。

（2）总股本不超过10亿股的上市公司，国有控股股东拟于一个会计年度内累计净转让（累计转让股份扣除累计增持股份后的余额，下同）达到总股本5%及以上的；总股本超过10亿股的上市公司，国有控股股东拟于一个会计年度内累计净转让数量达到5 000万股及以上的。

（3）国有参股股东拟于一个会计年度内累计净转让达到上市公司总股本5%及以上的。

2. 公开征集转让

公开征集转让是指国有股东依法公开披露信息，征集受让方转让上市公司股份的行为。

（1）公开征集转让股份信息披露。公开征集期限不得少于10个交易日。

（2）选择确定受让方。国有股东收到拟受让方提交的受让申请及受让方案后，应当成立由内部职能部门人员以及法律财务等独立外部专家组成的工作小组，严格按照以公告的规则选择确定受让方。

（3）签订股份转让协议。国有股东确定受让方后，应当及时与受让方签订股份转让协议。

（4）审批。国有股东与受让方签订协议后，按照审批权限由国家出资企业审核批准或由国有资产监督管理机构审核批准。

（5）确定转让股份价格。国有股东公开征集转让上市公司股份的价格不得低于下列二者之中的较高者：①提示性公告日前30个交易日的每日加权平均价格的算术平均值；②最近一个会计年度上市公司经审计的每股净资产值。

（6）收取转让股份价款。国有股东应当在股份转让协议签订后5个工作日内收取不低于转让价款30%的保证金，其余价款应在股份过户前全部结清。

（7）办理股份过户登记手续。

3. 非公开协议转让

非公开协议转让是指不公开征集受让方，通过直接签订协议转让上市公司股份的行为。

（1）非公开协议转让股份情形。符合以下情形之一的，国有股东可以非公开协议转让上市公司股份：①上市公司连续两年亏损并存在退市风险和严重财务危机，受让方提出重大资产重组计划及具体时间表的；②企业主业处于关系国家安全，国民经济命脉的重要行业和关键领域，主要承担重大专项任务，对受让方有特殊要求的；③为实施国有资源整合和资产重组，在国有股东、潜在国有股东（经本次国有资源整合和资产重组后成为上市公司国有股东的）之间转让的；④上市公司回购股份涉及国有股东所持股份的；⑤国有股东因接受要约收购方式转让其所持上市公司股份的；⑥国有股东因解散、破产、减资、被依法责令关闭等原因转让其所持上市公司股份的；⑦国有股东以所持上市公司股份出资的。

（2）具体程序有：签订股份转让协议→审批→确定股份转让价格→收取股份转让价款。

国有股东非公开协议转让上市公司股份存在下列特殊情形的，可以按以下原则确定股份转让价格：①国有股东为实施资源整合和重组上市公司，并在其所持上市公司股份转让完成后全部回购上市公司主业资产的股份，转让价格由国有股东根据中介机构出具的该上市公司股票价格的合理估值结果确定。②为实施国有资源整合和资产重组，在国有股东之间转让且上市公司中的国有权益并不因此减少的，股份转让价格应当根据上市公司股票的每股净资产值、净资产收益率、合理的市盈率等因素合理确定。

4. 股份无偿划转

政府部门、机构、事业单位、国有独资或全资企业之间可以依法无偿划转所持上市公司股份。国有股东所持上市公司股份无偿划转，按照审批权限由国家出资企业审核批准或由履行出资人职责的机构审核批准。

5. 股份间接转让

国有股东所持上市公司股份间接转让，是指因国有产权转让或增资扩股等原因导致国有股东不再符合规定情形的行为。

国有股东拟间接转让上市公司股份的，履行内部决策程序后，应书面通知上市公司进行信息披露，涉及国有控股股东的，应当一并通知上市公司申请停牌。

国有股东所持上市公司股份间接转让，应当按照不得低于下列二者之中的较高者确定其所持上市公司股份价值：（1）提示性公告日前30个交易日的每日加权平均价格的算术平均值；（2）最近一个会计年度上市公司经审计的每股净资产值。

国有控股股东所持上市公司股份间接转让，应当按规定聘请财务顾问，对国有产权拟受让方和投资人进行尽职调查，并出具尽职调查报告。国有股东所持上市公司股份间接转让的，国有股东应在产权转让或增资扩股协议签订后，产权交易机构出具交易凭证前，报履行出资人职责的机构审核批准。

经典例题

【真题·单选题】（2019）根据企业国有资产法律制度的规定，国有参股股东拟于一个会计年度内通过证券交易系统累计净转让的上市公司股份达到该上市公司总股本特定比例及以上的，应当报国有资产监督管理机构的审核批准。该特定比例是（　　）。

A. 5%　　B. 8%

C. 10%　　D. 15%

【答案】A

【解析】本题考核国有股东所持上市公司股份通过证券交易系统转让。国有股东通过证券交易系统转让所持有上市公司股份时，国有参股股东拟于一个会计年度内累计净转让股份比例达到上市公司总股本5%及以上的，应当报国有资产监督管理机构审核批准。

高频考点15：国有股东受让上市公司股份★★

国有股东受让上市公司股份行为主要包括国有股东通过证券交易系统增持、协议受让、间接受让、要约收购上市公司股份和认购上市公司发行股票等。

1. 审核批准

国有股东受让上市公司股份，按照审批权限由国家出资企业审核批准或由履行出资人职责责的机构审核批准。

2. 办理受让手续

国有股东将其持有的可转换公司债券和可交换公司债券转换、交换成上市公司股票的，通过司法机关强制执行手续取得上市公司股份的，按照相关法律、行政法规及规章制度的规定办理，并在上述行为完成后10个工作日内将相关情况通过管理信息系统按程序报告履行出资人职责的机构。

高频考点16：国有股东发行可交换公司债券★

国有股东发行可交换公司债券，是指上市公司国有股东依法发行、在一定期限内依据约定条件可以交换成该股东所持特定上市公司股份的公司债券的行为。

1. 确定可交换公司债券的价格和利率

国有股东发行的可交换公司债券交换为上市公司每股股份的价格，应不低于债券募集说明书公告日前1个交易日、前20个交易日、前30个交易日该上市公司股票均价中的最高者。

国有股东发行的可交换公司债券，其利率应当在此参照同期银行贷款利率、银行票据利率、同行业其他企业发行的债券利率，以及标的公司股票每股交换价格、上市公司未来发展前景等因素的前提下，通过市场询价合理确定。

2. 审批

国有股东发行可交换公司债券，按照审批权限由国家出资企业审核批准或由履行出资人职责的机构审核批准。

高频考点17：国有股东所控股上市公司发行证券★

国有股东所控股上市公司发行证券包括上市公司采用公开方式向原股东配售股份、向不特定对象公开募集股份、采用非公开方式向特定对象发行股份以及发行可转换公司债券等行为。

国有股东所控股上市公司发行证券，应当在股东大会召开前，按照审批权限由国家出资企业审核批准或由履行出资人职责的机构审核批准。

高频考点18：国有股东所控股上市公司吸收合并★

国有股东所控股上市公司吸收合并，是指国有控股上市公司之间或国有控股上市公司与非国有控股上市公司之间的吸收合并。

1. 聘请财务顾问

国有股东所控股上市公司应当聘请财务顾问，对吸收合并的双方进行尽职调查和内部核查，并出具专业意见。

2. 确定换股价格

国有股东应指导上市公司根据股票交易价格，并参考可比交易案例，合理确定上市公司换股价格。

3. 审批

国有股东应当在上市公司董事会审议吸收合并方案前，将该方案报履行出资人职责的机构审核批准。

高频考点19：国有股东与上市公司进行资产重组★

国有股东与上市公司进行资产重组，是指国有股东向上市公司注入、购买或者置换资产并涉及国有股东所持上市公司股份发生变化的情形。

1. 信息披露

国有股东就资产重组事项进行内部决策后，应书面通知上市公司，由上市公司依法披露，并申请股票停牌。

2. 审批

国有股东与上市公司进行资产重组的方案经上市公司董事会审议通过后，应当在上市公司股东大会召开前，按照审批权限由国家出资企业审核批准或由履行出资人职责的机构审核批准。

国有股东参股的非上市企业参与非国有控股上市公司的资产重组事项，由国家出资企业按照内部决策程序自主决定。

进阶练习

（一）单选题

1. 下列有关企业国有资产监督管理体制的说法中错误的是（　　）。

A. 企业国有资产属于国家所有和集体所有

B. 企业国有资产受法律保护，任何单位和个人不得侵害

C. 国务院和地方人民政府依照法律、行政法规的规定，分别代表国家对国家出资企业履行出资人职责，享有出资人权益

D. 国务院和地方人民政府应当按照政企分开、社会公共管理职能与企业国有资产出资人职能分开、不干预企业依法自主经营的原则，依法履行出资人职责

2. 以下不属于履行出资人职责的机构依法任免或者建议任免国家出资企业的人员的是（　　）。

A. 国有独资企业的经理

B. 国有独资公司的董事长

C. 国有独资企业的财务负责人

D. 国有独资公司的总经理

3. 根据《企业国有资产法》的规定，下列不属于企业改制的情形是（　　）。

A. 国有独资公司改为国有独资企业

B. 国有独资企业改为国有资本控股公司

C. 国有资本控股公司改为非国有资本控股公司

D. 国有独资公司改为非国有资本控股公司

4. 根据相关规定，以下不应当申请办理国有资产产权登记的是（　　）。

A. 国有企业

B. 国有独资公司

C. 股份有限公司

D. 国有独资公司投资设立的企业

5. 以下不属于企业国有资产产权登记内容的是（　　）。

A. 占有产权登记

B. 变动产权登记

C. 注销产权登记

D. 分支机构产权登记

6. 下列产权登记的程序中，错误的是（　　）。

A. 企业申办产权登记，应当按规定填写相应的产权登记表，并向产权登记机关提交有关文献资料

B. 产权登记机关对企业产权登记的申报文件资料齐全的予以受理

C. 产权登记机关收到企业提交的符合规定的全部文件、资料后，发给《产权登记受理通知书》，并于10个工作日内对企业申报的产权登记作出准予登记或不予登记的决定

D. 产权登记机关不予登记的，应当自作出决定之日起3日内通知登记申请人，并说明原因

7. 下列关于企业国有资产评估履行基本程序的说法中，错误的是（　　）。

A. 应当依法选择资产评估机构

B. 指定至少两名相应专业类别的评估师承办

C. 资产评估档案保存期限为永久

D. 应当按照法律规定和资产评估报告载明的使用范围使用评估报告

8. 根据企业国有资产法律制度的规定，下列关于企业国有资产产权登记年度检查制度的表述中，错误的是（　　）。

A. 企业应当于每个公历年度终了后90日内，办理工商年检登记之前，向原产权登记机关申办产权登记年度检查

B. 下级产权登记机关应当于每个公历年度终了后150日内，编制并向同级政府和上级产权登记机关报送产权登记与产权变动状况分析报告

C. 企业国有资产经营年度报告书是反映

企业在检查年度内国有资产经营状况和产权变动状况的书面文件

D. 各级国有资产监督管理机构可以选择采用统一组织年检或企业自查、各级产权登记机关抽查相结合的年检方式

9. 下列人员中，由履行出资职责的机构任免的是（　　）。

A. 国有独资企业的全部管理人员

B. 国有独资公司的副董事长

C. 国有控股公司的董事长

D. 国有参股公司的监事

10. 根据企业国有资产法律制度的规定，企业国有资产产权登记机关是（　　）。

A. 各级财政部门

B. 各级国有资产监督管理机构

C. 各级工商行政管理部门

D. 各级商务主管部门

11. 根据企业国有资产法律制度的规定，国有企业应当申请变动产权登记的是（　　）。

A. 企业被依法宣告破产

B. 企业改制后不再设置国有股权

C. 企业解散

D. 企业组织形式发生变动

（二）多选题

1. 国有资产按照用途和性质划分，可以分为（　　）。

A. 经营性国有资产

B. 行政事业性国有资产

C. 资源性国有资产

D. 企业国有资产

2. 下列属于履行出资人职责的机构有（　　）。

A. 国务院

B. 国务院国有资产监督管理机构

C. 地方国有资产监督管理机构

D. 国务院和地方人民政府根据需要授权的其他部门、机构

3. 根据《企业国有资产法》的规定，履行出资人职责的机构的基本职责主要有（　　）。

A. 代表本级人民政府对国家出资企业依法享有资产收益、参与重大决策和选择管理者等出资人权利

B. 依照法律、行政法规的规定，制定或者参与制定国家出资企业的章程

C. 按照法律、行政法规和本级人民政府规定，对于须经本级人民政府批准的履行出资人职责的重大事项，报请本级人民政府批准

D. 按照国家有关规定，定期向本级人民政府报告有关企业国有资产总量、结构、变动、收益等汇总分析的情况

4. 根据《企业国有资产法》的规定，履行出资人职责的机构的履职要求主要有（　　）。

A. 履行出资人职责的机构应当保障出资人权益，防止企业国有资产损失

B. 履行出资人职责的机构应当维护国有资产所有者权益，必要时可以干预企业经营活动

C. 履行出资人职责的机构对本级人民政府负责，接受人民政府的监督和考核

D. 履行出资人职责的机构对企业国有资产的保值增值负责

5. 国家出资企业是指国家出资的（　　）。

A. 国有独资企业

B. 国有独资公司

C. 国有资本控股公司

D. 国有资本参股公司

6. 下列履行出资人职责的机构任命或者建议任命的董事、监事、高级管理人员应当具备的条件有（　　）。

A. 有良好的品行

B. 有符合职位要求的专业知识和工作能力

C. 有能够正常履行职责的身体条件

D. 法律、行政法规规定的其他条件

7. 依据有关规定，发生下列情形的企业，应当通过所出资企业向产权登记机关申办变动产权登记的有（　　）。

A. 企业住所改变

B. 企业组织形式变动

C. 企业法定代表人发生变动的

D. 企业国有资本出资人发生变动

8. 国有金融资本产权登记和管理机关为同级财政部门。下列属于各级主管财政部门履行的产权登记机关的职责有（　　）。

A. 依法确认金融类企业国有产权归属，理顺产权关系，核发产权登记证（表）

B. 统计、监测、汇总和分析国有金融资本占有、使用和变动情况

C. 监督金融机构国有资本经营状况

D. 对金融机构产权被司法冻结等产权或有变动事项进行备案

9. 企业国有资产经营年度报告书应当包括的内容有（　　）。

A. 企业国有资产保值增值情况

B. 企业国有资本金实际到位和增减变动情况

C. 企业对外投资及投资收益情况

D. 企业及其子公司的担保、资产被司法机关冻结等产权或有变动情况

10. 企业产权持有单位委托的资产评估机构应当具备的基本条件有（　　）。

A. 遵守国家有关法律、法规、规章以及企业国有资产评估的政策规定，严格履行法定职责，近5年没有违法、违规记录

B. 具有与评估对象相适应的专业人员和专业特长

C. 与企业负责人无经济利益关系

D. 为相统一经济行为提供审计业务服务

11. 下列关于企业产权转让的说法，正确的有（　　）。

A. 产权转让应当由转让方按照企业章程和企业内部管理制度进行决策，形成书面决议

B. 产权转让事项经批准后，由转让方委托会计师事务所对转让标的企业进行审计，转让价格应当以经核准或备案的评估结果为基础确定

C. 产权转让原则上通过产权市场公开进行

D. 交易价款应当以人民币计价，通过产权交易机构以货币进行结算，交易价款应当自合同生效之日起5个工作日内一次付清

12. 下列经国家出资企业审议决策，可以采取非公开协议方式进行增资的有（　　）。

A. 国家出资企业直接参与增资

B. 国家出资企业指定其控股的子企业参与增资

C. 企业债权转为股权

D. 企业原股东增资

13. 根据有关规定，企业国有产权无偿划转应当遵循的原则有（　　）。

A. 符合国家有关法律法规和产业政策的规定

B. 符合国有经济布局和结构调整的需要

C. 有利于优化产业结构和提高企业核心竞争力

D. 划转双方协商一致

14. 根据国有企业法律制度的规定，国家出资企业及其各级子企业的下列情形中，应当对相关资产进行资产评估的有（　　）。

A. 以非货币资产对外投资

B. 产权转让

C. 资产置换

D. 收购非国有单位的资产

15. 根据企业国有资产相关法律制度的规定，下列关于企业国有资产产权登记程序的表述中，正确的有（　　）。

A. 企业申办产权登记，应当按规定填写相应的产权登记表，并向产权登记机关提交有关文献资料

B. 产权登记机关对企业产权登记的申报文件资料确认齐全后予以受理

C. 产权登记机关对受理后的产权登记文

件资料进行合规性审核

D. 产权登记机关应当在受理后 15 个工作日内对企业申报的产权登记作出准予登记或不予登记的决定

16. 以下关于涉及国有资产出资人权益的重大事项决策的表述中，符合企业国有资产法律制度规定的有（　　）。

A. 国有独资企业进行大额捐赠，应由企业职工代表大会讨论决定

B. 国有独资公司进行重大投资，可由董事会决定

C. 重要的国有资本控股公司分立，履行出资人职责的机构在向其委派参加公司股东会或股东大会会议的股东代表作出指示前，应当报请本级人民政府批准

D. 国家出资企业改制，应当听取企业工会的意见，并通过职工代表大会或者其他形式听取职工的意见和建议

17. 根据企业国有资产法律制度的规定，国家出资企业及其各级子企业的下列行为中，必须对相关国有资产进行评估的有（　　）。

A. 整体资产或部分资产租赁给非国有单位

B. 非上市公司国有股东股权比例变动

C. 国有独资企业与其下属独资企业之间的合并

D. 资产转让、置换

进阶练习答案及解析

（一）单选题

1. 【答案】A

【解析】企业国有资产属于国家所有，即全民所有。

2. 【答案】D

【解析】国家出资企业管理者的任免范围：（1）任免国有独资企业的经理、副经理、财务负责人和其他高级管理人员；（2）任免国有独资公司的董事长、副董事长、董事、监事会主席和监事；（3）向国有资本控股公司、国有资本参股公司的股东会、股东大会提出董事、监事人选。

3. 【答案】A

【解析】国有独资企业改为国有独资公司属于企业改制的情形，选项 A 不符合。

4. 【答案】C

【解析】设置国有股权的股份有限公司应当按照规定申请办理国有资产产权登记。

5. 【答案】D

【解析】分支机构产权登记不属于登记范围。

6. 【答案】B

【解析】教材修改后在程序中删除了选项 B 的内容，请考生注意。

7. 【答案】C

【解析】资产评估档案保存期限为 30 年。

8. 【答案】D

【解析】教材修改后在年检制度中删除了选项 D 的内容，请考生注意。

9【答案】B

【解析】履行出资人职责的机构任免国有独资公司的董事长、副董事长、董事、监事会主席和监事，选项 B 正确。

10. 【答案】B

【解析】企业国有资产产权登记机关是各级国有资产监督管理机构。

11. 【答案】D

【解析】选项 A、B、C 需办理注销产权登记。

（二）多选题

1. 【答案】ABC

【解析】根据国有资产相关法律的规定，国有资产按照用途和性质，可以划分为：经营性国有资产、行政事业性国有资产和资源性国有资产。

2. 【答案】BCD

【解析】履行出资人职责的机构包括：（1）国务院国有资产监督管理机构，即国务

院国有资产监督管理委员会。（2）地方人民政府依照国务院的规定设立的国有资产监督管理机构。根据地方人民政府的授权，其代表地方人民政府对国家出资企业履行出资人职责。（3）国务院和地方人民政府根据需要授权的其他部门、机构。

3.【答案】ABCD

【解析】履行出资人职责的机构的基本职责主要有：（1）国务院国有资产监督管理机构和地方人民政府按照国务院的规定设立的国有资产监督管理机构，根据本级人民政府的授权，代表本级人民政府对国家出资企业履行出资人职责。国务院和地方人民政府根据需要，可以授权其他部门、机构代表本级人民政府对国家出资企业履行出资人职责。代表本级人民政府履行出资人职责的机构、部门，以下统称“履行出资人职责的机构”。（2）履行出资人职责的机构代表本级人民政府对国家出资企业依法享有资产收益、参与重大决策和选择管理者等出资人权利。履行出资人职责的机构依照法律、行政法规的规定，制定或者参与制定国家出资企业的章程。履行出资人职责的机构对法律、行政法规和本级人民政府规定须经本级人民政府批准的履行出资人职责的重大事项，应当报请本级人民政府批准。（3）履行出资人职责的机构委派的股东代表参加国有资本控股公司、国有资本参股公司召开的股东会会议、股东大会会议，应当按照委派机构的指示提出提案、发表意见、行使表决权，并将其履行职责的情况和结果及时报告委派机构。（4）履行出资人职责的机构应当依照法律、行政法规以及企业章程履行出资人职责，保障出资人权益，防止国有资产损失。履行出资人职责的机构应当维护企业作为市场主体依法享有的权利，除依法履行出资人职责外，不得干预企业经营活动。（5）履行出资人职责的机构对本级人民政府负责，向本级人民政府报告履行出资人职责的情况，接受本级人民政府的监督和考核，对国有资产的保值增值负责。履行出资人职责的机构应当按照国家有关规定，定期向本级人民政府报告有关国有资产总量、结构、变动、收益等汇总分析的情况。

4.【答案】ACD

【解析】选项B，履行出资人职责的机构应当维护企业作为市场主体依法享有的权利，不得干预企业经营活动。

5.【答案】ABCD

【解析】国家出资企业是指国家出资的国有独资企业、国有独资公司，以及国有资本控股公司、国有资本参股公司。

6.【答案】ABCD

【解析】履行出资人职责的机构任命或者建议任命的董事、监事、高级管理人员应当具备下列条件：（1）有良好的品行；（2）有符合职位要求的专业知识和工作能力；（3）有能够正常履行职责的身体条件；（4）法律、行政法规规定的其他条件。

7.【答案】ABCD

【解析】企业发生下列情形之一的，应当申办变动产权登记：（1）企业名称、住所或法定代表人改变的；（2）企业组织形式发生变动的；（3）企业国有资本额发生增减变动的；（4）企业国有资本出资人发生变动的；（5）产权登记机关规定的其他变动情形。本题为教材修改内容的考查，请考生注意。

8.【答案】ABCD

【解析】国有金融资本产权登记和管理机关为同级财政部门。各级财政部门履行以下职责：（1）依法确认金融机构国有产权归属、理顺产权关系，核发产权登记证（表）；（2）监督国有控股金融机构的出资和产权变动及处置行为；（3）对金融机构产权被司法冻结等产权或有变动事项进行备案；（4）监督金融机构国有资本经营状况；（5）统计、监测、汇总和分析国有金融资本占有、使用和变动情况；（6）向上级财政部门报送国有金融资本产权登记情况与产权变动状况分析报告。本题为教材修改内容的考查，请考生注意。

9.【答案】ABCD

【解析】企业产权登记年度汇总分析报告书应当包括的内容有：（1）企业国有资本金

实际到位和增减变动情况；（2）企业国有资本的分布及结构变化；（3）本企业及其各级子企业发生国有资产产权变动情况及办理相应产权登记手续情况；（4）国务院授权履行出资人职责的机构规定的其他事项。

10.【答案】BCD

【解析】选项A正确表述为：遵守国家有关法律、法规、规章以及企业国有资产评估的政策规定、严格履行法定职责，近3年没有违法、违规记录。

11.【答案】ABC

【解析】选项D说法不正确，交易价款原则上应当自合同生效之日起5个工作日内一次付清。交易金额较大、一次付清确有困难的，可以采取分期付款方式。

12.【答案】ABCD

【解析】以下情形经国家出资企业审议决策，可以采取非公开协议方式进行增资：（1）国家出资企业直接或者指定其控股、实际控制的其他子企业参与增资；（2）企业债权转为股权；（3）企业原股东增资。

13.【答案】ABCD

【解析】企业国有产权无偿划转应当遵循的原则有：符合国家有关法律法规和产业政策的规定、符合国有经济布局和结构调整的需要、有利于优化产业结构和提高企业核心竞争力、划转双方协商一致。

14.【答案】ABCD

【解析】国家出资企业及其各级子企业有下列行为之一的，应当对相关资产进行资产评估：（1）整体或者部分改建为有限责任公司或者股份有限公司；（2）以非货币资产对外投资；（3）合并、分立、破产、解散；（4）非上市公司的国有股东股权比例变动；（5）产权转让；（6）资产转让、置换；（7）整体资产或者部分资产租赁给非国有单位；（8）以非货币资产偿还债务；（9）资产涉讼；（10）收购非国有单位的资产；接受非国有单位以非货币资产出资；接受非国有单位以非货币资产抵债；法律、行政法规规定的其他需要进行评估的事项。

15.【答案】ABC

【解析】选项D，产权登记机关应当在受理后10个工作日内对企业申报的产权登记作出准予登记或不予登记的决定。

16.【答案】BCD

【解析】选项A国有独资公司进行大额捐赠的，由董事会决定。

17.【答案】ABD

【解析】选项C，国家出资企业及其各级子企业之间的合并、资产（产权）置换和无偿划转，可以不对相关资产进行评估。

第十一章 反垄断法律制度

2023 年教材内容主要变化

由于2022年6月，十三届全国人大常委会第三十五次会议表决通过关于修改《中华人民共和国反垄断法》（以下简称《反垄断法》）的决定，全新修订的《反垄断法》自2022年8月1日开始实施，因此本章内容主要以修订后的法律为基础进行调整，请考生注意。

本章近五年考试高频考点分布

高频考点内容	年度及题型分布
《反垄断法》的适用范围	2021 年单选题、2020 年多选题
反垄断行政执法	2022 年多选题、2021 年单选题、2021 年多选题、2020 年多选题、2019 年多选题
反垄断民事诉讼	2021 年单选题、2020 年单选题、2019 年单选题、2018 年单选题
相关市场界定	2019 年单选题、2019 年多选题、2018 年单选题
《反垄断法》禁止的垄断协议	2022 年单选题、2022 年多选题、2018 年多选题
滥用市场支配地位	2019 年多选题、2018 年多选题
经营者集中申报制度	2022 年单选题、2020 年单选题、2019 年多选题

高频考点精讲

本章属于非重要考试章节，主要包括反垄断法律制度概述、垄断协议规则制度、滥用市场支配地位规则制度、经营者集中反垄断审查制度、滥用行政权力排除、限制竞争规则制度等内容。

高频考点1：《反垄断法》的适用范围★★★

1. 地域范围

（1）中华人民共和国境内经济活动中的垄断行为，适用《反垄断法》。

（2）中华人民共和国境外的垄断行为，对境内市场竞争产生排除、限制影响的，适用《反垄断法》。

小贴士 此处所称“境内”，不包含我国港、澳、台地区。

2.《反垄断法》适用的主体和行为

（1）以经营者为主体的垄断行为。

①经营者达成垄断协议；

②经营者滥用市场支配地位；

③具有或者可能具有排除、限制竞争效果的经营者集中。

（2）行业协会参与的垄断行为。

（3）滥用行政权力排除、限制竞争行为。

3.《反垄断法》的适用除外

（1）知识产权的正当行使。

经营者依照有关知识产权的法律、行政法规规定行使知识产权的行为，不适用《反垄断法》；但是，经营者滥用知识产权，排除、限制竞争的行为，不可排除《反垄断法》的适用。

（2）农业生产中的联合或者协同行为。

《反垄断法》对农业生产者及农村经济组织在农产品生产、加工、销售、运输、储存等经营活动中实施的联合或者协同行为排除适用。

经典例题

【真题·单选题】（2021）根据反垄断法律制度的规定，境外垄断行为对境内市场竞争产生排除、限制影响的，适用《反垄断法》，这属于（　　）。

A. 属人管辖

B. 属地管辖

C. 普遍管辖

D. 效果原则

【答案】D

【解析】我国反垄断法规定，中华人民共和国境内经济活动中的垄断行为，适用《反垄断法》，此为属地管辖；中华人民共和国境外的垄断行为，对境内市场竞争产生排除、限制影响的，适用《反垄断法》，此为效果原则。我国反垄断法的地域范围实行的是“属地＋效果”的原则。

【真题·多选题】（2020）下列主体中，属于《反垄断法》规制对象的有（　　）。

A. 经营者

B. 行业协会

C. 行政机关

D. 具有管理公共事务职能的组织

【答案】ABCD

【解析】《反垄断法》适用的主体和行为包括：以经营者为主体的垄断行为，行业协会参与的垄断行为，滥用行政权力排除、限制竞争的行为。

【例题·多选题】下列关于《反垄断法》适用范围的表述中，正确的有（　　）。

A. 只要垄断行为发生在境内，无论该行为是否对境内市场竞争产生排除、限制影响，均应适用《反垄断法》

B. 只要行为人是我国公民或者境内企业，无论该行为是否发生在境内，均应适用《反垄断法》

C. 只要行为人是我国公民或者境内企业，无论该行为是否对境内市场竞争产生排除、限制影响，均应适用《反垄断法》

D. 只要垄断行为对境内市场竞争产生排除、限制影响，无论该行为是否发生在境内，均应适用《反垄断法》

【答案】AD

【解析】选项A，只要垄断行为发生在境内，肯定适用中国的《反垄断法》，这就是属地原则；选项D，对于发生在境外但对境内市场竞争产生排除、限制影响的，照样适用中国的《反垄断法》，这就是效果原则；选项 B、C，如果境内甲公司和境内乙公司在美国达成垄断协议，但对境内市场竞争没有任何影响，当然不适用中国的《反垄断法》。

高频考点 2：相关市场界定★★★

1. 相关市场的概念及维度

（1）相关市场的概念。

相关市场是指经营者在一定时期内就特定商品或者服务（统称“商品”）进行竞争的商品范围和地域范围。

（2）相关市场的维度。

界定相关市场涉及的维度包括时间、商品和地域三个维度。

在反垄断执法实践中，通常需要界定相关商品市场和相关地域市场。在“唐山人人诉百度滥用市场支配地位案”中，人民法院将相关市场界定为“中国搜索引擎服务市场”，其中商品维度就是“搜索引擎服务”，地域维度是“中国”。

2. 界定相关市场的基本标准与分析视角

界定相关市场的意义在于明确在特定的时间段内，哪些地域范围内的哪些商品之间存在着竞争关系。判断商品之间是否具有竞争关系、是否在同一相关市场的基本标准是商品间的“较为紧密的相互替代性”。一般来说，商品之间的可替代性越高，它们之间的竞争关系就越强，就越可能属于同一相关市场。

市场中存在着卖方和买方两个主体，因此界定商品市场可以从需求替代和供给替代两个视角进行分析。

3. 相关商品市场及其界定

（1）相关商品市场，是指具有较为紧密替代关系的商品范围。此处的“商品”，不仅包括传统意义上的货物，而且还包括服务。在技术贸易、许可协议等涉及知识产权的反垄断执法工作中，商品的概念还会拓展到技术以及为完成某项技术创新而从事的研发活动，即“相关技术市场”和“相关创新市场”。

（2）从需求角度界定相关商品市场，一般考虑以下几个方面的因素：

①需求者因商品价格或者其他竞争因素变化，转向或者考虑转向购买其他商品的证据。

②商品的外形、特性、质量和技术特点等总体特征和用途。

③商品之间的价格差异。

④商品的销售渠道。

⑤其他重要因素（如需求者偏好或者需求者对商品的依赖程度；可能阻碍大量需求者转向某些紧密替代商品的障碍、风险和成本；是否存在区别定价等）。

（3）从供给角度界定相关商品市场，一般考虑的因素包括：经营者的生产流程和工艺；转产的难易程度；转产需要的时间；转产的额外费用和风险；转产后所提供商品的市场竞争力；营销渠道等。

4. 相关地域市场及其界定

（1）相关地域市场，是指相同或者具有替代关系的商品相互竞争的地域范围。不同的地理区域之间因空间距离导致的运输成本以及关税等贸易壁垒，会影响商品的自由流动，进而导致相同或者近似的商品之间不具有竞争关系。

（2）从需求角度界定相关地域市场，可以考虑的因素包括但不限于以下各方面：

①需求者因商品价格或者其他竞争因素变化，转向或者考虑转向其他地域购买商品的证据。

②商品的运输成本和运输特征。

③多数需求者选择商品的实际区域和主要经营者商品的销售分布。

④地区间的贸易壁垒，包括关税、地方性法规、环保因素、技术因素等。

⑤其他重要因素（如特定区域需求者偏好；商品运进和运出该地域的数量）。

5. 相关时间市场

相关时间市场，是指相同或者近似的商品在同一区域内相互竞争的时间范围。当商品的生产周期、使用期限、季节性、流行时尚性或者知识产权保护期限等已构成商品不可忽视的特征时，界定相关市场还应考虑时间性。

经典例题

【真题·单选题】（2018）根据反垄断法律制度的规定，下列各项中，属于界定相关商品市场的基本标准的是（　　）。

A. 商品的外形、特性、质量和技术特点等总体特征和用途

B. 商品的运输成本和运输特征

C. 商品间较为紧密的相互替代性

D. 商品的使用期限和季节性

【答案】C

【解析】选项A、C，相关商品市场，是指具有较为紧密替代关系的商品范围，“相互替代性”属于界定相关商品市场的基本标准；而“商品的外形、特性、质量和技术特点等总体特征和用途”属于从需求角度界定相关商品市场时予以考虑的因素之一，而非基本标准；选项B，属于界定相关地域市场的基本标准；选项D，属于界定相关时间市场的基本标准。

【例题·单选题】在“唐山人人诉百度滥用市场支配地位案”中，人民法院将该案的相关市场界定为“中国搜索引擎服务市场”。根据反垄断法律制度的规定，“搜索引擎服务”属于（　　）。

A. 相关商品市场　　B. 相关创新市场

C. 相关时间市场　　D. 相关技术市场

【答案】A

【解析】相关商品市场，是指具有较为紧密替代关系的商品范围。此处的“商品”，不仅包括传统意义上的货物，而且还包括服务。在技术贸易、许可协议等涉及知识产权的反垄断执法工作中，商品的概念还会拓展到技术以及为完成某项技术创新而从事的研发活动，即“相关技术市场”和“相关创新市场”。

【例题·单选题】根据反垄断法律制度的规定，下列各项中，属于从供给角度界定相关商品市场时所应考虑的因素是（　　）。

A. 商品的功能及用途

B. 其他经营者的转产成本

C. 消费者的消费偏好

D. 商品间的价格差异

【答案】B

【解析】从供给角度界定相关商品市场，一般考虑的因素包括：经营者的生产流程和工艺，转产的难易程度，转产需要的时间，转产的额外费用和风险，转产后所提供商品的市场竞争力，营销渠道等。

高频考点3：反垄断法律责任★

1. 行政责任

（1）《反垄断法》上的行政责任，是指由反垄断行政执法机构针对违法垄断行为作出的制裁措施。

（2）我国《反垄断法》规定的行政责任主要包括：责令停止违法行为、没收违法所得、罚款、限期恢复原状等形式。

（3）当事人不服反垄断执法机构有关处罚决定的，可以申请行政复议，也可以直接向人民法院提起行政诉讼。

2. 民事责任

有关《反垄断法》的民事责任主要包括停止侵害、赔偿损失等。相关当事人可以主张赔偿责任的情形包括：

（1）因经营者的滥用市场支配地位行为而受损的；

（2）因垄断协议当事人一方对违反垄断协议的他方实施处罚，给其造成损失的；

（3）因垄断协议无效，协议一方当事人向另一方当事人主张返还对价、恢复原状的；

（4）因垄断协议无效，消费者向实施垄断协议的经营者主张返还多付价款的。

3. 刑事责任

对于经营者以及执法工作人员所实施的违法行为，均有可能根据具体事实适用《刑法》及其相关规定承担刑事责任。

经典例题

【例题·多选题】根据反垄断法律制度的

规定，经营者因实施垄断行为可能承担的法律责任类型有（　　）。

A. 行政责任　　B. 民事责任

C. 刑事责任　　D. 宪法责任

【答案】ABC

【解析】我国《反垄断》法规定的法律责任主要为民事责任、行政责任和刑事责任。修订后的《反垄断法》第六十七条规定：违反本法规定，构成犯罪的，依法追究刑事责任。

【例题·多选题】下列垄断行为中，行为人可能承担刑事责任的有（　　）。

A. 经营者滥用市场支配地位，搭售商品

B. 经营者与交易相对人达成固定转售价格的协议

C. 经营者未经执法机构批准，擅自实施集中

D. 经营者之间串通投标

【答案】ABCD

【解析】修订后的《反垄断法》第六十七条规定：违反本法规定，构成犯罪的，依法追究刑事责任，因此，上述行为均有刑事责任的规定。

高频考点4：反垄断行政执法★★★

1. 反垄断机构及执法权

我国的反垄断执法机构为国家市场监督管理总局。在权力的纵向配置上，反垄断执法权属于中央事权。为了加强和优化政府反垄断职能，充实反垄断执法力量，国家市场监管总局概括授权各省、自治区、直辖市人民政府市场监督管理部门负责本行政区域内有关反垄断执法工作。

小贴士 本次国务院机构改革后，我国实现了反垄断执法机构的一元化。

需要注意的是，国务院反垄断委员会并不是执法机构，而是关于反垄断工作的议事协调机构，其职责包括：

（1）研究拟订有关竞争政策；

（2）组织调查、评估市场总体竞争状况，发布评估报告；

（3）制定、发布反垄断指南；

（4）协调反垄断行政执法工作；

（5）国务院规定的其他职责。

小贴士 国务院反垄断委员会办公室设在国家市场监督管理总局。

小贴士 根据2020年10月20日通过的《经营者集中审查暂行规定》，市场监管总局根据工作需要，可以委托省、自治区、直辖市市场监管部门实施经营者集中审查。

2. 反垄断调查措施

反垄断执法机构调查涉嫌垄断行为，可以采取下列措施：

（1）进入被调查的经营者的营业场所或者其他有关场所进行检查；

（2）询问被调查的经营者、利害关系人或者其他有关单位或者个人，要求其说明有关情况；

（3）查阅、复制被调查的经营者、利害关系人或者其他有关单位或者个人的有关单证、协议、会计账簿、业务函电、电子数据等文件和资料；

（4）查封、扣押相关证据；

（5）查询经营者的银行账户。

3. 反垄断调查程序

反垄断调查程序包括立案、调查和处理三个阶段。

4. 经营者承诺

（1）经营者承诺，这一制度主要适用于垄断协议和滥用市场支配地位案件。涉嫌垄断行为的经营者在被调查期间，可以提出中止调查申请。反垄断执法机构根据被调查经营者的中止调查申请，在考虑行为的性质、持续时间、后果、社会影响、经营者承诺的措施及其预期效果等具体情况后，可以决定中止调查和终止调查。

（2）执法机构的中止调查及终止调查决定，不是对经营者的行为是否构成垄断行为作出认定。执法机构仍然可以依法对其他类似行为实施调查并作出行政处罚。中止调查及终止

调查决定也不应作为认定该行为是否构成垄断行为的相关证据。

(3) 经营者的承诺措施及对其的分析审查。经营者承诺的措施可以是结构性措施、行为性措施和综合性措施。行为性措施包括调整定价策略、取消或者更改各类交易限制措施、开放网络或者平台等基础设施，许可专利、技术秘密或者其他知识产权等；结构性措施包括剥离有形资产、知识产权等无形资产或者相关权益等。承诺的措施需要明确、可行且可以自主实施。如果承诺的措施需经第三方同意方可实施，经营者需要提交第三方同意的书面意见。

执法机构在对经营者的承诺进行审查时，可以综合考虑以下因素：一是经营者实施涉嫌垄断行为的主观态度；二是经营者实施涉嫌垄断行为的性质、持续时间、后果及社会影响；三是经营者承诺的措施及其预期效果。

(4) 调查的中止、终止和恢复。

有下列情形之一的，反垄断执法机构应当恢复调查：

①经营者未履行承诺的；

②作出中止调查决定所依据的事实发生重大变化的；

③中止调查的决定是基于经营者提供的不完整或者不真实的信息作出的。

经典例题

【真题·多选题】(2022) 根据反垄断法律制度的规定，下列关于经营者承诺制度的表述中，正确的有（　　）。

A. 经营者承诺制度主要适用于垄断协议和滥用市场支配地位的案件

B. 反垄断执法机构对涉嫌垄断行为调查核实后认为构成违法垄断行为的，不得接受经营者承诺

C. 涉嫌固定商品价格的横向垄断协议，反垄断执法机构可以接受经营者承诺

D. 接受经营者承诺后，反垄断执法机构不得再对经营者其他类似行为实施调查并作出行政处罚

【答案】AB

【解析】涉嫌固定或者变更商品价格、限制商品的生产数量或者销售数量、分割销售市场或者原材料采购市场等三类严重限制竞争的横向垄断协议的，反垄断执法机构不应接受经营者提出承诺，因此，选项C错误；执法机构的中止调查及终止调查决定，不是对经营者的行为是否构成垄断行为作出认定。执法机构仍然可以依法对其他类似行为实施调查并作出行政处罚，因此，选项D错误。

【真题·单选题】(2021) 根据反垄断法律制度的规定，对垄断行为进行审查和管理的机关是（　　）。

A. 国家市场监督管理总局

B. 反垄断委员会

C. 发改委

D. 商务部

【答案】A

【解析】国家市场监督管理总局负责反垄断法的行政执法。

【真题·多选题】(2021) 根据反垄断法律制度的规定，下列各项中，属于反垄断执法机构调查涉嫌垄断行为时可以采取的措施有（　　）。

A. 复制被调查的有关单位的会计账簿和电子数据

B. 要求被调查的经营者的利害关系人说明有关情况

C. 查封、扣押相关证据

D. 进入被调查的经营者的营业场所或者其他有关场所进行检查

【答案】ABCD

【解析】选项A、B、C、D均为反垄断执法机构可以采取的措施。

【例题·单选题】我国反垄断执法机构是（　　）。

A. 国家发改委

B. 商务部

C. 国家工商总局

D. 国家市场监督管理总局

【答案】D

【解析】国务院机构改革后，我国实现了反垄断执法机构的一元化，为国家市场监督管理总局。

高频考点5：反垄断民事诉讼★★★

1. 原告资格

（1）因垄断行为受到损失以及因合同内容、行业协会的章程等违反《反垄断法》而发生争议的自然人、法人或者其他组织，可以向人民法院提起反垄断民事诉讼。

（2）消费者只要因垄断行为受损，就可以作为垄断民事案件原告。

2. 民事诉讼与行政执法的关系

人民法院受理垄断民事纠纷案件，不以执法机构已对相关垄断行为进行了查处为前提条件。

3. 专家在诉讼中的作用

（1）专家出庭就专门问题进行说明，但专家在法庭上提供的意见并不属于《中华人民共和国民事诉讼法》（以下简称《民事诉讼法》）上的证据形式，而是作为法官判案的参考依据。

（2）专家出具市场调查或者经济分析报告。专业机构或者专业人员就案件的专门性问题作出的市场调查或者经济分析报告，应当视为鉴定意见。鉴定意见是《民事诉讼法》上的一种证据，有法定的审查和采信规则。

4. 诉讼时效

（1）诉讼时效的起算。

因垄断行为产生的损害赔偿请求权诉讼时效期间，从原告知道或者应当知道权益受到损害以及义务人之日起计算。

（2）诉讼时效的中断。

原告向反垄断执法机构举报被诉垄断行为的诉讼时效，从其举报之日起中断。

（3）持续性垄断行为的诉讼时效抗辩。

原告知道或者应当知道权益受到损害以及义务人之日起超过三年，如果起诉时被诉垄断行为仍然持续，被告提出诉讼时效抗辩的，损害赔偿应当自原告向人民法院起诉之日起向前推算三年计算。

（4）最长诉讼时效。

自权利受到损害之日起超过二十年的，人民法院不予保护，有特殊情况的，人民法院可以根据权利人的申请决定延长。

经典例题

【真题·单选题】（2021）根据我国反垄断法律制度的规定，反垄断民事诉讼的当事人可以向法院申请委托专业机构或者专业人员就案件的专门性问题作出市场调查或者经济分析报告。作出市场调查或者经济分析报告视为（　　）。

A. 证人证言

B. 鉴定意见

C. 当事人陈述

D. 法官判案的参考依据

【答案】B

【解析】专业机构或者专业人员就案件的专门性问题作出的市场调查或者经济分析报告，应当视为鉴定意见。

【真题·单选题】（2019）下列关于反垄断民事诉讼制度的表述中，说法正确的是（　　）。

A. 作为间接购买该公司产品的消费者，不能作为反垄断民事诉讼的原告

B. 在反垄断民事诉讼中，具有相应专门知识的人员出庭就案件专门性问题所作说明，属于《民事诉讼法》上的证人证言

C. 原告起诉时，被诉垄断行为已持续超过2年，被告以诉讼时效抗辩的，损害赔偿应当自原告向人民法院起诉之日起向前推算2年计算

D. 原告提起反垄断民事诉讼，需以反垄断执法机构认定相关垄断行为违法为前提

【答案】C

【解析】因垄断行为受到损失以及因合同

内容、行业协会的章程等违反《反垄断法》而发生争议的自然人、法人或者其他组织，可以向人民法院提起反垄断民事诉讼，选项A错误；专家出庭就专门问题进行说明，但专家在法庭上提供的意见并不属于《民事诉讼法》上的证据形式，而是作为法官判案的参考依据，选项B错误；人民法院受理垄断民事纠纷案件，是不以执法机构已对相关垄断行为进行了查处为前提条件的，选项D错误。

【真题·单选题】（2018）根据反垄断法律制度的规定，反垄断民事诉讼的当事人可以向人民法院申请具有相应专门知识的人员出庭，就案件的专门性问题进行说明，此类说明的性质是（　　）。

A. 鉴定意见

B. 当事人陈述

C. 法官判案的参考依据

D. 证人证言

【答案】C

【解析】专家出庭就专门问题进行说明，但专家在法庭上提供的意见并不属于《中华人民共和国民事诉讼法》上的证据形式，而是作为法官判案的参考依据。

【例题·多选题】下列关于我国反垄断民事诉讼制度的表述中，正确的有（　　）。

A. 因垄断行为受损的消费者，可以作为垄断民事案件的原告

B. 人民法院受理垄断民事纠纷案件，以执法机构已对相关垄断行为进行查处为前提

C. 在反垄断民事诉讼中，当事人聘请具有相应专门知识的人员出庭，就案件的专门性问题发表的专业意见，不属于《民事诉讼法》上的证据

D. 在反垄断民事诉讼中，经人民法院同意或者指定的专业人员就案件的专门性问题作出的市场调查或者经济分析报告，视为鉴定意见

【答案】ACD

【解析】人民法院受理垄断民事纠纷案件，不以执法机构已对相关垄断行为进行了查处为前提条件。

高频考点6：垄断协议★★★

1. 垄断协议

垄断协议（限制竞争协议、联合限制竞争行为），是指排除、限制竞争的协议、决定或者其他协同行为。

2. 垄断协议的特征

（1）垄断协议的主体是两个或两个以上的经营者。

（2）垄断协议的表现形式多样化。垄断协议的当事人未必都有明示的意思表示，也可以通过默示行为如协同行为来协调行动。

（3）垄断协议排除、限制竞争。

3. 垄断协议的分类

（1）根据参与垄断协议的经营者之间是否具有竞争关系，一般将垄断协议分为横向垄断协议和纵向垄断协议。

①横向垄断协议是具有竞争关系的经营者达成的排除限制竞争协议。

②纵向垄断协议是指同一产业中处于不同市场环节而具有买卖关系的企业通过共谋达成的联合限制竞争协议。

（2）我国《反垄断法》效仿欧盟模式，对垄断协议采取“原则禁止＋例外豁免”的违法性认定模式，通过证明责任的分配区分主要横向协议和其他协议的认定规则。

经典例题

【真题·单选题】（2020）根据反垄断法律制度的规定，下列关于我国反垄断民事诉讼举证责任的表述中，正确的是（　　）。

A. 对于横向垄断协议的排除、限制竞争效果，由人民法院直接认定，原、被告均不承担举证责任

B. 对于纵向垄断协议的排除、限制竞争效果的证明，适用举证责任倒置

C. 对于横向垄断协议的排除、限制竞争效果，适用“谁主张，谁举证”原则

D. 对于纵向垄断协议的排除、限制竞争效果，适用“谁主张，谁举证”原则

【答案】D

【解析】在垄断民事纠纷案件中，被诉垄断行为属于《反垄断法》第十三条禁止的横向垄断协议的，被告应对该协议不具有排除、限制竞争效果承担举证责任，即横向垄断协议的排除、限制竞争效果的举证责任倒置。纵向垄断协议的排除、限制竞争效果的证明仍应按“谁主张，谁举证”的基本原则，由原告承担举证责任。

高频考点7：《反垄断法》禁止的主要横向垄断协议★★★

1. 固定或者变更商品价格的协议

固定或者变更商品价格的协议的表现形式多样，除了通过协议锁定、维持或者提高商品销售价格外，还可以表现为对经营者定价过程设定统一的限制条件，从而实现固定价格、限制竞争的目的。上述限制条件主要包括：

（1）固定或者变更价格水平、价格变动幅度、利润水平或者折扣、手续费等其他费用；

（2）约定采用据以计算价格的标准公式；

（3）限制参与协议的经营者的自主定价权等。

2. 限制商品的生产数量或者销售数量的协议

（1）以限制产量、固定产量、停止生产等方式限制商品的生产数量或者限制商品特定品种、型号的生产数量；

（2）以拒绝供货、限制商品投放量等方式限制商品的销售数量或者限制商品特定品种、型号的销售数量。

3. 分割销售市场或者原材料采购市场的协议

（1）划分商品销售地域、市场份额、销售对象、销售收入、销售利润或者销售商品的种类、数量、时间；

（2）划分原料、半成品、零部件、相关设备等原材料的采购区域、种类、数量、时间或者供应商等。原材料还包括经营者生产经营所必需的技术和服务。

4. 限制购买新技术、新设备或者限制开发新技术、新产品的协议

（1）限制购买、使用新技术、新工艺；

（2）限制购买、租赁、使用新设备、新产品；

（3）限制投资、研发新技术、新工艺、新产品；

（4）拒绝使用新技术、新工艺、新设备、新产品等。

5. 联合抵制交易

（1）联合拒绝向特定经营者供货或者销售商品；

（2）联合拒绝采购或者销售特定经营者的商品；

（3）联合限定特定经营者不得与其具有竞争关系的经营者进行交易。

6. 横向垄断协议违法性认定规则

由于《反垄断法》第十七条明列禁止的上述5种横向垄断协议的排除、限制竞争效果十分明确，因此，由法律推定其具有排除、限制竞争效果，执法机构无须调查其效果即可予以禁止。在民事诉讼中，原告也无须为其反竞争效果承担举证责任。同时，行为人无权提出协议不具有反竞争效果的抗辩，但可以依据《反垄断法》第二十条提出豁免抗辩。

小贴士 上述违法性认定规则为新增内容，请考生注意！

经典例题

【真题·多选题】（2018）根据反垄断法律制度的规定，下列具有竞争关系的经营者之间的约定中，属于横向垄断协议的有（　　）。

A. 联合拒绝销售特定经营者的商品

B. 划分销售商品的种类

C. 采用据以计算价格的标准公式

D. 拒绝采用新的技术标准

【答案】ABCD

【解析】选项A属于“联合抵制交易”；选项B属于“分割销售市场或者原材料采购市场”；选项C属于“固定或者变更商品价格”；选项D属于“限制购买新技术、新设备或者限制开发新技术、新产品”。

高频考点8：《反垄断法》禁止的主要纵向垄断协议★★★

1. 商业实践中纵向垄断协议的主要表现形式

（1）维持转售价格协议、地域或客户限制协议和排他性交易协议；

（2）地域或客户限制协议；

（3）排他性交易协议。

2. 我国《反垄断法》禁止的纵向垄断协议形式

（1）固定向第三人转售商品的价格的协议；

（2）限定向第三人转售商品的最低价格的协议。

3. 纵向垄断协议的经济效果

（1）消极影响。

①促成价格卡特尔；

②导致市场进入障碍。

（2）积极影响。

①减少“搭便车”；

②克服销售商加价；

③有利于经营者的市场进入。

小贴士 纵向垄断协议的经济效果教材内容有变化，请考生注意！

4. 纵向垄断协议违法性认定规则

反垄断法禁止的纵向垄断协议，由法律假定其具有排除、限制竞争效果，但行为人可以依法提出协议不具有排除、限制竞争效果的抗辩，也可以依据第二十条提出豁免抗辩。

5. 安全港规则

经营者能够证明其在相关市场的市场份额低于国务院反垄断执法机构规定的标准，并符合国务院反垄断执法机构规定的其他条件的，不予禁止。

小贴士 纵向垄断协议的违法性认定规则为教材新增内容，请考生注意。

经典例题

【真题·多选题】（2022）下列关于纵向价格垄断协议的积极效果的表述中，正确的有（　　）。

A. 有利于经营者的市场进入

B. 提升科技水平

C. 减少“搭便车”现象

D. 克服销售商加价以提升消费者福利

【答案】ACD

【解析】纵向垄断协议的经济效果教材内容有变化，本题已根据变化后的教材内容稍作修改。纵向价格垄断协议的积极效果主要有：（1）减少“搭便车”；（2）克服销售商加价；（3）有利于经营者的市场进入。

【例题·多选题】经营者与其交易相对人达成的下列协议中，被我国反垄断法律制度明确禁止的有（　　）。

A. 限定向第三人转售商品的最低价格

B. 限定向第三人转售商品的最高价格

C. 固定向第三人转售商品的价格

D. 限定向第三人转售商品的地域范围

【答案】AC

【解析】选项A、B，限定向第三人转售商品的“最低价格”，属于《反垄断法》明确禁止的纵向垄断协议，而限定向第三人转售商品的“最高价格”，并不违法；选项D，“具有竞争关系的经营者之间”就“分割销售市场或者原材料采购市场”达成的垄断协议，属于《反垄断法》明确禁止的横向垄断协议，而“经营者与其交易相对人”（如生产商和销售商）达成的“限定向第三人转售商品的地域范围”的协议，并不违法。

高频考点9：垄断协议的豁免★★★

1. 垄断协议的豁免与垄断协议的适用除外是完全不同的两个制度

（1）《反垄断法》的适用除外是指将特定

领域（如农业生产中的联合或者协同行为）排除，根本不予适用；

（2）豁免则是在适用《反垄断法》的过程中，发现某些行为符合法定条件而不予禁止。

2. 垄断协议可被《反垄断法》豁免的条件

（1）符合《反垄断法》规定的特定情形

根据《反垄断法》第二十条的规定，垄断协议可被《反垄断法》豁免的情形主要包括：

①为改进技术、研究开发新产品的；

②为提高产品质量、降低成本、增进效率，统一产品规格、标准或者实行专业化分工的；

③为提高中小经营者经营效率，增强中小经营者竞争力的；

④为实现节约能源、保护环境、救灾救助等社会公共利益的；

⑤因经济不景气，为缓解销售量严重下降或者生产明显过剩的；

⑥为保障对外贸易和对外经济合作中的正当利益的。

反垄断执法机构认定被调查的垄断协议是否属于上述情形时，应当考虑以下因素：①协议实现该情形的具体形式和效果；②协议与实现该清醒之间的因果关系；③协议是否是实现该情形的必要条件；④其他可以证明协议属于相关情形的因素。

（2）垄断协议豁免的附加条件。

对于符合上述①～⑤项情形的垄断协议，《反垄断法》还要求经营者应当证明所达成的协议不会严重限制相关市场的竞争，并且能够使消费者分享由此产生的利益，否则也不能获得豁免。

3. 调查的终止与重启

反垄断执法机构认定被调查的垄断协议，属于《反垄断法》第二十条规定的豁免情形的，应当终止调查并制作终止调查决定书。终止调查决定书，应当载明协议的基本情况、适用《反垄断法》第二十条的依据和理由等内容。反垄断执法机构作出终止调查决定后，因情况发生重大变化，导致被调查的协议不再符合《反垄断法》第二十条规定情形的，反垄断执法机构应当重新启动调查。

经典例题

【真题·单选题】（2022）为使垄断协议获得豁免，经营者应当证明所达成的协议不会严重限制相关市场的竞争，并且能够使消费者分享由此产生的利益，但特定情形除外。下列《反垄断法》列举的豁免情形中，属于该特定情形而无须证明上述内容的是（　　）。

A. 为改进技术、研究开发新产品达成的垄断协议

B. 为实行专业化分工的垄断协议

C. 为实现节约能源的垄断协议

D. 为保障对外经济合作中的正当利益的垄断协议

【答案】D

【解析】《反垄断法》规定的特定情形包括：（1）为改进技术、研究开发新产品的；（2）为提高产品质量、降低成本、增进效率，统一产品规格、标准或者实行专业化分工的；（3）为提高中小经营者经营效率，增强中小经营者竞争力的；（4）为实现节约能源、保护环境、救灾救助等社会公共利益的；（5）因经济不景气，为缓解销售量严重下降或者生产明显过剩的；（6）为保障对外贸易和对外经济合作中的正当利益的。对于符合上述（1）～（5）项情形的垄断协议，《反垄断法》还要求经营者应当证明所达成的协议不会严重限制相关市场的竞争，并且能够使消费者分享由此产生的利益，而对第（6）项并无此要求。

【例题·多选题】下列行为中，违反我国《反垄断法》的有（　　）。

A. 国有经济占控制地位的关系国民经济命脉行业的国有企业之间达成垄断协议的行为

B. 为保障对外贸易中的正当利益，具有竞争关系的境内企业就固定商品出口价格达成

的垄断协议

C. 外国企业在中国境外实施的对中国境内市场竞争产生排除或者限制效果的垄断行为

D. 农业生产者在农产品生产、加工、销售、运输、储存等经营活动中实施的联合行为

【答案】AC

【解析】选项A，对于铁路、石油、电信、电网、烟草等重点行业，国家通过立法赋予国有企业以垄断性经营权，但是，如果这些国有垄断企业从事垄断协议、滥用市场支配地位行为，或者从事可能排除、限制竞争的经营者集中行为，同样应受《反垄断法》的限制；选项B，为保障对外贸易和对外经济合作中的正当利益的（出口卡特尔），予以豁免；选项C，境外的垄断行为，对境内市场竞争产生排除、限制影响的，适用《反垄断法》；选项D，《反垄断法》对农业生产者及农村经济组织在农产品生产、加工、销售、运输、储存等经营活动中实施的联合或者协同行为排除适用。

高频考点10："其他协同行为"的认定★★★

其他协同行为是经营者之间虽未明确订立协议或者决定，但实质上存在协调一致的行为。

认定其他协同行为应当考虑下列因素：

（1）经营者的市场行为是否具有一致性；

（2）经营者之间是否进行过意思联络或者信息交流；

（3）经营者能否对一致行为作出合理的解释；

（4）相关市场的结构情况竞争状况市场变化等情况。

经典例题

【例题·多选题】根据反垄断法律制度的规定，执法机构认定非价格性"其他协同行为"时，应当考虑的因素包括（　　）。

A. 经营者的市场行为是否具有一致性

B. 相关市场的结构情况、竞争状况、市场变化情况、行业情况

C. 经营者能否对一致行为作出合理解释

D. 经营者之间是否进行过意思联络或者信息交流

【答案】ABCD

【解析】认定其他协同行为应当考虑下列因素：（1）经营者的市场行为是否具有一致性；（2）经营者之间是否进行过意思联络或者信息交流；（3）经营者能否对一致行为作出合理的解释；（4）相关市场的结构情况竞争状况市场变化等情况。

高频考点11：对行业协会组织达成和实施垄断协议的规制★★

1. 禁止行业协会从事的行为

（1）制定、发布含有排除、限制竞争内容的行业协会章程、规则、决定、通知、标准等；

（2）召集、组织或者推动本行业的经营者达成含有排除、限制竞争内容的协议、决议、纪要、备忘录等。

2. 法律责任

行业协会违反本法规定，组织本行业的经营者达成垄断协议的，由反垄断执法机构责令改正，可以处300万元以下的罚款；情节严重的，社会团体登记管理机关可以依法撤销登记。

经典例题

【例题·单选题】某行业协会的全体会员企业在相关市场的市场份额合计达到85%。由于近期原材料涨价影响了行业利润，该协会遂组织召开了由会员企业领导人参加的"行业峰会"，与会代表达成了提高产品价格的共识。会议结束后，该协会向全体会员企业印发了关于提高本行业产品价格的通知，明确要求会员企业统一将产品价格提高15%。接到通知后，会员企业按要求实施了涨价。根据反垄断法律制度的规定，下列说法中，正确的是（　　）。

A. 行业协会实施了滥用市场支配地位行为

B. 行业协会实施了经营者集中行为

C. 行业协会实施了行政性限制竞争行为

D. 行业协会实施了组织本行业经营者达成垄断协议行为

【答案】D

【解析】反垄断法禁止行业协会从事下列行为：（1）制定、发布含有排除、限制竞争内容的行业协会章程、规则、决定、通知、标准等；（2）召集、组织或者推动本行业的经营者达成含有排除、限制竞争内容的协议、决议、纪要、备忘录等。本题中的行业协会组织实施了第（2）种行为。

高频考点12：宽大制度★★

宽大制度，是指参与垄断协议的经营者主动向反垄断执法机构报告达成垄断协议的有关情况并提供重要证据的，反垄断执法机构可以对其宽大处理，酌情减轻或者免除其处罚。

1. “重要证据”的界定

重要证据是指能够对反垄断执法机构启动调查或者认定垄断协议行为起到关键性作用的证据，包括参与垄断协议的经营者、涉及的产品范围、达成协议的内容和方式、协议的具体实施情况等。

根据《横向协议宽大指南》，经营者提供的重要证据，是执法机构尚未掌握的，并对最终认定垄断协议行为具有显著证明效力的证据，包括：（1）在垄断协议的达成方式和实施行为方面具有更大证明力或者补充证明价值的证据；（2）在垄断协议的内容、达成和实施的时间、涉及的产品或者服务范畴、参与成员等方面具有补充证明价值的证据；（3）其他能够证明和固定垄断协议证明力的证据。

2. 区分情况减免处罚的具体规则

参与垄断协议的经营者主动报告，达成垄断协议有关情况并提供重要证据的，可以申请依法减轻或者免除处罚。

对于第一个申请者，反垄断执法机构可以免除处罚或者按照不低于80%的幅度减轻罚款；对于第二个申请者，可以按照30%～50%的幅度减轻罚款；对于第三个申请者，可以按照20%～30%的幅度减轻罚款。

根据《横向协议宽大指南》，经营者组织、胁迫其他经营者参与达成、实施垄断协议或者妨碍其他经营者停止该违法行为的，执法机构不对其免除处罚，但可以相应给予减轻处罚。此外，为鼓励经营者主动报告垄断协议行为并提供重要证据，《横向协议宽大指南》还规定，执法机构在减免罚款的同时还可以考虑相应减免没收经营者的违法所得。

经典例题

【例题·单选题】在反垄断执法机构查处某横向价格垄断协议案件的过程中，作为垄断协议当事人之一的甲企业因主动向执法机构报告达成垄断协议的有关情况并提供重要证据，被免除处罚。根据反垄断法律制度的规定，甲企业被免除处罚的依据是（　　）。

A. 豁免制度

B. 宽大制度

C. 适用除外制度

D. 经营者承诺制度

【答案】B

【解析】宽大制度，是指参与垄断协议的经营者主动向反垄断执法机构报告达成垄断协议的有关情况并提供重要证据的，反垄断执法机构可以对其宽大处理，酌情减轻或者免除其处罚。

【例题·单选题】下列行为中，涉嫌违反《反垄断法》的是（　　）。

A. 经国家有关部门批准，中石油、中石化等石油企业联合上调成品油价格

B. 某行业协会召集本行业经营者，共同制定本行业产品的定价公式

C. 中国移动、中国联通等少数几家国有电信企业共同占据我国电信基础运营业务市场的全部份额

D. 某生产企业通过协议，限制分销商转售商品的最高价格

【答案】B

【解析】选项C，对于铁路、石油、电信、电网、烟草等重点行业，国家通过立法赋予其垄断性经营权，其垄断地位本身并不违法；选项D，限制分销商转售商品的"最高价格"，不属于法律禁止的纵向垄断协议。

高频考点13：滥用市场支配地位规制制度★★★

1. 市场支配地位的概念

市场支配地位是指经营者在相关市场内具有能够控制商品价格、数量或者其他交易条件，或者能够阻碍、影响其他经营者进入相关市场能力的市场地位。其他交易条件，是指除商品价格、数量之外能够对市场交易产生实质影响的其他因素，包括商品品质、付款条件、交付方式、售后服务、交易选择、技术约束等。

2. 对市场支配地位的理解

（1）具有市场支配地位的经营者未必是"独占"者。

（2）具有市场支配地位的经营者可以是一个，也可以是多个。

（3）市场支配地位是一种市场结构状态，对市场支配地位这种结构状态并无否定性评价。

3. 滥用市场支配地位行为的概念与分类

滥用市场支配地位，是指具有市场支配地位的经营者凭借其市场支配地位实施排挤竞争对手或不公平交易行为。

滥用市场支配地位行为可以分为两个基本类型，即排他性滥用和剥削性滥用。排他性滥用主要表现形式包括掠夺定价、搭售、价格歧视和拒绝交易等；剥削性滥用主要表现为不公平定价行为。

4. 市场支配地位的认定

我国《反垄断法》规定的认定经营者具有市场支配地位时应当依据的因素有：

（1）经营者在相关市场的市场份额以及相关市场的竞争状况。

分析相关市场竞争状况，可以考虑相关市场的发展状况，现有竞争者的数量和市场份额商品差异程度，创新和技术变化，销售和采购模式，潜在竞争者情况等因素。

（2）经营者控制销售市场或者原材料采购市场的能力。

确定经营者控制销售市场或者原材料采购市场的能力，可以考虑该经营者控制产业链上下游市场的能力，控制销售渠道或者采购渠道的能力，影响或者决定价格数量合同期限或者其他交易条件的能力，以及优先获得企业生产经营所必需的原料、半成品、零部件、相关设备以及需要投入的其他资源的能力等因素。

（3）经营者的财力和技术条件。

认定知识产权领域经营者具有市场支配地位，可以考虑知识产权的替代性，下游市场对利用知识产权所提供商品的依赖程度，交易相对人对经营者的制衡能力等因素。

（4）其他经营者对该经营者在交易上的依赖程度。

确定其他经营者对该经营者在交易上的依赖程度，可以考虑其他经营者与该经营者之间的交易关系、交易量、交易持续时间、在合理时间内转向其他交易相对人的难易程度等因素。

（5）其他经营者进入相关市场的难易程度。

确定其他经营者进入相关市场的难易程度，可以考虑市场准入、获取必要资源的难度、采购和销售渠道的控制情况、资金投入规模、技术壁垒、品牌依赖、用户转换成本、消费习惯等因素。

（6）认定互联网等新经济业态经营者具有市场支配地位的特殊因素。

①经营者的市场份额以及相关市场竞争状况。可以考虑交易金额、交易数量、销售额、活跃用户数、点击量、使用时长或者其他指标在相关市场所占比重，同时考虑该市场份额持

续的时间。分析相关市场竞争状况，可以考虑相关平台市场的发展状况、现有竞争者数量和市场份额、平台竞争特点、平台差异程度、规模经济、潜在竞争者情况、创新和技术变化等。

②经营者控制市场的能力。可以考虑该经营者控制上下游市场或者其他关联市场的能力，阻碍、影响其他经营者进入相关市场的能力，相关平台经营模式、网络效应，以及影响或者决定价格、流量或者其他交易条件的能力等。

③经营者的财力和技术条件。可以考虑该经营者的投资者情况、资产规模、资本来源、盈利能力、融资能力、技术创新和应用能力、拥有的知识产权、掌握和处理相关数据的能力，以及该财力和技术条件能够以何种程度促进该经营者业务扩张或者巩固、维持市场地位等。

④其他经营者对该经营者在交易上的依赖程度。可以考虑其他经营者与该经营者的交易关系、交易量、交易持续时间，锁定效应、用户黏性，以及其他经营者转向其他平台的可能性及转换成本等。

⑤其他经营者进入相关市场的难易程度。可以考虑市场准入、平台规模效应、资金投入规模、技术壁垒、用户多栖性、用户转换成本、数据获取的难易程度、用户习惯等。

⑥其他因素。

（7）认定共同市场支配地位考虑的特殊因素。

该制度是“其他协同行为”制度的补充，只有当市场上出现多个经营者的一致行为时，才可能触发此类制度。认定两个以上的经营者具有市场支配地位，还应当考虑市场结构、相关市场透明度、相关商品同质化程度、经营者行为一致性等因素。

5. 经营者市场支配地位的推定标准

（1）一个经营者在相关市场的市场份额达到1/2的，即可推定为具有市场支配地位。

（2）对于多个经营者可能共同拥有市场支配地位的情况，两个经营者在相关市场的市场份额合计达到2/3的，或三个经营者在相关市场的市场份额合计达到3/4的，这些经营者被推定为共同占有市场支配地位。同时，对于多个经营者被推定为共同占有市场支配地位时，其中有的经营者市场份额不足10%的，不应当推定该经营者具有市场支配地位。

由于市场份额不是认定市场支配地位的唯一的和绝对的标准，因此，被推定具有市场支配地位的经营者，如有证据证明不具有市场支配地位的，不应当认定其具有市场支配地位。

名师解惑

具有市场支配地位本身并不是反垄断法所规制的垄断行为，但如果滥用市场支配地位，对公平竞争环境产生影响，那么才有可能成为反垄断法规制的对象。

经典例题

【真题·多选题】（2019）根据反垄断法律制度的规定，下列关于经营者市场支配地位的理解中，正确的有（　　）。

A. 具有市场支配地位的经营者能够阻碍、影响其他经营者进入相关市场

B. 经营者具有市场支配地位这一状态本身并不违法

C. 具有市场支配地位的经营者未必是“独占”

D. 市场支配地位可能由多个经营者共同具有

【答案】 ABCD

【解析】 市场支配地位是指经营者在相关市场内具有能够控制商品价格、数量或者其他交易条件，或者能够阻碍、影响其他经营者进入相关市场能力的市场地位，选项A正确。对“市场支配地位”的理解有以下三点：（1）具有市场支配地位的经营者未必是“独占”者；（2）具有市场支配地位的经营者可以是一个，也可以是多个；（3）市场支配地位是一种市

场结构状态，对市场支配地位这种结构状态并无否定性评价。选项B、C、D正确。

【真题·多选题】（2018）根据反垄断法律制度的规定，市场支配地位是指经营者在相关市场内具有能够控制商品价格、数量或者其他交易条件，或者能够阻碍、影响其他经营者进入相关市场能力的市场地位。下列各项中，属于“其他交易条件”的有（　　）。

A. 付款条件　　B. 交付方式
C. 商品品质　　D. 售后服务

【答案】ABCD

【解析】市场支配地位是指经营者在相关市场内具有能够控制商品价格、数量或者其他交易条件，或者能够阻碍、影响其他经营者进入相关市场能力的市场地位。其他交易条件，是指除商品价格、数量之外能够对市场交易产生实质影响的其他因素，包括商品品质、付款条件、交付方式、售后服务等。

【例题·多选题】根据反垄断法律制度的规定，市场支配地位是指经营者在相关市场内具有能够控制商品价格、数量或者其他交易条件，或者能够阻碍、影响其他经营者进入相关市场能力的市场地位。下列各项中，属于“其他交易条件”的有（　　）。

A. 商品品质　　B. 交付方式
C. 交易选择　　D. 技术约束

【答案】ABCD

【解析】其他交易条件，是指除商品价格、数量之外能够对市场交易产生实质影响的其他因素，包括商品品质、付款条件、交付方式、售后服务、交易选择、技术约束等。

高频考点14：《反垄断法》禁止的滥用市场支配地位行为★★★

1. 以不公平的高价销售商品或者以不公平的低价购买商品

认定“不公平的高价”和“不公平的低价”，可以考虑下列因素：

（1）销售价格或者购买价格是否明显高于或者低于其他经营者在相同或者相似条件下销售或者购买同种商品或者可比较商品的价格；

（2）销售价格或者购买价格是否明显高于或者明显低于同一经营者在其他相同或者相似市场条件区域销售或者购买商品的价格；

（3）在成本基本稳定的情况下，是否超过正常幅度提高销售价格或者降低购买价格；

（4）销售商品的提价幅度是否明显高于成本增长幅度，或者购买商品的降价幅度是否明显高于交易相对人成本降低幅度；

（5）需要考虑的其他相关因素。

认定市场条件相同或者相似，应当考虑销售渠道、销售模式、供求状况、监管环境、交易环节、成本结构、交易情况等因素。

2. 没有正当理由，以低于成本的价格销售商品

认定低于成本的价格销售商品，应当重点考虑价格是否低于平均可变成本。平均可变成本是指随着生产的商品数量变化而变动的每单位成本。涉及互联网等新经济业态中的免费模式，应当综合考虑经营者提供的免费商品以及相关收费商品等情况。

因下列情形而进行的低于成本价格销售均为正当：

（1）降价处理鲜活商品、季节性商品、有效期限即将到期的商品和积压商品的；

（2）因清偿债务、转产、歇业降价销售商品的；

（3）在合理期限内为推广新产品进行促销的。

3. 没有正当理由，拒绝与交易相对人进行交易

下列没有正当理由、以间接方式拒绝交易的行为受到禁止：

（1）实质性削减与交易相对人的现有交易数量；

（2）拖延、中断与交易相对人的现有交易；

（3）拒绝与交易相对人进行新的交易；

(4) 设置限制性条件，使交易相对人难以与其进行交易；

(5) 拒绝交易相对人在生产经营活动中以合理条件使用其必需设施。

能构成否认拒绝交易行为违法性的正当理由包括：

(1) 因不可抗力等客观原因无法进行交易；

(2) 交易相对人有不良信用记录或者出现经营状况恶化等情况，影响交易安全；

(3) 与交易相对人进行交易将使经营者利益发生不当减损；

(4) 能够证明行为具有正当性的其他理由。

4. 没有正当理由，限定交易相对人只能与其进行交易或者只能与其指定的经营者进行交易

(1) 限定交易行为的具体表现包括：

①限定交易相对人只能与其进行交易；

②限定交易相对人只能与其指定的经营者进行交易；

③限定交易相对人不得与特定经营者进行交易。

(2) 限定交易的正当理由包括：

①为满足产品安全要求所必需；

②为保护知识产权所必需；

③为保护针对交易进行的特定投资所必需；

④能够证明行为具有正当性的其他理由。

5. 没有正当理由搭售商品，或者在交易时附加其他不合理的交易条件

(1) 此类行为的具体表现包括：

①违背交易惯例、消费习惯或者无视商品的功能，将不同商品捆绑销售或者组合销售；

②对合同期限、支付方式、商品的运输及交付方式或者服务的提供方式等附加不合理的限制；

③对商品的销售地域、销售对象、售后服务等附加不合理的限制；

④交易时在价格之外附加不合理费用；

⑤附加与交易标的无关的交易条件。

(2) 此类行为的“正当理由”包括：

①符合正当的行业惯例和交易习惯；

②为满足产品安全要求所必需；

③为实现特定技术所必需；

④能够证明行为具有正当性的其他理由。

6. 没有正当理由，对条件相同的交易相对人在交易价格等交易条件上实行差别待遇

(1) 此类行为的具体表现包括：

①实行不同的交易价格、数量、品种、品质等级；

②实行不同的数量折扣等优惠条件；

③实行不同的付款条件、交付方式；

④实行不同的保修内容和期限、维修内容和时间、零配件供应、技术指导等售后服务条件。

(2) 条件相同是指交易相对人之间在交易安全、交易成本、规模和能力、信用状况、所处交易环节、交易持续时间等方面不存在实质性影响交易的差别。

(3) “正当理由”包括：

①根据交易相对人实际需求且符合正当交易习惯和行业惯例，实行不同交易条件；

②针对新用户的首次交易在合理期限内开展的优惠活动；

③能够证明行为具有正当性的其他理由。

7. 利用数据和算法、技术以及平台规则等从事滥用市场支配地位的行为

随着数字经济不断壮大，平台垄断、竞争失序、无序扩张等乱象逐步凸显，不公平定价、掠夺性定价、拒绝交易等传统的滥用市场支配地位行为，在算法、数据、平台规则的驱动下表现出了新形式，如自我优待、强制平台“二选一”“大数据杀熟”等。数字市场中滥用支配地位的行为影响市场的公平竞争，损害中小微企业以及消费者的合法权益，还可能带来数据安全、隐私安全等问题。具有市场支配地位的经营者不得利用数据和算法、技术以及平台规则等从事滥用市场支配地位的行为。

小贴士 上述第7种行为为本次法律修订新增加的内容，请考生注意。

经典例题

【真题·多选题】(2018) 根据反垄断法律制度的规定，认定具有市场支配地位的经营者以不公平的高价销售商品，应当主要考虑的因素有（ ）。

A. 商品的销售价格是否明显高于其他经营者销售同种商品的价格

B. 在成本基本稳定的情况下，是否超过正常幅度提高商品的销售价格

C. 商品销售价格的提价幅度是否明显高于成本增长幅度

D. 商品的销售价格是否明显高于成本

【答案】ABC

【解析】以不公平的高价销售商品或者以不公平的低价购买商品，认定“不公平的高价”和“不公平的低价”，可以考虑下列因素：(1) 销售价格或者购买价格是否明显高于或者低于其他经营者在相同或者相似条件下销售或者购买同种商品或者可比较商品的价格；(2) 销售价格或者购买价格是否明显高于或者明显低于同一经营者在其他相同或者相似市场条件区域销售或者购买商品的价格；(3) 在成本基本稳定的情况下，是否超过正常幅度提高销售价格或者降低购买价格；(4) 销售商品的提价幅度是否明显高于成本增长幅度，或者购买商品的降价幅度是否明显高于交易相对人成本降低幅度；(5) 需要考虑的其他相关因素。

【例题·多选题】我国反垄断法律制度禁止具有市场支配地位的经营者，无正当理由以低于成本的价格销售商品。下列各项中，属于法定正当理由的有（ ）。

A. 清偿债务

B. 为推广新产品进行促销

C. 处理鲜活商品

D. 处理积压商品

【答案】ABCD

【解析】因下列情形而进行的低于成本价格销售均为正当：(1) 降价处理鲜活商品、季节性商品、有效期限即将到期的商品和积压商品的；(2) 因清偿债务、转产、歇业降价销售商品的；(3) 为推广新产品进行促销的；(4) 能够证明行为具有正当性的其他理由。

高频考点15：经营者集中★★

1. 经营者集中的概念

经营者集中，是指经营者之间通过合并、取得股份或者资产、委托经营或者联营以及人事兼任等方式形成的控制与被控制状态。

2. 经营者集中的三种情形

(1) 合并。合并又分为吸收合并和新设合并。

(2) 通过取得股权或者资产的方式取得对其他经营者的控制权。

(3) 通过合同等方式取得对其他经营者的控制权或者能够对其他经营者施加决定性影响。

3. 判断经营者是否通过交易取得对其他经营者的控制权或者能够对其他经营者施加决定性影响，应当考虑的因素

(1) 交易的目的和未来的计划；

(2) 交易前后其他经营者的股权结构及其变化；

(3) 其他经营者股东大会的表决事项及其表决机制，以及其历史出席率和表决情况；

(4) 其他经营者董事会或者监事会的组成及其表决机制；

(5) 其他经营者高级管理人员的任免等；

(6) 其他经营者股东、董事之间的关系，是否存在委托行使投票权、一致行动人等；

(7) 该经营者与其他经营者是否存在重大商业关系、合作协议等。

4. 经营者集中的分类

(1) 横向集中，指因生产或销售同类产品，或者提供同种服务而具有相互直接竞争关系的经营者之间的集中。

(2) 纵向集中，指同一产业中处于不同阶段，彼此之间不存在竞争关系，但有买卖关系的经营者之间的集中。

（3）混合集中，指生产经营的产品或服务在彼此没有关联的经营者之间的集中。

5.《反垄断法》对经营者集中的规制模式

经营者集中的经济效果的两面性，决定了《反垄断法》对它的规制在于“控制”，而非“禁止”。我国采取的是强制的事前申报模式，即当事人在实施集中前必须事先向商务部申报，经商务部审查批准后才可以实施集中。

高频考点 16：经营者集中的申报★★

1. 申报标准

经营者集中达到下列标准之一的，经营者应当事先向市场监管总局申报，未申报的不得实施集中：

（1）参与集中的所有经营者上一会计年度在全球范围内的营业额合计超过 100 亿元人民币，并且其中至少两个经营者上一会计年度在中国境内的营业额均超过 4 亿元人民币；

（2）参与集中的所有经营者上一会计年度在中国境内的营业额合计超过 20 亿元人民币，并且其中至少两个经营者上一会计年度在中国境内的营业额均超过 4 亿元人民币。

这里“营业额”包括相关经营者上一会计年度内销售产品和提供服务所获得的收入，扣除相关税金及附加。

经营者集中未达到上述申报标准，但有证据证明该经营者集中具有或者可能具有排除、限制竞争效果的，国务院反垄断执法机构可以要求经营者申报。经营者未按照规定进行申报的，执法机构应当依法进行调查。

2. 申报材料

经营者向国务院反垄断执法机构申报集中，应当提交下列文件、资料：

（1）申报书；

（2）集中对相关市场竞争状况影响的说明；

（3）集中协议；

（4）参与集中的经营者经会计师事务所审计的上一会计年度财务会计报告；

（5）国务院反垄断执法机构规定的其他文件、资料。

经营者提交的文件、资料不完备的，应当在国务院反垄断执法机构规定的期限内补交文件、资料。经营者逾期未补交文件、资料的，视为未申报。

3. 申报豁免

经营者集中有下列情形之一的，可以不向国务院反垄断执法机构申报：

（1）参与集中的一个经营者拥有其他每个经营者 50% 以上有表决权的股份或者资产的；

（2）参与集中的每个经营者 50% 以上有表决权的股份或者资产被同一个未参与集中的经营者拥有的。

【真题·单选题】（2022）根据反垄断法律制度的规定，衡量经营者集中是否需要进行反垄断申报的基本参数是参与集中的经营者的（　　）。

A. 收入　　　　B. 市场份额

C. 营业额　　　D. 利润

【答案】 C

【解析】 经营者集中达到下列标准之一的，经营者应当事先向市场监管总局申报，未申报的不得实施集中：（1）参与集中的所有经营者上一会计年度在全球范围内的营业额合计超过 100 亿元人民币，并且其中至少两个经营者上一会计年度在中国境内的营业额均超过 4 亿元人民币；（2）参与集中的所有经营者上一会计年度在中国境内的营业额合计超过 20 亿元人民币，并且其中至少两个经营者上一会计年度在中国境内的营业额均超过 4 亿元人民币。因此选项 C 正确。

高频考点 17：经营者集中的审查程序★

1. 两阶段审查

（1）第一阶段为初步审查。

反垄断执法机构应当自收到经营者提交的符合规定的文件、资料之日起 30 日内，对申报的经营者集中进行初步审查，作出是否实施进一步审查的决定，并书面通知经营者。反垄断执法机构作出决定前，经营者不得实施集中。反垄断执法机构作出不实施进一步审查的决定或者逾期未作出决定的，经营者可以实施集中。

（2）第二阶段审查。

第二阶段审查应当自执法机构作出实施进一步审查决定之日起90日内完毕，并作出是否禁止经营者集中的决定，书面通知经营者。审查期间，经营者不得实施集中。反垄断执法机构逾期未作出决定的，经营者可以实施集中。

（3）有下列情形之一的，国务院反垄断执法机构经书面通知经营者，可以延长第二阶段审查期限，但最长不得超过60日：

①经营者同意延长审查期限的；

②经营者提交的文件、资料不准确，需要进一步核实的；

③经营者申报后有关情况发生重大变化的。

2. 审查期限中止

执法机构在实践中面临复杂的经营者集中问题时，可以暂停计算审查期间。反垄断执法机构决定中止计算经营者集中审查期限的情形：

（1）经营者未按照规定提交文件、资料，导致审查工作无法进行；

（2）出现对经营者集中审查具有重大影响的新情况、新事实，不经核实将导致审查工作无法进行；

（3）需要对经营者集中附加的限制性条件进一步评估，且经营者提出中止请求。

3. 简易程序

（1）符合下列情形的经营者集中案件，为简易案件：

①在同一相关市场，所有参与集中的经营者所占的市场份额之和小于15%；

②在上下游市场参与集中的经营者所占的份额均小于25%；

③不在同一相关市场，也不存在上下游关系的参与集中的经营者，在与交易有关的每个市场所占的市场份额均小于25%；

④参与集中的经营者在中国境外设立合营企业，合营企业不在中国境内从事经济活动；

⑤参与集中的经营者收购境外企业股权或者资产，该境外企业不在中国境内从事经济活动的；

⑥由两个以上经营者共同控制的合营企业，通过集中被其中一个或者一个以上经营者控制的。

（2）虽符合上述条件，但存在下列情形的经营者集中案件，不视为简易案件：

①由两个以上经营者共同控制的合营企业，通过集中被其中的一个经营者控制，该经营者与合营企业属于同一相关市场的竞争者，且市场份额之和大于15%的；

②经营者集中涉及的相关市场难以界定的；

③经营者集中对市场进入、技术进步可能产生不利影响的；

④经营者集中对消费者和其他有关经营者可能产生不利影响的；

⑤经营者集中对国民经济发展可能产生不利影响的；

⑥市场监管总局认为可能对市场竞争产生不利影响的其他情形。

4. 审查决定

根据不同情况，国务院反垄断执法机构应作出以下不同决定：

（1）禁止集中决定。

国务院反垄断执法机构认为经营者集中具有或者可能具有排除、限制竞争效果的应当作出禁止经营者集中的决定。

（2）不予禁止决定。

国务院反垄断执法机构认为经营者集中不具有排除、限制竞争效果的，或者国务院反垄断执法机构虽认为经营者集中具有或者可能具有排除、限制竞争效果，但是经营者能够证明该集中对竞争产生的有利影响明显大于不利影响或者符合社会公共利益的，国务院反垄断执法机构可以作出对经营者集中不予禁止的决定。

（3）附加条件的不予禁止决定。

对不予禁止的经营者集中，国务院反垄断执法机构可以决定附加减少集中对竞争产生不利影响的限制性条件。

对于禁止集中决定和附加条件的不予禁止决定，国务院反垄断执法机构应当及时向社会公布。

高频考点18：经营者集中审查的实体标准★★

1. 一般标准

经营者集中具有或者可能具有排除、限制竞争效果的，国务院反垄断执法机构应当作出禁止经营者集中的决定。

2. 对经营者集中竞争影响的评估

审查经营者集中，根据个案具体情况和特点，综合考虑下列因素：

（1）参与集中的经营者在相关市场的市场份额及其对市场的控制力；

（2）相关市场的市场集中度；

（3）经营者集中对市场进入、技术进步的影响；

（4）经营者集中对消费者和其他有关经营者的影响；

（5）经营者集中对国民经济发展的影响；

（6）应当考虑的影响市场竞争的其他因素。

经典例题

【例题·多选题】在对经营者集中进行反垄断审查并作出是否禁止该集中的决定过程中，反垄断执法机构应主要考虑一些经济因素。下列各项中，属于该类经济因素的有（　　）。

A. 参与集中的经营者在相关市场的市场份额及其对市场的控制力

B. 相关市场的集中度

C. 经营者集中对市场进入、技术进步的影响

D. 经营者集中对消费者的影响

【答案】ABCD

【解析】审查经营者集中，根据个案具体情况和特点，综合考虑下列因素：（1）参与集中的经营者在相关市场的市场份额及其对市场的控制力；（2）相关市场的市场集中度；（3）经营者集中对市场进入、技术进步的影响；（4）经营者集中对消费者和其他有关经营者的影响；（5）经营者集中对国民经济发展的影响；（6）国务院反垄断执法机构认为应当考虑的影响市场竞争的其他因素。评估经营者集中时，除考虑上述因素，还需综合考虑集中对公共利益的影响、集中对经济效率的影响、参与集中的经营者是否为濒临破产的企业、是否存在抵销性买方力量等因素。

高频考点19：经营者集中附加限制性条件批准制度★★

1. 经营者集中附加限制性条件批准制度

经营者集中附加限制性条件批准制度，是指在经营者集中反垄断审查中，为了消除集中对竞争造成的不利影响，由参与集中的经营者向执法机构提出消除不利影响的解决办法，执法机构附加条件批准该项集中的制度。

2. 限制性条件的分类

（1）剥离有形资产、知识产权等无形资产或相关权益等结构性条件；

（2）开放网络或平台等基础设施、许可关键技术、终止排他性协议等行为性条件；

（3）结构性条件和行为性条件相结合的综合性条件。

剥离有形资产、知识产权等无形资产或相关权益，简称“业务剥离”，是指由参与集中的经营者将自己的部分业务出售给第三方经营者，以保持这部分业务的竞争性。

3. 限制性条件的确定

为减少集中具有或者可能具有的排除、限制竞争的效果，参与集中的经营者可以向市场监管总局提出附加限制性条件承诺方案。市场监管总局应当对承诺方案的有效性、可行性和及时性进行评估，并及时将评估结果通知申

报人。

市场监管总局认为承诺方案不足以减少集中对竞争的不利影响的，可以与参与集中的经营者就限制性条件进行磋商，要求其在合理期限内提出其他承诺方案。承诺方案存在不能实施的风险的，参与集中的经营者可以提出备选方案。备选方案应当在首选方案无法实施后生效，并且比首选方案的条件更为严格。

4. 限制性条件的履行监督、解除与变更

（1）市场监管总局可以自行或者通过受托人对义务人履行限制性条件的行为进行监督检查。通过受托人监督检查的，市场监管总局应当在审查决定中予以明确。

（2）审查决定应当规定附加限制性条件的期限。

（3）市场监管总局变更或者解除限制性条件时，应当考虑下列因素：①集中交易方是否发生重大变化；②相关市场竞争状况是否发生实质性变化；③实施限制性条件是否无必要或者不可能；④应当考虑的其他因素。

5. 对违法实施经营者集中未依法申报的调查处理违法实施经营者集中的三种情形

（1）经营者集中达到申报标准，相关经营者未申报径行实施集中；

（2）经营者集中申报后，相关经营者未经批准实施集中；

（3）违反经营者集中审查决定。

经营者违法实施集中，且具有或者可能具有排除、限制竞争效果的，由国务院反垄断执法机构责令停止实施集中、限期处分股份或者资产、限期转让营业以及采取其他必要措施恢复到集中前的状态，处上一年度销售额百分之十以下的罚款；不具有排除、限制竞争效果的，处五百万元以下的罚款。

小贴士 注意，此处罚款比例、数额等有调整！

经营者违反本法规定实施集中的，由国务院反垄断执法机构责令停止实施集中、限期处分股份或者资产、限期转让营业以及采取其他必要措施恢复到集中前的状态，可以处五十万元以下的罚款。

反垄断执法机构要对被调查的违法集中交易是否具有或者可能具有排除、限制竞争效果进行评估，并据此决定是否给予“恢复到集中前的状态”的处罚。

经典例题

【真题·单选题】（2020）下列属于经营者集中附加的限制性条件的是（　　）。

A. 剥离知识产权

B. 许可关键技术

C. 终止排他性协议

D. 开放平台等基础设施

【答案】 A

【解析】 限制性条件包括如下几类：（1）剥离有形资产、知识产权等无形资产或相关权益等结构性条件；（2）开放网络或平台等基础设施、许可关键技术（包括专利、专有技术或其他知识产权）、终止排他性协议等行为性条件；（3）结构性条件和行为性条件相结合的综合性条件。

高频考点 20：滥用行政权力排除、限制竞争行为★★

也称行政性垄断，是指行政机关和法律、法规授权的具有管理公共事务职能的组织滥用行政权力，排除、限制竞争的行为。

《反垄断法》禁止的滥用行政权力排除、限制竞争行为包括：

1. 行政强制交易

（1）以明确要求、暗示、拒绝或者拖延行政审批、重复检查、不予接入平台或者网络等方式，限定或者变相限定经营、购买、使用特定经营者提供的商品；

（2）通过限制投标人所在地、所有制形式、组织形式等方式，限定或者变相限定经营、购买、使用特定投标人提供的商品；

（3）没有法律、法规依据，通过设置项目库、名录库等方式，限定或者变相限定经营、购买、使用特定经营者提供的商品；

（4）限定或者变相限定单位或者个人经营、购买、使用其指定的经营者提供的商品的其他行为。

2. 利用合作协议实施垄断行为

行政机关和法律、法规授权的具有管理公共事务职能的组织不得滥用行政权力，通过与经营者签订合作协议、备忘录等方式，妨碍其他经营者进入相关市场或者对其他经营者实行不平等待遇，排除、限制竞争。

小贴士 利用合作协议实施垄断行为为法律修订后教材相应增加内容，请考生注意。

3. 地区封锁

（1）对外地商品设定歧视性收费项目、实行歧视性收费标准，或者规定歧视性价格、实施歧视性补贴政策；

（2）对外地商品规定与本地同类商品不同的技术要求、检验标准，或者采取重复检验、重复认证等措施，阻碍、限制外地商品进入本地市场；

（3）没有法律、法规依据，采取专门针对外地商品的行政许可、备案，或者对外地商品实施行政许可、备案时，设定不同的许可条件、程序、期限等，阻碍、限制外地商品进入本地市场；

（4）没有法律、法规依据，设置关卡、通过软件或者互联网设置屏蔽等手段，阻碍、限制外地商品进入本地市场或者本地商品运往外地市场；

（5）妨碍商品在地区之间自由流通的其他行为。

4. 排斥或限制经营者参加招标投标

（1）不依法发布信息；

（2）明确外地经营者不能参与本地特定的招标投标、政府采购活动；

（3）对外地经营者设定歧视性的资质要求或者评审标准；

（4）通过设定与招标项目的具体特点和实际要求不相适应，或者与合同履行无关的资格、技术和商务条件，变相限制外地经营者参加本地招标投标、政府采购活动；

（5）排斥或者限制外地经营者参加本地招标投标政府采购活动的其他行为。

5. 排斥或者限制外地经营者在本地投资或者设立分支机构或者妨碍外地经营者在本地的正常经营活动

（1）拒绝外地经营者在本地投资或者设立分支机构；

（2）没有法律、法规依据，对外地经营者在本地投资的规模、方式以及设立分支机构的地址、商业模式等进行限制；

（3）对外地经营者在本地的投资或者设立的分支机构在投资、经营规模、经营方式、税费缴纳等方面规定与本地经营者不同的要求，在安全生产、节能环保、质量标准等方面实行歧视性待遇；

（4）排斥或者限制外地经营者在本地投资或者设立分支机构的其他行为。

6. 强制经营者从事垄断行为

行政机关和法律、法规授权的具有管理公共事务职能的组织，滥用行政权力，强制经营者达成、实施排除或限制竞争的垄断协议，或者强制具有市场支配地位的经营者从事滥用市场支配地位的行为，或者强制经营者实施违法经营者集中等。

7. 抽象行政性垄断行为

行政机关和法律、法规授权的具有管理公共事务职能的组织不得滥用行政权力，制定含有排除、限制竞争内容的规定，其具体形式包括决定、公告、通告、通知、意见、会议纪要等。

与具体行政性垄断行为只针对特定主体和特定事项不同，抽象行政性垄断行为针对不特定对象发布的能反复适用的行政规范性文件，具有一定的“普适性”，其危害更大。

经典例题

【例题·多选题】下列行为中，属于《反垄断法》所禁止的垄断行为的有（　　）。

A. 某药品生产企业因拥有一项治疗心血

管疾病的药品专利，占据了相关市场95%的份额

B. 年销售额在1亿元以上的药品零售企业之间达成联盟协议，共同要求药品生产企业按统一的优惠价格向联盟内的企业供应药品，联盟内的企业按统一的零售价向消费者销售药品

C. 某市政府在与某国有医药企业签订的战略合作协议中承诺，该国有医药企业在本市医疗机构药品招标中享有优先中标机会

D. 某省政府招标办公室发布文件称：凡不在本省纳税的企业，一律不得参与本省的招投标活动

【答案】BCD

【解析】选项A，《反垄断法》对经营者合法取得的垄断地位并不视为非法，法律所禁止的是当事人滥用其垄断地位排除或者限制竞争的行为；选项B属于法律禁止的垄断协议；选项C、D属于行政性垄断行为。

【例题·单选题】甲市市政府办公厅下发红头文件，要求某市各级政府机构在公务接待中必须使用本市乙酒厂生产的“醉八仙”系列白酒，并根据有关政府机构的公务接待预算分别下达了一定数量的用酒任务。根据反垄断法律制度的规定，下列表述中，正确的是（　　）。

A. 甲市市政府的行为不违法，乙酒厂实施了滥用行政权力排除、限制竞争行为

B. 甲市市政府的行为不违法，乙酒厂实施了滥用市场支配地位行为

C. 甲市市政府实施了滥用行政权力排除、限制竞争行为，乙酒厂不违法

D. 甲市市政府实施了滥用行政权力排除、限制竞争行为，乙酒厂实施了滥用市场支配地位行为

【答案】C

【解析】选项A，乙酒厂不属于“行政机关和法律、法规授权的具有管理公共事务职能的组织”，不能成为“滥用行政权力排除、限制竞争行为”的主体；选项B、D，本题并未交代“乙酒厂具有市场支配地位”，而且根据本题所述内容无法认定乙酒厂实施了滥用市场支配地位的行为；选项C，本题并未交代“乙酒厂依据市政府的红头文件实施了垄断行为”，因此，乙酒厂不违法。

【例题·多选题】某行业协会组织本行业7家主要企业的领导人召开“行业峰会”，并就共同提高本行业产品价格及提价幅度形成决议，与会企业领导人均于决议上签字，会后，决议以行业协会名义下发全行业企业，与会7家企业的市场份额合计达85%，根据反垄断法律制度的规定，下列表述中，正确的有（　　）。

A. 行业协会实施了组织本行业经营者达成垄断协议的行为

B. 7家企业实施了滥用市场支配地位行为

C. 7家企业实施了达成垄断协议的行为

D. 行业协会实施了行政性限制竞争行为

【答案】AC

【解析】选项B、C，7家企业实施了“达成垄断协议”的行为，尽管7家企业的市场份额合计达85%，但不涉及“滥用市场支配地位”的行为；选项D，该行业协会不属于“行政机关和法律、法规授权的具有管理公共事务职能的组织”，谈不上“行政垄断”的问题。

高频考点21：公平竞争审查制度★★

国家建立健全公平竞争审查制度。行政机关和法律、法规授权的具有管理公共事务职能的组织在制定涉及市场主体经济活动的规定时，应当进行公平竞争审查。

1. 审查原则

（1）尊重市场，竞争优化；

（2）立足全局，统筹兼顾；

（3）依法审查，强化监督。

2. 适用范围

（1）行政机关以及法律、法规授权的具有管理公共事务职能的组织制定的政策措施。

包括市场准入和退出、产业发展、招商引资、招标投标、政府采购、经营行为规范、资

质标准等涉及市场主体经济活动的规章、规范性文件、其他政策性文件以及“一事一议”形式的具体政策措施（统称“政策措施”）时，应当进行公平竞争审查，评估对市场竞争的影响，防止排除、限制市场竞争。经公平竞争审查认为不具有排除、限制竞争效果或者符合例外规定的，可以实施；具有排除、限制竞争效果且不符合例外规定的，应当不予出台或者调整至符合相关要求后出台；未经公平竞争审查的，不得出台。

（2）国务院制定的行政法规、政策措施，地方性法规、自治条例和单行条例。

涉及市场主体经济活动的行政法规、国务院制定的政策措施，以及政府部门负责起草的地方性法规、自治条例和单行条例，由起草部门在起草过程中按照本细则规定进行公平竞争审查。未经公平竞争审查的，不得提交审议。

（3）以县级以上地方各级人民政府名义出台的政策措施。

以县级以上地方各级人民政府名义出台的政策措施，由起草部门或者本级人民政府指定的相关部门进行公平竞争审查。起草部门在审查过程中，可以会同本级市场监管部门进行公平竞争审查。未经审查的，不得提交审议。以多个部门名义联合制定出台的政策措施，由牵头部门负责公平竞争审查，其他部门在各自职责范围内参与公平竞争审查。政策措施涉及其他部门职权的，政策制定机关在公平竞争审查中应当充分征求其意见。

3. 公平竞争审查的联席会议制度

市场监管总局、发展改革委、财政部、商务部会同有关部门，建立健全公平竞争审查工作部际联席会议制度，统筹协调和监督指导全国公平竞争审查工作。

县级以上地方各级人民政府负责建立健全本地区公平竞争审查工作联席会议制度（简称“联席会议”），统筹协调和监督指导本地区公平竞争审查工作，原则上由本级人民政府分管负责同志担任联席会议召集人。联席会议办公室设在市场监管部门，承担联席会议日常工作。

4. 公平竞争审查标准

（1）市场准入和退出标准。

①不得设置不合理和歧视性的准入和退出条件；

②公布特许经营权目录清单，且未经公平竞争审查，不得授予经营者特许经营权；

③不得限定经营、购买、使用特定经营者提供的商品和服务；

④不得设置没有法律、行政法规或者国务院规定依据的审批或者是有行政审批性质的事前备案程序；

⑤不得对市场准入负面清单以外的行业、领域、业务等设置审批程序。

（2）商品和要素自由流动标准。

①不得对外地和进口商品、服务实行歧视性价格和歧视性补贴政策；

②不得限制外地和进口商品、服务进入本地市场或者阻碍本地商品运出、服务输出；

③不得排斥或者限制外地经营者参加本地招标投标活动；

④不得排斥、限制或者强制外地经营者在本地投资或者设立分支机构；

⑤不得对外地经营者在本地的投资或者设立的分支机构实行歧视性待遇，侵害其合法权益。

（3）影响生产经营成本标准。

①不得违法给予特定经营者优惠政策；

②安排财政支出一般不得与企业缴纳的税收或者非税收入挂钩；

③不得违法免除特定经营者需要缴纳的社会保险费用；

④不得在法律规定之外要求经营者提供或者扣留经营者各类保证金。

（4）影响生产经营行为标准。

①不得强制经营者从事《反垄断法》规定的垄断行为；

②不得违法披露或者要求经营者披露生产经营敏感信息，为经营者从事垄断行为提供便利条件；

③不得超越定价权限进行政府定价；

④不得违法干预实行市场调节价的商品和

服务的价格水平。

5. 例外规定

公平竞争审查虽然在一定程度上具有限制竞争的效果，在符合规定的情况下可以出台实施：

（1）维护国家经济安全、文化安全、科技安全或者涉及国防建设的；

（2）为实现扶贫开发、救灾救助等社会保障目的；

（3）为实现节约能源资源、保护生态环境、维护公共卫生健康安全等社会公共利益的；

（4）法律、行政法规规定的其他情形。属于上述第（1）项至第（3）项情形的，政策制定机关应当说明相关政策措施对实现政策目的不可或缺，且不会严重限制市场竞争，并明确实施期限。

经典例题

【例题·单选题】根据反垄断法律制度的规定，行政机关滥用行政权力，实施限制竞争行为的，除法律、行政法规另有规定的，反垄断执法机构可以采取的处理措施是（　　）。

A. 责令行为人改正违法行为

B. 对直接负责的主管人员和其他直接责任人员给予处分

C. 对行为人处以罚款

D. 向有关上级机关提出依法处理的建议

【答案】D

【解析】行政机关和法律、法规授权的具有管理公共事务职能的组织滥用行政权力，实施排除、限制竞争行为的，由上级机关责令改正；对直接负责的主管人员和其他直接责任人员依法给予处分。反垄断执法机构可以向有关上级机关提出依法处理的建议。法律、行政法规对行政机关和法律、法规授权的具有管理公共事务职能的组织滥用行政权力实施排除、限制竞争行为的处理另有规定的，依照其规定。

【例题·多选题】根据反垄断法律制度的规定，下列情形中，可处以50万元以下罚款的有（　　）。

A. 经营者达成垄断协议，但未实施

B. 行业协会组织本行业经营者从事垄断协议行为

C. 经营者未依法申报达到申报标准的经营者集中

D. 行政机关滥用行政权力排除竞争

【答案】AB

【解析】选项D，行政机关滥用行政权力排除竞争，行政机关和法律、法规授权的具有管理公共事务职能的组织滥用行政权力，实施排除、限制竞争行为的，由上级机关责令改正；对直接负责的主管人员和其他直接责任人员依法给予处分。反垄断执法机构可以向有关上级机关提出依法处理的建议，并无罚款处罚。选项C，经营者集中本次法律修订后将罚款数额上限由50万元提高至500万元，请考生在复习时充分注意！

进阶练习

（一）单选题

1. 下列不属于我国反垄断法适用主体的是（　　）。

A. 经营者　　B. 消费者

C. 行业协会　　D. 行政机关

2. 下列不是界定相关地域市场时应当考虑的因素是（　　）。

A. 商品的运输成本

B. 地区间贸易壁垒

C. 特定地区需求者偏好

D. 商品的销售渠道

3. 国务院反垄断委员会办公室设在（　　）。

A. 商务部

B. 国家发改委

C. 国家市场监管总局

D. 国务院办公厅

4. 下列不属于横向垄断协议的是（　　）。

A. 固定商品价格的协议

B. 约定计算商品价格的标准公式的协议

C. 分割销售市场协议

D. 排他性交易协议

5. 下列不属于反垄断法禁止的垄断行为是（　　）。

A. 农村经济组织在粮食加工领域实施的联合行为

B. 联合拒绝向特定经营者销售商品

C. 行政强制交易

D. 限定向第三人转售商品的最低价格

6. 下列不属于经营者集中简易案件的是（　　）。

A. 在同一相关市场，所有参与集中的经营者所占的市场份额之和小于15%

B. 在上下游市场参与集中者的经营所占的份额均小于35%

C. 不在同一相关市场，也不存在上下游关系的参与集中的经营者，在与交易有关的每个市场所占的市场份额均小于25%

D. 参与集中的经营者收购境外企业股权和资产，该境外企业不在中国境内从事经济活动的

7. 下列是我国反垄断执法机构的是（　　）。

A. 国务院反垄断委员会

B. 国家市场监督管理总局

C. 国家发展改革委员会

D. 国家商务部

8. 根据反垄断法律制度的规定，下列具有竞争关系的经营者之间的约定，不属于横向垄断协议的是（　　）。

A. 联合拒绝销售特定经营者的商品

B. 固定向第三人转售商品的价格

C. 采用据以计算价格的标准公式

D. 拒绝采用新的技术标准

9. 下列垄断行为中，行为人可能承担刑事责任的是（　　）。

A. 经营者滥用市场支配地位，搭售商品

B. 经营者与交易相对人达成固定转售价格的协议

C. 经营者未经执法机构批准，擅自实施集中

D. 经营者之间串通投标

10. 下列关于反垄断民事诉讼制度的表述中，说法正确的是（　　）。

A. 作为间接购买该公司产品的消费者，不能作为反垄断民事诉讼的原告

B. 在反垄断民事诉讼中，具有相应专门知识的人员出庭就案件专门性问题所作说明，属于《民事诉讼法》上的证人证言

C. 原告起诉时，被诉垄断行为已持续超过2年，被告以诉讼时效抗辩的，损害赔偿应当自原告向人民法院起诉之日起向前推算2年计算

D. 原告提起反垄断民事诉讼，需以反垄断执法机构认定相关垄断行为违法为前提

11. 根据反垄断法律制度规定，垄断协议经营者主动报告垄断协议的有关情况并提供重要证据，可以减轻或免除处罚，属于（　　）。

A. 宽大　　B. 承诺

C. 适用除外　　D. 豁免

12. 某行业协会的全体会员企业在相关市场的市场份额合计到达85%。由于近期原材料涨价影响了行业利润，该协会遂组织召开了由会员企业领导人参加的“行业峰会”，与会代表达成了提高产品价格的共识。会议结束后，该协会向全体会员企业印发了关于提高本行业产品价格的通知，明确要求会员企业统一将产品价格提高15%。接到通知后，会员企业按要求实施了涨价。根据反垄断法律制度的规定，以下说法中，正确的选项是（　　）。

A. 行业协会实施了滥用市场支配地位行为

B. 行业协会实施了经营者集中行为

C. 行业协会实施了行政性限制竞争行为

D. 行业协会实施了组织本行业经营者达成垄断协议的行为

13. 反垄断执法机构应当根据经营者主动报告的时间顺序、提供证据的重要程度以及达成、实施垄断协议的有关情况，决定是否减轻或者免除处罚。对于第一个申请者，反垄断执法机构可以免除处罚或者按照不低于（　　）的幅度减轻罚款。

A. 80%　　B. 70%

C. 60%　　D. 50%

（二）多选题

1. 下列属于我国《反垄断法》适用除外的有（　　）。

A. 农业生产中的联合行为

B. 知识产权的正当行使

C. 企业间研发新产品达成的垄断协议

D. 国际贸易中为维护国家利益达成的垄断协议

2. 下列属于从需求角度界定相关商品市场时考虑的因素有（　　）。

A. 需求者因商品价格和其他的竞争因素变化转向和考虑转向购买其他商品的证据

B. 商品的外形特性质量和技术特点等总体特征和用途

C. 商品之间的价格差异

D. 商品的销售渠道

3. 下列适用经营者承诺制度的案件有（　　）。

A. 垄断协议

B. 滥用市场支配地位

C. 经营者集中

D. 滥用行政权力排除、限制竞争

4. 因垄断行为受到损失，可以向人民法院提起反垄断民事诉讼的主体有（　　）。

A. 消费者　　B. 企业

C. 公民个人　　D. 检察院

5. 下列属于纵向垄断协议的有（　　）。

A. 维持转售价格协议

B. 地域限制协议

C. 客户限制协议

D. 排他性交易协议

6. 认定“其他协同行为”时应当考虑的因素有（　　）。

A. 经营者的市场行为是否具有一致性

B. 经营者之间是否进行过意思联络或者信息交流

C. 经营者能否对行为的一致性作出合理解释

D. 相关市场的结构情况、竞争状况、市场变化等情况

7. 参与垄断协议的经营者主动报告，达成垄断协议有关情况并提供重要证据的，可以申请依法减轻或者免除处罚。下列关于宽恕制度的表述错误的有（　　）。

A. 对于第一个申请者，反垄断执法机构可以免除处罚

B. 对于第二个申请者，反垄断执法机构可以按照不低于80%的幅度减轻罚款

C. 对于第三个申请者，可以按照30% ~ 50%的幅度减轻罚款

D. 对于第四个申请者，可以按照20% ~ 30%的幅度减轻罚款

8. 下列属于认定经营者具有市场支配地位时应当依据的因素有（　　）。

A. 经营者在相关市场的市场份额以及相关市场的竞争状况

B. 经营者的财力和技术条件

C. 其他经营者对该经营者在交易上的依赖程度

D. 认定互联网等新经济业态经营者具有市场支配地位时需考虑一些特殊因素

9. 限定交易行为的具体表现有（　　）。

A. 限定交易相对人只能与其进行交易

B. 限定交易相对人只能与其指定的经营者进行交易

C. 限定交易相对人不得与特定经营者进行交易

D. 拒绝与交易相对人进行新的交易

10. 以下属于搭售及附加其他不合理交易行为表现的有（　　）。

A. 违背交易惯例、消费习惯或者无视商品的功能，将不同商品捆绑销售或者组合销售

B. 对合同期限、支付方式、商品的运输

及交付方式或者服务的提供方式等附加不合理的限制

C. 对商品的销售地域、销售对象、售后服务等附加不合理的限制

D. 附加与交易标的无关的交易条件

11. 下列属于经营者集中免于申报的情形的有（　　）。

A. 参与集中的所有经营者上一会计年度在全球范围内的营业额合计超过100亿元人民币，并且其中至少两个经营者上一会计年度在中国境内的营业额均超过4亿元人民币

B. 参与集中的所有经营者上一会计年度在中国境内的营业额合计超过20亿元人民币，并且其中至少两个经营者上一会计年度在中国境内的营业额均超过4亿元人民币

C. 参与集中的一个经营者拥有其他每个经营者50%以上有表决权的股份或者资产

D. 参与集中的每个经营者50%以上有表决权的股份或者资产被同一个未参与集中的经营者拥有

12. 根据不同情况，国务院反垄断执法机构对经营者集中可作出的决定有（　　）。

A. 不予受理的决定

B. 禁止集中的决定

C. 不予禁止的决定

D. 附加条件的不予禁止的决定

13. 行政强制交易的具体表现包括（　　）。

A. 已明确要求、暗示、拒绝或者拖延行政审批、重复检查、不予接入平台或者网络等方式，限定或者变相限定经营、购买、使用特定经营者提供的商品

B. 通过限制投标人所在地、所有制形式、组织形式等方式，限定或者变相限定经营、购买、使用特定投标人提供的商品

C. 没有法律、法规依据，通过设置项目库、名录库等方式，限定或者变相限定经营、购买、使用特定经营者提供的商品

D. 限定或者变相限定单位或者个人经营、购买、使用其指定的经营者提供的商品的其他行为

14. 下列属于排斥或限制经营者参加招投标的行为有（　　）。

A. 不依法发布信息

B. 明确外地经营者不能参与本地特定的招标投标、政府采购活动

C. 对外地经营者设定歧视性的资质要求或者评审标准

D. 通过设定与招标项目的具体特点和实际要求不相适应，或者与合同履行无关的资格、技术和商务条件，变相限制外地经营者参加本地招标投标、政府采购活动

15. 下列属于排斥或者限制外地经营者在本地投资或者设立分支机构或者妨碍外地经营者在本地正常经营活动的具体表现的有（　　）。

A. 拒绝外地经营者在本地投资或者设立分支机构

B. 没有法律、法规依据，对外地经营者在本地投资的规模、方式以及设立分支机构的地址、商业模式等进行限制

C. 对外地经营者在本地的投资或者设立的分支机构在经营规模、经营方式、税费缴纳等方面规定与本地经营者不同的要求，在安全生产、节能环保、质量标准等方面实行歧视性待遇

D. 排斥或者限制外地经营者在本地投资或者设立分支机构的其他行为

16. 市场督监管理总局变更或者解除限制性条件时，应当考虑的因素包括（　　）。

A. 集中交易方是否发生重大变化

B. 相关市场竞争状况是否发生实质性变化

C. 实施限制性条件是否无必要或者不可能

D. 义务人的经营状况

17. 违法实施经营者集中的情形主要包括（　　）。

A. 经营者集中达到申报标准，相关经营者未申报径行实施集中

B. 经营者集中达到申报标准，并实施申报

C. 经营者集中申报后，相关经营者未经批准实施集中

D. 违反经营者集中审查决定

18. 根据反垄断法律制度的规定，相关当

事人可以主张赔偿责任的情形包括（　　）。

A. 因经营者的滥用市场支配地位行为而受损的

B. 因垄断协议当事人一方对违反垄断协议的他方实施处罚，给其造成损失的

C. 因垄断协议无效，协议一方当事人向另一方当事人主张返还对价、恢复原状的

D. 因垄断协议无效，消费者向实施垄断协议的经营者主张返还多付价款的

19. 根据反垄断法律制度的规定，下列适用反垄断法豁免的情形有（　　）。

A. 农业生产中的联合或者协同行为

B. 为改进技术、研发新产品的协议

C. 为实现节约能源保护环境的协议

D. 为提高中小经营者经营效率的协议

20. 根据反垄断法律制度的规定，下列属于国务院反垄断委员会职责的表述中，正确的有（　　）。

A. 研究拟订有关竞争政策

B. 组织调查、评估市场总体竞争状况，发布评估报告

C. 制定、发布反垄断指南

D. 协调反垄断行政执法工作

21. 根据反垄断法律制度的规定，下列可能成为反垄断民事诉讼原告的有（　　）。

A. 因垄断行为受到损失以及因合同内容、行业协会的章程等违反《反垄断法》而发生争议的自然人

B. 因垄断行为受到损失以及因合同内容、行业协会的章程等违反《反垄断法》而发生争议的法人

C. 因垄断行为受到损失以及因合同内容、行业协会的章程等违反《反垄断法》而发生争议的其他组织

D. 消费者只要因垄断行为受损，就可以作为垄断民事案件原告

22. 根据反垄断法律制度的规定，下列属于公平竞争审查制度基本原则的有（　　）。

A. 尊重市场，竞争优先

B. 立足全局，统筹兼顾

C. 依法审查，强化监督

D. 维护公共道德

23. 根据反垄断法律制度的规定，反垄断执法机构应当恢复调查的有（　　）。

A. 经营者未履行承诺

B. 中止调查所依据的事实发生重大变化

C. 基于不完整、不真实信息作出中止调查的决定

D. 经营者已经履行承诺的

24. 在对经营者集中进行反垄断审查并作出是否禁止该集中的决定过程中，反垄断执法机构应主要考虑一些经济因素。以下各项中，属于该类经济因素的有（　　）。

A. 参与集中的经营者在相关市场的市场份额及其对市场的控制力

B 相关市场的集中度

C. 经营者集中对市场进入、技术进步的影响

D. 经营者集中对消费者的影响

进阶练习答案及解析

（一）单选题

1. 【答案】B

【解析】《反垄断法》不规范消费者。

2. 【答案】D

【解析】选项 D 是相关商品市场界定应考虑的因素。

3. 【答案】C

【解析】国务院反垄断委员会办公室设在国家市场监督管理总局。

4. 【答案】D

【解析】选项 D 属于纵向垄断协议。

5. 【答案】A

【解析】选项 A 属于《反垄断法》的适用除外。

6. 【答案】B

【解析】在上下游市场参与集中者的经营所占的份额均小于25%的，为简易案件。

7. 【答案】B

【解析】国务院机构改革后，我国实现了反垄断执法机构的一元化，为国家市场监督管理总局。国务院反垄断委员会并不是执法机构，而是关于反垄断工作的议事协调机构。

8. 【答案】B

【解析】选项B为纵向垄断协议。

9. 【答案】D

【解析】选项A、B、C，《反垄断法》未对“经营者的垄断行为”规定刑事责任；选项D，《招标投标法》及《刑法》均对“情节严重的串通招投标行为”规定了刑事责任。

10. 【答案】C

【解析】因垄断行为受到损失以及因合同内容、行业协会的章程等违反《反垄断法》而发生争议的自然人、法人或者其他组织，可以向人民法院提起反垄断民事诉讼，选项A错误；专家出庭就专门问题进行说明，但专家在法庭上提供的意见并不属于《民事诉讼法》上的证据形式，而是作为法官判案的参考依据，选项B错误；人民法院受理垄断民事纠纷案件，是不以执法机构已对相关垄断行为进行了查处为前提条件的，选项D错误。

11. 【答案】A

【解析】本题考核宽大制度。宽大制度，是指参与垄断协议的经营者主动向反垄断执法机构报告达成垄断协议的有关情况并提供重要证据的，反垄断执法机构可以对其宽大处理，酌情减轻或者免除其处罚。

12. 【答案】D

【解析】（1）禁止行业协会组织本行业的经营者订立或实施反垄断法所禁止的垄断协议；（2）固定或者变更商品价格的协议属于横向垄断协议。

13. 【答案】A

【解析】第一个……不低于80%；第二个……30%－50%；第三个……20%～30%。

（二）多选题

1. 【答案】AB

【解析】选项C、D属于我国《反垄断法》的豁免协议。

2. 【答案】ABCD

【解析】从需求角度界定相关商品市场，一般考虑以下几个方面的因素：（1）需求者因商品价格或者其他竞争因素变化，转向或者考虑转向购买其他商品的证据。（2）商品的外形、特性、质量和技术特点等总体特征和用途。（3）商品之间的价格差异。（4）商品的销售渠道。（5）其他重要因素（如需求者偏好或者需求者对商品的依赖程度；可能阻碍大量需求者转向某些紧密替代商品的障碍、风险和成本；是否存在区别定价等）。

3. 【答案】AB

【解析】经营者承诺，这一制度主要适用于垄断协议和滥用市场支配地位案件。

4. 【答案】ABC

【解析】检察院不能提起反垄断民事诉讼。

5. 【答案】ABCD

【解析】纵向垄断协议的主要表现形式有：（1）维持转售价格协议；（2）地域或客户限制协议；（3）排他性交易协议。

6. 【答案】ABCD

【解析】认定其他协同行为应当考虑下列因素：（1）经营者的市场行为是否具有一致性；（2）经营者之间是否进行过意思联络或者信息交流；（3）经营者能否对一致行为作出合理的解释；（4）相关市场的结构情况竞争状况市场变化等情况。

7. 【答案】ABCD

【解析】参与垄断协议的经营者主动报告，达成垄断协议有关情况并提供重要证据的，可以申请依法减轻或者免除处罚。对于第一个申请者，反垄断执法机构可以免除处罚，或者按照不低于80%的幅度减轻罚款；对于第二个申请者，可以按照30%～50%的幅度减轻罚款；对于第三个申请者，可以按照20%～30%的幅度减轻罚款，四个选项表述均不正确。

8. 【答案】ABCD

【解析】我国《反垄断法》规定了以下认定经营者具有市场支配地位时应当依据的因

素：（1）经营者在相关市场的市场份额，以及相关市场的竞争状况。（2）经营者控制销售市场或者原材料采购市场的能力。（3）经营者的财力和技术条件。（4）其他经营者对该经营者在交易上的依赖程度。（5）其他经营者进入相关市场的难易程度。（6）认定互联网等新经济业态经营者具有市场支配地位考虑的特殊因素。（7）认定共同市场支配地位考虑的特殊因素。

9.【答案】ABC

【解析】选项D为拒绝交易而非限定交易。

10.【答案】ABCD

【解析】没有正当理由搭售商品，或者在交易时附加其他不合理的交易条件行为的具体表现包括：（1）违背交易惯例、消费习惯或者无视商品的功能，将不同商品捆绑销售或者组合销售；（2）对合同期限、支付方式、商品的运输及交付方式或者服务的提供方式等附加不合理的限制；（3）对商品的销售地域、销售对象、售后服务等附加不合理的限制；（4）交易时在价格之外附加不合理费用；（5）附加与交易标的无关的交易条件。

11.【答案】CD

【解析】选项A、B属于应当申报的情形。

12.【答案】BCD

【解析】根据反垄断相关法律制度的规定，国务院反垄断执法机构对经营者集中可以作出禁止集中、不予禁止、附条件不予禁止的决定。

13.【答案】ABCD

【解析】行政强制交易主要包括：（1）以明确要求、暗示、拒绝或者拖延行政审批、重复检查、不予接入平台或者网络等方式，限定或者变相限定经营、购买、使用特定经营者提供的商品；（2）通过限制投标人所在地、所有制形式、组织形式等方式，限定或者变相限定经营、购买、使用特定投标人提供的商品；（3）没有法律、法规依据，通过设置项目库、名录库等方式，限定或者变相限定经营、购买、使用特定经营者提供的商品；（4）限定或者变相限定单位或者个人经营、购买、使用其指定的经营者提供的商品的其他行为。

14.【答案】ABCD

【解析】排斥或限制经营者参加招标投标行为主要包括：（1）不依法发布信息；（2）明确外地经营者不能参与本地特定的招标投标、政府采购活动；（3）对外地经营者设定歧视性的资质要求或者评审标准；（4）通过设定与招标项目的具体特点和实际要求不相适应，或者与合同履行无关的资格、技术和商务条件，变相限制外地经营者参加本地招标投标、政府采购活动；（5）排斥或者限制外地经营者参加本地招标投标政府采购活动的其他行为。

15.【答案】ABCD

【解析】排斥或者限制外地经营者在本地投资或者设立分支机构或者妨碍外地经营者在本地的正常经营活动主要包括：（1）拒绝外地经营者在本地投资或者设立分支机构；（2）没有法律、法规依据，对外地经营者在本地投资的规模、方式以及设立分支机构的地址、商业模式等进行限制；（3）对外地经营者在本地的投资或者设立的分支机构在投资、经营规模、经营方式、税费缴纳等方面规定与本地经营者不同的要求，在安全生产、节能环保、质量标准等方面实行歧视性待遇；（4）排斥或者限制外地经营者在本地投资或者设立分支机构的其他行为。

16.【答案】ABC

【解析】审查决定生效期间，市场监督管理总局可以主动或者应义务人申请对限制性条件进行重新审查，变更或者解除限制性条件。市场监管总局变更或者解除限制性条件时，应当考虑下列因素：（1）集中交易方是否发生重大变化；（2）相关市场竞争状况是否发生实质性变化；（3）实施限制性条件是否无必要或者不可能；（4）应当考虑的其他因素。选项D，义务人的经营情况不属于变更或者解除限制性条件时应当考虑的因素。

17.【答案】ACD

【解析】违法实施经营者集中主要包括三种情形：一是经营者集中达到申报标准，相关经营者未申报径行实施集中；二是经营者集中申报后，相关经营者未经批准实施集中；三是违反经营者集中审查决定。选项B不属于违法实施经营者集中的情形。

18.【答案】ABCD

【解析】有关《反垄断法》的民事责任主要包括停止侵害、赔偿损失等。相关当事人可以主张赔偿责任的情形包括：（1）因经营者的滥用市场支配地位行为而受损的；（2）因垄断协议当事人一方对违反垄断协议的他方实施处罚，给其造成损失的；（3）因垄断协议无效，协议一方当事人向另一方当事人主张返还对价、恢复原状的；（4）因垄断协议无效，消费者向实施垄断协议的经营者主张返还多付价款的。

19.【答案】BCD

【解析】选项A属于反垄断法的适用除外情形，并非适用豁免制度。

20.【答案】ABCD

【解析】国务院反垄断委员会并不是执法机构，而是关于反垄断工作的议事协调机构，其职责包括：（1）研究拟订有关竞争政策；（2）组织调查、评估市场总体竞争状况，发布评估报告；（3）制定、发布反垄断指南；（4）协调反垄断行政执法工作；（5）国务院规定的其他职责。

21.【答案】ABCD

【解析】（1）因垄断行为受到损失以及因合同内容、行业协会的章程等违反《反垄断法》而发生争议的自然人、法人或者其他组织，可以向人民法院提起反垄断民事诉讼。

（2）消费者只要因垄断行为受损，就可以作为垄断民事案件原告。

22.【答案】ABC

【解析】见本章高频考点21。

23.【答案】ABC

【解析】见本章高频考点4，以上选项A、B、C情形属于反垄断执法机构应当恢复调查的情形。

24.【答案】ABCD

【解析】在对经营者集中进行审查并作出相应决定过程中，国务院反垄断执法机构主要考虑以下因素：（1）参与集中的经营者在相关市场的市场份额及其对市场的控制力；（2）相关市场的市场集中度；（3）经营者集中对市场进入、技术进步的影响；（4）经营者集中对消费者和其他有关经营者的影响；（5）经营者集中对国民经济开展的影响；（6）国务院反垄断执法机构认为应当考虑的影响市场竞争的其他因素。其中前四项分别对应选项A、B、C、D。

第十二章　涉外经济法律制度

2023 年教材内容主要变化

本章内容变化不大，主要调整了个别语句的表述，对知识点在内容上基本没有影响；对内容有影响的调整主要在人民币加入特别提款权内容。

本章近五年考试高频考点分布

高频考点内容	年度及题型分布
外商投资项目的核准与备案	2020 年单选题、2018 年单选题
外商投资的界定	2022 年多选题
外国投资者以股权作为支付手段并购境内公司	2018 年单选题
外商投资合同的法律适用	2021 年单选题、2018 年多选题
自由贸易区外商投资国家安全审查	2019 年多选题
对外直接投资法律制度	2020 年单选题、2020 年多选题、2019 年多选题
《对外贸易法》的适用范围和原则	2022 年单选题、2019 年单选题、2018 年单选题
对外贸易经营者	2022 年多选题、2019 年单选题、2018 年单选题
反倾销税	2019 年单选题
《外汇管理条例》的适用范围	2020 年多选题、2019 年单选题
外汇市场	2019 年多选题
外汇管理	2022 年单选题
外债管理	—
人民币汇率与特别提款权	2018 年多选题

高频考点精讲

本章属于非重要考试章节，主要包括涉外投资法律制度、对外贸易法律制度、外汇管理法律制度等内容。

高频考点1：《外商投资法》的特色与创新★★

1. 从企业组织法转型为投资行为法
2. 强调对外商投资的促进与保护
3. 全面落实国民待遇原则
4. 更加周延地覆盖外商投资实践

经典例题

【真题·单选题】（2020）下列关于《外商投资法》的特色与创新的表述中，正确的是（　　）。

A. 从投资行为法转型为企业组织法

B. 全面落实外商投资国民待遇原则

C. 仅适用于外商直接投资，不适用于间接投资

D. 相比外商投资的促进和保护，更加强调对外商投资的管理

【答案】B

【解析】《外商投资法》的特色与创新主要体现在四个方面，即从企业组织法转型为投资行为法，更加强调对外商投资的促进和保护，全面落实内外资一视同仁的国民待遇原则，以及更加周延地覆盖外商投资实践。

高频考点2：外商投资的界定★★

外商投资是指外国投资者直接或者间接在中国境内进行的投资活动，包括以下四种情形：

（1）外国投资者单独或者与其他投资者共同在中国境内设立外商投资企业；

（2）外国投资者取得中国境内企业的股份股权财产份额或者其他类似权益；

（3）外国投资者单独或者与其他投资者共同在中国境内投资新建项目；

（4）法律行政法规或者国务院规定的其他方式的投资。

在中国境内投资新建项目，是指外国投资者在中国境内对特定项目建设进行投资，但不设立外商投资企业，不取得中国境内企业的股份、股权、财产份额或者其他类似权益。

经典例题

【真题·多选题】（2022）根据涉外投资法律制度的规定，下列各项中，属于“外商投资”的有（　　）。

A. 外国投资者单独在中国境内设立外商投资企业

B. 外国投资者与中国自然人共同在中国境内设立外商投资企业

C. 外国投资者与中国企业共同在中国境内设立外商投资企业

D. 外商投资者在中国境内对特定项目建设进行投资，但不设立外商投资企业，以特许经营费的方式获取投资收益

【答案】ABCD

【解析】外商投资是指外国投资者直接或者间接在中国境内进行的投资活动，包括以下四种情形：外国投资者单独或者与其他投资者共同在中国境内设立外商投资企业；外国投资者取得中国境内企业的股份股权财产份额或者其他类似权益；外国投资者单独或者与其他投资者共同在中国境内投资新建项目；法律行政法规或者国务院规定的其他方式的投资。因此选项A、B、C、D均正确。

高频考点3：关于外商投资促进的具体规定★★

（1）提高外商投资政策的透明度；

（2）保障外商投资企业平等参与市场竞争；

（3）加强外商投资服务；

（4）依法依规鼓励和引导外商投资。

高频考点4：关于外商投资保护★★

（1）加强对外商投资企业的产权保护；

（2）强化对制定涉及外商投资规范性文件的约束；

（3）促使地方政府守约践诺；

（4）建立健全外商投资企业投诉工作机制。

经典例题

【真题·多选题】（2020）根据涉外投资法律制度的规定，下列关于外商投资保护的表述中，正确的有（　　）。

A. 国家对于外国投资者的投资，原则上可以实行征收

B. 外国投资者在中国境内的利润，可以依法以人民币或者外汇自由汇出

C. 外国投资者、外商投资企业认为行政行为所依据的国务院部门和地方人民政府及其部门制定的规范性文件不合法，在依法对行政行为申请行政复议或者提起行政诉讼时，可以一并请求对该规范性文件进行审查

D. 行政机关及其工作人员不得利用行政手段强制或者变相强制外国投资者、外商投资企业转让技术

【答案】BCD

【解析】选项A，国家对外国投资者的投资不实行征收。

高频考点5：关于外商投资管理★★★

1. 准入前国民待遇加负面清单管理制度

（1）国家对外商投资实行准入前国民待遇加负面清单管理制度。所谓准入前国民待遇是指在投资准入阶段，给予外国投资者及其投资不低于本国投资者及其投资的待遇；所谓负面清单是指国家规定在特定领域对外投资实施的准入特别管理措施。国家对负面清单之外的外商投资给予国民待遇，中华人民共和国缔结或者参加的国际条约协定对外国投资者准入待遇有更优惠规定的，可以按照相关规定执行。

（2）负面清单规定禁止投资的领域，外国投资者不得投资负面清单规定限制投资的领域，外国投资者进行投资应当符合负面清单规定的股权要求、高级管理人员要求等限制性准入特别管理措施。有关主管部门在依法履行职责过程中，对外国投资者拟投资负面清单内领域，但不符合负面清单规定的，不予办理许可、企业登记注册等相关事项；涉及固定资产投资项目核准的，不予办理相关核准事项。

（3）《外商投资企业法》对外商投资管理作出了指引性、衔接性规定：

①明确按照内外资一致的原则对外商投资实施监督管理；

②建立健全外商投资信息报告制度。

2. 外商投资安全审查制度

国家建立外商投资安全审查制度，对影响或者可能影响国家安全的外商投资进行安全审查，依法作出的安全审查决定为最终决定。

（1）国家建立外商投资安全审查工作机制，负责组织、协调、指导外资安审工作。工作机制办公室设在国家发展改革委，由国家发展改革委、商务部牵头，承担外资安审日常工作。

（2）下列范围内的外商投资，外国投资者或者境内相关当事人（以下统称“当事人”）应当在实施投资前主动向工作机制办公室申报：

①投资军工、军工配套等关系国防安全的领域，以及在军事设施和军工设施周边地域投资；

②投资关系国家安全的重要农产品、重要能源和资源、重大装备制造、重要基础设施、重要运输服务、重要文化产品与服务、重要信息技术和互联网产品与服务、重要金融服务、关键技术以及其他重要领域，并取得所投资企业的实际控制权。此处所称“实际控制权”包括：

a. 外国投资者持有所投资企业50%以上股权；

b. 外国投资者持有所投资企业股权不足50%，但所享有的表决权能够对董事会、股东会或者股东大会的决议产生重大影响；

c. 其他导致外国投资者能够对所投资企业的经营决策、人事、财务、技术等产生重大影响的情形。

对于上述申报范围内的外商投资、工作机制办公室有权要求当事人申报。有关机关、企业、社会团体、社会公众等认为外商投资影响

或者可能影响国家安全的。可以向工作机制办公室提出进行安全审查的建议。

（3）外资安全审查分为一般审查和特别审查。

（4）工作机制办公室决定对申报的外商投资进行安全审查的，应当自决定之日起30个工作日内完成一般审查。审查期间，当事人不得实施投资经一般审查认为申报的外商投资不影响国家安全的，应当作出通过安全审查的决定：认为影响或者可能影响国家安全的，应当作出启动特别审查的决定。决定应当书面通知当事人。

（5）工作机制办公室决定对申报的外商投资启动特别审查的，审查后应当按照下列规定作出决定，并书面通知当事人：

①认为不影响国家安全的，作出通过安全审查的决定；

②认为影响国家安全的，作出禁止投资的决定；通过附加条件能够消除对国家安全的影响，且当事人书面承诺接受附加条件的，可以作出附条件通过安全审查的决定，并在决定中列明附加条件。

特别审查应当自启动之日起60个工作日内完成；特殊情况下可以延长审查期限，但应书面通知当事人。审查期间，当事人不得实施投资。

（6）工作机制办公室作出通过安全审查决定的，当事人可以实施投资。作出禁止投资决定的，当事人不得实施投资；已经实施的，应当限期处分股权或者资产以及采取其他必要措施，恢复到投资实施前的状态，消除对国家安全的影响。作出附加条件通过安全审查决定的，当事人应当按照附加条件实施投资；工作机制办公室可以采取要求提供有关证明材料、现场检查等方式，对附加条件的实施情况进行核实。

（7）工作机制办公室对申报的外商投资作出不需要进行安全审查或者通过安全审查的决定后，当事人变更投资方案，影响或者可能影响国家安全的，应当依照《安审办法》的规定重新向工作机制办公室申报。

3. 外商投资合同效力的认定

最高人民法院《关于适用〈中华人民共和国外商投资法〉若干问题的解释》区分负面清单所列投资领域与负面清单之外领域两种情形，对于相关投资合同的效力认定问题作出了具体规定。

（1）对于外商投资准入负面清单之外的领域形成的投资合同，当事人以合同未经有关行政主管部门批准登记为由，主张合同无效或者未生效的，人民法院不予支持。

（2）外国投资者投资外商投资准入负面清单规定禁止投资的领域，当事人主张投资合同无效的，人民法院应予支持。

（3）外国投资者投资外商投资准入负面清单规定限制投资的领域，当事人以违反限制性准入特别管理措施为由，主张投资合同无效的，人民法院应予支持。但是，在人民法院作出生效裁判前，当事人采取必要措施满足准入特别管理措施的要求，并据此主张所涉投资合同有效的，人民法院应予支持。

（4）在生效裁判作出前，因外商投资准入负面清单调整，外国投资者投资不再属于禁止或者限制投资的领域，当事人主张投资合同有效的，人民法院应予支持。

“投资合同”是指外国投资者及外国的自然人、企业或者其他组织因直接或者间接在中国境内进行投资而形成的相关协议，包括设立外商投资企业合同、股份转让合同、股权转让合同、财产份额或者其他类似权益转让合同、新建项目合同等协议。外国投资者以赠与、财产分割、企业合并、企业分立等方式取得相应权益所产生的合同纠纷，也适用上述规定。

经典例题

【真题·单选题】（2021）根据外商直接投资法律制度的规定，下列关于外国投资合同效力的表述中，不正确的是（　　）。

A. 对负面清单禁止领域内的投资合同，当事人主张投资合同有效的，人民法院应予支持

B. 对负面清单禁止领域内的投资合同，当事人主张投资合同无效的，人民法院应予支持

C. 对负面清单之外领域形成的投资合同，当事人以合同未经有关行政主管部门批准、登记为由主张合同无效的，人民法院不予支持

D. 对负面清单之外领域形成的投资合同，当事人以合同未经有关行政主管部门批

准、登记为由主张合同未生效的，人民法院不予支持

【答案】A

【解析】外国投资者投资外商投资准入负面清单规定限制投资的领域，当事人以违反限制性准入特别管理措施为由，主张投资合同无效的，人民法院应予支持。但是，在人民法院作出生效裁判前，当事人采取必要措施满足准入特别管理措施的要求，并据此主张所涉投资合同有效的，人民法院应予支持。对于外商投资准入负面清单之外的领域形成的投资合同，当事人以合同未经有关行政主管部门批准登记为由，主张合同无效或者未生效的，人民法院不予支持。

【例题·多选题】根据外商直接投资法律制度的规定，外国投资者并购境内企业安全审查部际联席会议的牵头机构有（　　）。

A. 国家发改委

B. 工业与信息化部

C. 商务部

D. 国家工商总局

【答案】AC

【解析】根据国务院办公厅发布的《关于建立外国投资者并购境内企业安全审查制度的通知》，在审查机制方面，采取部际联席会议形式，由国家发展改革委和商务部“双牵头”。

【例题·多选题】下列属于取得所投资企业实际控制权的有（　　）。

A. 史密斯持有A公司70%的股份总额

B. 汤姆、杰瑞合计持有B公司股份总额的60%

C. 佩奇、乔治合计持有C公司40%的股份，但其二人所享有的表决权对C公司董事会决议能够产生重大影响

D. 弗瑞斯、蒂姆、旺达合计持有D公司35%的股份，但三人均为D公司监事会成员，对D公司监事会决议能够产生重大影响

【答案】ABC

【解析】选项D，数个投资者持有企业股份总额不超过50%，但所享有的表决权足以对股东会或股东大会、董事会（不包括监事会）的决议产生重大影响，则取得所投资企业实际控制权。

高频考点6：关于过渡期问题★

《外商投资法》实行前依照“外资三法”设立的外商投资企业，在《外商投资法》实行后5年内可以依照《公司法》《合伙企业法》等法律的规定，调整其组织形式、组织机构等，并依法办理变更登记，也可以继续保留原企业组织形式、组织机构等。自2025年1月1日起，对未依法调整组织形式、组织机构等并办理变更登记的现有外商投资企业，市场监督管理部门不予办理其申请的其他登记事项，并将相关情形予以公示。

经典例题

【例题·单选题】我国《外商投资法》规定的过渡期是（　　）年。

A. 1　　B. 3

C. 5　　D. 10

【答案】C

【解析】《外商投资法》设置了5年的过渡期。

高频考点7：对外直接投资核准备案制度★★

中国对外直接投资是指中国境内投资者以现金、实务、无形资产等方式在国外及中国港澳台地区设立或购买境外企业，并控制企业经营管理权的投资活动。

对外直接投资的形式包括新设、并购、参股、增资、再投资等。

1. 商务部的核准和备案

（1）企业境外投资涉及敏感国家和地区、敏感行业的，实行核准管理；企业其他情形的境外投资，实行备案管理。

（2）实行核准管理的国家是指与中华人民共和国未建交的国家、受联合国制裁的国家，必要时商务部可另行公布其他实行核准管理的国家和地区的名单。

（3）实行核准管理的行业是指涉及出口中华人民共和国限制出口的产品和技术的行业，影响一国（地区）以上利益的行业。

（4）企业境外投资不得有以下情形：

①危害我国国家主权、安全和社会公共利益，或违反我国法律法规；

②损害我国与有关国家（地区）关系；

③违反我国缔结或参加的国际条约、协定；

④出口我国禁止出口的产品和技术。

（5）对属于备案情形的境外投资，中央企业报商务部备案，地方企业报所在省级商务主管部门备案；对属于核准情形的境外投资，中央企业向商务部提出申请，地方企业通过所在省级商务主管部门向商务部提出申请。

2. 发展改革部门的核准和备案

（1）实行核准管理的范围是投资主体直接或通过其控制的境外企业开展的敏感类项目，核准机关是国家发展改革委。

（2）所谓敏感类项目，是指涉及敏感国家和地区的项目以及涉及敏感行业的项目。敏感国家和地区包括：

①与我国未建交的国家和地区；

②发生战争、内乱的国家和地区；

③根据我国缔结或参加的国际条约、协定等，需要限制企业对其投资的国家和地区；

④其他敏感国家和地区。

敏感行业包括：

①武器装备的研制生产维修；

②跨境水资源开发利用；

③新闻传媒；

④根据我国法律法规和有关调控政策，需要限制企业境外投资的行业。敏感行业目录由国家发展改革委发布。

（3）实行备案管理的项目，是投资主体直接开展的非敏感类项目，即不涉及敏感国家和地区且不涉及敏感行业的项目。

（4）实行备案管理的项目中，投资主体是中央管理企业的，备案机关是国家发展改革委；投资主体是地方企业且中方投资额3亿美元及以上的，备案机关是国家发展改革委；投资主体是地方企业且中方投资额3亿美元以下的，备案机关是投资主体注册地的省级政府发展改革部门。

经典例题

【真题·单选题】（2020）某非敏感类境外投资项目，投资主体为地方企业，中方投资额为2亿美元。根据涉外投资法律制度的规定，下列表述中，正确的是（　　）。

A. 该项目应由国家发展改革委核准

B. 该项目应由国家发展改革委备案

C. 该项目应由投资主体注册地的省级政府发展改革部门核准

D. 该项目应由投资主体注册地的省级政府发展改革部门备案

【答案】D

【解析】实行备案管理的项目中，投资主体是地方企业且中方投资额3亿美元以下的，备案机关是投资主体注册地的省级政府发展改革部门。

高频考点8：《对外贸易法》的适用范围和原则★

1.《对外贸易法》的适用范围

（1）从对象上看，我国对外贸易法律制度适用于货物进出口、技术进出口、国际服务贸易以及与此相关的知识产权保护。

（2）从地域范围来看，我国《对外贸易法》只适用于中国内地。不适用中国香港特别行政区、澳门特别行政区和台湾地区。

2.《对外贸易法》的原则

（1）统一管理原则；

（2）公平自由原则；

（3）平等互利原则；

（4）区域合作原则；

（5）非歧视原则：非歧视原则包括最惠国待遇原则和国民待遇原则；

（6）互惠对等原则：互惠、对等是指我国给予另一国某种待遇或者对其采取某种措施，以该国给予我国相应待遇或者对我国采取相应措施为前提。

经典例题

【真题·单选题】（2022）《中华人民共和

国和德意志联邦共和国关于促进和相互保护投资的协定》第3条规定："缔约一方投资者在缔约另一方境内的投资所享受的待遇，不应低于同缔约另一方订有同类协定的第三国投资者的投资所享受的待遇。"该条规定所体现的待遇是（　）。

A. 最惠国待遇

B. 国民待遇

C. 公平公正待遇

D. 最低限度待遇

【答案】A

【解析】最惠国待遇是指一国（给惠国）给予另一国（受惠国）的个人、企业、商品等的待遇不低于给惠国给予任何第三国（最惠国）的相应待遇。

【真题·单选题】（2019）《对外贸易法》第七条规定："任何国家或地区在贸易方面对中华人民共和国采取歧视性的禁止、限制或者其他类似措施的，中华人民共和国可以根据实际情况对该国或者该地区采取相应的措施。"该条款体现的原则是（　）。

A. 统一管理原则

B. 平等互利原则

C. 公平自由原则

D. 互惠对等原则

【答案】D

【解析】本题考核《对外贸易法》的原则。互惠、对等是指我国给予另一国某种待遇或者采取某种措施，以该国给予我国某种待遇或者采取某种措施为前提。

高频考点9：对外贸易经营者★★★

1. 对外贸易经营者包括法人，其他组织和个人。对外贸易经营者无须专门许可。

2. 对外贸易经营者的管理

（1）货物贸易和技术贸易经营者的备案登记。

从事货物进出口或者技术进出口的对外贸易经营者，应当向商务部或者其委托的机构办理备案登记；但是，法律、行政法规和商务部规定不需要备案登记的除外。对外贸易经营者未按照规定办理备案登记的，海关不予办理进出口货物的报关验放手续。

（2）关于国营贸易的特别规定。

我国可以对部分货物的进出口实行国营贸易管理；实行国营贸易管理货物的进出口业务只能由经授权的企业经营，但国家允许部分数量的国营贸易管理货物的进出口业务由非授权企业经营的除外；实行国营贸易管理的货物和经授权经营企业的目录，由商务部会同国务院其他有关部门确定、调整并公布。

所谓国营贸易，是指国家设立的国有企业以及国家给予排他性特权的私营企业所进行的贸易，亦即国家通过授予对外贸易经营者在特定贸易领域内的专营权或特许权的方式，对特定产品的进出口实施的管理。

小贴士　国家只对部分而非全部货物实行国营贸易管理。目前，我国实行进口国营贸易管理的货物涉及粮食、植物油、糖、烟草、原油、成品油、化肥和棉花等类别，而实行出口国营贸易管理的货物主要是烟草专卖品。

经典例题

【真题·多选题】（2022）根据对外贸易法律制度的规定，下列主体中，可以作为对外贸易经营者的有（　）。

A. 股份有限公司

B. 有限责任公司

C. 合伙企业

D. 个人

【答案】ABCD

【解析】对外贸易经营者包括法人，其他组织和个人。选项A、B为法人，选项C为其他组织。

【真题·单选题】（2019）下列关于我国国营贸易制度的表述中，符合对外贸易法律制度规定的是（　）。

A. 国家可以对全部货物的进出口实行国营贸易管理

B. 判断一个企业是否为国营贸易企业，关键是看该企业的所有制形式

C. 实行国营贸易管理的货物进出口业务只能由经授权的企业专属经营，一律不得由其他企业经营

D. 实行国营贸易管理的货物和经授权经营企业的目录，由该商务部会同国务院其他有关部门确定、调整并公布

【答案】D

【解析】本题考核国营贸易。国营贸易是世界贸易组织明文允许的贸易制度，国家可以对部分货物的进出口实行国营贸易管理，选项 A 错误。判断一个企业是不是国营贸易企业，关键是看该企业是否在国际贸易中享有专营权或特许权，与该企业的所有制形式并无必然联系，选项 B 错误。实行国营贸易管理货物的进出口业务只能由经授权的企业经营；但是，国家允许部分数量的国营贸易管理货物的进出口业务由非授权企业经营的除外，选项 C 错误。

高频考点 10：货物进出口与技术进出口★★★

《对外贸易法》规定，国家准许货物进出口与技术进出口，但法律、行政法规另有规定的除外。我国对货物和技术进出口实施一定限制管理下的自由贸易制度，即国家在保证进出口贸易不对国家安全和社会公共利益等造成损害的情况下，允许货物和技术自由进出口；当法律、行政法规另有规定时，则按照特别法优于一般法的原理，根据具体规定对某些货物和技术的进出口实施限制。

1. 货物和技术自由进出口的例外情形

（1）一般例外。

国家基于下列原因，可以限制或者禁止有关货物、技术的进出口：

①为维护国家安全、社会公共利益或者公共道德，需要限制或者禁止进口或者出口的；

②为保护人的健康或者安全，保护动物、植物的生命或者健康，保护环境，需要限制或者禁止进口或者出口的；

③为实施与黄金或者白银进出口有关的措施，需要限制或者禁止进口或者出口的；

④国内供应短缺或者为有效保护可能用竭的自然资源，需要限制或者禁止出口的；

⑤输往国家或者地区的市场容量有限，需要限制出口的；

⑥出口经营秩序出现严重混乱，需要限制出口的；

⑦为建立或者加快建立国内特定产业，需要限制进口的；

⑧对任何形式的农业、牧业、渔业产品有必要限制进口的；

⑨为保障国家国际金融地位和国际收支平衡，需要限制进口的；

⑩依照法律、行政法规的规定，其他需要限制或者禁止进口或者出口的；

⑪根据我国缔结或者参加的国际条约、协定的规定，其他需要限制或者禁止进口或者出口的。

（2）安全例外。

国家对与裂变、聚变物质或者衍生此类物质的物质有关的货物、技术进出口，以及与武器、弹药或者其他军用物资有关的进出口，可以采取任何必要措施，维护国家安全；在战时或者为维护国际和平与安全，国家在货物、技术进出口方面可以采取任何必要措施。

2. 货物和技术进出口的管理制度

（1）货物进出口的自动许可制度。

商务部基于监测进出口情况的需要，可以对部分自由进出口的货物实行进出口自动许可并公布其目录。实行自动许可的进出口货物，收货人、发货人在办理海关报关手续前提出自动许可申请的，商务部应当予以许可；未办理自动许可手续的，海关不予放行。

（2）技术进出口备案登记制度。

进出口属于自由进出口的技术，应当向商务部或其委托的机构办理合同备案登记。

（3）配额和许可证制度。

国家规定有数量限制的限制进出口的货

物，实行配额管理；其他限制进出口货物，实施许可证管理。我国对属于限制进出口的技术实行许可证管理。

国家对部分进口货物还可以实行关税配额管理。

进出口货物配额和关税配额由商务部或者国务院其他有关部门在各自职责范围内，按照公开、公平、公正和效益的原则进行分配。

小贴士 关税配额是将关税和配额制度结合起来的一种数量限制措施，是指在一定时期内对进口商品的绝对数量不加限制，但对在规定关税配额内的进口货物适用较低的关税税率，对超过规定数量限额的进口货物则适用较高的关税税率，以此来调节货物进口的数量。

经典例题

【例题·单选题】根据对外贸易法律制度的规定，对于国家规定有数量限制的进出口货物，我国实行的管理方式是（　　）。

A. 配额管理

B. 自由进出口管理

C. 备案登记管理

D. 许可证管理

【答案】A

【解析】国家规定有数量限制的限制进出口货物，实行配额管理。

高频考点 11：国际服务贸易★★

商务部和国务院其他有关部门依照该法和其他有关法律、行政法规的规定，对国际服务贸易进行管理。

国家基于下列原因，可以限制或者禁止有关的国际服务贸易：

（1）为维护国家安全、社会公共利益或者公共道德，需要限制或者禁止的；

（2）为保护人的健康或安全，保护动物、植物的生命或者健康，保护环境，需要限制或者禁止的；

（3）为建立或者加快建立国内特定服务产业需要限制的；

（4）为保障国家外汇收支平衡，需要限制的；

（5）依照法律行政法规的规定，其他需要限制或禁止的；

（6）根据我国缔结或者参加的国际条约、协定的规定，其他需要限制或者禁止的。

此外，国家对与军事有关的国际服务贸易，以及与裂变聚变物质或者衍生此类物质的有关的国际服务贸易，可以采取任何必要措施，维护国家安全；在战时或者为维护国际和平与安全，国家在国际服务贸易方面可以采取任何必要措施。

高频考点 12：对外贸易救济★★★

对外贸易救济措施包括反倾销措施、反补贴措施和保障措施。

1. 反倾销措施

（1）对倾销的调查和确定，由商务部负责。

对损害的调查和确定，由商务部负责；其中，涉及农产品的反倾销国内产业损害调查，由商务部会同农业部进行。

（2）反倾销调查的启动过程如下：国内产业或者代表国内产业的自然人、法人或者有关组织，可以向商务部提出反倾销调查的书面申请。商务部应当自收到申请书及有关证据之日起 60 日内，决定立案调查或者不立案调查。

在表示支持申请或者反对申请的国内产业中，支持者的产量占支持者和反对者的总产量 50% 以上的，应当认定申请是由国内产业或者代表国内产业提出，可以启动反倾销调查；但是，表示支持申请的国内生产者的产量不足国内同类产品总产量 25% 的，不得启动反倾销调查。在特殊情形下，商务部虽未收到反倾销调查的书面申请，但有充分证据认为存在倾销和损害以及二者之间有因果关系的，可以自行决定立案调查。反倾销调查应当自立案调查决定公告之日起 12 个月内结束；特殊情况下可以延长，但延长期不得超过 6 个月。

有下列情形之一的，反倾销调查应当终止，并由商务部予以公告：①申请人撤销申请的；②没有足够证据证明存在倾销、损害或者二者之间有因果关系的；③倾销幅度低于2%的；④倾销进口产品实际或者潜在的进口量或者损害属于可忽略不计的；⑤商务部认为不适宜继续进行反倾销调查的。

（3）反倾销具体措施。

①临时反倾销措施。

初裁决定确定倾销成立，并由此对国内产业造成损害的，可以采取下列临时反倾销措施：a. 征收临时反倾销税；b. 要求提供保证金、保函或者其他形式的担保。

②价格承诺。

倾销进口产品的出口经营者在反倾销调查期间，可以向商务部作出改变价格或者停止以倾销价格出口的价格承诺。商务部可以向出口经营者提出价格承诺的建议，但不得强迫出口经营者作出价格承诺。商务部对倾销以及由倾销造成的损害作出肯定的初裁决定前，不得寻求或者接受价格承诺。出口经营者不作出价格承诺或者不接受价格承诺的建议的，不妨碍对反倾销案件的调查和确定。商务部认为出口经营者作出的价格承诺能够接受并符合公共利益的，可以决定中止或者终止反倾销调查，不采取临时反倾销措施或者征收反倾销税。

③反倾销税。

终裁决定确定倾销成立，并由此对国内产业造成损害的，可以征收反倾销税。征收反倾销税，由商务部提出建议，国务院关税税则委员会根据商务部的建议作出决定，由商务部予以公告，海关自公告规定实施之日起执行。

a. 反倾销税原则上仅适用于终裁决定公告之日以后进口的产品。

b. 反倾销税的纳税人为倾销进口产品的进口经营者。

c. 反倾销税应当根据不同出口经营者的倾销幅度，分别确定。

d. 在任何情形下，反倾销税税额不超过终裁决定确定的倾销幅度。

e. 反倾销税的征收期限不超过5年，但经商务部复审确定终止征收反倾销税有可能导致倾销和损害的继续或者再度发生的，反倾销税的征收期限可以适当延长。

2. 反补贴调查与反补贴措施

（1）对补贴的调查和确定，由商务部负责。

（2）反补贴调查在申请、启动、实施、终止等方面的条件和程序与反倾销调查基本相同。略有差异的是，反补贴调查的终止情形之一是“补贴金额为微量补贴”，而不是“幅度低于2%”。

（3）反补贴措施包括临时反补贴措施，取消、限制补贴或者其他有关措施的承诺，以及反补贴税，其具体内容和实施程序与反倾销措施基本相同。略有差异的是，临时反补贴措施实施的期限，自临时反补贴措施决定公告规定实施之日起不超过4个月，且不得延长。

3. 保障措施

（1）终裁决定确定进口产品数量增加，并由此对国内产业造成损害的，可以采取保障措施。保障措施可以采取提高关税、数量限制等形式。

（2）保障措施采取提高关税形式的，由商务部提出建议，国务院关税税则委员会根据商务部的建议作出决定，由商务部予以公告。

（3）采取数量限制形式的，由商务部作出决定并予以公告。

（4）采取数量限制措施的，限制后的进口量不得低于最近3个有代表性年度的平均进口量，但有正当理由表明为防止或者补救严重损害而有必要采取不同水平的数量限制措施的除外。

（5）保障措施的实施期限不超过4年。符合下列条件的，保障措施的实施期限可以适当延长，但在任何情况下，一项保障措施的实施期限及其延长期限不得超过10年：

①按照《中华人民共和国保障措施条例》（以下简称《保障措施条例》）规定的程序确

定的保障措施对于防止或者补救严重损害仍有必要；

②有证据表明相关国内产业正在进行调整；

③已经履行有关对外通知、磋商的义务；

④延长后的措施不严于延长前的措施。

经典例题

【例题·单选题】根据对外贸易法律制度的规定，负责决定征收反倾销税的机构是（　　）。

A. 财政部

B. 商务部

C. 国家税务总局

D. 国务院关税税则委员会

【答案】D

【解析】征收反倾销税，由商务部提出建议，国务院关税税则委员会根据商务部的建议作出决定。

【例题·单选题】根据对外贸易法律制度的规定，针对公平贸易条件下的特殊情形，可以采取特定的贸易救济措施，该措施是（　　）。

A. 反补贴税　　B. 反倾销税

C. 价格承诺　　D. 保障措施

【答案】D

【解析】保障措施是针对公平贸易条件下的特殊情形采取的。

高频考点 13：《外汇管理条例》的适用范围和基本原则★★

《外汇管理条例》对适用范围的规定采取了属人主义和属地主义相结合的原则。境内机构和境内个人的外汇收支或者外汇经营活动，不论其发生在境内或境外，均适用该条例；而对于境外机构和境外个人而言，则仅对其发生在中国境内的外汇收支和外汇经营活动适用该条例。

我国目前外汇管理的基本原则是经常项目和资本项目区别管理原则，即经常项目开放（可自由兑换），资本项目部分管制。

经典例题

【例题·单选题】根据外汇管理法律制度的规定，下列外汇收支活动中，应当适用《外汇管理条例》的是（　　）。

A. 美国驻华大使洪某在华任职期间的薪酬

B. 最近 2 年一直居住在上海的美国公民汤姆，出租其在美国的住房获得的租金

C. 美国花旗银行伦敦分行在中国香港的营业所得

D. 正在中国短期旅行的美国人彼得，得知其在美国购买的彩票中了 300 万美元的大奖

【答案】B

【解析】选项 A，外国驻华外交人员属于“境外个人”，仅在中国境内的外汇收支和外汇经营活动适用该条例，而美国驻华大使馆不属于中国的领土，不属于“境内”；选项 B，在境内连续居住满 1 年的外国人，属于“境内个人”，境内个人的外汇收支或者外汇经营活动，不论其发生在境内或者境外，均适用该条例；选项 C，美国花旗银行属于“境外机构”，仅在中国境内（不包括中国香港）的外汇收支和外汇经营活动适用该条例；选项 D，在中国短期旅行的彼得属于“境外个人”，仅在中国境内的外汇收支和外汇经营活动适用该条例。

高频考点 14：经常项目外汇管理制度★★★

1. 经常项目的内容

经常项目包括贸易收支、服务收支、收益（包括职工报酬和股息、红利等投资收益）和经常转移（单方面转移，如个人之间的无偿赠与或者政府之间的军事及经济援助、赠与、赔款等）。其中，贸易及服务收支是最主要内容。

2. 经常项目的外汇收支管理的一般规定

（1）经常项目外汇收入。

经常项目外汇收入实行意愿结汇制（而非

强制结汇制）。经常项目外汇收入，可以按照国家有关规定保留或者卖给经营结汇、售汇业务的金融机构。

（2）经常项目外汇支出。

经常项目外汇支出凭有效单证，无须审批。

（3）经常项目外汇收支需有真实、合法的交易基础。

人民币经常项目可兑换后，对企业和个人经常项目下用汇的管理，主要体现在对外汇收支及汇兑环节的真实性审核。

3. 货物贸易外汇管理制度

（1）货物贸易外汇管理制度的核心内容是总量核查、动态监测和分类管理，基本做法是：依托全国集中的货物贸易外汇监测系统全面采集企业进出口收付汇及进出口货物流的完整信息，以企业主体为单位，对其资金流和货物流进行非现场总量核查、对非现场总量核查中发现的可疑企业实施现场核查，进而对企业实行动态监测和分类管理。

（2）具体制度包括：

①企业名录管理；

②企业分类管理；

③货物贸易外汇收支；

④非现场核查和现场核查。

4. 服务贸易外汇管理制度

境内机构和境内个人办理服务贸易外汇收支，应按规定提交能够证明交易真实合法的交易单证；提交的交易单证无法证明交易真实合法或与其申请办理的外汇收支不一致的，金融机构应要求其补充其他交易单证。

5. 个人外汇管理制度

（1）目前，对于个人结汇和境内个人购汇实行年度总额管理，年度总额为每人每年等值5万美元。

（2）个人经常项目项下外汇收支分为经营性外汇收支和非经营性外汇收支，对于个人开展对外贸易产生的经营性外汇收支，视同机构按照货物贸易的有关原则进行管理。

经典例题

【真题·单选题】（2020）根据外汇管理法律制度的规定，下列关于经常项目外汇管理制度的表述中，正确的是（　　）。

A. 经常项目包括贸易收支、服务收支和经常转移，但不包括投资收益

B. 经常项目外汇收入实行强制结汇制

C. 经常项目外汇支出凭有效单证进行审批

D. 经常项目外汇收支需有真实、合法的交易基础

【答案】D

【解析】选项A，经常项目包括贸易收支、服务收支、收益和经常转移。选项B，经常项目外汇收入实行意愿结汇制。选项C，经常项目外汇支出凭有效单证，无须审批。

【例题·单选题】下列关于经常项目外汇收支管理的表述中，符合外汇管理法律制度规定的是（　　）。

A. 我国对经常项目外汇收支实行有限度的自由兑换

B. 经营外汇业务的金融机构应当对经常项目外汇收支的真实性进行审核

C. 境内个人购汇额度为每人每年等值5万美元，应凭相关贸易单证办理

D. 经常项目外汇收入实行强制结汇制

【答案】B

【解析】选项A，我国目前经常项目外汇收支可自由兑换；选项C，对于个人的非经营性外汇收支，无须提供贸易单证；选项D，经常项目外汇收入实行意愿结汇制（而非强制结汇制）。

高频考点15：资本项目外汇管理制度

★★★

1. 资本项目的内容

资本项目包括资本转移、直接投资、证券投资、衍生产品投资、贷款以及非生产、非金融资产的收买或者放弃等。

2. 资本项目的外汇收支管理

（1）资本项目外汇收入。

资本项目外汇收入，保留或者卖给经营结汇、售汇业务的金融机构，应当经外汇管理机关批准，但国家规定无须批准的除外。

（2）资本项目外汇支出。

资本项目外汇支出，凭有效单证以自有外汇支付或者向经营结汇、售汇业务的金融机构购汇支付。国家规定应当经外汇管理机关批准的，应当在外汇支付前办理批准手续。

（3）资本项目外汇及结汇资金的使用。

3. 直接投资项下的外汇管理

（1）外商直接投资。

（2）境外直接投资。

4. 间接投资项下的外汇管理

（1）合格境外机构投资者制度（QFII）是指允许符合条件的境外机构投资者经批准汇入一定额度的外汇资金，并转换为当地货币，通过严格监管的专用账户投资当地证券市场，其本金、资本利得、股息等经批准后可购汇汇出。

中国证监会、中国人民银行、国家外汇管理局2020年9月25日发布、2021年11月1日起施行的《合格境外机构投资者和人民币合格境外机构投资者境内证券期货投资管理办法》，将此前的QFII制度和人民币合格境外机构投资者（RQFII）制度合二为一，统称合格境外机构投资者，鼓励其使用来自境外的人民币资金进行境内证券期货投资。中国证监会、中国人民银行依法对合格境外投资者的境内证券期货投资实施监督管理，中国人民银行、国家外汇管理局依法对合格境外投资者境内银行账户、资金汇兑等实施监督管理。合格境外投资者可参与的金融衍生品等交易品种和交易方式，由中国证监会商中国人民银行、国家外汇管理局同意后公布。

（2）合格境内机构投资者制度（QDII）是QFII的反向制度，是指允许符合条件的境内机构经监管部门批准，在一定额度内，通过专用账户投资境外证券市场。

根据有关规定，获得国家金融监管机构许可的境内金融机构，可以使用自有人民币资金或募集境内机构和个人的人民币资金，投资于境外金融市场的人民币计价产品，此即所谓人民币合格境内机构投资者（RQDII）制度。RQDII开展境外投资，不得将人民币资金汇出境外购汇。

经典例题

【真题·单选题】（2022）根据外汇管理法律制度的规定，负责合格境内机构投资者境外投资额度、账户及资金汇兑管理的部门是（　　）。

A. 银保监会

B. 证监会

C. 中国人民银行

D. 国家外汇管理局

【答案】D

【解析】银保监会和证监会分别负责各自监管范围内金融机构境外投资业务的市场准入，选项A、B错误；中国人民银行、国家外汇管理局依法对合格境外投资者境内银行账户、资金汇兑等实施监督管理，因此选项C错误；国家外汇管理局负责QDII机构境外投资额度、账户及资金汇兑管理等，选项D正确。

【真题·多选题】（2020）根据外汇管理法律制度的规定，下列外汇资金中，境内机构可以用于境外直接投资的有（　　）。

A. 自有外汇资金

B. 符合规定的国内外汇贷款

C. 人民币购汇

D. 该机构留存境外的境外直接投资所得利润

【答案】ABCD

【解析】境内机构可以使用自有外汇资金、符合规定的国内外汇贷款、人民币购汇或实物、无形资产及经外汇局核准的其他外汇资产来源等进行境外直接投资。境内机构境外直接投资所得利润也可留存境外用于其境外直接投资。

【例题·多选题】根据外汇法律制度的规定，下列各项中，属于外汇经常性项目的有（　　）。

A. 贸易收支　　B. 对外借款

C. 投资收益　　D. 单方面转移

【答案】ACD

【解析】选项B属于资本项目。

高频考点16：外债管理★

外债是指境内机构对非居民承担的以外币表示的债务，包括境外借款、发行债券、国际融资租赁等。

国家外汇管理局及其分支局负责外债的登记、账户、使用、偿还以及结售汇等管理、监督和检查，并对外债进行统计和监测；国家外汇管理局负责全口径外债的统计监测，并定期公布外债情况。

高频考点17：人民币汇率制度★

改革开放前，我国一直实行单一的汇率制度。改革开放后，外汇留成制和外汇调剂市场的建立，使我国汇率体制从单一汇率转变为双重汇率制，形成官方汇率和调剂市场汇率并存的局面。

高频考点18：外汇市场★★

（1）根据市场参与者的性质不同，外汇市场可划分为外汇零售市场和外汇批发市场。外汇零售市场是指银行与企业、银行与个人客户之间进行柜台式外汇买卖所形成的市场；外汇批发市场是指商业银行等金融机构之间进行外汇买卖所形成的市场，也称银行间外汇市场。

（2）目前我国银行间外汇市场的参与主体以境内银行业金融机构为主，同时包括部分非银行金融机构和非金融企业。

（3）外汇市场交易的币种和形式由国务院外汇管理部门规定。

（4）银行间外汇市场提供集中竞价、双边询价和撮合交易三种交易模式，支持人民币对28种外币（美元、欧元、日元、港元、英镑、澳元、新西兰元、新加坡元、瑞士法郎、加元、马来西亚林吉特、俄罗斯卢布、南非兰特、韩元、阿联酋迪拉姆、沙特里亚尔、匈牙利福林、波兰兹罗提、丹麦克朗、瑞典克朗、挪威克朗、土耳其里拉、墨西哥元、泰铢、哈萨克斯坦坚戈、蒙古图格里克、柬埔寨瑞尔、印度尼西亚卢比）的即期交易，人民币对25种外币（美元、欧元、日元、港元、英镑、澳元、新西兰元、新加坡元、瑞士法郎、加元、马来西亚林吉特、俄罗斯卢布、南非兰特、韩元、阿联酋迪拉姆、沙特里亚尔、匈牙利福林、波兰兹罗提、丹麦克朗、瑞典克朗、挪威克朗、土耳其里拉、墨西哥元、泰铢、印度尼西亚卢比）的远期和掉期交易，人民币对7种外币（美元、欧元、日元、港元、英镑、澳元、印度尼西亚卢比）的货币掉期交易，人民币对5种外币（美元、欧元、日元、港元、英镑）的期权交易，对11组外币（欧元/美元、澳元/美元、英镑/美元、美元/日元、美元/加元、美元/瑞士法郎、美元/港元、欧元/日元、美元/新加坡元、新西兰元/美元、欧元/英镑）的即期、远期和掉期交易，以及12种外币（美元、欧元、港元、日元、韩元、澳元、英镑、加元、新西兰元、新加坡元、瑞士法郎、俄罗斯卢布）的外币拆借和外币同业存款交易。

经典例题

【真题·多选题】（2019）根据外汇管理法律制度的规定，外汇市场可以划分为外汇零售市场和外汇批发市场。下列市场参与者之间进行的外汇买卖中，形成外汇批发市场的有（　　）。

A. 银行与企业之间进行的柜台式外汇买卖

B. 银行与其他金融机构之间进行的外汇买卖

C. 银行与个人客户之间进行的外汇买卖

D. 银行与银行之间进行的外汇买卖

【答案】BD

【解析】本题考核外汇市场。外汇批发市场是指商业银行等金融机构之间进行外汇买卖所形成的市场，也称银行间外汇市场。

高频考点 19：人民币加入特别提款权货币篮★

（1）特别提款权由基金组织于 1969 年创设，其本身不是货币，但可用于成员国与基金组织之间的官方结算，并可基于基金组织指定机制或者成员国之间的协议，用于换取（“提取”）等量的可自由使用货币。

（2）特别提款权本身有价值，其“币值”由货币篮组成货币的币值按各自权重计算并加总而成。

（3）货币篮组成货币的权重由基金组织执行董事会每 5 年审议一次。

（4）2022 年 5 月 11 日，基金组织董事会完成 5 年一次的特别提款权定值审查，这是人民币加入特别提款权货币篮以来的首次审查。此次审查维持货币篮的组成货币不变，权重则调整为美元（43.38%）、欧元（29.31%）、人民币（12.28%）、日元（7.59%）、英镑（7.44%），自 2022 年 8 月 1 日起生效。人民币在货币篮中仍排名第三，但权重上升 1.36 个百分点。

小贴士 以上第 4 点为教材新增内容，请考生注意。

进阶练习

（一）单选题

1. 下列有关《外商投资法》的表述正确的是（　　）。

A. 该法为企业组织法

B. 该法的制定坚持中国特色与国际规则相衔接

C. 该法强调的“准入前国民待遇”是指准入后不再享有国民待遇

D. 该法所称的外商投资是指外国的自然人直接或者间接在中国境内进行的投资行为

2. 下列有关《外商投资法》与“外资三法”对比的表述中，错误的是（　　）。

A. “外资三法”在市场准入方面与内资区别对待

B.《外商投资法》实行国民待遇

C.《外商投资法》以管理为主基调

D. “外资三法”是企业组织法

3. 下列关于加强对外资投资企业的产权保护的说法中，错误的是（　　）。

A. 国家对于外国投资者的投资原则上不实行征收

B. 外国投资者对征收决定不服的，只能依法申请行政复议，不能提起行政诉讼

C. 外国投资企业的外籍职工和我国香港、澳门、台湾地区职工的工资收入和其他合法收入，可以依法自由汇出

D. 国家保护外国投资者和外商投资企业的知识产权

4. 下列有关负面清单的表述中错误的是（　　）。

A. 负面清单规定，禁止投资的领域，外国投资者不得投资

B. 负面清单规定限制投资的领域，外国投资者进行投资，应当符合负面清单规定的股权要求

C. 有关主管部门在依法履行职责过程中，对外国投资者拟投资负面清单领域，但不符合负面清单规定的，不予办理许可登记注册等相关事项

D. 涉及固定资产投资项目核准的，不予

办理相关核准事项

5. 根据外汇管理法律制度的规定，负责对合格境内机构投资者（QDII）的境外投资额度进行管理的机构是（　　）。

A. 财政部

B. 国家外汇管理局

C. 国家发改委

D. 中国证监会

6. 根据外汇管理法律制度的规定，下列关于特别提款权的表述中正确的是（　　）。

A. 特别提款权是一种货币

B. 特别提款权本身具有价值

C. 特别提款权的货币栏目前由六种货币组成

D. 加入特别提款权货币篮标志着人民币完全实现了可自由兑换

7. 根据外汇管理法律制度的规定，下列货币中不属于特别提款权货币篮组成货币的是（　　）。

A. 美元　　B. 日元

C. 人民币　　D. 加拿大元

8. 根据《外商投资法》，下列不属于外商投资促进相关规定的是（　　）。

A. 提高外商投资政策的透明度

B. 保障外商投资企业平等参与市场竞争

C. 加强对外商投资的管理

D. 依法依规鼓励和引导外商投资

9. 根据外汇法律制度的规定，下列各项中，属于外汇资本项目的是（　　）。

A. 贸易收支　　B. 对外借款

C. 投资收益　　D. 单方面转移

10. 根据最高人民法院《关于适用〈中华人民共和国外商投资法〉若干问题的解释》的规定，下列关于外商投资合同效力的表述中，正确的是（　　）。

A. 对于外商投资准入负面清单之外的领域形成的投资合同，当事人以合同未经有关行政主管部门批准登记为由，主张合同无效或者未生效的，人民法院应予支持

B. 外国投资者投资外商投资准入负面清单规定禁止投资的领域，当事人主张投资合同无效的，人民法院不予支持

C. 外国投资者投资外商投资准入负面清单规定限制投资的领域，当事人以违反限制性准入特别管理措施为由，主张投资合同无效的，人民法院应予支持。但是，在人民法院作出生效裁判前，当事人采取必要措施满足准入特别管理措施的要求，并据此主张所涉投资合同有效的，人民法院应予支持

D. 在生效裁判作出前，因外商投资准入负面清单调整，外国投资者投资不再属于禁止或者限制投资的领域，当事人主张投资合同有效的，人民法院不予支持

11. 根据对外效益相关法律制度的规定，下列关于保障措施的表述中，正确的是（　　）。

A. 终裁决定确定进口产品数量增加，并由此对国内产业造成损害的，可以采取保障措施。保障措施可以采取提高关税、数量限制等形式

B. 保障措施采取提高关税形式的，由国家税务总局提出建议，国务院关税税则委员会根据国家税务总局的建议作出决定，由国家税务总局予以公告

C. 采取数量限制形式的，由国家发改委作出决定并予以公告

D. 保障措施的实施期限不超过5年

12. 根据外汇法律制度的规定，以下外汇收支活动中，应当适用《外汇管理条例》规定的是（　　）。

A. 美国驻华大使甲在华任职期间的薪酬

B. 最近2年一直居住在上海的美国公民乙，出租其在美国的住房获得的租金

C. 美国花旗银行伦敦分行在中国香港的营业所得

D. 正在中国短期旅行的美国人丙，得知其在美国购置的彩票中了300万美元的大奖

13. 以下关于合格境外机构投资者（QFII）制度的管理环节中，属于国家外汇管理局职责范围的是（　　）。

A. QFII 资格的审定

B. 投资额度的审定

C. 投资工具的确定

D. 持股比例的限制

14. 根据外汇管理法律制度的规定，对于个人结汇和境内个人购汇实行年度总额管理，年度总额为每人每年等值（ ）万美元。

A. 3 B. 5

C. 10 D. 50

（二）多选题

1. 我国《外商投资法》制定主要遵循的原则有（ ）。

A. 突出积极扩大对外开放和促进外商投资的主基调

B. 坚持外商投资基础性法律的定位

C. 坚持中国特色和国际规则相衔接

D. 坚持内外资一致

2. 我国《外商投资法》的特色与创新主要体现在（ ）。

A. 从企业组织法转型为投资行为

B. 强调对外商投资的促进与保护

C. 全面落实国民待遇原则

D. 更加周延地覆盖外商投资实践

3. 下列属于我国法律规定的外国投资的情形有（ ）。

A. 外国投资者单独或者与其他投资者共同在中国境内设立外商投资企业

B. 外国投资者取得中国境内企业的股份股权财产份额或者其他类似权益

C. 外国投资者单独或者与其他投资者共同在中国境内投资新建项目

D. 法律、行政法规或者国务院规定的其他方式的投资

4. 我国《外商投资法》关于外商投资促进的具体规定包括（ ）。

A. 提高外商投资政策的透明度

B. 保障外商投资企业平等参与市场竞争

C. 加强外商投资服务

D. 依法依规鼓励和引导外商投资

5. 我国《外商投资法》关于外商投资保护的具体规定包括（ ）。

A. 加强对外商投资企业的产权保护

B. 强化对制定涉及外商投资规范性文件的约束

C. 促使地方政府守约践诺

D. 建立健全外商投资企业投诉工作机制

6. 下列人民法院关于外商投资合同效力认定的态度，符合法律规定的有（ ）。

A. 对于外商投资准入负面清单之外的领域形成的投资合同，当事人以合同未经有关行政主管部门批准登记为由，主张合同无效或者未生效的，人民法院不予支持

B. 外国投资者投资外商投资准入负面清单规定禁止投资的领域，当事人主张投资合同无效的，人民法院应予支持

C. 外国投资者投资外商投资准入负面清单规定限制投资的领域，当事人以违反限制性准入特别管理措施为由，主张投资合同无效的，人民法院应予支持

D. 在生效裁判作出前，因外商投资准入负面清单调整，外国投资者投资不再属于禁止或者限制投资的领域，当事人主张投资合同有效的，人民法院应予支持

7. 根据外汇管理法律制度的规定，下列各项以外币表示，可以用作国际清偿的支付手段和资产的外汇有（ ）。

A. 外币现钞 B. 外币支付凭证

C. 外币有价证券 D. 特别提款权

8. 根据外汇管理法律制度的规定，下列关于当前人民币汇率制度的表述中正确的有（ ）。

A. 参考“一篮子”货币进行调节

B. 有管理的浮动汇率制度

C. 以市场供求为基础

D. 官方汇率与调剂市场汇率并存

9. 根据我国现行的 QFII 制度框架，（ ）负责 QFII 资格审定、投资工具确定、持股比例限制等；（ ）负责 QFII 的外汇相关管理。

A. 中国证监会

B. 中国银监会

C. 中国人民银行

D. 国家外汇管理局

10. 根据《外商投资法》，下列属于取得所投资企业实际控制权的有（　　）。

A. 史密斯持有A公司70%的股份总额

B. 汤姆、杰瑞合计持有B公司股份总额60%

C. 佩奇、乔治合计持有C公司40%的股份，但其二人所享有的表决权对C公司董事会决议能够产生重大影响

D. 弗瑞斯、蒂姆、旺达合计持有D公司35%的股份，但三人均为D公司监事会成员，对D公司监事会决议能够产生重大影响

11. 下列属于《外商投资法》制定主要遵循的原则有（　　）。

A. 突出积极扩大对外开放和促进外商投资的主基调

B. 坚持外商投资基础性法律的地位

C. 坚持中国特色和国际规则相衔接

D. 坚持内外资差别待遇原则

12. 下列属于《外商投资法》关于外商投资保护的表述中，正确的有（　　）。

A. 加强对外商投资企业的产权保护

B. 强化对制定涉及外商投资规范性文件的约束

C. 促使地方政府守约践诺

D. 建立健全外商投资企业投诉工作机制

13. 根据我国《外汇管理条例》的规定，下列属于外汇的有（　　）。

A. 外币现钞　　B. 外币支付凭证

C. 外币支付工具　D. 外币有价证券

14. 根据对外贸易法律制度的规定，国家基于特定的原因，需要限制或者禁止有关货物、技术的进出口。下列属于该原因的有（　　）。

A. 保护动植物生命或者健康

B. 保护环境

C. 维护社会公共利益

D. 维护公共道德

进阶练习答案及解析

（一）单选题

1.【答案】B

【解析】选项B为《外商投资法》制定遵循的原则。

2.【答案】C

【解析】《外商投资法》强调对外资的促进与保护，不是管理。

3.【答案】B

【解析】外国投资者对征收决定不服的，可以依法申请行政复议或者提起行政诉讼。

4.【答案】B

【解析】负面清单规定限制投资的领域，外国投资者进行投资，应当符合负面清单规定的股权要求、高级管理人员要求等限制性准入特别管理措施。

5.【答案】B

【解析】根据外汇管理相关法律制度的规定，我国负责对合格境内机构投资者的境外投资额度进行管理的机构是国家外汇管理局。

6.【答案】B

【解析】选项C，特别提款权的货币栏目前由五种货币组成。

7.【答案】D

【解析】特别提款权的货币栏目前由五种货币组成，分别为：美元、日元、人民币、欧元、英镑，不包括加拿大元。

8.【答案】C

【解析】正确的表述应为加强外商投资服务。

9.【答案】B

【解析】选项A、C、D属于外汇经常性项目。

10.【答案】C

【解析】最高人民法院《关于适用〈中华

人民共和国外商投资法〉若干问题的解释》区分负面清单所列投资领域与负面清单之外领域两种情形，对于相关投资合同的效力认定问题作出了具体规定。

（1）对于外商投资准入负面清单之外的领域形成的投资合同，当事人以合同未经有关行政主管部门批准登记为由，主张合同无效或者未生效的，人民法院不予支持。

（2）外国投资者投资外商投资准入负面清单规定禁止投资的领域，当事人主张投资合同无效的，人民法院应予支持。

（3）外国投资者投资外商投资准入负面清单规定限制投资的领域，当事人以违反限制性准入特别管理措施为由，主张投资合同无效的，人民法院应予支持。但是，在人民法院作出生效裁判前，当事人采取必要措施满足准入特别管理措施的要求，并据此主张所涉投资合同有效的，人民法院应予支持。

（4）在生效裁判作出前，因外商投资准入负面清单调整，外国投资者投资不再属于禁止或者限制投资的领域，当事人主张投资合同有效的，人民法院应予支持。

11.【答案】A

【解析】选项B，保障措施采取提高关税形式的，由商务部提出建议，国务院关税税则委员会根据商务部的建议作出决定，由商务部予以公告；选项C，采取数量限制形式的，由商务部作出决定并予以公告；选项D，保障措施的实施期限不超过4年。

12.【答案】B

【解析】境内机构和境内个人的外汇收支或者外汇经营活动不管其发生在境内或境外，均适用该条例。对于境外机构和境外个人而言，仅在中国境内的外汇收支和外汇经营活动适用《外汇管理条例》（选项C是境外机构在境外的外汇收支，不选）。境内机构，是指中华人民共和国境内的国家机关、企业、事业单位、社会团体、部队等，外国驻华外交领事机构和国际组织驻华代表机构除外。所谓境内个人，是指中国公民和在中华人民共和国境内连续居住满1年的外国人（选项D是短期旅行，不选）、外国驻华外交人员（选项A不选）和国际组织驻华代表除外。

13.【答案】B

【解析】选项A、C、D由中国证监会负责；选项B由国家外汇管理局负责，由国家外汇管理局负责的还有：资金汇出入和汇兑管理等。

14.【答案】B

【解析】根据外汇管理法律制度的规定，对于个人结汇和境内个人购汇实行年度总额管理，年度总额为每人每年等值5万美元，国家外汇管理局根据国际收支情况对年度总额进行调整。

（二）多选题

1.【答案】ABCD

【解析】《外商投资法》制定主要遵循的原则有：突出积极扩大对外开放和促进外商投资的主基调；坚持外商投资基础性法律的定位；坚持中国特色和国际规则相衔接；坚持内外资一致。

2.【答案】ABCD

【解析】《外商投资法》的特色与创新包括：从企业组织法转型为投资行为；强调对外商投资的促进与保护；全面落实国民待遇原则；更加周延地覆盖外商投资实践。

3.【答案】ABCD

【解析】我国《外商投资法》规定的外国投资的情形包括：外国投资者单独或者与其他投资者共同在中国境内设立外商投资企业；外国投资者取得中国境内企业的股份股权财产份额或者其他类似权益；外国投资者单独或者与其他投资者共同在中国境内投资新建项目；法律行政法规或者国务院规定的其他方式的投资。

4.【答案】ABCD

【解析】我国《外商投资法》关于外商投资促进的具体规定有：提高外商投资政策的透明度；保障外商投资企业平等参与市场竞争；加强外商投资服务；依法依规鼓励和引导外商

投资。

5.【答案】ABCD

【解析】我国《外商投资法》关于外商投资保护的具体规定有：加强对外商投资企业的产权保护；强化对制定涉及外商投资规范性文件的约束；促使地方政府守约践诺；建立健全外商投资企业投诉工作机制。

6.【答案】ABCD

【解析】最高人民法院《关于适用〈中华人民共和国外商投资法〉若干问题的解释》区分负面清单所列投资领域与负面清单之外领域两种情形，对于相关投资合同的效力认定问题作出了具体规定。

（1）对于外商投资准入负面清单之外的领域形成的投资合同，当事人以合同未经有关行政主管部门批准登记为由，主张合同无效或者未生效的，人民法院不予支持。

（2）外国投资者投资外商投资准入负面清单规定禁止投资的领域，当事人主张投资合同无效的，人民法院应予支持。

（3）外国投资者投资外商投资准入负面清单规定限制投资的领域，当事人以违反限制性准入特别管理措施为由，主张投资合同无效的，人民法院应予支持。但是，在人民法院作出生效裁判前，当事人采取必要措施满足准入特别管理措施的要求，并据此主张所涉投资合同有效的，人民法院应予支持。

（4）在生效裁判作出前，因外商投资准入负面清单调整，外国投资者投资不再属于禁止或者限制投资的领域，当事人主张投资合同有效的，人民法院应予支持。

“投资合同”是指外国投资者及外国的自然人、企业或者其他组织因直接或者间接在中国境内进行投资而形成的相关协议，包括设立外商投资企业合同、股份转让合同、股权转让合同、财产份额或者其他类似权益转让合同、新建项目合同等协议。外国投资者以赠与、财产分割、企业合并、企业分立等方式取得相应权益所产生的合同纠纷，也适用上述规定。

7.【答案】ABCD

【解析】外汇，是指下列以外币表示的，可以用作国际清偿的支付手段和资产：外币现钞，包括纸币、铸币；外币支付凭证或者支付工具，包括票据、银行存款凭证、银行卡等；外币有价证券，包括债券、股票等；特别提款权；其他外汇资产。

8.【答案】ABC

【解析】人民币汇率实行以市场供求为基础的、有管理的浮动汇率制度，选项D的表述不正确。

9.【答案】AD

【解析】根据我国现行的QFII制度框架，中国证监会负责QFII资格审定、投资工具确定、持股比例限制等；国家外汇管理局负责QFII的外汇相关管理。2019年9月，国家外汇管理局取消了QFII的境内投资额度限制。

10.【答案】ABC

【解析】选项D，数个投资者持有企业股份总额不超过50%，但所享有的表决权足以对股东会或股东大会、董事会（不包括监事会）的决议产生重大影响，则取得所投资企业实际控制权。

11.【答案】ABC

【解析】选项D正确表述应为坚持内外资一致。

12.【答案】ABCD

【解析】关于外商投资保护：加强对外商投资企业的产权保护；强化对制定涉及外商投资规范性文件的约束；促使地方政府守约践诺；建立健全外商投资企业投诉工作机制。

13.【答案】ABCD

【解析】外汇包括外币现钞，外币支付凭证或者支付工具、外币有价证券、特别提款权及其他外汇资产。

14.【答案】ABCD

【解析】见本章高频考点10。法律规定的11种情形，考试熟识即可。

第三部分

跨章节综合题演练

跨章节综合练习题

1. 2023年3月2日，甲将其生产的一批价值30万元的设备寄存于乙的仓库，寄存期限截至2020年4月30日。3月5日，甲将该批设备抵押给债权人A公司，双方签订了书面抵押合同，但未办理抵押登记。

3月9日，乙向丙谎称该批设备属于自己，以35万元的价格将该批设备卖给丙。事后，不知情的丙全额付款并取走设备。3月16日，丙将该批设备以40万元的价格卖给丁。3月20日，丙交付设备，丁向丙付款。

3月25日，A公司对甲的债权到期，甲无力偿还，A公司拟就该批设备行使抵押权。此时，甲才得知乙已将该批设备出卖给丙，甲要求乙承担违约责任并要求丙返还设备，丙告知甲已将设备转卖给丁。甲要求丁返还设备，A公司则向丁主张就该批设备行使抵押权，均遭丁的拒绝。

4月9日，丁发现该批设备存在严重质量瑕疵，无法投入使用，遂主张解除与丙之间的买卖合同，并要求丙赔偿损失，丙以该质量瑕疵在乙向其交付设备时已经存在，丁遂要求乙承担违约责任要求。

要求：根据上述内容，分别回答下列问题。

（1）丙是否取得了从乙处购买的设备的所有权？并说明理由。

（2）甲是否有权要求丁返还设备？并说明理由。

（3）A公司能否就该批设备行使抵押权？并说明理由。

（4）丁是否有权解除与丙之间的买卖合同？并说明理由。

（5）丁是否有权要求乙承担违约责任？并说明理由。

（6）对于甲的损失，谁是赔偿义务人？并说明理由。

2. 2022年4月，甲公司因欠乙公司货款500万元不能按时偿还，向乙公司请求延期至2023年4月1日还款，并愿意以本公司所有的3台大型设备进行抵押和1辆轿车进行质押，为其履行还款义务提供担保。乙公司同意了甲公司的请求，并与甲公司订立了书面抵押和质押合同。甲公司将用于质押的轿车的登记证书交付于乙公司保管，但未就抵押和质押办理任何登记手续，也未向乙公司交付用于抵押的设备和质押的轿车。

2022年5月，甲公司将用于抵押的3台设备出租给丙公司，将用于质押的轿车出租给丁公司，租期均为1年。

2022年8月，甲公司隐瞒有关事实，与戊公司签订合同出售其用于抵押的3台设备。随后，甲公司通知丙公司：本公司已将出租的3台设备卖给戊公司，要求解除租赁合同，丙公司可不再支付剩余9个月的租金，并请其将这3台设备交付给戊公司。丙公司表示同意，且立即向戊公司交付了这3台设备。

2022年9月1日，甲公司再次隐瞒了有关事实，与己公司订立合同出售其用于质押的轿车。双方办理了过户登记手续，并约定9月15日前交付。甲公司在通知丁公司向己公司交付出租的轿车时，丁公司拒绝了甲公司的要求，并向甲公司主张同等条件下的优先购买权。9月30日，丁公司工作人员在驾驶该轿车外出时，遭遇罕见泥石流，车毁人亡。

2023年4月1日，甲公司仍无力向乙公司偿还货款。乙公司在调查了解甲公司资产状况时得知：甲公司出资500万元设立的全资子公司庚经营状况良好，资金充裕；另外，庚公司欠甲公司到期货款300万元，尚未偿还。2023年4月15日，乙公司发函给庚公司，要求其偿还甲公司所欠本公司债务。

要求：根据上述内容，分别回答下列

问题。

（1）甲公司是否有权将用于抵押的3台设备出租给丙公司？并说明理由。

（2）乙公司是否有权就用于抵押的3台设备向戊公司行使抵押权？并说明理由。

（3）乙公司是否对该轿车享有质权？并说明理由。

（4）丁公司就轿车向甲公司主张同等条件下的优先购买权是否成立？并说明理由。

（5）甲公司是否有权要求丁公司对轿车的灭失承担赔偿责任？并说明理由。

（6）己公司是否有权要求甲公司对不能交付轿车承担赔偿责任？并说明理由。

（7）乙公司是否有权要求庚公司代甲公司履行债务？并说明理由。

3. 甲妻因车祸去世，甲继承两居室房屋一套，但未到房屋登记机关办理产权变更登记。

后甲外出旅游，在海滨浴场深水区游泳时被水母蜇伤，乙旅行社曾提醒游客不要去深水区，但未提及水母伤人一事。甲治疗费总共为3万元，其向旅行社索赔遭到拒绝。乙旅行社的理由有二：一是旅行社之前有声明“游客在旅行过程中一切人身伤害、财产损失，本社概不负责”；二是旅行社先前曾告知不要去深水区，甲无视而被蜇伤。

此件事情后，甲委托丙房地产中介公司（丙公司）出售其继承的两居室房屋。双方约定，房屋售出后，甲向丙公司支付房屋价款的2%作为报酬。同时，甲也在二手房交易网上发布了售房信息。不久，丁经由丙公司介绍，与甲以100万元的价格签订房屋买卖合同，但未办理产权过户登记手续。甲、丁签订房屋买卖合同次日，戊从网上获知甲发布的售房信息，遂向甲表示愿意购买。经协商，双方以120万元成交，并订立了买卖合同。事后，戊觉得房价过高，心生悔意。在获悉此前甲已将该房屋卖给丁后，戊遂以此为由，主张自己与甲之间的房屋买卖合同无效。

要求：根据上述内容，分别回答下列问题。

（1）甲在未办理产权变更登记的情况下，是否取得了亡妻房屋的所有权？并说明理由。

（2）乙旅行社关于“游客在旅行过程中一切人身伤害、财产损失，本社概不负责”的声明是否有效？并说明理由。

（3）戊能否以此前甲已将房屋卖给丁为由，主张自己与甲之间签订的合同无效？并说明理由。

（4）为将房屋所有权转让给买家，除了合同必须有效之外，甲还需办理哪些房屋登记手续？并分别说明理由。

4. 2019年，甲公司经A市B县工商行政管理机关登记设立。此后，甲公司以A市C县为主要办事机构所在地开展经营活动。2023年5月15日，因甲公司不能清偿到期债务且明显缺乏清偿能力，债权人向人民法院提出对甲公司的破产申请。

2023年6月12日，人民法院受理破产案件，并指定管理人。管理人在履行职责过程中发现下列情形：

（1）甲公司股东王某认缴出资50万元，出资期限为公司设立后5年内。王某已向甲公司实缴出资10万元。管理人要求王某缴纳剩余40万元出资，王某先以出资缴纳期限尚未届满为由拒绝，后又向管理人提出以甲公司欠其40万元借款本息抵销其欠缴的出资。

（2）2023年3月，乙公司与甲公司签订仓储合同，将一批红木交由甲公司保管。2023年4月，甲公司擅自将该批红木以市场价格售予不知情的第三人丙公司并已交付，得价款80万元。破产案件受理后，乙公司了解到相关情况，遂要求丙公司返还红木，遭到丙公司拒绝。而后，乙公司又向管理人主张就甲公司出售红木所得80万元货款行使取回权。

要求：根据上述材料，分别回答下列问题。

（1）甲公司破产案件应由何地基层人民法院管辖？并说明理由。

（2）王某拒绝缴纳剩余40万元出资的理

由是否成立？并说明理由。

（3）王某以甲公司欠其40万元借款抵销其欠缴的出资的主张是否成立？并说明理由。

（4）乙公司是否有权要求丙公司返还红木？并说明理由。

（5）对于甲公司出售红木所得80万元货款，乙公司是否享有取回权？并说明理由。

5. 2023年4月，甲上市公司与乙有限责任公司达成合并意向。甲公司董事会初步拟订的合并及配套融资方案包括以下要点：

（1）甲公司吸收合并乙公司，合并完成后，甲公司存续、承接乙公司全部资产和负债，乙公司注销，乙公司原股东获得现金补偿。

（2）出席股东大会并对合并方案投反对票的股东，享有异议股东股份回购请求权，有权要求甲公司以合理的价格回购其股票。

甲公司董事会根据中介机构的意见，修订方案初稿后，予以公告。

2023年6月1日，甲公司临时股东大会通过合并决议。同日，乙公司临时股东会也通过了合并决议。6月15日，中国证监会批准了甲公司的合并与配套融资方案。

B银行对甲公司享有一笔2024年6月底到期的借款债权，接到甲公司合并通知后，B银行于6月20日向甲公司提出偿债请求，甲公司以债务未到期为由，予以拒绝。

2023年6月22日，乙公司股东贾某以"股东会召集程序违反公司章程"为由提起诉讼，请求人民法院撤销乙公司股东会6月1日通过的合并决议。

经查，乙公司章程规定，召开股东会应当以电子邮件方式通知股东，但乙公司并未向贾某发送电子邮件，而是以手机短信方式通知。贾某及其他股东均出席了6月1日的股东会会议并表决。人民法院认为乙公司股东会召集程序确有不符合公司章程之处，但仍然驳回了贾某的诉讼请求。甲公司股东周某反对甲、乙公司合并，于2021年5月底向甲公司董事会邮寄了书面反对意见，但周某并未出席甲公司6月1日召开的临时股东大会，也未委托他人表决。6月6日，周某向甲公司提出行使异议股东股份回购请求权。遭甲公司拒绝，拒绝理由是：只有出席股东大会并对合并事项投反对票的股东，才享有异议股东股份回购请求权。

2023年10月7日，中国证监会接到举报称，甲公司董事陈某涉嫌内幕交易。经查，陈某于2023年2月1日、2月10日、3月2日先后购入甲公司股票10万股、20万股、40万股，并于2023年8月25日全部卖出，获利100余万元。根据以上事实，中国证监会认定陈某的行为违反证券法律制度，构成短线交易。

要求：根据上述内容，分别回答下列问题。

（1）甲公司拒绝B银行偿债请求的理由是否成立？并说明理由。

（2）人民法院认为以公司股东会召集程序确有不符合公司章程之处，但仍然驳回甲某的诉讼请求，是否符合公司法律制度的规定？并说明理由。

（3）甲公司拒绝周某异议股东股份回购请求的理由是否成立？并说明理由。

（4）计算陈某因短线交易所获利润时，应当以多少股份数为基数？并说明理由。

（5）陈某短线交易所获利润应当归谁所有？并说明理由。

6. 甲公司为A股上市公司，注册资本为1亿元人民币。2023年1月25日，甲公司实际控制人、董事长李某根据公司2022年度业绩情况，向董事会秘书赵某提出了当期的利润分配动议。赵某起草了《甲公司利润分配预案》等文件，该文件中包括：甲公司以2022年的全部税后利润进行利润分配。已知甲公司法定公积金累计为3 000万元。该方案提交董事会审议时，由于董事会对具体实施方案存在较大分歧、未能形成有效决议，该方案未予披露。

孙某为赵某好友，2023年1月底，孙某在一次商业宴会上向赵某打听甲公司2022年度业绩和利润分配情况，赵某告知孙某“业绩不错，利润分配方案董事会还没通过，具体还不好说”。得此答复后，孙某于2023年2月2日买入甲公司股票。

2023年2月5日，赵某根据董事会意见修改了利润分配方案。2023年2月24日（星期一），甲公司召开董事会通过了修改后的利润分配方案。根据该方案，以盈余公积金向全体股东每10股转增10股，并派发2元红利。3月1日公司告知董事会决议。

2022年3月起，证监会对甲公司内幕交易案立案调查，孙某在内幕交易调查中抗辩：甲公司的利润分配方案在2023年1月底时董事会尚未通过，赵某于2月5日才修改方案；孙某在2月2日买入股票时内幕信息尚未形成，故买入行为不构成内幕交易。

要求：根据上述内容，分别回答下列问题。

（1）本案的利润分配方案是否构成内幕信息？并说明理由。

（2）赵某起草的《甲公司利润分配预案》是否符合公司法规定？并说明理由。

（3）甲公司以盈余公积金转增股本的做法是否符合公司法律制度的规定？并说明理由。

（4）甲公司于2023年3月1日公告董事会决议，是否符合证券法律制度的规定？并说明理由。

（5）孙某关于其在“在2月2日买入股票时内幕信息尚未形成”的抗辩是否成立？并说明理由。

7. 2023年3月10日，甲公司与乙有限责任公司（以下简称“乙公司”）签订分期付款购买设备的合同。合同价款总额为120万元，乙公司分12期支付价款，自2023年3月起，在每个月的最后一天支付10万元。合同对合同解除事项未作特别约定。

为确保合同的履行，甲公司要求乙公司提供担保。乙公司以自己拥有的一辆运输用M汽车抵押。2023年3月10日，甲公司与乙公司签订了抵押合同，合同约定抵押期间为双方签订抵押合同之日至乙公司支付全部设备价款之日。在抵押期间，乙公司不得转让M汽车。次日，甲公司与乙公司为该项抵押及禁止转让抵押财产的约定办理了登记。

2023年3月31日，乙公司为支付价款向甲公司签发了一张由丙公司承兑的汇票，汇票金额为10万元。甲公司为支付货款，将该汇票背书转让给丁公司，同时在汇票上记载“不得转让”字样。丁公司为偿还债务，将该汇票背书转让给戊公司。汇票到期后，丙公司拒绝付款，戊公司向甲公司和乙公司追索，均遭到拒绝。

2023年5月5日，乙公司因急需资金，将M汽车转让给庚公司，庚公司未查询M汽车的抵押登记情况便向乙公司支付了价款。乙公司将M汽车交付庚公司使用，但未办理机动车转让登记。

2023年5月9日，甲公司得知乙公司已经将M汽车转让给庚公司后，向人民法院提起诉讼，请求确认转让合同无效，M汽车仍归乙公司所有。

2023年5月到6月，乙公司未按照约定支付价款20万元，甲公司多次催告后无果。2023年7月1日，甲公司要求乙公司支付全部剩余价款，否则就接触合同。

2023年7月3日，鉴于乙公司经营状况不断恶化，大股东兼执行董事赵某提议召开临时股东会会议讨论解散公司事宜。2023年7月19日，在临时股东会会议的表决程序中，持有乙公司60%表决权的赵某同意解散公司，持有乙公司10%表决权的钱某反对解散公司，持有乙公司30%表决权的孙某弃权。赵某宣布乙公司临时股东会会议通过解散公司的决议，并安排后续清算事宜。

要求：根据上述资料和票据、物权、合同、公司法律制度的规定，不考虑其他因素，分别回答下列问题：

（1）甲公司是否有权拒绝戊公司的追索？说明理由。

（2）乙公司是否有权拒绝戊公司的追索？说明理由。

（3）2023年5月9日，甲公司请求确认转让合同无效，人民法院是否应予支持？说明理由。

（4）2023年5月9日，甲公司请求确认M汽车仍归乙公司所有，人民法院是否应予支持？说明理由。

（5）2023年7月1日，甲公司是否有权要求乙公司支付全部剩余价款或者解除合同？说明理由。

（6）2023年7月19日，乙公司临时股东会会议通过解散公司的决议，是否符合法律规定？说明理由。

8. 某机构投资者对已在上海证券交易所上市的A公司进行调研时，发现A公司如下信息：

（1）甲为A公司的实际控制人，通过B公司持有A公司34%的股份。甲担任A公司的董事长、法定代表人。2023年8月7日，经董事会决议（甲回避表决），A公司为B公司向C银行借款4 000万元提供连带责任保证，并发布公告予以披露。

2023年3月1日，C银行通知A公司，B公司的借款到期未还，要求A公司承当保证责任。A公司为此向C银行支付了4 000万元借款本息。

（2）乙在2022年12月至2023年2月底期间连续买入A公司股票，持有A公司股份总额到达3%。A公司为B公司承当保证责任后，乙于2023年3月5日直接向人民法院提起股东代表诉讼，要求甲赔偿A公司因承当保证责任造成的损失。甲辩称：乙在起诉前未向公司监事会提出书面请求，故请求人民法院驳回乙的起诉。

（3）2023年3月10日，A公司公告拟于4月1日召开年度股东大会。董事会推荐了3名独立董事候选人，其中，候选人丙为B公司财务主管，候选人丁持有A公司股份总额1%的股份。

（4）2023年3月24日，乙向A公司董事会书面提出年度股东大会临时提案，要求罢免甲的董事职务。A公司董事会当即拒绝将该临时提案列为年度股东大会审议事项。3月25日，乙联合持有A公司股份总额8%的股东张某，共同公告拟于4月1日在同一地点召开A公司临时股东大会。4月1日，A公司的两个“股东大会”在同一酒店同时召开。出席“年度股东大会”的股东所持A公司股份总额为35%；出席“临时股东大会”的股东所持A公司股份总额为40%。后者通过了对甲的董事罢免案，并选举乙为A公司董事。

（5）2023年4月21日，B公司与乙达成股权转让协议。4月23日，A公司、B公司和乙联合公布了该协议内容：B公司将所持A公司27%的股份转让给乙，转让后B公司仍持有A公司7%的股份；同时，乙向A公司全体股东发出要约，拟另行收购A公司已发行股份的4%。随后，甲辞职，乙被股东大会选举为董事。

（6）2023年6月3日，A公司董事会通过决议，决定购置乙控制的C公司100%的股权，该交易金额到达A公司资产总额的25%。12月6日，A公司董事会又通过决议，决定购置乙所持D公司的全部股权，该交易金额到达A公司资产总额的20%。

上述两项交易完成后，A公司的主营业务转换为汽车零配件生产。

（7）在上述两项股权交易公告前，A公司的股价均出现了异常波动。经调查发现：乙借用他人账户，于2023年6月1日至12月3日期间大量买入A公司的股票；董事戊于12月6日董事会开会期间，电话委托买入A公司股票1万股；A公司秘书在电梯中听到公司高管议论公司重组事宜后，于12月3日买入公司股票2 000股。因受市场环境影响，上述人员买入A公司股票后均未获利，其中，乙账面亏损达3亿元；戊账面亏损2万元；庚已卖出股票，亏损2 000元。

要求：根据上述内容，结合公司法律制

度、证券法律制度，分别回答以下问题：

（1）A公司董事会为B公司提供担保的决议是否有效？并说明理由。

（2）乙是否具备对甲提起股东代表诉讼的资格？甲请求人民法院驳回乙起诉的理由是否成立？并分别说明理由。

（3）丙、丁是否符合A公司独立董事的资格？并分别说明理由。

（4）2023年3月24日，乙提出的临时提案是否应被列为A公司年度股东大会审议事项？4月1日，乙与股东张某共同召集A公司临时股东大会的程序是否合法？并分别说明理由。

（5）乙在受让B公司转让的A公司27%的股份时，向A公司全体股东发出要约收购4%的股份是否符合法律规定？并说明理由。

（6）2023年12月6日，A公司董事会通过的购置乙所持D公司股权的决议是否有效？并说明理由。

（7）乙、戊、庚是否存在内幕交易行为？并分别说明由。

9.（2022真题）甲公司系融资租赁公司，乙公司系物流公司。为购买货车，乙公司与甲公司订立融资租赁合同，由甲公司提供100万元融资，向丙公司购买5辆二手货车。2022年4月1日，甲公司与乙公司口头协商一致。5月30日，甲公司将加盖公章的合同书送至乙公司，次日，乙公司加盖公章后将合同书送至甲公司。甲乙双方未对租赁物毁损或者灭失的风险作出明确约定。

6月1日，丙公司向乙公司交付4辆货车，同时表示另有1辆货车A在第三人赵某处，其正在外地执行最后一次运输任务，预计半个月后送回；丙公司已于当日向赵某告知货车转让事宜，并让其在运输任务结束后直接将车交给乙公司。乙公司同意上述方案。

6月2日，因资金短缺，乙公司向丁公司借款50万元。乙公司打算以其前一日收到的4辆货车设立抵押。甲公司同意乙公司以上述货车为丁公司提供抵押。同时，为防范风险，乙公司法定代表人应甲公司要求为其提供保证。6月5日，乙公司与丁公司订立书面抵押合同，双方于次日办理抵押登记。

6月10日，甲公司和乙公司办理租赁物登记。后因乙公司未按期清偿债务，丁公司就4辆货车行使抵押权。甲公司得知后表示货车拍卖后所得价款应先用于清偿乙公司所欠租金，丁公司主张因其抵押权登记时间在前，可以优先于甲公司受偿。

6月15日，赵某将货车A送至乙公司。乙公司工作人员未发现货车轮胎存在隐蔽瑕疵，便用其执行运输任务。后在装运戊公司托运的货物时发现，货车A的轮胎已严重受损，须更换后才能运输，不得不延后2日装车。为此，戊公司要求乙公司支付迟延运输的违约金。乙公司向戊公司表示，迟延运输是丙公司交付的货车有瑕疵所致，戊公司应向丙公司主张违约金。戊公司遂向丙公司要求支付违约金。

货车A更换轮胎后，在执行运输任务期间，因泥石流导致车辆严重毁损。乙公司向甲公司表示，因货车A已毁损，其不能再按照约定支付相应租金。

要求：根据上述内容，结合公司、物权法律制度的有关规定，分别回答下列问题：

（1）甲公司和乙公司之间的融资租赁合同何时成立？并说明理由。

（2）丁公司对4辆货车的抵押权何时设立？并说明理由。

（3）丁公司主张“可以优先于甲公司受偿”，能否得到法律支持？并说明理由。

（4）货车A的所有权何时转移？并说明理由。

（5）戊公司向丙公司要求支付违约金，能否得到法律支持？并说明理由。

（6）货车A毁损后，乙公司是否有权拒绝向甲公司继续支付相应租金？并说明理由。

考点内容、考点分析、考查频次与答案解析

1. 【考点内容、考点分析及考查频次】

考点1：善意取得制度（参考教辅第三章高频考点14）。该考点需要掌握善意取得制度的构成要件，通过对构成要件的分析，判断善意取得的法律效果。如属于善意取得，则所有权发生转移，善意受让人取得物之所有权后的处分行为为有权处分，物之原权利人只能向无权处分的转让人请求损害赔偿。该考点在2019年案例分析题中进行过考查。

考点2：无权处分与有权处分的法律后果（参考教材第三章物权行为的特点及教辅第三章高频考点14）。该考点需要掌握无权处分行为实施后处于效力待定状态，须得到原权利人的追认方为有效。但若无权处分给善意第三人，则原权利人让位于善意取得人，丧失所有权。善意取得人享有物之所有权，其再实施的处分行为是有权处分，如果动产已经交付给受让人，则受让人取得所有权，原权利人无权要求返还。该考点在2019年案例分析题中进行过考查。

考点3：动产抵押的生效要件与对抗要件（参考教辅第三章高频考点28）。该考点需要掌握动产抵押权自抵押合同生效时设立；未经登记，不得对抗善意第三人。即登记仅为对抗要件。

考点4：合同的解除（参考教辅第四章高频考点20）。该考点重点掌握合同解除的法定事由，其中，当事人一方有违约行为导致合同目的不能实现的，另一方有权主张解除合同。该考点为高频考点，在2017年、2019年、2020年案例分析题中进行过考查。

考点5：合同相对性原理（参考教材第四章合同的相对性及教辅第四章高频考点1）。该考点重点掌握责任的相对性，合同责任只能在当事人之间产生，合同关系以外的人不负违约责任。其中违约责任在2017年、2020年案例分析题中进行过考查。

【参考答案】

（1）丙取得了该设备的所有权。根据规定，乙属于无权处分，但丙基于善意取得制度依法取得了该设备的所有权，甲则丧失了所有权。

（2）甲无权要求丁返还设备。根据规定，丙基于善意取得制度已经依法取得了该批设备的所有权，丙将该批设备再卖给丁时，丙的行为属于有权处分，且该批设备已经交付，故丁自交付之日起即取得该批设备的所有权，因此甲无权要求丁返还设备。

（3）A公司不能行使抵押权。根据规定，当事人以生产设备设定抵押的，抵押权自抵押合同生效时设立；但未经登记，不得对抗善意第三人。在本题中，A公司的抵押权虽已经设立，但未经登记，不能对抗善意第三人，因此A公司不能就该批设备行使抵押权。

（4）丁有权解除与丙之间的买卖合同。根据规定，因当事人一方的违约行为致使不能实现合同目的的，对方当事人有权解除合同。

（5）丁无权要求乙承担违约责任。根据合同的相对性原理，由于合同关系具有相对性，因此，违约责任也具有相对性，即违约责任只能在特定的具有合同关系的当事人之间发生。在本题中，乙和丁之间并无合同关系，乙无须对丁承担违约责任。

（6）乙是赔偿义务人。根据规定，由于甲、乙之间存在保管合同关系，保管人违反保管合同的约定，构成违约，因此乙应当向甲承担赔偿责任。

2. 【考点内容、考点分析及考查频次】

考点1：抵押物的出租（参考教辅第三章高频考点25）。该考点需要掌握先出租后抵押与先抵押后出租的法律后果，此题考查先抵押后出租，抵押权设定后由于抵押物仍归抵押人

占有，故抵押人有权将抵押物出租。

考点2：动产抵押的生效要件与对抗要件（参考教辅第三章高频考点28）。该考点需要掌握动产抵押权自抵押合同生效时设立；未经登记，不得对抗善意第三人。

考点3：动产质押的设立条件（参考教辅第三章高频考点30）。该考点需要掌握动产质押自出质人交付质押财产时方为设立，如未交付，则不成立动产质押。

考点4：租赁合同中的优先购买权（参考教辅第四章高频考点31）。该考点需要掌握房屋租赁情形中，当出租人出卖租赁房屋的，承租人才享有以同等条件优先购买的权利，对于其他租赁合同则不适用优先购买权制度。房屋租赁合同在2018年案例分析题中进行过考查。

考点5：租赁物受损及违约责任（参考教辅第四章高频考点30及教辅第三章高频考点23）。该考点需要掌握承租人如果按照约定的方法或者租赁物的性质使用租赁物，即使租赁物受损，承租人也不承担损害赔偿责任。同时不可抗力是承担违约损害赔偿责任的法定免责事由。

考点6：合同不履行的违约责任（参考教辅第四章高频考点23）。该考点需要掌握合同一方不履行合同或者履行不符合约定，给对方造成损失的，应当承担损害赔偿责任。

考点7：债权人代位权（参考教辅第四章高频考点13）。该考点需要掌握代位权的行使条件。

【参考答案】

(1) 甲公司有权出租。根据规定，抵押权设定后，抵押物仍然归抵押人占有，抵押人有权将抵押物出租。

(2) 乙公司无权行使抵押权。根据规定，当事人以生产设备设定抵押的，抵押权自抵押合同生效时设立，未经登记，不得对抗善意第三人。本案中，甲公司以生产设备设定抵押时，未办理抵押登记，因此，乙公司的抵押权不得对抗善意第三人戊公司。

(3) 乙公司对该轿车不享有质权。根据规定，质权自质物交付给质权人占有时设立。本案中，甲公司仅将轿车登记证交给乙公司保管，并未交付轿车，故质权尚未设立。

(4) 丁公司不享有优先购买权。根据规定，只有房屋租赁中的承租人才享有优先购买权，对于其他标的物的租赁，并不适用于优先购买权。

(5) 甲公司无权要求丁公司对轿车的灭失承担赔偿责任。根据规定，承租人按照约定的方法或者租赁物的性质使用租赁物，致使租赁物受到损耗的，不承担损害赔偿责任。因不可归责于承租人的事由，致使租赁物部分或者全部毁损、灭失的，承租人可以要求减少租金或者不支付租金。本案中丁公司正常驾驶轿车，轿车的毁损是因不可抗力造成的，承租人无过错，不承担赔偿责任。

(6) 己公司有权要求甲公司承担赔偿责任。根据规定，当事人一方不履行合同义务，在履行义务或者采取补救措施后，对方还有其他损失的，应当承担赔偿责任。本案中，轿车已毁损，合同无法继续履行，甲公司应对己公司的损失进行赔偿。

(7) 如果甲公司怠于行使对庚公司的债权，乙公司有权行使代位权。根据规定，债务人怠于行使其对第三人享有的到期债权或者与该债权有关的从权利，危及债权人债权实现的，债权人可以自己的名义代位行使债务人对次债务人的债权。

3. 【考点内容、考点分析及考查频次】

考点1：非基于法律行为的物权变动（参考教辅第三章高频考点5）。该考点需要掌握三种非基于法律行为的物权变动方式，此题考查因继承取得物权的，自继承开始时发生效力。

考点2：无效的免责条款（参考教辅第四章高频考点5）。该考点需要掌握无效的免责条款有哪些。

考点3：多重买卖的处理（参考教辅第四章高频考点25）。该考点需要掌握出卖人就同一标的物订立多重买卖合同，原则上各个买卖合同均有效，但标的物所有权归谁所有，按具体规则确定。

考点4：物权变动原因（参考教材第三章物权变动的原因及教辅第三章高频考点5）。该考点需要掌握非基于法律行为的物权变动不必以公示为前提，即使尚未完成动产交付或不动产登记，也不妨碍物权之取得，但取得不动产物权之人再处分物权时，需要办理二次登记，才能完成物权转让。其中动产物权的变动在2021年单选题、2020年多选题、案例分析题中进行过考查。

【参考答案】

（1）甲取得了房屋所有权。根据规定，因继承或者受遗赠取得物权的，自继承或者受遗赠开始时发生效力。

（2）乙旅行社的声明无效。根据规定，《民法典》规定，合同中的下列免责条款无效：①造成对方人身伤害的；②因故意或者重大过失造成对方财产损失的。

（3）戊不能以此前甲已将房屋卖给丁为由，主张双方的买卖合同无效。根据规定，出卖人就同一标的物订立双重买卖合同的，如果合同均不具有法律规定的无效事由，第二份买卖合同也为有效合同。

（4）甲还需办理两个手续：一是将房屋所有权登记在自己名下；二是将房屋过户到买受人名下。

4.【考点内容、考点分析及考查频次】

考点1：破产案件的管辖权（参考教辅第八章高频考点3）。该考点需要掌握破产案以地域管辖为基本原则。此考点通常会成为本章案例分析题的考点之一，通常而言，该章如果涉及案例分析题，一般本考点都会出现。

考点2：破产申请受理的效力（参考教辅第八章高频考点5）。该考点需要考生掌握一旦破产申请被受理，那么会对相关人员产生哪些影响，需要完成哪些法定义务等。此考点也是本章案例分析题中常出现的考点。

考点3：破产抵销权（参考教辅第八章高频考点21）。该考点是企业破产法司法解释的内容。在此也提醒考生注意，在掌握法律条文的同时，也需要关注司法解释的相关内容。

考点4：善意取得制度（参考教辅第三章高频考点14）。该考点需要掌握善意取得制度的构成要件，通过对构成要件的分析，判断善意取得的法律效果。如属于善意取得，则所有权发生转移，善意受让人取得物之所有权后的处分行为为有权处分，物之原权利人只能向无权处分的转让人请求损害赔偿。该考点在2019年案例分析题中进行过考查。

【参考答案】

（1）甲公司破产案件应由A市C县基层人民法院管辖。根据规定，破产案件的地域管辖应当由债务人住所地人民法院管辖。债务人的住所地是指债务人的主要办事机构所在地。

（2）不成立。根据规定，债务人的出资人尚未完全履行出资义务的，管理人应当要求该出资人缴纳所认缴的出资，而不受出资期限的限制。

（3）不成立。根据规定，债务人的股东主张以下列债务人与债务人对其负有的债务抵销，债务人管理人提出异议的，人民法院不予支持：①债务人股东因欠缴债务人的出资或者抽逃出资对债务人所负的债务；②债务人股东滥用股东权利或者关联关系损害公司利益对债务人所负的债务。

（4）无权。根据规定，无权处分人将不动产或者动产转让给受让人的，所有权人有权追回；除法律另有规定外，符合下列情形的，受让人取得不动产或者动产的所有权：①受让人受让该不动产或者动产时是善意的；②以合理的价格转让；③转让的不动产或者动产依照法律规定应当登记的已经登记，不需要登记的已经交付给受让人。本题中，甲公司擅自将该批红木以市场价格售予不知情的第三人丙公司并已经交付，此时，甲公司为无权处分人，丙公司为善意第三人可以取得所有权，因此，乙公司不能要求善意第三人丙公司返还。

（5）不享有。根据规定，债务人占有的他人财产被违法转让给第三人，依据善意取得制度，第三人已经善意取得财产所有权，原权利人无法取回该财产的，转让行为发生在破产申请受理前的，原权利人因财产损失形成的债权，作为普通破产债权清偿。

5. 【考点内容、考点分析及考查频次】

考点1：公司合并（参考教辅第六章高频考点36）。公司合并的程序性规定，需要考生掌握会议决议是否生效，投票比例是否符合法律规定，公告程序等是否符合法律的规定。此考点的考察频次不是很好，但也不能忽视。

考点2：会议程序轻微瑕疵对会议决议效力的影响（参考教辅第六章高频考点12）。该考点是公司法司法解释的内容。在此也提醒考生注意，在掌握法律条文的同时，也需要关注司法解释的相关内容。

考点3：异议股东的股权回购请求权（参考教辅第六章高频考点33）。股权回购请求权是公司法重要知识点，经常出现在选择题和案例分析题中，考生一定要引起重视。

考点4：短线交易（参考教辅第七章高频考点31）。在判断是否构成短线交易时，考生应注意交易人员的性质、持股比例、买入卖出等的时间间隔以及对短线交易的法律责任的规定。证券法与公司法是较为常见的跨章节题搭配构成，考生可在相关内容时将此两章节的有关内容融会贯通学习。

【参考答案】

（1）甲公司的理由成立。根据规定，公司决定合并的，应当在作出合并决议之日起10日内通知债权人，并于30日内在报纸上公告。债权人自接到通知之日起30日内，未接到通知书的自公告之日起45日内，可以要求公司清偿债务或者提供相应的担保，无论债权是否到期。

（2）人民法院的做法符合规定。根据规定，会议召集程序或者表决方式仅有轻微瑕疵，且对决议未产生实质影响，股东请求撤销的，人民法院不予支持。

（3）甲公司的理由成立。根据规定，异议股东股份回购请求权中的异议应当通过出席会议并参与决议提出，周某表达异议的途径不符合要求，甲公司有权拒绝其回购请求。

（4）应当以40万股为基数。根据规定，相关人员将所持股份买入后6个月内卖出，或者卖出后6个月内买入，构成短线交易。在本题中，陈某于2023年3月2日购入甲公司股票40万股，于2023年8月25日卖出时，持有时间不足6个月，构成短线交易。陈某之前购入的10万股、20万股，卖出时持有时间均已超过6个月，不构成短线交易。

（5）陈某短线交易所获利润应当归甲公司所有。根据规定，上市公司董事、监事、高级管理人员以及持有上市公司股份5%以上的股东将其持有的该公司的股票在买入后6个月内卖出，或者在卖出后6个月内又买入，由此所得收益归该公司所有，公司董事会应当收回其所得收益。

6. 【考点内容、考点分析及考查频次】

考点1：内幕信息（参考教辅第七章高频考点31）。判断是否为内幕信息，主要判断该信息是否尚未公开，是否会对交易价格产生重大影响。内幕信息的形成时间也需掌握其时间的起算点。证券法中对此知识点的考核较为常见。

考点2：公司利润分配（参考教辅第六章高频考点34）。公司财务制度是在会计类考试中常见的考点，考生在复习时可注意一下。但此部分内容对于会计类型的考试并不复杂，也不是难理解的考点，争取在此考点考核时不丢分。

考点3：公积金的用途（参考教辅第六章高频考点35）。

考点4：强制信息披露制度（参考教辅第七章高频考点5）。重大事件的具体种类，属于较为常见的考点。

【参考答案】

（1）该方案构成内幕信息。根据规定，公司分配股利或者增资的计划属于内幕信息。

（2）不符合。根据规定，公司分配当年税后利润之前，必须提取税后利润的10%列入法定公积金，法定公积金累计为注册资本的50%以上时，可以不再提取。本题中，甲公司的注册资本为1亿元人民币，而法定公积金为3 000万元，并未达到注册资本的50%，应当首先提取税后利润的10%作为法定公积金，而不能将税后利润全部用于利润分配。

(3) 甲公司的做法符合规定。根据规定，公司的公积金可用于弥补公司的亏损、扩大公司生产经营或者转为增加公司资本。

(4) 甲公司的做法不符合规定，根据规定，董事会就发行新股形成相关决议属于重大事件，上市公司应当在董事会形成决议的2个交易日内履行披露义务。题目中董事会于2月24日形成决议，至3月1日已经超过2个交易日。

(5) 孙某的抗辩不成立。根据规定，影响内幕信息形成的动议、筹划、决策或者执行人员，其动议、筹划、决策或者执行初始时间，应当认定为内幕信息的形成之时。2023年1月25日，董事长李某向董事会秘书赵某提出在当期实施利润分配动议，这是动议初始时间，是内幕信息形成之时。

7. 【考点内容、考点分析及考查频次】

考点1：票据的背书（参考教辅第九章高频考点13）。票据背书作为票据法中较为常见的考点，在对第九章内容进行案例分析题和跨章节综合题的考核中是重点中的重点，考查频次非常高，请考生一定掌握该知识点。

考点2：票据的出票（参考教辅第九章高频考点12）。票据的出票也是票据法中较为常见的考点，在对第九章内容进行案例分析题和跨章节综合题的考核中是重点中的重点，考查频次非常高，请考生一定掌握该知识点。

考点3：动产抵押（参考教辅第三章高频考点8）。动产抵押可以与合同法、票据法、公司法等内容结合出题，请考生重视，尤其是该知识点有关的司法解释，也请一并掌握。

考点4：买卖合同（参考教辅第四章高频考点25）。买卖合同作为合同法常考的考点，考生需对此合同类型的相关考点进行全面掌握。

考点5：公司特别决议的作出（参考教辅第六章高频考点14）。公司特别决议的几种情形也是公司法的常考考点，请考生注意。

本题属于跨章节较多的综合体，包括了第三章、第四章、第六章、第九章的相关考点，在此也请考生将可能相关的知识点融通掌握。

【参考答案】

(1) 有权。

根据票据法律制度的规定，背书人在汇票上记载“不得转让”字样，其后手再背书转让的，原背书人对其后手的被背书人不承担保证责任。

(2) 无权。

根据票据法律制度的规定，出票人签发汇票后，即承担该汇票承兑和付款的责任。出票人在汇票得不到承兑和付款时，应当向持票人清偿法律规定的金额和费用。

(3) 不予支持。

根据物权法律制度的规定，当事人约定禁止转让抵押财产，且已经将约定登记，抵押人违反约定转让抵押财产，抵押权人请求确认转让合同无效的，人民法院不予支持。

(4) 应予支持。

根据物权法律制度的规定，当事人约定禁止转让抵押财产且已经将约定登记，抵押人违反约定转让抵押财产，抵押财产已经交付，抵押权人主张转让不发生物权效力的，人民法院应予支持。

(5) 无权。

根据合同法律制度的规定，分期付款的买受人未支付到期价款的金额达到全部价款的1/5，经催告后在合理期限内仍未支付到期价款的，出卖人可以请求买受人支付全部价款或者解除合同。本案中，乙公司未支付的到期价款尚未达到全部价款的1/5。

(6) 不符合。

根据公司法律制度的规定，修改公司章程，增加或者减少注册资本的决议，以及公司合并、分立、解散或者变更公司形式的决议，必须经代表2/3以上表决权的股东通过。乙公司股东会上仅有代表60%表决权的股东同意，因此，股东会的决议不符合法律规定。

8. 【考点内容、考点分析及考查频次】

本题考查的知识点均为公司法和证券法结

合出题中的高频考点，请考生认真分析，牢固掌握知识点。具体考点如下：

考点1：公司为股东或实际控制人提供担保决议的作出程序。

考点2：股东代表诉讼制度。

考点3：上市公司独立董事的任职资格。

考点4：临时股东大会的着急程序。

考点5：要约收购制度。

考点6：特殊公司决议制度。

考点7：内幕交易行为。

【参考答案】

(1) A公司董事会为B公司提供担保的决议无效。根据规定，公司为公司股东或者实际控制人提供担保的，必须经股东大会决议。

(2) ①乙不具备对甲提起股东代表诉讼的资格。根据规定，股份有限公司连续180日以上单独或者合计持有公司1%以上股份的股东可以书面依法提起股东代表诉讼。在此题中，乙持有股份的时间不够180日。

②甲请求人民法院驳回乙起诉的理由成立。根据规定，公司董事、高级管理人员执行公司职务时违反法律、行政法规或者公司章程的规定，给公司造成损失的，股份有限公司连续180日以上单独或者合计持有公司1%以上股份的股东可以书面请求监事会向人民法院提起诉讼；监事会收到股东的书面请求后拒绝提起诉讼或者自收到请求之日起30日内未提起诉讼，或者情况紧急、不立即提起诉讼将会使公司利益受到难以弥补的损害的，股份有限公司连续180日以上单独或者合计持有公司1%以上股份的股东方可以自己的名义直接向人民法院提起诉讼。

(3) ①丙不符合独立董事任职资格。根据规定，在直接或间接持有上市公司已发行股份5%以上的股东单位任职的人员不得担任该上市公司的独立董事。

②丁不符合独立董事任职资格。根据规定，直接或间接持有上市公司已发行股份1%以上的自然人股东不得担任该上市公司的独立董事。

(4) ①乙提出的临时提案不应列为年度股东大会的审议事项。根据规定，单独或者合计持有公司3%以上股份的股东，可以在股东大会召开10日前提出临时提案并书面提交董事会。在此题中，乙提出临时提案的时间距年度股东大会召开时间不足10日。

②乙与股东张某共同召集A公司临时股东大会的程序序不合法。根据规定，股东大会由董事会召集，董事会不能或者不履行召集股东大会会议职责的，监事会应当及时召集和主持；监事会不召集和主持的，连续90日以上单独或合计持有公司10%以上股份的股东可以自行召集和主持。在此题中，即使董事会拒绝召集临时股东大会，乙与股东张某也应该要求监事会召集，不应直接自行召集。

(5) 乙发出要约收购4%的股份不符合规定。根据规定，以要约方式收购一个上市公司股份的，其预定收购的股份比例不得低于该上市公司已发行股份的5%。

(6) A公司董事会通过的购置乙所持D公司股权的决议无效。根据规定，上市公司在一年内购置、出售重大资产或者担保金额超过公司资产总额30%的，应当由股东大会作出决议，并经出席会议的股东所持表决权的2/3以上通过。

(7) 乙、戊、庚均存在内幕交易行为。根据规定，发行人的董事（乙、戊）、由于所任公司职务可以获取公司有关内幕信息的人员（庚）属于内幕信息知情人员，在该内幕信息公开前不得买卖该公司证券，否则构成内幕交易。

9.【考点内容、考点分析及考查频次】

本题考查的知识点均为物权法律制度和合同法律制度结合出题中的高频考点，请考生认真分析，牢固掌握知识点。具体考点如下：

考点1：第四章，合同成立的时间，结合融资租赁合同与合同编总则的规定。

考点2：第三章，动产抵押权的设立。

考点3：第三章，担保物权的设立。

考点4：第三章，动产物权的变动。

考点5：第四章，违约责任。

考点6：第四章，租赁合同双方当事人的权利义务。

【参考答案】

（1）甲公司和乙公司之间的融资租赁合同于5月31日成立。根据合同法律制度的规定，融资租赁合同应当采用书面形式。当事人采用合同书形式订立合同的，自当事人均签名、盖章或者按指印时合同成立。

（2）丁公司对4辆货车的抵押权于6月5日设立。根据物权法律制度的规定，动产抵押权自书面合同生效时设立。

（3）丁公司关于“可以优先于甲公司受偿”的主张不能得到法律支持。在承租人以融资租赁方式占有租赁物但是未付清全部租金，又以该物为他人设立担保物权的情况下，以融资租赁方式出租该动产的出租人只要在该动产交付后10日内办理登记，其权利便优先于为他人设立的担保物权。

（4）货车A的所有权于6月1日转移。因为6月1日丙公司已经通过转让向赵某请求返还原物的权利来代替交付。

（5）戊公司向丙公司要求支付违约金不能得到法律支持。根据合同法律制度的规定，因第三人原因造成违约的，合同当事人仍应当承担违约责任。

（6）货车A毁损后，乙公司无权拒绝向甲公司继续支付相应租金。根据合同法律制度的规定，乙公司占有租赁物期间，租赁物毁损的风险由承租人承担，承租人仍应向出租人支付相应租金。